# 1894년 남북접 동학군의 공주 점거투쟁

― 남접·호남 중심 농민전쟁론 넘어서기

지은이 **지수걸**

고려대학교 사학과에서 석·박사학위를 취득한 후 1992년부터 공주대학교 역사교육과에서 일하며 『일제하농민조합
운동연구』(1993), 『한국의 근대와 공주 사람들』(1999) 등의 저서와 「민족과 근대의 이중주」(2002), 「한국의 '지방자치'
와 '기록자치'」(2003), 「일제하 지방통치 시스템과 군 단위 관료·유지 지배체제」(2007), 「한국전쟁과 군 단위 지방정
치」(2010), 「국정 역사교과서의 박정희 신화 만들기」(2018), 「20세기 초 세계사의 굴곡과 한국의 민족해방운동」(2020)
등의 논문을 발표하였다. 그동안 (사)동학농민전쟁우금티기념사업회 이사장, 공주대학교 청년학교 교장 등을 역임했
고, 현재는 내일을여는역사재단 상임이사, 한국전쟁민간인희생자 공주유족회, 공주참여자치시민연대의 이사로 활동
중이다.

**1894년 남북접 동학군의 공주 점거투쟁** —남접·호남 중심 농민전쟁론 넘어서기

**1판 1쇄 인쇄** 2024년 9월 10일
**1판 1쇄 발행** 2024년 9월 27일

**지은이** 지수걸
**펴낸이** 정순구
**책임편집** 정윤경
**기획편집** 조원식 조수정
**마케팅** 황주영

**출력** 블루엔
**용지** 한서지업사
**인쇄** 한영문화사
**제본** 대원바인더리

**펴낸곳** (주) 역사비평사
**등록** 제300-2007-139호 (2007.9.20)
**주소** 10497 : 경기도 고양시 덕양구 화중로 100(비전타워21) 506호
**전화** 02-741-6123~5
**팩스** 02-741-6126
**홈페이지** www.yukbi.com
**이메일** yukbi88@naver.com

ⓒ 지수걸, 2024

ISBN 978-89-7696-594-3  94900
(set)  978-89-7696-733-6  94900

와이비
아카이브
002

# 1894년 남북접 동학군의 공주 점거투쟁

## ― 남접·호남 중심 농민전쟁론 넘어서기

지수걸 지음

역사비평사

# 책머리글

　　30여 년 동안 공주대학교 역사교육과에 재직하면서 시민·학생들과 함께 수도 없이 우금티 마루를 오르내렸으나, 주 전공 시대가 아니라는 이유로 사건 자체를 직접 연구해볼 엄두는 내지 못했다. 그러던 중 '동학농민혁명 120주년' 무렵 '사단법인 동학농민전쟁 우금티사업회'의 이사장직을 맡으면서 본의 아니게 사건의 자초지종을 주체별, 장소별, 시간대별로 세밀하게 정리함과 동시에, 이를 어떻게 기억하고 기념해야 할 것인가에 대한 내 나름의 입장까지 구체적으로 밝히지 않으면 안 될 처지에 놓였다. 어차피 해야 할 일이니 이참에 직접 해보기로 작정하고 관련 사료들을 하나하나 검토했다. 예전 같으면 쉽지 않았을 테지만 동학농민혁명기념재단의 사료아카이브와 국사편찬위원회의 〈한국사 데이터베이스(DB)〉가 큰 도움이 되었다.

　　어느날 「전봉준 공초」를 읽다가 이 책의 핵심 주장과 관련한 흥미로운 진술을 하나 발견했다. 재판에 참여한 일본영사가 "왜 재기포했고, 무엇을 하고자 했느냐"라고 질문하자 전봉준은 "공주(忠淸監營=都會之處)를 전격적으로 점거한 뒤 의려(義旅)를 규합(糾合)하여 농성전을 벌이며(確據·固守, 혹은 相持하며), 일본군에게 격(檄: 大義布告)을 전하며 정치담판(請問·詰問)을 벌이려 했다"는 뜻을 분명히 밝혔다. 진실일까? 만약 사실이라면 한국사 교과서나 개설서에 보이는 "서울로 쳐들어가기 위해 북상하다가 공주 우금티에서 일본군의 최신식 무기 때문에 패배하고 말았다"는 식의 설명은 수정이 불가피하다. 왜냐하면 애국적 사민들을 규합하여 의려를 조직하려 했다거나, 격문을 전한 뒤 서로 대치하며 일본의 침략(犯闕) 사실을 청문·힐문하고자 했다는 발언은 19세기 후반의 도회·의거 문화를 감안하면 "정변이나 내란, 또는 내전이나 혁명을 추구했다"는 뜻이 아니라 "모이고 모아, 도회지를 점거하고 담판하는 투쟁을 전개하고자 했다"는 뜻이기 때문이다. 후술하겠으나, 한말 의병들의 투쟁 목표나 방법도 1894년의 동학군과 마찬가지로, 무장투쟁이나 독립전쟁을 벌이자는 것이 아니라 감영급 도시(都會地)나 경사(京師; 서울)를 점거한 뒤 일본 정부(혹은 통감부)와 정치 담판을 벌이는 것이었다.

충남도청에서 개최된 120주년 기념 학술심포지엄에서 필자는 이런 주장을 담은 시론 「1894년 공주대회전 시기의 '공주 확거·고수 전술'과 '호서도회 개최 계획'」(『역사문제연구』 33호, 2015)을 발표했는데, 주요 주장과 결론은 앞서 언급한 것처럼 한국사 교과서를 바꿔 써야 할 정도로 파격적인 것이었다. 위 논문에서 필자가 강조한 결론은 공주 '회맹(會盟)'과 '회전(會戰)'은 농민군(혁명군)을 이끌고 서울로 진격(京師直向, 驅兵入京)하다 치른 중간전투 혹은 조우전(遭遇戰)이 아니라는 것, 즉 당시 남북접 동학군은 양호(兩湖)의 요충인 공주(大都會地)를 점거한 뒤 호서도회(大都會)를 개최하고자 했다는 것 등이었다. 거친 시론일 뿐 아니라 근거 제시도 부실했던 까닭에 당연히 학계의 주목은 거의 받지 못했다. 위 논문과 더불어 당시 필자는 「국가의 역사독점과 민중기억의 유실─우금티 도회를 제안한다」(『역사비평』 110호, 2015년 봄호)라는 글에서 위령제(추모제) 중심의 기념행사를 중단하고 우금티 도회(의거)를 재현하는 기념사업을 조직해보자는 제안을 덧붙였으나, 마찬가지로 이 또한 반향이 거의 없었다. 이후 미련이 남아 10여 년 가까이 틈이 날 때마다 국사편찬위원회의 〈한국사 DB〉와 동학농민혁명기념재단의 사료아카이브를 드나들며 1894년 어셈블리와 관련한 거의 모든 연구성과와 사료들을 하나하나 검토하기 시작했다. 그런 과정에서 필자가 거듭 확신할 수 있었던 결론은, 공주 점거투쟁의 전개 양상과 성격을 제대로 이해하려면 이른바 '남접·호남 중심 농민전쟁론'을 넘어서야 한다는 것이었다.

기존의 연구들은 공주 점거투쟁을 ① 전봉준 등 '남접집단'(중앙지도부)이 ② 자신들 나름의 지도사상과 통일적 강령을 가지고 ③ 호남 '농민군'(혁명적 폭력)을 동원·규합하여 ④ 구병입경 투쟁, 즉 '농민전쟁(peasants' war: 내전이나 혁명에 준하는 사건)'을 도모한 사건으로 이해하려는 경향이 강하다. 그러나 이 같은 서사틀에 기초하여 사건사를 정리할 경우 사실과 다른 역사상이 그려지기 쉽다. 왜냐하면 공주 점거투쟁의 중심무대는 호남과 완영(完營=전라감영)이 아니라 호서와 금영(錦營=충청감영)이었고, 그 주체와 주력도 남접집단이 지휘한 호남 동학군(원정대)이 아니라 북접교단이 자체 동원한 호서와 기호·영남 지역 동학군이었기 때문이다. 이 책에서는 기존 연구들과는 달리 남접집단보다는 북접교단, 호남보다는 감영도시 공주(都會之處)와 호서, 농민전쟁적인 성격보다는 도회·의거적인 성격을 더 주목했다.

물론 이 책의 목적은 남접·호남 중심 농민전쟁론을 비판하거나 부정하는 데 있지 않다. 왜냐하면 이런 서사틀과 역사상도 일리가 없지 않을 뿐만 아니라, 나름대로 절박한 필요에 부응한 일종의 시대적 산물이기 때문이다. 주지하듯이 엥겔스 류의 농민전쟁론, 특히 남접·호남 중심 농민전쟁은 일제하의 민족해방운동, 또는 1980년대의 민주화운동 과정에서 일종의 혁명전통론(호남 의향론, 민주화 성지론) 역할을 수행했다. 하지만 그때는 필요했고 옳았을 수도 있으나 지금은 낡은 분석방법이자 역사상일 따름이다. 농민전쟁론(peasants' war)에 따르면 남북접 동학군의 공주 점거투쟁은 객관조건이나 주체역량이 미숙하고 부족했기 때문에 실패할 수밖에 없었던 사건이지만, 19세기 후반 조선의 정치문화를 반영한 도회이자 의거였다는 관점에서 보면 조선왕조 역사의 큰 흐름을 뒤바꾼 대파국(great catastrophe)의 서막, 즉 길게 보면 결국은 승리한 투쟁이었다.

공주 점거투쟁 시기 조선왕조 정부(조야 유생)와 동학군은 무엇이 당대의 인의(仁義)이고 민본(民本)인가, 달리 말하면 동학군의 봉기가 의거(義擧)인가 패거(悖擧)인가를 다투는 대의명분 싸움을 벌였다. 이 책에서 필자가 황토현이나 우금티싸움과 같은 물리적 충돌 사건보다 동학군의 모이고 모으는, 점거하고 담판하는 정치적 힘, 특히 남북접 동학군이 조선왕조 정부와 조야 유생들과 벌인 말 잡기 싸움을 더 주목한 것도 그런 이유 때문이다. 안토니오 네그리는 『어셈블리(ASSEMBLY)—21세기 새로운 민주주의 질서에 대한 제언』(알렙, 2020)을 통해 "한때 전복적이었던 어떤 용어는 분명 그 의미가 잘못 사용되고 있거나 흐려졌거나 텅 비어버렸다"거나, "정치적 사유에서의 모든 발본적인 기획은 우리가 쓰는 정치적 용어를 재정의하는 것으로부터 시작해야 한다"는 주장을 개진한 바 있다. 필자가 이 책에서 1894년 어셈블리의 도회·의거적 성격을 강조한 이유는, 공주 점거투쟁의 전개 과정에서 표출된 '서로를 발견하고 모이는', 그리하여 '연대하고 협동하는' 민중들의 정치사회적 힘을 기억하고 기념하기 위해서이다.

이 책을 집필하면서, 사료에 근거하여 역사를 서술해야 한다는 전통적인 편사 원칙을 지키며 사건사의 자초지종을 어디까지 다르고/새롭게 구성할 수 있는가를 욕심껏 실험해보고 싶었다. 이 책에 원문 인용(해설)과 각주(설명주)가 많은 것도 그런 이유 때문이다. 사건사의 전체적인 얼개를 짤 때 가장 큰 영감을 제공한 것은 안토니오 네그리의 『어셈블리』와 주디스 버틀러의 『연대하는 신체들과 거리의 정치—집회의 수행성 이론(A PERFORMATIVE THEORY OF ASSEMBLY)을 위한 노트』(창비, 2020), 그리고 김용옥의 『도올심득 동경대전 1·2』(통나무, 2021)였다. 10여 년에 가까운 세월 동안 개별 사건에 대한 이해는 물론이고 전체 사건과 관련한 큰 그림조차 여러 번 바뀌었다. 그때마다 낙담했고, 그럴 때마다 『맹자』를 읽고 또 쓰며 마음을 다잡았다. 끝으로, 난삽한 초고를 인내심을 가지고 읽어준 최덕수, 배항섭, 김윤희 학형에게 이 자리를 빌어 감사의 뜻을 전한다. 보잘 것 없는 책이기는 하나, 학부 시절부터 지도와 편달을 아끼지 않으신 강만길 교수님 영전에 이 책을 바친다.

# 서론

# 서론

## 1. 연구 대상과 목적

### 1) 연구 주제

1894년 11월 9일(양력 12월 5일) 새벽부터 해 질 무렵까지 기호와 삼남 각지에서 모여든 수만 명의 남북접 동학군[01]은 공주 우금티[02]에서 일본군과 관군을 상대로 치열한 공방전을 펼쳤다. 『공산초비기』라는 관변 측 기록에 따르면, 당시 우금티에서만 4~50차례의 공방전이 벌어져 "적(賊)의 시체 더미가 온 산에 가

---

**01** 기존 연구들은 공주 점거투쟁의 주체를 흔히 '(동학)농민군(peasant army)'이라 호명하나 이 책에서는 이들을 '東學軍'이라 통칭했는데, 이때의 軍은 군대(army) 혹은 군인(병사: soldier)이 아니라 農軍(농사꾼), 樵軍(나무꾼) 등처럼 聚會·聚黨한 특정 집단이나 결사(包·接), 혹은 일반적인 의미의 '무리(꾼, 쟁이)'를 뜻한다. 軍의 이 같은 用例는 모두 兵農一致 사회의 관행이었다. 3부 1장 '동학군의 집단정체성 재론' 참조.

**02** 공주 우금치는 사단법인 '동학농민전쟁 우금티기념사업회'의 노력으로 1994년 3월 국가사적지 387호로 지정되었다. 한국사 교과서 등은 사적지 명칭대로 이를 우금치(牛禁峙)라 표기하고 있으나, 공주 사람들은 흔히 '우금티'라 부른다. 지역사적 관점을 중시한다는 취지에서 이 책에서는 이를 따랐다.

득하였다(積尸滿山)"는 것이다. 양호순무영의 선봉장으로서 공주 수성전을 지
휘했던 이규태(李圭泰)는 "도대체 무슨 의리, 무슨 담략인지, 그때 일을 떠올리
면 아직도 뼈가 떨리고 마음이 서늘하다"라고 당시의 상황을 회고했다. 이 사
건에 대한 한국사 교과서의 서술은 예나 지금이나 한결같다. 전봉준 등 남접집
단의 지휘 아래 서울로 향하던 호남 농민군이 최신 무기로 무장한 일본군과 용
감히 싸웠으나, 무기 열세 때문에 패하고 말았다는 것이다.[03] 하지만 사건 당시
남·북접 지도부가 합의한 공동 대응책은 경사직향(京師直向)이나 구병입경(驅兵
入京)이 아니라 공주(錦營) 점거 그 자체였고, 그 방법에서도 총칼의 힘이 아니라
모이고 모으는 민중의 정치적 힘을 더 중시했다. 따라서 일본군의 최신식 무기
때문에 공주 점거에 실패했다고 말하는 것은 1980년 광주민중항쟁이 특전사
의 뛰어난 전투력 때문에 실패했다고 말하는 것과 마찬가지로 어불성설(語不成
說)이다. 남북접 동학군이 공주 점거에 실패한 가장 큰 이유는 '애국적 사민(士
民)들과 연대하여 항일의려(義旅=義陣)를 형성하는 정치적 힘'을 충분히 가지고
있지 못했기 때문이었다. 후술하겠으나 동학의 사상과 조직은 1894년 사건[04]의

---

03  "전봉준이 이끄는 남접군과 손병희가 이끄는 북접군은 논산에 집결하여 서울로 진격하던 중
공주 우금치에서 일본군과 정부군의 연합부대와 맞닥뜨렸다(1894. 11). 몇 차례 밀고 밀리는
접전을 벌였지만 끝내 최신식 무기를 가진 일본군에 패하고 말았다." 『고등학교 한국사』, 해
냄에듀, 2020, 115쪽; "전봉준과 손병희가 이끈 농민군은 서울로 진격하던 중 공주 우금치에
서 정부군과 일본군을 맞닥뜨렸다. 농민군은 치열하게 전투를 벌였지만, 신식 무기로 무장
한 일본군에 밀려 수많은 사상자를 내고 패배하였다." 『고등학교 한국사』, 지학사, 2020, 116
쪽.

04  이 책에서 1894년 1월 고부 봉기부터 1894년 11월 공주 점거투쟁에 이르는 시기까지 전국 각
지에서 발생한 각종 사건(집회·시위·전투)을 '1894년 사건'이라 통칭했는데, 그 이유는 다사
건적(eventful)인 성격을 강조하기 위해서이다(후술 참조). 필요한 경우 1894년 사건이나 (동
학)농민전쟁(혁명)뿐만 아니라 1894년 어셈블리(assembly), 1894년 도회·의거, 갑오의려, 갑오
동란 등의 명칭도 활용했다.

디딤돌 역할만을 수행한 것이 아니라, 그 반대로 걸림돌 역할도 수행했다. 특히 주문과 부적 등을 매개로 한 동학군의 각종 의례와 의식들은 조야 유생들과의 연대를 방해한 중요한 요인 가운데 하나였다.[05]

선행 연구에서도 밝혔듯이, 공주 점거투쟁 시기 남북접 지도부는 최시형의 '폭거중지 혁심개도' 유시(止其暴擧 革心改圖 則天意可回 師冤可伸 生命可保)[06]에 따라 각기 대규모의 동학군을 동원하여 금강 남북 방면의 요충지, 특히 호남대로를 장악하려 했다. 당시 남북접 지도부의 합의(設計)는, 그런 연후 대규모의 군중집회와 무장시위를 통해 공주를 수비하던 경군(京軍)과 영병(營兵)의 내응, 또는 공주 부내(府內)에 거주하던 이교(吏校)와 시민(市民: 商人·부민)들의 호응을 유도하는 방법으로 공주를 전격적으로 점거한다는 것이었다. 그러면 공주 점거 이후 남북접 동학군은 무엇을 하고자 했을까? 물론 공주 점거에 실패하였으므로 점거 이후 무엇을 하고자 했는지는 분명치 않다. 그러나 19세기 후반의 도회·의거 문화, 또는 책 머리말에 소개한 전봉준의 최후 진술 등을 면밀히 검토하면, 남북접 지도부는 호서도회(양호·호주 대도회)를 개최하여 애국적 사민들로 구성된 강력한 항일의려를 형성한 이후 이를 토대로 농성전을 벌이며 일본과 조선 정부를 상대로 정치담판을 벌이려 했던 것으로 보인다. 공주 점거투쟁은 갑오변란(甲午變亂)[07]과 청일전쟁 등으로 말미암아 크게 달라진 정세와 조건 가운데서

---

05 이에 대한 구체적인 설명은 지면관계상 후속연구 「1894년 사건과 동학의 연관성—동학은 1894년 어셈블리의 디딤돌이자 걸림돌이었다」, 『조선, 1894년 어셈블리—역사·기억·기념』에서 좀 더 구체적으로 다루어보고자 한다.

06 侍天敎宗繹史 第二編 〉第十一章 甲午敎厄. 공주 점거투쟁에 대한 최시형의 의도, 즉 남북접 지도부의 합의를 가장 함축적으로 보여주는 대목이므로, 이 喩示에 대한 구체적인 분석은 2부 1장으로 미루고자 한다.

07 김상기는 당시 척사유생들의 용례에 따라 일본군의 경복궁 점령과 쿠데타(갑오 친일내각 수립) 사건을 '甲午變亂'이라 호명했는데, 이 책에서도 난을 지은(作亂) 장본인은 동학군이 아

전개된 assembly/occupy 투쟁(이하 A/O 투쟁으로 줄여 씀)이었다.[08] 이 책의 표제로 '모이고 모으자! 점거하고 담판하자!'라는 슬로건을 특기한 것은 공주 점거투쟁 시기 남북접 지도부가 합의한 공동투쟁의 목표와 방법을 가장 잘 보여주는 구호라 판단했기 때문이다.

1894년 사건을 전체적으로 다룬 저작들은 대부분 명칭 논의로부터 성격 논쟁을 시작하는데, 그 이유는 어떤 명칭을 선택하느냐에 따라 사건의 성격과 의미에 대한 규정이 달라질 수밖에 없기 때문이다. 이 사건에 대한 특별법[09]상의 명칭은 '동학농민혁명'이고, 교육부가 정한 이른바 편수 용어는 '동학농민운동'이지만, 한국사 개설서들은 엥겔스 류의 농민전쟁론에 의거하여 이 사건을 '동학(갑오, 1894년) 농민전쟁', 혹은 특별법상의 명칭 그대로 '동학농민혁명'이라

---

니라 오히려 일본 정부와 갑오정권이었다는 점을 강조하기 위해 의도적으로 이를 따랐다. 「을미의병의 전개」, 국사편찬위원회 편, 『신편한국사 43. 국권회복운동』, 1999. 갑오변란이라는 호명은 『승정원일기』나 『대한계년사』에도 간혹 보인다. 〈한국사 DB〉 참조.

08  사전적으로 규정하면 assembly는 명사로 쓰일 때는 의회·집회, 동사로 쓰일 때는 모이다·모으다라는 뜻인데, 조선왕조 시기 도회가 '모두 모인다'는 의미 외에 '모이는 장소(도회지, 도회처)'를 뜻하는 말로 쓰인 것과 용례가 흡사하다. 이 책에서는 assembly를 번역하지 않고 영어식 발음대로 '어셈블리'라 썼다. 19세기 후반에 형성된 도회·의거 전통이 한국 근현대사의 전개 과정에 어떤 영향을 미쳤는가를 포괄적·전체적으로 설명하기 위해서다. 이 책에서 필자는 1894년 어셈블리 외에 1980년 광주 어셈블리, 광화문 촛불 어셈블리(2016~2017)라는 말도 썼다. occupy!도 흔히 '점령하라!'로 번역하나 19세기 후반 도회·의거 과정에서 흔히 나타난 occupy 투쟁은 군사적 점령보다 일시적(정치적) 占據·籠城과 談判(談辦)이라는 의미가 훨씬 더 강했다.

09  2004년에 제정된 '동학농민혁명 참여자의 명예회복에 관한 특별법'에 따르면 동학농민혁명은 "1894년 3월에 봉건체제를 개혁하기 위하여 1차로 봉기(무장기포—인용자)하고, 같은 해 9월에 일제의 침략으로부터 국권을 수호하기 위하여 2차로 봉기(삼례 재기포—인용자)하여 항일무장투쟁을 전개한 농민 중심의 혁명"이다.

호칭한다.[10] 하지만 최근 사회(운동)사 이론들이 공통적으로 강조하듯이, "역사는 일반이론이 지배하지 않는 개방적인 과정이다."[11] 뿐만 아니라 1894년 사건은 단일한 주체(중앙지도부)가 단일한 목표(지도사상과 강령)하에서 수행한 단일한 (monolithic) 사건이 아니라, 사건과 사건이 연쇄·중첩되는 과정에서 발생한 일종의 다사건(eventful)이었다. 따라서 1894년 어셈블리에 대한 풍부한 이해를 도모하려면 '단일한 목표를 향한 단일한 집단의 투쟁'이라는 선입견, 또는 절대 배타적 진실 혹은 단수의 역사를 추구해야 한다는 집착과 강박을 털어내야 한다.

기존 연구들과 달리 이 책에서 1894년 사건, 1894년 어셈블리, 1894년 도회·의거, 심지어 갑오동란 등 여러 사건 명칭을 두루 사용한 것은 '다사건적 분석방법[12]을 중시하겠다', 달리 말하면 '복수(複數)의 호명을 허용해야 한다'는 취지

---

10 〈한국역사통합정보시스템〉 검색창에서 '농민전쟁'이라는 키워드를 입력하면 904건의 연구자료가 검색되는데, 세부검색을 하면 '동학농민전쟁'은 390건, '갑오농민전쟁'은 252건, '1894년 농민전쟁'은 203건이다. 같은 방식으로 관련 용어들을 검색하면 ① '동학농민혁명'은 301건, ② '동학혁명'은 275건, ③ '동학난'은 95건이다. ①은 특별법 제정 이후 활용 빈도가 높아졌고, ②는 천도교 관련자료나 '동학학회' 관련자료에 많이 보이고, ③은 1980년대 이전의 연구자료에서 자주 확인된다.

11 채오병·전희진, 「인과성, 구조, 사건」, 한국사회학회 편, 『사회학총서 10. 사회사/역사사회학』, 다산출판사, 2016, 146~147쪽. "사건이란 구조와 별개로 존재하는 즉흥적 인간행위의 산물이 아니다. 인간은 항상 구조를 자신 속에 문화적 범주로서 내재화하고 있으며, 그에 따른 행위의 결과가 사건을 구성한다는 점에서 사건은 구조의 현실화이자 재생산으로 이해될 수 있다. 그러나 동시에, 사건은 언제나 구조를 재생산하는 것은 아니다. 사건 연쇄의 흐름은 경우에 따라 의도된 방식으로, 아니면 의도치 않은 방식으로 전개되어 구조의 변화를 불러오기도 한다. (…) 사건의 구조 재생산으로부터의 이탈, 즉 사건의 연쇄를 통한 구조의 변화는 우리로 하여금 사건 연쇄의 경로가 갖는 예측불가능성, 즉 우연성에 주목하게끔 한다."

12 위의 글, 141~167쪽 참조. 다사건적 분석방법이란 "구조적 속성으로부터 곧바로 어떤 결론(특히 사건의 성격과 의미)을 이끌어내기보다는 사건의 연쇄를 중시하며, 그 사건 연쇄가 갖는 예측불가능성, 혹은 우연성까지를 포용"하는 사건사 분석방법(event history analysis, 또는 continuous time event history models)이다.

와 의도에서다. 1894년 사건은 보는 관점과 입장에 따라 내전(농민전쟁)이나 혁명(동학농민혁명)뿐만 아니라 난리(동학난), 민회(집회, 시위), 의거(의병) 등 다양하게 호명할 수 있다. 그러나 이 책에서는 1894년 사건의 다양한 성격 가운데서도 특별히 19세기 후반 조선적 정치문화의 산물인 도회·의거적 성격에 주목했다.

전체 사건만이 아니라 개별 사건에 대한 호명도 논쟁적인 문제이기는 매한가지다. 기존 연구들은 동학군과 일본군 및 관군 사이의 충돌 사건을 서술할 때 전투 또는 전사(戰死)라는 용어를 흔히 썼다. 그러나 앞서도 강조했듯이 공주 점거투쟁은 총칼의 힘으로 승부를 결정하는 전투, 즉 전쟁이 아니라 19세기 후반의 도회·의거 문화에 기초한 일종의 A/O 투쟁이었다. 이런 점을 강조한다는 취지에서 이 책에서는 그동안 흔히 황토현(재)전투, 우금티(치)전투 등으로 불려온 개별 사건들을 '○○싸움(=鬪爭)'[13]이라 호명했다. 전봉준은 재판 과정에서 공주 점거투쟁을 언급하며 "의려를 규합하여 일인(日人)과 두 차례 접전했다"고 진술했는데, 이때의 접전은 오로지 총칼의 힘만으로 승부를 결하는 전투(전쟁)를 의미하기보다는 말 싸움, 몸 싸움, 기 싸움 등을 포함한 일종의 '대의(의리) 명분 싸움', 달리 말하면 이른바 '말 잡기(prendre le parole) 투쟁'[14]을 벌이려 했다는 뜻으로 폭넓게 이해하는 것이 옳다. 그런 의도에서 이 책에서는 공주 점거투쟁

---

**13** 순우리말인 싸움, 혹은 투쟁(鬪爭; fight, struggle)의 사전적 의미는 "어떤 대상을 이기거나 극복하기 위한 싸움(예: 선과 악의 투쟁)", 혹은 "사회운동, 노동운동 따위에서 무엇인가를 쟁취하고자 견해가 다른 사람이나 집단 간에 싸우는 일" 등이다.

**14** 「번역으로 말을 잡기」, 안토니오 네그리·마이클 하트 지음, 이승준·정유진 옮김, 『어셈블리』, 알렙, 2020, 268~272쪽 참조. "모든 사회·정치운동의 중심 과제는 새로운 주체성들이 발언권을 잡는 것, 혹은 프랑스인들이 말하듯이 '말을 잡는 것(prendre le parole)'이다. 예를 들면 2011년 이래 계속적으로 샘솟듯이 솟구친 다양한 텐트 농성과 점거투쟁은 난점과 결점을 갖고 있었음에도 불구하고 효과적으로 말 잡기(taking the word)의 장소를 구축했다. (…) 말 잡기는 당신의 자아로부터 빠져나오는 것, 고독으로부터 탈출하는 것, 타인과 만나는 것, 그리고 새로운 공동체를 구축하는 것을 의미한다." 같은 책, 268~269쪽.

시기에 발생한 양측의 물리적 충돌 사건도 기존의 연구들과 달리 이인·대교·효포싸움(공주 1차 투쟁), 또는 우금티·연산·논산싸움(공주 2차 투쟁)이라 호명했다. 후술하겠으나 공주 1차 투쟁의 절정인 효포싸움은 공주부 점령을 목표로 한 공성전이 아니라 호남대로를 장악하기 위한(湖西都會를 위한 借路) 일종의 무장시위(퍼레이드)였고, 일본군과 관군의 집단발포로 말미암아 시작된 물리적 충돌도 전투나 교전이 아니라 집단학살에 훨씬 더 가까웠다. 기존 연구들은 10월 3일의 대전평(=한밭) 사건,[15] 또는 동학군 지도부가 공개적으로 해산을 선언한 이후 각자 귀향·귀가하던(한) 동학군을 일본군과 관군이 집단학살한 사건, 예를 들면 대둔산·북실(종곡) 사건 등을 흔히 전투라 호명했으나, 이 또한 어불성설이다. 1894년 사건의 전개 과정에서 발생한 모든 탄압 사건, 특히 남북접 지도부가 공개적으로 해산을 선언한 이후에 발생한 탄압 사건은 '토벌'이나 '전투'가 아니라 집회시위 군중에 대한 집단학살 사건이라 규정해야 옳다. 동학농민혁명기념재단 홈페이지에 탑재되어 있는 사건지도〈전국의 동학농민혁명〉은 1894년 전국 각지에서 벌어진 36개의 사건을 지도상에 표기했는데, 3개의 집결(용인), 대회(백산), 기포(무장) 관련 사건, 그리고 4개의 점령(고부·전주·강릉·안성) 관련 사건을 제외한 29개 사건의 명칭은 일률적으로 '○○(지명)전투'이다.

용어 문제와 관련하여 한 가지만 더 지적하면 일본 측 자료에 흔히 보이는 정토(征討), 전사(戰死) 등의 표현이다. 일본군(자칭 정토군)은 동학군과 자신들의 싸움을 흔히 ○○전투, 심지어는 ○○지역(之役)[16]이라 표현했을 뿐만 아니라 이

---

**15** 1894년 10월 3일 대전평에서 대규모 도회가 열렸을 때, 청주영병들이 이를 해산하기 위해 집회 군중 속에 들어왔다가 분노한 군중에게 맞아죽는 사건이 발생했다. 후술 참조. 신용하는 이 사건을 한밭전투라 호명하였으나 이 사건은 집회 과정에서 우발적으로 벌어진 참사일 뿐 전투도 싸움도 아니었다. 신용하,「甲午農民戰爭의 第2次 農民戰爭」,『한국문화』14, 1993.

**16** 왕조 사회에서 役이란 良役·職役, 賦役·徭役처럼 임금이 백성들에게 부과하는, 달리 말하면

과정에서 사망한 동학군을 놀랍게도 전사자라 호명했다. 이는 양호순무영의 경우도 마찬가지다. 순무영 측은 동학군을 집단학살한 사건을 이인지역(利仁之役), 우금지역(牛金之役), 공주지역(公州之役)이라 호명했는데, 이는 임금의 부름을 받아 비적(殘賊)들을 토벌(靖亂)하는 행위였음을 강조하기 위해서였을 것이다. 하지만 동학군은 난리굿(판)을 벌인 비적(폭도)도 아니고 내전(전쟁)에 참여한 인민혁명군(군대·병사)도 아니었다. 요컨대, 이런 명명법(命名法: nomenclature)은 동학군을 비적(폭도)으로 규정하기 위한, 즉 군대를 동원한 집단학살 사건을 군인(군대) 간의 전투로 호도하기 위한 정치적 술책에 불과하다. 후술하겠으나 화포영장(火砲領將=領率將)이 이끄는 일부의 포군(砲軍)을 제외하면 대부분의 동학군은 군대와 군인(병사)이 아니라 접주들의 통제와 인솔 가운데 도회·의거(의려)에 참여한 집회시위 군중일 뿐이었다. 기존 연구들과 달리 이 책에서 전봉준 부대, 김개남 부대라는 호명을 전봉준군(軍=包: 전봉준이 이끌던 동학군), 김개남군이라 바꾼 것도 이 같은 정체성을 강조하기 위해서이다.[17]

청일전쟁과 관련하여 당시 흔히 쓰였던 점령, 화약(和約: 강화조약)[18] 등의 전

---

임금의 명령(부름)에 따라 행하는 일이다. 관변이나 유생들의 기록은 동학군과 관군의 모든 충돌 사건, 특히 대둔산 사건처럼 명백한 집단학살 사건조차 大芚之役이라 표현했다. ○○之役과 관련한 용례는 〈한국사 DB〉 참조.

**17** 애초에는 관변 측 자료에 보이는 全琫準包(「판결선고서원본」, 「札移電存案」), 金開南包(「순무선봉진등록」, 「札移電存案」)라는 용어를 사용하고자 했으나, 무장투쟁의 주체라는 측면을 무시할 수 없다고 판단하여 일률적으로 '○○○(接主名)軍'이라 호명하였다.

**18** 오지영은 전주 점거투쟁 시기 관군과 동학군이 체결한 약조를 '전주 강화조약'이라 호명했으나, 이는 청일 간의 조약을 의식한 과장이다. 오지영, 『東學史(초고본)』 참조. 초토사 홍계훈과 동학군 지도부 간의 約條는 전쟁 뒤에 체결되는 국가 간의 講和條約이 아니다. 동학군의 전주성 점거(진입)를 占領, 그리고 退去(退歸)를 撤收 혹은 休戰이라 표현한 연구들도 1894년 사건의 A/O 투쟁적 성격을 제대로 이해하지 못한 채 마찬가지 오류를 범했으나, 이 책에서는 혼란을 피하기 위해 교과서적인 관행대로 '전주화약'이라는 명칭을 그대로 썼다.

쟁 용어를 무비판적으로 활용하는 것도 문제이기는 매한가지다. 1차 봉기 시기 전주성 점거투쟁과 마찬가지로 공주 점거투쟁 때도 남북접 동학군은 일본군과 관군을 상대로 전쟁 혹은 전투를 벌인 것이 아니라 19세기 후반의 도회·의거 전통에 따라 A/O 투쟁을 벌인 것일 뿐이었다. 게다가 동학군의 탄압작전을 진두지휘한 것도 대본영(大本營)이 아니라 일본공사관(특히 井上馨 公使)이었다. 달리 말하면 동학군의 어셈블리 투쟁은 물론이고 일본군과 관군의 동학군 탄압도 군사적인 성격보다는 정치적인 성격이 훨씬 더 강했다는 뜻이다. 따라서 국가 간 전쟁 과정에서 발생한 군대(군인) 간의 전투와 대규모 군중 집회나 무장시위 과정에서 발생한 진압군과 무장시위대의 충돌 사건은 당연히 구분해야 마땅하다.

### 2) 연구 목적

남접집단이 호남 지역에서 주도한 1차 봉기만을 주목하는 경우 1894년 사건은 엥겔스의 규정처럼 농민전쟁, 즉 내전이나 혁명에 준하는 사건으로 그 성격과 의미를 이해할 수도 있다. 그러나 도회·의거 전통의 지속과 변용이라는 관점에서 보면 1894년 사건, 특히 민중들이 도회와 의거, 또는 광제창생과 보국안민의 주체로 부상하는 과정은 역사의 큰 흐름이 뒤바뀌는 대파국의 서막에 해당하는 사건으로 간주해야 마땅하다. 예를 들면 고종의 1894년 9월 26일자 전교(傳敎)에 보이는 "임금에 항거하면서 의병을 일컫고 있으니 차마 이와 같이 말할 수 있다면 무슨 말인들 하지 않(못하)겠는가"라는 대목[19]은 1894년 어셈블

---

**19** "抗拒君命而稱曰義兵 是可忍也 孰不可忍也." 『승정원일기』; 『사료 고종시대사 18』 〉 1894년 (고종 31년) 9월 26일 〉 고종, 밀지를 칭하면서 비도와 내통하는 무리가 있으면 먼저 참하고 나서 보고(先斬後聞)하라고 전교함.

리를 통해 조선왕조 사회와 역사가 이미 되돌릴 수 없는 파국으로 치닫고 있었음을 시사한다. 이 책에서 1894년 어셈블리 당시의 동학군과 조선왕조 정부가 벌인 패거/의거 논쟁을 특별히 주목한 것도 1894년 사건이 가진 파국성을 강조하기 위해서이다.

그간의 연구들은 농민전쟁론(단계적 발전론)의 관점에서 1862년 사건과 1894년 사건의 질적 차이만을 주목한 감이 없지 않다. 하지만 엥겔스 류의 농민전쟁론이 아니라 19세기 후반 도회·의거 전통의 지속과 변용이라는 관점에서 보면, 1862년 어셈블리는 1894년 어셈블리의 서막에 해당하는 사건이었다. 예를 들면, 진주 봉기의 주체(초군=농군)들은 사족들이 주도하는 향회와 읍회를 매개로 여러 차례 등소 활동을 전개했으나 아무런 효과(성과)가 없자 스스로 수곡장터에 모두 모여(都會) 집회와 시위 활동(義擧)을 전개했는데,[20] 이때부터 꽃피우기 시작한 19세기 후반의 도회·의거 문화는 1894년 어셈블리는 물론이고 이후의 역사 전개에도 큰 영향을 미쳤다.

이 같은 문제의식과 관련해볼 때, 송찬섭·김양식 등이 집필한 『(농민항쟁에서 촛불집회까지, 파리코뮌에서 68혁명까지) 저항의 축제 해방의 축제: 시위』(서해문집, 2023)는 특별히 주목되는 연구성과이다. '시위문화로 살펴본 근현대사'라는 표제처럼 이 책에서 다루어지고 있는 사건들은 1862년 농민항쟁, 1894년 동학농민혁명, 1919년 3·1운동, 1960년 4월혁명, 2008년 촛불집회, 2016~17년 촛불시위 등 다양하다. 대표필자인 송찬섭은 「1862년 농민항쟁과 시위문화」에서 진주 농민

---

**20** 김준형, 「진주 농민항쟁의 재음미」, 『진주정신을 찾아서—진주의 몇 가지 사실을 돌아보며』, 북코리아, 2021. 진주 농민항쟁의 서막에 해당하는 수곡도회는 官이나 士族 주도의 鄕會와는 달리 毋論班常論에 기초한 晉州 士民들의 자발적인 총회(general assembly)였다. 수곡장터에서는 1894년 어셈블리 때도 영우대의소(충경대도소)가 주도하는 대규모의 도회가 열렸다. 후술 참조

항쟁 사례를 중심으로 집회와 시위 양상, 시위문화의 특성 등을 정리했고, 김양식은 「동학농민군의 저항문화」라는 글을 통해 풍장과 깃발과 노래(칼노래, 동요) 등을 주목했으나, 19세기 후반에 형성되어 그 이후 연속과 단절, 지속과 변용의 과정을 거치며 변화 발전한 한국의 도회·의거 문화를 전체적으로 주목하거나 문제 삼지는 못했다.[21] 이들의 문제의식과는 달리 필자는 이 책에서 19세기 후반의 도회·의거 문화, 즉 모이고 모으는/ 점거하고 담판하는 A/O 투쟁으로서의 성격과 의미를 시야에 넣으며 공주 점거투쟁의 자초지종, 또는 성격과 의미 등을 논의해보고자 한다.

19세기 후반 이른바 '민란의 시대(=어셈블리의 시대)'에 등장한 도회(都會)[22]는 한자 뜻 그대로 민중들이 스스로 모두(都) 모여(會), 차이를 넘어 서로 협력의 조건을 정하고, 함께 의사를 결정하고 실천하는 능력을 보여준 일종의 민중대회(民衆大會)이자 주민총회(general assembly)였다. 1862년 어셈블리 때는 물론이고 1894년 어셈블리 때도 도회와 더불어 민회(民會)라는 말이 병용되었으나, 당시의 정

---

21  송찬섭이 진주 농민항쟁의 전개 양상을 저항의 단초→집회: 논의와 의결(모의 단계의 집회, 열린공간의 대중집회)→동원과 행진→결집과 공격→시위의 확장과 농성(외촌에 대한 공격, 농성과 해산) 등으로 나누어 정리한 것은 그간의 연구에서 찾아보기 어려운 탁월한 발상이다. 하지만 송찬섭도 김양식과 마찬가지로 1862년 '농민항쟁'과 1894년 '동학농민혁명(전쟁)' 과정에서 나타난 시위문화(저항문화)만을 주목했을 뿐, 1894년 사건 자체를 19세기 후반의 정치문화, 특히 도회·의거 문화의 산물로 인식하지는 못했다. 김양식이 1894년 어셈블리의 동력이라 말해도 좋을 '주문과 부적(영부)을 매개로 한 동학군의 각종 의례와 의식' 등을 주목하지 못한 것도 결국 '농민전쟁론' 탓이라 생각된다.

22  동학농민혁명자료총서의 원문을 검색하면 鄕會·邑會는 각기 12건·1건에 불과한데 都會·齊會·民會는 88건·52건·18건, 屯聚·聚會·會集은 230건·111건·43건이 확인된다. 〈한국사 DB〉 참조. 1894년 사건의 전개 과정에서 (大)都所가 수행한 기능과 역할을 가장 먼저 주목한 연구자는 김양식이나, 조선적 정치문화와의 연관성을 구체적으로 검토하지는 못했다. 김양식, 「동학농민군의 도소 조직과 이념기반」, 『역사연구』 27, 2014, 107쪽.

치문화에 기초해보면 민회는 본디 사족들이 주도하는 향회나 유회의 하위 모임(下會, 下契)이라는 의미가 포함되어 있었으므로 차이를 넘어선 횡단적 접속, 즉 대동(大同)을 의미하고 상징하는 도회와는 그 의미가 사뭇 달랐다. 이런 이유 때문인지 1894년 어셈블리 때 동학군은 공주 지역의 사례처럼 유회(儒會)와의 구별이 필요할 때만 민회라는 용어를 사용했을 뿐 모든 집회와 그 상설기구를 일관되게 도회(都會), 혹은 도소(都所)라 호명하였다.[23]

공주 점거투쟁도 당연히 도회, 즉 모이기/모으기 투쟁으로부터 시작되었고, 그 목표도 당연히 더 큰 연대, 즉 양호 단위의 도회(湖西都會, 또는 湖州大都會)를 매개로 더 큰 정치담판을 시도하는 것이었다. 필자가 선행연구에서 공주 점거투쟁의 주요 목표 혹은 방법 가운데 하나로 호서도회 개최 문제를 강조한 것도 이 때문이다. 요컨대, 당시의 정세와 조건을 감안하면 공주는 호남과 호서 동학군이 선택할 수 있는 가장 적절한 도회처(都會之處; 都會之地), 즉 모이고 모여 점거하고 담판하는(A/O) 투쟁을 전개할 수 있을 만한 도회지(都會地=都市)였다.

이 같은 문제의식에 기초해보면, 동학농민혁명기념재단이 주도했거나 진행하고 있는 '동학농민혁명 기념일 논쟁', 또는 '동학농민혁명 참여자의 독립유공자 서훈 논쟁'은 올바른 역사인식을 심어주는 역할보다는 오히려 국가의 역사독점 현상만을 심화시킬 우려가 크다.[24] 오랜 논란 끝에 2019년 정부는 국무회의를 통해 5월 11일(음력 4월 7일) '황토현 전승일'을 '동학농민혁명기념일'로

---

23  조선왕조 시기 향촌 사회에서는 上契와 下契, 上下合契=大同契라는 말이 병행하여 쓰였듯이, 鄕會(邑會)나 儒會 등과 짝하여 民會라는 말이 자주 쓰였는데 이때의 민회는 향회나 유회의 하위모임일 따름이다. 당시의 민(民)은 근대적인 의미의 人民이나 國民이 아니라 일반 백성(臣民·下民; 良民·化民)이라는 뜻이다.

24  이에 대한 자세한 설명은 후속연구 「다시, 우금티 도회(어셈블리)를 제안한다—차이와 차별을 넘어 다 함께 연대하고 협동하는 축제를 기획하자!」, 『조선, 1894년 어셈블리—역사·기억·기념』 참조.

지정했으나,[25] 이는 특별법과 마찬가지로 편협한 역사인식의 산물일 따름이다. "을미의병이나 동학농민혁명이나 모두 동일한 성격과 의미를 가지는 항일무장투쟁이었으므로 동학농민혁명(특히 제2차 농민전쟁) 참여자도 을미의병 참여자처럼 당연히 독립유공자로 서훈해야 한다"는 주장도 편협한 역사의식의 산물이기는 매한가지다.[26] 필자의 선행연구인 「국가의 역사독점과 민중기억의 유실—우금티 도회를 제안한다」(『역사비평』 110호, 2015)는 이런 문제의식에 기초한 비판이자 제안이었다.

앞서도 언급했듯이, 안토니오 네그리는 어셈블리를 "새로운 민주적 정치적 가능성을 인식하는 렌즈"라 규정한 바 있는데,[27] 이 책에서 1894년 사건의 여러 성격 가운데 특별히 A/O 투쟁, 특히 도회와 의거로서의 성격을 강조한 것도 같은 의도 때문이다. 새로운 민주주의를 인식하고 실천하려면 당연히 네그리의

---

25  2004년 특별법 제정 이후 '동학농민혁명 기념일' 문제를 둘러싸고 학계와 각 지역 기념사업 단체들 사이에서 십수 년간 치열한 논쟁이 벌어졌다. 강력한 후보는 역시 '무장 기포일(고창)', '황토현 전승일(정읍)', '전주 입성일(전주)' 등이었다. 여러 논란과 우여곡절 끝에 결국 정부는 2019년 국무회의 의결을 거쳐 5월 11일 황토현 전승일을 '법정 기념일'로 확정했다.

26  2021년 동학농민혁명 기념일에 기념재단과 유족회 측은 혁명 참여자들의 서훈을 촉구하는 학술토론회를 개최했다. 주요 논리와 근거는 "을미의병 참여자도 서훈했으니 항일운동인 동학농민혁명 참여자, 특히 2차 봉기 참여자도 당연히 동일한 예우를 고려해야 한다"는 것이었다. 「동학농민혁명 참여자 독립유공자 서훈 토론회」, 동학농민혁명기념재판, 『녹두꽃』 2121년 여름호. 후술하겠으나 1894년 사건 당시 동학군과 을미의병 주체들은 패거/의거 논쟁과 더불어 서로 죽고 죽이는 살육전을 벌이기도 했다.

27  "현대의 사회운동들에 의해 제도화된 총회(general assembly)에서 근대 정치의 입법의회 (legislation assembly)까지, 법적 전통에서 옹호된 집회의 자유에서 노동조직에 핵심적인 결사의 자유까지, 종교 공동체들의 다양한 회중 형태에서 새로운 주체성들을 구성하는 기계적 배치(machic assemblage)라는 철학적 개념까지, 모으기/모이기(assembly)는 그것을 통해 새로운 민주적 정치적 가능성을 인식하는 렌즈"이다. 안토니오 네그리·마이클 하트 지음, 『어셈블리』, 33~34쪽.

주장처럼 한국 근현대의 어셈블리 투쟁 과정에서 드러난 '서로를 발견하고 모이는', '서로 연대하고 협동하는', 그리하여 기어코 '해방으로 향하는 대안적 길을 기획하고 창출했던' 민중들의 정치사회적 힘을 기억하고 기념해야 한다.[28]

## 2. 연구사 정리와 문제 제기

### 1) 남접·호남 중심 농민전쟁론 비판

엥겔스는 『독일농민전쟁』[29]에서, 1524~25년에 발생한 독일 농민들의 무장봉기를 단순한 종교전쟁이 아니라 농민전쟁(peasants' war), 즉 내전(內戰)이나 혁명에 준하는 사건(proto-revolution)이라 규정한 바 있는데, 이는 역사(진보와 해방)의 시간을 단축하고 축적하는 중요한 수단이 바로 혁명적 지도와 폭력이라는 마르크스의 혁명론과 일맥상통한다.[30] 이 같은 엥겔스 류의 농민전쟁론은 우리 학계의 경우 1894년 사건의 배경과 전개 양상, 성격과 의미를 설명하고 구성하는

---

**28** 위의 책, 서문, 23~24쪽. 『어셈블리』 서문에 아래와 같은 언급이 보인다. "어셈블리라는 이 책의 제목은 함께 모여드는 힘과 정치적으로 합심하여 행동하는 힘을 포착하려는 의도에서 붙였다. (…) '모으기/모이기'는 그것을 통해 새로운 민주적인 정치적 가능성들을 인식하는 렌즈이다. (…) 이제 서로를 발견하고 모일 시간이다." 같은 책, 「서문」, 33·35쪽.

**29** 엥겔스, 『독일농민전쟁』, 『독일혁명사 2부작』, 소나무 출판사, 1988. 엥겔스의 농민전쟁론에 대해서는 윤승준, 「1894년 농민전쟁의 역사적 의의—중세 말 근대 초 유럽 농민봉기의 성격에 대한 예비적 검토」, 『1894년 농민전쟁 연구 5』, 역사비평사, 2003 등 참조.

**30** 칼 마르크스·프리드리히 엥겔스, 최인호 역, 『프랑스에서의 계급투쟁』, 박종철출판사, 1992, 80쪽. 마르크스는 혁명을 역사의 기관차라 말한 적이 있는데, 여기서 기관차란 역사(진보와 해방)의 시간을 단축하는 근대의 상징물이다. 마르크스는 '시간 단축'과 '정치 축적(political accumulation)'의 비결로서 특별히 혁명적 폭력의 중요성을 강조했다. 최갑수, 「'촛불'에서 3·1 운동으로, 그 혁명성의 탐구」, 『역사와 현실』 114, 2020, 3~22쪽 참조.

일종의 역사서술 개념(historiographical concept)이자 규합 개념(organizing concepts)으로 활용되곤 했다.

1894년 사건을 엥겔스 류의 농민전쟁론에 기초하여 서술하는 경향은 1922년 1월 극동민족대회에서 김규식이 발표했다는 「조선의 혁명운동」,[31] 또는 계봉우의 『동학당 폭동』(1932)[32] 등에서 확인할 수 있다.[33] 계봉우는 위 저작에서 1894년 사건을 독일의 농민전쟁에 비견되는 사건이라 규정하면서, 동학군의 패배(실패) 요인으로 '미신(迷信)의 이용', '남북 양접(兩接)의 충돌', '외국의 간섭', '민포(보)군의 적대', '책략상의 착오' 등을 강조했다. 해방 이후 북한의 연구성과[34]도 위와 크게 다르지 않다. 전석담은 동학농민란과 삼일운동을 '조선해방사의 2대 투쟁'이라 규정했으나, 그가 강조한 '동학농민란'의 실패 원인도 '전위당(vanguard party)의 혁명적 지도와 폭력'이 부재했다는 것이다.[35]

---

**31** 김규식은 「조선의 혁명운동」(발표자 박경=김규식)이라는 발표문을 통해, 1894년 사건(東學黨의 亂)을 "특권 양반계급 타도를 목표로 한 혁명적 농민들의 봉기"로 규정했다. コミンテルン 編, 『極東勤勞者大會—日本共産黨成立の原點』, 東京: 合同出版, 1970, 103~142쪽.

**32** 『한국학연구』 6 별집, 인하대학교 한국학연구소, 1995. 계봉우의 위 글에 대한 대체적인 소개는 윤병석, 「'동학당 폭동' 해제」 참조.

**33** 1894년 사건에 대한 최근의 연구사 정리로는 홍동현, 『한말 일제시기 문명론과 동학난 인식』, 연세대학교 사학과 박사학위논문, 2018; 김헌주, 「근대 전환기 사회운동사 연구의 현황과 과제—동학농민전쟁과 의병운동을 중심으로」, 『사총』 107, 2022 등이 참고할 만하다.

**34** 해방 후 북한 학계의 농민전쟁 연구는 전석담과 리청원 등에 의해 기본틀이 그려졌다. 『조선전사』 등에 보이는 '農民戰爭史像'에 대해서는 하원호, 「부르주아민족운동의 발생, 발전」, 안병우·도진순 편, 『북한의 역사인식 II』, 한길사, 1990, 109~113쪽 참조.

**35** 「이조 봉건사회의 총결로서의 동학농민란」, 『조선경제사』, 박문출판사, 1949. 전석담이 강조한 '동학농민란'의 실패요인은 ① 지도하는 전위가 진정한 혁명적 당으로서 나서지 못했다는 것, ② 공격적 투쟁이 절대적으로 필요한 시점에 공격성을 결여하는 등 레닌의 언급처럼 '폭동을 가지고 작난'을 했다는 것, ③ 봉건귀족(양반) 지주의 專制制度를 청산하는 토지혁명의 구호와 민주정권 수립과 정치적 자유 등의 요구를 반드시 제기해야 했으나 그렇지 못

이 책에 자주 등장하는 남접·호남 중심 농민전쟁론이란 전봉준 등 남접집단(중앙지도부)이 호남 농민군을 이끌고 서울로 쳐들어가 일본군과 친일정권을 무너뜨리고 정치권력을 장악하려 했다는 식의 역사인식이나 서사들이다. 기존 연구들이 공주 점거투쟁을 서술할 때 남접집단의 삼례 재기포(9월 10일경)와 호남 동학군의 북상(10월 12일경) 사실을 부각시킨 이유도 크게 보면 이런 인식의 산물이라 할 수 있다. 예를 들면, 1931년 『동아일보』에 연재된 김상기의 『동학과 동학란』[36]은 공주 점거투쟁의 시작점으로 삼례 재기포와 호남 동학군의 북상 사실을 특별히 강조했는데, 이 같은 역사 인식과 서사들은 이후 국사편찬위원회가 편찬한 『신편한국사 39』 등에서도 확인된다.[37] 하지만 공주 점거투쟁의 중심무대는 공주와 호서였으며, 대부분의 사건도 공주와 호서 지역에서 발생했다. 공주 점거투쟁 시기 호서 지역에서 활동하던 남북접 동학군은 10만여 명 수준이었는데, 이 가운데 전봉준과 김개남이 이끈 동학군의 숫자는 그 1/10인 1만 명 정도였다(후술 참조).

한국역사연구회가 편찬한 1894년 농민전쟁 100주년 기념논문집[38]은 물론

---

했다는 것, ④ 인민의 모든 세력을 집결하여 양반 토호 등 반동분자를 고립시켜야 함에도 '민포'라는 반동조직에 많은 사람들이 가담한 것, 즉 혁명 세력이 모든 진보적 요소를 투쟁에 동원하지 못했다는 것 등이다.

36  김상기는 1931년 8월 21일부터 1931년 10월 9일까지 36회에 걸쳐 『동아일보』에 연재된 글을 일부 수정하여 1975년 『동학과 동학란』(한국일보사)을 출간하였다. 위 책은 삼례 '재기포'와 호남 동학군의 '북상'을 '2차 봉기(공주 점거투쟁)'의 시작으로 간주했다.

37  국사편찬위원회 편, 『신편한국사 39』, 1999에 실려 있는 「제2차 농민전쟁」의 필자는 박맹수(배경), 신영우(동학농민군의 재기), 배항섭(반일투쟁의 전개), 정창렬(동학농민전쟁의 역사적 의의)이다.

38  1988년 과학적 실천적 역사학을 표방하며 창립된 한국역사연구회는 1894년 농민전쟁 100주년을 기념하기 위해 1992년부터 5권의 기념논문집을 발간했다. 5권 제1부에 실려 있는 안병욱의 「1894년 농민전쟁의 역사적 위치」는 1894년 사건의 성격과 의미를 정리한 공동연구

이고, 그 즈음에 출간된 정창렬, 신영우, 김양식, 조경달, 배항섭 등의 저작은[39] 대부분 남접·호남 중심 농민전쟁론에 기초한 성과들인데, 정창렬의 『갑오농민전쟁 연구』(1989)와 조경달의 『이단의 민중반란—동학과 갑오농민전쟁』(1998)은 1894년 사건이 왜 '농민전쟁'인가를 논증하기 위한 저작이라 해도 과언이 아니다.[40] 예를 들면 조경달은 『이단의 민중반란』에서 1894년 어셈블리의 중앙지도부=전봉준 등 남접집단, 주력군=호남 농민군, 지도사상(이념)=이단동학(異端東學)[41]이라는 도식에 기초하여 "동아시아 삼국 가운데 조선만이 확실히 '농민전

---

의 결론이다. 안병욱은 이 글에서 "1894년의 농민봉기는 조선 후기 이래 지속적으로 전개해 온 반봉건 농민항쟁의 총결이며 사회혁명을 지향한 농민전쟁이었다"고 강조했다. 안병욱, 「1894년 농민전쟁의 역사적 위치」, 『1894년 농민전쟁연구 5. 농민전쟁의 역사적 성격』, 역사비평사, 2009, 81~84쪽.

**39** 정창렬, 『갑오농민전쟁연구—전봉준의 사상과 행동을 중심으로』, 연세대학교 사학과 박사학위논문, 1989(『정창렬 저작집 1. 갑오농민전쟁』, 선인, 2014); 신영우, 『갑오농민전쟁과 영남 보수 세력의 대응—예천·상주·김산의 사례를 중심으로』, 연세대학교 사학과 박사학위논문, 1992; 신용하, 『동학과 갑오농민전쟁 연구』, 일조각, 1993(『신용하 저작집 4. 신판 동학과 갑오농민전쟁연구』, 일조각, 2016); 우윤, 『전봉준과 갑오농민전쟁』, 창작과비평사, 1993; 김양식, 『근대한국의 사회변동과 농민전쟁』, 신서원, 1996; 趙景達, 『異端の民衆反亂—東學と甲午農民戰爭』, 岩波書店, 1998(박맹수 번역, 『이단의 민중반란』, 역사비평사, 2008); 배항섭, 『조선 후기 민중운동과 동학농민전쟁의 발발』, 경인문화사, 2002; 장영민, 『동학의 정치사회운동』, 경인문화사, 2004.

**40** 정창렬은 농민전쟁의 네 가지 조건(요소)으로 ① "봉기의 목적이 고을 차원의 것에서 그치지 않고 전국(보편) 차원에까지 확대되어야 한다"는 점, ② 고을의 수령이나 이서 정도가 아니라 당대의 집권층에 맞서는 '내전(civil war) 성격'을 띠어야 한다는 점, ③ "문제제기와 행동의 이념이 체제 안에서의 개량에 그치는 것이 아니라, 제체 자체의 변혁을 지향하는 내용이라야 한다"는 점, ④ "봉기의 주체가 종교집단이나 기타의 인간 집단이 아니라 농민이라야 한다"는 점 등을 강조했다. 『정창렬 저작집 1. 갑오농민전쟁』, 174쪽.

**41** 조경달은 『異端の民衆反亂』에서 "異端의 교리는 남접의 탄생과 함께 진정한 민중적 지평을 열었다"고 보았다. 제2장 '正統と異端', 420쪽. 유럽의 경우 "대부분의 농민전쟁이 종교적 이단과 결부되어 일어났다"는 가설에 근거하여, 앞서 북접교단의 內省主義(汎神論的 自力信

쟁의 전통'을 가진 유일한 나라"라는 주장을 펼치기도 했는데, 그가 주목한 독일 농민전쟁의 주요한 특징은 ① 특정 영주나 지방관에 대한 투쟁이라는 영역을 넘어 광역화하여 전체 영주와 국가권력에 대한 투쟁이라는 내전적 성격을 띤다는 점, ② 농민계급 외에 영주나 지방관과 모순 관계에 있는 광범한 계층들이 참가한다는 점, ③ 강약의 차이가 있기는 하나 중앙지도부가 존재하고, 통일적인 강령과 요구사항을 가지고 있다는 점, ④ 신분제(농노제)의 폐기(=평등주의)와 빈부의 해소(=평균주의)를 지향하는 농민적 윤리를 기축으로 전개되고, 민중구제적(救濟的)인 유토피아 사상을 가지고 있다는 점 등이다.[42]

박맹수는 기존의 연구성과들과 달리 1894년 사건과 북접교단의 연관성을 꾸준히 탐구해온 보기드문 연구자이나,[43] 남접·호남 중심 농민전쟁론의 영향력은 박맹수의 연구성과에서도 확인된다. 예를 들면 공주 점거투쟁의 시작으로 '남접집단의 삼례 재기포'와 '호남 동학군의 북상'을 강조한 것, 남북접 동학군의 투쟁목표를 공주 점거가 아니라 구병입경과 정권 장악(권력 창출)으로 이해한 것, 남북접 동학군의 합의와 설계(設計)에 따라 전개된 두 차례의 공주 점거투쟁을 전봉준 등 남접집단과 호남 동학군을 중심으로 서술한 것 등이 그러하다. 하지만 위와 같은 관점에서 사건사를 정리할 경우, 공주 점거투쟁의 주

---

仰)를 강조하는 正統東學, 그리고 남접집단(서포=기포)의 '異端 東學(一神論的 他力信仰)'을 주목했으나, 근거와 설득력이 부족하다. 당시 척사유생들의 입장에서는 남접이건 북접이건 동학 자체가 邪道이자 異端이었다.

**42**  趙景達, 『異端の民衆反亂』, 2~6쪽 참조. 조경달은 1894년 사건과 동학(특히 북접교단)의 관련성을 부정하며, 이 사건을 '甲午農民戰爭'이라 호명했다.

**43**  박맹수·정선원 지음, 『공주와 동학농민혁명—육성으로 듣는 공주와 우금티의 동학 이야기』, 모시는사람들, 2015. 박맹수는 『개벽의 꿈, 동아시아를 깨우다—동학농민혁명과 제국 일본』(도서출판 모시는사람들, 2012)에서도 이른바 '남북접 대립설'을 비판하면서 북접교단도 1차 봉기(혁명)에 참여했다는 사실을 애써 강조한 바 있다.

체와 목표에 대한 온전한 이해가 어렵다. 왜냐하면 공주 점거투쟁의 중심무대는 호남(湖南)이 아니라 호서(湖西)였고, 집회나 무장시위의 주력도 남접집단이 이끈 호남 동학군(원정대)이 아니라 북접교단이 직접 이끌거나, 그 영향력 아래 있던 호서 동학군이었기 때문이다.

공주 점거투쟁 시기 북접 동학군의 동향은 신영우 등에 의해 상세히 밝혀졌다.[44] 신영우는 일련의 연구들을 통해 공주 점거투쟁 시기 일본군(특히 중로군)의 동향은 물론이고 북접 동학군(특히 황산 집결군)에 의해 수행된 괴산·지명장·증약싸움, 공주(이인, 대교, 우금티)싸움, 연산·논산싸움, 용산·북실싸움 등을 상세히 재현했으나, 기존 연구들과 마찬가지로 9월 18일 기포령의 성격과 의미는 물론, 남북접 연대와 공주 점거투쟁에 대한 합의가 이루어지는 과정, 특히 양측이 합의한 공주 점거투쟁의 목표와 방법을 구체적으로 밝혀내지는 못했다.

---

44 신영우, 「제2차 농민전쟁(동학농민군의 재기)」, 『신편한국사 39』, 국사편찬위원회, 1999; 신영우, 「1894年 日本軍 中路軍의 鎭壓策과 東學農民軍의 對應」, 『역사와 실학』 33호, 2007; 신영우, 「북접 농민군의 충주 황산 집결과 괴산전투」, 『한국근현대사연구』 55집, 2010; 신영우, 「북접 농민군의 공주 우금치·연산·원평·태인전투」, 『한국사연구』 154호, 2011; 신영우, 「북접 농민군의 충청도 귀환과 영동 용산전투」, 『동학학보』 24호, 2012; 신영우, 「북접 농민군의 보은 도착과 북실전투」, 『한국근현대사연구』 제61집, 2012; 신영우, 「북접 농민군의 교단 거점 수비와 청주 일대의 전투」, 『동학학보』 43호, 2017; 신영우, 「북접 농민군의 전투 방식과 영동 용산전투」, 『동학학보』 48호, 2018; 이영호, 『동학과 농민전쟁』, 혜안, 2004; 이영호, 『동학·천도교와 기독교의 연대, 1893~1919』, 푸른역사, 2020; 배항섭, 「충청도 지역 동학농민전쟁과 농민군 지도부의 성격」, 『동학농민혁명과 농민군 지도부의 성격』, 서경문화사, 1997; 배항섭, 「1894년 동학농민군의 천안 세성산전투와 역사적 의의」, 『역사와 담론』 96집, 2020; 김양식, 「목천 지역 동학농민군 활동과 세성산전투」, 『군사』 70, 2009; 김양식, 「조선·일본군의 충남 내포 지역 동학농민군 진압 연구」, 『군사』 103호, 2017; 김양식, 「청주병영의 농민군 진압과 모충사」, 『동학학보』 43호, 2017; 장수덕, 「내포 지역 동학농민전쟁 연구」, 공주대학교 역사교육과 박사학위논문, 2020; 이상면, 「동학혁명운동 당시 금강 중상류 척왜항전」, 『동학학보』 56호, 2020; 정선원, 「1894년 동학농민혁명의 공주전투 시기 남접과 북접 농민군의 동향」, 『동학학보』 56호, 2020.

기포령은 기존의 연구들처럼 '전봉준과 연대하여 공주 점거투쟁을 벌이라'는 게 아니라 각자기포하여 자경보위(自境保衛), 혹은 회립자생(會立自生)하라는 지시(招諭)였으며, 9월 그믐 무렵에 성사된 남북접 연대는 최시형(法憲)의 '폭거중지 혁심개도' 유시에 따를 것을 전제로 한 일종의 '조건부 연대'였다(후술 참조).

기존의 연구들은 1894년 사건의 자초지종을 정리할 때 대부분 단계적 발전론을 강조하는 경향이 있었다. 예를 들어, 한국사 교과서나 국사편찬위원회의 『신편한국사』는 교조신원운동 단계, 혹은 고부 봉기 단계를 1894년 사건의 전(前)단계로 간주하는 가운데, 고부 봉기 단계→무장기포 단계(제1차 농민전쟁)→'전주화약'과 집강소 통치 단계→삼례 재기포 단계(제2차 농민전쟁) 등으로 사건사를 구성하였다. 하지만 마르크스레닌주의자들의 혁명론처럼 1894년 사건의 전개 과정을 단계적 발전의 연속 과정으로 이해하는 경우, 사건의 전체상은 물론이고 그 성격과 의미에 대한 설명도 어려워질 수밖에 없다. 왜냐하면 동학군의 어셈블리 투쟁은 1894년 무장기포 때부터 시작된 것이 아니라 1892년말 교조신원운동 시기, 특히 보은도회[45] 시기부터 서서히 불타오르기 시작했고, 또 전주화약과 집강소 설치(통치?) 시기는 일종의 휴지기(休止期)였기 때문이다. 이런 의도와 취지에서, 이 책에서는 기존의 시기구분과는 달리 1894년 1월 고부 봉기 때부터 그해 5월 전주화약 때까지를 1차 봉기 시기, 그리고 갑오변란(6월 21일) 때부터 양호창의영수인 전봉준이 해산을 선언할 때까지(11월 27일)를 2차 봉기 시기라 호명했다.

남접·호남 중심 농민전쟁론의 가장 큰 문제점은 사건사 자체를 서술할 때

---

**45** 한국사 개설서나 교과서는 이 사건을 흔히 보은집회(혹은 聚會)라 호명하나, 집회 주체들이 스스로 民會라 칭했다는 점, 그리고 都所를 설치하여 집회와 시위를 이끌었다는 점 등으로 미루어 볼 때, 민회 혹은 도회라 호명하는 것이 마땅하다. 오지영의 『동학사(초고본)』은 보은과 광화문에서의 집회와 시위를 '報恩會集'과 '京城會集'이라 칭했다.

보다는 오히려 1894년 사건 이후의 문제(역사적 의미, 또는 교훈)를 서술할 때 더 크게 드러난다. 1894년 사건을 엥겔스의 농민전쟁론처럼 내전이나 혁명에 준하는 사건으로 이해할 경우, 1894년 어셈블리는 미숙했기 때문에 실패한 내전이나 혁명으로 인식될 수밖에 없다. 하지만 도회·의거 전통의 지속과 변용이라는 관점에서 보면 1894년 사건, 특히 민중들이 도회와 의거의 주체, 또는 광제창생과 보국안민의 주체로 역사의 전면에 부상하는 과정은 한국 역사의 큰 흐름이 뒤바뀌는 대파국의 서막으로 간주해야 마땅하다. 이 책의 가장 큰 문제의식은 첫째, 기존의 연구들처럼 남접·호남 중심 농민전쟁론, 특히 단계적 발전론에 기초하여 공주 점거투쟁의 자초지종을 서술하는 경우 잘못된 역사상이 그려질 가능성이 높다는 것, 둘째, 공주 점거투쟁의 전개 양상을 재현하려면 남북접 지도부가 합의한 투쟁 목표와 방법, 즉 A/O 투쟁의 실상을 제대로 이해해야 한다는 것, 셋째, 농민전쟁에 기초하여 1894년 어셈블리를 역사화하는 경우 1894년 사건은 실패한 내전이나 혁명으로 역사화될 수밖에 없으나, 도회·의거 문화와의 연관성을 주목하는 경우 1894년 어셈블리는 조선왕조사회가 해체되는 이른바 '대파국의 서막'을 열어젖힌 성공적인 투쟁이었다는 것 등이다. 이 같은 연구 목적을 달성하기 위해 이 책은 사건사 서술(구성)의 기본틀에 따라 사건의 배경, 전개 양상, 성격과 의미 등으로 목차를 구성했다.

## 2) 주요 쟁점에 대한 문제 제기

### (1) '배경' 관련 문제 제기

1894년 사건의 배경을 다룬 저작들은 많으나[46] 공주 점거투쟁의 배경이나

---

46 한국역사연구회가 편찬한 『1894년 농민전쟁 연구』(전5권)는 1894년 사건의 배경으로 '농민전쟁의 사회경제적 배경'(제1권), '18·19 세기 농민항쟁'(제2권), '농민전쟁의 정치·사상적 배

원인을 따로 정리한 연구성과는 거의 없다. 그 이유는 1차 봉기와 2차 봉기를 동일한 주체가 동일한 목표하에서 전개한 단일한 사건으로 이해했기 때문이다. 물론 구조사적인 관점[47]에서 보면 두 시기는 동일한 물적 토대와 계급모순에 기초한 사회이다. 하지만 사건사적인 관점에서 보면 1차 봉기와 2차 봉기는 발발 배경과 조건 자체가 크게 다르다. 따라서 공주 점거투쟁의 사건사적 배경을 논의할 때는, 다른 무엇보다도 먼저 1894년 6월 21일에 벌어진 일본군의 경복궁 점령과 쿠데타(갑오변란), 그리고 그 직후 시기의 청일전쟁 등을 주목해야 한다. 2차 봉기, 즉 동학군과 척사유생들의 항일의려 형성 활동이 활기를 띠기 시작한 것도 이 무렵부터였다. 이런 점들을 유념하며 이 책에서는 공주 점거투쟁의 배경으로 아래와 같은 사실을 주목했다.

첫 번째로는 일본군의 평양 승전(8월 17일) 이후 경부 병참선 인근 동학군에 대한 물리적 탄압이 강화되었다는 사실, 특히 8월 24일경 대원군이 동학군의 석병귀전(釋兵歸田)을 권유하는 효유문을 발표하고, 고종이 9월 22일 귀화하지 않으면 모두 주멸(誅滅)하겠다는 내용의 교서를 내림과 동시에 경군을 총동원하여 양호순무영(兩湖巡撫營)[48]을 설치했다는 사실 등을 주목했다. 이런 소식이 전해지자 1차 봉기의 주역인 남접집단은 물론이고 이들과 일정한 거리를 유지하고 있었던 북접교단조차 '좌즉사(坐則死) 동즉생(動則生)'의 위기의식을 공

---

경'(제3권) 등을 다루었다. 이런 목차 구성은 정창렬의 『갑오농민전쟁연구』나 조경달의 『異端の民衆反亂』 등도 마찬가지이다.

47 마르크스는 『프랑스혁명사 3부작』에서 당시 사회의 물질적 구조를 추적하는 '구조사적인 접근방법'과 매일매일 발생하는 제사건의 구체적 경과를 당시에 조성된 정세나 정치지형 등과 관련시켜 면밀히 추적하는 '사건사적 접근방법'을 통일적으로 결합시킬 수 있었다. 칼 마르크스 지음, 임지현·이종훈 옮김, 『프랑스혁명사 3부작』, 소나무출판사, 1991 참조.

48 巡撫營이라는 명칭은 『맹자』의 용례에 따르면 적을 물리적으로 섬멸하거나 제압하는 기능보다는 왕도정치 과정에서 巡狩와 慰撫를 수행하는 기관(軍營)이라는 뜻이다.

유하게 되었는데, 이는 1차 봉기와는 전혀 다른 2차 봉기만의 특별한 사건사적 배경이었다. 남접집단이 9월 10일경 삼례 재기포를 단행한 것, 그리고 9월 18일 북접교단이 국왕직소를 위한 기포령(초유문)을 내린 것,[49] 더 나아가 9월 그믐 무렵 남북접 지도부가 연대와 동시에 공동대응책(공주 점거투쟁) 마련에 합의한 것 등도 당연히 이러한 배경 가운데서였다. 이 같은 정세 변화에 따른 사건사의 흐름을 무시하는 경우 공주 점거투쟁의 목표나 방법 등에 대한 이해도 그만큼 어려워질 수밖에 없다.

두 번째는 남북접 연대와 공주 점거투쟁이 합의·설계되는 과정이다. 기존의 연구들은 이른바 '제2차 농민전쟁', 혹은 공주 점거투쟁의 서막을 기술할 때 남접집단의 삼례 재기포와 북접교단의 기포령을 강조한다. 그러나 이 무렵에는 남북접 연대는 물론이고 공주 점거투쟁에 대한 합의도 없었다. 요컨대, 남북접 연대는 오지영의 지적처럼 9월 18일 기포령 때가 아니라 '9월 그믐 무렵'에야 비로서 성사되었으며,[50] 그 내용도 "전봉준 등 남접집단, 또는 호남 동학군과 연대하여 구병입경 투쟁을 전개하라"는 것이 아니었다. 기포령 당시 북접교단은 호남을 포함한 전국 각지의 동학도들에게, 광화문 복합상소나 보은도회 때처럼 ① 청산(보은 법소?)에 모두 모여 ② 국왕직소를 통해 ③ 선사의 숙원을 쾌신하고, 종국의 급난에 동부하라는 지시를 내렸으나, 기포령에 따른 청산도회

---

**49** "剋期會集, 庶竭菲誠, 大叫天威絰纊之下, 快伸先師之宿冤, 同赴宗國之急難, 千萬千萬." 侍天教宗繹史 〉 侍天教宗繹史 第二編下 〉 第十一章 甲午教厄. 『天道教百年略史 (上)』, 천도교중앙총부 교사편찬위원회, 1981에도 이때 발표된 초유문(번역문)이 실려 있다. 충청남도역사문화연구원 편, 『충남동학농민혁명사』, 2022, 275쪽 재인용.

**50** 오지영은 『동학사(초고본)』에서 남북접 연대가 성립된 시점을 기포령 시기가 아니라 '9월 그믐(晦間) 무렵'으로 특정했다. 후술 참조. 오지영의 『동학사』는 초고본(1926)과 출간본(1940)이 존재하는데, 이 책에서는 주로 초고본을 활용하였다. 이 책에 대한 심도 있는 사료 비판으로는 『오지영의 '동학사'에 대한 종합적 검토』, 고창군·성균관대동아시아학술원, 2014 참조.

는 일본군과 관군의 탄압과 남북접 지도부(교단 내 강경·온건파) 간의 갈등으로 말미암아 무산된 것으로 보인다. 후술하겠으나 남북접 지도부는 양호순무영 설치를 전후한 시기부터 강화된 일본군과 관군의 탄압, 그리고 남북접 동학군 간의 대립과 갈등 등 외우내환을 일거에 타개하기 위해 9월 그믐 무렵 남북접 연대와 거의 동시에 공주 점거투쟁을 합의·설계한 것으로 보인다. 이런 점들을 유념하며 이 책에서는 공주 점거투쟁의 배경으로 첫째, 갑오변란 직후부터 동학군은 물론이고 충군애국지심을 가진 초야 사민(士民)들 사이에서 '항일의려'를 형성해야 한다는 여론이 광범위하게 대두되기 시작했다는 점, 둘째, 이런 가운데 호남(남원, 삼례)뿐만 아니라 호서(공주, 충주)와 영남(상주, 진주) 등지에서도 항일의려를 형성하려는 움직임이 나타나고 있었다는 점, 셋째, 사정이 이러하자 일본공사관 측은 평양 승전 이후 동학군에 대한 탄압 정책을 강화하기 시작했다는 점, 넷째, 동학군에 대한 탄압이 강화되자 이에 대응하여 남접집단은 남원대회와 삼례 재기포를, 그리고 북접교단은 기포령을 내렸으나, 각자의 힘만으로는 위기상황을 타개하기가 어려웠다는 점 등을 강조하고자 한다.

세 번째는 사건의 중심무대였던 공주의 지역 사정, 특히 공주 점거투쟁 직전 시기까지 공주와 그 인근 지역에서 전개된 항일의려 형성 투쟁이다. 기존 연구들은 공주 점거투쟁의 배경을 다룰 때 사건의 중심 무대가 호서의 수부인 공주(錦營)였다는 사실을 거의 주목하지 않았다. 그 이유는 남북접 지도부의 공동투쟁 목표를 '공주 점거'가 아니라 '한양 입성'으로 이해했기 때문이다. 하지만 공주 점거투쟁의 배경과 전개 양상, 성격과 의미 등을 제대로 이해하려면, 그 중심무대였던 공주의 지역 사정, 즉 공주가 '충청감영 소재지'였으며 '호남의 관문'이자 '양호(兩湖)의 요충'이었다는 점, 호남 포교가 활발했던 1890년대 초반에는 최시형이 직접 머물며 포교 활동을 진두지휘한 일종의 '포교 기지(station)'였다는 점, 공주 점거투쟁 직전 시기 자진해산하기는 했으나 임기준이 이끄는 동학군이 궁원(弓院)에서 도회를 개최(8월 1일)함과 동시에 부내(府內) 점거(8월 2일)를 시도하는 등 활발한 집회·시위 활동을 전개하고 있었다는 점, 성사되지는 않았으나 조가밀교설(소문)에 따라 공주 인근의 부여와 노성 등지에서 척사유생들의 거의(擧義) 계획이 진행되기도 했다는 점 등을 주목해야 한다. 요컨대 호남과 호서의 동학군이 호주(양호) 대도회를 개최한다 할 때, 당시 가장 적절한 도회처(도회지)는 역시 공주였다. 게다가 전봉준 등 남접집단이 재기포 장소로 선택한 삼례는 서두르면 하루 이틀이면 충분히 논산이나 공주에 닿을 수 있는, 크게 보면 동일한 (광역)시장권에 속한 지역이었다.

그동안 공주 점거투쟁의 배경으로 '대원군 밀지설'이나 '조가(朝家=고종)밀교설'을 언급하는 경우가 종종 있었다. 물론 일본공사관 측이 주장한, 대원군이 효유문을 내려 석병귀전을 권유함과 동시에 호남의 전봉준과 김개남, 호서의 서장옥과 임기준 등에게 '기병부경(起兵赴京)'을 은밀히 지시하는 이른바 '이면(裏面) 밀지'를 전달했다거나, 그에 따라 전봉준, 김개남 등이 9월 10일경 삼례에서 재기포를 단행했다는 주장은 사실일 가능성도 매우 크다. 하지만 이면 밀지에 따라 공주 점거투쟁이 전개되었다는 주장은 사실이 아니라는 판단에 기초하여, 이 책에서는 그에 대한 구체적인 논의는 생략하였다. 갑오변란 직후 대원군 섭정 체제가 시작되면서부터 대원군 세력이 이준용을 국왕으로 옹립하는 쿠데타를 도모했다는 것, 그 방법의 하나로 평양의 청국군과 호서와 호남의 동학군을 서울로 끌어들이기 위한 밀모(密謀)를 진행시켰다는 것 등은 부정할 수 없는 사실로 보인다(후술 참조). 하지만 전봉준 등이 이면 밀지에 따라 북상을 단행하고(10월 12일경 논산 도착) 공주 점거투쟁(10월 23일~11월 11일)을 벌였다는 일본공사관 측의 주장은 이를 입증할 만한 구체적인 증거가 거의 없다.[51]

---

51  대원군 밀지설, 특히 裏面密旨說과 朝家密敎說에 대한 구체적인 논의는 지면관계상 후속연

## (2) '전개 양상' 관련 문제 제기

남접·호남 중심 농민전쟁론에 기초한 연구들은 이른바 '제2차 농민전쟁'의 기점으로 남접집단의 남원도회(8월 27일)와 삼례 재기포(1894년 9월 10일) 등을 거론한다. 하지만 서론에서도 밝혔듯이 2차 봉기는 갑오변란(6월 21일) 직후 시기부터 시작되었다고 보아야 옳다. 8월 들어 공주를 비롯하여 충주(황산), 보은(장내), 남원, 상주, 예천 등 동학세가 강한 지역에서는 동학군(도소)이 주도하는 도회가 빈번하게 개최되었는데(『일지』 참조), 이는 남접집단과는 큰 관련성이 없는 활동들이었다. 북접교단은 9월 18일 기포령을 통해 좌즉사 동즉생(坐則死 動則生)의 위기상황을 돌파하고자 했으나, 사정이 여의치 않자 각자기포(各自起包)한 포접 조직 앞으로 청산도회 개최, 즉 법소입거(法所入居)와 국왕직소보다는 자경보위(自境保衛)와 회립자생을 더 강조했다(후술 참조).

10월 중순경부터 11월 중순경까지 근 한 달 가량 계속된 공주 점거투쟁은 9월 그믐 남북접 연대가 성사된 이후에 설계된 공동투쟁인데, 당시의 연대는 최시형의 '폭거중지 혁심개도' 유시, 즉 "폭거를 중지하고 마음을 크게 바꾸어 성사의 가르침을 실천하면 하늘의 뜻을 되돌려, 성사의 억울함을 풀고 생명을 지킬 수 있을 것이라는 가르침"[52]에 모두가 따를 것을 전제로 한 일종의 '조건부 연대'였다. 요컨대, 공주 원정을 앞둔 시기 청산에서 열린 치성식(10월 14일) 때 최시형이 손병희(統領)에게 '전봉준에게 전하라' 당부했다는 위의 유시는 공주 점거투쟁의 목표와 방법을 규정한 기본 전제이자 강령이었다. 선행연구에서도 강조했듯이, 당시 남북접 지도부는 공주를 점거한 뒤 일본과 조선 정부를

---

구 「대원군 밀지설의 진상과 정치효과—밀지 소문은 당대 민중들의 기대와 희망이었다」로 미루고자 한다.

**52** 侍天敎宗繹史 第二編下 〉 第十一章 甲午敎厄. 이 喩示에 대한 구체적인 분석은 2부 1장으로 미루고자 한다.

상대로 일종의 정치담판을 벌이려 했는데, 이를 위해서는 대도회지(大都會地)인 감영도시 공주에서 호서도회(호주대회)를 개최함과 동시에 양호 단위를 넘어 더 큰 규모와 범위의 항일의려를 형성하는 것이 필수적이었다.

남접·호남 중심 농민전쟁론에 기초한 연구들은 공주 점거투쟁을 설명할 때 대교, 이인, 효포 등지에서 전개된 공주 1차 A/O 투쟁(10월 23~25일)보다 우금 티싸움을 포함한 2차 투쟁(11월 8~11일)을 더 중시했다. 그러나 사건사적인 관점에서 보면, 2차 투쟁보다는 1차 투쟁이 훨씬 큰 의미가 있는 사건이었다. 금강 북안의 대교, 그리고 남안의 이인과 효포 등지에서 동시에 진행된 1차 투쟁은 남북접 지도부의 합의(설계)에 따른 투쟁이었으며, 투쟁의 범위, 참여자 규모 등도 우금티싸움에 비할 바가 아니었다. 특히 기존의 연구들은 효포싸움을 능티를 넘어 공주 부내로 진입하기 위한 일종의 공성전으로 이해하려는 경향이 있었으나, 이유상의 상서 등에 보이는 '호서도회를 위한 차로론(借路論)', 그리고 효포싸움 당시의 각종 기록 등으로 미루어 보면, 그 목표는 노성, 이인, 경천, 효포, 장기대나루 대교(광정) 등지로 이어지는 호남대로, 특히 장기대나루를 장악하는 것이었다. 당시 남북접 지도부는 호남대로와 금강 남북의 요충지를 점거한 이후 대규모의 군중집회와 무장시위 등을 통해 경군과 영병의 내응, 이교와 시민의 호응을 이끌어내는 방법으로 공주 점거(진입)를 달성하고자 했으나, 일본군(서로군)과 관군(좌선봉진), 그리고 충청감사의 기민한 대응으로 말미암아 실패하고 말았다.

1차 투쟁에 실패한 이후 남북접 동학군은 모두 논산 방면에 집결하였으나, 사기가 떨어지고 추위도 심해져 대오를 유지하는 것조차 어려운 형편이었다. 게다가 점거전을 더 지속할 경우 거꾸로 일본군(종로군)과 관군(우선봉진)에 의해 포위 공격을 당할 위험성마저 커지고 있었으므로, 동학군 지도부는 부득이하게 죽음을 무릅쓰고 곧바로 공주성을 들이치는 만사일생지계를 선택하지 않을 수 없었다. 남북접 지도부가 우금티싸움을 시도한 것은 군사적 승리를 위해서라기보다는 자신들의 뜻(大義)을 세상에 널리 알리기 위해서였다. 남북접 동학군은 한 달여 동안 진행된 두 차례의 투쟁에 실패하자 논산 방면으로 퇴각하여 전열을 정비하고자 했으나, 연산(11월 14일)·논산(11월 15일)싸움 등에서 패배하자 곧바로 호남 방면으로 퇴각하였다.

공주 점거투쟁은 남북접 지도부의 합의와 설계에 따라 진행된 사건이므로 시작뿐만 아니라 끝도 존재했다. 기존 연구들은 호남 퇴각 직후 '양호창의영수'인 전봉준과 북접교단이 공개적으로 동학군의 해산을 선언(선포)했다는 사실을 아예 언급하지 않은 경우가 많다. 그러나 남북접 지도부가 원평(11월 25일)과 태인(27일)싸움 직후 공개적으로 해산을 선언했다는 사실은, 공주 점거투쟁의 전개 양상은 물론이고 사건의 성격과 의미를 따질 때도 특별히 눈여겨봐야 할 대목이다. 농민전쟁론에 의거해보면 해산은 곧 항복을 의미한다. 하지만 1862년 어셈블리 때는 물론이고 1893년 보은도회와 1894년 '전주화약' 때도 그러했듯이 자신들의 폐정개혁 요구를 담은 '약조'(救弊節目 또는 完文)가 체결되었거나, 관군이나 외국 군대의 공격으로 커다란 희생이 불가피할 경우, 임금이나 정부의 각안귀업(各安其業)·귀가안업(歸家安業)·석병귀전(釋兵歸田) 등의 권유에 따라 자진해산(退去·退散·退歸, 歸化·歸家)을 서둘렀다. 태인싸움을 끝으로 남북접 지도부가 A/O 투쟁의 종료를 공개적으로 선언한 것은 당연히 더 큰 희생(특히 집단학살)을 막기 위해서였다.

공주 점거투쟁의 범위를 어떻게 설정할 것인가도 중요한 논쟁거리 가운데 하나이다. 『공산초비기』는 공주 점거투쟁의 범위를 이인(이인지역), 효포(효포지전), 우금티(우금지사) 정도로 한정했다. 그러나 공주 점거투쟁의 전개 양상을 제대로 정리하려면 ① 북접 동학군의 보은회집(10월 11일)과 청산 치성식(10월 14일), 그리고 남접 동학군의 북상과 논산회집(10월 12~16일), ② 북접 동학군이 직접 수행한 대교싸움(10월 24일)과 지명장(19월 26일) 및 증약(10월 29일)싸움, ③ 남북접 지도부의 합의와 설계에 따라 금강 북안의 요충지(특히 대교, 궁원, 유구)에서 벌인 각종 활동, ④ 북접교단의 영향력 아래 호서 각지에서 활동한 북접계 동학군의 동향, 특히 천안·목천 동학군의 세성산싸움(10월 21일), 내포 지역 동학군의 홍주성싸움(10월 28~29일), 청주 인근 동학군의 청주성싸움(10월 24일, 11월 13일) 등을 두루 주목해야 한다. 왜냐하면 이런 활동과 투쟁들은 대부분 북접교단의 지시에 따른 것이라 판단되기 때문이다.

공주 점거투쟁 시기 얼마나 많은 동학군이 희생되었는가도 논쟁적인 문제이다. 기존의 연구들은 『공산초비기』나 『선봉진일기』 가운데 '우금티에서 40~50차례의 공방전을 벌여 적의 시체더미가 온 산에 가득했다', '죽음을 무릅쓰고 앞을 다투어 올라왔다', '그때 일을 생각만 해도 뼈가 떨리고 마음이 서늘하다'(『선봉진일기』)는 대목들, 「전봉준 공초」에서 '두 차례의 투쟁을 치르고 나서 점고하니 1만여 명에 달했던 동학군이 5백여 명으로 줄어들었다'는 대목 등을 근거로 사망자(희생자) 숫자를 가급적 부풀리려는 경향이 강하다. 하지만 공주 점거투쟁 시기 총칼을 들고 싸우다 죽은 동학군은 그리 많지 않았는데, 그 이유는 동학군 지도부가 불살생(不殺生)이라는 명분과 의리(名義), 즉 성훈(聖訓)과 성도(聖道)를 지키기 위해 끝까지 최선을 다했기 때문이었다.


### (3) '사건의 성격 및 의미' 관련 문제 제기

1894년 사건은 작은 시냇물이 모여 큰 강을 이루듯이 다양한 사건과 사건, 우연과 필연의 연쇄와 중첩 과정에서 나타난 다사건(eventful)이었다. 물론 공주 점거투쟁은 투쟁의 주체와 목표가 비교적 명확한 사건이었다. 남북접 지도부는 투쟁을 시작할 때 서로 통지(밀통)를 주고 받았고, 우금티싸움에서 패배한 이후에는 함께 호남 방면으로 퇴각했으며, 근거지 사수에 실패하자 동시에 해산

(귀향)을 선포했다. 하지만 농민전쟁론자들의 주장처럼 남접집단을 특별한 사상이나 강령에 기초하여 내전과 혁명을 이끈 중앙지도부로 간주하는 것은 지나친 과장이다. 공주 점거투쟁 시기 전봉준이 양호창의영수(兩湖倡義領袖)를 칭했듯이, 북접통령 손병희, 공주창의장 이유상, 전여산부사 김원식 등을 포함한 모든 참여자는 19세기 후반의 도회·의거 문화에 기초한 일종의 의려(義旅)이자 의진(義陣)의 구성원이었다.

기존 연구들은 일본 정부의 동학군 탄압, 특히 일본군의 집단학살 행위를 청일 간의 전쟁과 마찬가지로 일종의 국가 간 전쟁으로 이해하려는 경향조차 있었다.[53] 예를 들어, 『신편한국사 40. 청일전쟁과 갑오개혁』에 실려 있는 여러 글들에 보이는 '또 하나의 전쟁', '전사(戰史)에서 사라진 동학농민전쟁'(이노우 가쓰오), '일본군과 동학 의병 간의 조일전쟁', '일본이 청일전쟁 중 조선에 대해 벌인 선전포고 없는 전쟁'(유영익), '청일전쟁과 농민전쟁이라는 2개의 전쟁'(조재곤) 등의 표현은, 그 의도와는 무관하게 동학군 희생자, 특히 집단학살 피해자를 국가 간 전쟁 중에 발생한 전사자(戰死者)로 왜곡하는 행위일 수도 있다.

윌리암스 스월 주니어[54]는 프랑스혁명 시기 '바스티유 습격 사건'을 구조들의 연결망→구조적 파열→사건의 연쇄→새구조의 (재)접합이라는 분석틀(방법)에 기초하여 서술한 바 있는데,[55] 이런 분석방법이나 서사전략은 1894년 사건,

---

**53** 나카츠카 아키라 지음, 박맹수·한혜인 옮김, 『또 하나의 전쟁, 동학농민전쟁과 일본』, 모시는 사람들, 2014; 『신편한국사 40. 청일전쟁과 갑오개혁』에 실려 있는 여러 연구자들의 글이 그러하다.

**54** William H. Swell Jr., "Historical Events as Transformations of Structures: Inventing Revolution at the Bastille", *Theory and Society* 25, 1996, pp. 841~881; 채오병·전희진, 「인과성, 구조, 사건」, 한국사회학회 편, 앞의 책, 141~167쪽 참조. 이 책에서 필자들은 구조와 사건의 관련성에 대한 다양한 논의들, 특히 스월의 사건사 방법론을 자세히 소개했다.

**55** 채오병·전희진, 「구조의 파열, 사건, 변화」, 앞의 책, 155~159쪽 참조. 스월에 따르면, 기존

더 나아가 1919년 어셈블리 등 그 이후에 전개된 어셈블리 투쟁의 성격과 의미를 따질 때도 유용하다. 1894년 어셈블리 때 동학군은 조선왕조 권력이나 조야 유생들을 상대로 무엇이 당대의 인의이고 민본(민유방본)인가, 동학군의 봉기는 의거인가 패거인가를 놓고 치열하게 대립하고 경합했다. 이런 사실은 1894년 사건을 경과하면서 조선왕조가 돌이킬 수 없는 구조 변화, 즉 대파국의 서막이 활짝 열렸음을 보여주는 유력한 증거이다.[56] 공주 점거투쟁 등 1894년 어셈블리는 보국안민 척양척왜 등 당장의 요구를 관철하는 데는 실패하였으나, 전통적인 적자관(赤子觀)의 해체와 근대적인 의미의 인민 혹은 민중의 형성에 결정적인 영향을 미치는 등 이후의 역사 전개에 커다란 영향을 미쳤다.[57] 1919년 어

---

구조들의 힘, 특히 표준 절차와 제재(standard procedures and sanctions) 때문에 '단일의 고립된 파열(localized ruptures)'이 즉각적인 구조 변형을 가져오는 경우는 별로 없으나, 길게 보면 구조들은 서로 연결되어 있기 때문에 국부적인 파열은 항상 구조적 변형(structural transformations), 즉 문화적 도식의 변화(cultural schemas), 자원의 이동(shifts of resources), 새로운 권력양식의 출현 등을 야기하는 연쇄적인 추가 파열을 일으키곤 한다는 것이다. 이런 입론에 근거하여 스월은 프랑스혁명을 역사적 사건(a historical event), 즉 동시대 사람들이 주목할 만한 것으로 인식하고, 구조의 지속적인 변형을 초래하는 연속되는 일련의 사건들(a ramified sequence of occurrences)이라 규정했다.

**56** 1894년 당시의 패거/의거 논쟁은 1904년 갑진민회운동 때는 물론이고 이른바 남선대토벌작전이 실시되는 시기에도 치열하게 전개되었다. 후속연구 「1894년 어셈블리, 대파국의 서막—한국 역사의 큰 흐름이 뒤바뀌다」, 『조선 1894년 어셈블리—역사·기억·기념』에서 1904년과 1919년 어셈블리 과정에서 근대적인 의미의 인민 또는 변혁 주체로서의 민중이 형성되었다는 점 등을 특별히 주목한 것도 그런 이유 때문이다. 1894년 어셈블리가 가진 '파국(파열)'적 성격과 의미에 대해서는 지면관계상 후속 연구로 미루고자 한다.

**57** 전통적인 적자관(安民論=民本論)이 해체되고 근대적인 의미의 인민 개념이 형성되는 과정에 대해서는 김윤희, 「근대국가 구성원으로서의 인민 개념 형성(1876~1894)」, 『역사문제연구』 21, 2009 등 참조. 도회·의거 전통의 지속과 변용 과정에서 근대적인 의미의 인민과 민중이 형성되어가는 과정에 대해서는 후속연구 「한국 근현대사의 전개와 19세기 후반의 도회·의거 전통—민중들의 어셈블리는 늘 변혁운동의 매개이자 동력이었다」에서 좀 더 논의하고자 한다.

셈블리 때 대한민국임시정부가 민주공화제 국가를 표방한 것은 1894년 어셈블리의 당연한 귀결이었다.


## 3. 연구의 방향과 방법

### 1) 공주 점거투쟁과 19세기 후반의 도회·의거 문화

19세기 후반 민중들은 자신들의 요구를 관철하기 위해 '관(官) 혹은 사족 주도의 향회'를 대신하여 '민(民) 주도의 향회'를 조직했는데, 이를 흔히 민회(民會) 또는 도회(都會)라 호명했다.[58] 민회란 어셈블리의 주체가 민이라는 점을 강조하기 위한 호명이고, 도회란 무론반상(毋論班常)과 대동단결을 강조하는, 요즘말로 하면 차이를 넘어선 횡단적 접속, 또는 다중의 연대와 협동을 강조하는 일종의 주민총회(general assembly)라는 점을 강조하기 위한 호명이었다. 진주 수곡도회 사례와 마찬가지로 1862년 어셈블리 때 호남(익산·함평·금구·장흥·순창 등지)의 민중들은 향회와 등소 등이 아무런 효과가 없자 각지의 면민(리민)을 총동원하여 도회(순천 지역의 경우 齊會)를 개최한 이후 이를 매개로 집단적인 시위 활동을 이어 나갔다. 이 같은 집회와 시위는 무장 여부와 무관하게 인의(仁義)와 민본(民本)의 실천, 즉 춘추대의(春秋大義)의 실천을 요구하는 일종의 의거이기도 했다.

1862년 어셈블리 때부터 형성 발전되기 시작한 도회·의거 문화는 1894년 어셈블리 때는 더욱 발전된 형태로 나타났다. 도회와 동시에 도소를 설치하는

---

[58] 망원한국사연구실 19세기 농민항쟁분과 지음, 『1862년 농민항쟁―중세 말기 전국 농민들의 반봉건투쟁』, 동녘, 1988, 72~74쪽.

서론  43

행위는 1862년 어셈블리 때는 볼 수 없던 현상이었다. 예를 들어 1892년 12월 복합상소를 준비하기 위해 보은 장내리에 도소를 설치한 것, 1893년 2월 광화문 복합상소 때 한양에 봉소도소(奉疏都所)를 설치한 것, 같은 해 3월 보은도회 때 동학도소의 명의로 격문을 발표하고 집회와 시위를 이끌어간 것, 1893년 11월 전봉준 등이 사발통문을 작성할 때 송두호가에 도소를 설치한 것, 남접집단이 1894년 3월 백산도회 무렵 제중의소(濟衆義所=都所)를 설치한 것 등은 이를 보여주는 대표적인 사례인데, 이런 현상은 2차 봉기 시기에는 일종의 관례처럼 여겨졌다. 갑오변란 직후부터 각자 기포한 전국 각지의 포접들은 크고 작은 도회가 열릴 때마다 도소를 설치한 뒤 이를 매개로 도회의 결의를 실천함과 동시에 더 큰 도회를 조직하고자 노력했다. 1894년 7월경 공주와 진천 지역에 민회소(民會所)가 설립된 것, 같은 해 7월 보름경부터 김개남 집단이 남원에서 대규모 집회(대도회)를 개최한 뒤 대도소(大都所)를 설치한 것, 9월 10일 전봉준 집단이 삼례대도소를 설립할 즈음 호서와 영남 지역의 동학군도 대규모 집회와 시위를 통해 충경대도소(영우대의소), 호주대의소 등을 설립하려 했다는 것 등도 모두 19세기 후반의 도회·의거 문화와 밀접한 관련성을 가진 사건이자 현상이었다.

이런 사건과 현상을 주목하는 경우 1894년 어셈블리는 고부 봉기나 무장기포 때가 아니라 1892년 말 공주와 삼례도회 때부터 시작되었다고 보아야 옳다. 왜냐하면 전봉준 김개남 등 각지의 접주들이 스스로 교중(敎衆)을 이끌고 회집(會集)하기 시작한 것은 교조신원운동 시기부터였기 때문이다. 가령 『시천교종역사』의 "임진년(1892)부터 시작되어 갑오년으로 이어졌다"[59]는 대목은 1894년 어셈블리가 이른바 교조신원운동 때부터 활성화되기 시작했음을 보여준다.

---

**59** 侍天敎宗繹史 第二編下 〉第十章 爲師訟冤.

특히 1893년 3월의 보은도회는 전국 각지에서 수만 명이 모인 일종의 도회이 자 의거였는데, 전봉준 등 남접집단이 결당(結黨)한 것, 더 나아가 광제창생 보 국안민이라는 동학의 종지가 동학군 사이에 공유되기 시작한 것 등도 모두 이 무렵부터였다. 보은도회 시기 북접교단 측은 도회소, 혹은 도소라는 말을 혼용 했으나 당시 정부 측은 이런 용어를 쓰지 않고 굳이 민회소라 호명했다.[60] 보은 도회 때부터 동학군은 스스로 도회와 도소를 칭했는데, 이는 2차 봉기 때도 마 찬가지였다. '애국적 사민(士民)들의 항일의려 형성'을 목표로 한 2차 봉기의 성 격과 의미로 미루어 볼 때 이런 호명은 당연한 것이었다.

기존 연구들은 1894년 어셈블리 때의 도소를 관민상화(官民相和) 기구인 이 른바 집강소(執綱所)와 동일한, 또는 종교(포교) 조직인 포·접(包·接) 등과 구별되 는, 일종의 봉기 조직(군사 조직)으로 이해하였다.[61] 하지만 이는 19세기 후반의 도회·의거 문화를 제대로 이해하지 못한 데서 비롯된 일종의 오해이다. 조선 왕조 시기의 도회란 '도'자(都字)가 가진 의미(도읍·나라·우두머리·모두) 그대로, 공 동체 구성원 모두가 위 아래를 가리지 않고 함께 모여 말과 뜻을 모으고 나누 는 행위와 동시에 사람과 물자가 모이고 나누어지는 장소, 즉 도시(urban)나 광 장(agora)을 뜻하는 용어였다. 〈한국사 DB〉 검색창에서 도회라는 용어를 검색하 면 『승정원일기』에서는 1,466건, 『조선왕조실록』에서는 744건의 기사를 확인할 수 있는데, 용례를 분석하면 장소로서의 도회(지)를 지칭하는 경우와 공도회(公

---

**60** "魚允中을 특별히 三南宣撫御使에 차정하여 즉시 民會所로 내려보내(집이 보은에 있었기 때문임) 그들의 呈訴에 따라 민폐를 바로잡고 贓吏를 조사한 뒤 아뢰어, 죄를 논해 파직하도 록 하였다"(『갑오실기』)는 대목은 당시 정부 측이 동학군의 도소를 민회소라 호명했음을 보 여준다.

**61** 「동학군의 도소 활동」, 충청남도역사문화연구원 편, 『충남동학농민혁명사』, 2022, 225~228쪽 참조. 김양식은 "농민군의 투쟁본부인 도소의 실질적 집행기구는 동학 전도조직이 아닌 접 주의 직접적인 지휘계통에 있었던 군사조직이었다"고 보았다. 같은 책, 228쪽.

都會) 등 집회 그 자체를 지칭하는 경우가 혼재되어 있음을 확인할 수 있다. 조선왕조 시기 관찬 사서에 자주 보이는 공도회는 관찰사나 유수·목사 등이 지방 유생(儒生=會生)들을 대상으로 실시한 회시(會試)를 이르는 말이었다.[62] 『홍양기사』에 홍주도회장(洪州都會長)과 더불어 '유회장(儒會長)'이 따로 소개되고 있는 사례로 미루어 볼 때,[63] 홍주 유생들은 군현 단위의 향회나 유회와는 별개로 향교·서원 단위로 도회를 자주 개최했던 것으로 보인다.

1894년 어셈블리 때도 도회란 동학군의 집회와 시위를 지칭함과 동시에 대도회지를 의미하는 용어로 사용되었다. 하지만 한 가지 중요한 용례상의 차이는, 1894년 어셈블리 때는 도회라는 용어가 장소로서의 도회(도시)가 아니라 동학군의 집회 자체를 지칭하는 용어로만 전용(專用)되기 시작했다는 것이다. 요컨대, 『동학농민혁명 자료총서』(119건; 원문 111건)와 『주한일본공사관기록&통감부문서』(63건)에 보이는 도회는 몇몇 경우를 제외하면 대부분 동학군의 집회를 지칭하는 용어였다. 도회의 용례와 관련하여 한 가지 흥미로운 점은 1894년 어셈블리 이후 도회라는 말이 공론장에서 아예 자취를 감추었다는 사실이다. 예를 들면, 동학의 '적자(嫡子)'임을 자처하는 천도교나 시천교 측도 '(국)민회' 혹은 '총회'라는 신조어를 주로 썼지 도회라는 말은 아예 입에 올리지도 않았다.

---

**62** 도회라는 말은 『삼국유사』나 『고려사』에도 드문드문 보이나, 가장 빈도가 높은 것은 역시 『승정원일기』 등 조선왕조 시기의 관찬사서들이다. 1차 봉기 시기 남접 지도부는 湖南會生, 東學會生 등의 명의로 소지나 원정을 올렸는데, 會生이란 (公)都會에 모인 儒生들이라는 뜻이다. 『세종실록』(세종 14년 1월 15일조)에는 '都會生徒'라는 말도 보이는데, 회생이란 도회 생도의 줄임말이라 여겨진다.

**63** "洪州都會長鄭憲朝 賊代耆紳多士領袖 尊兼三達衆望 夙有所屬倡會 一鄕士氣賴以始振." 洪陽紀事 〉報軍部將官會長及義兵召募戰亡烈行人題目. 위 인용 바로 아래에 '儒會長 金世熙 等三十五人'의 행적이 소개되어 있다. 김현제의 『피난록』, 홍건의 『홍양기사』 등 내포 관련 자료, 특히 「東學黨征討人錄」에도 洪州都會長, 德山都會長 등의 용어가 더러 보인다. 〈한국사DB〉 참조.

천도교와 시천교 측도 그러하였으니 다른 집단이나 주체들의 경우는 더더욱 그러할 수밖에 없었다. 가령, 독립협회의 만민공동회(萬民共同會)도 당시의 언어 관행대로 표기하면 '만민공도회(萬民公都會)', 그리고 동학식으로 호명하면 「사발통문」의 경사직향(京師直向)이라는 구호를 통해서도 확인할 수 있듯이 '경사대도회(京師大都會)'라 호명하는 것이 자연스러웠을 것이나, 주최측은 '의도적'으로 도회라는 말을 기피하고, '공동회'라는 신조어(번역어)를 사용했다.[64]

도회와 어셈블리가 집회 그 자체, 혹은 집회 장소(시설) 등 이중적인 의미를 가지고 있는 이유는 사람들의 말과 뜻과 행동을(이) 모으(모이)려면 반드시 그에 걸맞는 장소와 시설이 필수적이기 때문일 것이다. 이런 대목에서 주목해야 할 사실은 서양의 어셈블리는 여전히 이중적 의미를 유지하고 있음에 반해, 우리 사회에서는 '집회로서의 도회'라는 말이 1894년 어셈블리 이후 거의 사어화(死語化)되고 말았다는 사실이다. 예를 들면, 일제 시기 『동아일보』 기사 제목에 보이는 도회(163건: 대도회, 도회지, 도회열)라는 말은 모두 도시를 지칭하는 용어일 따름이다(한국사 DB 참조). 한 가지 흥미로운 사실은 한말 활빈당 구성원(黨徒)들에 의해 도회가 다시 개최되었다는 것이다. 예를 들면, 1895년 2월 충주 장원에서 마중군, 송종백 등 10여 명의 활빈당원이 도회를 열고 송병준가를 습격했다는 기록, 1897년 2월 이들이 다시 충주 대창 장시에서 도회를 갖고 여주 사내실의 윤덕천가를 습격했다는 기록, 1899년 4월 '팔도도감대민도감'의 지휘 아래 경기 송파장에서 82명의 당원이 참여하는 대도회가 열렸다는 기록 등은 이를 보여주는 대표적인 사례이다.[65]

---

**64** 〈한국사 DB〉를 검색하면 1907년 국채보상을 위한 단연동맹(斷煙同盟) 관련 기사(『황성신문』 1907. 3. 25), 그리고 1899년 5월 12일 상무회소 관련 칙령 등에 도회, 즉 안동군 '도회의장(都會議長)', '사설도회(私設都會)' 등의 표현이 보일 뿐이다.

**65** 박찬승, 「대한제국기 활빈당의 활동과 지도부」, 『근대 이행기 민중운동의 사회사』, 경인문화

왜 이런 현상이 나타난 것일까? '도회'라는 말이 가지는 두 가지 의미 가운데 유독 집회(모이기, 모으기)라는 의미만 공론장에서 사라진 것(처형된 것)은 어떤 이유 때문일까? 이에 대해 길게 논의할 겨를은 없으나 가장 큰 이유는 1894년 어셈블리 당시 동학군이 도회라는 말을 전유(專有: appropriate)했기 때문이라 여겨진다. 이와 관련하여 유의해야 할 점은 도회라는 말의 운명과는 달리, 서양의 assembly는 여전히 장소와 행위를 동시에 뜻하는 말로 활용되고 있다는 사실이다. 후속연구(『1894년 조선 어셈블리―역사·기억·기념』)의 책 제목이기도 한 어셈블리(assembly)는 도회와 마찬가지로 특정한 공동체 구성원들이 서로 말을 나누고 모으기 위해 함께 모이는 행위(genelal assembly), 또는 그런 행위가 이루어지는 장소와 시설(national assembly, local assembly) 등을 동시에 의미한다. 이 책에서 1894년 사건을 1894년 도회라 하지 않고 굳이 1894년 어셈블리라 호명한 이유는 도회, 특히 A/O 투쟁의 보편성을 강조하기 위해서이다.

도회와 더불어 사료상에 가끔 보이는 도소(都所)[66] 혹은 도회소(都會所)[67]란 도회를 상설화한 기구로서 장소와 시설과 역원을 갖추고 도회 역할을 상시적으로 수행하거나, 도회의 결의를 실무적으로 처리하는 기구였다. 〈한국사 DB〉를 검색하면, 동학도(군)와 일진회 지회가 설립한 도소 외에 향교·서원의 도소, 종중·문중의 도소, 각종 계(稧)의 도소, 객주 및 부상의 도소 등이 확인되는데, 이

---

사, 2008, 413·415쪽 참조. 하지만 전통의 지속과 변용이라는 관점에서 보면, 19세기 후반의 도회 전통은 '촛불 도회' 등을 통해 오늘날까지 지속되고 있다고 보아야 한다.

**66** 『동학농민혁명자료총서』에만 46건의 원문자료가 확인되는데 대부분이 동학 都所 또는 大都所와 관련된 것들이다.

**67** 『조선왕조실록』에만 51건의 都會所 용례가 확인되지만, 그 의미는 도회만큼이나 다양하다. 첫 번째 기사는 태종 2년(1402) 외방에 설치된 각도 寺刹의 도회소와 관련한 기사이고, 마지막 기사는 순조 20년(1820) 湖西 都會所에서 穀簿를 훔친 자를 처벌하라는 내용의 기사이다. 〈한국사 DB〉 참조.

때의 도소란 도회를 상설화한 대의기구이자 집행기구였다. 요컨대, 1894년 어셈블리 때 각지에 설립된 (대)도소는 군대 조직처럼 위계를 중시하는 종적인 (line) 조직이 아니라 구성원들이 합의한 역할 분담에 따라 도회의 결정을 수행하는 횡적 연대(step) 조직, 또는 실무책임자(유사, 역원) 조직에 가까웠다고 판단된다. 향교·서원이나 계조직 사례에서 흔히 볼 수 있는 도유사(都有司)라는 명칭 또한 종적 조직의 수장이라는 의미보다는 다양한 의사소통을 통해 유사(有司＝役員)들의 업무를 조정(control)하는 횡적 조직의 대표자를 지칭하는 말이었다.

조선왕조 시기 조야(朝野) 유생들은 내외의 변란으로 종묘와 사직이 위태로울 때마다 춘추대의를 앞세우며 다양한 형태와 내용의 의거를 일으켰다. 임진년과 한말의 의병 사례 때문인지 대부분의 연구자들은 의병하면 곧바로 (항일)무장투쟁을 연상한다. 그러나 〈한국사 DB〉를 통해 용례를 찾아보면, 의거란 대의명분을 앞세운 의리투쟁 그 자체를 포괄적으로 지칭하는 용어이고,[68] 의병은 글자 뜻 그대로 군사작전을 수행하기 위해 모병(募兵＝招募)한 의로운 병사라는 뜻이다. 남접이건 북접이건 동학군 지도부가 공주 점거투쟁 시기 스스로를 의려(義旅)라 칭한 이유는, 의병 즉 병사(兵士: sodier)로서의 정체성보다는 의사(義士)로서의 정체성을 강조하기 위해서였다. 실제로 영솔장, 포사접장, 화포영장 등이 이끈 선진(先陣)의 포군(포사)을 제외하면, 각지의 접주들이 이끈 후진의 일반 동학군은 의병보다는 의려, 즉 집회 시위 군중에 더 가까웠다(후술 참조).

---

**68** 義舉라는 말을 〈한국사 DB〉에서 검색하면 모두 2,359건(왕조실록 112건, 승정원일기 49건), 擧義는 1,601건(왕조실록 463건, 승정원일기 210건), 倡義는 2,514건(왕조실록 421건, 승정원일기 314건), 그리고 같은 방식으로 春秋大義를 검색하면 356건(왕조실록 66건, 승정원일기 161건), 춘추대의의 줄임말인 大義를 검색하면 모두 13,575건(왕조실록 4887건, 승정원일기 4334건)의 기사가 확인된다. 이런 용어들이 가장 자주 등장하는 시기는 흥미롭게도 不義가 판을 치던 19세기 후반, 즉 대파국의 시대였다.

공주 점거투쟁의 성격과 의미를 제대로 이해하려면 도회 문화뿐만 아니라 조선왕조 사회의 의거 문화도 주목해야 한다. 1892년 말부터 시작된 교조신원운동은 물론이고 1894년 어셈블리 내내 동학군은 자신들의 집회와 시위를 포함한 모든 활동을 한결같이 의(義)를 실천하는 행위, 즉 의거(義擧=倡義)라 칭했다. 1893년 보은도회 때부터 동학군(동학도소)과 조선왕조 정부(조야 유생)가 해당 집회와 시위가 과연 '창의(倡義)인가 창란(倡亂)인가'를 두고 일종의 담론투쟁[69]을 벌인 것, 더 나아가 1894년 어셈블리 때 동학군이 일본과 조선왕조 정부는 물론이고 조야 유생들과도 무엇이 당대의 인의이고 민본인가를 두고 이른바 '패거/의거' 논쟁을 벌인 것도 모두 동학군이 스스로 의거를 표방했기 때문이었다.

1894년의 동학군은 조선왕조 사회의 의거 전통에 따라 ① 자신들의 뜻과 요구를 담은 대의(大義)를 포고하고 ② 이를 지지하는 유생들을 모아 의진(義陣: 창의소·대의소·맹주·영수)을 구성한 뒤 ③ 이를 매개로 모이고 모아 점거하고 담판하는(A/O) 투쟁을 전개했다.[70] 이는 한말 의병(운동)도 마찬가지였다. 요컨대, 무장

---

69  보은도회 시기 조선왕조 정부(양호순무사 어윤중)와 동학도소 측의 담론투쟁에 대해서는 허수, 「교조신원운동기 동학교단과 정부 간의 담론투쟁—유교적 측면을 중심으로」, 『한국근현대사연구』, 66, 한국근현대사학회, 2013 참조.

70  기존 연구들은 한말 의병투쟁을 일제하의 독립군 투쟁으로 이어지는 항일무장투쟁이라 규정하며 민중들의 의병 참여, 특히 평민 의병장의 등장 문제를 중시한다. 그러나 한말 의병운동의 중심은 朝野의 儒生들이 주도한 각종 義陣(倡義所·會盟所·大陣所)이었다. 요컨대 13도창의대진소(이인영) 등 한말의 의진(의병)들은 1894년 어셈블리 때의 동학군과 마찬가지로 시위와 담판을 중심으로 한 정치이데올로기 투쟁을 중시하였다. 이에 대한 구체적인 정리는 후속연구의 2부 '1894년 어셈블리 이후 도회·의거 전통의 지속과 변용'에 실리게 될 글들, 특히 「갑오의려와 을미의병: 동학군 잔여 세력의 을미의병 참여론 비판—동학군과 척사 유생은 무엇이 당대의 의리인지를 다투었다」에서 좀 더 구체적으로 언급하고자 한다.

포고(茂長布告)는 선전포고가 아니라 일종의 대의포고이고, 사개명의(四個名義)[71]는 대의명분을 슬로건화한 것에 다름이 아니었다.[72] 〈한국사 DB〉를 검색하면 19세기 후반 도회와 의거가 빈발하던 시기에 명의(名義: 명분과 의리)라는 말이 많이 등장하는데, 그 이유는 도회와 의거의 성패를 좌우한 결정적인 요인은 '세간(世間)의 명의'[73]였기 때문이다. 1894년 어셈블리건, 한말 의병운동이건 양자는 공통적으로 총포의 힘보다는 모이고/모으고, 점거하고/담판하는 정치적 힘을 중시하는 정치투쟁이자 일종의 명분 싸움이었다.

　1894년 어셈블리 때 동학군이 무장포고를 발한 뒤 전주성을 점거하는 투쟁을 벌인 것, 더 나아가 2차 봉기 시기 남북접 동학군이 공주 점거전에 합의한 것 등도 모두 의거 문화의 발현이었다. 사정이 이러하자 조선왕조와 일본 정부는 1894년 어셈블리 자체를 패거, 참여자를 동비(東匪)나 남적(南賊)이라 호명했을 뿐만 아니라 자신들의 집단학살 행위를 춘추대의를 실천하는 의전(義戰)이나 정란(靖亂), 혹은 토벌이나 정토(征討)라 왜곡했다(후술 참조). 하지만 남접집단이 무장에서 발표했다는 포고는 선전포고가 아닌 일종의 대의포고였으며, 동학군이 총을 든 것도 구병입경하여 일본군과 관군을 물리적으로 제압하기 위해서가 아니라 자신들의 집회와 시위, 도회와 의거를 보호·지속하거나 A/O 투

---

71　鄭喬의 『大韓季年史』에 보이는 「四個名義」의 핵심 내용은 "一曰不殺人不殺物 二曰忠孝雙全濟世安民 三曰逐滅倭夷澄淸聖道 四曰驅兵入京盡滅權貴 大振紀綱立定名分 以從聖訓"이다. 大韓季年史〉甲午年夏四月. 위 명의는 당시 전라감사의 보고에서도 확인된다. 駐韓日本公使館記錄 1권〉一. 全羅民擾報告 宮闕內騷擾ノ件一〉(1) 全羅監司書目大槪.

72　名義란 명분과 의리, 즉 대의명분의 줄임말이다. 〈한국사 DB〉에서 名義라는 말을 검색하면 『조선왕조실록』에는 609건, 『동학농민혁명사료총서』에는 38건, 특히 『주한일본공사관기록』에만 602건이 확인된다. 〈한국사 DB〉 참조.

73　세간의 명의, 교조의 명의, 기포의 명의, 근왕의 명의, 모충의 명의, 토벌의 명의, 처벌의 명의, 귀화의 명의 등등은 이를 보여주는 대표적인 사례들이다. 〈한국사 DB〉 참조.

쟁을 효과적으로 전개하기 위해서였다. 이런 사실을 무시한 채 1894년 사건을 항일무장투쟁이라 규정할 경우, 일본군의 인해전술(人海戰術) 운운하는 폄훼[74]처럼, 동학군의 폭력성만을 부각시킬 가능성이 더 크다.

그럼에도 불구하고 서구·근대 중심적인 역사관에 충실한 근대 지식인들은 봉건지배계급의 낡고 고루한 지배이데올로기가 반영되어 있다는 이유로 도회와 의거라는 용어를 의도적으로 기피했다. 이런 이유 때문에 도회라는 용어는 urban, 혹은 city라는 뜻으로, 그리고 의거라는 용어는 안중근, 윤봉길 의사(열사)가 주도한 의열투쟁, 또는 광주학생의거, 4·19학생의거 등 학생들이 주도한 어셈블리 투쟁을 지칭하는 용어 정도로 그 의미가 축소·격하되었다. 그러나 도회와 의거라는 용어는 1894년의 어셈블리는 물론이고 최근의 촛불 어셈블리의 성격과 의미를 이해하고자 할 때도 반드시 주목해야 할 역사서술 개념이다. 왜냐하면 말 자체는 사어화했으나, 19세기 후반에 형성된 도회·의거 문화(전통)는 사라지지 않고 지속과 변용의 과정을 거치며 오늘날까지도 이어지고 있다고 판단되기 때문이다.

1894년 어셈블리의 성격과 의미를 제대로 이해하려면, 동학군이 총칼을 들고 (항일) 무장투쟁을 벌였다는 사실보다, 조선왕조 정부와 척사유생들을 상대로 '무엇이 당대의 인의이고 민본인가'를 놓고 치열하게 대의명분 투쟁, 즉 '말잡기' 투쟁을 벌였다는 사실을 더 주목해야 한다. 왜냐하면 1894년 어셈블리의 본질은 물리력의 강약을 다투는 내전이나 혁명이 아니라 무엇이 인의와 민본

---

**74** 조경달은 『異端の民衆反亂』, 「朝日聯合軍과의 결전—무참한 패배」, 303~317쪽에서 "(일본군과 관군—인용자) 聯合軍의 수십 배에 달하는 兵力을 가졌음에도 불구하고 어떤 까닭에 그렇게 참담한 패배를 맛보고 말았을까"라고 자문한 뒤, '火力과 兵力의 質', 특히 '소박한 人海戰術'로 연합군에 대항하려고 했다(311쪽)는 점을 강조했다. 이는 당시의 도회 전통, 특히 人衆勝天論에 대한 몰이해에서 비롯된 일종의 역사왜곡이다.

인가, 그 실천 주체가 누구인가를 다룬 일종의 담론투쟁이었기 때문이다. 네그리의 지적처럼 "한때 전복적이었던 어떤 용어는 분명 그 의미가 잘못 사용되고 있거나 흐려졌거나 텅 비어버렸다." 이런 이유 때문이라도 "정치적 사유에서의 모든 발본적인 기획은 우리가 쓰는 정치적 용어를 재정의"하는 것으로부터 새롭게 시작해야 한다.[75]

## 2) assembly/occupy(A/O) 투쟁의 수행성 효과

19세기 후반에 형성된 도회·의거 문화, 특히 공주 점거투쟁의 도회·의거적 성격과 의미를 온전히 드러내기 위해 필자는 이 책에서 주디스 버틀러의 『집회(ASSEMBLY)의 수행성 이론을 위한 노트』에 보이는 여러 가지 분석 도구와 개념을 적극 차용했다. 물론 1894년 어셈블리를 주도한 동학군은 근대적인 의미의 인민도, 포스트모던 시대의 다중(多衆: multitude)[76]도 아니었다. 그럼에도 불구하고 이 책에서 버틀러와 네그리의 어셈블리 개념을 주목한 이유는, 동학의 사

---

**75** 『어셈블리』, 269쪽. "한때 전복적이었던 어떤 용어는 분명 그 의미가 잘못 사용되고 있거나 흐려졌거나 텅 비어버렸다. 그러나 우리는 그것들이 이전에 가졌던 활력을 복구할 수 있을지도 모른다. 더 의미심장하고 유용한 것은 전통적인 개념을 우리의 새로운 현실로 옮겨놓고, 단어를 사회적 실천을 구성하는 관계로 가져와서 열정과 운동을 활성화하여 앞으로 나아가게 하는 열쇠로 만드는 노력이다. 정치적 사유에서의 모든 발본적인 기획은 우리가 쓰는 정치적 용어를 재정의해야 한다." 『어셈블리』, 270쪽.

**76** 안토니오 네그리 등이 말하는 多衆(multitude) 개념은 근대적 인민, 혹은 '변혁 주체 민중' 개념과는 그 외연과 내포가 크게 다르다. 『어셈블리』에 보이는 '다중'은 제국 속에서의 대안이자 제국에 대항하는 주체성을 말한다. 안토니오 네그리, 『다중—제국이 지배하는 시대의 전쟁과 민족주의』, 세종서적, 2008에 따르면 다중은 노동자 농민계급, 민중이나 대중 등과는 다른 주체성을 가진 존재라는 것이다. 『어셈블리』가 주목한 다중은 '제국'의 시대에 '해방으로 향하는 대안적 길을 기획하고 창출하는', '협동적 연합의 복수(複數)적 존재'이다. 「두번째 응답: 협동적 연합의 복수적 존재론을 추구하자」, 『다중—제국이 지배하는 시대의 전쟁과 민족주의』, 142~145쪽.

상과 조직을 매개로 서로를 발견하고 모인 동학군(민중)의 정치사회적 역량과 능력, 특히 그 잠재성과 가능성을 재현하기 위해서이다. 버틀러의 책 서장에 보이는 아래와 같은 언급들은 1894년 어셈블리의 성격과 의미를 규명할 때 특별히 유의해야 할 대목이다.

사회적으로 발생하는 불안정성에 대한 우리 개개인의 취약성(vulnerability)을 깨달으면서 각각의 나는 스스로에게만 해당되는 것으로 보이던 불안감과 열패감이 어떻게 항상 더 광범위한 사회와 관련되어왔는지를 알게 될 수도 있다. 이는 서로 간 의존성, 일할 만한 인프라와 사회적 네트워크에 대한 의존성을 다질 수 있는 연대의 에토스(ethos)를 우선시함으로써 각 개인들에게 부담을 지우며 우리를 미치게 하는 형태의 책임을 해체하고, 아울러 야기된 불안정성을 다루는 집단적이면서도 제도적인 차원의 방식들을 마련할 가능성을 열어준다. (주디스 버틀러, 앞의 책, 34쪽)

"연대 행동은 정확히 참여하는 이들 사이에서 일어나는 것이며, 연대의 공간은 이상적이거나 텅빈 공간이 아니다"(위의 책, 124~125쪽)라는 버틀러의 언급은 1894년 어셈블리의 수행성을 설명할 때도 유용하다. 물론 1894년 어셈블리가 진행되던 시기의 조선 사회는 연대의 에토스보다는 『동경대전』의 「포덕문」에도 보이듯이 각자위심(各自爲心) 불순천리(不順天理) 불고천명(不顧天命)하는 사회, 즉 함께 행동할 수 있는 조건들이 파괴되고 와해되었던 난세(亂世)이자 말세(末世)였다. 그럼에도 불구하고 조선 민중들은 애국적 사민들의 항일의려론을 주창하며 공주 점거투쟁을 실천하였다. 이 책에서 버틀러의 '어셈블리의 수행성 이론'을 주목한 것은 어셈블리 자체의 가능성과 잠재성, 임금이든 선비든, 국가(정부·정권)든 정당이든, 누구(무엇)에 의해서도 '대의(代議)될 수 없는' 민중들의 정치적 힘을 온전히 드러내기 위해서이다. 버틀러의 저작에 보이는 "평

등에 대한 요구는 말해지거나 글로 쓰이기도 하지만 여러 신체들이 함께 나타 날 때, 혹은 그 신체들의 행동을 통해 출현의 공간이 만들어질 때 확실히 형성 된다"(주디스 버틀러, 앞의 책, 130쪽) 또는 어셈블리에 참여한 '다수(우리) 인민'들이 말하는 바는 대개 "우리는 끈질지게 버티면서 보다 큰 정의와 불안정성으로부 터의 해방, 그리고 살 만한 삶에 대한 가능성을 요구하면서 여전히 여기에 있 다"(위의 책, 40쪽)는 것이다 등과 같은 언급들은 A/O 투쟁의 정치효과를 잘 보여 주는 대목이다.

버틀러의 아래와 같은 언급은 1894년 어셈블리, 특히 오큐파이(occupy) 투쟁 의 가능성과 잠재성을 설명할 때 주목해야 할 대목이다.

> 신체들은 (도로와 광장에서) 잠자는 순간에도 결코 발언을 멈추지 않았으며, 그리 하여 침묵을 강요당하거나, 격리되거나, 혹은 부정당할 수가 없었다. 때로 혁명은, 모든 이가 도로와 광장이라는, 자신들이 한데 모인 임시적 공거(점거) 현장에 끈질 기게 머문 채 귀가를 거부하는 까닭에 일어나기도 한다. (주디스 버틀러, 위의 책, 143쪽)

1894년 어셈블리 때 동학군은 각 군현의 읍치나 감영을 점거한 뒤 조선왕 조 정부와 조야 유생들을 상대로 '무엇이 당대의 의리이고 민본인가'를 다투었 을 뿐만 아니라 불안정한 삶을 개선하기 위해, 인간다운 삶을 영위하기 위해, 폐정개혁(안민책)을 넘어 보편적 윤리인 인의와 민본, 광제창생과 보국안민을 요구했다. 물론 동학군은 패배했으나 공주 점거를 통해 더 큰 어셈블리를 조직 할 수 있었다면, 그리하여 경사대도회를 개최한 이후 일본과 조선 정부를 상대 로 더 큰 정치담판을 벌일 수 있었다면, 그 과정에서 어떤 일이 벌어졌을지는 아무도 모를 일이었다. 이 책에서 필자가 1894년 사건의 도회·의거적 성격, 특 히 모이고 모으기, 점거하고 담판하기(A/O) 투쟁의 전개 양상을 구체적으로 재현하고자 애쓴 이유는 단순히 농민전쟁론을 비판하거나 부정하기 위해서가 아니라, 앞서도 여러차례 강조했듯이 민중(인민) 혹은 다중들의 모이고 모으는 힘에 내포된 잠재력(수행성)과 가능성(대안성)을 확인하고 강조하기 위해서이다.

1894년 어셈블리를 통해서도 확인할 수 있듯이, 모든 어셈블리 투쟁은 흔히 점거와 농성, 즉 오큐파이 투쟁을 동반한다. 요컨대, 1894년의 전주나 공주 점거투쟁은 최근의 광화문 촛불 어셈블리나 뉴욕의 '월가를 점거하라!(Occupy Wall Street, OWS)'[77]처럼 일종의 오큐파이 투쟁이기도 했다. 어셈블리 투쟁을 전개하는 과정에서 적절한 집회·시위 공간, 즉 도회처(지)를 점거(確據·固守)하는 활동은 모이기/모으기 투쟁의 안정성과 지속성은 물론 성패까지 좌우하는 중요한 변수이다. 왜냐하면 어셈블리 투쟁의 흐름을 가속화하거나 새로운 흐름을 촉발하는 계기와 동력, 특히 참여자들의 긍정적 감응(affectus: 感通·通氣)[78]을 최대화하려면, 특정한 공간을 점거한 이후 그곳을 기존의 질서와 관계에서 단절된 새로운 공간, 즉 해방구로 만들려는 노력이 선행되어야 하기 때문이다. 프랑스혁명이나 68혁명 과정에서 집회시위 군중들이 상징성이 강한 특정 도시공간을 점거한 뒤 바리케이트전을 전개한 것도 크게 보면 집회 시위 공간을 확보하기 위한 노력의 일환이었다.

네그리와 버틀러의 언급을 원용하면, 호남의 관문이자 충청감영(錦營)이 입

---

**77** "월가를 점거하라"라는 구호를 내걸고 2011년 뉴욕 월스트리트에서 진행된 시위이다. 〈사자처럼 일어나라(Rise Like Lion): 월스트리트 점거와 혁명의 씨앗〉(스콧 노블 감독, 2011)은 A/O투쟁의 성격과 의미를 잘 보여주는 다큐멘터리이다.

**78** 情動(affect=affectus)이란 개인적인 감정이 아니라 사물과의 관계 또는 群衆, 民衆, 多衆 등의 집단행동(신체접촉) 속에서 생성되는 '감정의 흐름'이다. 이 책에서 자주 활용한 '긍정적 감응'(기쁨의 情動)이란 신체의 능력을 감소시키는 이행이 아니라 신체와 신체의 마주침을 통해 신체의 능력을 증대시키는 이행을 의미한다. 고병권·이진경 외 지음, 『코뮨주의 선언—우정과 기쁨의 정치학』, 교양인, 2007 참조.

지한 공주는 1894년 어셈블리 당시 "지배권력이 축적되고 집중되며, 그 헤게모니를 관철하는 장소", 달리 말하면 "지배권력에 의해 자신들의 존재 자체가 무시되고 지워지는 장소"였다. 하지만 두 저작이 공통적으로 강조하고 있는 점은 이런 장소에서조차 다수(우리) 인민 혹은 다중의 연대와 협동이 가능했다는 사실이다. 공주 점거투쟁 시기 남북접 지도부가 근 한 달여에 걸쳐 공주 점거에 심혈을 기울인 것도 어셈블리 투쟁의 가능성과 잠재성을 기대했기 때문이었는데, 이는 전주성 점거투쟁 때도 마찬가지였다. 호남 동학군이 전주성 점거 이후 폐정개혁안을 내걸고 정치담판을 시도했듯이, 공주 점거투쟁 시기 남북동학군은 공주를 점거한 이후 더 큰 규모의 어셈블리 투쟁과 동시에 조선왕조 정부와 일본군을 상대로 정치담판을 벌이려 했다. 1894년 어셈블리 때 전국 각지에서 전개된 점거투쟁은 시대적 한계와 제약 내의 것이기는 하나 지배권력의 감시와 통제에서 벗어난 '자치와 자율의 공간', 또는 지배권력의 자장 밖에서 민중이 서로 대화하고 소통하는 공간, 긍정적(능동적)으로 감응(affectus)하여 서로 연대하고 협동하는 '연계(networking)의 공간'이었다.

끝으로 강조하고 싶은 점은, 동학군의 '도회지(都會地)' 점거투쟁론과 중국혁명 과정에서 등장한 근거지론·유격전론 등은 전혀 다른 차원의 이론이자 실천이라는 것이다. 주지하듯이 중국 홍군(紅軍=黨軍)이 수행한 근거지(해방구) 확보 투쟁의 적지는, 마오(毛澤東)가 강조했듯이 적들이 공격하기 쉬운 평지나 적들이 군사역량을 결집하여 방어하고 있는 대도시(도회)가 아니라 산악지대였다. 그러나 1894년 어셈블리 당시 동학군이 점거하려 했던 곳은 국가권력이 미치지 않거나 미약한 변방이 아니라 권력의 심장부이자 사람과 물자의 내왕이 빈번한 대도회지(읍치, 장터와 나루터)였다. 이런 관점에서 보면, 중국혁명 과정에서 마오가 강조한 근거지론이나 유격전론은 1894년 어셈블리를 설명할 때 아무런 도움이 안 될 뿐만 아니라 거꾸로 편견과 오해를 불러일으킬 소지가 많다. 1차 봉기 때 남접집단이 전주성을 점거한 것, 2차 봉기때 각자기포한 동학 군이 호서의 공주, 충주, 홍주, 영남의 상주, 진주 등 대도회지(감영도시)를 검거 하려 한 것은 권력의 주변이나 변방을 타격(점령)하기 위한 군사(전투) 행위가 아 니라 일시적(기습적)일지라도 권력의 심장부를 곧바로 타격(점거)하는 일종의 정 치행위였다. 후속 연구에서 좀 더 자세히 언급하겠으나, 1907년 13도창의대진 소가 주도한 서울 진공작전도 동학군의 전주나 공주 점거투쟁과 마찬가지로 일본군을 물리적으로 제압하기 위한 군사작전이 아니라 점거 농성, 혹은 정치 담판을 위한 대의명분 투쟁, 즉 일종의 정치적 시위에 가까운 사건이었다.[79]

## 4. 활용 자료 소개 및 해제

공주 점거투쟁은 한 달여 가까이 지속되었을 뿐만 아니라 참여 주체가 다 양했던 까닭에, 1894년 시기의 어떤 사건보다 관련 기록이 풍부하다.[80] 하지만 동일한 사건임에도 기록의 생산 주체에 따라 그 내용이 상이하거나 모순적인 경우가 많은데, 그 이유는 주체별로 이해관계가 달랐을 뿐만 아니라 피아(彼我)

---

**79** 이인영(총대장=회맹주)은 일본헌병대 본부에서 이루어진 심문 과정에서, 자신은 '전쟁'을 벌이려 한 것이 아니라 자신들이 포고한 大義를 국내외에 널리 알리고자 일종의 정치적 시위를 전개(조직)한 것이라 말했다. 이인영이 부친의 부고를 받고 낙향한 것에 대해 義陣內 의 누구도 시비와 선악을 따지지 않은 것은 의병(義陣=倡義所=大義所) 활동은 단순한 군사 행동(무장투쟁)이 아니라 春秋大義(天下爲公)를 실천하기 위한 일종의 정치담판이자 일종 의 말 잡기 싸움이었기 때문이다. 「1894년 어셈블리 이후―도회·의거 전통의 지속과 변용 」, 『1894년 조선 어셈블리―역사·기억·기념』, 참조.

**80** 박맹수는 『공주와 동학농민혁명』에서 「공주와 동학농민혁명 관련자료」(55~114쪽)라는 제 목으로 관련자료의 원문과 그에 대한 간단한 해제를 달았다. 박맹수·정선원 지음, 『공주와 동학농민혁명―육성으로 듣는 공주와 우금티의 동학 이야기』, 모시는사람들, 2015.

모두 각 주체들을 아우르는 중앙지도부(콘트롤 타워)가 없었기 때문이었다. 특히 남북접 동학군은 물론이고 일본군(일본공사관)과 경군(양호순무영)·영병(충청우영)·토병(충청감사)들도 각기 활동 구역이나 역할 등이 달랐던 까닭에 동일한 사건이라 할지라도 내용적 편차가 크다. 그럼에도 불구하고 기존의 연구들은 엄밀한 사료 비판 없이 각종 사료들을 선택적(자의적)으로 활용한 감이 없지 않다. 이런 문제점을 해결하기 위하여 이 책에서는 기록 생산 주체들의 성향을 시야에 넣으며 각 사료들의 차이를 교차(비교) 검토하는 작업을 넘어, 왜 이런 차이가 나타나게 되었는지도 면밀히 살펴보고자 노력했다.

공주 점거투쟁의 주체와 목표를 이해하려면 다른 무엇보다도 먼저 북접교단 측의 자료를 주목해야 한다. 1906년 천도교(손병희)와 시천교(이용구)가 분립될 때 양측은 정통성 확보 경쟁 차원에서 교단사를 집필하는 데 열을 올렸는데, 천도교 측의 『천도교서』(1920),[81] 『천도교회사초고』(1920)[82] 등은 정교분리(教政分離)의 원칙에 따라 소략하게 사건사를 정리한 반면, 시천교 측의 『시천교종역사(侍天教宗繹史)』(1915)는 정교쌍전(教政雙全)의 원칙에 따라 비교적 자세하게 사건(甲午教厄)의 진상을 소개했다.[83] 물론 위 자료들은 교단의 정통성 확립이나 포교 목적으로 편찬된 일종의 2차 사료들이므로, 여러 가지 역사왜곡이나 조작(manipulation)이 행해졌을 가능성이 크다. 하지만 시천교 관도사(觀道使) 박형채(朴衡采)가 편년체 형식으로 정리한 『시천교종역사』는 이용구의 활약상이 지나치

---

81  『천도교서』는 1920년 1월 15일부터 3월 31일까지 2개월 반에 걸쳐 전국에서 220명의 청년 교인들을 소집하여 '天道教青年臨時教理講習會'를 개최했을 때 교재로 쓰기 위해 천도교중앙총부가 제작한 것이다. 〈동학농민혁명종합정보시스템〉 '자료 해제' 참조.

82  『천도교서』와 마찬가지로 1920년 천도교청년교리강연부가 집필한 일종의 교단사이다.

83  홍동현, 「1900~1910년대 동학교단 세력의 '東學亂'에 대한 인식과 교단사 편찬」, 『한민족운동사연구』 76, 2013 참조.

게 과장되어 있기는 하나, 1차 자료의 원문을 전재 혹은 발췌하는 서술 방식을 취하고 있어, 사실(원문) 그 자체를 날조했을 가능성은 그리 크지 않다. 강필도(康弼道)가 집필한 『동학도종역사(東學道宗繹史)』도 그 내용은 『시천교종역사』와 거의 같다.[84]

오지영의 『동학사』(영창서관, 1940)와 그 초고,[85] 권병덕(1868~1944)의 「갑오동학란」(『이조전란사』, 대동사문회, 1935),[86] 「균암장 임동호씨 약력(均菴丈林東豪氏略歷)」,[87] 「이종훈약력」[88] 등도 공주 점거투쟁 시기 북접교단 측의 동향을 잘 보여주는 자료들이다. 오지영의 『동학사(초고본)』는 자신이 주도한 천도교연합회의 천도교 혁신운동을 정당화하기 위해 폐정개혁안에 '토지 평균분작' 조항을 삽입하

---

**84** 『동학농민혁명 자료총서』 해제 참조. 良菴 康弼道는 황해도 松禾 사람으로 1894년에 송화접주 方燦斗와 같이 1894년 사건에 참가했다. 東學道宗繹史 〉第二編 目次 〉第十二章 甲午東學黨革命及日清戰役.

**85** 吳知泳(1868~1950)은 全北 高敞郡 茂長面 출신으로 1894년 어셈블리 때 익산 대접주인 金方瑞의 휘하에서 활동하였다. 1920년대 천도교 분립 시기 天道敎聯合會의 일원으로 '천도교 혁신운동'을 주도했다. 1926년에는 익산 지역의 신도를 만주로 이주시켜 '인내천에 입각한 이상적인 공동체(공산사회)'를 건설하는 활동을 전개하기도 했는데, 『동학사』는 자신들의 혁신운동을 '동학의 적통'으로 역사화하기 위해 집필한 것으로 보인다. 김정인, 「동학사의 편찬 경위」, 『한국사연구』 170, 2015; 홍동현, 「일제시기 천도교 혁신 세력의 '東道'주의와 종교·정치 활동」, 『영남학』 68호, 2019 등 참조. 이 책에서는 간행본 『동학사』(영창서관, 1940)보다는 윤문 이전의 초고본이 더 사료적 가치가 크다고 판단하여 『동학사(초고본)』을 주로 활용하였다.

**86** 「甲午東學亂」은 권병덕(權秉悳)이 지은 『李朝戰亂史』의 일부인데, 이 책은 1935년에 大東斯文會가 발행했다.

**87** 여주 출신의 임동호(1870~ )는 공주 점거투쟁 시기 손병희나 최시형과 시종일관 행동을 같이 했다. 임동호는 일진회 활동을 하다 천도교 창건 시기 여주 교구장을 지냈다. 후술 참조.

**88** 경기도 광주 출신으로 손병희가 이끄는 북접 동학군의 좌익장(중군장?)으로 활동했다. 민족 대표 33인 가운데 한 명이다. 이종훈의 생애와 활동에 대해서는 조성운, 「正庵 李鍾勳의 民族運動」, 『일제하 경기도의 민족운동과 증언』, 선인, 2016 참조.

는 등 전체적인 역사상을 일정 부분 '조작(manipulation)'한 혐의가 인정되나,[89] 남북접 연대의 형성 과정, 이유상과 김원식의 합류 등 특정 사건 등에 대해서는 어떤 사료보다도 서술 내용이 풍부하다.

공주 점거투쟁의 실상을 구체적으로 이해하려면 북접교단 측의 자료와 더불어 양호창의영수였던 전봉준이 재판 과정에서 행한 진술, 그리고 공주창의소의장(義將) 이유상(李裕尙)과 전봉준이 충청감사 박제순(朴齊純)에게 전달한 두 개의 상서(上書)와 두 개의 고시(告示)를 주목해야 한다. 12월 2일 순창에서 체포된 전봉준은 1895년 2월 3일 법무아문에 인도되어 일본영사 우치다 사타츠치(內田定槌)가 회심으로 참여한 가운데 2월 9일부터 3월 10일까지 5차례 문초를 받았는데,[90] 이때 생산된 기록이 「전봉준 공초」이다.

전봉준에 대한 일본영사의 질문은 '범죄(혐의) 사실'에 증거를 확보하기 위한 심문이라기보다는 전봉준과 동학군이 표방한 거의(擧義) 명분을 의도적으로 폄훼하고 왜곡함과 동시에 자신들의 내정간섭이나 집단학살 행위를 정당화하기 위한 지극히 정치적인 심문이자 '말잡기'였다. 고종과 대원군 혹은 최시형 등과 관련한 진술 과정에서 존엄을 보호하고 지키기 위해 일부 사실을 은폐하거나 진술을 생략한 경우는 있었다고 판단되나, 춘추대의(天下爲公)를 중시하던 당시의 선비 문화, 또는 공자(聖人)의 도와 가르침(聖道·聖訓)을 강조했던 조선 선비로서의 정체성 등을 감안할 때, 사사로이 거짓으로 없는 사실을 그럴듯하게 꾸며내거나 왜곡한 진술은 거의 없었다고 판단된다.

---

89  왕현종, 「해방 이후 동학사의 비판적 수용과 농민전쟁연구」, 『역사교육』 133호, 2015 참조. 공주 점거(호서도회 개최)를 위한 남접(호남) 동학군의 북상을 北伐이라 표현한 것, 남접집단(義軍)이 논산포에 설치한 倡義所를 大本營이라 표현한 것 등도 일종의 역사조작이다.

90  전봉준에 대한 심문과 재판 과정에 대한 구체적인 정리는 홍동현, 『한말·일제시기 문명론과 '東學亂' 인식』, 연세대학교 박사학위논문, 2018, 26~41쪽 참조.

하지만 「전봉준 공초」에 보이는 전봉준의 진술은 사건 전체에 대한 체계적 (종합적)인 진술이 아니라, 피의(혐의) 사실을 입증하기 위해 일본영사나 재판관 (장박)이 질문한 사항(問目), 즉 전봉준이 직접 개입했거나 관여한 사건(범죄사실) 에 대한 답변일 뿐이다. 예를 들어, 「전봉준 공초」에는 북접 동학군이 수행한 대교싸움(10월 24일), 그리고 효포나 우금티 이외의 지역에서 벌어진 다양한 활동들에 대한 언급이 없다. 이는 전봉준이 직접 지휘했거나 책임져야 할 사건 ('범죄혐의', '피의사실')이 아니었기 때문이다. 게다가 사건 수사가 완전히 종결된 연후에 체포된 북접계 지도자들(최시형, 서장옥, 손천민, 안교선, 이유상 등등)의 경우는 조선 정부가 별다른 심문 절차 없이 서둘러 재판을 마쳤기 때문에 판결서 자체가 극히 부실하다.[91]

1차 봉기를 시작할 때 남접 지도부가 무장(茂長)에서 자신들의 대의를 포고 했듯이 공주 점거투쟁 시기 공주창의소의장 이유상과 양호창의영수 전봉준은 각각의 명의로 두 개의 상서(10월 15일, 16일)를 충청감사 박제순에게 보냈을 뿐만 아니라 동도창의소(東徒倡義所) 명의로 「고시경군여영병이교시민」[92]과 「시경군

---

91 1895년 3월 29일 전봉준 등 21명의 동학군 지도자들에게 대한 최종판결이 있었다. 이때 전봉 준, 성두한, 최경선, 손화중, 김덕명 등에게 『대전회통』 형전의 '軍服騎馬作變官門者 不待施 斬' 조항에 따라 사형이 선고되었다. 『승정원일기』; 사료 고종시대사 19〉1895년(고종 32년) 3월 29일. 이와는 달리 최시형은 1898년, 서장옥·손사문(손천민)·이유상(이유형)은 1900년 에 재판을 받았으나 당시는 이미 정세도 다르고 사건 자체도 종료된 시점이었으므로 세밀 한 조사나 심문은 없었다. 이런 이유로 전봉준과는 달리 서장옥, 이유상 등의 경우는 간단한 판결서 원본만이 전해질 뿐이다. 「판결선고서원본」(광무4년 양력 9월 20일), 『국역총서 12』, 250~251쪽 참조.

92 국사편찬위원회가 편찬한 『東學亂記錄 下』(379쪽)에는 순한글인 「고시경군여영병이교시민」 (동도창의소)의 '이교시민'을 '□敎示民'이라 읽었으나, 『일지』(212쪽)는 이를 '吏校市民'이 라 읽었다. 이 글에서는 후자가 더 타당하다 여겨져 '告示京軍與營兵吏校市民'이라 읽었다. 『동학란기록』은 이 고시가 발표된 날짜를 우금티싸움이 끝난 11월 12일이라 적고 있으나, 정

영병(示京軍詧兵)」[93] 등을 발송했다. 이런 사료들은 당시 남북접 지도부가 합의한 공주 점거투쟁의 목표와 방법이 무엇이었는가를 잘 보여준다. 특히 호서도회를 개최하고자 하니 '길을 빌려달라(借路)'는 대목 등을 비롯하여, 경군·영병과 이교·시민들의 내응과 호응을 강조한 대목 등은 공주 점거투쟁의 목표와 방법이 무엇이었는가를 보여주는 유력한 사료적 근거이다.

공주 점거투쟁의 자초지종을 보여주는 또 다른 자료는 『주한일본공사관기록』[94]이다. 위 자료에서 먼저 주목해야 할 것은 재조선 일본공사관과 영사관, 그리고 각지의 병참사령부가 여러 방면의 정보망(원)을 활용하여 수집한 각종 보고자료, 그리고 일본군이 사건 현장에서 직접 작성하여 올린 「전투상보」이다. 『주한일본공사관기록』에 수록되어 있는 「전투상보」는 모두 24건인데, 22건이

---

창렬은 이를 10월 12일의 오기라 주장한 바 있다. 정창렬, 앞의 책, 298쪽. 사실 여부를 정확히 확인할 수는 없으나, 공주 1차 투쟁 시기부터 동학군이 방문이나 패서 등을 동원하여 선전전을 수행했다는 기록 등으로 미루어 볼 때, 위의 고시(특히 전자)는 사건 초기부터 작성 배포 (활용)되었을 수도 있다.

**93** (東徒)倡義所 명의의 「示京軍詧兵」은 전자의 고시와 달리 한문으로 짧게 작성된 것인데, 두 차례의 접전을 후회하는 대목, 그리고 『先鋒陣呈報牒』에 11월 12일자로 이 고시만 따로 편철되어 있는 것 등으로 미루어 보아 앞의 한글 고시와는 달리 11월 12일에 작성된 것임이 분명하다.

**94** 국사편찬위원회가 1986년부터 발행한 『駐韓日本公使館記錄·統監府文書』(全20권) 가운데 1894년 어셈블리와 관련한 자료가 수록되어 있는 것은 1권부터 8권까지이다. 공주 점거투쟁 시기 재조선일본공사관 측이 일본 정부와 주고 받은 受發文書는 대부분 『주한일본공사관기록』에 수록되어 있다. 동학농민혁명자료총서에는 위 자료 외에 日本外務省이 편찬한 『日本外交文書』, 『日本外務省外交史料館所藏文書 1, 2』, 일본의 신문자료 및 각종 민간 측 자료가 실려 있다.

동학군 탄압과 관련한 현장 지휘관의 보고이다.[95] 그 밖에 1895년 4월 19일자[96]로 후비보병 독립 제19대대장 미나미 고시로(南小四郞)가 특명전권공사 이노우에 가오루(井上馨)에게 올린 「각지 전투상보 및 동학당 정토책 실시보고서」(이하 「동학당 정토책」이라 줄여 씀)[97]도 주목해야 할 자료이다. 위 보고서는 미나미 소좌의 지휘 아래 후비보병 독립 제19대대가 벌인 '정토' 활동의 자초지종을 "① 훈령의 실시, ② 관민(官民)과 동학도의 정황, ③ 교통의 불편, ④ 경과(經過)의 속도, ⑤ 한병(韓兵)의 상황, ⑥ 전투의 상황, ⑦ 토벌의 성과, ⑧ 무기의 파손 및 탄약 소비" 등의 순서로 일목요연하게 정리하고 있어, 일본군의 활동상을 전체적으로 파악하기가 용이하다. 특히 '관민과 동학도의 정황', '한병의 상황' 등은 공주 점거투쟁 시기 일본군의 눈에 비친 일반 민중들과 지방관료와 관군 등의 동향을 보여주는 중요한 사료이다. 이외에 1895년 5월 미나미 소좌가 조선의 총리대신(金弘集)과 군무협판(權在衡) 등을 앞에 두고 행한 '강화(講話)'를 요약한 「동학당 정토약기(大日本 南少佐 講話)」[98]도 당시의 지방 사정이나 동학군 실태를 구체적으로 보여준다.

『주한일본공사관기록』에 수록된 「동학당 사건 회심전말 구보(東學黨事件 會

---

**95** 일본군이 「전투상보」를 작성한 사건은 승전곡(당진), 공주(효포), 문의(지명시장), 홍주, 증약, 석성, 문암(청산 문바위), 공주(우금티), 금산, 지명촌(문의), 청주, 연산, 논산, 율곡(고산), 고산읍, 양산, 종곡(북실), 대둔산싸움 등이다.

**96** 『주한일본공사관기록』은 모든 사건의 발생 연월일을 양력으로 기록하고 있으나, 통일성을 기하기 위해 모두 음력으로 환산하여 표기했다. 이 책에 보이는 1894년 사건 당시의 모든 일자는 양력이라는 표기가 특별히 없는 한 모두 음력이다.

**97** 駐韓日本公使館記錄 6권 〉 二. 各地東學黨 征討에 관한 諸報告 「제1권 제7장의 후반부」〉(3) [各地 戰鬪詳報 및 東學黨征討策 實施報告書 送付의 件](양력 1895년 5월 13일=4월 19일(음력): 後備步兵 獨立 第19大隊長 步兵少佐 南小四郞→特命全權公使 伯爵 井上馨).

**98** 앞의 「各地東學黨 征討에 관한 諸報告」〉(2) 東學黨 征討略記(大日本 南少佐 講話)(양력 1895년 5월; 後備步兵 獨立第19大隊→수신자 표시 없음).

審顚末 具報)」(양력 1895년 9월 2일)는 대원군 밀지 사건을 포함한 이른바 '동학당 사건'의 전체상을 보여주는 자료이다. 1894년 사건 직후 일본공사관 측(井上馨)은 밀지 사건, 특히 전봉준과 대원군과 이준용 등 쿠데타 모의 세력을 정치적으로 활용하기 위해 재경성 일등영사 우치다 사타츠치를 앞세워 61명의 피의자를 심문하고, 1천 5백여 통의 증거문서를 분석한 뒤 그 결과를 보고서 형태로 정리하였다.[99] 위 보고서를 작성한 우치다 영사는 회심 과정에서 특정한 혐의범을 '회심하지 않고 풀어준 것에 항의하거나, '귀화(歸化)한' 동학당의 방면을 상신하기도 하는 등 막강한 권한을 행사하였다.[100]

다음으로 주목해야 할 사료는 조선 정부와 관군 측의 기록, 특히 『갑오군정실기』,[101] 『선봉진일기』, 『양호우선봉일기』 등의 양호순무영 보고자료, 사건 직후 충청감영이 정리한 『공산초비기(公山剿匪記)』,[102] 경리청 소속 군관이었던 백

---

**99** 駐韓日本公使館記錄 8권 〉 三. 各領事館其他往復 一 〉 (6) [東學黨事件에 대한 會審顚末 具報(機密號外)](양력 1895년 9월 2일: 在京城 一等領事 內田定槌→特命全權公使 伯爵 井上馨) 참조. 아래에서는 「동학당 사건 회심전말」이라 줄여 썼다. 대원군 밀지 사건이나 동학당 사건의 조사(수사, 재판)를 총괄 지휘한 內田定槌(당시 재경성 2등 영사, 이후 일등영사=총영사)는 1894년 5월 23일 陸奧宗光 외무대신에게 '조선 보호국화안'을 직접 상신하는 등 조선 침략의 실무책임자 역할을 수행하였다. 후술 참조

**100** 駐韓日本公使館記錄 6권 〉 八. 外部往來 一 〉 (6) 東學嫌疑犯 崔東明을 會審치 않고 석방한 데 대한 釋明; 駐韓日本公使館記錄 6권 〉 一. 東學黨에 관한 件 附巡査派遣의 件 二 〉 제1권 제5장의 후반부 〉 (27) 東學黨 李洪九의 放免 上申.

**101** 『갑오군정실기』(10책)는 1894년 9월 22일 양호순무영이 설립된 시기부터 12월 27일 폐지될 때까지의 활동을 기록한 공식기록이다. 신영우, 「'갑오군정실기' 해제」, 『신국역총서 6』, 31~70쪽 참조. 동학농민혁명기념재단은 '신국역총서'를 발간할 때 세 권으로 나누어 번역문과 원문(영인본)을 실었다.

**102** 『공산초비기』, 『국역총서 9』 참조. 백락완의 『남정록』에 따르면 공주대회전 직후 "순상(박제순)이 그림 잘 그리는 자로 공주 내외 산천을 그리고 백락완의 파적한 곳을 그려 경사에 보내어 신문(『관보』)에 게재하여 이름이 천하에 전파하게 하려" 했다고 한다. 『공산초비기』는

락완의 회고록인 『남정록(南征錄)』(한글본), 충청감영 측의 기록인 『금번집략(錦藩集略)』[103]과 서찰 『금영래찰(錦營來札)』[104] 등이다. 『공산초비기』는 1894년 10월 23일경부터 11월 11일경까지 계속된 점거투쟁의 전개 양상을 「이인지역(利仁之役)」, 「효포지전(孝浦之戰)」, 「우금지사(牛禁之師)」로 나누어 서술하고 있는데,[105] 각 사건의 실상을 주체(부대)별, 지역(구역)별, 시간대별로 보여준다는 점에서 특별히 주목해야 할 자료이나, 일종의 무훈담이므로 과장이 심하다. 친군경리청 대관(親軍經理廳 隊官) 백락완(白樂浣, 1848~1930)이 정리한 『남정록』(한글본)[106]도 일종의 무훈담이기는 하나, 사건 당시 주민(특히 府民) 동향, 정탐(偵探)·탐리(探吏), 또는 간첩(間諜, 間者)·세작(細作) 등을 활용한 다양한 심리전과 첩보전의 상황 등을 구

---

후술할 구완희가 집필한 것이다.

103  1894년 당시 忠淸監司를 지낸 李憲永(1837~1907)이 중앙정부에 보고한 문서와 각군에 내린 유시, 칙령, 감결 등을 모은 자료집이다. 「日錄」, 「別啓」, 「別報」, 「別甘」, 「詩句」 등으로 구성되어 있는데, 「日錄」에는 1894년 4월 25일부터 8월 29일까지 이헌영이 충청감사로서 겪고 행한 일들이 간략하게 정리되어 있다. 〈동학농민혁명 종합지식정보시스템〉 자료해제 참조

104  『錦營來札』은 충청감사 박제순(1858~1916)과 당시 총리대신 金弘集(1842~1896), 외무협판 金允植(1835~1922) 사이에 오고간 편지를 모은 서책인데, 박제순의 편지가 실려 있지 않다는 점이 아쉽기는 하나 당시 충청감영의 사정이나 박제순의 정세 인식 및 역할 등을 잘 보여준다.

105  先鋒陣日記 〉原報狀. 1894년 사건 당시 조선왕조 정부와 순무영 측은 公州之役 牛金之役처럼 戰보다는 役이라는 용어를 더 자주 썼다. 우금티싸움을 우금지사, 혹은 우금지첩이라 호명한 것은 장수들의 지략과 공훈을 상찬하기 위해서였다. 〈한국사DB〉 참조

106  백락완은 140명의 경리청 병정을 거느리고 1894년 9월 14일 서울을 출발하여 충청도의 牙山·禮山·德山·新昌·洪州·大興 등지에서 동학군을 학살하고, 뒤이어 10월 6일에 공주에 도착하여 孝浦 牛金싸움 등을 수행하였다. 백락완은 戰功을 인정받아 공주지방대의 참령이 된 이후 을미년 문석봉 의병을 진압하는 데도 큰 공을 세웠다. 『남정록』은 1896년 7월에는 휴직되어 서울로 되돌아오기까지의 행적(공적)을 그의 측근이 기록한 순한글판 기록물이다. 원본은 후손 白一鉉이 소장하고 있다. 鄭昌烈 해제 참조.

체적으로 보여주는 기록이므로 '두텁게(thick) 읽기'[107]가 필요하다.

　그동안의 연구들은 주로 일본공사관과 순무영 측의 자료만 주목했지 공주 수성전의 일등공신인 충청감사 박제순(朴齊純)의 역할을 거의 주목하지 않았다. 하지만 박제순은 전라감사 김학진과는 달리 영병과 토병을 이끌고 공주 수성전에 직접 참여했을 뿐만 아니라, 임기준이 이끄는 공주 지역 동학군을 집단적으로 귀화시키는 등 동학군과 척사유생들의 연대 활동을 파탄내는 역할을 수행했다. 따라서 공주 점거투쟁과 관련한 주요 자료들 가운데 임기준 집단이 귀화(자진해산)할 때 9월 9일 박제순에게 제출한 「호서창의소제생등상서(湖西倡義所諸生等上書)」를 포함하여, 논산에서 전봉준과 합세한 이후 이유상(李裕尚=李裕馨)이 10월 15일 박제순에게 올린 「공주창의소의장이유상상서(公州倡義所義將李裕尚上書)」, 또는 「동학당 사건 회심전말」에 별첨되어 있는 「구완희 일지(具完喜日誌)」[108] 등의 내용과 의미를 온전히 이해하려면, 박제순의 행적과 활동을 특별히 주목해야 한다. 『금번집략』과 『금영래찰』은 공주 점거투쟁 시기 공주 지역 동학군과 척사유생들의 동향, 그리고 이에 대한 충청감영 측의 대응을 구체적으로 보여주는 귀한 자료들이다.

　황현의 『오하기문(梧下記聞)』[109]은 기존의 연구들이 가장 많이 인용한 사료인

---

**107** 조한욱은 사료의 해독과 관련한 신문화사가들의 주장을 두껍게 읽기, 다르게 읽기, 작은 것을 통해 읽기, 깨뜨리기 등으로 구분했다. 조한욱, 『문화로 보면 역사가 달라진다』, 책세상, 2000 참조.

**108** 공주 점거투쟁 시기 具完喜는 巡撫參謀官으로 동학군을 탄압하는 활동을 하다가(公山之役效勞頗多) 그 공로로 大興郡守職을 제수 받았다. 『갑오군공록』. 구완희는 박제순의 지시로 『공산초비기』를 집필하였다. 「구완희 일지」는 「이유상 상서」와 더불어 공주 점거투쟁 직전 시기 노성과 이인지역의 상황을 가장 잘 보여주는 사료이다.

**109** 『오하기문』은 1894년 어셈블리 당시 척사유생들의 사건 인식을 가장 잘 보여주는 사료인데, 원문은 〈한국사 DB〉에 탑재되어 있다. 번역문은 김종익 옮김, 『(황현이 쓴) 동학농민전쟁

데, 사건 당시 호남에 거주하고 있었으므로 호서 지역의 상황이나 공주 점거투쟁에 대한 서술(傳聞)은 지극히 소략할 뿐만 아니라 부정확하다. 공주 점거투쟁에 대한 유생들의 기록을 검토할 때는 황현의 저작들보다는 오히려 공주나 그 인근 지역 유생들의 기록(일기, 회고)을 더 주목해야 한다. 예를 들면, 공주 유생인 이단석(李丹石)의 『시문기(時聞記)』, 이용규(李容珪)의 『약사(略史)』,[110] 이철영(李喆榮)의 「갑오동란록(甲午東亂錄)」,[111] 그리고 부여 유생 이복영(李復榮)의 『남유수록(南遊隨錄)』,[112] 서천 유생 최덕기의 『갑오기사(甲午記事)』[113] 등은 공주 점거투쟁 시기 공주 지역의 상황을 구체적으로 보여주는 자료들이다. 『시문기』의 필자인 이단석은 반포면 면소재지(공암) 근처의 신소(莘沼: 반포면 상·하신리) 인근에 거주하던 유생인데,[114] 북접 동학군이 10월 24일경 신소를 거쳐 계룡산을 넘었다는

---

의 역사) 번역 오하기문』, 역사비평사, 1994를 참조했다.

**110** 李容珪, 『略史』, 『국역총서 6』. 대교(長田) 출신의 이용규는 '9대 진사' 집안 출신으로 우암 송시열 집안과도 사돈관계였다. 박맹수·정선원, 『공주와 동학농민혁명』, 310~311쪽. 1894년 12월 13일 병조판서 발령을 받고 귀가하던 전 전라감사 김학진(金鶴鎭)이 귀경길에 그의 집을 '방문(위문)'했다거나, 감영을 드나들며 충청감사를 수시로 만났다는 사실 등으로 미루어 볼 때 상당한 위세를 가진 토호사족이었다고 판단된다. 『1894년 동학농민혁명 기록문서』, 『신국역총서 12』에는 누가 쓴 것인지 알 수 없는 6통의 편지(간찰)가 실려 있는데 『약사』와 편지 내용을 비교해보면 이용규가 쓴 것임이 분명하다.

**111** 李喆榮, 「甲午東亂錄」, 『醒菴集』, 卷之四 雜著. 부여에 거주하던 이철영은 초려 이유태의 후손으로 공주 점거투쟁 시기 효포 인근의 왕촌 중동골(경주 이씨 동족마을)에 머물고 있었다.

**112** 홍성찬은 『남유수록』을 활용하여 부여 대방면 지역의 설포 과정과 활동, 당시의 향촌사정 등을 면밀히 분석한 연구성과를 남겼다. 「1894년 집강소기 設包下의 鄕村事情—부여 대방면 일대를 중심으로」, 『동방학지』 39호, 1983 참조.

**113** 『갑오기사』는 서천 유생 최덕기의 일기이다. 사건 자체와 관련한 내용은 소략하나 서천 지역을 포함한 충남 서남부 지역의 동학군이나 유회군의 상황을 잘 보여준다. 『국역총서 6』 해제 참조.

**114** 『시문기』의 해제는 이단석을 '충청도 유생'으로만 소개하고 있다. 하지만 『시문기』에 보이

대목은 북접 동학군이 효포싸움에도 직접 참여했음을 보여주는 보기 드문 자료다. 이상에서 언급한 자료들은 대부분 국사편찬위원회의 〈한국사 데이터베이스〉(이하 〈한국사 DB〉로 줄여 씀)나 동학농민혁명기념재단의 〈사료아카이브〉(종합지식정보시스템)에 탑재되어 있는데, 키워드 검색만으로도 쉽게 원문(이미지와 탈초)과 번역문을 확인할 수 있으므로 특별한 경우가 아니면 원문의 출처(서지사항, 배경정보)와 쪽수를 일일이 밝히지 않고 본문 가운데 괄호를 치고 자료명만 표기하는 방식으로 전거주를 대체했다.

『동학농민혁명사료총서』(전30권)를 기본자료로 하여 날짜별로 사건사를 정리한 『동학농민혁명사일지』(이하 『일지』로 줄여 씀)[115]도 이 책을 집필하는 데 큰 도움을 주었다. 그 밖에 박맹수가 정리한 19쪽 분량의 「공주동학농민혁명연표」(『공주와 동학농민혁명』, 344~362쪽), 김용옥의 『동경대전 2 우리가 하나님이다』에 첨부되어 있는 「동학연표(1779~2021)」(362~536쪽), 국사편찬위원회가 편찬한 『사료 고종시대사』(25책),[116] 『한국사료총서』[117] 등도 매 항목마다 근거 자료를 일일이 밝히고 있어 원문 대조(참조) 등이 용이하다.

---

는 본촌 신소, 또는 상신 등의 지명으로 미루어 보면 현재의 반포면 공암 인근에 거주했던 유생임이 분명하다.

**115** 동학농민혁명참여자명예회복심의위원회 편, 『동학농민혁명사일지』, 2006. 아래에서는 편의상 『일지』로 줄여 썼다.

**116** 『사료 고종시대사』는 국사편찬위원회가 고종 시대의 주요 사료, 특히 『승정원일기』, 『고종실록』, 『고종시대사』 등의 원문, 기사제목, 출전 정보 등을 날짜별로 정리한 연대기이다. 1894년 어셈블리 관련 기록은 주로 17권(1893. 6~1894. 6)과 18권(1894. 7~12)에 정리되어 있다.

**117** 국사편찬위원회가 1955년부터 오늘날까지 발행하고 있는 '한국사료총서'인데, 상당수가 구한말에 집필된 회고록, 문집, 일기 자료 등이다. 이 책에서 활용한 『동학난기록 (상·하)』(국사편찬위원회), 『매천야록』, 『대한계년사 (상·하)』, 『속음청사 (상·하)』 등의 원문자료는 모두 DB화된 위의 총서를 인용했다.

# 1부

## 공주 점거투쟁의 배경

# 제1장

# 갑오변란 이후 시기
# 일본과 갑오정권의 동학군 탄압 정책

한국역사연구회가 편찬한 『1894년 농민전쟁 연구』(전5권)는 1894년 사건의 배경으로 '농민전쟁의 사회경제적 배경'(제1권), '18·19세기 농민항쟁'(제2권), '농민전쟁의 정치·사상적 배경'(제3권) 등을 다루었다. 구조사적 접근을 중시하는 연구라는 점에서 당연한 목차 구성이다. 하지만 무엇보다 먼저 일본군의 경복궁 점령과 친일 내각 성립(6월 21일 갑오변란), 청일전쟁 발발과 평양전투 이후 일련의 사건들을 시야에 넣지 않으면 공주 점거투쟁에 대한 사건사적 이해는 불가능하다. 이런 점들을 유념하면서 아래에서는 갑오변란 이후 동학군에 대한 탄압 정책이 시기별로 어떻게 달라졌는가를 정리해보려 한다.

## 1. 일본군의 경복궁 점령과 동학군 탄압 정책

### 1) 갑오변란 이후 일본의 내정간섭과 동학군 대책

전봉준 등 남접집단은 무장기포(3월 20일)와 백산도회(3월 26~29일) 이후 호남 일대를 돌며 기세를 올리다가 영병·이교의 내응, 성내 주민들의 호응에 힘입어 4월 27일 전격적으로 전주성(完營)을 점거할 수 있었다. 일제시기에 발간된 『전주부사(全州府史)』에 따르면, 전주성 성문은 동학군이 깨부순 것이 아니라 "내통한 관속들에 의해 안에서 열렸다."[01] 전주성을 점거한 뒤 남접 지도부는 자신들의 요구를 관철하기 위해 전라감사와 중앙정부에서 파견된 초토사(招討使: 洪啟薰)와 순변사(巡邊使: 李元會) 등을 상대로 정치담판을 벌였는데,[02] 이 같은 동학군의 활동이나 동향은 참여 범위와 규모, 무장 수준과 투쟁 강도 등만 달랐을 뿐 1862년 농민봉기(임술민란) 과정에서도 흔히 있었던 일이었다.[03] 남접 지도부는 5월 8일 '폐정개혁 요구를 국왕에게 보고할 것'을 전제로 초토사 홍계훈에게 귀화를 약속한[04] 뒤 서둘러 전주성을 빠져나갔으며, 조선왕조 정부는 5월 12일 민심 수습 차원에서 경장윤음(更張綸音)을 반포하였다.[05] 하지만 당시 조선왕조 정부는 개혁의지는 물론이고 능력도 부족했다. 겉으로만 대경장(大更

---

01  『일지』, 71쪽 참조 후술하겠으나 공주 점거투쟁 시기 동학군 지도부가 고시(告示)를 통해 경군·영병과 이교·시민의 내응과 호응을 촉구한 것도 이런 경험 때문이었을 것이다.

02  '제중생등의소(濟衆生等義所)'(5월 4일), '재영회중제생(在營會中諸生)'(5월 5일) 등의 명의로 작성된 소지(訴志)와 문장(文狀), 그리고 전라도유생(5월 11일), 호남회생(湖南會生)(5월 11일), 동학회생(東學會生)(5월 18일) 등의 명의로 순변사에게 올려진 등장(等狀), 상서(上書), 원정(原情) 등은 그런 과정에서 만들어진 일종의 폐정개혁 요구였다. 『일지』 관련 항목 참조.

03  남접집단이 주도한 1차 봉기도 1862년 어셈블리(임술민란)와 마찬가지로 발통(發通)→취회(聚會)→등소(等訴)→(무장) 봉기→점거와 농성→정치담판과 안민약조(安民約條)' 체결→해산(退散, 歸化)의 과정을 거쳤다. 1862년 어셈블리와 1894년 어셈블리, 그리고 1차 봉기와 2차 봉기의 차이와 공통점에 대한 구체적 논의는 지면관계상 후속연구로 미루고자 한다.

04  초토사 홍계훈과 동학군 지도부 간의 폐정개혁과 관련한 약조(일종의 安民約條)를 '和約(講和條約)'이라 호명하는 것은 적절치 않다. 관변 측 자료에 흔히 보이는 歸化란 비도(잔적)화한 '國王의 赤子'들이 敎化에 의거하여 化民, 즉 良民이 되는 것을 이르는 말이다.

05  『승정원일기』; 사료 고종시대사 17 〉 1894년(고종 31년) 5월 12일 〉 고종, 민란이 일어난 지역의 민심을 수습하고 포악한 관리들을 처단하겠다는 내용의 更張 綸音을 내림.

張), 대징창(大懲創)을 표방했지 실제로는 권력을 지키기 위해 청국에 차병을 요청하는 등 동학군을 물리적으로 탄압하는 정책을 추진하였다.

호남 동학군에 의해 전주성이 점거되자 조선왕조 정부는 임오군란 때와 마찬가지로 청국에 차병을 요청하였고, 청국은 이런 요청을 받아들여 2,800여 명의 병력을 충청도 아산 지역으로 급파하였다. 그러자 파병 기회를 엿보던 일본 정부도 공사관과 거류민 보호, 더 나아가서는 "조선의 독립을 공고히 하고 내정개혁, 즉 문명화(=개혁·개조, 자립·자강)를 도모한다"는 명분을 앞세워 군대를 파견했다. 일본 정부가 내각회의에서 출병을 결정한 것은 4월 29일(양력 6월 2일), 참모본부 내에 대본영을 설치한 것은 5월 2일, 오오토리 공사와 300여 명의 혼성여단 선발대가 인천에 도착한 것은 5월 6일이었다. 일본 정부는 파병 직후부터 이른바 '개전외교(開戰外交)'의 일환으로 조선왕조 정부에 '조선은 청국의 속국(속방)이 아니라 독립 자주국'이라는 사실을 내외에 천명함과 동시에 강도 높은 내정개혁을 실천할 것을 강요하기 시작했고, 청국은 이에 대응하여 '내란은 이미 평정되었고, 조선의 내정개혁은 조선인에게 맡겨야 한다'는 이유를 앞세워 공동철병을 요구하였다. 이런 과정에서 양국 간의 갈등은 결국 전쟁으로 비화될 수밖에 없었다. 청일전쟁은 누가 조선을 속방(보호국)으로 삼을 것인가를 두고 청국과 일본이 벌인 한판 승부였다.[06]

청국군을 차병하는 문제와 관련하여 대신들 사이에서 여러 우려가 제기되었으나, 고종과 민씨 세력은 자신들의 권력을 지키기 위해 차병을 결정했다. 이런 사실을 잘 알고 있었던 위안스카이(袁世凱)는 고종과 민씨 세력에게 서울

---

**06** 청일전쟁과 1894년 어셈블리의 연관성에 대해서는 朴宗根, 『日淸戰爭と朝鮮』, 靑木書店, 1982; 『신편한국사 40. 청일전쟁과 갑오개혁』에 수록되어 있는 박영재의 「청일전쟁」; 왕현종 외 4인 지음, 『청일전쟁기 한·중·일 삼국의 상호전략』, 동북아역사재단, 2009; 앞의 『또 하나의 전쟁, 동학농민전쟁과 일본』 등 참조.

침범이나 내정간섭은 하지 않고 동학군을 진압하는 데만 주력하겠다고 약속한 뒤, 군대를 서울이 아닌 아산만에 상륙시켰다. 하지만 일본 정부는 청국과 달리 6월 21일 경복궁을 무력으로 점령(갑오변란)한 이후[07] 고종의 친재(親裁)를 정지시키고 대원군과 갑오정권을 매개로 조선에 대한 내정간섭을 본격화했다. 이때 일본 정부가 동학군의 대원군 섭정 요구(奉國太公監國攝政事)[08]를 전격 수용한 것은 대원군을 앞세워 동학군을 회유함과 동시에 고종과 민씨 세력을 권력에서 배제하기 위해서였다.[09]

갑오변란 직후 일본 정부는 선전포고도 없이 곧바로 조선에 파병된 청국군을 공격하기 시작했는데(6월 23일 풍도해전, 27일 성환전투), 전쟁의 목적은 청국을 대신하여 조선을 자신의 속방화(屬邦化＝保護國化)하는 것이었다.[10] 갑오변란을

---

07  일본군의 경복궁 점령 사건에 대해서는 나카츠카 아키라(中塚明) 지음, 박맹수 번역, 『1894년 경복궁을 점령하라』, 푸른역사, 2002 참조.

08  전봉준 등 남접집단은 5월 4일 '濟衆生等義所' 명의로 홍계훈에게 "대원군을 모서 監國케 하는 것은 이치가 매우 합당한 것으로 자신들의 행위는 역모가 아니라"는 내용의 『彼徒訴志(賊黨訴志)』를 올렸다. 『양호초토등록』, 『국역총서 1』, 168~170쪽. 뮈텔문서에 따르면, 당시 동학의 8자 주문(至氣今至願爲大降)을 음차한 '卽以今知 院位大監'이라는 주문도 유행했다고 한다. 韓沽劤, 「東學思想의 本質」, 『東方學志』 10, 1969; 정창렬, 「제2차 농민전쟁(동학농민전쟁의 역사적 의의)」, 499쪽 재인용.

09  당시 일본 신문들은 '갑오변란(경복궁 쿠데타)' 소식을 전하면서 대원군 세력과 고종·민씨 세력의 갈등 문제를 특필했다. 東京朝日新聞〉明治27年 7月 25日.

10  1894년 7월 17일(양력 8월 17일) 일본 정부는 내각회의에서 '조선 정략 4개안', 즉 '일본 승리후 자치론', '보호국화론', '일청제휴론', '조선 중립화론' 등을 둘러싸고 갑론을박을 벌였는데, 잠정적이고 유동적인 것이기는 하나 기본방침은 국내외 정세를 감안하며 적절한 방식으로 조선을 보호국화한다는 것이었다. 조선 보호국화 정책의 내용, 입안과 실천 과정 등에 대해서는 조재곤, 「청일전쟁과 일본의 조선 정책―보호국 구상과 그 실현」, 동학농민혁명기념재단 편, 『동학농민혁명 2차 봉기와 동학농민군 서훈』, 2020, 67~76쪽 참조.

의거라 표현했듯이,[11] 일본 정부는 선전포고와 동시에 청일전쟁을 조선에 독립을 선물하기 위한 일종의 '의전(義戰)'이라 선전했는데,[12] 이는 러시아와 미국 등 열강의 개입과 간섭을 방지하기 위한 책략이었으나, 일본 정부의 우려는 시모노세키(下關) 강화조약 체결 직후 이른바 '삼국간섭(三國干涉)'으로 곧바로 현실화되었다. 일본 정부는 청국과의 강화조약을 통해 조선과 요동에 대한 지배권을 확보하고자 했으나, 러시아가 주도한 삼국간섭으로 말미암아 요동반도를 다시 청국에 반환해야 했을 뿐만 아니라 조선을 보호국화한다는 정책기조마저 수정하지 않으면 안 되었다.[13]

6월 25일 김홍집을 내각 수반으로 수립된 갑오정권은 일본공사관 측의 지시에 따라 동학군의 폐정개혁 요구를 수용하는 등 위무(효유) 위주의 정책을 펼쳤다. 대원군을 섭정으로 옹립하고 민씨 세력을 축출한 것, 군국기무처를 매개로 여러 가지 개혁의안을 발표한 것 등과 더불어, 7월 9일 학부협판 겸 군국기무처 의원 정경원(鄭敬源)을 호서선무사로 임명한 뒤 이른바 대사면 명목으로 체포·투옥된 동학군 지도자(서병학, 서장옥, 장두재)를 석방한 것도 회유책의 일환

---

**11** 갑오변란 직후 일본군은 왕궁으로 들어가기를 주저하는 대원군에게 "일본 정부의 이번 擧事는 실로 義擧에서 나온 것이기 때문에 일이 성사된 다음 조선국의 땅을 한 치도 빼앗지 않을 것이라 전했다"고 한다. 나카츠카 아키라 지음, 박맹수 옮김, 『1894년, 경복궁을 점령하라!』, 푸른역사, 2002, 84쪽.

**12** 일본은 1894년 7월 1일 「宣戰詔勅」을 발표하면서 청일전쟁의 목적을 "조선의 독립을 침해하려고 하는 청국의 야망으로부터 조선의 독립을 지키는 것"이라 말하며, 청일전쟁을 조선에 독립을 선물하기 위한 일종의 '義戰'이라 선전하였다. 『扶桑新聞』 조선특파원 領木經勳은 1894년 11월에 발간한 『平壤大激戰實見錄』에서 일본군을 '文明의 義軍'이라 호명하기도 했다. 조재곤, 「청일전쟁과 일본의 조선 정책—보호국 구상과 그 실현」, 70~71쪽 재인용.

**13** 한말 시기 한반도 문제를 둘러싼 열강 간의 대립과 갈등 문제에 대해서는, 조경달 지음, 최덕수 번역, 『근대 조선과 일본—조선의 개항부터 대한제국의 멸망까지』, 열린책들, 2015; 최덕수, 『근대 조선과 세계—이양선 출현부터 합병까지 1866~1910』, 열린책들, 2021 등 참조.

이었다. 하지만 김윤식이 박제순에게 보낸 편지(『금영래찰』 갑오 8월 11일)처럼 "조령(朝令)은 십 리만 벗어나도 행해지지 않"는 상황이었다. 당시 일본 정부는 원활한 전쟁 수행을 위해 조선 정부에 조일잠정합동조관, (조일)양국맹약, 신식화폐발행장정 등을 강요했는데,[14] 군국기무처의 의안(議案)들은 일본 정부 측의 입장에서 보면 조선을 보호국화하기 위한 일종의 사전포석이었다.

6월 23일(풍도해전)경부터 청일 간에 전투가 시작되자 일본군은 부산에서 서울로 이어지는 병참선을 안정적으로 확보하는 데 총력을 기울였으며, 이런 과정에서 동학군에 대한 탄압은 1차 봉기의 진원지인 호남보다는 병참선이 지나는 영남(낙동, 문경), 호서(충주, 장호원), 기호(가흥, 이천) 지역에서 먼저 시작되었다. 개전 초기 일본군은 각지의 수비대를 동원하여 병참선 인근의 동학도를 선제적·예방적인 차원에서 '섬멸'하는 작전을 펼쳤음에 반해, 1차 봉기의 주역인 호남 동학군에 대해서는 '토벌'보다는 정치적 활용에 더 큰 관심을 기울였다(후술 참조). 그러나 8월 17일의 평양 승전을 기점으로 일본의 동학군 정책은 회유에서 토벌(정토)로 정책기조가 크게 바뀌기 시작했다. 평양전투에서 대승을 거두자 무츠 무네미츠(陸奧宗光) 외무대신은 오오토리 공사에게 '청일전의 승패를 관망하며 눈치만 살피던 조선인들도 이제는 마음을 정할 수 있게 되었을 터이니'(요약 정리), "평양 승전을 기회로 조선 정부 내에 일본 세력을 확장하고, 외교와 내치에서 중요한 사안은 반드시 공사(公使)의 자문과 동의를 얻은 후 시행하도록 유도할 것"을 지시했다.[15] 일본공사관 측은 이런 지시에 따라 조선왕조 정

---

14  갑오정권의 전쟁 협조, 또는 일본의 내정간섭 강화와 보호국화 추진 과정 등은 왕현종, 「조선 갑오개혁 정권의 대일 정략가 종속의 심화」, 왕현종 외 4인 지음, 『청일전쟁기 한·중·일 삼국의 상호전략』, 동북아재단, 2009, 17~78쪽 참조.

15  무츠 무네미츠(陸奧宗光) 저, 김승일 역, 『건건록(蹇蹇錄)』, 179쪽. 조재곤, 앞의 논문, 71쪽 재인용.

부에 평양 승전 소식을 곧바로 통고했는데, 그 이유는 조야(朝野)에 널리 퍼져 있던 항일의려 형성론, 특히 대원군 밀지설이나 조가밀교설(朝家密敎說)의 확산을 저지하기 위해서였다. 앞서도 강조했듯이 당시 일본 정부는 조선 내에 초야 사민들의 항일의려가 형성되어 한반도 주변 열강들에게 개입과 간섭의 빌미(명분)를 제공하지 않기 위해서라도 무력 진압보다 회유 활동에 진력하였다.

갑오변란 이후 대원군 세력은 물론이고 정권에서 밀려난 고종이나 민씨 척족 세력들조차 항일의려 형성 활동에 깊은 관심을 보이기 시작했다. 2차 봉기 시기 내포와 황해도 지역의 동학군을 탄압하는 활동을 전개한 야마무라(山村大尉)는 주한 일본공사관에 "동학당 재연(再燃)의 가장 큰 원인은 민씨 척족(閔族)의 선동이며, 창궐의 이유는 동당(同黨) 가운데 갑오변란(七月二十三日の事變)으로 권좌(雲上)에서 밀려난 무리들이 이에 가담했기 때문"[16]이라 보고했는데, 당시 민씨 척족들의 동향은 부여 지역(성겁평 민준호)의 사례를 통해서도 확인할 수 있다.[17] 당시 공주와 부여 인근의 척사유생들과 동학군은 8월 1일 건평유회와 궁원도회를 동시에 개최한 뒤 곧바로 공주 부내로 진입하고자 했으나, 민준호 등 부여 민씨 세력의 약속 파기로 건평유회는 무산되었다(후술 참조).

대원군 세력이 청국군과 동학군을 서울로 끌어들여 모종의 정변을 도모하고 있다는 소문은 갑오변란 전후 시기부터 조야의 유생이나 민중 사이에 파다

---

**16** 駐韓日本公使館記錄 1권 〉六. 東學黨征討關係에 關한 諸報告 〉(30) [洪州附近 東學黨征討 및 視察所見에 관한 山村大尉의 報告寫本 送付](양력 1894년 12월 25일: 在釜山 總領事代理 加藤增雄→特命全權公使 伯爵 井上馨). 장문의 보고이기는 하나 이 보고에서 직접 민씨 세력과 동학군의 관계를 언급하지는 않았다. 이노우에 공사도 이런 사실을 다 알고 있었으나 유독 동학군과 대원군과의 연관성만을 집요하게 문제 삼았다.

**17** 진주병사 민준호, 임실현감 민충식, 부여 성겁평 민준호(전참의) 등이 동학군과 결탁한 사례 등 갑오변란 이후 민씨 세력과 동학군의 관계에 대한 구체적인 논의는 후속연구 「대원군 밀지설의 진상과 정치효과」, 『1894년 조선 어셈블리―역사·기억·기념』으로 미루고자 한다.

하게 퍼져 있었고, 미국이나 일본공사관 측도 이를 잘 알고 있었다. 6월 25일경 (양력 7월 27일) 미국공사가 일본공사관에 와서 '지난 6월 21일 사변(事變) 이래' 대궐 안에서 "일본이 국왕을 폐하고 대원군을 왕위에 오르게 할 것이라든가 혹은 국왕을 시해하려 한다는 등의" 말이 나돌아 "대군주를 위시해서 그 이하 왕족들이 신상을 염려하고 있"다고 하면서 오오토리 공사에게 왕실의 안정을 보장하는 각서를 요구했다는 사실은[18] 이를 보여주는 단적인 증거이다. 일본공사관 측이 이준용을 앞세운 대원군 세력의 쿠데타 계획을 은근히 방조한 것은 양측의 갈등을 조장하기 위한 일종의 이이제이(以夷制夷) 술책이었다.

대원군 섭정 체제가 시작될 무렵부터 일본공사관 측이 쿠데타 주도 세력의 동향을 면밀히 살피고 있었다는 사실은 오오토리 일본공사가 무츠 외무대신에게 보낸 8월 27일(양력 9월 26일)자 보고[19]를 통해서도 확인할 수 있다.

"지난 7월 20일(양력 8월 20일)경 신정부에서 선무사로 학무협판겸의원인 정경원을 충청도에 파견했을 때 대원군은 전 정부 때부터 수감되어 있던 동학도 2명을 석방하고 이들에게 관직을 주어서 동학당을 설유하기 위해 정(鄭) 선무사에게 부속시켰"다. "요사이 들리는 말에 의하면 그 두 사람(대원군과 이준용)은 오히려 동

---

18  駐韓日本公使館記錄 5권 〉 四. 機密諸方往 一 〉 (1) 大闕 내 風聞에 대한 美·露 兩公使의 談話 및 朴泳孝의 任官 件(機密第180號 本103)(양력 1894년 9월 8일=음력 8월 9일: 特命全權公使 大鳥→外務大臣 陸奧). 당시 미국공사는 "조선의 왕과 왕실 그리고 충성스런 신하들이 그 자신과 그들의 가족의 안전에 대해 현재 갖고 있는 불안한 심정을 완화"시켜줘야 한다는 명목을 앞세우며, 大鳥 공사에게 왕실의 안전을 보장한다는 각서를 보내줄 것을 요구하기도 했다. [양력 八月二十九日字(음력 7월 29일) John M·B·Sill 駐朝鮮美國公使의 大鳥公使 前 大闕 內諸言에 關한 質問書] 참조.

19  駐韓日本公使館記錄 5권 〉 四. 機密諸方往 一 〉 (8) 忠淸道 東學黨에 관한 彙報(양력 1894년 9월 26일=음력 8월 27일: 特命全權公使 大鳥圭介→外務大臣 子爵 陸奧宗光).

학도를 선동해서 경성으로 향하도록 계획을 꾸미고 있는 것 같다고 전해 들었"다. "동학도가 북상하는 목적은 처음에 평양에 있는 청국 군대와 호응해서 우리 군대를 협공하려"는 것이다. 하지만 "평양의 첩보가 사실과 틀림없다는 것을 점차 알게 되자 안과 밖에서 협공하려던 술책이 모두 수포로 돌아간 것을 깨닫고 다시 생각을 바꾸어 동학도의 세력을 빌려 내란을 조성하려고 획책했"다. "내일(8월 28일— 인용자) 인천에 입항하게 될 여단이 도착한 뒤에는 조선 정부와 협의해서 군대를 출동시켜 진압하는 방법을 강구하려고 생각하고 있"다.

이런 정황을 잘 알고 있었던 이준용은 8월 28일 일본공사관 측의 의심과 관련하여 일본인 통역관(서기관)에게 "근래 우리나라 사람 중에 대원군 일가와 일본공사관 사이를 이간시키려고 꾸며서 여러 가지로 중상모략을 하는 자가 있다고 들었다"고 말하며, "그중 2~3가지 예를 들면 첫째, 내가 왕위를 빼앗으려는 역심(逆心)을 품고 있다고 하는 것, 둘째, 중국에 마음을 기울이고 일본에 불리하도록 획책하고 있다는 것, 셋째, 동학당과 내통해서 이를 선동한다고 하는 것, 넷째, 외국인(外人)을 끌어들여 친위병을 훈련한다고 하는 것, 다섯째, 외국인들과 결탁하고 있다고 하는 것" 등이라고 말하면서, 이는 사실이 아니니 "어떤 사람이 어떠한 말을 하여도 절대로 받아들이지 말도록 부탁드린다"고 강조했다.[20] 하지만 일본공사관 측은 이준용의 이 같은 발언을 '사태를 수습하기 위한 임기응변에 불과하다'고 일축했다.

정치적 이해득실을 따지며 사태의 추이를 지켜보던 일본공사관 측은 평양

---

**20** 駐韓日本公使館記錄 5권 〉 四. 機密諸方往 一 〉 (10) 朝鮮政府 내의 小紛爭과 大院君一家의 改心 및 警務使 李允用의 관직 삭탈(양력 1894년 9월 30일=음력 9월 2일: 特命全權公使 大鳥 圭介→外務大臣 子爵 陸奧宗光).

승전 직후부터 쿠데타 사건에 연루된 밀사들을 직접 심문함과 동시에 동학군에 대한 물리적 탄압을 본격적으로 준비하기 시작했다. 이를 진두지휘한 것은 9월 17일 특명전권공사로 임명된 이노우에 가오루(井上馨)였다. 현직 내무대신이자 초법적 권한을 가진 몇몇 '겐로(元老)' 가운데 한 명이었던 이노우에는 조선공사로 부임한 직후부터 쿠데타 사건에 직접 개입하여 대원군 세력과 고종·민씨 세력을 이간질함과 동시에 동학군에 대한 물리적 탄압을 본격화했다. 일본공사관 측은 1894년 9월 18일 조선왕조 정부에 공식적으로 일본군을 동원한 동학군 토벌(정토)을 권유(강요?)했고, 갑오정권은 9월 21일 이를 수락한 뒤 곧바로 양호순무영을 설치하였다. 당시 조선 정부는 일본 정부에 동학군의 진정(鎭定)을 요청했으나[21] 일본 측은 이를 무시하고 동학군을 정토(征討)하는 활동을 펼쳤다.

### 2) 이노우에 공사의 조선 파견과 동학군 '정토' 계획

일본 정부는 이노우에를 조선 주재 일본공사로 임명한 뒤, 조선 정부와 체결할 각종 조약의 협상체결권, 서울 주재 후비보병 제18대대(뒤에 파견된 제19대대 포함)의 지휘권, 조선 정부에 고용될 일본인 고문관 선발권, 조선 정부에 공여할 차관 주선권 등과 관련한 전결권을 부여했다. 이에 따라 이노우에는 서울 도착(9월 28일)과 동시에 위의 과업들을 하나하나 처리해 나가기 시작했다. 일본 정부의 동학군 탄압은 대본영이 직접 지휘한 군사작전이 아니라 일본공사관 측, 즉 이노우에 가오루 공사가 조선 주재 병참사령관(伊藤祐義 중좌)의 협조 속에서

---

**21** 『日案』 3, 고대아세아문제연구소, 1967, 정창렬, 「제2차 농민전쟁(동학농민전쟁의 역사적 의의)」, 『신편 한국사 39』, 국사편찬위원회, 1999에서 재인용. 조선·청·일본 정부가 자신들의 동학군 탄압행위를 어떻게 호명했는가(한국사 DB 참조)는 흥미로운 주제이기는 하나 지면관계상 생략했다.

후비보병 독립 제19대대(南小四郎 소좌)를 이끌고 수행한 일종의 내정간섭이자 정치공작이었다.

이노우에 공사는 서울 도착과 동시에 대본영에 1개 대대의 파병을 요청했고, 일본 정부는 그에 따라 후비보병 독립 제19대대를 파병했다(10월 9일 인천 도착). 이 부대는 '독립'대대라는 이름에 걸맞게 대본영이 아니라 조선 주재 일본 공사관의 지휘 아래 동학군 탄압 활동을 전개하였다. 후비보병 독립 제19대대장 미나미 소좌는 인천병참감 이토 히로요시 중좌로부터 '동학당 정토대' 지휘관으로 임명한다는 명령 및 훈령을 전달받기는 했으나, 후비보병 대대에 대한 실질적 지휘 권한은 대본영(대본영 병참부)이 아니라 조선 주재 일본공사관, 즉 이오우에 공사가 가지고 있었다. 이토 중좌가 10월 7일 이노우에 공사 앞으로 「동학당 정토 계획과 진무사(鎭撫使) 및 조선군 파견 요청」 건을 상신하면서 허락(일종의 裁可)을 구했다는 사실,[22] 또는 10월 12일에는 독립 제19대대에 보낼 훈령과 일정표를 특사를 파견하여 이노우에 전권공사(全權公使)에게 보내면서 예의를 다하여 '교시(敎示)'를 구했다는 사실 등은 이를 보여주는 유력한 증거이다.[23] 이노우에 공사와 오랫동안 알고 지내던 사이인 미나미 대대장은 체포한

---

22  駐韓日本公使館記錄 1권 〉 四. 東學黨에 關한 件 附巡査派遣의 件 一〉(30) [東學黨征討計劃과 鎭撫使 및 朝鮮軍 派遣要請](양력 1894년 11월 4일=음력 10월 7일: 南部兵站監 伊藤祐義 →特命全權公使 伯爵 井上馨).

23  "삼가 아룁니다. 이번에 內地에서 파견되어 온 後備步兵 第19大隊 운영에 관한 것에 대해 지난날 협의한 바 있사온데, 조선 조정에서도 이미 승낙했다고 하는 내용의 回電을 오늘 받았습니다. 그래서 제19대대에 別紙와 같은 訓令과 일정표를 부여할 생각입니다. 귀관의 고견이 있으면 敎示해주시기를 바라며 훈령과 일정표를 별첨·지참하게 하여 협의차 특사를 보내오니 귀관의 고견을 듣고자 합니다. 拜具. 후일 출발일시 등에 관한 것은 다시 말씀드리겠습니다. 駐韓日本公使館記錄 1권 〉 四. 東學黨에 關한 件 附巡査派遣의 件 一〉(39) [後備步兵 第19大隊 運營上의 訓令과 日程表] 〉 1) [後備步兵 第19大隊에 관한 件](1894년 11월 9일=음력 10월 12일, 伊藤中佐→井上全權公使).

동학당 우두머리는 물론이고 작전 중에 획득한 모든 정보와 문서, 심지어 현장 지휘관이 그날그날 작성한 「전투상보」조차 대본영이 아닌 주한 일본공사관을 거쳐 본국 정부에 보고했다.[24] 11월 7일 어전회의에서 이노우에는 '내정개혁 20개 조항'을 수용하지 않으면 '정토군'을 즉시 소환하겠다고 협박하기도 했다.[25] 일본 정부는 후비보병 독립 제19대대의 각 중대(서로, 중로, 동로 분진대)에 조선 정부가 임명한 진무사를 각기 배치하여 '진무(진압과 위무)' 활동까지 수행하려 했다. 남부병참감의 아래와 같은 제언은 일본군의 동학군 탄압(정토)이 군사작전이 아니라 일종의 정치공작이었음을 시사한다.

조선 정부가 진무사와 약간의 조선군을 파견하고 우리가 이를 돕는다는 명목으로 그들이 상당한 역할을 다하게 함이 필요합니다. 그러나 미리 예측해보건대 그들이 충분한 처리를 다 해내리라고는 기대할 수 없기 때문에, 적절히 완급을 가려 가혹한 수단을 취하도록 할 예정입니다. 이렇게 하면 명분상 한 점의 하자도 없고 또 후일에 문제될 것도 없을 것입니다. 그러하오니 이 기회에 조선 조정에서 각

---

24 『주한일본공사관기록 1권』에는 동학군 탄압과 관련한 22건의 「전투상보」가 실려 있는데, 발신자는 현장 지휘관이나 수신자 표시가 없다. 추측건대 각종 보고와 정보에 기초하여 사태와 정황을 전체적으로 파악하면서 후비보병 부대를 실질적으로 지휘한 것은 대본영의 지휘를 받는 남부(인천)병참사령부가 아니라 주한일본공사관(이노우에 공사)이었을 것으로 추정된다. 동학군에 대한 진압을 완료한 이후, 미나미는 다시 이노우에 공사에게 종합보고(「동학당 정토책」)를 작성하여 올렸다. 이노우에 가쓰오의 연구에 따르면, 이노우에 공사와 미나미 대대장은 막말 유신기 조슈번의 존왕양이 토막운동 때부터 알고 지낸 사이였다고 한다. 이노우에 공사가 미나미를 '정토군' 지휘자로 발탁한 것은 이 같은 사적인 인연 때문이었을 수도 있다. 「일본군 최초의 제노사이드 작전」, 앞의 『또 하나의 전쟁, 동학농민전쟁과 일본』, 92~93쪽.

25 「甲午更張의 成功不能 理由와 釐政綱領 및 東學助剿隊의 撤回 通告」, 甲午 11월 초7일(양력 12월 3일), 『舊韓國外交文書 3: 日案』; 사료 고종시대사 18 〉 1894년(고종 31년) 11월 7일 〉 일본 공사, 일본이 제시한 개혁 강령의 철회와 동학 진압대의 撤收를 통고함.

하께 수비병 파견을 요청하는 형식으로 한다면 대단히 좋을 것이라고 생각됩니다.[26]

조선에 파병된 독립 제19대대는 '동학당 정토군' 명의로 「논조선국인민(論朝鮮國人民)」, 「포고 전주이교민인급동도처(布告 全州吏校民人及東徒處)」 등을 발표하여 파병의 명분을 확보하고 집단학살 행위를 정당화했다.[27] 『오하기문』에 따르면 당시 많은 유생들이 '대일본제국 동학당 정토군'이라는 명칭을 보고 아연실색했는데, 그 이유는 정토(征討)란 천자가 속방(屬邦)을 다스릴 때 쓰는 말이기 때문이었다. 이런 사실 등을 통해서도 확인할 수 있듯이, 일본공사관 측은 동학군을 물리적으로 제압하는 것보다 사건 자체를 정치적으로 활용하는 데 더 큰 관심을 기울였다. 이런 특징은 아래의 인용에 보이는 일본군의 동학군 '정토' 계획을 통해서도 여실히 확인할 수 있다. 이노우에 공사는 인천 주재 이토 인천병참사령관의 협조 속에서 동학군 탄압 작전을 전체적으로 지휘 감독했는데, 10월 12일경 이토 사령관이 이노우에 공사에게 교시를 구하기 위해 올린 작전계획[28]은 아래와 같았다.

---

26  앞의 [東學黨征討計劃과 鎭撫使 및 朝鮮軍 派遣要請]. 이토 남부병참감은 별지를 통해 진무사의 조건과 역할을 아래와 같이 규정했다. "이 관리는 필요한 屬官과 警官 등을 거느리고 일본군을 따라 각 지방에 출장하여 監司·府使 등을 독려, 동학당에게 이해득실을 說諭하고 反省·歸服시키는 일을 전담할 것이다. 그러므로 조선 정부를 대표해서 동학당을 威服시킬 만한 충분한 권력을 지닌 자여야 한다."

27  위 포고는 동학당을 '국가지해독(國家之害毒), 민인지심구(民人之深仇)'라 규정했다. 朴宗根, 앞의 책, 195쪽.

28  駐韓日本公使館記錄 1권 〉 四. 東學黨에 關한 件 附巡査派遣의 件 一 〉 (39) [後備步兵 第19大隊 運營上의 訓令과 日程表] 〉 1) [後備步兵 第19大隊에 관한 件](양력 1894년 11월 9일=음력 10월 12일: 伊藤中佐→全權公使 井上)에 실려 있는 仁川兵站司令官이 후비보병 제19대대장에게 하달하기 위해 작성한 「동학당 진압을 위해 派遣隊長에게 내리는 訓令」 참조.

1. 동학당은 현재 충청도 충주·괴산 및 청주 지방에 모여 있으며, 그 밖의 동학당은 전라도·충청도 각지에 출몰한다는 보고가 있으니, 그 '근거지'를 찾아내어 이를 '초절(剿絶)'하라.

2. 조선 정부의 요청에 의해 후비보병 제19대대는 다음 항에서 지적하는 세 개의 길로 나누어 진격하여 조선군과 협력, 연도에 있는 동학당을 격파하고 그 화근을 초멸함으로써 동학당이 다시 일어나는 후환을 남기지 않도록 해야 한다. 그리고 그 우두머리로 인정되는 자는 체포하여 경성 공사관으로 보내고, 동학당 거물급 간의 왕복문서, 혹은 정부 내부의 관리나 지방관, 또는 유력한 측과 동학당 간에 왕복한 문서는 힘을 다해 이를 수집하여 함께 공사관으로 보내라. (…)

3. 보병 1개 중대는 서로(西路), 즉 수원·천안 및 공주를 경유, 전주부 가도로 전진하여 그 진로에 근접한 좌우의 역읍을 정찰하라. 특히 은진·여산·함열·부안·만경·금구·고부·흥덕 지방을 엄밀히 수색하고 더 나아가 영광·장성을 경유, 남원으로 나가서 그 진로의 좌우 각 역읍을 정찰하라. 특히 남원의 정찰은 엄밀히 하여야 한다. 보병 1개 중대는 중로(中路), 즉 용인(龍仁)·죽산(竹山) 및 청주(淸州)를 경유, 성주 가도(星州 街道)로 전진하여 그 진로의 좌우 각 역읍을 정찰하고 특히 청안(淸安)·보은(報恩)·청산(靑山) 지방은 수색을 엄밀히 해야 한다. 보병 1개 중대는 동로(경부 병참 선로), 즉 가흥(可興)·충주(忠州)·문경(聞慶) 및 낙동(洛東)을 경유, 대구부(大邱府) 가도(街道)로 전진하여 그 진로의 좌우 각 역읍을 정찰하고, 특히 좌측은 원주(原州)·청풍(淸風), 우측은 음성(陰城)·괴산(槐山)을 엄밀히 수색해야 한다. 각 중대는 될 수 있는 대로 서로 기맥을 통하고 가능한 한 합동하여 포위 초멸하는 방략을 취해 다같이 성과를 거둘 수 있도록 꾀해야 한다. 각 중대는 적의 무리를 소탕하여 그 패잔병이나 흔적을 찾아볼 수 없을 정도가 되면 경상도 낙동에 집합, 다음 명령을 기다릴 것. 대대 본부는 중로 분진대(分進隊)와 함께 행진하라.

4. 각 길로 나누어 진격하는 중대는 대략 별지와 같은 일정표를 따를 것이며,

동로 분진중대(分進中隊)를 조금 먼저 가게 해서 비도를 동북쪽에서 서남쪽으로, 즉 전라도 방면으로 내몰도록 힘써야 한다. 만일 비도들을 강원도와 함경도 쪽, 즉 러시아 국경에 가까운 곳으로 도피하게 하면 적지 않은 후환이 남을 것인즉 엄밀히 이를 예방해야 한다. 단, 가능한 한 서로 연락을 취해 각자의 소재를 서로 알 수 있게 해야 한다.

　　5. 각 분진중대에는 조선 조정으로부터 진무사 및 내무관리 등을 따르게 할 것이다. 진무사에게는 각지에서 감사·부사 등을 독려, 동학당 무리에게 순역(順逆)의 도리를 설득하고 이해관계를 잘 타일러 그들로 하여금 반성·귀순시키는 일을 전담케 한다.


　　이토 병참사령관이 훈령 1항을 통해 충주·괴산 및 청주 지방 동학군의 '근거지 초절', 즉 초토와 절멸을 지시한 것은 가흥병참부의 수시 보고를 통해 충주 황산도소를 중심으로 활동했던 이종훈과 이용구 집단의 위세를 잘 알고 있었기 때문이었다. 9월 18일 기포령 때부터 10월 초까지 충주, 광혜원, 진천 등지에서 둔취하며 세를 키운 이들은 10월 6일 괴산 읍내를 점거한 뒤 보은 장내리로 진출했는데, 이들 집단은 공주 점거투쟁 시기 손병희를 통령으로 한 북접 동학군(공주 원정군)의 중심 역할을 수행했다.[29] 훈령 2항은 동학군 탄압작전이 일본공사관의 주도로 이루어졌음을 보여주는 유력한 증거이다. 당시 일본공사관은 여러 경로를 통해 동학군(지도부)의 동향에 관한 정보를 수집·분석함

---

**29**　신영우는 앞의 「북접 농민군의 충주 황산 집결과 괴산전투」에서 이들 집단을 '황산 집결군'이라 호명했다. 청일전쟁 직후부터 병참선 보호를 명목으로 한 일본군 수비대의 탄압이 강화되자 영남과 호서, 기호 지역의 동학군은 이를 피해 황산도소와 법소가 입지한 충주와 보은 인근 지역으로 모여들기 시작했다. 9월 18일 북접교단이 기포령을 내린 것은 이런 배경 가운데서였다. 후술 참조.

과 동시에 이른바 대원군 이면 밀지설을 조작하여 정국의 주도권을 장악하는 정치공작과 음모를 병행하였다. 훈령 3항과 4항은 당시 일본군이 부대를 셋으로 나누어 기호와 호서와 영남의 동학군을 토끼몰이를 하듯이 호남 방면으로 몰아붙여 한꺼번에 '포위 섬멸'하려 했음을 보여준다. 위 문건에 첨부된 「삼도(三道) 분진중대(分進中隊) 숙박일정 예정표」에 따르면, 서로군은 29일 일정으로 서울을 출발하여 수원→안성→천안→대평리[30] 등을 거쳐 8일째에 공주, 그리고 그 뒤로 노성→여산(황화대)→삼례를 거쳐 12일째에 전주에 도착하는 것으로 일정표가 짜여져 있었다. 하지만 서울을 출발하는 10월 15일 무렵에는 이미 남북접 동학군이 공주를 점거하기 위해 금강 남북 방면의 요충으로 각기 모여들고 있다는 사실을 알고 있었으므로 작전계획과 일정을 크게 변경하지 않으면 안 되었다. 서로군이 공주에 도착한 것은 위의 일정표와 비슷하게 행군 9일째(10월 24일)였으나, 위의 계획과 달리 공주 도착 이후 곧바로 호남으로 남하하지 않고 거의 한 달 동안 공주에 머물며 공주 수성전을 주도하였다. 다른 한편 중로군과 동로군도 황산도회, 무극(장터)도회, 광혜원도회 등을 통해 세력을 확장한 북접계 동학군의 활약, 특히 9월 그믐 무렵에 성사된 남북접 동학군의 연대투쟁으로 말미암아 작전 계획과 일정을 크게 수정해야 했다. 훈령 5항은 조선 정부에 3개 방면군과 함께 움직일 진무사와 내무관리의 파견을 요청한 대목인데, 이는 일본군의 동학군 탄압작전이 단순한 군사작전이 아니라 일종의 내정간섭이자 정치공작이었다는 사실을 잘 보여주는 사례이다. 위 요청은 조선 정부가 관행적으로 수행해온 선유·선무 활동을 일본군(정토군)이 겸행하겠다는

---

**30** 일제시기 연기군 금남면 소재지였던 대평리는 대평리, 上巨里, 下巨里, 高沙洞(사오=모래뚝) 등의 자연부락으로 구성된 행정부락(『新舊對照 朝鮮全道府郡面里洞 名稱一覽』, 1917, 206쪽)으로, 금강 물길과 땅길(국도 1호선)이 교차하는 교통의 요지였다. 1894년 어셈블리 당시 동학군은 물론이고 일본군, 관군도 대평리(용포)를 자주 드나들었다.

뜻인데, 일본 측의 예상대로 갑오정권이 이의 실행을 차일피일 미룬 것은 당연히 '정치적 부담감, 또는 거부감' 때문이었다. 하지만 일본공사관 측이 '혹열(酷熱)'하게 이를 채근하자[31] 갑오정권은 결국 진무사를 위무사라 개칭한 뒤 현직 선무사나 그간에 해당 지방에서 감사직을 역임한 적이 있는 박제관(朴齊寬), 이도재(李道宰), 이중하(李重夏)를 위무사로 임명했다. 그러나 일본군을 직접 '수행(遂行)'한 위무사는 없었다.[32]

일본공사관 측은 파병 이전 시기부터 여러 경로와 수단을 동원하여 남접(호남) 동학군의 동향을 면밀히 관찰하고 있었다. 김윤식이 박제순에게 보낸 10월 15일과 17일자 서찰에서 "일본인이 정형을 세심히 관찰하는 것이 우리보다 나은 것을 알았"다는 말, "일본인이 적을 판단하는 것이 매우 세심하여 진실로 적을 가볍게 보고 큰소리를 친 것이 아닙니다"라는 말 등은[33] 이를 보여주는 단적인 사례이다. 하지만 앞서 언급했듯이 이 무렵까지 일본공사관 측은 남북접 지도부의 공주 점거투쟁 계획을 전혀 눈치채지 못한 것으로 보인다. 당시 일본공사관 측은 호남 동학군이 구병입경보다는 '자기 동네·앞마당', 또는 자신의 세력권·연고지(なわばり=繩張り)에서 A/O 투쟁을 지속할 것'이라고 판단한 가운

---

31  10월 18일 고종이 박제관의 출발날짜를 알아오라 지시했다는 사실은, 일본공사관의 채근이 심했고 위무사로 낙점된 이들의 저항(?)도 만만치 않았음을 보여준다. [『승정원일기』; 사료 고종시대사 18 〉 1894년(고종 31년) 10월 18일]. 왜냐하면 당시 '대일본제국 정토군'을 따라다니며 위무 즉 진무 활동을 벌인다는 것은 누가 보아도 '못할 짓(몹쓸 짓)'이기 때문이었다.

32  駐韓日本公使館記錄 1권 〉四. 東學黨에 關한 件 附巡査派遣의 件 一 〉(51) [1個中隊 派遣에 대한 回答과 派遣人員名單](음력 10월 12일, 김윤식→일본공사관). 10월 12일 김윤식은 박제순에게, 박제관과 이도재가 일본군보다 5, 6일 후에 출발할 수 있을 것이라 말했으나[錦營來札 〉錦營來札(雲養)], 일본군의 의도와 요구대로 일본군 중대를 따라 움직인 위무사는 없었다.

33  錦營來札 〉錦營來札(雲養). 김윤식이 박제순에게 보낸 1894년 10월 15일자 및 17일자 서찰.

데, 이들을 곧바로 진압하기보다는 경부로(京釜路)와 경의로(京義路)를 따라 이어진 병참선을 안정적으로 확보하거나, 남북접(삼남) 동학군의 연대와 협동 또는 동학군과 애국적 사민(충의지사)들의 항일연대를 방해하는 활동에 더 큰 관심을 기울였다. 일본군이 곧바로 호남으로 진출하지 않고 기호, 호서, 영남 등지의 동학군을 먼저 공격한 것도 이런 이유 때문이었다. 박종근이 일찍이 강조하였듯이, 갑오변란 이후 동학군의 항일투쟁이 먼저 시작된 곳은 호남과 호서가 아니라 평안·황해, 충북·경북 지역이었고, 주요한 타격 목표는 각지의 병참부와 군용 전신선, 일본인 악덕상인, 그리고 일본군에 협조적인 지방관료와 조선인들이었다.[34]

후비보병 독립 제19대대의 주력은 공주를 수비하던 서로군이 아니라 미나미 대대장이 직접 이끈 중로군이었다.[35] 앞서 소개한 훈령에 따르면, 중로군은 용인·죽산→청주→청안·보은·청산→성주 등지로 향할 예정이었으나, 공주 점거를 위해 남북접 지도부가 자신의 주력을 공주 방면으로 집결시키자 애초의 계획을 크게 수정하지 않으면 안 되었다. 후술하겠으나, 공주 점거투쟁이 시작되자 독립 제19대대는 일본공사관(병참사령부)의 지시에 따라 공주로 모여든 남북접 동학군을 일거에 포위 섬멸하는 작전을 구상했다. 19대대가 서로군과 좌선봉진의 공주 진출을 최대한 늦춘 것, 공주 1차 투쟁(10월 23~25일) 이후 승기를 잡았음에도 추격전을 벌이지 않고 수성전을 전개한 것, 공주 2차 투쟁(11월 9~11

---

**34** 갑오변란 이후 지방관료나 병사, 동학군과 민중의 항일투쟁이 먼저 시작된 것은 호남이 아니라 평안·황해, 충북·경북 지역이었고, 주요한 타격 목표는 일본의 무력거점인 각지의 병참부, 군용전신선, 일본 악덕상인, 일본군에 협조적인 지방관청이나 민간인들이었다. 朴宗根, 앞의 책, 8쪽, 176~188쪽 참조.

**35** 중로군의 동학군 탄압 실태에 대해서는 신영우, 「1894年 日本軍 中路軍의 鎭壓策과 東學農民軍의 對應」 참조.

일) 직후 호중과 내포 지역에서 활동하던 중로군과 우선봉진을 논산(연산)과 노성 부근으로 진출시켜 남북접 동학군을 포위하고자 한 것 등도 이런 이유 때문이었다. 11월 1일경 외무대신 김윤식이 충청감사 박제순에게 서찰을 통해 "섣불리 공격하다가 자칫 호서 동학군이 다른 방면으로 흩어질 우려가 있다", "일본군이 10명이면 비도 수만 명을 감당할 수 있다"고 거듭 강조한 것도 일본공사관을 통해 이 같은 계획을 미리 알고 있었기 때문이다.[36] 2차 봉기 시기 동학군 탄압에 동원된 일본군은 후비보병 제19대대 3개 중대, 그리고 서울에서 충주 방면으로 진출하여 활동한 후비 제18대대 제1중대, 홍주 방면에서 활동한 후비 제10연대 제4중대 등 모두 9개 중대(1개 중대는 221명)로, 결원을 제외하면 대략 1,900명 정도였고,[37] 관군(경군)은 선봉장인 별군관 이규태가 이끄는 친군통위영군 1,247명, 죽산부사 겸 영관 이두황이 이끄는 친군장위영군 850명, 안성군수 겸 영관 성하영이 이끄는 경리청군 703명 등 모두 2,800여 명이었다.[38]

10월 15일 서울을 출발한 서로군은 먼저 출발한 좌선봉 1개 대대, 우선봉 1개 대대, 경리청병 약간 명 등과 진위 부근에서 합류한 뒤, 효포싸움 하루 전인 10월 24일 공주에 도착하였다. 하지만 서로군과 달리 미나미 소좌가 직접 이끈

---

**36** 『금영래찰』, 11월 1일자로 김윤식이 박제순에게 보낸 서찰. 이런 발언들은 갑오정권의 동학군 인식을 여실히 보여주는 대목이다. 요컨대 동학군을 오로지 적군 즉 비적(폭도)으로 인식했기 때문에 이런 표현을 거리낌 없이 쓴 것이라 여겨진다. 이들에게 赤子와 匪賊은 종이 한 장 차이였다.

**37** 후비보병 독립 제19대대는 3중대로 편성되었으며, 본부는 56명 1개 중대는 221명으로 구성되었다. 2차 봉기 시기 동학군 탄압에 참가한 일본군은 제19대대를 비롯해서 후비보병 독립 제18대대 1중대, 용산·인천수비대 소속 1중대, 부산수비대 1대대와 그 보충병, 육전대(츠크바 筑波)함대 승무원 251명, 소코(操江)호 승무원 82명 등 대략 2,708명(초기 투입된 수비대를 포함하면 15개 중대 3,371명)이었다고 한다. 강효숙, 「동학농민군 탄압 인물과 그 행적―미나미 고시로(南小西郎), 이두황, 조희연, 이도재를 중심으로」, 『동학학보』 22, 2011 참조.

**38** 2차 봉기에 참여한 일본군과 관군의 숫자는 조경달, 『異端の民衆反亂』, 304~305쪽 참조.

중로군은 교도대(敎導隊)와 청주성의 서영병(西營兵)을 이끌고 북접교단의 영향력하에 있던 호서(청주, 보은, 옥천) 각지를 돌아다니며 지명장(至明場: 회덕)싸움(10월 26일), 증약싸움(10월 29일) 등을 수행하다가 우금티싸움이 종료되는 11월 13일 무렵에야 연산읍에 도착했다. 중로군의 공주 진출이 늦춰진 까닭은 호서 각지에서 각자기포한 동학군이 근거지 사수투쟁을 벌이거나 일본군의 진로를 방해하기 위해 의도적으로 지연전을 펼쳤기 때문이었다. 중로군은 지명장싸움 이후 10월 29일 연기군(금남면) 용포리(현재 세종시 대평동 인근)를 거쳐 곧바로 공주로 진출하고자 했으나, 증약(현재 옥천군 군북면)에서 자신의 지대가 대규모의 동학군과 전투를 벌였다는 소식을 접한 이후 다시 길을 되짚어 문의·옥천 지역으로 진출했다. 중로군은 11월 1일경부터 본진을 문의(11월 1~3일)와 옥천(11월 5~9일) 방면으로 진출시켰을 뿐만 아니라 자신의 지대를 회덕, 주안, 증약, 석성촌(11월 5일 전투), 청산, 영동(11월 8일 전투), 용산 등지로 파견하여 동학군을 탄압하였다.[39] 한편, 경부 병참선을 따라 이천, 가흥, 충주(황산) 방면으로 향하던 동로군은 해당 지역 동학군이 이미 공주 방면으로 진출한 상태였으므로 별다른 전과를 올리지 못하고 경상도(대구) 방면으로 남하했다가 12월 3일 남원에서 본진(중로·서로군)과 합류하였다(『일지』 참조).

이상과 같은 동학군 탄압 작전과는 별개로 10월 중순 무렵, 일본공사관 측은 이준용을 앞세운 쿠데타 계획을 활용하여 대원군 세력(雲邊人)을 제거함과 동시에 고종이나 민씨 세력(刖入侍)을 견제하는 데도 어느 정도 성공할 수 있었다.[40] 이준용을 앞세운 쿠데타 계획이 파탄상태에 이르자 8월 24일경 대원군은

---

39  신영우, 「1894年 日本軍 中路軍의 鎭壓策과 東學農民軍의 對應」; 신영우, 「북접 농민군의 교단 거점 수비와 청주 일대의 전투」 등 참조.

40  이에 대한 자세한 설명은 후속연구 「대원군 밀지설의 진상과 정치효과—밀지 소문은 당대 민중들의 기대와 희망이기도 했다」로 미루고자 한다. 대원군이 직접 지시했는지는 알 수 없

자신의 장손자를 보호하기 위해 스스로 효유문을 발표하여 동학군의 석병귀전을 종용했으나, 일본공사관 측은 이른바 이면 밀지설을 빌미로 하여 대원군과 운변인들을 일거에 제압함과 동시에 내정개혁(=보호국화)에 대한 고종과 민씨 세력의 협조를 이끌어낼 수 있었다. 10월 27일 이노우에 공사는 무츠(陸奧宗光) 외무대신에게 '독으로 독을 다스리는 수단', 즉 "대원군으로 하여금 국정에 간섭하지 못하게 함과 동시에 궁궐 안에 있으면서 왕비를 제어하는 수단으로 삼"을 것을 제안했다.[41] 개국 504년 4월 19일 특법법원은 피고 이준용의 범죄 사실을 아래와 같이 적시했다. 이준용은 대원군의 구명 노력과 이노우에 공사의 선처(?)로 중형을 면할 수 있었으나,[42] 대원군은 이 사건으로 말미암아 정계은퇴를 선언해야 했다.[43]

피고 이준용은 지난해 6월 쯤에 동학당이 곳곳에서 봉기하여 인심이 흉흉한

---

으나, 이준용을 앞세운 운변인들의 쿠데타 계획은 일본공사관 측이 제시한 여러 증거, 관련자들의 증언(자백, 진술) 등으로 미루어 볼 때, 어느 정도 사실로 보인다. 하지만 이면 밀지설은 재기포의 명분을 마련하기 위해 동학군 지도부가 자가발전한 정치공작의 산물이었을 가능성이 더 크다.

**41** 駐韓日本公使館記錄 5권 〉 五. 機密諸方往 二 〉 (12) [內政改革을 위한 對韓政略에 관한 보고](양력 1894년 11월 24일 =음력 10월 27일: 特命全權公使 伯爵 井上馨→ 外務大臣 子爵 陸奧宗光).

**42** 이준용을 포함한 피고인들은 賊盜律 謀叛罪, 人命律 謀殺罪 등이 적용되어 중형이 선고되었으나(「동학관련판결선고서」, 『국역총서 12』, 212~217쪽) 이준용만 특사를 받아 10년 유형으로 형량이 바뀌었다. 『승정원일기』, 고종 32년 4월 19일.

**43** 井上馨 공사가 陸奧宗光 외무대신 앞으로 보낸 1895년 5월 23일자 보고에 따르면, 대원군은 '慙愧하는 기색'을 보이며 "근간 그의 조상 묘소인 忠淸道 德山(혹은 始興이라고도 함)으로 낙향해서 조용히 말년을 보내겠다는 희망"을 피력했다고 한다. 駐韓日本公使館記錄 7권 〉 一. 機密本省往來 一~ 四 〉 (15) 李埈鎔 처분 件(양력 1895년 5월 23일: 特命全權公使 伯爵 井上馨→ 外務大臣 子爵 陸奧宗光).

때를 이용하여 피고 박준양과 이태용의 조의(造意)에 찬동하고, 한기석 및 김국선과 은밀히 의논해서 바로 동학당에 통보하여 경성을 습격하라고 하였다. 그래서 성안의 인민이 놀라서 움직이고 대군주 폐하가 난리를 피해 다른 곳으로 갈 때를 이용하여 한편으로는 그 부하 통위영의 병대로 대군주 폐하와 왕세자 전하를 시해하고, 다른 한편으로는 수하의 악한 무리를 지휘하여 정부의 요직에 있는 자들 중에 김홍집, 조희연, 김가진, 김학우, 안경수, 유길준, 이윤용 등을 살해해서 정부를 전복시키며 왕위를 찬탈하려고 모의하였다. (「동학관련판결선고서」, 「국역총서 12」, 214~215쪽)

일본 정부, 특히 이노우에의 도움으로 쿠데타 세력을 제압한 고종은 10월 25일 전교를 통해 대원군 감국 체제의 종식을 내외에 알린 뒤[44] 1894년 12월 12일(양력 1895년 1월 7일) 주한 일본공사 이노우에(井上馨)와 내부대신 박영효(朴泳孝)의 권고에 따라, 대원군·왕세자·종친 및 군신(群臣)을 거느리고 종묘에 나아가 「독립서고(獨立誓告)」와 더불어 「홍범14조」를 선포하였다.[45] 이런 과정에서도 전국 각지에서는 고종과 갑오·을미정권, 더 크게 말하면 조야 유생 모두의 지지와 방조 가운데 동학군에 대한 집단학살이 계속되었다. 이런 모든 비극을 현장에서 직접 연출했던 이노우에 가오루는 고종과 갑오·을미정권을 앞세워 조선을 보호국화하는 정책을 수행하다 1895년 7월 귀국했다.[46]

---

44  『승정원일기』; 사료 고종시대사 18 〉 1894년(고종 31년) 10월 25일.

45  김윤식, 「면양행견일기」, 「국역총서 10」, 177쪽에 따르면 원래 일본공사관 측과 합의한 誓告 날짜는 11월 26일이었으나 임금이 질병(風丹)에 걸려 일정을 미루었다고 한다. 고종이 순한 글체·순한문체·국한문혼용체 등으로 「홍범14조」를 선포한 것은 12월 18일이었다. 『사료 고종시대사』 참조.

46  『舊韓國外交文書』 3, 日案 3, 고종 32년 7월 14일; 『사료고종시대사 19』 〉 일본 공사, 신구 공사

## 2. 갑오정권의 동학군 대책과 양호순무영 설치

### 1) 조선왕조 정부의 동학군 대책과 대원군 밀지설

4월 27일경 동학군이 전주성을 점거하자 조선 정부는 곧바로 청국에 차병(借兵: 援兵)을 요청함과 동시에 동학군과 '전주화약'을 체결한 이후(동학군에게 폐정개혁을 약속한 뒤) 서둘러 사태를 봉합하려 했다.[47] 하지만 일본 정부가 경복궁을 불법점령(6월 21일: 갑오변란)함과 동시에 청일전쟁을 시작하자, 고종과 대원군은 물론이고 갑오정권의 실세들도 사태의 추이를 관망하며 각자도생에 부심했다. 갑오변란 직후에 수립된 갑오정권(김홍집 내각)은 일본공사관 측의 요구대로 청국의 종주권을 부정함과 동시에 내정개혁(갑오경장)을 서둘렀으나 이를 성공시킬 만한 정치역량은 거의 없었다.[48] 당시 조야 유생들 사이에 나돌았던 '갑오정권이 새로 임명한 관찰사와 수령들은 국왕의 재가를 얻지 못한 일종의 개화 간당이라는 소문'[49]은 당시의 정국이 매우 불안정한 상태였음을 보여주는 구체적인 사례이다. 갑오변란 직후부터 대원군 밀지설과 조가밀교설, 더 나아가

---

의 신임장 및 해임장을 봉정할 일시를 정해줄 것을 요청함(1895년 7월 14일: 井上 馨→외부대신 김윤식).

**47** 전봉준에 대한 「판결선고서원본」(개국 504년 3월 29일)은 이른바 '전주화약'의 과정을 "(초토군의 공격과 동학군의 응전 사실 언급―인용자) 이에 초토사가 격문을 지어 성안으로 던지며, '피고들의 소원을 들어줄 터이니 속히 해산하라' 타일렀는데, 피고들이 27조목을 가지고 임금에게 올려주기를 청원하기를, '전운소를 혁파할 것, 국결을 늘이지 말 것 (…) 말하였다"(「동학관련판결선고서」, 『국역총서 12』, 202~203쪽)라고 요약했는데, 이는 당시의 실상을 잘 보여주는 비교적 정확한 진술이라 여겨진다.

**48** 조선왕조 정부(특히 갑오정권)의 개혁 정책과 동학군 대책에 대해서는 왕현종, 「갑오정권의 농민군 대책과 일본의 역할」, 『한국 근대국가의 형성과 갑오개혁』, 역사비평사, 2006, 367~399쪽 참조.

**49** "二十一日以後 新差方伯守令 竝勿赴任之意 皇飭截嚴云耳." 隨錄 〉甲午 〉京寄.

김옥균과 대원군이 공모하여 쿠데타를 모의하고 있다는 소문,[50] 민씨 세력의 선동 때문에 동학당이 재기포한 것이라는 소문[51] 등이 등장한 것도 이런 배경에서였다.

앞서도 언급했듯이 대원군 세력이 청국군과 동학군을 서울로 끌어들여 모종의 정변을 도모하고 있다는 소문은 갑오변란 직후부터 조야의 유생이나 민중 사이에서 파다했고, 일본공사관 측도 이를 잘 알고 있었다. 예를 들면, 10월 13일 이노우에가 무츠 외무대신에게 보낸 문건(「大院君祖孫箝制策內申」)에서 "배짱이 센 대원군과 교활한 이준용(通大院君ノ剛腹李埈鎔ノ狡獝ナル)을 누르고 통제하지 않고서는 도저히 어떤 개량의 실마리(改良之緒)도 잡기 어려운 실정"이라는 언급, "우선 대원군과 이준용의 횡포를 눌러 통제하고 그 독위(毒威)를 좌절시켜서 개혁을 방해할 수 없게 하여야만" 자신들이 뜻한 바를 이룰 수 있을 것이라는 언급은[52] 쿠데타 모의 계획에 대한 일본공사관 측의 개입이 철저하게 계산된 정치공작이었음을 보여주는 유력한 증거이다.

갑오변란 이후 청국군과 동학군을 끌어들여 일본군을 몰아내야 한다는 생각은 대원군만이 아니라 고종과 민씨 세력도 가지고 있었던 것으로 보인다. 갑오변란 직후 해임된 평양감사 민병석(閔丙奭)[53]이 일본군에 대한 적개심을 드러

---

**50** 장영민, 「대원군의 동학농민군·보수양반 동원기도」, 『동학의 정치사회운동』, 경인문화사, 2004, 389~390쪽.

**51** 오영섭, 『고종황제와 한말의병』, 선인, 2007, 92쪽. 공주·부여 지역에서 민영준(성겁평 민참의) 등이 이유상 등을 앞세워 擧義한 것도 조가밀교설과 상당한 관련성이 있는 것으로 보인다.

**52** 駐韓日本公使館記錄 5권 〉 五. 機密諸方往 二 〉 (11) [井上公使의 大院君祖孫 箝制策 內申 및 東學黨 鎭撫를 위한 日兵增派 요청](양력 1894년 11월 10일=음력 10월 13일: 全權公使 井上→外務大臣 陸奧).

**53** 갑술년(1874) 정국이 바뀐 이후 20년 동안은 閔泳緯, 閔應植, 閔泳駿, 閔丙奭 등이 서로 교대

내며 청국군에 적극적으로 호응한 것도[54] 이런 분위기 속에서였다. 일본공사관 측의 아래와 같은 보고는 당시 고종이나 대원군, 또는 김홍집 등이 평양전투의 승패에 얼마나 큰 관심을 기울이고 있었는지를 잘 보여준다.

평양에서 입수한 대원군이 평안도 관찰사 민병석에게 보낸 서한과 이재면·김광집(김홍집—인용자)의 서한 원본 도합 3통을 공사의 전신 요청에 따라 보내오니 받아주시기 바랍니다. 이들 서한을 읽어본 바로는 일·청 어느 쪽을 따를 것인가 내심 주저하고 있는 흔적을 충분히 엿볼 수 있습니다. 그러나 때는 바야흐로 조선의 사직이 '위급존망지추(危急存亡之秋)'에 있는 때이므로, 대원군을 위시해서 이 정도의 말을 한 것은 굳이 잘못을 추궁할 가치가 없사오며 지금 새삼 다시 이를 증거로 해서 통렬하게 저들을 책망할 필요도 없는 것으로 생각하고 있습니다. 그러나 간접적으로 이를 이용하느냐 아니 하느냐는 전적으로 각하의 높으신 재량에 맡기겠습니다.[55]

일본공사관 측은 '대원군이 민병석에게 보낸 서한'을 밀지 사건의 유력한 증거로 활용하였으나, 위 보고도 인정하고 있듯이 이는 특정 집단의 은밀한 공작이나 음모가 아니라 국가적 중대사와 관련한 정상적인 통치행위였을 수도

---

하여 부임하였기 때문에 '평양 宣化堂은 민씨의 舍廊'이라는 민요까지 유행했다. 국역 梅泉野錄 〉高宗 31년 甲午(1894년) ⑤ 〉8. 청국군의 평양 진주.

**54** 박종근, 앞의 책, 176쪽. 황해도 관찰사 정현석, 동병마절도사 이용관, 상원군수 이웅국, 서흥부사 홍종연 등도 반일행동을 보여 구금되거나 해임되었다. 같은 책, 176~177쪽.

**55** 駐韓日本公使館記錄 2권 〉八. 日淸事變前後 機密公信 및 機密書 〉(3) [向背를 정하지 못하는 朝鮮高位層 태도 추궁과 在韓日公館 裏電節次](양력 1894년 10월 29일=음력 10월 1일: 外務大臣 陸奧→特命全權公使 井上).

있다.[56] 당시 일본공사관 측은 대원군의 서찰만이 아니라 고종과 김홍집 등이 민병석에게 보낸 동일한 내용의 서찰도 함께 압수했으나[57] 유독 대원군의 서찰만을 문제 삼았는데, 그 이유는 특별한 정치적 용도 때문이었다. 당시 고종이 애통조(哀痛詔=朝家密敎)를 내렸다는 소문도 대원군 밀지 소문 못지않게 조야의 유생들 사이에 널리 퍼져 있었고, 또 이를 입증할 만한 증언(?)[58]도 일부 확보하였으나 일본공사관 측은 이를 공개적으로 문제 삼지는 않았다.

8월 17일 평양전투의 결과는 대원군 세력은 물론이고 고종과 민씨 세력, 특히 조야 유생과 동학군 모두에게 큰 충격이 아닐 수 없었다. 일본 정부가 평양전투 소식을 조선 정부와 인민들에게 빨리, 널리 알리고자 한 것도 이런 상황을 잘 알고 있었기 때문이었다. 일본공사관 측의 보고에 따르면, 대원군도 "평양이 함락된 후 한때 표변한 모습을 보였"다고 한다.[59] 대원군이 쿠데타 계획에 직접 관여했는지 여부는 알 수 없으나, 이때부터 대원군은 김홍집 등 갑오정

---

**56**　朴宗根의 연구에 따르면, 일본군이 평양을 점령했을 때 압수한 대원군의 서찰은 밀지계획과 관련된 것이 아니라 "「조일맹약」 체결 등 청국군에 대한 조선 정부의 모든 적대적 행위는 결코 본의가 아님을 밝히기 위한 일종의 '양해공작' 차원의 서찰이었다"고 한다. 박종근, 앞의 책, 134~135쪽. 박종근은 밀지설이든 밀교설이든 모두 대원군 세력과 고종(민씨) 세력을 분열시키기 위해 이노우에 공사가 꾸며낸 정치공작의 산물이라 주장한 바 있으나, 대원군 세력이 이준용을 앞세워 쿠데타를 도모한 것은 일본공사관 측이 제시한 여러 증거들로 미루어 볼 때 어느 정도 사실이라 판단된다.

**57**　「1894년 12월 3일 法務衙門에서의 宋廷燮 調査筆記 拔抄」, 「동학당 사건 회심전말」 참조.

**58**　일본공사관 측은 이용호, 송정섭 등에 대한 취조 과정에서 고종이 삼남의 동학군과 더불어 진신 장보, 임진순절 녹훈신, 행상 보부상 班首, 그리고 각지 지방관 등에게 擧義密敎를 내렸다는 자백을 받아냈으나(「동학당 사건 회심전말」), 이준용을 앞세운 대원군 세력의 쿠데타 계획만 문제 삼았을 뿐 고종이나 민씨 세력(別入侍)에 대한 본격적인 수사는 진행조차하지 않았다(후술 참조).

**59**　駐韓日本公使館記錄 5권 〉 五. 機密諸方往 二 〉 (7) 大院君의 近況(機密第204號 本123)(양력 1894년 10월 20일=음력 9월 22일: 臨時代理公使 杉村濬→ 外務大臣 子爵 陸奧宗光).

권의 실세는 물론이고 박제순 등과도 긴밀히 접촉하며 자신의 장손자인 이준용과 대원군 세력이 관여된 쿠데타 모의 사건을 은폐하거나 수습하는 활동에 나서기 시작한 것으로 보인다.[60] 9월 14일경 대원군이 한 일본군 군의(軍醫)에게 "세간에서는 나의 손자가 동학당과 내통해서 비망(非望)을 기도하고 있다는 평판을 퍼뜨려 나의 사랑하는 손자를 죽이려고 도모하는 자가 있어서, 나는 방관할 수 없다고 생각하여 엄중히 조사해서 처리하려 하였으나, 여러 장애를 받아 그 곡직을 세상에 밝힐 수 없었으니 유감스러운 일이다"라고 말했다는 대목도 이런 정황을 보여주는 하나의 사례이다. 대원군은 쿠데타 모의 사건의 후폭풍을 막기 위해 8월 24일경 동학군에게 석병귀전을 권하는 효유문을 발표하였으나, 여러 물증과 증인들 때문에 수습 자체가 생각처럼 쉽지만은 않았던 듯하다.[61] 사정이 이러하자 대원군은 김홍집, 김윤식 등 갑오정권의 실세들과 협의하여 효유문을 발표함과 동시에 회유보다는 용무(用武) 위주의 정책을 펼쳐 나

---

60 "요사이 대원군의 말과 표정을 보고 그의 생각의 소재를 미루어 고찰하면, 안중에는 국가도 없고 또 백성도 없으며 오로지 걱정하는 바는 그 집안의 장래와 손자 이준용의 신상에 대한 것뿐이며 일편단심 자신의 생존 중에 그의 손자로 하여금 날개를 펴게 해서 그 마음을 편하게 하려는 것밖에 없는 것 같습니다. 그리고 이준용은 할아버지 대원군의 총애에 편승해서 이를 이용, 자기 집안의 非望을 이루고자 하여 끝내는 국왕 이하 여러 사람에게 두려움을 주게 된 것으로 추측됩니다." 「大院君의 深意」[駐韓日本公使館記錄 5권〉五. 機密諸方往 二〉(14) 朝鮮政況 報告 第2](양력 1894년 12월 28일=음력 12월 2일: 井上→陸奧).

61 일본공사관 측은 '대원군 등이 平壤에 있는 淸將과 내통한 서간', '국왕이 그 密旨를 보냈다는 서간', '이준용이 부하에게 密命해서 동학당을 선동하기 위해 그 수령들에게 보낸 서간' 등을 증거물로 金宏集, 金允植, 魚允中 등을 다그치며 "우리 군대를 구축하려 하는 것 같은 상황에서는 우리 帝國의 후의도 이제는 그만이다. 이제 우리나라가 조선을 지지하여 조선의 독립을 도우려 하여도 부질없는 일이다"라고 다그치자, "그들 세 사람의 안색이 파랗게 질렸다"고 한다. [駐韓日本公使館記錄 5권〉五. 機密諸方往 二〉(12) [內政改革을 위한 對韓政略에 관한 보고](양력 1894년 11월 24일=음력 10월 27일: 特命全權公使 伯爵 井上馨→外務大臣 子爵 陸奧宗光).

가기 시작했는데, 8월 24일경 군국기무처가 결의한 아래의 의안은 이러한 사정을 잘 보여준다.

一. (A) 원임대신 중에서 특별히 삼남 선무사의 일을 맡긴다는 것은 이미 의논하여 계(啓)를 받은바 있다. 그런데 현재 유민(莠民)들의 경화(梗化: 교화가 통하지 않음 —인용자)는 양호 지방이 심하므로 우선 몇 사람을 파견하고 군사를 대동하여 길을 나누어 주재하여, 한편으로 탄압하고 한편으로 선유하여 은위를 행하면서 요기를 깨끗이 씻어내는 것이 목하의 급무입니다. (B) 의정부 탁지아문 및 각영에 빨리 칙령을 내려 조병(調兵)과 주향(籌餉: 화살과 군량)을 준비하여 당일 거병케 하고, 군무아문으로 하여금 절제를 도모하고 양호선무사는 곧바로 소환하고 도선무사영은 그대로 둘 것 등을 의정부로 하여금 다시 논의하게 하고 (C) 먼저 별유(別諭)를 행할 것을 청합니다.[62]

위의 인용에 보이는 (A)는 군사를 대동한 선무사를 파견하여 은위(恩威)를 동시에 보여야 한다는 뜻, (B)는 경군을 조발하여 '도선무사영(都宣撫使營)'을 강화해야 한다는 뜻, (C)는 사태 수습을 위해 '별도의 유시(別諭)' 즉 고종이나 대원군 명의로 효유문을 내려야 한다는 뜻이다. 그리고 별유 운운한 대목은 이른바 대원군 효유문이 군국기무처나 의정부의 논의를 거쳐 작성된 문건이었다는 사실을 보여주는 유력한 증거이다.[63] 8월 말부터 선무사 등을 통해 삼남 각

62 『議定存案』 갑오 8월 24일; 『일성록』 1894년 갑오 8월 24일, 287쪽(왕현종, 앞의 책, 379쪽 재인용).

63 特命全權公使 大鳥圭介의 8월 27일자(양력 9월 26일) 보고에는 「대원군 효유문」의 원문이 별첨되어 있다. 이로 미루어 보면, 대원군 효유문이 작성된 시점은 8월 24일 무렵이었다고 판단된다. 駐韓日本公使館記錄 5권 〉 四. 機密諸方往 一 〉 (8) 忠淸道 東學黨에 관한 彙報(양

지에 대원군 명의의 효유문이 배포되고, 뒤이어 9월 26일 고종이 이른바 선참후문(先斬後聞) 전교(傳敎)를 발표하자 쿠데타 모의에 관여한 호서와 호남의 동학군 지도자들도 자신들이 계획이 이미 파탄상태에 이르렀음을 감지할 수 있었던 것으로 보인다. 선참후문 전교의 핵심 내용은 비도들이 "군명(君命)에 항거하면서도 의병이라 일컫고 있"을 뿐만 아니라 "밀지(密旨)라고 운운하거나 분부(分付)라고 칭탁하면서 백성들을 선동하고 관장(官長)을 협박하"고 있다는 것, "이런 수상한 무리가 있다면, 즉각 체포하여 먼저 참하고 나서 보고하라"는 것 등이었다.[64] 이와 거의 동일한 내용의 전교가 10월 14일에도 다시 내려졌는데,[65] 이는 공주 점거투쟁을 앞두고도 밀지나 밀교 소문이 무성했음을 반증한다.

### 2) 양호순무영의 설치와 동학군 탄압 계획

동학군의 2차 봉기는 남접집단의 남원도회나 삼례 재기포(대도소 설립) 때부터 시작된 것이 아니라, 앞서도 강조했듯이 공주와 충주 등 호서 지역에서부터 먼저 시작되었다. 후술하겠으나 공주 지역의 동학군과 유회군은 8월 1일 궁

---

력 1894년 9월 26일=음력 8월 27일: 特命全權公使 大鳥圭介→外務大臣 子爵 陸奧宗光). 규장각 소장 고문서(「왕실문서 효유」 문서번호 121451)에도 고종 31년 9월 모일자의 효유문이 실려 있다.

64 『승정원일기』; 사료 고종시대사 18 〉 1894년(고종 31년) 9월 26일 〉 고종, 밀지를 칭하면서 비도와 내통하는 무리가 있으면 먼저 참하고 나서 보고하라고 전교함. 이는 君命이 있느냐 없느냐가 의거와 패거, 창의와 창난을 가르는 기준이라는 뜻이다. 후술하겠으나 남접 지도부가 삼례 재기포를 전후한 시기 조가밀교설이나 대원군 밀지설(이면 밀지설=사주설)을 의도적으로 흘린(조작한?) 이유도 자신들의 재기포가 君命에 기초한 것임을 강조하기 위해서였다.

65 『승정원일기』; 사료 고종시대사 18 〉 1894년(고종 31년) 10월 14일 〉 고종, 밀지를 칭하며 비류를 선동하는 무리를 색출하라고 전교함.

원과 건평에서 수천여 명이 참여하는 도회와 유회를 동시에 개최한 뒤 그 다음 날 곧바로 공주 부내 진입을 시도했다. 『금번집략』에 따르면 공주 지역 동학군은 8월 19일 무렵까지 공주 금강가에서 수천여 명 규모의 집회와 시위를 이어나갔다고 한다(『금번집략』, 「일록」 8월 19일자). 김윤식의 9월 12일자 일기의 "동학의 소요가 날로 치열해져 경기와 호서에서 피난 행렬이 계속 서울로 향하고 있다"는 기록(『續陰晴史 上』, 『일지』 재인용)은, 9월 들어서부터 호남 외에 기호와 호서 지역에서도 동학군의 활동이 활발해지기 시작했음을 보여준다. 사정이 이러하자 갑오정권은 9월 10일 장위영 영관 이두황과 성하영을 각각 죽산부사와 안성군수로 임명하여 동학군을 탄압하게 하는 한편,[66] 9월 22일에는 호위부장 신정희(申正熙)를 도순무사로 임명한 뒤 호위청을 비롯한 모든 경군(통위영, 장위영, 총어영, 용호영, 경리청)을 망라하여 양호순무영을 설치하였다.

양호순무영의 주력은 이규태(李圭泰)가 지휘하는 친군통위영병(선봉진), 이두황(李斗璜)이 지휘하는 장위영병(우선봉진),[67] 이진호(李軫鎬)가 지휘하는 교도중대,[68] 구상조(具相祖), 성하영(成夏永), 홍운섭(洪運燮) 등이 지휘하는 경리청군과 경리청 직속 부대 등이었는데, 이들을 지휘(통솔)한 것은 도순무영이 아니라 이노우에 공사와 후비보병 독립 제19대대였다. 양호순무영의 최고 지휘관인 도순무사 신정희, 중군 허진(許璡), (좌)선봉장 이규태 등은 일본공사관 측의 불신과

---

66   『승정원일기』; 사료 고종시대사 18 〉 1894년(고종 31년) 9월 10일.

67   1차 봉기 때 민씨 세력의 비호 속에서 홍계훈이 양성한 장위영병을 이끌고 동학군을 진압한 장위영 참령 이두황은 평양전투 직전 시기에도 장교 3명, 하사 50명, 기마 13두를 이끌 평양을 향해 북진하는 일본군(野津道貫 중장이 이끄는 일본군 제5사단)을 도왔다. 『京城府史』, 1934; 조재곤, 「청일전쟁과 일본의 조선 정책」, 앞의 책, 55쪽, 재인용.

68   『舊韓國外交文書』; 사료 고종시대사 18 〉 1894년(고종 31년) 10월 9일 〉 일본공사, 동학 진압에 파견하는 교도중대가 일본인 지휘관의 지시에 잘 따르도록 외무대신에게 협조를 요청함 (일본공사 井上馨→외무대신 김윤식).

지휘권 박탈로 별다른 활동을 하지 못하다가 12월 27일 해직되었다.[69] 공주 점거투쟁 시기 맹활약을 벌인 경군은 우선봉장 이두황(391명)과 영관 원세록(359명)이 이끌던 장위영병, 그리고 경리청 영관(서산군수) 성하영(368명), 영관 홍운섭(358명), 영관 이진호(255명) 등이 이끌던 경리청 소속 병사들이었는데,[70] 김윤식의 언급에 따르면 실제로 동원이 가능한 경군은 500여 명에 불과했다고 한다.[71]

충청감사 이헌영이 후임감사 박제순에게 업무를 이관한 것은 8월 25일경이었다(『금번집략』, 「일지」 참조). 도임 이후 박제순은 호남 동학군의 북상(구병입경) 소문이 파다하자, "호남 동도 수십만중이 장차 호중(湖中)[72]으로 향하고 있으니 밤을 세워 행진하여 적세(賊勢)를 막아달라"는 공문을 중앙정부에 수시로 올려보냈다. 이런 요청에 따라 일본공사관과 갑오정권이 인천병참부 소속의 일본군과 일부 경리청병(영관 성하영, 대관 백락완)을 급파하기로 결정한 것은 9월 14일경이었고, 이들 부대가 공주에 도착한 것은 10월 6일경이었다.

9월 들어 활발한 활동을 보인 것은 1차 봉기의 주체인 호남 동학군보다는 오히려 병참선 인근에서 활동했던 영남, 호서, 기호 지역의 북접 동학군이었다. 사정이 이러하자 9월 29일 양호순무영은 지평현감 맹영재(기전소모관),[73] 죽산부

---

**69** 신영우, 「갑오군정실기 해제」, 『신국역총서 6』 참조. 『갑오군정실기』(10책)는 양호순무영의 활동을 총괄적으로 정리한 정부 공식기록이다.

**70** '양호순무영의 직제와 인원', 『신국역총서 6』, 46~56쪽, '경군 병영의 출진 장졸과 병력', 같은 책, 56~69쪽 참조.

**71** 『금영래찰』, 김윤식의 10월 4일자 서찰.

**72** 당시 충청도를 전체적으로 지칭할 때는 湖西, 좀 더 세분할 때는 湖右(호서우도), 湖中, 湖左(호서좌도)라는 명칭을 썼는데, 호서의 중심도시는 公州(錦營), 湖右의 중심도시는 洪州, 湖中은 淸州, 湖左는 忠州였다. 〈한국사 DB〉 참조.

**73** 맹영재 부대는 官砲軍 20명, 私砲軍 300명으로 구성되어 있었는데, 여주목사 이재윤은 맹영재 부대를 '義旅 砲軍(600명)'이라 호명하였다. 『갑오군정실기 1』, 『신국역총서 6』, 81쪽, 115

사 이두황, 안성군수(이후 서산군수로 변경됨) 성하영 등에게 "지금 안성의 비도들
이 충주, 진천 광혜원에 많은 사람들을 불러들이고 있다"고 하면서 대책을 마
련하라 지시했다.[74] 하지만 당시 양호순무영은 일본군과는 달리 동학군의 동향
에 대한 정보가 거의 없었다. 장위영병(이두황)과 경리청병(성하영)이 각기 음성·
괴산 쪽으로 먼저 가자거니, 청주 방면으로 가자거니 갑론을박을 벌인 것(『양호
우선봉일기』, 『일지』, 163쪽), 또는 우선봉진(청주영병)과 충청감영이 세성산 동학군을
먼저 토벌할 것인가, 아니면 공주에 주둔하며 방어전(수성전)에 주력할 것인가
등을 놓고 갈등을 빚었다는 것은 당시 순무영 측이 동학군의 동향은 물론이고
일본군의 작전 계획조차 제대로 이해(파악)하지 못하고 있었음을 시사한다.

양호순무영을 설립함과 동시에 고종은 9월 26일자 선참후문 전교를 통해
용무 방침을 재차 천명했는데, 위의 전교에서 특별히 유의해야 할 대목은 "지
난번에 선무를 각지에 나누어 보내고 이어 포고하였건만, 미련한 것들이 잘
못을 뉘우치기는커녕 패역이 날로 심해만 가니, 이는 양민(良民)으로 볼 수 없
는 자"라는 대목, 즉 '비적↔양민론'이다. 조선왕조 시기 양천제(良賤制)하에서
의 양민(=양인)이란 천인(노비)들과는 달리 국역을 진 자로서 마땅히 국가의 보
호(예우)를 받아야 할 존재라는 뜻이었다. 그러나 난리통의 양민이란 '교화를 통
해 귀화를 시켜야 할 비도'와 대비되는 '평량(平良)한 백성', 즉 임금의 적자(赤子)
라는 뜻이다. 예를 들어, 「순무사방시문」과 「선봉진방시문」[75]에 보이는 "너희는

---

쪽 참조

**74** 『갑오군정실기 1』; 『신국역총서 6』, 97~98쪽. "충주, 안성, 죽산의 동도 4~5만 명이 음죽의 동
도 1만 명과 함께 堡黨인 許文淑을 초토한다고 하면서 진전 광혜원에 모"여 있었다. 죽산부
사 이두황이 순무영에 올린 9월 30일자 보고, 『갑오군정실기 1』, 『신국역총서 6』, 120쪽.

**75** 양호순무영 「선봉진방시문」, 『순무선봉진등록』, 『국역총서 2』, 12~13쪽. 방시문의 핵심적인
내용은 背道歸化하면 용서해줄 것이나 그렇지 않을 경우 끝까지 추격하여 진압하겠다는 것

본래가 평민과 양민으로 우리 동포(爾本平良 即吾同胞)"라는 말, 충청감사 박제순이 이인민회소(利仁民會所)에 내린 유시에서 고종의 윤음과 순무영의 칙령을 언급하며 화민(化民)과 난민을 구분한 대목,[76] 『우선봉일기』에서 알곡과 가라지를 운운한 대목,[77] 영남소모사 정의묵이 「소모절목(召募節目)」[78]에서 "비류(匪類)에 들어가지 않은 사람은 모두 양민이니 마땅히 의려(義旅)가 되어야 한다"는 말 등은 이를 보여주는 대표적인 사례들이다.[79]

황해도 강령에서는 '양민과 동도를 구별'한다는 취지에서 일본군이 '현감의 날인이 들어 있는 종이조각(縣監ノ捺印セシ紙片)'을 모자에 부착'하게 하자, 동학군이 이에 대한 대응책으로 '가짜 관인을 찍은 종이조각'을 만들어 일본군을 속이는 일도 종종 벌어졌다.[80] 위의 첩지는 6·25동란 시기의 양민증과 마찬가지로, 비적(폭도)이냐 양민(화민)이냐, 달리 말하면 죽이느냐 살리느냐, 또는 죽느냐

---

이었다.

**76** "聞令卽時退去則是化民也 不然則是亂民也."(錦藩集略〉別甘〉傳令利仁民會所). 박제순이 利仁民會所에 내린 3건의 勅令 혹은 諭示에 대한 자세한 설명은 후술 참조.

**77** "大抵軍政 殲其罪犯 安其良善 除莠培穀是如乎."兩湖右先鋒日記〉甲午十二月.

**78** 「소모절목」;『일지』 10월 21일자, 183~184쪽. 정의묵은 양민과 비류를 구분하면서 신고하거나 잡아오지 못할 경우 비류의 이웃과 친척들에게 연좌율을 적용하겠다고 협박하는 등 동학군과 주민들 사이의 대립과 갈등을 노골적으로 부추겼다.

**79** 한말 의병운동을 탄압하기 위해 당시 일본군은 지역주민을 양민과 폭도로 구분하는 가운데 의병에 대한 토벌을 강화함과 동시에 이들의 '歸化(良民化)'를 종용하였다. 「자위단규칙실시심득에 관한 事」; 김헌주, 「자위단에 대응한 의병의 활동과 지역사회(1907~1909)」, 8쪽 참조.

**80** 黃海道東學黨征討略記(동학농민혁명사료총서 17)〉「大日本 陸軍步兵少尉 鈴木彰 講話(明治二十八年三月七日)」. 鈴木彰은 공주 水村 都所 습격사건을 주도한 인천수비대 소속의 일본군 지휘관이다. 위의 '약기'에는 스즈키 소위가 공주에서 획득한 전봉준과 이유상 상서, 호주대의소가 수촌도소로 보낸 통문(公州湖西九接中(甲午九月十一日辰時出) 등이 첨부되어 있다.

사느냐를 가르는 중요한 표식이었다. 일본군과 관군의 탄압이 거세지자 북접 지도부가 일본군 병참부에 '알곡과 가라지(稂莠)' 운운하며 자신들과 1차 봉기의 주체인 남접(호남) 동학군을 구별해달라고 요구한 것도 이러한 폭력에 대한 일종의 자구책이었다. 하지만 조선왕조 정부(갑오정권과 충청감영)는 시종일관 동학군을 비적으로 규정하며 집단학살을 정당화했다.

양호순무영이 작성한 『갑오군정실기』(10권), 순무선봉장 이규태의 『선봉진일기』(1894. 9. 21~12. 12)와 『순무선봉진등록』(1894. 10. 18~11. 10), 우선봉장 이두황의 『양호우선봉일기』(10. 18~11. 16)[81] 등은 공주 점거투쟁 전후 시기 각처에서 진행된 동학군 진압 활동을 잘 보여준다. 이규태가 이끄는 (좌)선봉진(통위영병)은 10월 10일경 서울을 출발하여 천안 등을 거쳐 별다른 충돌 없이 10월 24일 신시경에 금강나루에 도착하여 공주 수성전에 참여하였으나, 죽산부사 겸 장위영 부영관 이두황은 장위영병(391명)을 이끌고 청주와 공주선을 오가며 호남의 비류들이 지나쳐갈 우환'을 막는 데 진력했다. 순무영의 지시로 10월 6일경 공주에 도착한 백락완 부대와는 달리 성하영(대관 구상조, 368명), 홍운섭(안성군수; 대관 조병완, 백락완, 358명) 등이 이끈 경리청병은 기호와 호서 지역에서 각자 기포한 동학군을 토벌하다가 10월 19일경 공주로 돌아왔다.[82] 이노우에 공사가 일본 외무대신 앞으로 보낸 상황보고[83]에 따르면, 당시 관군들은 행군 차 출발하려면 시간에 늦고, 어딘가에 숙영하면 반드시 민가를 수색해서 물품을 약탈하고, 산개(散

---

81 순무선봉진 일지와 등록은 『국역총서 1·2』에, 『양호우선봉일기』는 『국역총서 7』에 번역 수록되어 있다.

82 『갑오군정실기』, 『일지』 등 관련 기사 참조.

83 駐韓日本公使館記錄 7권 〉 機密本省往來 〉 東學黨 鎭定 후 再燃을 예방하기 위하여 당분간 日本軍隊를 각 요지에 分屯시키는 일에 대한 上申(양력 1895년 1월 16일; 井上馨→陸奧宗光).

開)해서 전투할 때는 일본군 후방에서 사격하여 위험하기 짝이 없고, 전투에서 항복해 오는 인민을 가해하는 등 규율도 전투 능력도 거의 없었다고 한다.

일본군과 관군만이 동학군을 탄압한 것은 아니었다. 갑오정권은 양호순무영을 설립함과 동시에 지방의 수령, 사족, 이향들로 하여금 수성군을 조직하는 활동을 독려했는데, 김윤식이 박제순에게 보낸 10월 12일자 편지(『금영래찰』)는 '점거와 수성'이 1894년 어셈블리의 핵심 코드였음을 잘 보여준다. 후술하겠으나 충청감사 박제순이 중앙정부에 오가작통제의 실시를 강력하게 건의한 것도 주민 감시와 통제, 예를 들면 '통비(通匪) 색출'이 수성전의 관건이라는 사실을 잘 알고 있었기 때문이었다.

(A) 비당(匪党)이 매우 어리석은 중에도 교활하여 옮겨 다니는 것이 일정하지 않고, 강자를 피해 약자를 침범하여 마치 명말(明末)의 유구(游寇; 流寇이다)와 같습니다. (B) 이것은 읍(邑)마다 의병을 일으키고, 촌마다 보(堡)를 쌓아 각자 스스로 싸우지 않고는 마을을 지킬 방도가 달리 없습니다.

(C) 지금의 방백과 수령은 법을 세우고 함께 권면하며 여러 읍을 다니며 그들이 서로 호응하여 돕도록 하는 것이 좋습니다. 이미 먼저 이런 뜻을 경상감사에게 전보로 통지하였습니다. (D) 읍마다 사람들이 의지할 만한 호걸을 택하여 그로 하여금 마을에서 용감한 자를 모으게 하고, 요호(饒戶)에게 권유하여 식량의 일을 맡기며, 그 능력의 여부를 살펴서 소모관 등의 직임을 준다면 국가는 병력과 재력을 쓰지 않고도 그 효과를 얻을 수 있습니다.

위 인용의 핵심 내용은 일본군과 관군의 공세가 강화되자 동학군이 모이고 흩어지기를 반복하고 있었다는 것(A), 그러므로 고을을 지키기 위해서는 읍과 촌 단위로 수성군을 조직하게 함(B, C)과 동시에 지방수령이나 의병장들에게 소모사의 직임을 부여해야 한다는 것(D) 등이다. 2차 봉기 시기 갑오정권은 동학군의 A/O 투쟁에 대한 대응책으로, 각지의 현직 수령이나 판관을 소모사, 토포사, 조방장(助防將)으로 차하(差下)함과 동시에 양호순무영의 의견에 따라 전직 관료나 유학을 소모관, 참모관, 별군관 등으로 차출했다(『사료 고종시대사』 참조). 갑오정권이 지방 유력자(사족, 이향)들에게 수시로 소모관 등의 직임을 부여한 것은 '원근의 사민(士民)들 가운데 기의(起義)하는 자'들이 많아지기를 기대했기 때문이었다.[84]

지방수령과 유생들이 주도한 수성 활동, 특히 각지에 조직된 민보군의 반동학군 활동은 일본군과 관군의 동학군 토벌 소식, 특히 공주 1차 투쟁에서 동학군이 패배했다는 소식이 전해지면서 더욱 활기를 띠었다. 흥미로운 사실은 대부분의 수성군과 민보군(특히 유회군)이 스스로 '의병'을 칭했고, 조선 정부도 이를 '공인'했다는 사실이다. 2차 봉기 시기 각지에서 패거/의거 논쟁이 가열화된 것도 이런 이유 때문이었다(후술 참조).

## 3. 충청감영의 수성책(守城策)과 동학군 탄압 활동

박제순(朴齊純)[85]은 1894년 6월 22일 전라감사로 발령이 났으나, 전라감사 김학진이 위무 정책의 필요성을 역설하며 그대로 근무하게 해줄 것을 요청한 까

---

84 「의정부에서 임금께 아룀」(1894년 9월 30일), 『갑오군정실기 1』, 『신국역총서 6』, 101쪽.

85 박제순은 과거급제 이후 성균관 대사성, 호조참판, 이조참판, 농상공부대신 등을 거쳐 대한제국기에는 외부대신, 육군 참장, 의정부 참정대신, 내부대신 등을 지냈으며, '을사오적'으로 지탄을 받기도 했다. 일제시기 중추원 고문, 이문회(以文會) 회장, 가정박람회(家庭博覽會) 명예고문 등으로 활동하다 1916년 6월 20일 사망했다. 〈한국사 인물 DB〉 참조.

닭에 7월 18일에 다시 충청감사 겸 충청병마수군절도사로 전임되었다. 전임 충청감사 이헌영(李鑛永)[86]이 박제순에게 '밀부(密符)'를 전하고 공주감영을 떠난 것은 1894년 8월 25일이나,[87] 박제순이 관찰사 업무를 시작한 것은 그 이전이었던 것으로 보인다.[88]

갑오변란 직후부터 공주 인근 지역에서는 민회소(民會所)[89]와 유회소(儒會所)[90]를 중심으로 항일연대 활동이 활기를 띠기 시작했다. 그러자 박제순은 부임하자마자 이인민회소와 공주·홍산·은진유회소에 여러 건의 칙령과 유시를 내렸는데,[91] 그 핵심 내용은 고종의 윤음이나 대원군 효유문과 거의 동일하다. 예를 들어 "너희 여러 백성들이 취회한 것은 반드시 나라를 위하고 충성을 다하는 의리에서 나온 것이지만(衆民等聚會之意 亦必爲國效忠之義), 현재 나라의 일을 보건대 조정에서 매일 모이고 있으며 정부는 소란을 그치게 할 방법을 찾고 있

---

**86** 이헌영이 공주에 도착하여 집무를 시작한 것은 1894년 6월 20일이었는데, 당시 우영장은 李基東, 중군은 朴正祐였다. 『금번집략』, 1894년 6월 20일, 『국역총서 4』, 7~8쪽.

**87** "二十五日本府東軒交印符所佩密符傳授新伯事承有旨後發行." 錦藩集略 〉日錄 〉甲午八月二十五日.

**88** 아래의 전령에서 "營門이 새로 도착한 것이 겨우 열흘 남짓 되었다", "巡營門에서 타이르고 깨우친 명령이 이미 2~3번에 이르렀다"는 대목은 이를 보여주는 증거이다.

**89** 이인민회소가 존재했을 무렵 진천에도 東徒, 즉 亂法之民이 민회소를 설립한 뒤 '願留舊官聚衆拒命'하는 투쟁을 벌였다고 한다. 錦藩集略 〉別甘 〉鎭川民會所. 이로 미루어 보면 진천민회소도 이인민회소와 마찬가지로 임기준 집단(특히 충주 접주이자 괴산 집강인 홍재길)의 영향력하에 있었던 것으로 보인다.

**90** 갑오변란 직후 공주, 홍산, 은진 지역 이외에 당진, 합덕, 덕산, 대흥, 남포 등지에 유회소가 설립되었다. 〈한국사 DB〉 참조.

**91** 「傳令利仁民會所」, 「利仁民會所」, 「傳令利仁民會所」, 그리고 「公州鴻山恩津儒會所」, 「諭示恩津儒會所」(『錦藩集略』別甘; 『국역총서 4』, 38~42쪽). 날짜가 표기되어 있지는 않으나 정황상 위의 전령과 유시들은 대개 8월 1일 궁원도회와 건평유회, 특히 8월 2일의 府內 진입(점거) 사건 직후에 작성(발신)된 것이라 여겨진다.

으니 백성을 위하는 길은 오직 조용히 기다리는 것이 옳다"(「전령 1」)고 한 대목, "너희들이 모여서(聚會) '잘못된 (갑오변란—인용자) 소문'을 퍼뜨리니, 한양이 화(京中之禍)를 당할 기미가 있을지 헤아리기 힘들다"(「전령 2」)고 한 대목, "너희들은 모여서(聚會) 위국안민(爲國爲民)을 위해서라 말하지만 결국은 나라의 근심이 되고 백성들에게 원망을 사게될 것(國之憂而致民之怨)"이라거나, "지금 즉시 물러가면 이는 교화된 백성(化民)이고, 그렇지 않으면 이는 난민(亂民)이다"(「전령 3」)라고 한 대목 등은, 박제순이 임기준 집단의 귀화를 설득할 때도 써먹었던 대표적인 언설들이다.[92]

박제순은 위의 칙령과 별개로 공주·홍산·은진·부여 등지에 설치된 유회소에도 유시를 내렸다. 공통적인 내용은 "종묘와 사직이 이미 안정되었고 임금께도 탈이 없는데, 왜 창의 모병을 하여 '소란의 단서'를 야기하느냐(惹起鬧端)"는 것이었다.[93] '소란의 단서'를 운운한 대목은 '너희들의 창의가 오히려 국난이나 동학군의 활동을 활성화시키는 등 오히려 긁어 부스럼을 만들 소지가 있다'는 뜻으로 이해된다. 충청감사가 각지 유회소에 보낸 유시에는 몇 가지 흥미로운

---

**92** 후술할 「湖西倡義所諸生等上書(東學黨 巨魁의 上書)」 참조. 충청감사는 이인민회소에만 동일한 제목의 칙령을 세 번 내렸는데, 자료(『금번집략』)에 실린 순서대로 「전령 1」, 「전령 2」, 「전령 3」이라 표기했다. 「전령 1」은 원론적인 회유와 해산(귀화) 지시이고, 「전령 2」는 "다시 유시할 것을 기대하지 말라"는 강력한 경고와 겁박이며, 「전령 3」은 "두세 번 타이르고 명령했는데도 따르지 않으면 난민으로 간주하겠다"는 일종의 최후통첩이다.

**93** "여러 유생들이 지금 모두 모였는데, 창의하려는 것인가? 임금께 충성하려는 것인가(此齊會倡義乎勤王乎)? 진실로 군사를 일으키지 않을 수 없는 상황이라면 조정에서 먼저 소모(召募)할 터인데, 지금 조정의 소모(임금의 명)도 없는데, 망령되어 의논하고 경솔하게 거사하는 것은 불가하다(今不由召募而妄議輕擧)." 「유시 공주·홍산·은진유회소」; "종묘와 사직이 이미 안정되었다. 임금께서도 탈이 없는데 창의 모병하여 장차 무엇을 하려고 하는가? 생각건대 괜스레 소란의 단서를 야기하여(惹起鬧端) 위로는 임금께 근심을 끼치고 아래로는 백성에게 화를 일으킬까 두렵다." 「유시 은산유회소」.

언설이 담겨 있다.

(A) 진실로 군사를 일으키고 적개심을 키워야 할 단서가 있다면 어찌 많은 선비들이 뛰쳐나오기를 기다리겠는가? 조정에서는 반드시 소모(召募)하게 될 것이니, 시기와 기미로 볼 때 실로 그렇지 못한 것이 있다. (B) 비유컨대 만일 호랑이가 집에 들어왔을 때 집 밖에 있는 사람들이 어려움을 구하는 것에 급급하여 무기를 들고 둘러싸서 그것을 잡으려 한다면, 호랑이는 나올 수 없어서 포효하면서 집안에서 마음대로 하게 될 것이니, 어찌 근심이 없게 된다고 하겠는가? (…) (C) '잘못된 소문'이 더욱 잘못 전해져서 오히려 틈새가 더 격하게 벌어지고, 화난(禍難) 역시 예측할 수 없는 상황이 초래되어 임금에게 근심에 근심을 더해줄 수도 있으니 장차 무슨 말로 그 책임을 피하겠는가?

(A)는 군사를 일으킬 필요가 있으면 조정에서 소모할 터이나, 시기와 기미를 볼 때 그럴 필요가 없다는 뜻, (B)는 일본군이 범궐했으나 섣불리 쫓아내려다가는 임금에게 큰 해가 미칠 것이라는 뜻, (C)는 임금이 볼모로 붙잡혔다거나 대원군과 고종이 밀지나 밀교를 내렸다는 등의 소문이 확산되면 동학군이 준동하는 등 오히려 더 큰 화가 닥칠 수 있으니, 호서 유생들은 거의 계획, 즉 항일의려(의병) 형성 노력을 중단하고 자중해야 한다는 뜻으로 읽힌다. 같은 자료에 실려 있는 「부여유생 천기일(千基一)에게 보낸 유시」에서 "훈신들이 구름같이 모였고, 이어서 지금 창의를 하였다(勳臣之雲仍 今此倡義)"라는 대목은, 부여 지역의 경우 지역 유생들의 상당한 지지 속에서 창의 계획이 진행되고 있었음을 시사한다.

민회소와 유회소를 중심으로 전개되었던 공주 인근 지역의 항일연대 활동은 8월 1일의 건평유회와 궁원도회, 그리고 그 다음 날 전개된 동학군의 부내 진입 사건을 통해 절정에 달했다. 하지만 8월 25일경 박제순이 감사로 부임하면서 상황이 크게 달라지기 시작한 것으로 보인다. 박제순은 8월 24일경 대원군 효유문이 발표되자 이를 계기로 9월 9일 임기준 집단의 자진해산(배도귀화?)을 이끌어냈을 뿐만 아니라 9월 21일 양호순무영이 조직되는 시기에는 구완희가 이끄는 영병을 동원하여 노성 등지에서 동학군에 대한 물리적 탄압을 본격화했다. 당시 일본공사관 측의 자료에 따르면, '동비(東匪)와 내통하고 있었던 금막(錦幕), 즉 충청감영의 비장(裨將)'[94]은 구완선(具完善), 홍재길(洪在吉), 임기준(林基準: 裨將中反間匪徒者), 현영운(玄映運) 등이었다고 한다.[95]

일부 연구자들은 일본군 측의 부정확한 '첩보'[96]를 근거로 박제순이 대원군 세력이나 동학군과 결탁했을 수도 있다는 추론을 제기한 바 있다. 그러나 미나미 소좌의 '강화(講話)' 가운데 "감사는 내통하지도 않고 또 가담하지도 않은 자라는 내명(內命)이 있어서 그가 동학도와 조금도 관계가 없는 자라는 것이 명백해졌다"[97]는 언급에서도 확인할 수 있듯이, 박제순은 전라감사 김학진과는 달

---

**94** 地方公吏인 監督 裨將은 "觀察使를 新任하면 例其族戚 門客中 自己의 親信하는 人을 選하여 裨將을 差定하였다가 遞任하면 同歸하는 者"였다. 統監府文書 10권 〉 二三. 地方制度改革 〉 (1) 한국 지방제도의 변천이유(1896년 8월 2일).

**95** 駐韓日本公使館記錄 1권 〉 四. 東學黨ニ關スル件 附巡査派遣ノ件 一 〉 (45) [東學黨偵探에 따른 편의제공과 東學黨關係 探問調査] 〉 2) [東學黨關係ニ付探問調査] 발신(생산일자 및 受發信處 미상).

**96** 「東學黨에 대한 槪略的인 報告와 鎭壓을 위한 第十九大隊 訓令案 및 日割表」에 '追書' 형태로 달린 문건에 아래와 같은 내용이 보인다. "任箕準은 公州에 있으며 忠淸監司 朴齊純을 강박하여 공주가 거의 그의 수중에 들어간 것 같다고 한다. 그래서 말하기를 올해 10월 초순 대원군이 그의 심복인 朴準陽, 즉 감사 박제순의 從兄弟를 공주로 파견한 뒤부터 그 감사가 약간 동학에 마음을 기울인 혐의가 있다고 한다." 「東學黨 鎭壓을 위한 第19大隊 파견에 따른 訓令」.

**97** 「동학당정토약기」. 박제순의 경우 선봉장 이규태와 달리 일본공사관이나 갑오정권이 직접 나서서 신원을 보증했다. 공주 점거투쟁 직전 박제순이 임기준 집단과 직접적인 소통을 시도

리 시종일관 동학군에게 적대적인 태도를 취하였다. 특히 9월 초순 대원군 효유문이 배포되는 등 쿠데타 계획이 파탄난 이후에는 대원군이나 갑오정권과의 교감 속에서 사태를 수습하는 데 앞장 섰다. 예를 들면, 9월 9일 임기준 집단(湖西倡義所諸生等)이 대원군 효유문을 받고 자진해산을 결정한 것이나,[98] 9월 17일 박제순이 대원군의 밀사인 내부주사 박세강과 전도사(前都事) 박동진을 금강진두(錦江津頭)에서 효수경중(梟首警衆)한 것 등도[99] 모두 김홍집과 김윤식은 물론이고 대원군이나 이재면과도 협의(동의와 재가)를 거친 것이었다. 『금영래찰』에 보이는 아래와 같은 서찰들은 대원군 밀지설의 진위 여부과 관련해서도 시사하는 바가 많은 자료이므로 세심한 사료읽기가 필요하다.

(A) 삼도(三道)를 선무하여 끝내 귀화하지 않았으나 군대를 파견하면 도리어 소요를 더하게 할 것이 염려되어 지금 운현에서 관리를 파견하여 삼도를 효유하려고 합니다. 온 백성이 평소 태공(太公)의 말을 믿기 때문에 혹시 감격하여 해산하기를 바랄 뿐입니다. 귀영에서도 말을 잘하는 사람을 골라 보내어 효유하리라 생각합니다. 운하로부터 편지로 부탁하신 것이 있으리라 여겨집니다. (김윤식이 박제순에게 보낸 8월 27일자 편지)

(B) 오늘밤에 우석장(又石丈=李載冕) 어른이 보내온 형의 편지를 받아 보니, 각 안건마다 논한 정형이 매우 자세하여 우리들의 천 마디 만 마디 말보다 낫습니다.

---

한 것, 박동진과 박세강을 효수경중한 것 등도 이 같은 '뒷배'가 있었기 때문이었을 것이다.

**98** 대원군 효유문이 전주에 도착한 것은 9월 3일, 남원에 전해진 것은 9월 8일이었다. 다른 지역도 비슷한 시기에 효유문이 전달되었다. 이른바 裡面密旨說에 따르면, 송희옥이 삼례에서 대원군 밀사를 만난 것은 9월 6일, 이건영이 남원에 밀서를 전달한 것은 9월 7일, 그리고 전봉준 등이 삼례에서 재기포를 단행한 것은 9월 10일경이었다. 『일지』 관련 항목 참조.

**99** 『고종실록』, 고종 31년 9월 21일; 『홍양기사』, 1894년 9월 22일, 『국역총서 4』, 73쪽 등 참조.

박(朴: 박동진 박세강?)을 효수하여 경계한 일은 옥안(獄案)에 얽매이지 않아 상쾌할 만
합니다. (김윤식이 박제순에게 보낸 9월 20일자 편지)

(C) (9월―인용자) 28일과 29일에 연이어 편지를 받으니 고맙습니다. 태공(太公)에
게 올리는 편지와 부본(副本)을 모두 읽었습니다. 비도의 실정을 갈수록 예측하기
가 어려우니 크게 징계하지 않으면 안 됩니다. (김홍집이 박제순에게 보낸 10월 3일자 편
지)

(D) 부산의 일본 병관(兵館)이 이용호(李容鎬)와 윤갑병(尹炳甲)이 밀지를 고쳐서
백성을 선동한 일로 지금 모두 한양에 올라와 정탐을 한다고 합니다. 우리 정부가
기한을 정해 윤(尹)을 추적하여 체포하였고, 이(李)는 아직 잡지 못했습니다. 일본인
이 다시 대감과 동도가 밀통한다고 의심을 하여 저희들이 힘껏 변호를 하였습니
다. 도원장(道園丈=김홍집)의 기록과 전적(全賊=전봉준)에게 전한 격문 및 2명을 효수
하여 경계한 일로 의사를 분명히 하니 저들도 의심을 풀었습니다. (김학우가 암살된
다음 날인 10월 초4일 김윤식이 박제순에게 보낸 편지)

(E) 보내주신 편지는 이미 태공(太公)께 드렸습니다. 작은 쪽지의 답장을 받아
함께 보냅니다. "금백의 편지를 상세히 모두 들었다. 단지 해놓은 것 없이 헛되이
늙는 것을 탄식할 뿐이다. 순무영에 근래 재물을 모아 보낸 것이 많으나 아직도 출
정하지 않은 것은 무슨 까닭인가? 일각이 걱정스러우니 이 편지를 해당 영에 보내
기를 바란다." (『금영래찰』, 김홍집의 10월 12일자 편지의 첨부 메모)


일부 연구들은 (A)와 (E) 등을 근거로 박제순이 쿠데타 주도 세력과 연계되
었다고 주장하는 경우도 있으나, 그것이 사실이라면 위의 서찰들을 공유한 김
홍집이나 김윤식도 밀계에 깊숙이 연루되었다고 보아야 옳다. 하지만 여러 가
지 정황들을 감안할 때 그럴 가능성은 거의 없었다고 판단된다. 예를 들어, 김
윤식의 「면양행견일기」에 보이는 "외서(外署)에 갔다. 금백의 편지가 왔는데 운

현 어른의 효유문이 내려간 후 각포 동학들이 상서(上書)하여 그들의 뜻을 이야기하는 등 귀화할 생각이 있다고 하였다"[100]는 대목은 이를 보여주는 하나의 사례이다. (D)를 통해서도 확인할 수 있듯이, 김홍집과 김윤식은 일본공사관 측과는 달리 효유문 발표와 동시에 대원군이 동학군 지도자들에게 밀사를 파견하여 은밀하게 '이면 밀지'를 전했다는 세간의 소문을 부정하며 대원군을 옹호했다.

박제순은 10월 20일경 중앙정부나 순무영의 일처리 방식에 항의하여 조정에 사직상소를 올렸다. 그 이유는 순무영 선봉장이 서울을 출발한 지 보름이 지났는데도 양호 지역에는 아직 한 명의 병졸도 도착하지 않았다는 것, 그리고 "경기의 고을에서 먼저 조발한 병정의 경우는 본도(本道: 충청도)로 오기는 했지만 산만하고 법도가 없어 일찍이 한 번도 도움이 된 적이 없이 그저 몰려다니면서 사단(事端)만 일으키고 있"다는 것 등이었다.[101] 아래의 인용에서 확인할 수 있는 것처럼, 박제순은 공주 수성전에 호서 주민과 유생을 끌어들이기 위해 틈만 나면 점거투쟁의 주체를 남비·적(南匪·賊), 호남적·비(湖南賊·匪)[102]라고 호명했다. 이는 지역감정을 조장하기 위한 일종의 심리전이었다.

순무영이 충청감사의 보고에 기초하여 임금께 올린 9월 28일자 보고: "충청도와 전라도의 비도들이 서로 연결되어, 호서에서 지금 바로 호남에 지원군을 요청

---

**100** 「면양행견일기」, 『국역총서 10』, 160쪽. 9월 15일조에는 청양의 동도들이 대원군의 효유문에 감동하여 '온 고을 모두가 귀화하였다'는 충청감사의 보고가 실려 있다. 같은 자료, 162쪽.

**101** 『승정원일기』; 사료 고종시대사 18 〉 1894년(고종 31년) 10월 20일 〉 충청 감사 박제순, 비류를 소탕하지 못하는 데 대해 사직 상소를 올림.

**102** 『동학농민혁명자료총서』(전30권)에 실려 있는 각 자료의 원문에 南匪 75건, 南賊 37건, 湖南匪 45건, 湖南賊 12건이 검색된다. 〈한국사DB〉 참조.

하였다(兩湖匪徒互相連結 自湖西見方請援於湖南)고 합니다." (『갑오군정실기 1』, 『신국역총서 6』, 91쪽)

충청감사가 순무영에 올린 10월 18일자 보고: "경군들이 각자기포하여 사방에 흩어져 있는 호서 비류들을 몰아서 소굴(근거지)을 만들어주고 남비(南匪)들의 앞길을 인도하고 있다." (『갑오군정실기 2』, 『신국역총서 6』, 218~219쪽)

충청감사가 순무영에 올린 10월 19일자 동학군 토벌 계책(『忠淸道觀察使兼巡察使爲相考事』): "남비의 우환(南匪之患)은 시일이 급하니 만약에 기회를 놓치면 반드시 군사가 오기 직전에 일차로 침범할 것이고, 그렇지 않으면 해산해서 남쪽으로 내려갈 것입니다. 지금 진퇴가 정해지지 않은 때에 한 번 격파하는 것만 같지 못합니다." (『순무선봉진등록』, 甲午 十月 十九日)

충청감사가 순무영에 올린 11월 1일자 보고: "호남적(湖南賊) 전봉준이 수만 명을 이끌고 공주로 오고 있다." (『갑오군정실기 3』, 『신국역총서 6』, 281쪽)

위의 인용에서 주목되는 것은, 당시 충청감영이 "충청도와 전라도의 비도들이 서로 연결되"었다고 지적하면서, 특히 "호서에서 지금 바로 호남에 지원군을 요청하였다"거나, "호서 비류들을 몰아서 소굴(근거지)을 만들어주고 남비들의 앞길을 인도하고 있다"고 한 대목 등이다.[103] 당시 충청감영 측은 호서와 호남의 지역갈등을 조장하기 위해 남비론, 호남적론을 적극적으로 활용했는데, 이런 류의 세평(악평)은 오지영의 『동학사(초고본)』에서도 확인된다.[104] 일본영

---

**103** 이런 취지의 보고는 순무영 측이 은진현감(권종억)과 노성현감(김정규), 강화유수 등에게 보낸 같은 날짜의 전령("兩湖匪徒互相連結 見今請援於湖南云")에서도 확인된다. 『갑오군정실기 1』, 『신국역총서 6』, 95쪽.

**104** 1894년 어셈블리 때도 "全羅道 놈들은 모다 東學軍이며, 全羅道 놈들은 걸핏하면 民亂을 잘 일으키는 놈들"이라는 소문이 파다했다고 한다. 『동학사(초고본)』.

사도 1895년 2월 19일 전봉준을 심문(회심)하면서 '전라도 사람들의 말을 바꾸는 습속'을 운운했다.[105]

앞서도 강조했듯이, 일본군과 관군 측은 남북접 동학군이 공주 인근 지역에 모여들기를 기다렸다가 일거에 포위섬멸하는 작전을 구상하고 있었다. 김윤식이 10월 19일 서찰을 통해 박제순에게 "귀영이 급박하더라도 만약 한 곳만을 구제한다면 비도가 모이는 것이 일정하지 않아 토벌하여 평정할 기약이 없기 때문에 한 번에 끝내려는 계획"이라고 밝히며 "이것은 기밀인 듯하니 누설하지 마시"라고 당부한 대목은 이를 보여주는 유력한 증거이다. 하지만 당시 박제순은 같은 날짜의 보고를 통해 논산에 모여 있는 호남 동학군의 경우, 방어가 허술하다 판단할 경우 곧바로 공주 공격을 시도할 것이라는 점, 일본군과 관군이 방어에만 치충할 경우 해산하거나 호남 근거지로 내려가 방어전을 전개할 가능성이 있다는 점, 그러하니 그렇게 하기 전에 먼저 선제공격을 하여 포위섬멸전을 전개해야지, 흩어지거나 호남으로 퇴각하는 경우 토벌이 더 어려워질 수 있다는 점 등을 강조했다(앞의 사직상소 참조).

황현은 1894년 어셈블리가 전개되던 와중에 10개 조목의 「갑오평비책(甲午平匪策)」을 집필했는데, 대개는 세금 감면, 서리 폐단 제거, 병제 개편 등 사후약방문에 불과하였다.[106] 하지만 전라감사 김학진을 통매하며 제안한 탄압책은 꽤나 구체적이다.[107]

---

**105** "全羅道內人之反覆無常 曾所得聞." 乙未二月十九日全璋準五次問目.

**106** 「갑오평비책」(〈한국사 DB〉)은 黃玹(1855~1910)의 『梅泉集』(필사본, 全大 湖南文化研究所 간행)에 수록된 문건이다.

**107** 황현은 『오하기문』에서 어떤 사람이 김학진에게 권했다는 계책들을 소개하면서, 김학진이 이를 실천하지 않은 것을 통매했다. 『오하기문』에 보이는 위의 계책들은 「갑오평비책」과는 달리 자신의 경험과 사건의 결과 등을 반영하여 사후에 정리한 것으로 보인다.

"지금 적의 기세가 치열하고 그 우두머리인 봉준 등은 자신들이 죽을 죄를 저질렀기 때문에 무기를 놓을 수 없는 상황"이다.

"임금께 보고하여 보장을 받으신 다음 봉준 등과 같은 우두머리를 발탁하여 영장, 중군 등에 임명하여 관직으로 얽어매어놓고 주색과 가무로 그들의 욕망을 도발"해야 한다.

"지방민으로 강압에 의해 입도하여 적을 추종한 사람(其土民之勒道從賊) 중 영향력이 있는 사람(風力者)을 대장으로 삼아 수성군이라 이름하여 일본을 막는다(防倭)는 명분을 내세우면 적들도 본대 일본을 친다(伐外)고 하였기 때문에, 틀림없이 흔쾌히 따를 것"이다.

"그들 중에 죄를 뉘우치고 공을 세우는 사람은 장려하고 발탁하여 중용토록 하고, 성정이 강하여 벼슬을 주기가 곤란한 사람은 점차적으로 제거해버리면, 한 번의 조치로 두 가지를 보존하였다고 할 만합니다."

박제순은 위의 '평비책'대로 대원군이나 갑오정권 실세들과 협의하는 가운데, 9월 9일경 임기준 집단의 자진해산을 이끌어낸 뒤 이들을 공주 수성전에 적극 활용하였다. 이렇게 보면 김홍집이 '대감의 영단' 등을 운운하며 박제순을 추켜세운 대목은 결코 과찬이 아니었다. 아래의 인용에도 비도와 양민(화민)을 양분하는 이분법적 민중관이 보인다.

이참의(李參議)가 돌아와서 공산(公山=공주)의 승리를 일컬어 비도를 토벌한 관건이라고 하였습니다. 그 때의 일이 매우 위험했는데, 대감의 영단이 아니면 이런 전공을 얻을 수 없었을 것입니다. 또한 지금 나머지 요사한 기운을 숙청하고 가라지를 교화하여 양민으로 만드는 것(化莠爲良)을 어찌 서툰 사람에게 맡기겠습니까? 제 생각이 이와 같으니 다시 여러 번 생각하여 사직을 그만두시기를 바랍니다. 영장(임기준?—인용자)의 이직(移職)은 고생에 대한 보수가 지난날의 중군(中軍: 백락완?—인용자)과 서로 비슷하여 모두 일개 읍을 주어야 하나 근래에 주군(州郡) 관리의 추천은 전적으로 내무(內務)의 직권이어서 저는 머리를 끄덕여 허락할 뿐입니다. 일부러 식언을 하려던 것은 아니니 혹시 양해해주시겠습니까? 하하. (『금영래찰』; 김홍집이 박제순에게 보낸 1895년 1월 4일자 편지)

위의 인용은 박제순에 대한 상찬임과 동시에 박제순의 사직을 만류하는 1895년 1월 4일자 서찰이다. 박제순이 또다시 사직 의사를 표시한 것은 군수 자리를 하나 만들어주겠다는 임기준과의 '약속'을 지키지 못한 데 대한 항의 표시였다. 임기준은 박제순을 도와 공주 수성전에 참여했음에도 결국 체포되어 태형 100대에 2,500리 유배형에 처해졌다(후술 참조). 현재 공주시 이인면사무소 앞에는 비적을 무찌르고 백성을 구제하여 모두 편안하게 온전한 삶을 누리게 했을 뿐만 아니라 좁쌀을 내리고 역마를 옮겨 쇠락한 역(驛)을 복구한 공을 기리는 거사비(去思碑)가 서 있다.[108]

---

**108** 「巡察使朴公齊純去思碑」(1895년 9월), 利仁面誌編纂委員會, 『利仁面誌』, 2005, 94~95쪽. 이인 인근에는 "새야 새야 전주 고부 녹두새야/ 박(박제순—인용자)으로 너를 치자" 운운하는 민요가 한동안 민중 사이에서 유행했다고 한다.

# 공주 점거투쟁 전후 시기
## 공주(호서)의 지역 사정과 동학군 활동

기존 연구들처럼 남접·호남 중심 농민전쟁론에 의거하여 공주 점거투쟁의 자초지종을 설명하는 경우, 공주와 호서의 지역 사정[109]은 관심 밖일 수밖에 없다. 왜냐하면 이런 인식에 기초할 경우 공주와 호서는 서울로 향할 때 호남 동학군이 거쳐야 하는 여러 길목 가운데 하나일 뿐이기 때문이다. 이런 이유로 그간의 연구들은 공주 점거투쟁의 배경으로 공주가 어떤 도시였는가는 물론이고 호서 각지의 지역 사정도 거의 문제삼지 않았다. 하지만 공주 점거투쟁은 호서의 수부를 점거하기 위한 투쟁이었고, 그 방법 또한 공주의 지역 사정과 밀접한 연관성이 있었다.

조선왕조 시기 공주에서는 '구구십리(九九十里)'라는 말이 유행했는데, 이는 90리(하룻길) 내에 9개의 군현 소재지가 입지해 있었다는 뜻이다. 1894년 시기 충청감영의 소재지였던 공주에는 4개의 목(牧: 공주, 홍주, 충주, 청주)과 50여 개 군현

---

[109] 이하의 각주 없는 서술은 졸고, 『한국의 근대와 공주사람들』, 공주문화원, 1999, 1~406쪽; 공주대학교 참여문화연구소·공주향토문화연구회 편, 『공주 근현대사 연표 및 주요 기사 색인』(2012. 12), 1~235쪽 등을 참조한 것임을 밝혀둔다.

을 통합하는 금영과 우영이 입지해 있었으나, 군비 수준이나 규모는 보잘 것이 없었다.[110] 하지만 지정학적인 특성상 공주(錦營)는 전주(完營)와 달리 상당한 물리력이 뒷받침되지 않는 한 점거가 쉽지 않은 곳이었다. 그럼에도 불구하고 남북접 동학군이 각기 대규모의 원정대를 꾸려 거의 한 달여 동안 공주 점거전을 전개했던 것은 어떤 이유 때문일까? 아래에서는 그 이유로 ① 남접집단이 재기 포한 삼례 등 전주 이북 지역은 공주와 가까울 뿐만 아니라 크게 보면 공주 시장권에 속한 지역이었다는 점, ② 때문에 1894년 어셈블리 직전까지 공주는 호남 포교의 전진기지(일종의 station) 역할을 수행했다는 점, ③ 공주 점거투쟁 직전 시기 비록 귀화하기는 했으나 1차 봉기 때부터 임기준 집단이 이끄는 동학군이 공주 부내 진입(8월 2일)을 시도하는 등 활발한 활동을 전개하고 있었다는 점, ④ 불발에 그치기는 했으나, 갑오변란 직후부터 부여·노성 등지의 척사유생들이 항일의병(의진, 의려)을 조직하려는 조짐을 보였다는 점 등을 강조하고자 한다. 1894년 어셈블리 당시 공주는 남북접 동학군이 선택할 수 있는 A/O 투쟁의 최적지, 즉 최적의 도회지(都會地)였다.

## 1. 감영도시 공주의 지정학적 특성과 동학 교세

### 1) 감영도시 공주의 지정학적 특성

공주 점거투쟁 시기 공주는 나루를 건너거나 고개를 넘지 않으면 접근이 어려운 천연의 요새였다. 『남정록』에 나오는 "지세로 말하면 삼남은 국가의 울

---

110  한국역사연구회 편, 『1862년 농민항쟁』, 323쪽 참조. 1894년 사건 때 충청 '우(진)영'은 공산성내 공북루 인근에 입지해 있었다.

섭(울타리—인용자)이오 공주는 삼남의 요충"(237~238쪽)이라는 말, 혹은 『순무선봉진등록』(11월 10일)의 아래와 같은 언급들은 공주의 정치군사적 요충성을 잘 보여준다.

> 공주 감영은 서북쪽의 큰 도로에는 큰 강물이 가로 흐르고 산성이 험한 데 위치하고 있으며, 동남쪽으로는 산세가 높고 험하여, 다만 세 갈래로 통하는 길이 있을 뿐입니다. 비록 성첩으로 방어할 수 있는 곳은 아니지만 본래 믿을 만한 보장(保障)이라고 일컫습니다. (『국역총서 2』, 156쪽)

재판 과정에서 전봉준이 "공주감영은 산으로 막히고 강을 끼고 있어 지리적 이점이 큰 까닭에 이곳에 웅거하여 굳게 지킴을 도모한 즉 일본군이 쉽게 들어치지 못할" 것이라 말했다는 사실은, 공주 점거투쟁 시기 남북접 지도부도 공주의 지리적 특성을 잘 알고 있었음을 시사한다.

1894년 어셈블리 때 동학군이나 관군의 통행로나 숙영지로 자주 거론되는 지명은 춘향가의 〈어사출행노정기(御史出行路程記)〉[111]에도 등장하는 호남대로상의 요충이다. 위의 노정기를 토대로 공주 점거투쟁과 밀접한 관련이 있는 호남대로상의 요충을 정리하면 아래와 같다.

〈天安〉→三巨里→道理峙→글머리→부처댕이→金蹄驛→新舊 德坪→院基(원

---

111 韓明憙, 「春香傳의 地所研究—路程記의 踏査를 中心해서」, 겨레어문학회 편, 『겨레어문학』 7권, 1972, 127~126쪽.

터)→車嶺→인주인→八風停→〈廣程〉[112]→〈弓院(활원)〉[113]→④毛老院→日新(역)→새

술막(현재의 전막=店幕)→〈공주: 錦江津 혹은 장기대나루〉[114]→높은 행길→〈소개(효개

=효포)〉→거사원→무너미[115] 고개→〈널티(판치)〉→〈敬天〉→〈魯城〉→〈草浦〉→馬九

坪→沙橋→〈恩津〉→간치당이→닥다리→〈(은진) 黃華亭〉[116]→장애미 고개→〈礪山〉

→쑥고개→연봉정이→심금정→통새암→〈三禮 긴등〉→숨정이→拱北樓→西門→

〈전주〉


땅길만이 아니었다. 공주(=熊津)는 금강을 끼고 있는 나루터(포구) 도시였던

---

112 광정은 현재 정안면 소재지로서 동학군이 掎角之勢 형성을 위해 대교, 유구와 함께 '점거'
　　를 계획했던 곳이다. 유구(신상면 소재지)-광정(정안면 소재지)-대교(장기면 소재지)는 금
　　강 북안의 요충지로서 세 개의 요충을 연결하는 도로(대교-광정-마곡사길)가 당시에도 존
　　재했다.

113 活院=弓院과 광정의 순서가 바뀌었다. 덕평→광정→궁원→모로원이 맞는 노정이다. 활원
　　=화란은 '궁궁을을'과 관련이 있는 지명으로 궁원이라 불리기도 했다. 인근의 동막골(평정
　　리)은 1890년대 초반 공주 접주 윤상오(公州 要堂面 薪坪=섶뜰 거주)의 주선으로 최시형이
　　거주하며 포교 활동을 전개했던 곳이다. 궁원에서는 동학군의 부내 진입 전날인 8월 1일 대
　　규모 집회(도회)가 열리기도 했다.

114 금강진은 전막(점막)에서 공산성(충청 우영)으로 이어지는 나루로 관선이 드나들던 곳이
　　었다. 시목동에서 소학·효포·왕촌 등지로 향하는 호남대로상의 요충이었던 장기(깃)대나
　　루는 將旗臺라는 한자 뜻 그대로 將臺가 있고 깃발이 늘 걸려 있어서 그런 명칭이 붙었다고
　　한다. 『공주지명지』, 공주대학교 지역개발연구소, 1997.

115 무너미고개, 풋개(초포) 등은 『정감록』에도 등장하는 지명들이다. 무너미(水踰)고개로 물이
　　넘어가고 초포에 물이 들어오면 말세의 징후이니 빨리 심승지로 피난을 떠나야 한다고 했
　　다. 10월 12일부터 16일 사이 남접 동학군이 운집했던 곳도 '풋개(초포)'였다. 『동학사』; 『한
　　국의 근대와 공주사람들』; 『공주지명지』 등 참조

116 황화대는 충청도와 전라도의 경계에 위치한 누대(정자)로, 신구 전라감사가 업무를 인수인
　　계하며 符信을 주고받았던 곳이다. 우금티싸움 직후인 11월 15일 그곳에서 호남으로 퇴각
　　하던 동학군과 일본군 및 관군의 싸움이 벌어졌다.

까닭에 일찍부터 물길이 발달했다. 구한말 일본영사관 기록(『통상휘찬』, 각종 '복명서')에 따르면, 금강 발원지(전북 무주)부터 연기군 부강까지는 수심이 얕아 수운(水運)의 편리가 없지만, 부강(현재는 세종시)부터 강경까지는 선박(河舟)의 통행이 자유로워 주변 지역의 물산은 주로 이 수로를 따라 운출되었다.[117] 당시 공주에는 읍내장(개시일: 1일과 6일), 경천장(2일과 7일), 유구장과 대교장(3일과 8일), 동천장과 왕진장(4일과 9일), 광정장과 이인장(5일과 10일) 등이 섰는데, 공주 약령시는 대구 약령시 못지않게 전국에서도 알아주는 규모였다.[118]

1895년 현재 공주 부내(읍내)의 호수는 1,313호였는데, 부내 이역원(吏役員)의 숫자가 무려 8백여 명에 달했다는 기록으로 미루어 보면 부민의 대부분은 전현직 관리나 이역원, 그리고 상인과 노비들이었을 것으로 추정된다. 1894년 당시 공주는 다른 감영도시와 마찬가지로 '사족 중심의 향촌 지배질서'보다는 관료나 이향층을 매개로 한 '관치적(수령-이향) 지배질서'가 훨씬 더 강력했던 고을이었다.

이런 까닭에 공주는 1차 봉기 때도 호남 동학군을 탄압하는 일종의 전진기지 역할을 수행했다. 동학군이 전주를 점거했을 때 전라감사 김문현이 금영으로 피신했다거나, 양호순변사(兩湖巡邊使) 이원회(李元會)가 공주에 머물며 활동했다는 사실 등은 이를 보여주는 비근한 사례들이다.

> 공주(公州) 이하는 소식이 끊겼는데, 완백(完伯) 김문현(金文鉉)이 피신하여 본영
> (本營: 금영)까지 걸어왔습니다. 그가 전한 소식을 들으면, 공주 이하는 국가의 소유

---

117  인천 영사관의 1895년 5월 1일자 보고에 의하면, 당시 충남의 상업 중심지는 公州, 江景, 論山, 禮山, 屯浦 등이었다. 李憲昶, 「開港期 忠淸南道의 流通構造」, 安秉直·中村哲 共編著, 『近代朝鮮工業化의 硏究―1930~1945』, 일조각, 1993, 330~367쪽 참조.

118  朝鮮總督府, 『朝鮮의 市場經濟』, 1929, 85~86쪽.

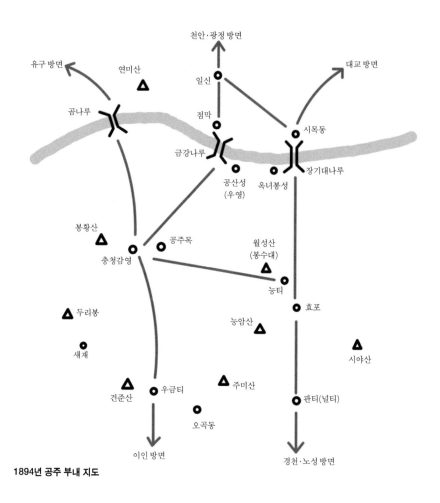

천안·광정 방면

유구 방면

연미산

대교 방면

일신

점막

곰나루

시목동

금강나루

장기대나루

공산성
(우영)

옥녀봉성

봉황산

공주목

월성산
(봉수대)

충청감영

능티

두리봉

능암산

효포

새재

시야산

견준산

우금티

주미산

판티(널티)

오곡동

이인 방면

경천·노성 방면

**1894년 공주 부내 지도**

가 아니라고 합니다. (…) 전주전국(全州電局)은 동학도의 소요로 통신을 할 수가 없으므로 금영에서 보부상패를 만들어 전주에 이르게 하고 전주에서 보발(步撥)로 교체하여 공주에 이르게 하여 전보통신을 하였습니다. ㅡ. 순변사는 내일 새벽 출병하여 은진으로 가서 그들의 앞길을 방어하겠다고 하였습니다.[119]

---

119   駐韓日本公使館記錄 1권 〉 ㅡ. 全羅民擾報告 宮闕內騷擾의 件 ㅡ〉(23) 6월 3일자 東學黨에

1894년 어셈블리 당시 삼례(전북) 이북 지역은 이삼 일 정도면 공주를 오갈 수 있는, 크게 보면 공주 시장권에 속한 지역이었다. 1894년 4월 23일(양력 5월 27일), 한 일본인(상인: 정탐)이 일본공사관 측에 올린 보고에 "매년 전라도 주변(북부—인용자) 사람들을 주요 대상으로 하여 공주장이 크게 열렸는데, 올해는 불행히 그 일대가 동학당의 근거지가 되어 지금 상황으로서는 어느 때 진정될지 알 수 없"다는 언급이 보인다.[120] 호남 포교가 한창이던 1890년대 초반 최시형은 공주에 머물며 호남 포교를 진두지휘했는데, 전봉준 등 남접집단의 주요 지도자들이 입교한 것도 이 무렵이었다.

## 2) 공주의 동학 교세와 공주도회

공주 점거투쟁 직전 시기 공주는 다른 어떤 도회지보다도 동학 교세가 막강했다. 1884년('癸未仲夏') 목천에서 경주개간본(慶州開刊本) 『동경대전(東經大全)』과 『용담유사(龍潭遺詞)』를 간행할 때 공주 접주 윤상오(尹相五)가 주도적인 역할을 담당하였다는 사실,[121] 그리고 1880년대 중후반부터 1890년대 초반까지 최시형이 공주의 신평, 가섭암, 마곡리, 궁원 등지를 자주 드나들었다는 사실[122] 등은 이를 보여주는 증거들이다. 특히 신평(薪坪: 석송리 섶뜰) 출신의 윤상오[123]는

관한 續報.

120　駐韓日本公使館記錄 1권 〉「二. 全羅民擾報告 宮闕內騷擾의 件 二」〉(5) 白木彦太郎의 書狀 寫本(京 第26號).

121　경주판 『동경대전』과 『용담유사』의 간행 과정에 대해서는 심암 표영삼 지음, 『동학 2. 해월의 고난 역정』, 통나무, 2005, 116~118쪽 참조.

122　위의 책, 118~123쪽 참조.

123　표영삼은 윤상오의 연고지인 '공주 신평'을 사곡면 신영리로 비정했으나(위의 책, 60쪽) 신평은 요당면 신평리이다. 「김낙봉이력」 참조. 후손(고손 윤좌인)의 증언에 따르면, 최시형(가족)이 일시 거주했던 곳은 그 인근의 평정리 동막골이었다고 한다. 릉院(活院) 즉 석송리

1881년 8월 입도한 이래(『대선생사적』, 397~398쪽) 최시형을 위해 물심양면의 지원을 아끼지 않은 인물이었다. 1891년 2월 최시형은 윤상오와 윤상호(사촌간)의 주선으로 근 1년여 동안 호남대로상의 요충인 신평에 거주하며 포교 활동을 벌였는데,[124] 호남 포교가 활발했던 것도 이 무렵이었다.[125] 최시형은 1891년 5월부터 6월경까지 윤상오와 남계천(南啓天)을 대동하고 직접 호남 지역을 순회하며 포덕 활동을 전개했다.[126]

　　1890년 7월 그믐 윤상오는 관에 체포된 장두재와 서장옥을 살리기 위해 최시형을 접견하기도 했는데, 이런 사실은 윤상오가 서장옥이나 장두재와도 밀접한 관련을 가지고 있었음을 시사한다. 장두재가 김덕명·김개남·손화중 앞으로 보낸 회장(廻章: 「甲午七月初九誼弟張斗在(張喜用)」)에서 "호남 곳곳에서 도회를

---

와 운궁리 일대는 1894년 어셈블리 때 동학군의 집회와 시위가 활발했던 곳인데 3·1운동 때도 헌병경찰의 발포로 사망자가 발생할 정도로 만세시위(특히 산상거화투쟁)가 활발했다.

124　"포덕 32년(1891년) 신묘 2월에 신사가 金城洞으로부터 公州郡 新平(薪坪의 오자―인용자) 里에 가시니 때에 遠近 道儒가 날로 나와 道를 묻더니 (…) 때에 호남도인 金永祚, 金洛喆, 金洛葑, 金洛三, 南啓天, 孫和仲 諸人이 신사께 來謁하거늘 (…)." 『천도교창건사』, 42쪽. 호남 도인(접주)들이 최시형을 만나보기(拜謁) 위해 자주 공주를 드나들었다는 사실은 부안 접주 김낙철의 회고자료에도 보인다. 金洛喆歷史 〉庚寅, 辛卯, 壬辰, 癸巳.

125　박맹수는 『공주와 동학농민혁명』에서 공주 신평을 "충청도와 전라도 지방의 동학 포덕을 위한 일종의 전진기지"라 비유한 바 있다. 앞의 『공주와 동학농민혁명』에 실려 있는 「공주와 동학농민혁명 관련 자료」, 57~114쪽; 「공주동학농민혁명연표」, 344~362쪽 참조.

126　1891년 5월 최시형은 호남 지역 포접 사이에서 갈등과 분쟁이 빈발하자 윤상오를 호남우도 편의장, 남계천을 호남좌도 편의장으로 임명하기도 했다. 표영삼, 앞의 책, 165~170쪽. 최시형이 남계천 등을 대동하고 금구, 태인, 원평, 전주 등지를 순회한 뒤 당시 가족들과 함께 기거하던 공주 동막으로 되돌아온 것은 1891년 7월 초순경이었다. 『대선생사적』; 표영삼, 앞의 책, 170~175쪽. 김낙철의 회고자료에 따르면, 1891년 7월경 최시형은 구암·장백원·장희용(장희재)·최덕기 등과 함께 윤상오의 소실댁에 기거하며 포교 활동을 벌였다고 한다. 金洛喆歷史 〉庚寅, 辛卯, 壬辰, 癸巳.

열어 금영을 점거한 뒤 운현궁의 명령을 기다렸다가 청병과 힘을 합쳐 거병(擧兵)하라"는 권유[127]가 눈에 띄지만, 공주 점거투쟁 시기 윤상오의 행적에 대한 기록은 거의 없다. 후손(고손)의 증언에 따르면 1894년 어셈블리 이후 윤상오와 그의 아들은 기독교에 귀의하였다고 한다.[128]

1894년 4월 11일경 정산 차현(車峴)에 사는 김영배(金英培)가 '금구·원평 취당'의 사통(私通)을 가지고 충청도로 향하다가 전주에서 포교들에게 체포되었다는 『양호초토등록』의 기록은 공주와 남접집단과의 관계를 보여주는 사례이다. 위 기록에 따르면 김영배는 금구·원평으로 오기 전에 경성을 출발하여 양성 소사평에서 10여 일간 머물렀다고 하는데,[129] 소사평은 평택과 안성 경계의 평야로 주변에 동학이 성한 곳이었다. 추측건대 김영배는 차령과 궁원을 거쳐 호남대로를 따라 금구로 향했을 것이다.

공주 점거투쟁 시기 가장 유력했던 공주 접주는 '달동(達洞)'[130] 출신의 장준환(張俊煥)이었다. 장준환은 '10월 25일 호남 비류가 패하여 돌아간 뒤' 다시 달동으로 돌아와 조직을 재건하고자 노력하다가 11월 3일 관군과 마을 장정들에

---

127 "法所來言則永無都會云 豈謂有義理耶 此亦運也 湖南處處都會時 借得兵器與軍馬俱備行裝 轉到錦營 留陣不輕上京 以待某兄之指揮 成功伏企伏企 弟等下來append言達雲峴宮 與淸兵合勢 盡滅倭賊云則快然而可也." 日本外務省外交史料館所藏文書 (1) 〉 韓國東學黨蜂起一件 〉 147) 1895. 9. 20. [東學黨會審顚末].

128 공주는 구한말 미북감리회의 선교기지(교회, 학교, 병원, 선교사 가옥과 묘지)가 존재했던 곳이다. 졸고, 「공주의 '청라언덕'과 미국인 선교사들」, 공주향토문화연구회 『웅진문화』 26집, 2013 참조. 신평 인근의 평정리(박수터)에는 한말부터 감리교회가 존재했다.

129 兩湖招討謄錄 〉 光緖二十年四月十二日 親軍壯衛營正領官兩湖招討使臣洪啓薰謹啓爲相考事. 김영배는 4월 11일 前營將 金始豊과 함께 '通賊' 혐의로 전주 풍남문 밖에서 효수(坐誅竝梟警)되었다. 梧下記聞 〉 首筆 〉 甲午四月.

130 「선봉진상순무사서부잡기」, 『국역총서 8』, '갑오년 11월 8일 첩보', 342~343쪽. 교단사 자료에 보이는 달동, 달원, 달울은 모두 정안면 쌍달리를 지칭한 것이라 여겨진다.

의해 체포된 뒤 '백성들이 품은 원한에 사례(謝禮)'한다는 취지로 진중(陣中)에서 효수되었다.[131] 경북(상주) 지역에 상당한 교세를 가졌던 상주 동학교 교주 김주희(金周熙, 1860~1944)[132]도 장준환과 마찬가지로 공주 달동 출신인데, 평정리(동막)와 쌍달리(달동?) 인근에 입지한 궁원(장원리 활원)은 공주 점거투쟁 직전 시기까지 임기준 집단이 자주 도회를 개최하던 곳이었다.

북접교단의 교조신원운동은 1892년 10월 공주도회[133]로부터 시작되었는데, 의송소(議訟所: 都所)는 청주 솔뫼에 위치한 손천민의 집에 설치되었고 의송의 주체는 '각도동학유생(各道東學儒生)'이었다. 이로 미루어 보면, 공주도회의 주역들은 서인주와 서병학, 손천민과 손병희 등 주로 청주권에서 활동한 인물들이었음을 알 수 있다.[134] 이처럼 호서 지역에서 먼저 교조신원운동이 전개된 것은 호서 지역의 교세가 막강했을 뿐만 아니라 1892년 1월 조병식이 충청감사로 부임하면서 동학교도에 대한 탄압이 극심해졌기 때문이었다.[135] 공주도회 이

---

131  『순무선봉진등록』, 11월 8일자 警報; 『국역총서 2』, 133~134쪽. "그의 집을 수색하니 깃발을 만들고 무기를 많이 모아놓았는데, 당장 수색해 온 것만 해도 총 3자루·환도(還刀) 1자루·창 13개 및 그 밖에 포를 설치할 때 작성한 각 문서입니다."

132  상주 東學教 측의 자료는 교주인 金周熙(1860~1944)의 신상을 소개할 때 그의 출생지를 '新上面(현재의 유구읍) 達洞'이라 기록했으나, 달동은 무성산을 끼고 있는 정안면 쌍달리일 가능성이 더 크다. 김주희가 1924년에 건축했다는 상주 동학교당은 현재 경상북도 민속문화재이다. 김일진·이호열, 「상주동학교 교당 건축에 관한 연구」, 『대한건축학회논문집』 통권 11호, 1987 참조.

133  교조신원운동에 대한 개괄적 정리로는 박찬승의 「동학교도들의 신원운동과 척왜양 운동」, 『근대이행기 민중운동의 사회사—동학농민전쟁·항조·활빈당』; 박맹수, 「동학의 포덕과 교조신원운동」, 『개벽의 꿈』 등을 참조할 것. 『본교역사』(『국역총서 11』 수록)는 공주에서의 첫 집회를 도회(設公州府都會)라 표현했다.

134  『일지』, 3~4쪽 참조. 하지만 의송의 주체는 '각도동학유생의송단자'라는 표현을 통해서도 확인할 수 있듯이 호서 동학도뿐만 아니라 호서와 호남을 포함하는 동학도들이었다.

135  1892년 1월 취임과 동시에 충청감사 조병식은 동학을 배척 탄압하는 금령을 내렸다. 조병

후 북접교단은 곧바로 삼례에서 도회를 개최했는데, 삼례가 도회처로 결정된 것은 공주와 가까울 뿐만 아니라 인근 지역에 동학도들이 많이 살았기 때문이었다. 공주와 삼례는 하룻길을 백 리(40km)라 치면 걸어서도 하루이틀이면 닿을 거리였는데, 전봉준, 김개남, 손화중, 김덕명 등 남접집단의 핵심인물들은 모두 금구 태인 등 호남 북부 지역 출신이다.

최시형이 북접주인(北接主人) 명의로 통문을 돌린 것은 1892년 10월 17일로, 명칭은 「입의통문(立義通文)」이었다.[136] 이런 사실은 북접교단 측이 교조신원 활동을 입의, 즉 의리를 바로 세우는 활동(擧義=倡義)으로 간주했음을 보여준다.[137] 최시형은 「입의통문」을 통해 도회 참여자들에게 "각각의 접주들은 '성덕신의(盛德信義)'한 지사(志士)로 도유(道儒=東道儒生)를 선별하여 통문이 도착하면 의송소에서 대기하라", "의송을 올릴 때는 의관을 정제하고 착란위법한 행위가 없어야 한다"고 지시했다. 이런 사실을 통해 확인할 수 있듯이, 공주도회는 단순한 의송이 아니라 1천여 명의 동도들이 금부 앞 장터에서 개최한 집회이자 시위, 즉 모이고 모아, 점거하고 담판하는 일종의 A/O 투쟁이었다.

충청감사 조병식은 의송을 접수한 뒤 10월 22일 "동학을 금하는 것은 조가(朝家)의 명령이므로 감영에 와서 호소할 일이 아니다"라는 답변을 내렸으나, 1천여 명의 동학도들이 금부 앞 장터에서 집회와 시위를 계속하자 24일 각 군현

---

식의 탐학행위는 「선무사가 조병식의 탐학을 조사하여 장계를 올림」, 『취어』, 『국역총서 1』, 55~60쪽에 자세하다.

**136** 「立義通文」, 『해월문집』; 박맹수, 앞의 책, 61쪽 재인용. 「입의통문」은 임금과 스승과 부모에게 의리를 지키는 것은 윤리의 큰 뿌리(君師父之義卽明倫之大經也)라 말하며, 師父伸寃之大義를 실천하는 교조신원은 '제자들의 당연한 의무(弟子當然之義)'임을 강조하였다.

**137** 『천도교서』(1920) 제2편 해월신사편에도 "今番 大義는 天地에 建議할지라도 不悖하고, 鬼神에 質問할지라도 無疑한지라"라는 언급이 보인다.

의 수재(守宰)들 앞으로 "동학을 금한다는 핑계로 토색을 일삼는 행위를 금지한다"는 내용의 감결을 하달했다. 『시문기』에 따르면 동학도들의 집회와 시위는 공주 장날인 10월 26일까지 계속된 것으로 보인다. 1894년 사건 당시 공주 장터(1, 6일장)는 금부 바로 앞 대통다리 인근에 입지해 있었다.

10월 26일 동학도 천여 명이 금영에 모여 동학을 행하라는 취지로(行其道之意) 감히 정소(呈訴)하자, 금백 조병식(趙秉式) 씨가 엄한 처분을 내려서 내쫓았다. 또한 금부 안에서 여사(旅舍)로 생업을 하는 백성 중 동도에게 밥을 파는 자는 모두 옥에 가두게 함으로써 먹을 길을 끊으니 동학도가 모두 해산하였다. (『시문기』, 1892년 10월 26일)

북접교단은 공주도회 결과에 고무되어 곧바로 삼례도회를 개최했다. 10월 27일 삼례도회소 명의의 경통(敬通)[138]에 따라 11월 2일 삼례에 집결한 수천 명의 동학교도들은 공주도회 때와 마찬가지로 삼례에 '완영도회소(完營都會所)'를 설치한 이후[139] 의송을 올렸고, 이에 대한 답변으로 감사는 제음(題音)을 내렸다.

"혹은 모이고 혹은 흩어지는 교인들의 회집(或聚或散教人之會集)은 임진년(1892) 7월부터 시작되어 갑오년"까지 지속되었다는[140] 『시천교종역사』의 서술

---

**138** 각 포접, 특히 최시형(丈席)이 동학도들에게 전하는 통문을 흔히 敬通이라 불렀다. 예를 들면 『조석헌역사』의 "丈席奉分付敬通文字"라는 표현 등이 그러하다.

**139** 『일지』관련 항목 참조. 完營(전주)을 대상으로 한 집회와 시위를 감영 소재지인 전주가 아니라 호서와 가까운 삼례에서 개최한 것은 호남 동학도가 삼례(호남 북부) 인근 지역에 많이 분포했을 뿐만 아니라 호서 동학도의 참여(원정)도 유념했기 때문이라 여겨진다.

**140** 『시천교종역사』, 第10章 爲師訟寃, 1892년 5월 5일자 기사. "是時全琫準, 金開南, 於湖南地方, 自領敎衆, 或聚或散, 敎人之會集, 始自壬辰七月, 延至于甲午也." 이 자료에 따르면, 보은 도회 이후 손화중은 무장, 김개남은 남원에 본포(本包)를 두었고 "전봉준은 교도들을 모아

은 호남만의 현상이 아니었다. 공주와 삼례 도회 이후 전국 각지에서 모여든 많은 동학도들은 귀가하지 않고 공주, 옥천, 황간, 서영(西營: 청주), 신도(新都) 등지에 둔취[141]하며 집회와 시위를 이어 나갔다.[142] 예를 들면, "보은 소뇨(騷鬧) 이후 비류가 치성한데 혹은 호남 취당이라고도 하고, 혹은 지례 삼도봉 아래 둔취해 있다고도 하고, 진주 덕산에 그 본거지가 있다고들 말하기도 한다"는 『고성총쇄록』의 기사,[143] 보은에서 물러난 교도들이 4월 중순경 다른 지방의 교도들과 합세한 후 경상도 언양 근처에 모여 '정부 요직에 있던 녕신(佞臣) 28명을 쓸어 없애고 이국안민(利國安民)하자'는 기치를 내걸고 집회를 개최하였다는 『대판조일신문』의 기사, 같은 해 7월 '동학도들이 충주에 회집하여 서울로 올라간다'는 소문이 있었다는 『속음청사』의 기사, 같은 해 9월경 "충청도에서 다시 동학교도들이 모여 5, 6백 명씩 혹은 1천여 명씩 취산하고" 있었다는 일본공사관 측이 보고[144] 등은 이를 보여주는 대표적인 사례들이다(「일지」 관련 기사 참조). 후술하겠으나 임기준, 안교선 등이 공주와 호서의 접주들을 모아 결당화를 시작한 것도 남접집단과 마찬가지로 임진년 말의 공주도회 무렵이 아니었을까 짐작된다.

---

전라도 금구 원평에 주재하였다"고 한다.

**141** 「대원군 효유문」, 황현의 『오하기문』 등 많은 기록들이 2차 봉기 시기 전국 각지에서 벌어진 동학군의 활동을 묘사할 때 蜂聚蟻屯, 혹은 蟻屯蜂聚라는 표현을 흔히 썼다. 〈한국사 DB〉 참조. 蜂起라는 말도 이와 유사한 의미를 가진 환유적 표현이다.

**142** 1893년 3월 20일 경성영사 스기무라 후카시(杉村濬)의 보고, 「(公信 제66호) 동학당 사건에 대한 충청도 공주 등의 지방 탐정서」, 『조선국 동학당 동정에 관한 제국공사관보고 일건』; 『공주와 동학농민혁명』, 348쪽 재인용.

**143** "自昨年報恩騷鬧之後 匪類漸熾 或云湖南聚黨 或云知禮三道峰下屯結 或云晉州德山窩窟 之說 在在狼藉." 固城府叢瑣錄〉甲午四月.

**144** 日本外務省外交史料館所藏文書 (1)〉韓國東學黨蜂起一件; 『일지』, 28쪽 재인용.

기존 연구들은 교조신원운동을 1894년 어셈블리의 '전 단계(前史)'로 간주하나, 이는 '남접·호남 중심 농민전쟁론' 탓이다. A/O 투쟁이라는 관점에서 보면 갑오년의 도회와 의거는 1892년 10월경부터 활성화된 교조신원운동, 특히 1893년 봄의 보은도회 때부터 본격화되었다고 보아야 한다. 1893년 봄의 보은 어셈블리(도회·의거)는 물리적 충돌만 없었을 뿐 1894년 시기의 여러 사건들과 그 성격과 의미가 크게 다르지 않았다. 교조신원운동의 전개 과정에서 활성화된 동학도들의 집회와 시위는 북접교단의 기대와 희망과는 별개로 사건과 사건, 우연과 필연의 연쇄와 중첩 과정에서 상당 규모의 무장 시위나 봉기로 발전할 가능성이 언제든지, 얼마든지 있었다. '요원의 들불'이라는 표현처럼 어찌 보면 누가, 어디서 먼저 불을 당기느냐만 남았을 뿐이었다.

## 2. 공주지역 동학군의 도회·의거 투쟁

### 1) 임기준 집단의 집회·시위 활동

무장기포(3월 21일) 일주일 전인 1894년 3월 14일 공주 궁원(弓院)에서 동학군 7백여 명이 도회를 개최한 이후, 같은 날 인근의 장기면 대교리에서 개최된 유회와 향약을 파훼했다.[145] 전라감사와 충청감사의 4월 3일자 전보[146]에 보이는 "진잠·연산·옥천 등지에 4, 5천 명이 '취당 둔취'해 있고, 공주 이인역에 4천여

---

**145** 李容珪, 『略史』 참조. 이복영의 『남유수록』은 이를 '弓院都會'라 호명했다. 南遊隨錄 〉日記 第十 〉甲午 七月. 후술하겠으나 임기준 집단이 자진해산할 때 弓院 接主는 李僅泰였고, 그가 이끄는 동학군(도)의 숫자는 무려 '2만 7천 명'이었다.

**146** 駐韓日本公使館記錄 1권 〉一. 全羅民擾報告 宮闕內騷擾의 件 一 〉(6) [東學黨에 대한 諸報告] 4월 3일(양력 5월 7일) 「전라감사의 전보」.

명의 동학군이 '성당(成黨) 취둔(聚屯)'해 있으니 '불시의 습격'에 대비해야 한다"
는 기록, 또는 충청감사의 1894년 4월 10일(양력 5월 14일)자 전보[147]의 "몇천 명의
동학도가 어젯밤 (회덕—인용자) 관정(官庭)으로 들어와 군기를 탈취해 갔다"거나,
"공주의 사오(沙塢)[148]와 감송(甘松=甘城)에서 취회한 이후 상하리와 회덕·선창 등
지에서 우리 군대를 격파하고 진잠으로 가려 한다"는 기록 등도 1차 봉기 무
렵 공주 인근 지역의 동학군 실태를 잘 보여준다. 이단석의 『시문기』에 따르면,
1894년 5월 무렵 공주 경내 수십여 곳에 포접 조직이 존재했는데 "큰 접은 천여
명이고, 작은 접 역시 3, 4백 명 이상"이었다.

　하지만 정부의 요청으로 청국군이 상륙하고 뒤이어 파병한 일본이 청일전
쟁을 일으키자 공주 지역 동학군도 호남 동학군과 마찬가지로 활동을 일시 중
단하였다. 6월 22일 성환 백석포에서 패주한 청국군의 일부는 27일 밤 공주에
도착하여 머물다가 다음 날 연기, 청주 방면으로 이동했다.[149] 청국군이 금강나
루에서 공주 영장이 지켜보는 가운데 프랑스 신부와 마부를 처형한 것도 이
무렵이었다.[150] 충청도 동학당이 '청장(淸將)의 교사·선동'에 따라 항일투쟁에

---

147　위와 같음 〉 (8) 東學黨에 관한 諸報告. 양력 5월 14일(음력 4월 10일)「전라감사의 전보」.

148　沙塢란 금강 모래뚝으로, 1894년 현재 公州 鳴灘面 大坪里, 즉 현재의 세종시 대평동 일대의
　　모래뚝(高沙洞)을 지칭하는 듯하다.

149　『금번집략』,「일록」, 1894년 6월 27일; 『금번집략』,「별계」, 1894년 6월 28일, 6월 29일 참조. 6
　　월 27일 亥時(오후 10시 무렵)에 공주에 도착한 청국군은 대진은 읍내에 주둔시키고, 통령
　　섭사성과 강자강은 부병들을 거느리고 공주 광정(차령) 고개를 지켰다. 청국군은 다음 날
　　辰時 연기, 청주 방면으로 떠났다.

150　Jozeau 신부 살해사건으로 말미암아 청국 정부는 프랑스 측(유족과 뮈텔 주교가 이끄는 조
　　선주재 선교회)에 막대한 보상금을 지불했다. 이에 대한 자세한 소개는 『충남동학농민혁명
　　사』, 214~216쪽 참조.

나서기 시작했다는 일본공사관 측의 첩보[151]는 당시 민중들이 자신들의 희망과 기대를 담아 꾸며낸 '그럴듯한 풍설'일 뿐이었다. 오지영의 『동학사(초고본)』에도 '청국군 패잔병 일부가 동학군과 합세했다'는 기록(「청국 패잔병이 동학에 투합」)[152]이 보이나, 이 또한 소문일 뿐이었다.

잠잠했던 공주 지역 동학군의 활동은 갑오변란 직후부터 다시 활기를 띠었다. 당시 공주와 그 인근 지역의 동학군 실태는 『금번집략』과 『홍양기사』, 특히 이용규의 『약사』, 이단석의 『시문기』, 이복영의 『남유수록』, 최덕기의 『갑오기사』 등에 자세하다. 이를 토대로 7월 3일부터 8월 23일경까지 공주 지역에서 일어난 각종 사건들을 날짜별, 사건별로 열거하면 아래와 같다.[153] 아래의 자료에 보이는 공주 부내와 금강가(금강진, 장기진), 그리고 이인(반송), 대교, 궁원, 정산의 평촌·광암, 부여의 건평·삼기(갈산) 등은 모두 공주 점거투쟁 시기에도 동학군의 활동이 활발했던 곳이다.

7월 3일 이인역에서 동학배들이 작뇨(作鬧)하였다. (『금번집략』); 7월 초5일 이인 반송의 동학접이 의병을 칭하며 백미 2백 섬, 말 2필, 총 3자루를 이단석에게 요구했으나 그의 아들이 금영에서 이인 대접주 임기준을 만나고 난 뒤 욕을 당하는 일이 없었다. (『시문기』, 『국역총서 6』, 6~8쪽); 7월 6일 충청감사가 이인역에서 소란을 피운

---

151  "忠淸道의 東學黨은 올해 봄 일단 진정된 뒤 우리 군대가 牙山을 공격하는 것을 전후해서 淸將의 교사·선동을 받아 다시 일어난 것으로 전해 들었습니다." 駐韓日本公使館記錄 5권 〉四.機密諸方往 一〉(8) 忠淸道 東學黨에 관한 彙報(機密第189號 本112).

152  "淸國 敗殘兵 五百名은 轟士成의 引率下에 論山 大本營에 드러와 附合하기를 哀願하엿섯다. (…) 그 情狀이 可矜하고, 또는 來者는 不拒라, 밧아드림이 可타하야 軍中에 收容케 한 것이다." 『동학사(초고본)』.

153  일기 형식 자료의 날짜는 사건이 발생한 날이 아닐 수도 있으나 정확한 확인이 어려우므로 일기에 표기된 날짜를 사건이 발생한 날로 표기하였다.

동학배를 효유했다. (『금번집략』)

7월 초6일 (…) 동학배가 대교에 무리를 불러 모았다. (『略史』); 공주의 대교, 공수원(정산), 반송 등지에서 인근 지역의 농민군 천여 명이 취회하여 '위국위민(爲國爲民)'의 슬로건을 앞세우며 돈과 곡식을 모아들였다. (『금번집략』)

7월 12일 "도인이라 칭하는 자들이 보국안민 척화거의를 주장하며 공주(우성면) 동천점에 둔취"하였다. (『홍양기사』)

7월 24일 "동비가 초경(初更)쯤에 총을 쏘고 나팔을 불며 대교로 들어와 둔취작폐(屯聚作弊)하여 인근에 폐해가 이르지 않은 곳이 없었다. (『약사』); 7월 25일 "동비가 와서 쌀 5섬을 요구해서 할 수 없이 1섬을 줄 수밖에 없었는데, 대교 포접이 가지고 갔다." (『약사』); 7월 28일 "동비가 또 깃발을 세우고 총을 쏘며 나팔을 불어 대교에 모였다(聚于大橋). 또 흑정(黑停)에 모였다가 화약 20근을 요구하자 부득이 엽전 10냥을 대교 포접에 주었다. (『약사』)

7월 29일 "이날 동비가 궁원에서 대규모로 모였다." (『略史』); 8월 1일 정안면(광정, 궁원)에 만여 명의 동학군이 둔취했다.[154]; 같은 날 '전주 사람 이도사(李都事) 유상(裕尙)'과 장신(將臣) 봉의(鳳儀)의 종질 이영해가 공주 건평에서 유회를 개최하였다. (『남유수록』)

8월 2일 "전날 궁원도회와 건평유회를 각기 주최한 이들(=애국적 사민士民들의 항일의려)이 함께 공주 부내로 진입하여 충청감영에 민소(民訴)와 유장(儒狀)을 합사(合辭)하여 제출하였다. (『금번집략』; 후술 참조)

8월 4일 도인 7백 명이 공주에서 정산 평촌(역촌리)을 거쳐 광암(정산, 너럭바위)으

---

154   『남유수록』 1894년 7월 28일자 일기를 보면, 부여 대방면포의 동학도들도 깃발을 만들어서 弓院(현재 정안면 운궁리와 장원리 지역) 都會에 참여했음을 알 수 있다. 『국역총서 4』, 246쪽.

로 진출하였다. (『갑오기사』)

8월 초7일 "김용규포가 또다시 와서 돈 90냥을 요구하였다. 동비가 대교에서 물러나 평안해져 돌아갔다. 동비가 잠시 해산했는데, 서병학(徐丙鶴)이 와서 유시했기 때문이"다. (『약사』); 8월 11일 "이날 저녁 삼기 갈산(공주 갈산리, 지금은 세종시)의 동비 30명이 와서 족제 치삼(致三)을 찾았는데 만약 찾아내지 않으면 내가 같이 가야 한다고 협박하였다." (『약사』)

8월 19일 "동학배 수천 명이 금강 근처에 모여 또다시 감영으로 진입하려 하자(屯聚於錦江近處 而將入營下云云) 충청감사는 감영과 공주목에서 이끌고 있는 군졸과 부민 내의 동민들을 동원하여 밤새 막아서 지키도록(故營府帶率軍卒及營下各洞民, 幷調發, 終夜防守)"하였다. (『금번집략』)

8월 20~23일 동학군의 부내 진입을 방비하기 위해 군졸과 동민을 동원하여 계속 "동학배들을 막아 지키게(防守東學輩)"하였다. (『금번집략』)


공주 지역의 동학군 활동은 7월 초순경부터 본격화되었다. 이를 주도한 것은 안교선을 도접주, 임기준과 홍재길을 수접주로 한 이른바 임기준 집단[155]이었다. 당시 임기준 집단은 자신들의 집회와 시위를 척화거의(斥和擧義)라 칭하며 민회소를 설치하고 군물을 모으는 등 활발한 활동을 벌였다. 7월 12일자 『홍양기사』에 따르면, 홍건이 길을 가다 동천점 인근 산 중턱에 병풍과 장막을 치고 둔취한 동학도들에게 "들어보니 바로 보국안민 척화거의라고 하는데 그러한가"하고 질문하였더니 "그렇다"라고 답했다고 한다.[156] 이런 사실은 공주 지

---

155   이 집단의 대표인물은 임기준이었으므로 이 책에서는 이들 집단을 임기준 집단이라 호명했다.

156   『홍양기사』, 7월 12일자 기사; 『국역총서 4』, 59~60쪽.

역의 경우 갑오변란 직후부터 척화거의가 본격화되었음을 시사한다. 사정이 이러하자 충청감사는 여러 차례 '이인민회소' 등에 전령을 내렸다. 앞서 언급했듯이 핵심 내용은 '너희들(汝矣衆民等)'의 위국효충지의(爲國效忠之義)는 충분히 이해하나 "만일 경솔하게 앞질러서 취당(聚黨)한다면 백성들이 불안해지고 백성들이 불안해 하면 나라가 더욱 위험해"진다는 것, 조정에서 매일 모여 대책을 마련하고 있으니 '가만히 있으라', '조용히 기다리라'는 것이었다. 갑오정권이 7월 9일 정경원을 호서선무사로 임명하여 공주(호서)로 급파한 것도 임기준 집단을 선무하기 위해서였다.[157]

공주 지역 동학군은 8월 1일 궁원도회 이후 8월 초2일 공주 부내에 진입했다가 다음 날 자진해서 물러났으나, 이후에도 흩어지지 않고 금강변 등에 머물다가 8월 19일 또다시 금강나루 근처에 모여 감영 진입을 시도한 것으로 보인다. 그러자 충청감사 이헌영은 그날부터 8월 23일경까지 "감영과 공주목의 군졸과 군영 아래 사는 각 동민들을 불러 모아 여러 곳(고개와 나루—인용자)으로 보내 밤새 막아서 지키도록 하였다."[158] 8월 20일부터 23일까지의 '일록(日錄)'에는 아무 설명없이 "또 동학배들을 막아서 지키게 하였다"는 기록만 보이나, 궁원도회에 모였던 동학군은 흩어지지 않고 포접별로 금강변에 둔취하며 집회와 시위를 지속했던 것으로 보인다. 당시 임기준과 이유상 등이 이끄는 1만여 명의 동학군과 유회군이 공주 부내로 직접 진입했음에도 불구하고 곧바로 관아 점거를 시도하지 않는 것은, 갑오변란 직후부터 항일의려 형성에 적극적이었던

---

**157** "방금 들으니 이인역(利仁驛)에 동학도가 매우 많이 모였다고 합니다. 협판내무부사(協辦內務府事) 정경원(鄭敬源)을 호서선무사(湖西宣撫使)로 차하하여 당일로 내려 보내고, 타이르는 말씀을 선포하여 모두 다 각기 깨닫고 각각 돌아가 생업에 안착하게 하소서" 하니, 윤허한다고 전교하였다. 『승정원일기』; 사료 고종시대사 18 〉 1894년(고종 31년) 7월 9일.

**158** 『금번집략』, 8월 19일자 「日錄」; 『국역총서 4』, 13쪽.

부여 성겁평 민씨 세력, 혹은 노성 윤씨가 등 공주 인근 지역 척사유생들이 충청감사와 선무사의 회유 활동 등으로 말미암아 태도를 바꾸었기 때문일 것이다(후술 참조).

부여 민씨 세력과 임기준·이유상 집단의 관계는 이복영의 『남유수록』을 통해 그 실상을 어느 정도 짐작할 수 있다. 가령 "동학도가 자주 '(부여) 중리'를 침입하여 민참의(閔參議) 어른이 이인도회소에 가서 소 1마리와 돈 100금을 내주었다"는 대목, 또는 "본 읍의 동학접주인 이석보가 가속장터에 들렀는데 민도사(閔都事) 경효(敬孝)가 나가서 몸소 맞이하여 윗자리에 예우하였다"는 대목 등은 이를 보여주는 사례들이다.[159] 후술하겠으나 부여 성겁평에 거주하던 민영준은 시종(侍從) 혹은 도사(都事) 출신인 이유상[160]을 부여로 불러들였을 뿐만 아니라 임기준 집단(右瞥之英豪)과 연대한 가운데 척화거의를 준비하고 있었던 것으로 보인다. 부여 중리는 부여의 대표적인 여흥 민씨 집성촌인데, 이들 세력은 일본군이 평양에서 승전하자 다른 민씨 세력과 마찬가지로 거의 계획을 스스로 포기한 듯하다. 위 자료에 따르면 8월 1일 궁원도회가 열렸을 때 부여와 정산 지역 동학도들도 동리 단위로 '깃발'을 앞세우고 도회에 참여했으나,[161]

---

159 『남유수록』; 『국역총서 4』, 236쪽.

160 앞의 「구완희 일지」에 따르면 이유상은 "沃溝 軍校의 아들로서 일찍이 保負商의 무리에 투신하였다가 智勇과 劍術이 뛰어나 明火黨을 만들고 또 전봉준의 심복이 되어 宋某와 더불어 서로 협력"하였다고 한다. 구완희의 말처럼 이유상이 보부상 출신으로 명화적 활동을 했을 수도 있으나, 이 글에서는 『남유수록』(前都事)이나 『판결문』(前侍從)의 내용을 더 중시했다. 위 자료에서 구완희가 "건평에 있는 李裕尙에게 말을 전하여 꼭 만나자고 했더니 (…) 새벽에 包中 70여 명이 군기를 가지고 행장을 꾸려 (완남 방면으로) 도주하였다"는 대목은 구완희와 이유상이 서로 아는 사이였음을 시사한다.

161 "7월 28일 (왕진 조진사댁을 방문했더니) 오른쪽 행랑채 아래에 3~4명의 아낙네들이 염색을 하거나 바느질을 하고 있는 것을 보고 어찌하여 바느질을 하는지 물었더니, '이 마을 포에서 깃발을 만들어 弓院都會에 나아가려고 한다'라고 하였다." 『남유수록』; 『국역총서 4』,

건평유회집단은 내분으로 말미암아 금영 점거투쟁에는 소수만이 참여했던 것 같다.

갑오변란 직후부터 공주와 그 인근 지역 동학군과 척사유생들은 수시로 민회와 유회를 개최했을 뿐만 아니라 집회와 시위를 지속하거나 도회의 결의를 실천하기 위해 민회소(=都所)나 유회소, 또는 창의소·대의소(大義所)·의병소 등을 설치했다.[162] 8월 2일 공주 부내로 진입한 동학군은 '호서창의소' 명의의 유장(儒狀)과 민소(民訴)를 제기했는데, 이런 활동은 전주성 점거 시기 '호남 유생' 명의의 정소 활동[163]과 큰 차이가 없었다. 『금번집략』은 동학군(=東徒)의 부내 진입 사실을 다음과 같이 기록하였다.

8월 초1일 동도(東徒) 만여 명이 공주 정안면 궁원에 다시 모였다(도회를 개최했다—인용자)는 말을 듣고 깜짝 놀라지 않을 수 없었습니다. 그래서 공주목사와 그의 부하들을 그들이 모여 있는 곳으로 보내, "왜 모여 시끄럽게 하는가(聚會作鬧之由)"

---

246쪽.

**162** 후술할 공주, 부여, 홍산 지역 사례 참조. 서천 지역의 사례이기는 하나 『갑오기사』 가운데 "1894년 7월 14일 도인 1만여 명이 본읍(서천읍)에서 도회를 열어 서천의 김찬여를 죽였다", "9월 30일 (동학군이—인용자) 오늘밤 윤동접의 도회가 있으니, 한 명도 빠지지 말고 윤동으로 가자고 말했다", "10월 초10일 도인 만여 명이 진을 치는 것을 익힌 후 서천 길산으로 간다고 하고 도회에 대하여 운운하였다", "10월 15일 대접주인 이종필이 새장터(新場)에서 도인 수천 명을 이끌고 임천읍에서 열릴 도회로 가려 했다"는 대목 등도 이를 보여주는 증거들이다. 『갑오기사』, 『국역총서 6』, 1894년 9월 30일 및 10월 10일자 기사 참조.

**163** 5월 4일 남접 지도부가 濟衆生等義所(=濟衆義所; 일종의 大都所) 명의로 초토사 홍계훈에게 이른바 「彼徒訴志」를 올린 것, 다음 날 在營會中諸生等 명의로 전라감사 감학진에게 일종의 폐정개혁(安民約條 체결)을 요구하는 文狀을 올린 것, 5월 11일, 17일, 18일 전봉준이 순변사 이원회에게 호남 민중들의 여러 요구를 담은 「全羅道儒生等原情」, 「湖南會生等上書」, 「湖南會生等狀」 등을 제출한 것 등은 모두 完營을 대상으로 한 등소 활동이었다. 『일지』 참조.

라고 물었더니 그들이 답하기를 "(A) 우리들은 이미 창의를 하였으며, 이번 모임은 충청감영과 본부에 남기를 원하여 이렇게 한 것입니다" 하고 답하였습니다. 드디어 8월 초2일에는 깃발을 잡거나 창과 칼을 지니고 본부 안으로 들어와 길에 가득 찼으며, 마을을 소란스럽게 하였기에, 그들 무리 중 두령인 임기준을 불러서 꾸짖고 깨우쳐 주면서, (B) "너희들은 전후로 내린 윤칙(綸飭)을 지키지 않고, 갑자기 창의라고 하여 무리를 믿고서 폐단을 일으켰으니, 이는 복종하지 않는 것이다(輒曰倡義, 而恃黨作弊, 是梗化也) (…) 즉각 퇴산하고 각기 자기의 일로 돌아가도록(各安其業) 하라"고 타일렀더니, 그들도 또한 그렇게 하겠다고 하였습니다. 그들이 본부에 남아서 머물고자 한 것에 대해서는 "(C) 저희들은 이미 유장(儒狀)이 있을 뿐만 아니라 민소도 이에 부합한 것이니(정부도 허여한 것이니—인용자) 말은 같은 것입니다"라고 하였습니다. (D) 8월 초3일에 이르러 그들은 조금씩 흩어져 공주에서 10여 리 혹은 20 내지 30리 떨어진 곳에 각자 모였습니다(各自屯聚是白如乎).[164]

(A)는 임기준 집단이 자신들의 집회 시위를 창의라 칭했을 뿐만 아니라 투쟁 목표가 감영 점거임을 분명히 밝힌 뒤 공주 진입을 시도했다는 사실, (B)는 충청감사가 임금이 이들의 창의(의거)를 패거라 규정하는 윤칙을 내렸다는 점을 강조하며 해산을 권유하자 이를 따랐다는 사실, (C)는 공주에서 물러나면서 '유장과 민소를 제기하는 행위'는 정부도 허용한 합법적인 행위라는 점을 강조했다는 사실, (D)는 하룻밤을 공주 부내에서 지새운 뒤 다음 날부터 뿔뿔이 흩어지지 않고 서서히 공주를 빠져나가 포접별로 각지에 둔취했다는 사실 등을

---

**164** 『금번집략』 8월 초5일자 別啓; 『국역총서 4』, 32~33쪽. 당시 부내를 점거한 동학군은 총포가 아니라 창·칼과 깃발만 소지했던 것으로 보인다. 이런 사실은 당시 공주 동학군이 감영에 '儒狀(民狀)'을 올리기 위한 일종의 '무장시위대', 그들의 표현대로 하면 '倡義軍'이었음을 시사한다.

보여준다. 사정이 이러하자 선무사 정경원은 "충청도 관찰사와 판관을 유임시켜주기를 원한다고 해놓고 창을 들고 총을 쏘며 대오를 지어 길을 막는 것은 전에 들어보지 못한 '해괴한 짓'"이라는 내용의 장계를 '묘당(의정부)'에 올렸다. 그에 대하여 묘당은 "해당 비류들에 대해서는 줄곧 은혜로 위무만 할 수는 없으며 위엄을 보여서 그들이 두려워 움츠러들도록 해야" 하지만, "해산할 기미가 조금 보인다면 전적으로 위엄으로만 복종시키려 해서는 안"된다는 의견을 올려 고종의 윤허와 비답을 받았다.[165]

임기준 집단이 관찰사와 판관의 유임을 주청한 것은 충경대도소(忠慶=嶺湖大都所)가 진주에서 대규모 집회를 개최한 뒤 경상우병사의 유임을 청하는 민소를 제기하려 한 것과 거의 동일한 의미를 가지는 청원, 즉 소지(발괄), 등장, 단자, 원정, 상서 등의 민장을 제출하는 행위였다. 충경대도소는 9월 10일경 「영우의 각읍 각촌에 사는 대소민에게(嶺右各邑各村大小士民等處)」라는 방문을 진주성에 게시했는데, 핵심 내용은 왜적들이 침범하고 있으니 복수(復讐)로 국가에 보답하자는 것, '왜인과의 약조'에 따라 선임된 신임 병사를 반대한다는 것 등이었다.[166]

### 2) '안민약조(安民約條)'의 체결과 자진해산

임기준은 서장옥, 전봉준, 김개남 등과 더불어 대원군 밀사들이 접촉한 유력한 동학군 지도자였으나 '귀화'했다는 이유로 다른 인물들에 비해 큰 주목을

---

165 「계초존안」; 『국역총서 7』, 345쪽.

166 駐韓日本公使館記錄 1권 〉四. 東學黨에 關한 件 附巡査派遣의 件 一〉(21) [東學黨의 檄文通報 및 情報通知 요청](양력 1894년 10월 22일=음력 9월 24일: 南部兵站監 伊藤祐義→臨時代理公使 杉村濬). 위의 보고에는 진주 인근에서 발견된 3건의 榜文과 私通이 첨부되어 있다. 후술 참조.

받지 못했다. 하지만 「동학당장(東學黨狀)」이라는 제목의 일본 신문 기사는 당시 유력한 동학군 지도자(首領)로서 호남의 전녹두(전봉준)와 손하중(손화중), 그리고 호서의 최시형과 '임기준(任箕準)' 등을 손꼽았는데,[167] 임기준은 '충청감사도 어찌지 못할 정도로 세력이 막강한 인물'이었다는 것이다.[168] 『일성록』(고종 31년 10월 12일)은 임기준을 '전직 사과(前司果: 五衛의 正六品 軍職)'였다고 기록하고 있으나, 그가 어떤 인물인지(특히 入道 시기와 淵源 관계), 대원군 세력(밀사 장두재, 박동진, 박세강)과는 어떤 관계였는지 등을 보여주는 자료는 거의 없다. 이용규의 『약사』는 "호서의 경우 최명기(崔明基)·강채서(姜采西)·박화춘(朴和春)이 유성에서 일어나 남의 무덤을 파고 남의 재화를 빼앗았다"는 서술에 뒤이어 "임기준은 궁원에서 일어났다(任基準起于弓院)"고 기술했는데, 이런 대목은 공주의 임기준이 유성의 최명기, 회덕의 강건회(박운리 강채서?), 문의의 오일상 등과 거의 동일한 시기에 활동한 접주였음을 시사한다.

임기준 집단과 호서 지역 동학군 지도자의 면면을 살필 때 먼저 주목해야 할 자료는 「충청도동학당거괴인명록(巨魁人名錄)」이다.[169] [표 1]에 정리한 34

---

167 「(十一月十二日 仁川 靑山好惠) 東學黨狀」, 『東京朝日新聞』 1894. 11. 21. 이 신문은 忠淸監司 朴齊純이 '○○○(대원군)의 腹心 朴準陽(朴齊純의 從弟)'을 매개로 東學黨과 내통했다는 혐의를 받고 있다는 사실까지 기사화하였다.

168 任箕準は公州に住し勢力強く忠淸監司 朴齊純の如きは之れを如何ともする能はずと云ふ. 『大阪朝日新聞』) 明治27年 11月 21日.

169 駐韓日本公使館記錄 1권〉五. 東學黨에 關한 件 附巡査派遣의 件 二〉(26) [忠淸道東學黨巨魁人名錄]. 위와 거의 동일한 인명부가 『주한일본공사관기록 2권』 [二. 京城釜山仁川元山 機密來信〉(16) 東學黨 鎭撫 件에 관한 具申](양력 1894년 10월 1일=음력 9월 3일: 在釜山 總領事 室田義文→特命全權公使 大鳥圭介)에 첨부되어 있는 '忠州兵站司令官 福富孝元'의 특별보고(1894년 양력 9월 24일=음력 8월 25일 오후 충주 병참사령부에서), 그리고 日本外務省外交史料館所藏文書 (1)〉韓國東學黨蜂起一件〉89)〈東學黨動靜拉討伐ニ付在忠州兵站部ヨリノ報告〉(양력 1894년 10월 1일)에도 실려 있다. 〈표 1〉은 3개의 자료를 종합

**[표 1] 호서 지역 집강망(執綱望) 명부(各所 亂黨首領 姓名)**

| 순서 | 지역 | 집강 이름 | 순서 | 지역 | 집강 이름 |
|---|---|---|---|---|---|
| 1 | 공주 | 張俊煥 | 18 | 홍산 | 金泰運 |
| 2 | 연기 | 崔鳴基 | 19 | 목천 | 金瀅植 |
| 3 | 전의 | 任基俊(任瑩俊)* | 20 | 평택 | 金鏞吉(金鏞音) |
| 4 | 은진 | 廉相元 | 21 | 덕산 | 朴龍緒(朴龍結) |
| 5 | 진잠 | 宋錫榮(宋錫宗) | 22 | 청양 | 兪鎭憂 |
| 6 | 서산 | 李昌九 | 23 | 단양 | 成斗漢 |
| 7 | 홍주 | 金永弼 | 24 | (청풍) | 金先達* |
| 8 | 결성 | 千大哲 | 25 | 충주 | 申在蓮 |
| 9 | 서천 | 秋鏞成(林鏞聲) | 26 | 괴산 | 洪在吉 |
| 10 | 연산 | 林泳采(林泳來) | 27 | 문의 | 吳一相, 朴桐瑩(朴相基) |
| 11 | 면천 | 李花三 | 28 | 회덕 | 金福天, 姜建會 |
| 12 | 한산 | 金忠善(金若善) | 29 | 회인 | 姜永奭, 朴聖煥(朴聖模) |
| 13 | 아산 | 安敎善 | 30 | 보은 | 黃河一, 任局鎬 |
| 14 | 온양 | 方化鏞 | 31 | 청산 | 朴泰鎔(朴泰玄), 金璟潤 |
| 15 | 예산 | 朴德七 | 32 | 옥천 | 朴錫球, 李權容(李龍容) |
| 16 | 남포 | 金禹卿 | 33 | 영동 | 孫仁澤, 崔天植 |
| 17 | 부여 | 李鐘弼 | 34 | 황간 | 趙在壁 |

* 任基俊(任瑩俊)「忠淸道 東學黨 巨魁人名錄 (執綱望)」에는 전의집강의 이름이 任基俊, 그리고 「東學黨 鎭撫 件에 관한 具申」에는 전의집강이 任瑩俊으로 표기되어 있다. 『약사』에서 "任基準은 弓院에서 일어났다. 3월에 대교에 진입하여 유회(儒會)와 향약(鄕約)을 파괴하였다"라는 대목으로 미루어 볼 때, 임기준은 금강 북안의 궁원과 대교를 포함하여 전의 지역까지 세력 기반을 확장한 것으로 보인다.
* 金先達 [東學黨動靜竝討伐ニ付在忠州兵站部ヨリノ報告]에만 보인다. 다른 보고에는 이름이 명확하지 않아 생략한 것 같다.


명의 집강망은 조선왕조 시기 천망(天望: 三望) 제도와 마찬가지로 선무사와 충청감사가 수집한 정보에 기초하여 만든 일종의 집강 후보자 명단이라 여겨진다.[170] 7월 9일 삼남 선무사로 임명된 정경원은 곧바로 공주로 내려와 호서의

---

한 것이다.

170 위 특별보고는 '執綱(望)'이라는 용어 옆에 "우리나라에서 首領 또는 棟梁이라고 부르는 것

주요 지도자(各接中統攝之人)를 중심으로 이른바 집강 후보자를 선정함과 동시에,[171] 공주와 홍주 등지를 순회하며 호서 동학군을 효유하는 활동을 전개했다. 정경원은 "7월 15일 공주에 도착하여 열읍에 관문을 보내고, 충청감사 박제순(이헌영?)과 상의하여 고식책으로 비괴 최시형에게 각 읍에 있는 그 무리들 가운데서 선별하여 집강의 직임에 차정하고 그로 하여금 그 무리 가운데 행패를 부리는 자들을 금찰하게 하"라는 지시를 내렸다.[172] 이때 차정된 34개(청풍 포함) 지역의 집강 후보자는 [표 1]과 같다. 집강이 차정되지 않은 지역은 호서 54주 가운데 해미, 비인, 보령, 대흥, 정산, 석성, 천안, 노성, 당진, 태안, 임천, 신창(이상 현재의 충남), 영춘, 직산, 제천, 진천, 음성(현재의 충북) 등 18개 지역으로, 유력한 접주가 없었거나 정확히 파악되지 않았기 때문이라 여겨진다. 두 개의 명부에는 동일인의 이름이 다르게 표기된 경우가 종종 보인다. 괄호 안의 인명은 이명(異名)

---

과 같다"는 해설을 달아놓았다. 호서의 집강(소)도 전주화약 이후 호남 각 군현에 설치된 집강(소)과 그 기능과 역할이 크게 다르지 않았을 것이다.

**171** 호서 선무사 정경원(鄭敬源)은 7월 15일경 충청감사 이헌영의 정탐자료에 근거하여 각 접중 이른바 '統攝之人'으로 '執綱望' 명단을 작성하였다고 한다. 『홍양기사』 7월 20일. 그러나 북접교단과의 협의를 거친 명부인지는 알 수 없다. 『홍양기사』 「各官」에는 "각 읍(邑)의 각 접(接) 중에서 통괄하여 일을 맡은 자(各接中統攝之人)는 營門에서 이미 자세히 탐지하여 다만 명령을 펴는 뜻으로 집강이란 이름을 차정하여(差定執綱名色) 그들로 하여금 그들 무리들을 금지하고 타이르게 하였으므로, 해당 접 가운데서 만일 전과 같이 죄를 범하는 경우는 집강의 책임을 면하기 어려울 것이다"라는 기사가 보인다.

**172** 『홍양기사』 1894년 7월 20일조는 이 사실을 아래와 같이 기록하였다. "조정에서 선무사(宣撫使) 정경원(鄭敬源)을 파견하여 호서(湖西) 지역을 돌면서 비도(匪徒)를 잘 타일러 귀화하게 하였다. 선무사의 행차가 (15일) 공주에 도착하여 여러 고을에 관문(關文)을 보내왔다. 바로 순사(巡使) 박제순(朴齊純)과 상의하여 임시방편의 정사로 비괴(匪魁) 최시형(崔時衡: 衡은 亨의 오기)으로 하여금 여러 고을에 있는 그들의 무리 중에서 뽑아 집강(執綱)의 직임을 주어 그들 중에 패악을 저지르는 자를 살피게 하였다. 이에 그 직임을 받은 자는 도리어 그것을 빙자하여 권력으로 여기고 더욱 교만해져 날뛰었다."

이거나 오기라 여겨진다. 아래의 '집강망' 명부에 보이는 아산 안교선, 전의 임기준, 괴산 홍재길 등은 대원군 효유문이 발표되자 9월 9일경 박제순에게 '호서창의소제생등' 명의로 9월 모일자의 상서(「湖西倡義所諸生等上書」)를 올린 주체이고, 공주 장준환, 연기 최명기(유성), 회덕 강건회, 문의 오일상 등도 공주 점거 투쟁과 밀접한 관련을 가진 접주들이다.

북접교단은 8월경 11개조의 통유문을 내려 보내 금석지전(金石之典)으로 삼으라 지시했다(『시천교종역사』, 「갑오교액」). 이 또한 집강제 실시(집강 임명)와 관련한 지시였다고 판단된다. 8월 24일 정경원은 동학군 지도자들을 체포하기 위해 파견된 충주병참사령관에게, 자신이 잘 타일러 진무할 터이니 무력으로 동학군을 체포하지 말아달라고 요청하면서 '공주와 전의에서 2, 3만 명의 동학군을 무사히 해산시켰'는 사실을 강조했다.[173] 이는 임기준(전의집강) 집단에 대한 언급이라 여겨진다. 앞서도 강조했듯이, 정경원이 황산도소의 중심인물인 이종훈(편의장)과 이용구(편의사)를 면담한 것도 이 무렵이었다고 판단된다. 호서 지역 집강(소)의 구성과 운영 실태를 보여주는 자료는 별로 없으나 「금산 피화록」의 '김기조와 조동현이 (금산)집강소의 책임자로 활동하였'는 기록, 충주 일대에서 홍재길 등과 같이 활동한 '신재련이 자신을 오읍별집강(吾邑別執綱)이라고 자칭하였'는 기록, 충청감사가 집강으로서 소임을 다하지 않은 영동집

---

173 "公州와 全義 같은 데서는 그 黨이 소집한 수가 2만 내지 3만 명에 이르지만, 내가 그 수령을 효유·설득하여 무사히 해산시킬 수 있었다." 정경원은 충주병참사령관에게 조선 정부가 동학당의 재기를 방지하기 위해 위무(회유) 위주의 정책을 펼치고 있고, 또 일본군이 동학 지도자들을 체포하는 경우 다시 봉기가 일어날지도 모르니 군사 활동을 자제(연기?)해달라고 요청했다. 駐韓日本公使館記錄 2권〉二. 京城·釜山·仁川·元山機密來信〉(16)[東學黨 鎭撫 件에 관한 具申](양력 10월 1일=음력 9월 3일, 在釜山 總領事 室田義文→特命全權公使 大鳥圭介). 이용구가 편의사 직함을 가지고 정경원을 면회한 것(후술 참조), 일본군이 정경원에게 집강망 명부를 입수한 것 등도 모두 이 무렵이었던 것으로 보인다.

강 손인택을 문책했다는 기록[174] 등은 호남 지역과 마찬가지로 호서 지역에서도 각 군현 단위로 집강이 차정되어 치안유지와 관민상화 활동을 벌이고 있었음을 시사한다.

이단석의 『시문기』(1894년 7월 5일)도 임기준의 신상과 관련하여 시사하는 바가 많다. 예를 들면, 7월 초5일경 이인 반송의 동학접이 이단석 가(家)에 '백미 2백 석, 말 2필, 총 3자루를 배정했으니 반송접으로 가져오라'는 내용의 사통(私通)을 보내자, 이단석이 직접 반송접에 들어가 40여 명의 두령과 접주 김필수(金弼洙)를 만났다고 한다. 그러자 그 소식을 들은 이단석의 아들이 금영에 머물러 있다가 곧바로 부내에서 '이인 대접주 임기준'을 만났으며, 그때 이단석의 아들(肯石)이 임기준에게 그 사실을 말하자 동학군에게 "더 이상 침책(侵責)이나 당한 일이 없었다"는 것이다. 이런 내용은 임기준이 이인 대접주로 당시 공주 부내에 머물며 활동하고 있었다는 사실, 또는 그가 관아의 관리들은 물론이고 공주의 유력한 유생들과도 상당한 친분 관계를 가지고 있었다는 사실 등을 보여준다. 7월 6일 이단석이 반송접에 들러 거의한 뜻을 묻자 반송접 사람들이 척양척왜의 뜻을 밝혔고, 그러자 이단석이 "의리가 그와 같다면 누가 공경히 따르지 않겠소"라고 발언했다는 대목을 액면 그대로 받아들이면, 항일의 방법(계책)만 그럴듯하다면 요구하는 '군자(軍資)를 더 내줄 수도 있다', '함께할 수도 있다'는 뜻으로도 읽힌다. 하지만 이단석의 결론은 "척왜는 명분에 불과한 것(斥倭之名 本是假托)이고 본질은 약탈(掠奪)이므로 토벌해야 한다"는 것이었다. 이

---

174  충청감사가 영동집강에게 "본읍(영동)에서 보고한 바를 보니 천여 명의 徒黨이 인가에 돌입하여 사람을 구타하고 재물을 빼앗아 聚散이 無常하다. 너희들(執綱)이 유의하여 금단하였다면 어찌 이 지경에 이르렀겠는가?"라고 힐난했다는 사실은 호서 지역의 집강(소)도 호남 각읍에 설치된 집강(소)과 마찬가지로 官民相和의 매개기구 역할을 수행했음을 시사한다. 『금번집략』, 『국역총서 4』, 57쪽.

용규의 『약사』에 보이는 아래와 같은 세평(총평)도 짧기는 하나 흥미롭다. (A)는 공주 점거투쟁 직전 시기 호서와 공주 지역 동학군의 구성과 활동, (B)는 공주 대전평 사건[175]에 대한 충청감사의 미온적 태도, (C)는 전봉준 집단의 효포 점거투쟁, (D)는 유성접주 최명기 등이 주도한 대교 점거투쟁 실상 등을 잘 보여 준다.

(A) 호서의 경우 최명기, 강채서, 박화춘이 유성에서 일어나 남의 무덤을 파고 남의 재화를 빼앗았다. 임기준은 궁원에서 일어났다. 3월에 대교에 진입하여 유회와 향약을 파괴하였다. (…) (B) 공주의 대전 등지에서 청주 관군 60명을 살해했지만, 감사 조병호(박제순?—인용자)는 귀화시키겠다는 말만 하고 한 마디도 저들을 처치하겠다는 말이 없었다. 저들 역시 '감사는 우리 편의 사람이니 누가 감히 우리를 엿보겠는가'라고 하였다. 마침내 동학의 무리가 아득히 넓고 하늘까지 이르는 형세에 이르렀다. (C) 10월 20일쯤 전봉준이 전주에서 올라와서 효포에 이르렀다. (D) 최명기는 유성에서 들어와 대교를 점거하니 하루아침에 우리 큰집과 작은집의 가산이 모두 탕진되었다. 24일 안성군수 홍운섭이 대교의 적을 격파하여 패주시켰다. (『약사』, 『국역총서 6』, 57~58쪽)

---

**175** 대전평은 당시 공주목 관할 구역이었다. 10월 3일 73명의 청주 영병이 몰살당한 이른바 대전평(한밭) 사건에 대해서는 김양식, 「청주병영의 동학농민군 진압과 모충사」, 『동학학보』 제43호, 2017 참조. 위 사건은 대전(공주 회덕 경계와 유성, 특히 박운리) 지역에서 기포한 농민군(회덕접주 강건회)이 주도했다. 『시천교종역사』는 이 사건을 "강건회(姜建會)가 청주의 병사 75명과 더불어 공주(公州)의 태전(太田)에서 교전하였는데, 그 쪽 군대의 살아남은 자는 겨우 6명뿐이었다"고 기술했으나(시천교종역사 〉 갑오교액) 이 사건은 교전사건이 아니라 9월 24일에 있었던 청주 학살(행진 대열을 향한 청주 영병들의 집단발포)에 대한 보복이었을 뿐이다. 公州 大田坪 作變 匪類 李千岳 等 七漢 및 接司 金應九 등은 공주 점거투쟁 이후 곧바로 체포되어 효수되었다(大會軍民梟示警衆). 『승정원일기』; 사료 고종시대사 18 〉 1894년(고종 31년) 12월 6일 〉 忠淸兵使 李長會의 狀啓.

임기준 집단의 구성과 규모를 보여주는 가장 흥미로운 자료는 임기준 집단이 '갑오 9월 모일' 작성하여 9월 9일 박제순에게 올렸다는 「호서창의소제생등상서(東學黨 巨魁의 上書)」[176]이다. 핵심 내용은, 자신들은 선왕의 법과 예를 따르는 백성들이나 근래에 간신(奸臣)들이 절권(竊權)하고 장관(贓官)이 곡법(曲法)하여 백성을 수탈하고 있다, 경(經)에 이르기를 민유방본(民維邦本) 본고방녕(本固邦寧)이라 했는데, 백성들이 미증유의 참상을 겪고 있으니 어찌 나라가 안녕하겠는가, "충군보국의 뜻에 의거하여 군측지악(君側之惡)을 제거하고 민간지적(民間之賊)을 참수하고자 거의한 뒤 호미를 펴서 무기를 만들고 현자(賢者)들을 받아들여, 암혈삽혈위심(岩穴歃血爲心)한 자가 십만에 이른다", 그런 차에 일본군이 야밤에 도성을 습격하고 백주에 군부(君父)를 핍박함으로 사람들이 눈물을 뿌리며 위국손생(爲國捐生) 원욕일사(願欲一死)하려 했다, 하지만 "대원군의 유시를 보고 그 뜻을 충분히 이해했고, 또 순상합하 박제순의 면유문식(面喩文飭)에 권민·석민(眷民·惜民)하는 마음이 담겨 있다 여겨져 순상합하와 안민약조(安民約條)를 체결하고, 대원군의 하유분부(下喩分付)에 따라 각귀기전(各歸其田) 공수학업(共修學業)하기로 (결의)했다는 것 등이다.

그동안의 연구들은 임기준 집단이 자진해산한 사실을 단순히 배도귀화(背道歸化)[177]라 이해하는 경우가 많았다. 하지만 이들 집단이 박제순과 안민약조를

---

176 日本外務省外交史料館所藏文書(1) 〉 韓國東學黨蜂起一件 〉 115) 大院君東學黨ヲ說喩ノ件[大院君ノ說喩ニ對スル東學黨巨魁ノ上書](1894년 10월 11일=음력 9월 13일). 위 문건 (湖西倡義所諸生等謹齋沐上書)은 대원군 효유문과 함께 「東學文書」에 수록되어 있는데 (東學文書 〉 興宣大院君 曉諭東學徒文), 작성일은 9월 某日, 박제순이 이를 받은 것은 9월 9일이다. 위 답서의 서두에서 "難得者 衆人之心 難奪者 匹夫之志(公議)也"라고 한 대목은 동학군의 포고나 고시 등에도 자주 확인되는 일종의 관용구였다.

177 東匪討論 〉 甲午十二月初十日 牒兼使; 甲午海營匪擾顚末 〉 甲午十月; 巡撫先鋒陣謄錄 〉 巡撫先鋒陣謄錄 第二 〉 甲午十一月初五日 등 참조. 양호순무영 측의 기록에 '背道'라는 용

맺었다는 사실[178]은 1차 봉기 시기 '전주화약'처럼 양측이 정치담판이나 협상을 통해 모종의 약조를 체결했음을 시사한다. 위의 상서를 올릴 때, 혹은 그 이후 어떤 약조를 체결했는지는 알 수 없으나, 임기준 집단의 상서, 즉 귀전수학(歸田·修學) 선언은 남접집단이 전주화약을 체결하고 자진해산한 것과 유사한 선택이자 결정이었을 수도 있다. 농민전쟁론의 관점에서 보면 위의 상서는 일종의 '항복' 선언문에 불과하나, 19세기 후반의 도회·의거 문화에 기초해보면 이는 일종의 대의포고이자 정치담판(협상)과 타협을 제안하는 글일 수도 있다.

위 문서에는 도접주 안교선(아산 출신 대접주),[179] 대접주 임기준(전의집강),[180] 홍재길(괴산집강)[181] 외에 이유상을 포함한 18명의 접주 명단과 각접 소속의 동학군

---

어가 자주 보인다. 배도는 곧 귀화였으므로 이는 배도귀화의 줄임말이나 마찬가지다.

**178** "自今日初定安民約條 後依興宣大院君下喩分付 各歸其田共修學業 更待朝廷處分."「大院君ノ說喩ニ對スル東學黨巨魁ノ上書」.

**179** '湖中의 거괴 9인 중에 한 명'으로 기록될 만큼 세력이 컸던 안교선은 비적 괴수 명목으로 성재식, 최재호와 함께 순무영에서 효수되었다.『일지』, 255쪽. 이들의 머리는 서소문 밖 시장 나무기둥에 1주일 이상 매달려 있었다고 한다. W. R. 칼스 저, 신복룡 옮김,『조선풍물지』, 집문당, 1999, 217~218쪽; 김기란,『극장국가 대한제국—대한제국 만들기 프로젝트와 문화적 퍼포먼스』, 현실문화, 2020, 292~295쪽 재인용.

**180** 1895년 5월 재판 당시 임기준(44세)과 홍재길(40세)의 주소지는 공주였다.「동학당판결선고서」,『국역총서 12』, 217~219쪽. 두 사람은 공주 점거투쟁 시기 박제순을 보좌한 것으로 보이나, 자세한 내용은 알 수 없다. 전의현감 이교승의 보고에 따르면 전의 지역에 비류가 포를 설치한 곳은 13곳인데, 그 가운데 5곳이 기포하여 행패를 부리고 소란을 일으켰다고 한다.『갑오군정실기 9』,『신국역총서 8』, 162쪽. 하지만 이런 사건들과 임기준(전의집강)의 관련성은 알 수 없다.

**181** 『천도교회사(초고)』에 의하면 洪在吉은 辛載淵과 함께 충주 접주로서 광주의 이종훈, 황산의 이용구, 충주 홍재길, 안성의 任命準, 鄭璟洙 등과 함께 황산도회(도소)의 주역으로 활동했다. 표영삼,「손병희 통령과 동학혁명」, 출처: http://www.chondogyo.or.kr/donghak6.html. 황산도회의 정황은 권병덕「갑오동학란」,『국역총서 13』, 114~116쪽에도 보인다. 홍재길(공주 사곡면 連中里 거주)은 1895년 재판 당시 40세(농업)였는데, 증거가 분명치 않다는 이유로

(교도?) 숫자가 명기되어 있는데, 공주 인근의 정산(지동=건지동, 광암), 전의, 연기, 부여(건평, 죽헌) 등지의 6개 접을 제외하면 나머지는 모두 공주에 소재한 접들이다.[182]

도접주 안교선(아산집강), 대접주 임기준(전의집강), 홍재길(괴산집강)

이인(利仁)접주 유필로(柳弼魯) 솔(率) 1만 2천 인, 지동(芝東, 芝洞)[183]접주 김기창(金基昌) 3만 4천 인, 건평(乾坪)[184]접주 이유상(李裕尙) 2만 3천 인, 반송(盤松)접주 김상우(金商祐) 2만 인, 광암(廣岩)[185] 접주 장재갑(張在甲) 7천 인, 공주(公州)접주 고창규(高昌圭) 5천 2백 인, 궁원(弓院)접주 이동태(李僮泰) 2만 7천 인, 와룡(臥龍)접주 김수창(金秀昌) 9천 인, 선근(善根)접주 김덕원(金德源) 3천 인, 덕지(德芝)접주 남익원(南翊源) 2천 5

---

무죄 판결을 받았다. 「제8호 판결선고서원본」, 『동학관련판결선고서』, 『국역총서 12』, 219쪽. 배도귀화한 공로를 인정받았기 때문이라 여겨진다. 천안의병이 連宗里와 山幕里에 들어와 洪在吉과 石昌植을 체포하려다 실패했다는 기사도 보인다. 「소지등서책」, 「선유방문병동도상서소지등서」; 『국역총서 10』, 441쪽.

182 『신구대조 전조선도부군면리동명칭일람』, 『공주지명지』 참조. 논란의 여지가 있는 경우를 제외하면 일일이 전거를 밝히지는 않았다.

183 芝東은 芝洞의 오자이다. 정산군 목면 건지동은 1914년 군면폐합 시기 공주군 우성면 '漁川里'(공주-정산 경계 마을)로 편입되었다. 『신구대조 전조선도부군면리동명칭일람』, 200쪽.

184 건평은 부여 초촌면 추양리 내의 자연촌락이다. 추양리는 1914년 군면폐합 시기 초촌면 응양리, 건평리, 내연리가 합쳐져 만들어진 행정동리이다. 『신구대조 조선전도부군면리동명칭일람』, 224쪽 참조. 『선봉진상순무사서부잡기』, '갑오 11월 8일 첩보', 『국역총서 8』, 345쪽에 '盤松'과 '乾坪'이 이인에서 10리 거리라는 언급이 있는데, 지리적으로 볼 때도 위 기록과 정확히 일치한다. 李裕尙(본명 李裕馨)이 자신을 '공주 유생(公州倡義所 義將)'이라 표현한 것은 건평이 공주권에 속한 마을이었기 때문이다. 그러나 공주 중동골 출신 유생 이철영은 「甲午東亂錄」에서 건평을 부여라 기록했다. 『국역총서 6』, 73쪽.

185 광암은 정산 너럭바위이다. "날씨가 매우 맑았다. 해질 무렵 도인 700명이 공주(公州)에서 와서 광암(廣岩)[정산(定山) 넙적바위]으로 들어가려는 것을 서서 보았다. 포를 쏘자 사람의 그림자가 흩어졌다. 평촌에서 잠을 잤다." 『갑오기사』, 8월 초4일.

백 인, 죽헌(竹軒)접주 지동익(池東益) 3천 8백 인, 수촌(水村)접주 이상긍(李象肯) 6천 8

백 인, 광정(廣程)접주 이용석(李龍錫) 만 2천 인, 영천(靈川)접주 함정호(咸廷鎬) 2만 1천

인, 부전(浮田)[186] 접주 임헌무(任憲武) 6천 4백 인, 전의(全義)접주 권재중(權在仲) 1만 9

천 인, 연기(燕岐)접주 최익성(崔翼成) 1만 2천 인, 용막(龍幕)접주 김창신(金昌信) 1만 4

천 인

과장된 숫자일 터이나, 공주목 관내 12개 접의 전체 교도(동학군) 숫자는 13
만 9천 9백 명, 그리고 나머지 부여·정산·연기·전의 지역의 9만 8천 8백 명을 합
하면 임기준 집단의 조직 규모는 무려 23만 8천 7백 명이다.

공주에서 동학세가 가장 강한 지역은 금강 이남의 이인 주변 마을들인데,
이인을 비롯하여 선근(이인면)·반송(계룡면)·덕지(탄천면), 그리고 노성의 용(수)막,
부여의 건평·죽헌, 정산의 건지동·광암 등은 크게 보면 이인권에 속한 접이었
다. 공주 1차 A/O 투쟁 시기 건평접주 이유상과 김기창이 이끄는 동학군이 이
인 지역에서 활동한 것, 2차 투쟁 시기 북접 동학군이 이인을 교두보 삼아 공주
공략(攻城戰)을 시도한 것 등은 그만큼 이인권의 동학교세가 강력했기 때문이
었다. 지동접주 김기창(3만 4천 명), 궁원접주 이동태(2만 7천 명), 건평접주 이유상(2
만 3천 명)은 가장 세력이 컸던 접주들인데, 김기창과 이유상은 배도귀화하지 않
고 북접교단 혹은 전봉준 등과 협력하며 공주 점거투쟁을 수행했다.[187] 지동접

---

186 부전동(뜬밭)은 공주의 무성산 남쪽 자락 긴 골짜기에 입지한 12개 마을을 아우르던 명칭이
   다. 부전동의 주요 성씨는 풍천 임씨(豊川 任氏)·평산 신씨(平山 申氏)·만경 노씨(萬頃 盧
   氏) 등이다. 임선빈, 「조선 후기 동계조직과 촌락사회 변화—공주 부전대동계를 중심으로」,
   『동방학지』 80, 1993 참조.

187 「先鋒陣上巡撫使書附雜記」, 『국역총서 8』, 345쪽. 앞서 소개했듯이, 김기창이 이끌던 건지
   동(정산) 동학군의 실태는 『우선봉일기』를 통해서도 확인할 수 있다. 지동접주 김기창은 공
   주 2차 투쟁 시기 자신의 아들로 하여금 통문을 돌리게 하여 정산 미륵당에 수천 명의 동학

주 김기창은 호서선무사였던 정경원이 8월 6일 홍주(호우=내포) 지역에서 효유할 때도 유력한 접주 중 한 명으로 호출되었는데,[188] 이로 미루어 보면 그는 내포권에도 상당한 연고(緣故)가 있었던 인물로 추정된다. 공주 점거투쟁 직후에 체포된 김기창은 충청감영과 일본군의 방조 속에서 이인 지역의 보부상 집단에 의해 사사로이 처형된 것으로 보인다.[189]

이인권 다음으로 궁원을 포함하여 인근의 광정(정안면)·수촌(의당면)·와룡(의당면 청룡리)·영천(우성면 한천리)·부전(우성면 뜬밭) 등 금강 북안에 입지한 접들도 세력이 만만치 않았다. 궁원 인근 지역의 신리(섶뜰), 동막골, 달동 등은 최시형이 직접 거주하며 '호남 포교의 전진기지' 역할을 수행한 곳이었으므로 강력한 교세를 자랑했다. 이런 까닭에 궁원접주 이동태는 임기준 집단의 접주들 가운데 두 번째로 많은 동학군을 이끌었던 것으로 보인다. 궁원 지역은 달동접주 장준환이 활동하던 지역인데, 위의 답서에 그의 이름이 보이지 않는 것으로 보아 임기준 집단과는 거리가 있는 북접계 지도자였던 것 같다. 하지만 금강 북안 지역은 일찍부터 일본군과 관군의 세력권 내에 들어 있었으므로 이인권 지역처럼 활발한 활동이 벌어지지는 않았다.

1880년대 중후반 정안 섶뜰 출신의 윤상오(호)가 목천접과 밀접한 관련을 가지고 있었듯이, 임기준 집단도 아산접주 안교선 등을 매개로 온양, 대흥, 신

---

군을 모을 수 있었다고 한다.

**188** 『홍양기사』, 『국역총서 4』, 67쪽. 김기창에 대한 언급은 이외에 『홍양기사』 11월 초3일조, 札移電存案〉乙未三月初七日條, 앞의 「東學黨 征討略記」 등에도 보인다.

**189** 總理大臣 김홍집이 "貴官은 忠淸道監司에게 命하여 金基昌을 체포하도록 했고, 監司가 그를 체포했었는데도, 그 체포된 자에게 私感을 갖고 있는 褓負商 등을 시켜 그를 죽이게 했다고 하는 電報가 있었다. 귀관은 그를 잡으라는 명령을 내린 적이 있는가"라고 질문하자, 미나미 대대장은 구구한 설명을 생략하고 짧게 "그렇다. 金基昌은 匪徒의 수령이다. 만약 잡기만 하면 斬殺해 마땅한 자이다"라고 답했다. 「東學黨 征討略記」.

창 등지까지 세력을 확장한 것으로 보인다. 예를 들면 "배도(背道)를 했다는 이유로 1894년 8월 11일 '이인 동도'에게 곤장을 맞아 거의 죽다 살아났다"는 온양 호장의 진술,[190] 그리고 부여 두접주(頭接主)가 접솔(接率) 2명을 보내 돈을 내라 독촉했다는 기사에서 보이는 "접솔(接率) 두 사람은 성씨(成氏)와 조씨(趙氏)로 모두 대흥과 신창 사람이었다"[191]는 기록 등은 이를 보여주는 증거들이다. 임기준이 전의집강으로 차정되었듯이, 임기준 집단은 궁원권의 접들을 매개로 연기와 전의 등 금강 이북의 군현에도 상당한 영향력을 행사한 것으로 보인다. 공주 점거투쟁 시기 각종 사료에 자주 등장하는 이인(노성 방면), 경천(논산 방면), 그리고 대교(연기·청주 방면), 광정(천안·서울 방면), 유구(온양·예산 방면) 등은 공주에서 주변 군현으로 통하는 금강 남안과 북안의 요충지였다. 1894년 어셈블리 당시 공주 동부의 감성, 박운, 유성 지역에도 강건회, 최명기 등이 이끄는 동학군이 존재했는데 이들 집단은 임기준 집단과는 달리 북접교단, 특히 청주·회덕 지역의 동학군과 밀접한 관련을 가지고 있었다. 10월 3일에 발생한 이른바 대전평 참사를 주도한 것, 10월 24일 대교싸움(도회)을 이끈 것도 이들 집단이었다. 이들 집단은 두 차례의 공주 점거투쟁 시기 구치·보치를 통해 계룡산을 넘은 뒤 공주 동쪽 능선과 계룡산 방면에서 맹활약을 펼쳤다(후술 참조).

---

**190** 1894년 10월 24일자 「온양 군수 첩보」, 『선봉진정보첩』, 『국역총서 8』, 46쪽 참조. 이들은 문초 과정에서 "겉으로는 동학이라 칭하며 겨우 동학의 작폐를 면하였으나, 속으로는 동도를 원수로 여겼습니다. 저희들이 전후로 읍촌에 아무런 폐해를 끼치지 않은 것은 모두들 아는 사실입니다. 9월 초에 약간 비도의 왕래가 뜸했기 때문에 저희들이 모두 동학을 배반하고 다시 防護策을 정한 것은 모두들 통촉한 사실이니, 밝게 조사 논보하여 중죄를 면할 수 있게 해주시기를 원합니다"라고 말했다. 동일한 내용이 『순무선봉진등록』, 10월 26일자, 『국역총서 2』, 81~83쪽에도 보인다.

**191** 『남유수록』, 1894년 10월 초4일자 기사.

### 3) 대원군 밀지설과 임기준 집단의 연관성

임기준 집단은 9월 9일 자진해산을 선언하면서 자신들의 규모를 23만 8천 7백 명(공주 13만 9천 9백 명)이라 과장했다. 왜 그랬을까? 단순히 위세를 과시하고 자랑하기 위해서였을까? 이런 의문에 대한 답을 구하려면 당연히 임기준 집단과 대원군 밀지설의 연관성을 주목해야 한다. 아래의 인용은 임기준 집단이 대원군(이준용)의 밀사들과 밀접한 관계를 유지하고 있었음을 보여주는 유력한 증거이다.

> [선무사 정경원을 수행하던 박동진이] "나는 실은 선무가 아니라 동학도를 불러 모으고 있다. 대원군의 명령에 따라 나는 공주에 머무르면서 임기준·서장옥과 더불어 일을 도모하고 박세강은 전주에 가서 전봉준·송희옥과 더불어 일을 도모하여 현재 몇 십만 명이 모였다"고 하였다. 이(李) 대감(이준용?—인용자)[192]의 서찰이 있으면 내놓으라고 독촉하였더니 이를 내보이는데 과연 그것은 대원군(이준용?—인용자)의 필적으로 수십만 인을 동원하여 며칠 안에 올려 보내라는 말이 있었다. 박은 이와 정에게 30만을 오는 21, 22일부터 5, 6일간 동원하여 다음 달 초순 입성(入城)한다는 뜻으로 답하였다고 하였다.[193]

일본공사관에서 위와 같은 진술을 한 인물은 "비적의 무리와 밀통하여 그

---

192  대원군을 '李大監'이라 호칭했을 가능성은 거의 없다고 판단된다. 이는 물론이고 아랫줄의 대원군도 이준용의 오기임이 분명하다. 앞서도 강조했듯이, 이준용을 앞세운 쿠데타 사건은 사실이라 여겨지나, 대원군이 쿠데타 계획이나 이면 밀지 사건 등에 직접 관여(지휘)했다는 증거는 없다.

193  앞의 「동학당 사건 회심전말」에 수록된 「李秉輝가 제출한 始末書」, 「1894년 11월 4일 法務衙門에서의 李秉輝 調査筆記 拔抄」 참조.

곳에서 남몰래 난을 선동하였다"는 혐의로 체포된 이병휘인데, 그는 취조 과정에서 "선무사의 종사관으로 활동하며 암약한 박동진이 자신에게 '공주로 내려가 동학당을 어느 정도 모을 수 있을 것인지 조사해 오라고 지시했다"거나, '동학도 수십만 명을 이끌고 상경하라'는 지시가 담긴 이준용(參判)의 친필 서신을 자신에게 직접 보여주었다고 진술했다. 뿐만 아니라 이병휘는 박동진이 8월 17일 자신의 동생 편으로 "전날 하명하신 대로 30여만 명을 인솔하여 25, 26일 중에 올라갈" 계획이므로 "그 전에 일본군이 움직이면 쉽지 않을 수 있으니, 상세한 사정을 통지해주시기 바란다"는 내용의 서신을 이준용에게 올렸다고 진술했다.[194] 이병휘의 진술을 액면 그대로 받아들이면, 박동진은 임기준을 만나 이준용의 뜻대로 '30여만 명을 인솔하여 25, 26일 중에 상경하라'고 지시했을 가능성이 충분하다. 이병휘는 서면 진술을 통해 '전해 들은' 쿠데타 계획의 대강을 밝혔다. 그 핵심 내용은 보은도회 때도 이준용이 동학군을 활용하여 쿠데타 계획을 실행에 옮기고자 했으나, 모인 숫자가 적고 또 무장도 갖추지 않아 포기했다는 것, 때를 기다리던 중 갑오변란 이후 대원군 섭정 체제가 시작되자 대원군의 묵인하에 쿠데타 계획을 실천했다는 것, 쿠데타 세력은 구병입경한 몇십만의 동학군을 활용하여 아래와 같은 계획을 실천하고자 했다는 것 등이다. 이병휘의 서면 진술서(시말서)에 보이는 쿠데타 모의 세력의 동학군 활용 계획은 아래와 같았다.

---

194 개국 504년(1895) 4월 19일 특별법원은 이준용에게 종신유배형을 판결하면서, 그 증거로 ① 이준용의 자백과 ② 이준용이 증인 서병선에게 보낸 편지, ③ 이준용이 입감 중에 순검의 수첩에 쓴 글씨와 해당 순검이 바친 공초, ④ 정인덕과 피고 허엽의 편지 4통, ⑤ 이병휘의 공초 등을 제시했다. 「(이준용, 박준양, 이태용 등 23명에 대한) 재판선고서」, 「동학당판결선고서」, 『국역총서 12』, 212~217쪽.

정인덕이 말하기를, 일부는 서울 근방에 배치하고 일부는 경성(京城)으로 들여보내 종로에서 도회(都會)를 열어 만인소청(萬人疏廳)을 설치하고(鄭曰 一邊屯札于近畿 一邊流入于京城 都會于鍾 路設萬人疏廳) 전일 써놓은 서찰을 정부에 투여하여 각국 공관에 조회하게 한다. 그러면 한두 사람이 꾸민 일이 아니고 수십만 인이 함께 하는 일이고, 또 외국에 해가 되는 것도 아니니 외국이 무슨 말을 하겠는가. 그리고는 드디어 통위영·용호영·총어영·호분위를 파견하여 궁궐을 파수하게 하고 곧 대중을 지휘하여 들어가 주상을 상왕(上王)으로 받들고 중전과 왕세자를 폐하며 이준용을 맞이하여 보위(寶位)에 나아가게 한다. 그리고 개화당을 모두 죽이면 이것이 자주적인 정치일 것이다. 그리고 비밀리에 특사를 파견하여 청국에 알리는 것은 다만 후일의 시비를 방지하는 것 뿐이다.

위의 인용에 따르면 동학군 지도부가 수행해야 할 역할은 수십만의 동학군을 입경시켜 종로에 만인소청을 설치한 뒤 시위를 지속하며 쿠데타를 지지하고 응원하는 것이었다. 위의 진술에 따르면 전봉준도 나성산을 매개로 쿠데타 세력과 연계하고 있었고, 이용구도 '운현궁집 사람 나성산'(『동학사(초고본)』)의 추천으로 만인소청의 소두를 자청하는 등, 쿠데타 계획과 일정한 관련성을 가지고 있었다. 이는 남접집단은 물론이고 황산도소(이종훈·이용구 세력)[195]를 기반으로 하여 활동한 손병희 등 북접 동학군도 쿠데타 주도 세력과 모종의 관계를 가지고 있었음을 시사한다. 오오토리 특명전권공사가 무쓰 외무대신에게 보낸 보고에도 "지난 8월 20일경 신정부에서 선무사 정경원을 충청도에 파견했을 때 대원군은 전 정부 때부터 수감되어 있던 동학도 2명을 석방하고 이

---

195 신영우, 「북접 농민군의 충주 황산 집결과 괴산전투」, 2010에 이른바 황산 집결군의 활약상이 자세히 정리되어 있다.

들에게 관직을 주어서 동학당 설유(說諭)를 위해 정 선무사에게 부속시켰던 바, 요사이 들리는 말에 의하면 그 두 사람은 오히려 동학도를 선동해서 경성으로 향하도록 계획을 꾸미고 있는 것 같다고 전해 들었습니다"[196]라는 언급이 보이는데, 사실 여부를 정확히 확인하기는 어려우나 이 또한 이종훈(편의장)과 이용구(편의사)가 선무사 정경원을 만났기 때문에 만들어진 소문이라 여겨진다. 권병덕의 「갑오동학난」에 따르면, 8월 말경 황산도소의 중심인물인 "동학두령 이종훈·이용구 등이 포군 오백여 명을 이끌고 충주 사창리에 주둔한 호서선유사 정경원에게 편지를 보내 '면회담판(面會談判)'을 시도했다"고 한다.

둘다 경기도 출신인 이종훈과 임동호[197]의 회고를 종합하면, 8월 말경부터 경리청 영관 이두황과 홍운섭이 죽산부사와 안성군수로 임명되는 등 관군과

---

196 駐韓日本公使館記錄 5권 〉 四. 機密諸方往 一 〉 (8) 忠淸道 東學黨에 관한 彙報(양력 1894 9월 26일=음력 8월 27일: 特命全權公使 大鳥圭介→外務大臣 子爵 陸奧宗光). 이 보고문에는 「東學徒가 이곳 城內에 榜示한 방문」, 「忠淸道東學黨 鄭寅德의 密書 二通」, 「大院君의 曉諭文」 등이 첨부되어 있다.

197 경기도 광주군 실촌면 출신의 이종훈은 1856년 생으로 사숙에서 글을 익힌 뒤 수철점을 운영하다 判尹 李元會의 주선으로 司勇(오위, 정9품직)으로 무관직을 시작하여 영별군관까지 지냈다. 퇴임 이후 선상객주 고리대 등을 하며 상당한 부를 축적한 그는 한때 함경감사 이돈하의 밑에서 幕客 노릇도 했다고 한다. 이종훈은 1893년 정월 뒤늦게 입도하여 5살 연하의 손병희(1861년생) 휘하에서 활동했으나, 이용구 등 다른 지도자들과 달리 상당히 발이 넓고 사회 활동 경험이 풍부한 인물로서 보은집회 시기에는 '경기 편의장', 그리고 공주 점거투쟁 시기에는 손병희 휘하에서 '중군장'을 역임했다. 그의 회고에 따르면 9월 18일 기포 이후 충주 외서촌(황산) 도회에 참여한 호서와 기호 출신 동학군의 숫자는 4만여 명이었다고 한다. 이후 황산 동학군은 10월 6일경 괴산싸움을 치른 뒤 보은 장내리로 진출하여 3일간 머물다 10월 11일경 보은을 출발하여 청산, 옥천, 영동 등지를 거쳐 공주 원정길에 올랐다. 「이종훈약력」 참조. 1893년 4월 여주에서 입교한 임동호는 9월 22일경 맹감역 부대에게 쫓겨 호중 각지를 떠돌다 9월 말 음성 무극장터 집회(10여 일간 유숙), 10월 (6일) 괴산전투 등에 참가했다. 이후 임동호는 보은 장내리에 10여 일간 머물다 옥천 영동을 거쳐 공주(북문)로 향했다고 한다. 「균암장 임동호씨 약력」 참조.

일본군(병참선 수비대)의 탄압이 더욱 극심해지자 기호 각지의 동학도(군)는 점차 남하하여 손병희와 이종훈·이용구의 영향력[198]하에 있었던 황산도소로 모여들기 시작한 것으로 보인다. 추측건대 기포령 전후 시기 북접교단(황산도소) 측은 선무사 정경원, 충청감사 박제순과 협의하에 각군별로 집강을 두어 관민상화(官民相和)를 실현함과 동시에, 가흥병참부 등에 서찰을 보내 남접집단(金賊)과 자신들은 다르다(가리지와 베)는 사실을 알리는 등 타협책을 마련하고자 부심했던 것으로 보인다. 기포령에 '청산에 모두 모여 국왕직소를 실천하자'는 뜻을 담은 것도 그런 이유 때문이었을 것이다. 하지만 이런 노력에도 불구하고 일본군과 관군의 탄압이 더욱 극심해지자 결국 북접교단도 그간의 타협책을 폐기하고 9월 그믐 무렵 남북접 연대를 성사시킨 뒤 곧바로 공주를 점거한 이후 호서(양호)도회를 개최하는 공동투쟁 방안을 마련(합의·설계)한 것으로 보인다(후술 참조). 분명치는 않으나, 이용구가 쿠데타 주도 세력(나성산, 박동진)과 일정한 관련성을 가지고 있었다는 사실, 그리고 오읍도집강(五邑都執綱)이라 불리운 신재련과 함께 충주 지역의 대표적 접주였던 홍재길(괴산집강 후보)이 임기준 집단의 대접주였다는 사실은 임기준 집단 외에도 황산도소 세력 등 많은 호서 접주들이 쿠데타 세력과 연계되어 있었음을 시사한다.

이준용을 앞세운 쿠데타 사건과 임기준 집단의 연관성을 살필 때 더불어 주목해야 할 사실은 서병학과 임기준 간의 언쟁 사건이다. 보은도회 때 서장옥과 함께 체포되었던 서병학은 1894년 8월 7일경 '남부도사'라는 벼슬을 달고 선무사 정경원과 함께 호서 지역으로 내려왔는데, 당시 호서 유림들 사이에 그가

**198** 북접교단의 실세들이 천도교와 시천교로 분립되기 전까지 이용구와 이종훈은 시종일관 손병희 라인의 인물이었다. 「이종훈약력」에 따르면 그는 보은도회 시기 "말 두 필과 엽전 200냥을 의암 선생에게 바치고 십여 일 동안 머물"렀는데, 이때 京畿 偏義將이라는 직책을 맡은 것도 그의 남다른 경력과 손병희의 추천 덕분이었다고 판단된다. 『신국역총서 1』, 135쪽.

배도귀화했다는 소문이 파다했다.[199] 서병학은 공주로 내려와 김영국포를 해산시키는 등의 활동을 전개하다 임기준과 언쟁을 벌였는데, 그 내용은 『시문기』와 『약사』 등에 자세하다.[200] 당진 유생 김현제의 『피난록』에 보이는 "판서 박제관 씨[201]와 도사 서병학이 모두 선유사가 되어 임금의 윤음[202]과 흥선대원위의 관문(關文: 효유문)을 받들고 주군(州郡)과 여리(閭里) 방방곡곡을 돌아 다니며 비류들에게 칙령의 유시를 게시하자 부득이하여 입도(勒道)한 자들이 모두 관청에 하소연하며 배도(背道)하였다"는 기록은 앞서 언급한 8월경의 상황이 아니라 임기준 집단이 자진해산한 이후의 상황을 서술한 것이라 여겨진다. 추측이기는 하나 이 무렵 서병학은 손병희, 이종훈, 이용구 등 북접교단의 핵심인물과도 모종의 관계(대립, 혹은 연대?)를 가지고 있었던 것으로 보인다.

---

**199** 오지영의 『동학사』에 따르면 서병학 등 많은 동학 지도자들이 정부의 위무(회유)책으로 말미암아 '背道歸化'했다고 한다. "이때 徐丙鶴 宋子和 金太中 等은 南道視察의 任으로 李敏稙은 南道大隊長의 職으로 나려와 東學黨 殺掠을 無數히 하엿섯다. 그 者들은 다 -東學黨 出身으로 時勢를 쪼차 飜覆하야 제 동무를 죽인 惡漢들이다." 「海月先生 遭變後 道人의 動靜」, 『동학사(초고본)』.

**200** (8월) 초7일 "동도 김영국포가 또다시 와서 돈 90냥을 요구하였다. 동비가 대교를 나와 평안해져 되돌아갔다. 동비가 잠시 해산했는데 서병학이 와서 諭示했기 때문이다." 이용규, 『약사』, 『국역총서 6』, 37~41쪽; "8월 동학도 괴수 서병학(徐丙學)이 보은에 주둔할 때 경병(京兵)에게 체포되어 한양으로 보내졌다. 조정에서는 서병학을 도사(都事)로 차출하여 금영(錦營, 충청감영)에 내려보내 동학도를 금지시켰는데, 오랑캐로써 오랑캐를 공격하는 의도였다. 그런데 이인의 접주 임기준과 따지다가 도리어 소란을 일으켰다." 이단석, 『시문기』.

**201** 양호선무사 정경원이 감하된 것은 9월 29일이고, 知中樞院事 朴齊寬이 일본공사관 측의 요청에 따라 忠淸道 慰撫使로 差下된 것은 10월 12일이다. 『고종실록』; 사료 고종시대사 18〉 1894년(고종 31년) 9월 29일, 10월 12일 항목 참조.

**202** 고종은 1894년 어셈블리와 관련하여 여러 차례 윤음을 내렸다. 위의 윤음은 선무사 정경원이 양호선무사로 임명될 때 내린 윤음이라 여겨진다. 『승정원일기』; 사료 고종시대사 18〉 1894년(고종 31년) 8월 15일.

충청감영의 10월 16일자 첩보에 따르면 임기준 외에 서병학도 배도귀화 이후 여러 공을 세운 보상으로, 유학 구완희 등과 함께 순무영 참모관이 되었다고 한다.[203] 하지만 임기준 집단에 속했던 공주 지역 접주들이 공주 점거투쟁 시기 어떤 활동을 펼쳤는지를 보여주는 자료는 거의 없다. 백락완의 무훈담이 실려 있는 『남정록』에도 임기준은 물론이고 그와 함께 활동했던 접주들에 대한 언급이 전혀 없다. 임기준은 11월 6일 신병을 이유로 중군직을 사임했으나, 곧바로 동학군과의 내통 혐의로 일본군에 체포되어 재판을 받았다.[204] 임기준은 대명률 금지사무사술조의 "정도(正道)를 어지럽히고 인민을 선동하였다"는 조항, 그러나 "자수(귀순)한 자는 1등급을 감하라"는 조항에 의거하여 태(笞) 100대, 유(流) 2,500리 형에 처해졌으나,[205] 갑오정권(박제순)과 일본군 측의 선처로 곧바로 석방되었다.[206]

그간의 연구들은 공주 점거투쟁의 서막으로 전봉준 등 남접집단의 삼례 재기포를 주목했으나, 이는 9월 그믐 이후에 성사된 남북접 연대는 물론이고 공주 점거투쟁과도 무관한, 어찌보면 오히려 이준용을 앞세운 쿠데타 계획과 더 깊은 관련성이 있었던 사건이라 여겨진다. 그런 관점에서 이 책에서는, 김개남 집단이 8월 27일 대도회, 즉 "대공론을 열기 위해 집회한다"는 내용의 격문(통문)을 호남 지역에 배포한 것, 전봉준이 9월 10일 삼례 재기포를 단행하며

---

203 「충청감사 박제순이 첩보함」, 1894년 10월 16일, 『갑오군정실기 1·2·3』, 206쪽.

204 "錦營의 中軍 任箕準은 바로 東徒의 우두머리로 근래에 歸化한 자인데, 錦營에서 수령으로 뽑아 보내줄 것을 임금에게 요청하는 데 이르렀고, 지금까지 무사히 일을 거행하였습니다. 그러나 그저께 일본군 진영에서 잡아가서 관아의 옥에 갇혀 印信을 싸서 보내는 처지가 되었습니다." 「先鋒陣上巡撫使書附雜記」, 『국역총서 8』, 306쪽.

205 「동학관련판결선고서(제4호 판결선고서원본, 충남 공주 거주, 농민, 피고 任基準, 나이 44세)」(개국 504년 윤5월 24일 고등재판소), 『국역총서 12』, 217~218쪽.

206 앞의 「동학당 사건 회심전말」에 별지로 첨부된 「東學黨被告事件關係人處分表」 참조.

구병입경할 터이니 각자 준비하라는 통문을 호서와 기호의 포접에 발송한 것 등은 물론이고, 8월 말경에 작성 배포된 것으로 보이는 '호서의병소' 명의의 통문과 「의병소 조약」, 10월 13일경 일본군이 수촌도소에서 압수(노획)한 호주대의소 명의의 9월 11일자 통문 등도 이준용 집단의 쿠데타 계획과 일정한 연관성을 가진 활동으로 이해하였다.[207]

## 3. 공주(호서) 지역 동학군과 유회군의 항일연대 활동

### 1) 호서의병소의 '통문(通文)'과 '조약(條約)'에 보이는 항일연대론

갑오변란 직후부터 공주와 그 인근 지역에서는 민회와 유회가 자주 개최되었다. 새로 부임한 충청감사 박제순이 이인민회소에 보낸 전령 가운데 보이는, "여러 백성들이 나라를 위하고 임금에게 충성을 다하는 의리를 가지고 취회한 뜻(衆民等聚會之意 亦必爲國效忠之義)"을 운운한 대목, 그리고 부여유생 천기일에게 보낸 유시 가운데 "훈신들이 구름같이 모여 창의한 것은 극히 가상하다"[208]고 한 대목 등은 당시 공주와 그 인근 지역의 항일연대 활동이 심상치 않았음을 시사한다. 사정이 이러하자 박제순은 앞서 소개한 것처럼, 민회소와 유회소에 거듭 전령(傳令)과 유시(諭示)를 내려 보냈다.

이 무렵 공주와 그 인근 지역의 실상을 가장 잘 보여주는 자료는 『수록(隨

---

**207** 앞서도 밝혔듯이 이준용 등 대원군 세력의 쿠데타 계획이나 이른바 대원군 밀지설(특히 이면 밀지설 혹은 사주설)에 대한 구체적인 언급은 지면관계상 후속 연구로 미루고자 한다.

**208** "勳臣之雲仍今此倡義極爲嘉尙."「諭示扶餘儒生千基一」, 『錦藩集略』 別甘; 『국역총서 4』, 41쪽.

錄)』[209]에 실려 있는 「통사(通辭) 은진의병소」와 「의병소조약」이다. 『국역총서 3』에 실려 있는 『수록』의 해제나 번역문(위의 책, 81~84쪽)은 위의 통사를, 위 문건 앞에 실려 있는 「호남좌우도집강이 무주집강소로 보낸 통문」과 마찬가지로 전봉준 집단이 은진의병소로 보낸 통문(「은진의병소에 보낸 통사」)이라 이해했으나, 이는 남접·호남 농민전쟁론이 빚어낸 오류일 따름이다. 위 통사의 문면을 살피면 이는 호남 동학군이 무주집강소로 보낸 통문이 아니라, '호서의(병)소'가 호서의 최남단에 입지한 '은진의병소'를 통해 무주 등 호남 지역의 향교로 보낸 통문이라 여겨진다. 이런 사실은 후자의 문건에서 "위 조약을 고산(현재의 완주군 고산면)향교를 거쳐 전주향교, 그리고 호남 각읍의 향교로 전달해달라"고 당부한 대목을 통해서도 확인할 수 있다.

은진의병소를 매개로 무주, 고산, 전주 등 호남 각지의 향교에 배포하고자 한 호서의병소 명의의 통문은 호남 각 군현의 창의(재기포)를 선동하는 문건인데, 가장 주목해야 할 대목은 통문의 제일 끝부분에 있는 아래와 같은 언급이다. 〈한국사 DB〉에도 번역문이 실려 있으나 오역과 비문이 많아 필자가 새로 번역했다. 특히 아래의 인용문은 1894년 8월경 공주와 호서 지역의 사정을 잘 모르는 번역자는 오역이나 부실한 번역을 하기가 십상인 대목이다.

숫자가 많아야만 병사(兵士)인 것은 아니고 장수는 직(直)을 장(狀: 명문화된 원칙— 인용자)으로 삼는다. 위로 맹주의 명을 받드니 이는 전개지고(專价之告)[210]가 있음이

---

**209** 『隨錄』(『동학농민혁명사료총서 5』; 『국역총서 3』 참조)은 당시 전라도 관할인 茂朱官衙가 중앙의 公文, 全羅監營의 通知文, 그리고 각 관아에서 보낸 통고 등을 모은 일종의 문서철이다.

**210** 專价(介)는 "어떤 일을 전적으로 위임하여 보내는 使者(密使)"를 뜻한다. 문맥상으로 보면 이는 대원군 밀지 또는 조가밀교를 의미하는 말이라 여겨진다.

라. 엎드려 바라건대 모든 군자들은 인원의 많고 적음을 따지지 말고 선무사가 가

르친 옛 향단(鄕團)의 규칙에 의거하여 어려운 상황에 대처하여 동심기의(同心起義)

한다면 천만 다행이겠다.[211]


위의 「통사」에서 가장 주목되는 것은 '회맹주(會盟主)의 명령', '밀사의 밀교'

등을 언급한 대목이다. 이런 말들이 무슨 뜻인지를 구체적으로 적시하지는 않

았으나, 여러 자료나 정황 증거 등으로 미루어 보면, 갑오 9월 11일 호주대의소

가 공주호서구접 앞으로 보낸 통문과 마찬가지로 이른바 조가밀교(朝家密教),

혹은 대원군 밀지를 지칭한 것으로 추정된다.[212] 호주대의소 명의 통문의 핵심

내용은, "조가(朝家)의 밀교가 간절하고, 또 청나라 군사가 우리나라를 위하여

노진혈로(勞盡血路)하고 있으니, 오도군자(吾道君子)는 일고약기(一鼓約起) 동성대

무(同聲大務)하여 갈충보국(竭忠報國)하자"는 것이었다.[213] 추론이기는 하나 이는

호서의병소와 호주대의소가 동일한 주체들에 의해 설립된 일종의 창의소였음

을 시사한다. 위의 통사에 첨부되었던 것으로 보이는 이른바 「의병소조약」의

전문을 소개하면 아래와 같다.


一. 지금 이 의거(義擧)는 오로지 국가를 위하고 힘써 충성을 다하는데서 나온

---

211 "兵不在多 師直爲狀 上奉盟主之命 有此專价之告 伏願僉君子 無論大小人員 同心起義 依
   宣撫使所敎 古者鄕團之規以時艱 千萬幸甚." 隨錄 〉甲午 〉通辭 恩津 義兵所.

212 "方今倭兵大擾 朝野湯憂 以此心患之際 朝家密敎神切 奉此扣頭心裂腸碎." 黃海道東學黨
   征討略記 〉公州湖西九接 中(甲午九月十一日).

213 위 통문의 전문이 「東學黨擊攘의 詳報」(十日午後四時二十八分廣島特派榎本義路發電)라
   는 제목으로 『大阪朝日新聞』 1894년 12월 12일(양력)자에 실렸는데, '東學黨 蠢動의 본 뜻'
   을 잘 알 수 있는 사례라는 설명이 달려 있다.

것인즉, 상하를 물론하고 그 의로움에서는 하나이다(無論上下 其義一也). 명분에 구애되지 말고(勿拘名分), 힘세고 건강한 자를 골라서 소임을 맡기도록 한다(擇其强壯者編任事).

一. 본도에서 거사한 것은 잔적을 물리치는 데 그 뜻이 있다(本道擧事 義在討賊). 그런즉 같은 배를 탄 것이다. 저와 내가 같은 성 가운데 있으니, 어찌 선후를 구분하랴(同舟之內 何關 彼此一城之中 奚分先後). 서로 힘을 써서 화목하여 서로 어그러지는 일이 없도록 하라(務相輯睦 勿相乖激). 또 도포에 입록한 자가 의소에 입록하려는 것은 금하지 말라(道包入錄者 欲入於義所者 勿禁). 또한 도인 중 아버지나 형제, 아들, 조카 등에 구애받지 말고 들어오는 것을 허락하라. 만일 이들 사이에서 혹 돈이나 곡식 때문에 혹은 미워하고 원망이 있는 것 때문에 서로 관련이 있는 자는 유사를 정하여 이치에 의거하여 엄하게 금하도록 한다. 또한 혹 각각 서로 준수하지 않는 자는 관에 고하여 심리하는 뜻으로 각각 조약을 정한다.

一. 만일 입도하지 않고 짐짓 좌우를 관망거나, 의소(義所)에 곧바로 입록하지도 않는 자는 잡아와서 무겁게 다스린다(如或姑不入道 而左右觀望 不卽入錄于義所者 捉來重治事).

一. 의소(義所=都所)에 입록한 자는 각각 호패를 차고, 뒷면 위쪽에는 의(義) 한 자를 새긴다.

一. 입록한 자는 몇 명인가를 따지지 말고 재산의 다소에 따라 혹 50명, 혹은 100명이 한 단위가 되어 5일에 한하여 의소에 입번하도록 하여 교련(敎錬)을 하도록 한다. 교련할 때 죽창도 무방하다(敎鍊時 竹鎗無妨).

一. 현재의 조정은 모든 정사가 날로 변하여 명령이 행해지지 않고, 감영과 관아 등의 일이 격식에 맞지 않게 된 지 오래되었다(今朝廷凡政日變 命令不行 營務邑事廢格者 久矣). 진실로 한심하다. 기의한 날부터 시작하여 도포(道包)와 약속을 정하여 무릇 일체의 공무는 관가에서 주관하도록 하며, 양소(兩所) 중에서 세력에 의지하여 명령을 준수하지 않는 자는 양소에서 관청에 잡아들이도록 하고, 법에 따라 징치할 것이다.

一. 이번의 의거는 비록 국가를 위한 것이지만 먼저 집을 보존하지 않으면 쉽게 해산될 수밖에 없다(不先保家 則易致解散矣). 먼저 의병의 가족들을 합하여 한 곳에 모아 두고(義兵家屬 合聚一處), 만전을 도모하여야 한다. 그런 다음에 뜻한 바에 뜻을 둘 수 있은 즉, 보를 쌓거나 혹은 험한 곳에 의지하여서(或築堡 或據險) 사람들을 모아 조치를 의논할 것.

一. 군사들이 먹을 것과 무기 등 여러 가지 일에 대한 것은 하나하나 기록(一一懸錄)하지 않을 수 없다. 오직 기미에 따라서 그때그때 편하게 할 것.

一. 각읍에서 의병을 일으킨 후에 곧바로 호서의소(湖西義所)에 알려서 고할 것.

一. 통문을 돌려서 고산 향교에 도착하면, 읍에서 1건을 잘 베껴서 역내에 돌려 보게 하며, 원래의 통문은 곧바로 사람을 보내서 전주에 부치면, 전주 향교에서 몇 장을 베껴서 여러 읍에 돌려 전달할 것.

위의 인용에서 첫 번째로 주목되는 것은, 첫 번째 조항에서부터 "위국효충의 뜻은 하나이니 모든 참여자(義旅義兵)는 '무론상하(無論上下) 물구명분(勿拘名分)해야 한다"는 점을 강조했다는 사실이다. 이런 관점에서 보면 의병소는 대동을 상징하는 도소이고 이들의 투쟁은 도회이자 의거였음이 분명하다. 이 뿐만 아니라 같은 배를 탄, 같은 고을의 백성이라는 점을 강조하며 상하와 선후, 존비와 빈부를 구구하게 따지지 말고 무상집목(務相輯睦) 물상괴격(勿相乖激)해야 한다는 점을 강조한 대목은 호서의병소의 목표도 전봉준이 삼례 재기포 시기 강조한 것처럼 충의지사들의 항일의려를 형성하는 것이었음을 시사한다.

두 번째는 동학의 도포(道包)와 의병의 의소(義所)가 따로 존재하였다는 것, 특히 동학도의 의병 가담을 거의 반강제적으로 장려했다는 사실이다. 이는 항일의려의 형성 과정에서 호서의병소가 동학군의 독자성을 고집하지 않고 의소에 개별 가입하는 형식으로 의려(의병)을 조직하고자 했음을 보여준다. 도포든 의소든 공무는 반드시 관가의 지휘(公法)를 따라야 한다는 점을 강조한 대목도 이들의 거의 목적이 오로지 위국효충에 있었음을 보여주는 또 하나의 증거이다. 앞서 설명했듯이 호서 지역에도 관민상화의 매개기구로 집강소(집강망 명부 참조)가 설치되었으나, 동학세가 강력했던 호남과는 달리 독자적인 활동을 벌이지는 못한 것으로 보인다. 의병 내부의 갈등을 국법에 의거하여 해결하고자 했다는 사실도 동학군의 정치적 영향력이 읍권을 장악하는 수준은 아니었음을 보여준다.

세 번째는 호서의병소가 입도나 입록을 빌미로 거의 반강제적(의무적)으로 의병 참여를 독려했다는 사실이다. 이는 "만일 입도하지 않고 짐짓 좌우를 관망하거나, 의소에 곧바로 입록하지 않는 자는 잡아와서 무겁게 다스린다"는 대목을 통해서도 간접적인 확인이 가능하다. 도포에 입도하거나 의소에 입록한 이들은 의무적으로 의소에 입번하거나, 죽창을 들고서라도 집회와 시위는 물론이고 군사훈련에도 참여해야만 했는데, 위에서 말하는 교련이란 동학군이 모였다하면 흔히 했던 습진 훈련을 뜻한다. 특히 굳이 '죽창도 가하다'고 첨언한 것은 이들이 말하는 의병도 한말의 척사의병과 마찬가지로 무장투쟁보다는 시위와 담판을 중시하는 A/O 투쟁을 중시했기 때문이다. '혹축보(或築堡) 혹거험(或據險)'은 가족 보호나 자위를 위한 수단이었을 뿐 동학군이나 의병들이 선호한 점거의 대상지는 늘 권력의 심장부(읍치→감영→경사), 즉 대규모의 A/O 투쟁이 가능한 도회지(처)였다.

네 번째는 통문의 발신처(주체)가 동학의 포접 조직이나 도소(도회)가 아니라 호서의(병)소였고, 수신처도 동학의 포접이 아니라 은진의 의병소와 고산 및 전주 등지의 향교였다는 사실이다. 이로 미루어 보면 호서의병소는 호서 지역뿐만 아니라 전라도 접경의 은진의병소에 통문과 조약을 전달한 뒤 이를 고산향교와 전주향교를 통해 호남 각 군현의 향교에 배포하고자 했던 것으로 보인다. 이복영의 『남유수록』 7월 1일자 기사에서 "읍(邑)마다 당(黨)이 있고, 촌(村)마다 도(徒)가 있었으며 하루에 오는 것이 3~4번 아래로 내려가지 않았다. 금구접, 김제접, 옥구접이라고 하고 서로 접장으로 불렀다"라는 대목은 부여·은진·홍산 등지의 동학군이 호남 북부 지역의 동학군과 밀접한 관련을 가지고 있었음을 시사한다.

다섯 번째는 보국안민이나 척양척왜 못지않게 부모와 처자식의 생명을 보호하는 것이 중요하다는 점을 강조했다는 사실이다. 가족들의 생명을 보호하려면 반드시 축보거험(築堡據險), 즉 근거지를 확보하려는 노력이 필수적이라고 강조한 대목은, 내포 동학군이 자신의 가족과 동네를 지키기 위해 '법소'로 가자는 지도부의 제안을 거부하고 홍주성을 점거하려 했다는 사실을 통해서도 확인할 수 있듯이(후술 참조), 1894년 시기 동학군이 왜 근거지 마련에 사활을 걸었는지를 잘 보여주는 사례이다. 내포 지역 동학군이 일일현록(一一懸錄: 時到記 등 문서 작성)했다거나, 호패를 제작하여 휴대하게 했다는 대목은 1차 봉기 시기의 경험을 적절히 반영한 결정이라 여겨진다.

그렇다면 호서의병소(호서의소)의 설립 주체는 누구였을까? 이는 당시의 정황 증거들, 특히 충청감영이 작성한 『금번집략』, 홍건의 『홍양기사』, 그리고 공주 지역 유생들의 일기자료(『남유수록』, 『시문기』, 『약사』 등) 등으로 미루어 보면, 갑오변란 직후부터 공주 인근 지역(부여, 홍산, 은진)에서 민회소와 유회소 활동을 주도한 임기준과 이유상 집단이었을 개연성이 크다. 앞서 언급했듯이 충청감사가 이인민회소나 공주·홍산·은진유회소, 특히 부여 유생 천기일 등에게 보낸 유시[214]는 이를 보여주는 단적인 증거이다.

공주와 부여·노성 등 그 인근 지역의 항일연대 활동은 8월 24일경에 작성된 대원군 효유문이 선무사와 지방수령들을 통해 삼남 각지에 전해지고, 뒤이어 박제순이 충청감사로 부임하면서부터 급격히 약화된 것으로 보인다. 부여와 노성 지역 척사유생들이 8월 1일 건평유회 무렵 거의 계획을 중도 포기하고, 또 임기준 집단이 9월 9일 자진해산을 선언한 것도 이런 배경 속에서였다. 기존의 연구들은 오지영의 『동학사』에 근거하여 이유상과 전봉준의 의기투합 사실만을 주목했을 뿐 부여(부여 민씨)와 노성(노성 윤씨) 등지에서 전개된 항일연대 활동에는 별다른 관심을 보이지 않으나, 남북접 동학군이 왜 공주 점거투쟁에 합의했는지, 그 방법은 또 무엇이었는지를 이해하려면 갑오변란 이후 공주와 그 인근 지역에 존재했던 항일연대 활동을 주목해야 한다. 아래에서는 부여·공주 지역을 중심으로 전개된 이유상의 연대 활동과 더불어 최익현(崔益鉉) 등이 관여한 노성 유생들의 항일의거(의병) 계획 등을 중심으로, 갑오변란 이후 공주 지역에서 무르익고 있던 연대 활동의 실상을 정리해보고자 한다. 이유상은 8월 1일 건평유회 시기 부여 민씨들이 소극적인 반응을 보이자 곧바로 임기준 집단과 연대했고, 또 9월 초 임기준 집단이 자진해산을 선언하자 이번에는 남접집단과 연대한 뒤 스스로 공주창의소의장(義將)을 칭하며 공주 점거투쟁에 동참하였다.

---

**214** 『금번집략』, 「별감」에 보이는 「부여유생 천기일에게 유시함(論示扶餘儒生千基一)」에도 앞의 유시와 마찬가지로 "지금 창의를 하였으니 극히 가상하지만, 그러나 그 적절한 시기를 따라서 그 기미를 살피지 못하고 망령되게 의논하여 경솔하게 거사하였으니, 오히려 임금의 급한 사정을 해결하지 못하고, 마침내는 국가의 해가 될 것이 명확하다"는 내용이 보인다. 『국역총서 4』, 41쪽.

## 2) 「이유상 상서」를 통해 본 공주 지역의 항일연대 활동

오지영은 『동학사(초고본)』에서 「유도수령(儒道首領)이 의군(義軍)에 투합」이라는 제목으로 전봉준과 이유상이 의기투합했다는 사실을 특기하였다. 『동학사』에 따르면, "유도수령 이유상은 동학당 토벌의 명의(名義)로써 수천 군을 일으키어 공주 건평시에 진을 치고(8월 1일 건평유회—인용자) 장차 남으로 진격코저 논산 방면으로 향하였다." 앞서 소개한 「동학접주답서」에는 이유상이 2만 3천여 명의 동학군을 이끌던 '건평접주인'이라 기록되어 있는데, 그가 '건평접주'였다는 사실은 「전봉준 공초」(을미 2월 19일 전봉준 삼초문목)에서도 확인된다. 일본 영사가 공주 점거투쟁 시기 이른바 전 여산부사 김원식(金元植)[215]을 누가 죽였는가 질문하자 전봉준은 "공주의 '동학 괴수'인 이유상이 소행이되, 이 몸과는 관계가 없음이외다"라고 답했다. 지금까지의 연구들은 자료 부족을 이유로 이유상이 누구인지 모호하게 처리해왔으나[216] 그의 행적과 활동을 가장 정확히 보여주는 자료는 이유형(李裕馨), 즉 이유상의 「판결선고서 원본」이다. 뿐만 아니라 『시천교종역사』나 『동학도종역사』에 보이는 이유형과 관련한 언급들은 모두 이유상과 관련이 있는 회고들이다. 아래의 판결문에 따르면, 이유상은 공주 점거투쟁 이후 숨어 다니다가 1900년경 체포되어 대명률 잡범편의 불응위조(不應爲條)에 의거하여 태형 80대에 처해졌다.

(A) 「판결선고서 원본」[한성 중서 다동 전시종(前侍從) 이유형(李裕馨) 나이 39세]

---

215  『동학사(초고본)』은 金元植(=金源植: 金允植이라 오기함)을 '礪山府使兼後營將兼東學黨 討伐大將', 혹은 '관병대장'이라 소개했는데, 前職이기는 하나 전혀 근거 없는 서술은 아니다. 그에 대한 자세한 논의는 후술하고자 한다.

216  이유상에 대한 가장 상세한 연구는 이이화의 「우금치 마루에 선 유교두령」, 『발굴 동학농민전쟁 인물열전』, 한겨레신문사, 1994인데, 여기에도 「이유형 판결서」에 대한 언급은 없다.

피고 이유형의 안건을 검사공소에 유(由)하여 차(此)를 심리하니 갑오 동비 창궐할 시에 피고가 노성 등지에서 다중(多衆)을 규합하여 목추(木椎: 몽둥이—인용자)를 각지(各持)함은 동비를 방어하고 각자도생할 계(計)에 출(出)하였다 하나 군자군(君子軍)이라 자호(自號)함은 미면(未免) 망탄(妄誕)한지라, 기사실이 피고 진공(陳供)의 증(證)하야 명백한지라, 대명률 잡범편의 불응위조(不應爲條)에, '범죄 행위에 대한 규정은 없으나 범죄를 한 사정이 무거운 자'의 형률에 비추어 피고 이유형을 태형 80대에 처한다. 광무 4년(1900) 양력 9월 10일(「동학관련판결선고서」, 『국역총서 12』, 249~250쪽).

(B) 전봉준은 드디어 창의격문을 띄우고 보국안민의 뜻으로 깨우쳤다. 이에 김개남은 남원에서 일어나고, 이유형은 호서에서 일어나고 (…)(『시천교종역사』).

(C) 차시(此時)에 호서(호남의 오기—인용자)대접주 전봉준, 무장접주 손화중, 부안접주 김개남 (…) 청산접주 권병덕, 화포영장(火砲領將) 이상진·이유형·김덕명 최경선 차치구 정진구 등이 도유 수십만 명을 거느렸고 (…)(『동학도종역사』, 『국역총서 13』, 124쪽).

(A)는 이유상(이유형)이 서울에서 활동하던 전직 시종원 시종[217]이었다거나, 전봉준과 합세하기 전에는 부여와 노성 지역에서 유회군(반동학군) 활동을 전개하였다는 사실, (B)는 공주 점거투쟁 시기 이유상이 공주창의소의장(義將)을 자처했다는 사실, (C)는 이유상은 일반적인 의미의 동학접주라기보다는 이른바

---

217  1898년 9월 12일 侍從院 侍從으로 임명된 李裕馨이 동일인물인지는 알 수 없다. 동일인이라면 이유형은 과거를 숨기고 1899년 8월경까지 시종원 시종으로 일하다 전력이 탄로 나 체포된 것으로 보인다. 〈한국사 DB〉 참조. '前侍從'이었던 이유상이 민준호와 함께 거의를 도모한 게 사실이라면 이유상은 민씨 세력의 영향하에 있었던 인물이었을 가능성도 충분하다.

유회군의 화포영장, 즉 포군의 지휘자였다는 사실 등을 보여준다. 『동학도종역사』는 동학군 지도자를 크게 '동학접주'(전봉준, 이용구 등)와 '화포영장'(이유상, 정경수, 최경선 등)으로 나누었는데, 뒤에 자세히 언급할 터이나 이는 당시 동학군이 접주가 지휘하는 일반 동학군(무장시위대)과 화포영장이 지휘하는 포군(무장대)으로 이원화되어 있었음을 보여주는 증거이다.[218]

재판 과정에서 이유상(이유형)은, 자신은 동비가 아니라 '동비를 방어'하기 위해 '군자군(=유회군)'을 조직한 사람이라 강변했다. 그런 노력 때문인지, '귀화'한 임기준은 '태(笞) 100대, 유(流) 2,500리 형'을 선고받았으나(이후 무죄석방), 체포된 이유상은 태형 80대의 가벼운 처벌만 받았다. 1895년 초 전봉준 등에 대한 재판을 진행할 때 일본공사관 측은 "비괴 혐의자를 연행하여 심문할 경우에는 회심으로 일본영사를 함께 참석시켜야 한다"는 양 정부 간의 '합의(?)'에 따라 일본영사가 직접 재판에 가담하는 등 까다롭고 세심하게 심문과 재판 절차를 진행하였으나,[219] 대한제국 수립 이후 정부는 최시형, 서장옥, 안교준, 이유상처럼 중요한 지도자들조차도 제대로 된 심문 절차[220]를 거치치 않은채 졸속하게 재판을 마무리하였다.

공주 점거투쟁 전후 시기 이유상의 활동상을 가장 잘 보여주는 자료는 부여 유생 이복영이 남긴 『남유수록』인데, 7월 29자 일기에 '건평유회'에 참여하기 위해, 빙현(氷峴: 예산 신례원읍 관작리 인근?)에 사는 친구 정(鄭)과 종족인 순약이

---

**218** 『동학도종역사』가 최경선과 이유형(=이유상) 등을 '화포영장'이라 호칭한 것으로 보아, 이유상도 부여 민씨 세력에 의해 '포군' 지휘자로 영입(雇聘)된 것으로 보인다.

**219** 駐韓日本公使館記錄 6권〉八. 外部往來 一〉(6) [東學嫌疑犯 崔東明을 會審치 않고 석방한데 대한 釋明](을미 2월 11일, 김윤식→일본공사관) 참조.

**220** 갑오개혁 이후 시기의 형사재판 제도에 대해서는 도면회, 『1894~1905년간 형사재판 제도 연구』, 서울대학교 국사학과 박사학위논문, 1998 참조.

찾아왔다는 대목 등으로 미루어 보면, '건평유회'는 상당히 많은 유생들의 참여 가운데 진행된 것으로 보인다. 건평유회의 상황은 8월 1일자 일기에 자세하다,

비가 왔다. 아우 근영이 이른 새벽에 와서 말하기를, (A) "건평의 유회에 들러서 보았더니 사람들이 몇천 명은 되었고, 공주사람 이영해(李寧海)가 와서 진법을 훈련시켰다. 그는 바로 장신 봉의(將臣 鳳儀)[221]의 종질로, 몸이 허약하여 옷을 감당하지도 못할 것 같으나 보통사람보다 뛰어난 용기를 가지고 있었으며, 눈빛은 번개처럼 빛났다. 전주 사람 이도사(李都事) 유상(裕尙)은 지모가 있어 (B) 성접평 민사능(閔士能) 준호(俊鎬)가 왜를 토벌하고 나라에 보답하자(討倭報國—인용자)고 권면하여 의병을 일으켜서 사람들을 모은다는 소문을 들었다. 민(閔)이 비록 창의를 내세웠으나 실제는 그런 뜻이 아니어서 이(李)는 바로 떠나 건평으로 들어갔다. 그를 따르는 자는 100명이었고, 다시 민준호에게 돌아간 자는 1,000명이었다. (C) "이영해와 이유상의 뜻이 서로 일치했으나 사람들의 마음이 그들을 따르지 않아 두 사람이 다른 곳으로 갔다" 하였다.

위의 일기에서 첫 번째로 주목되는 것은, 8월 1일 건평유회에 모인 사람이 수천 명이었으며, 또 공주 사람 이영해가 진법을 훈련시켰다는 대목(A)이다. 토왜보국을 위한 유회에 이처럼 많은 사람들이 모였다는 것도 그렇거니와 습진

---

[221] 李鳳儀는 강화도조약 체결 직후인 1878년경 경기수군절도사 겸 삼도통어사를 역임한 將臣이다. 『고종실록』 1894년 9월 5일자 기사에 따르면, 警務使 李允用이 大院君 세력에 의해 관직을 박탈당했을 때, 당시 總禦使였던 이봉의가 경무사 직책을 겸찰하였다. 『사료 고종시대사』 관련 자료 참조. 그의 종질인 이영해도 충청감사의 裨將이거나 右營의 瞥將이었을 것으로 추측된다.

훈련을 했다는 점도 흥미롭다. 공주와 부여 등지의 동학군은 8월 1일 궁원에서 대규모 집회(도회)를 개최한 뒤 그 다음 날 곧바로 공주 진입을 시도했는데, 동일한 날짜에 건평에서 유회가 열렸다는 사실은 양자 사이에 모종의 약조가 존재했음을 반증한다. 하지만 부여의 민씨 세력 등 건평유회의 주체들이 거의 계획을 포기하자 '포군의 지도자(화포영장)'로 건평유회를 이끌던 이유상, 이영해 등은 건평유회의 주체들과 결별한 뒤 곧바로 임기준 집단과 연대한 것으로 보인다. 이유상이 박제순에게 올린 「상서」(후술 참조)에서 "임노(林魯: 임천·노성)를 돌아다니면서 여러 접에 특별히 효유하여 소요를 가라앉히고자 애를 태웠"다는 대목, 또는 "우영(右營)의 호걸들과 교분을 맺고자 하였으며, 또 임씨(任氏—임기준)의 순실함을 깊이 믿었"다는 대목 등도 위의 인용과 연관시켜 그 의미를 해석하면 여러 가지 흥미로운 추론이 가능하다. 추측건대 8월 1일 궁원도회(민회)와 건평유회가 개최될 시점에는 양 집회의 주체들 사이에 항일연대에 대한 '합의(일종의 鄕中公論)'가 존재했을 가능성이 크다. 앞서 언급한 '호서의병소' 명의의 통문과 「의병소 조약」, 그리고 수촌접(도소)에서 일본군이 압수한 9월 11일자 통문 등은 이런 배경에서 만들어진 문건들이라 추정된다.

두 번째로 주목되는 점은, 성겁평 민준호와 '뜻이 맞지 않아' 서로 갈라섰을 때 민준호를 따르는 자는 1천여 명이었음에 반해, 이유상과 이영해를 따르는 자는 100여 명(주로 포군?)에 불과했다는 대목(B)이다. 후술하겠으나, 이유상은 상서를 통해 자신이 지용(智勇) 200명과 포사(砲士) 5,000명을 이끌고 있다고 밝혔다. 하지만 「구완희 일지」와 『동학도종역사』 등 교단사 자료들을 종합하면 이유상은 부여 민참의의 권유로 포군 70여 명을 이끌고 부여와 공주 지역에서 활동하던 무관(도사, 시종) 출신의 포군 지휘자(화포영장)였던 것으로 보인다. 부여 대방면 중리[222] 민준호의 집 뒤뜰에 도소가 설치된 것은 7월 12일경이었는데, 『남유수록』에 따르면, 이들 집단은 산상(山上)에 차일을 치고 군대처럼 방포·습진을 하고 주문을 독송하는 등 위세가 상당했다고 한다. 대방면 접은 각종 분쟁이 발생할 때마다 도회를 개최하여 조직 운영의 기본 방침을 결정했는데, 가속장터에서 도회를 개최했을 때는 접주와 접사가 노골적으로 민씨가를 비호하자 이를 비판하면서 대방면포의 위치를 가속장터로 변경하기도 했다. 당시 도회의 주요 구성원은 상민, 비부(婢夫), 교정(轎丁), 노예 등의 표현으로 미루어 보면 대부분 해당 지역의 머슴이나 작인 등 상천민들이었던 것으로 보인다.[223]

여러 정황 증거로 미루어 보면, 첫째, 건평의 유회군은 같은 날 도회를 개최한 궁원의 동학군과 연대하여 다음 날 공주(금영)를 점거(진입?)할 계획이었다는 것, 둘째, 하지만 유회군 측이 '합의(?)'를 일방적으로 파기하자 단독으로 부내 진입을 시도한 이후 판세를 관망하기 위해 곧바로 부내에서 물러나 십수 일 동안 금강 강가에서 진을 치고 집회와 시위를 계속했다는 것, 셋째, 8월 25일경 박

---

222  1914년 군면폐합 시기 대방면 중리, 당리, 동리, 구정리 일부를 합하여 부여 현내면 중정리를 만들었는데, 대방면에 소속된 동리는 왕포리, 중정리, 가탑리(佳東市), 능산리, 염창리 등이 었다. 『新舊對照 朝鮮全道府郡面里同名稱一覽』, 223~224쪽. 대방면 중정리 민씨家는 일제 시기 부여면 면협의원을 두 명씩이나 동시에 배출하는 등 위세가 상당했다. 졸고, 「일제시기 충남 부여·논산군의 유지 집단과 혁신청년 집단」, 『한국문화』 36호, 2005 참조.

223  홍성찬은 일찍이 『남유수록』을 활용하여 부여 대방면 지역 동학군의 활동상을 상세히 재현했다. 주목되는 결론은 "대방면포의 권력구성이 接主, 接司, 接童 등으로 구성된 일종의 실무집행기관과 농민군 전체집회인 도회(도소=도회소—인용자)라는 일종의 의결기관으로 이원화되어 있었"다는 것, "包權力의 궁극적 출구는 결코 접주, 접사, 접동 등에 있는 것이 아니라 도회에 참가한 농민군 즉 亡國之賊과 殘民之蟲에 대한 倡義討罪를 자신들의 弓道로서 선명히 인식하고 있던 농민군의 무장(총포—인용자)에 있었"다는 것 등이다. 홍성찬, 「1894년 집강소기 設包下의 鄕村事情—부여 대방면 일대를 중심으로」, 76쪽. 후자는 '권력은 총구에서 나온다'는 毛澤東의 말을 빗댄 표현인데, 동의하기 어려운 대목이다.

제순이 부임한 뒤 고종의 윤음과 대원군 효유문을 근거로 자진해산(背道歸化)을 권유하자 임기준 집단도 결국 자진해산을 결정했다는 것 등의 추론이 가능하다. 이런 추론의 주요한 근거는 '공주창의소의장' 명의로 이유상이 박제순에게 올린 상서(1894년 10월 15일)[224]이다.

(A) 시생은 합하와 오랜 인연은 없으나 감영에서 존안을 뵈었으며 (B) 서찰(앞의 척령과 유시들—인용자)로 신칙하실 때 합하의 고심을 느꼈습니다. (C) [순상 합하는] 임천과 노성(林魯)을 따로 돌아 다니면서 여러 접에 특별히 효유하여(驅馳林魯 別諭諸接) 소요를 가라앉히고자 애를 태우셨습니다. 또 (D) 우영의 호걸(右營之英豪)들과 교분을 맺고자 하였으며, 또 임씨(任氏: 任基準—인용자)의 순실함을 깊이 믿었습니다. 따뜻한 말과 부드러운 언사로 몇 차례나 반복하여 세월을 기약하며 근심과 즐거움을 함께 하기로 맹세하였습니다.

그런데 (E) 갑자기 9월 21일에 어떤 사람(구완희—인용자)이 병정을 인솔하여 노성읍을 탄압하였습니다. 시기로 논하자면 호랑이를 몰아서 이리를 삼키는 것과 가까우며 또 모든 새를 한꺼번에 잡기 위해 활을 감춘 것과 비슷합니다. (F) 장부는 차라리 죽을지언정 남을 속이지는 않으며, 재상은 차라리 꾀를 부릴지언정 남에게 속임을 당하지 않습니다. 이러한 때에 비록 좁은 식견과 보잘 것 없는 견해를 가진 자라 하더라도 누군들 편안히 보전하려는 마음이 없겠습니까?

(G) 사세가 양편 다 난처하여(事勢兩難) 다시 의려(義旅)를 소집하여 겨우 지용(智勇) 200명과 포사(砲士) 5,000명을 모아서 이달 10월 12일에 논산포에 주둔하였습니

---

**224** 「公州倡義所義將李裕尙謹上書于巡相閣下」(1894년 10월 15일), 고려대학교 도서관에 皮封과 原文이 소장되어 있다. 겉봉에는 論山留 倡義生 謹呈, 巡營節下 下執事 入納이라는 글씨도 보인다. 「宣諭榜文竝東徒上書所志謄書」, 『국역총서 10』, 430~432쪽. 이 상서는 전봉준과 '의기투합'한 직후, 전봉준과 '협의'하여 작성한 글로 보인다.

다(「公州倡義所義將李裕尙上書」, 「宣諭榜文竝東徒上書所志謄書」).

위의 인용에서 주목되는 점은, 첫째, 이유상이 스스로 공주창의소의장(義將)을 칭했다는 것, 둘째, 충청감영에서 박제순을 직접 만난 일도 있다는 것(A), 셋째, 임천과 노성에서 동학군(민회소)과 유회군(유회소)이 활발한 활동을 벌일 때 박제순이 서찰로 신칙하거나(B) 몸소 나서서 이들을 효유했다는 것(C), 넷째, 신임 감사 박제순은 이런 활동 과정에서 임기준을 포함한 우영의 영호들과 나름대로 교분을 쌓을 수 있었으며, 그런 과정에서 박제순은 갑오정권의 실세, 또는 대원군과 협의하는 가운데 안민약조를 체결한 뒤 임기준 집단을 자진해산시켰다는 것(D), 다섯째, 그러나 9월 21일경 태도를 바꾸어 영병(구완희 지휘)들을 보내 갑작스럽게 '노성 고을을 탄압하기 시작했다'는 것(E), 이처럼 난처한 상황에 처하자 자신은 다시 의려를 조직하기 위해 자기 휘하의 지용과 포사를 거느리고 10월 12일 논산포에서 전봉준군(軍)과 합류했다는 것(G) 등이다. 위 상서에서 확인되는 여러 사실과 후술할 「구완희 일지」에 보이는 언급들을 종합하면, 공주 점거투쟁 직전 시기 공주와 그 인근 지역에서 전개되었던 항일연대 활동의 실상을 재현하는 하는 것이 어느 정도 가능하다. 노성 유생들의 거의 계획을 중단(철훼)시키기 위해 박제순이 자신의 충복(비장)인 구완희를 파견한 것도 이 무렵이었다(후술 참조).

부여·노성, 홍산·은진 등 공주 인근 지역의 척사유생, 특히 부여(중리 탑동)의 민씨 세력은 갑오변란 이후 척화거의 활동에 관심을 보였으나, 평양전투에서 청국군이 대패하고, 또 다수 민중의 지지 가운데 동학군이 도소(민회소)를 매개로 향중공론을 좌우하자 연대와 협동보다는 자구책을 마련하는 데 더 고심했던 것으로 보인다. 『남유수록』 7월 24일자 기사에 보이는 아래와 같은 기록은 이를 보여주는 유력한 증거라 여겨진다.

민씨는 나라를 망하게 한 적(賊)이고 백성을 해친 좀벌레이다. 의병을 일으켜 죄를 벌할 때에 이것을 반드시 먼저 해야 하는데 도리어 보호해주고 그 추악한 무리를 받아들여 우리 도(道)를 더럽히는 것은 무엇 때문인가? 해당 접주는 민씨의 죄를 다스려야 하고, 접의 여러 사람들도 중형을 면하지 못할 것이다.

부여 중리 민씨들은 자기 휘하(작인?)의 도인들을 앞세워 세도를 부리다가 가속장터에서 열린 도회에서 집중적인 비판(성토)의 대상이 되었는데, 선후 관계를 확인하기는 어려우나 민씨 세력이 항일연대에서 이탈한 것도 이 무렵이었을 것으로 추정된다.

### 3) 조가밀교와 노성 윤씨가의 항일연대 활동

1893년 12월경 전운소 양여미의 포흠 문제가 발생하자 노성에서 민요가 일어났다. 당연히 충청감사 조병호는 "노성현감 황후연을 파출하고 그 죄상을 유사(攸司)로 하여금 품처하도록 해달라"고 의금부에 건의했고,[225] 의정부는 이를 재조사하여 사건의 진상과 처리 결과를 다시 보고하라 지시했다.[226] 장두 유치복 등이 올린 신소장(伸訴狀)에 의거해보면, 노성 민요는 전임 현감 유등시(兪等時)가 전운소 양여미 200석을 포흠했기 때문에 발생한 것으로 보인다. 이 사건

---

225 『승정원일기』; 사료 고종시대사 17 〉 1893년(고종 30년) 12월 27일 〉 의금부, 충청 감사 조병호의 장계에 따라 노성 현감 황우연을 잡아오게 할 것을 청함.

226 『승정원일기』; 사료 고종시대사 17 〉 1894년(고종 31년) 4월 23일 〉 의정부, 노성현 민란과 관련하여 충청 감사가 올린 장계에서 보고된 사안의 처리와 재조사를 청함. 의정부가 내세운 재조사의 명분은 "고을 수령의 실정으로 고통받은 백성들이 신소(伸訴)해도 받아들여지지 않을 경우 감영에 가서 고하면 될 것"인데도 큰 소란을 일으켜 수령을 위협하는 행동을 하기에 이른 것은 '분수와 의리가 모두 허물어진 것(分義都壞)'이므로 수령을 파출시키는 정도로 간단히 끝낼 일이 아니라는 것이었다.

에 뒤이어 노성 지역에서는 1894년 8월 말경에도 관아의 무기가 털리는 등 상당한 규모의 민요가 발생했는데,[227] 이인도집강 김창순이 노성(무기 탈취) 사건의 주범이라는 「구완희 일지」의 서술로 미루어 보면, 이는 임기준이나 이유상 집단이 주도한 사건임이 분명하다.

이 사건과는 별개로 노성 지역 유생들의 거의 계획은 전교리 송정섭이 윤자신(尹滋臣)에게 고종 명의의 '거의 밀지', 즉 '조가밀교'를 전달하면서 본격화되었는데, 밀지가 전달된 시점은, 송정섭이 이용호로부터 3통의 밀지를 전달받고 8월 17일경 남행을 시작했다는 진술로 미루어 볼 때 대략 8월 후반경이었을 것으로 추정된다.[228] 당시 송정섭과 윤자신은 노성 윤씨가의 제실인 정수암에서 거의 계획을 추진했는데, 소모장은 최익현, 참모는 송정섭, 종사관은 윤자삼·윤상옥 등이었다.[229] 하지만 송정섭은 취조 과정에서 일본영사가 "3통의 밀

---

**227** 「계초존안」, 1894년 9월 초9일, 『국역총서 7』, 349쪽. "啓下된 충청감사 朴齊純의 장본을 지금 보니 '노성현의 무기는 이미 회수되었으며 백성들도 모두 현감이 그대로 머물기를 원하므로, 노성현감(金靖圭)을 그대로 머무르도록 하는 일을 의정부에 아뢰어 처리하도록 하여주십시오'라고 하였습니다."

**228** 앞의 「동학당 사건 회심전말」에 별첨된 「1894년 12월 3일 法務衙門에서의 宋廷燮 調査筆記 拔抄」, 「1894년 12월 5일 李容鎬 調査筆記 拔抄」 참조. 11월 2일 의정부에서 "전(前) 교리(校理) 송정섭(宋廷燮)이 경향 각지에 출몰하며 왕명을 사칭하여 난을 선동하고 있다고 하니 듣기에 놀랍습니다. 법무아문에서 잡아다 엄히 조사하여 아뢰어 처리하도록 하는 것이 어떻겠습니까?"라고 아뢰자 고종은 이를 곧바로 윤허하고 비답을 내렸다. 계초존안; 사료 고종시대사 18〉1894년(고종 31년) 11월 2일〉의정부, 왕명 사칭자에 대한 처벌을 건의함.

**229** 노성 유림들의 창의 계획에 대해서는 장영민, 「대원군의 동학농민군, 보수양반 동원 기도에 관한 고찰」, 『중산 정덕기박사 화갑기념 한국사학논총』, 1996. 12 참조. 위의 擧義에는 '長谷의 尹都事(始炳?)', '尹進士 滋參(泉洞 거주)', '尹碩士 相玉(蔚山 거주)', '尹都事 始炳', '尹進士 滋重 등 윤씨家의 인물들이 많이 참여했다. 장영민의 위 논문을 비롯하여 오영섭, 황태연 등의 여러 연구들은 노성 윤씨가에 전해진 밀교를 고종이 국쇄를 찍어 '별입시'들을 통해 직접 보낸 것이라 단정하였으나, 사실 여부는 알 수 없다. 이에 대한 자세한 논의는 지면관계상 후속연구로 미루고자 한다.

유(密諭)를 각각 전달했는가"라고 질문하자, 윤진사를 만나기 위해 노성을 찾았으나 밀유를 직접 전달하지는 못했고, 또 어느 절(정수암, 노성 윤씨가의 원찰)에서 동학군에게 '3통의 밀유'를 탈취당했기 때문에 연산의 '김대신(광산 김씨가) 손자 집', 그리고 '옥천의 송대신(은진 송씨가) 집'을 방문했으나, 말로 사정을 설명했을 뿐 밀유를 전달하지는 못했다고 답변했다.[230]

물론 고종 명의의 '밀지'(조가밀교)가 사실인지 여부는 물론이고, 호서의 대표적인 노론가(恩宋, 光金, 魯尹)에 고종의 밀교를 전달하려 했다는 송정섭의 진술을 어찌 받아들여야 할지, 더 나아가 노성 지역 유생들이 '조가밀교'에 따라 최익현을 소모장으로 모신 것(혹은 이를 수락한 것)이 사실인지 등을 구체적으로 확인할 방법은 현재로서는 없다. 하지만 10월 13일경 일본군이 수촌도소에서 압수(노획)한 호주대의소 명의의 9월 11일자 통문을 통해 확인할 수 있듯이, 이 사건으로 말미암아 조가밀교 소문이 공주 지역 동학군들 사이에 널리 확산된 것은 어느 정도 사실로 보인다. 1905년 11월 을사조약이 체결되자 최익현은 다음해 1월 노성 궐리사(闕里祠)에서 열린 강회(講會)에 참여하여 회집한 인근 지역 유생들과 함께 종국을 보호하고 원수들을 제거해야 한다는 취지의 약문(約文: 맹약)을 채택했다. 이로 미루어 보면, 최익현은 노성 윤씨가와 긴밀한 관계를 가지고 있었던 것으로 보인다.[231]

당시 노성 유생들의 움직임을 상세히 보여주는 자료는 「동학당 사건 회심전말」에 별첨되어 있는 「구완희 일지」[232]이다. 구완희는 8월 21일 공주부를 출

---

**230**  「1894년 12월 3일 法務衙門에서의 宋廷燮 調査筆記 拔抄」(별지 제2호 III-3), 「동학당 사건 회심전말」.

**231**  『勉菴集』. 雜著 「魯城闕里祠 講會時誓告條約」; 박민영, 『대한 선비의 표상 최익현』, 151~152쪽 참조.

**232**  「구완희 일지」는 평소에 임기준, 이유상과 알고 지내던 구완희가 노성 지역에서 직접 관련

발하여 며칠간 이인점, 노성 관아, 정산 건지동 등을 돌아본 뒤 위 일지를 작성했다. 위 일지에는 이인 지역 동학군(都執 金昌順)이 노성 관아를 습격하여 무기를 탈취했다는 사실, 송정섭이 창의를 권하는 '고종의 밀지'(위조 밀지?)를 가지고 노성 윤씨가와 공주 지역의 12개 포(包)를 두루 '순시'했다는 사실, 최익현(소모장)이 노성 군수에게 보내는 글을 가지고 송정섭을 만났을 뿐 아니라 정수암(노성 윤씨 원찰)을 중심으로 은밀하게 주변 유생들을 불러들였다는 사실, 노성 군수를 포함하여 신창(군수?) 강원영(姜元永), 도사 윤시병, 진사 윤자중 등이 송정섭이 가지고 온 고종 명의의 밀지를 함께 본 뒤 서로 눈물을 흘렸다는 사실, 구완희가 노성 민요를 주도한 동학도를 꾸짖기 위해 각포 접주들을 소집하였으나 모두 잠복하고 도주했다는 사실, 건평접주 이유상을 호출하였으나 자신이 거느리던 포군 70여 명을 데리고 어디론가 떠나버렸다는 사실,[233] 이유상 집단이 떠난 이후 인근의 동학도들이 다시는 기포하지 않겠다고 맹세했다는 사실, 노성에서 금강을 건너 정산 건지동(현재 안심리)으로 가서 그곳의 접주인 김모[234]를 포박하려 했으나 이미 도주하고 없었다는 사실 등이 상세히 서술되어 있다. 「구완희 일지」는 위의 밀지 사건과 최익현이 어떤 관련성을 가지고 있었는가를 아래와 같이 기록했다.

주승(住僧)이 전하는 바에 의하면, "이달 초 최판서(崔判書: 최익현—인용자)가 교자

---

자들을 만나 탐문한 내용을 기록한 일종의 復命書이다.

**233** 「구완희 일지」에 따르면 이유상은 "전봉준의 심복이 되어 宋某(송정섭)와 더불어 서로 협력"하였다고 하나 노성 윤씨가(창의계획)와 어떤 관계를 맺고 있었는지는 알 수 없다.

**234** 앞서 소개한 「호서창의소제생등상서」에 따르면 (건)지동 접주는 金基昌이었다. 하지만 건평 접주 이유상과 마찬가지로 김기창도 배도귀화하지 않고 공주 점거투쟁에 적극 참여하였다.

를 타고 먼저 왔고, 송교리는 동학도들에게 창의를 권장하는 '윤음'을 가지고 와서 각 포(包)를 순시하였으며, 또 여기에는 종사관의 도장이 찍힌 글이 있었다. 최판서는 완남(完南: 호남—인용자)으로 내려가고, 송교리는 암자에 머물면서 읍촌을 왕래하였는데 출입이 일정하지 않았다". 송교리가 온 이후 모든 윤씨 및 근읍(近邑) 사대부의 교자와 기마가 날마다 뒤따르니 돈과 양곡은 윤씨 재궁(齋宮)에 두었다가 진상하였는데 그 후 가까운 읍의 각포가 모두 연락하였다. 또 본읍 군수가 쌀 한 섬을 보내오자 근처 부호들도 모두 이에 따랐다.

주승이 진술한 바를 사실로 받아들이는 경우, 공주 점거투쟁 직전 시기 노성을 중심으로 공주 인근 지역에서 상당 수준의 항일의병(의려)이 준비되고 있었다고 보아야 한다. 그렇다면 거의 계획이 돌연 중단된 것은 어떤 이유 때문일까? 분명치는 않으나, 평양전투 이후 사정이 여의치 않자 고종 및 민씨 세력이 거의 계획 자체를 중단시켰거나, '조가밀교'가 대원군 세력이 조작한 가짜밀지(위조밀지)라는 사실을 여러 경로를 통해 확인했기 때문이라 판단된다.[235]

지금까지의 연구들은 남접집단과 대원군 밀지설의 관련성(소위 밀약설)만을 문제 삼았으나, 이상의 정리에 근거해보면 대원군 밀지나 조가밀교 소문은 호남 지방보다는 호서 지역에서 더욱 극성했던 것으로 보인다. 예를 들면, 서장옥, 장두재, 박동진, 박세강, 또는 전교리 송정섭, 이용호 등 밀지설이나 밀교설과 관련하여 이름이 오르내리는 인물들이 대부분 호남 출신이 아니라 호서 출

---

235  갑오변란에도 불구하고 의병 활동이 본격화하지 않은 것은 당시 위정척사계 유생들이 대부분 反대원군적인 성향을 가지고 있었기 때문이다. 최익현은 10여 년에 이르는 대원군 집정체제(고종 친정체제 출범)를 무너뜨린 반대원군 세력의 선봉장이었다. 최익현과 대원군의 관계에 대해서는 유영익, 앞의 책, 1~28쪽 참조.

신이거나 호서 지역과 깊은 연고를 가진 인사들이었다는 것,[236] 이준용을 앞세운 쿠데타 모의 세력도 남접집단이 이끄는 호남 동학군보다는 오히려 서장옥, 임기준 등이 이끄는 호서 동학군의 활동에 더 큰 기대를 걸고 있었다는 것, 밀지 계획(이준용 쿠데타 계획)에 따라 경사(京師)에 만인소청이 설치되는 경우 북접 교단의 신임이 두터운 이용구를 소두로 삼으려 했다는 것 등은 밀지설이나 밀교설의 진원지가 호남이 아니라 호서, 특히 공주 지역이었음을 시사한다. 전봉준은 회심에 참여한 일본영사가 송정섭을 아느냐고 질문하자, 단지 충청도 소모사라 들었을 뿐이라고 답변했다.[237] 그러나 앞의 누설 방지 지시문을 통해서도 확인할 수 있듯이 부여와 노성 지역의 거의 계획은 물론이고 임기준 집단의 항일연대 활동 등에 대해서도 이미 상당량의 정보를 가지고 있었다고 판단된다.

대원군 밀지나 조가밀교의 핵심 메시지는 지방수령이든 척사유생이든 동학도든, 충군애국지심을 가진 사민(충의지사)들은 모두 나서서 항일의려를 결성하라는 것이었고, 이런 메시지는 갑오변란 직후 시기 동학군은 물론이고 각지의 척사유생들에게도 상당한 호소력과 영향력을 가지고 있었던 것으로 보인다. 주지하듯이, 갑오변란 이후 일본 정부가 가장 우려했던 상황은 조야의 유

---

**236**　송정섭은 노성 尹氏家와 일정한 관련이 있는 인물이고, 이용호는 本家가 報恩 南鶴里였고, 서장옥, 임기준, 박동진, 박세강 등도 모두 호서 출신 동학도였다. 지금도 그러하나 그때도 地緣은 정치사 이해의 중요한 변수였다. 장영민이나 오영섭의 주장처럼 남접집단과 접촉한 이건영, 그리고 송정섭, 이용호, 윤갑병 등이 雲邊人이 아니라 오히려 別入侍였을 수도 있으나, 사실 여부는 알 수 없다.

**237**　"問: 知宋廷燮乎", "供: 但聞 忠淸道召募使之所聞矣".「乙未二月十一日全琫準再招問目」. 난리통에 입지한 노성 윤씨家는 동학군 지도부의 보호 아래 처마가 일부 그을린 것 외에 별다른 피해가 없었다고 한다. 충남대학교 마을연구단, 『충남 지역 마을지 총서 ⑧ 논산 병사마을—호서 삼대 명족(名族) 노성 윤씨가의 옛터전』, 대원사, 2014 참조.

생들이 동학군과 애국적 사민들을 규합하여 강력한 항일의려를 형성하는 것이었다. 1894년 5월 30일자 『시사신보(時事新報)』의 논설 「조선 동학당의 소동에 대하여(朝鮮東學黨の騷動に就いて)」는 당시 일본 정부의 우려를 가장 함축적으로 정리한 것이라 여겨진다.

그 당(黨)에 대한 양상을 들어보면, 특별히 통솔하는 자가 없이 완전히 오합지졸에 지나지 않는다. 그 세력이 더욱 커지는데 현 정부에 대해 불평을 품고 있던 사인(士人)까지 그 대열에 합류하여 오합지졸의 무리를 통솔하기라도 하면 너무나 큰 일이 되며, 혹은 계림팔도(鷄林八道)에 널리 퍼져 결국 정부를 무너뜨릴지도 모를 일이다.

물론 이런 일은 현실화되지 않았다. 하지만 누군가의 기대와 희망대로, 노성 윤씨, 광산 김씨, 은진 송씨가의 척사유생들이 최익현[238]을 소모장으로 하여 '항일의려'를 형성하고 여기에 남북접 동학군이 연대할 수 있었다면, 1894년 어셈블리는 우리가 알고 있는 것과는 전혀 다른 방향으로 흘러갔을 가능성도 있었다.

1차 봉기 때와 마찬가지로 공주 점거투쟁 시기에도 일본 정부 측이 가장 우려했던 상황은 남북접 동학군의 연대, 그리고 충군애국지심을 가진 사민(士民)

---

238 갑오변란 직후 갑오정권은 최익현에게 공조판서를 제수했으나 거절당했다. 『일성록』; 사료 고종시대사 18 〉 1894년(고종 31년) 7월 1일 〉 고종, 최익현 등에게 관직을 제수함. 당시의 소문에 따르면 최익현의 입각을 추천한 것은 갑오정권의 내무대신인 유길준이었다고 한다. 『오하기문』, 『경난록』 등 참조. 이런 사실은 최익현이 갑오정권이나 조야의 유생, 심지어는 동학군들에게도 상당한 신망이 있었음을 반증한다. 1898년 12월 최익현은 중추원 위관들에 의해 민영환, 박정양, 박영효, 서재필 등과 함께 '정부 대신급에 임명할 11명의 材器可堪者'의 한 명으로 선출될 정도로 명망이 높았다. 〈한국사 DB〉 참조.

들이 거족적으로 항일연대(義旅)를 형성하는 것이었다.[239] 그렇다면 공주 점거투쟁 시기 동학군의 호소에도 불구하고 지방수령이나 척사유생들이 동학군과 연대하지 않은 것은 어떤 이유 때문일까? 가장 큰 이유는 일본군의 최신식 무기나 동학군의 무기 열세 때문이라기보다는 역시 양자 모두 서로 연대하고 협동하는 정치적 힘을 가지고 있지 못했기 때문이라 말해야 옳다. 공주 점거투쟁 시기 대규모 군중집회와 무장시위를 통해 경군·영병과 이교·시민의 내응과 호응을 이끌어 낼 수 있었다면, 그리하여 밀지나 밀교대로 조야 유생들의 주도로 거족적인 항일의려를 형성할 수 있었다면 공주 점거투쟁의 향배나 향후의 역사는 어떻게 달라졌을까? 이 책을 집필하면서 필자가 자주 떠올렸던 의문이자 질문이었다.

---

239 "[호남의] 동학당이 아무리 창궐한다 하여도 한 발의 파열탄을 쏘면 곧 진정될 것이 틀림없지만, 시일이 걸리면 혹 충청도의 적이 이들을 응원할 염려가 있으므로 하루라도 빨리 동학당을 진압함이 매우 필요하다." [駐韓日本公使館記錄 1권] 〉 一. 全羅民擾報告 宮闕內騷擾의 件 一 〉(4) [東學黨 再起에 관한 諸報告](양력 1894년 5월 8일=음력 4월 4일: 杉村 臨時代理公使→陸奧 外務大臣).

2부

공주 점거투쟁의 전개 양상

남접·호남 중심 농민전쟁론에 기초한 사건사 서술은 우리 학계의 오랜 관행이다. 하지만 주로 호남에서 벌어진 1차 봉기와는 달리 공주 점거투쟁의 중심무대는 공주와 호서였고, 그 주체는 전봉준이 이끌고 북상한 호남 동학군(원정대)이 아니라 북접 교단이 기호와 호서, 영남 등지에서 동원한 동학군이었다. 논산회집 시기 초모 활동을 벌였다고는 하나, 공주 점거투쟁 시기 전봉준이 직접 지휘한 호남 동학군의 규모는 1만여 명을 넘지 않았음에 반해, 공주 점거투쟁에 직접·간접적으로 참여한 북접계 동학군의 숫자는 십만여 명에 가까웠다.

　　기존 연구들은 2차 봉기나 공주 점거투쟁의 전개 양상을 서술할 때 삼례 재기포(9월 10일)와 호남 동학군의 북상(10월 12일경) 사실을 유별나게 강조하나, 사건사적인 관점에서 보면 2차 봉기는 갑오변란 직후 시기, 그리고 공주 점거투쟁은 남북접 지도부가 연대에 합의하는 9월 그믐 무렵부터 시작되었다고 보아야 옳다. 2부에서는 이 같은 문제의식에 기초하여, 남북접 동학군의 활동과 더불어 호서 각지에서 벌어진 척사유생들의 항일연대 활동이나 반동학군 활동 등도 시야에 넣으며, 공주 점거투쟁의 전개 양상을 정리해보고자 한다.

　　오지영은 『동학사(초고본)』에서 "의군(義軍)의 대본영(大本營)은 논산포에 있었다"(「南北調和」)고 서술하였다. 그러나 공주 점거투쟁 시기 남북접 동학군을 전체적으로 지휘하는 일종의 '중앙지도부'는 없었다. 당시 남북접 지도부는 구역과 방면을 나눈 뒤 각기 별개의 지휘체계하에서 서로 '통지'를 주고받으며 일종의 협동작전을 펼쳤다. 따라서 각 주체들이 남긴 기록들은 자신들이 앞세운 명분이나 전공(戰功)을 위주로 사건사를 재현하는 경향, 특히 자신들이 수행한 활동을 사건의 전체 혹은 중심으로 간주하려는 경향이 강하다. 예를 들면, 우치다 영사의 주도로 집필된 「동학당 사건 회심전말」은 전봉준 등의 범죄사실을 정리한 것이지, 사건의 자초지종을 총체적으로 다룬 총괄 보고서가 아니며, 『공산초비기』도 관군 측의 전공만 과장한 일종의 무훈담일 뿐이다. 이런 한계는 남접과 북접 집단의 회고자료, 또는 천도교와 시천교의 교단사 자료 등도 마찬가지이다. 이런 점들을 유념하면서 1장에서는 기존 연구의 성과와 문제점을 지적하고, 2장에서는 9월 그믐 무렵 남북접 지도부가 남북접 연대와 더불어 공주 점거투쟁을 합의하는 과정, 점거투쟁의 기본 방향과 방법을 살펴본 뒤, 3장에서는 2장의 논의를 바탕으로 공주 점거투쟁의 시기별 추이를 정리해보고자 한다.

# 남북접 연대의 성사와 공주 점거투쟁 합의

공주 점거투쟁의 자초지종을 온전히 재현하려면 다른 무엇보다도 먼저 남북접 연대 이후 양측 지도부가 합의·설계한 공동투쟁의 목표와 방법이 무엇이었는가를 규명해야 한다. 지금까지의 연구들은 남접·호남 중심 농민전쟁론에 의거하여 공주 점거투쟁을 서울 점령(驅兵入京, 起兵赴京)을 위한 중간전투나 조우전 정도로 이해했다. 하지만 선행 연구에서도 강조했듯이 공주 점거투쟁은 경사직향을 위한 중간전투가 아니라, 1차 봉기 시기 호남 동학군이 전주성(完쁄)을 점거한 것과 마찬가지로, 공주(錦쁄) 점거 자체가 목표였다. 점거 방법 또한 전주성 점거투쟁 때와 마찬가지로 물리적 폭력을 동원한 공성전보다는 무장시위를 통해 경군과 영병의 내응, 또는 이교와 시민의 호응을 유도하는 전술을 펼치고자 했다. 이 같은 문제제기에 기초하여 1절에서는 남접집단과 북접교단이 남북접 연대를 성사시키고 공주 점거투쟁을 합의·설계하는 과정, 그리고 2절에서는 재판 과정에서 전봉준이 이에 대해 직접 밝힌 진술인 「전봉준 공초」, 사건 당시 동학군 지도부가 작성한 상서와 고시, 『시천교종역사』 등 교단 자료, 북접 동학군에 참여했던 이들의 회고자료 등을 토대로 공주 점거의 목적과 방법이 무엇이었는지를 밝혀보고자 한다.

# 1. 동학군의 2차 봉기와 남북접 연대의 성사

일본군과 관군의 대대적인 토벌이 예상되자 남접 지도부는 9월 10일경 삼례에서 대도소를 설치한 뒤 재기포를 단행(선언)했고, 북접교단도 9월 18일 기포령을 발한 뒤 국왕직소를 통해 선사의 숙원을 풀고 나라의 급란을 해결하고자 했는데, 기존 연구와는 달리 이때는 남북접 연대가 성사되기 훨씬 전이었다. 그렇다면 남북접 연대는 언제 어떤 과정을 통해 형성되었으며 그 배경이나 동기는 무엇이었을까? 이러한 질문과 관련하여, 아래에서는 남접집단이 삼례 재기포(9월 10일)를 단행하고 이와 동시에 북접교단이 독자적으로 기포령(9월 18일)을 발하는 과정, 그리고 '9월 그믐' 무렵 남북접 연대와 더불어 공주 점거투쟁에 대한 합의가 이루어지는 과정 등을 재구성해보고자 한다.

## 1) 삼례 재기포(9월 10일) 전후 시기 남접집단 동향

6월 21일 갑오변란에 뒤이어 청일전쟁이 발발하자 전봉준 등 남접 지도부는 사태의 추이를 주시하며 어떻게 대처해야 할 것인지를 고민했는데, 기본 방향은 '집강소 체제'(혹은 도소 체제)를 유지하면서 정국의 추이를 관망한다는 것이었다. 7월 6일경 전라감사 김학진이 남원으로 사람을 보내, 함께 전주를 지키고 국란에 대처하자(共守全州同赴國亂)고 제의하자, 전봉준이 이에 호응하여 직접 전주로 가서 김학진과 '관민상화'를 약속한 것[01]도 이런 이유 때문이었다. 7월 17일 재영하좌우도소(在營下左右都所)가 무주집강소로 보낸 문건의 핵심 내용도, 일본군이 범궐하기는 했으나 "청나라와 전쟁 중이어서 그 예봉이 매우 날카로우므로 갑자기 맞서 싸웠다가는 그 화가 종사에 미칠지 모"르니, "물러

---

01    "喩琫準等約以同赴國難 使率道人共守全州." 『오하기문(이필)』 참조.

나 은둔하며 시세를 관망한 연후에 기세를 올려 계책을 펴는 것이 만전지책이"라는 것이었다.[02]

하지만 평양전투 이후 경부 병참선 인근에서 일본군과 관군의 동학군 탄압이 가속화되자, 남북접 지도부는 대응책(자구책) 마련을 서둘렀다. 1894년 8월 27일경 김개남, 전봉준, 손화중이 남원도회[03]에서 벌였다는 논쟁도 당시 남접 집단의 정세인식이나 대응책과 관련하여 시사하는 바가 많다.[04] 논쟁의 핵심은 일본과 청나라의 파병과 전쟁에 어떻게 대처할 것인가였다. 청국이 이기든 일본이 이기든 반드시 자신들을 진압하기 위해 군대를 파견할 것인데, 충군애국 지심을 가진 초야 사민들의 지지와 연대 없이는 이를 극복하는 것이 거의 불가능하다는 인식이 지배적이었다. 특히 '세상 인심의 향배'가 자신들에게 불리하게 돌아가고 있다는 인식은 이들의 운신폭을 더욱 좁게 만들었다. 1차 봉기 때와는 달리 남원도회가 열렸던 8월 말 무렵에는 호남 지역에서조차 긍정적 감응보다 공포의 정념이 더욱 커지기 시작했다.

---

**02** 『隨錄』;『일지』, 111~112쪽 재인용. 이 자료는 茂朱官衙에서 중앙의 公文, 全羅監營의 通知文, 그리고 각 관아에서 보낸 통고 등을 모은 것이다.

**03** 황현의 『오하기문』에 따르면 "개남이 도착하자 적들은 군복을 입고 나가서 영접하였는데 깃발을 들고 징을 치며 늘어선 행렬이 80리까지 이어졌다"고 한다. 당시 남원에 모여든 동학군의 규모는 김학진의 9월 20일자 보고에는 5~6만 명, 1894년 8월 25일경의 기록에는 7만여 명 정도였다. 『오하기문』, 『영상일기』, 『주한일본공사관기록 1』 관련 기록; 『일지』 관련 항목 재인용.

**04** 『오하기문』, 『일본공사관기록』; 배항섭, 「제2차 농민전쟁(반일투쟁의 전개)」, 449쪽. 당시 남원도회에는 호남뿐만 아니라 남접집단의 영향권 아래 있던 호서 남부 지역 동학도들까지 조직적으로 동원된 것으로 보인다. 『남유수록』(8월 28일)에서 "웅포 도인이 남원의 군회(軍會)에 가게 되어 웅포 일대 부유한 집에서 여비를 거두었는데 위령도 그 숫자 안에 들어갔다. 사람을 보내 집강이 있는 곳에 불러와서 잡아 가두었다는 얘기가 있었다"는 대목은 이를 보여주는 사례이다.

봉준은 개남에게 (A)"지금의 정세를 살펴보면 일본과 청나라가 계속 전쟁 중에 있지만 어느 쪽이 승리하든 틀림없이 군대를 옮겨 먼저 우리를 칠 것이다. 이렇게 되면 우리가 비록 인원수가 많다고는 하나 모두 오합지중에 불과하므로 쉽게 무너져 우리들이 소망했던 것을 끝내 실현할 수 없게 될 것이다. 사정이 이러하니 귀화한다는 명분으로 각자 사방으로 흩어져 상황의 변화를 지켜보는 편이 더 낫겠다"고 말하자, 개남은 "대중은 한번 흩어지면 다시 모이기 어렵다"는 이유를 들어 말을 듣지 않았다.

손화중이 도착하여 (B)"우리가 봉기한 지 이미 반 년이 지나갔다. 비록 호남 지방에서 큰 반향을 불러 일으켰다고는 하나(1차 봉기는 어디까지나 호남 단위의 봉기였다—인용자) 지식인 중에 조금이라도 덕망이 있는 사람은 추종하지 않았고 재물을 가진 사람과 선비들 또한 추종하지 않았으며(一道響應而士族 有聲者不從 擁貨者不從 能文之士不從), 우리를 추종하여 접장이라고 부르는 사람들은 대개 어리석고 천하여 남에게 해를 입히거나 빼앗고 훔치는 일을 즐거하는 무리들일 뿐이다. 세상 인심의 향배를 가늠해보면 일은 성사되기 어렵게 되었으므로 사방으로 흩어져 온전히 살아남는 길을 도모하는 것이 나을 것 같다"고 하였다. 개남은 이 말 또한 듣지 않았다.(『번역 오하기문』, 227~228쪽)

그렇다면 신중·관망론을 피력했던 전봉준 등이 9월 10일경 삼례에 대도소를 설치한 뒤 재기포를 단행한 것은 어떤 이유 때문일까? 이때 당연히 주목해야 할 것이 이른바 이준용을 앞세운 쿠데타 세력의 동향이다. 앞서도 강조했듯이, 전봉준 등 남접집단이 삼례에 (호남)대도소를 설치하고 충의지사의 동참을 촉구하는 통문을 돌린 것, 영호 대접주 김인배 등이 충경대도소 명의로 '진주(충경=영호)대도회'의 소집을 알리는 방문을 내건 것, 공주 지역의 동학군 집단이 호주대의소 명의로 공주호서구접 앞으로 거의(擧義) 통문을 보낸 것 등은 모두 9월 10일 전후였는데, 이런 움직임들은 쿠데타 세력과의 연관 속에서 진행된 일련의 활동이라 판단된다. 하지만 전봉준이 재판 과정에서 공주 점거투쟁(공주 원정)과 대원군 밀지설(사주설)의 연관성을 극구 부인했듯이, 공주 점거투쟁은 대원군 밀지설과는 직접적인 관련성이 없는 사건이었다. 특히 9월 10일 재기포 이후 곧바로 북상(구병입경)하지 않고 9월 그믐 남북접 연대가 성사된 이후(10월 12~16일경)에야 북상(공주 원정)을 시작한 것은 이를 보여주는 유력한 증거이다.

삼례 재기포 시기 호남 동학군은 구병입경이나 기병부경을 호언하며 식량과 무기를 모아들였다(『일지』 참조). 재판(회심) 과정에서도 일본영사가 "네가 봉기를 다시 일으킨 것은 대원군의 효유문을 믿지 못해서이냐?"라고 심문하자, 전봉준은 "아래의 실정이 위에 도달하기 어려웠고, 위의 은택이 아래에까지 다하기 어려웠기 때문에 기어코 일차로 서울에 이르러 민의를 상세히 개진하고자 함입니다"라고 답변했다.[05] 이렇듯이 「사발통문」이나 「무장포고문」 등에도 보이는 경사직향, 구병입경 주장은 국왕직소 혹은 경사대도회를 언급한 것이지, 정변이나 혁명을 언급한 것이 아니었다. 1차, 2차 봉기 모두 동학군의 궁극 목표는 서울에 만인소청을 설치하고 '국왕직소'를 감행하는 것이었다. 기포령 시기 최시형이 "모여서 정성을 다하여 임금의 귀에 들어가도록 크게 부르짖어(大叫天威絃纊之下) 선사의 숙원을 풀고 나라의 급란(急亂)을 해결하기 위해 함께 노력해야 한다"고 한 대목(후술 참조)도 당시 동학군의 투쟁 목표가 내전이나 혁명이 아니라 국왕직소 또는 경사대도회였음을 보여준다.

하지만 삼례 재기포 이후 남접 동학군은 기병부경보다는 일본군과 관군

---

**05**　"下情難於上達澤難於下究故期欲 一次抵京 詳陳民意." 「乙未二月十九日全琫準五次問目日領事問」.

의 공격으로부터 호남 근거지를 지키기 위한 수세적인 활동에 주력했다. 그 이유는 밀지 계획이 파탄났다는 사실을 확인했거나, 세불리 역부족을 절감했기 때문이라 판단된다. 황현의 『오하기문』에서 "전봉준은 서울 병력이 내려온다는 소식을 듣고 이에 대항하기 위해 대영(大營)을 이끌고 전주에서 나와 삼례에 진을 치고 충청 지방의 동정을 살폈다"거나, "진을 펼쳐 큰 길을 차단하고 주변 읍에서 양곡을 징발하고 상인을 약탈하고 충청 전라 양도의 길을 끊어버렸다"[06]는 대목도 이를 시사하는 간접적인 증거들이다.

전봉준 등이 북상을 결행하지 않고 '충청 지방의 동정'을 살핀 이유는 당연히 호서와 기호 동학군의 협조가 없이는 북상은 고사하고 호남 방어 자체도 불가능한 형편이기 때문이었다. 하지만 기대가 컸던 임기준 집단은 9월 9일 대원군 효유문에 대한 답서 형식으로 자진해산을 선언했고, 대원군 밀사를 자처하던 박동진과 박세강 등은 9월 17일경 금강나루에서 공개처형되었다. 게다가 9월 이후 일본군과 관군의 공세가 강화되자 호서는 물론이고 호남 각지에서도 반동학군(의병=유회군, 민보군, 수성군) 활동이 활기를 띠는 등 민심의 향배가 심상치 않았다. 오지영의 지적처럼 9월 그믐 무렵 남북접 연대가 성사된 것은 이런 정세와 조건 가운데서였다.

### 2) 기포령(9월 18일) 전후 시기 북접교단 동향

『시천교종역사』나 『천도교회사(초고)』 등 교단사 자료들이 한결같이 강조하

---

06 "全琫準 聞王師南下 欲逆拒之 拔大營 自全州出屯參禮 以窺湖西列陣 截大路 徵糧近邑 掠商旅 兩湖路絶."〔梧下記聞〉三筆〉全琫準 聞王師南下 欲逆拒之 拔大營]. 會審에 참여한 일본 영사가 '왜 삼례에서 재기포했으냐'라고 질문하자 전봉준은 "이 땅은 도로(道路)가 네 곳으로 통하고, 역촌(驛村)이기도 했기 때문일 따름입니다"라고 답했다. 「乙未三月初七日全琫準四次問目 日領事問」.

듯이, 1차 봉기 시기 북접교단은 '때가 아니므로 자중해야 한다'[07]는 입장을 견지했다. 박맹수는 최시형이 1894년 4월 6일 '호남의 무리들이 모두 타살되기를 기다릴 수 없으니 청산 소사전으로 모이라'는 내용의 통문을 돌렸다는 충청감사의 보고(첩보)[08]를 토대로 북접교단도 1차 봉기에 적극적으로 참여했다고 주장했으나, 『시천교종역사』 등에 따르면, 북접교단은 여러 차례 통유문이나 계칙문을 돌려 금찰을 강화하였다.[09] 북접교단 측이 8월경 11개조의 금석지전(金石之典)을 통해 "법소와 포덕소의 문빙 없이 마음대로 취당하는 사람은 즉시 명단[記名案]에서 제명할" 것을 지시한 것도[10] 위와 유사한 취지의 조처였을 것이다. 하지만 북접교단의 통제에도 불구하고 갑오변란 직후부터 공주 지역 등 호서 각지에서는 동학군의 집회와 시위가 연이어 벌어졌다. 보은군수 정인량(鄭寅亮)의 7월 7일자 첩정에는 보은 지역 동학도들이 척사거의를 표방하며 군수를 창의두령으로 모시고자 했다는 내용이 주목된다.

---

07 "玄機不露 勿爲心急 此是先師之遺訓也. 運旣未開 時亦未至 勿爲妄動 益究眞理 毋違天命也." 『시천교종역사』; 신영우, 「제2차 동학농민전쟁(동학농민군의 재기)」, 432쪽 재인용. 동일한 내용이 『천도교서』에도 보인다. "運이 아직 未開하고 時가 또한 未至하엿나니 妄動치 勿하고 眞理를 益究하야 天命을 勿違하라."

08 박맹수, 「동학농민혁명기 해월 최시형의 활동」, 『개벽의 꿈』, 286쪽. 충청감영의 보고는 『兩湖電記』, 『東匪討錄』, 『주한일본공사관기록 1』(〈한국사 DB〉 참조) 등에서 확인된다.

09 "우리 道의 宗旨는 진실로 輔國安民에 있다. 다행히 국왕의 은혜를 입고 지금 귀화하려고 하는 바 어찌 天德을 더럽히고 감히 국명을 어길 것인가. 道人이라 칭하면서 본업인 농업에 힘쓰지 아니하고 민심을 선동하면 이는 곳 亂徒이다. (…) 뜻을 준행하지 않으면 단연코 법에 따라 조처할 것이다"라는 대목은 이를 보여주는 하나의 사례일 수 있다. 「駐韓日本公事官記錄 3」, 213쪽.

10 侍天敎宗繹史 〉侍天敎宗繹史 第二編下 〉第十一章 甲午敎厄. 이외에도 다른 포(包)의 교도가 혹 강제로 침탈하는 폐단이 있으면 이름을 밝혀서 법소(法所)에 빨리 알릴 것, 각 포의 사무는 크든 작든 막론하고 한결같이 법소(法所)와 포덕소(布德所)의 지시를 따라 경건하게 봉행할 것 등, 법소와 포접조직의 위상을 강화한 대목 등이 주목된다.

지금 소요하는 때를 당하였으니 마땅히 창의해야 하는데, 수령께서 이미 행차하셨으니 우리들의 창의두령이 되어주셔야 되겠습니다'라고 하였습니다. (…) 녹명기(錄名記)를 지어 바치고 머리제목을 '사유창의(士儒倡義)'라 쓰고, 도약장을 군수라 쓰고, 부약장은 그 두령들을 차례로 썼으며, 이방의 이름도 써넣었습니다. (…) 사유창의하는 자는 도약장 정인량, 약장 임규호·황하일·이관영·김재현, 이방 이상준"이라고 하였습니다.(『금번집략』, 1894년 7월 7일조)[11]

갑오정권이 1894년 7월 9일 학무협판 겸 군국기무처 의원인 정경원을 삼남 선무사로 임명한 뒤 곧바로 호서 지역으로 향하게 한 것[12]도 호서 동학도의 활동이 활발했기 때문이었다. 기호나 호서 동학군이 1894년 8월 들어 이미 각자 기포(各自起包)한 상태였다는 사실은 「이종훈 약력」에서도 확인된다. 가령, 위 자료에 따르면 "갑오년 6월과 7월 사이에 사방 각 군현에서 동학군을 일일이 체포하는 까닭으로, 각포로 통문을 돌려 한 곳으로 모두 집합하여 함께 죽는 것이 당연한 일이라고 하고, 8월에 기포하였다"는 것이다.[13] 기호 출신인 이종훈과 임동호의 약력, 그리고 『시천교종역사』와 권병덕의 「갑오동학란」 등에 따

---

11  신영우의 연구에 따르면 위에 언급된 인물들은 북접교단 내에서 상당한 세력을 가진 접주들이었다. 배항섭은 이런 사실을 근거로 일본군이 범궐한 직후부터 북접교단 내에도 '倡義' 분위기가 형성되고 있었다고 보았다. 신영우, 「제2차 농민전쟁(동학농민군의 재기)」, 434~435쪽.

12  7월 말부터 8월 초에 걸쳐 정경원은 충청 지역 각지의 유력한 접주(各接中 統攝之人)들을 탐문하여 집강으로 차정(執綱별)하고 동학도들을 회유하는 정책을 펼쳤다. 「홍양기사」; 『일지』, 110쪽 재인용. 신영우의 연구에 따르면 당시 청산에는 '八路都執綱', 또는 '八路都省察과 副省察' 등의 직함을 가지고 활동하던 인물도 있었다고 한다. 「討匪大略」; 신영우, 「제2차 농민전쟁(동학농민군의 재기)」, 436쪽 재인용.

13  「이종훈 약력」; 『신국역총서 1』, 136쪽.

르면, 8월경부터 일본군과 관군에 쫓긴 기호 지역의 동학도들은 막강한 교세를 바탕으로 강력한 근거지를 확보하고 있던 충주 황산도소로 모여들기 시작했다고 한다.[14] 이렇게 하여 큰 집단을 형성한 황산도소는 이종훈(편의장)과 이용구(편의사)를 보내 선무사 정경원과 면담을 하게 하는 한편, 가흥병참부에 서찰을 보내 자신들과 1차 봉기를 주도한 남접집단(金賊)과는 '가라지와 벼만큼 다르다'는 점을 강조하는 등 타협책을 마련하기 위해 부심한 것으로 보인다. 앞서 언급했듯이 호서 각 군현에 집강을 두어 관민상화를 도모하고자 한 것도 이 무렵이었다고 판단된다. 하지만 일본군과 관군의 탄압이 더욱 강화되는 등 모든 노력이 수포로 돌아가자 또 다른 대응책을 마련하지 않으면 안 되었는데, 이런 과정에서 등장한 것이 9월 18일의 기포령이었다. 『천도교서』는 최시형이 기포령을 발하는 과정을 아래와 같이 요약 정리하였다.

(A) 어시(於是)에 제도인(諸道人)이 신사께 입의(立義)하기를 청하야 왈 오배의 신천수도(信天修道)함이 실로 죄가 아니거늘, 금(今)에 '관리의 침학'과 '도중(道衆)의 상침(相侵)'이 수화(水火)가 불상용(不相容)함과 여(如)하야 오부모(吾父母)로 하여금 봉인(鋒刃)에 사(死)하며 오처자(吾妻子)로 하여금 구학(溝壑)에 입(入)케 하니, 여시불이(如是不已)면 장차 무유류(無遺類)한지라. 오배가 의를 장(仗)하고 기(起)하야 피액화(彼厄禍)를 제(除)코저 하노니 신사의 의(意)에 여하하시니잇고 (B) 신사가 왈 만일 동하되 불의하면 녕(寧)히 부동함만 불여(不如)하니 망동키 불가하다 하신대 제도인 왈 제자가 신사를 시(恃)하되 천(天)과 여(如)히 하거늘 사(師)가 어찌 제자를 불애하사 제자로 하여금 속수자진(束手自盡)케하시나니잇고 신사가 왈 약배(若輩)가 만약 아

---

14 신영우는 이들 집단을 '황산 집결군'이라 호명했다. 이들 집단의 구성이나 동향에 대해서는 신영우, 「북접 농민군의 충주 황산 집결과 괴산전투」, 2010 참조.

(我)를 천으로써 인(認)하면 동(動)함이 가하다 하시다.[15]

위의 인용에서 주목되는 것은 '관리의 침학'과 '도중의 상침'이 심해지자 각지 교도들이 '살 길을 찾기 위한 입의(立義: 擧義=倡義)'를 거듭 요청했다는 대목(A), 그러자 최시형이 "만 사람이 한번 일어나되 불의하면 차라리 움직이지 않은만 못하니 망동하는 것은 옳지 않다"거나, "너희들이 만약 만약 나를 하늘로 인정한다면 움직임이 가하다"(B)라고 말했다는 대목 등이다. 이런 대목은 기포령 무렵에는 전봉준 집단과의 연대나 공동투쟁은 안중에 없었다는 사실을 시사한다.

기존 연구들은 9월 18일 북접교단의 기포령을 남북접 연대의 산물, 즉 '전봉준과 협력하라'는 지시로 이해했으나, 이는 오류임이 분명하다. 예를 들면 『동학농민혁명사일지』(145쪽)에 보이는 ① 최시형이 각포의 접주들을 청산에 불러 모은 뒤, ② "교도들을 동원하여 전봉준과 협력하여"(『천도교창건사』, 동학사상자료집 2, 155쪽), ③ "선사의 숙원을 쾌신하고 종국의 급난에 동부하라"(『천도교회사초고』, 『동학사상자료집 일』, 461쪽)고 지시했다는 서술은 앞뒤가 뒤바뀐 착종이다. 왜냐하면 ②는 기포령 때가 아니라 10월 14일경 청산에서 치성식(출정식)을 거행할 때 최시형이 내린 유시이기 때문이다. 9월 18일 기포령 때 최시형이 팔역 교우들에게 내렸다는 초유문의 아래와 같은 대목은 이를 보여주는 유력한 증거이다.

사은(四恩)을 갚을 생각은 하지 않고 육적지욕(六賊之欲)을 일삼으며 (A) 척화를

---

**15**  天道教書 〉第二編 海月神師. 원문의 뜻을 충분히 살리기 위해 조사나 띄어쓰기만 일부 고치고 번역은 하지 않았다.

빙자하여 도리어 창궐을 일으키니 어찌 한심하지 않으리요(專事六賊之欲 藉稱斥和 反致猖獗 寧不寒心). 돌아보니 노물(老物)의 나이가 70에 가까운지라, 기식(氣息)이 엄엄(奄奄)허되 전발(傳鉢)의 은혜를 생각하면 눈물이 옷깃을 적시고, 어찌할 바를 모르겠도다. (B) 이에 통문을 발하노니 바라건대 여러분은 이 노부의 마음을 잘 살펴 기필코 회집(會集)하여 정성을 다하여 임금의 귀에 들어가게 크게 부르짖어(大叫天威絨纊之下) 선사의 숙원을 쾌히 펴고 종국의 급난에 동부(同赴)할 것을 천만천만 바라노라.[16]

위의 초유문에 따르면, 남접집단은 '연대의 대상'이 아니라 '토벌의 대상', 즉 '척화를 빙자하여 육적지욕을 일삼는 자들'일 뿐이며(A),[17] 위에 보이는 '동부하라=함께 하라'는 말(B)은 '전봉준(호남 동학군)과 연대하라'는 뜻이 아니라 모두 모여(會集: 都會=general assembly) "임금의 귀에 들리도록 크게 부르짖어, 선사의 숙원을 통쾌하게 풀고, 나라의 위기를 극복하는 데 함께하라"는 뜻이었다. 위 초유문의 서두에 보이는 "① 9월 18일에 대신사가 교도들의 참살 보고를 듣고 장차 천폐(天陛)에 원한을 호소하여(叫冤於天陛) 사(師)의 원통함을 풀어주고 산 사람의 생명을 구제하려고 각 포의 교두를 소집하였더니, ② 이에 청산의 장석(丈席)에 모여든 각처의 교도가 10만여 명이나 되었다"는 대목[18]의 ①은 기포령

---

**16** "刻期會集, 庶竭菲誠, 大叫天威絨纊之下, 快伸先師之宿冤, 同赴宗國之急難, 千萬千萬." 侍天教宗繹史 〉侍天教宗繹史 第二編下 〉第十一章 甲午教厄.

**17** 북접교단은 기포령 때는 물론이고 심지어 공주 1차 투쟁 직후인 10월 28일(대신사탄신일)까지도 많은 접주들이 모인 자리에서 '伐南'을 운운했다(후술 참조).

**18** "是月十八日, 師聞教徒慘殺之報, 將欲叫冤於天陛, 伸師冤救生命, 而招集各包教頭, 於是各處教徒之來詣于靑山丈席者十餘萬人, 其招諭文如左." 侍天教宗繹史 〉侍天教宗繹史 第二編下 〉第十一章 甲午教厄.

때의 상황을 서술한 것이나, ②는 기포령 때가 아니라 남북접 연대가 성사되고 공주 점거투쟁에 대한 합의가 이루어진 뒤, 특히 10월 11일경의 '보은회집' 상황을 묘사한 것이라 여겨진다. 기포령 당시 북접교단이 남벌론을 표방했다는 사실은 최시형이 일본군 수비대, 즉 주찰병참소나 각 병영에 보낸 편지글에서도 확인된다. "저의 접(接)은 부득이 의병을 일으켜 가서 [전적(全賊)을] 엄히 금집(禁戢)하는 일을 행할 것입니다. 군중이 총집합하는 날에 가서 귀국의 주찰병참소는 의아하게 생각하여 이웃나라의 우의에 손상이 있는 일이라고 보지 마시기를 간절히 바랍니다"라거나, "지금 우리 접(接)은 차마 가만히 앉아 그 곤욕을 받을 수 없어서 부득이 의병을 일으켜 가니, 대중이 집회하는 날에 가서 우리들은 응당 이해(利害)와 화복(禍福)으로 저 맹수 같은 성질을 가진 자들을 일시에 귀순시키고, 벌레 같은 자들을 당장에 굴복시킬 것입니다"라는 대목은 이를 보여주는 사례이다.[19]

9월 18일 기포령이 내려지자 기호와 호서의 동학도들은 충주 황산, 진천 광혜원장(안성 경계), 음성 무극장터(금왕읍) 등에서 대규모 집회와 시위행진을 벌이며 세력을 확대했는데,[20] 이는 전봉준과 연대하여 공주 점거투쟁을 수행하기 위해서가 아니라 최시형의 지시대로 국왕직소(叫閤, 大叫天威絨纊之下, 叫冤於天陛)[21]를 실천하기 위한 A/O 투쟁의 일환이었다고 판단된다. 주지하듯이 동학교단

---

**19** 侍天教宗繹史 第二編下〉第十一章 甲午教厄.

**20** 표영삼의 「손병희 통령과 동학혁명」(출처: http://www.chondogyo.or.kr/donghak6.html)에 따르면, 진천, 이천, 안성, 여주, 음죽 등지의 동학군은 광혜원, 손병희 충의대접주 휘하 동학군과 강원도 일부 동학군은 황산(현 음성군 금왕읍 황새마을), 충주 신재련 휘하의 동학군은 보들(洑坪, 현 금왕읍 도청리, 신평리 일대)에 모여 A/O 투쟁을 본격화했다고 한다. 하지만 근거 자료가 무엇인지는 알 수 없다.

**21** 『승정원일기』를 보면 叫閤(666건), 絨纊之下(455건), 難纊之下(738건) 등의 용어가 자주 보이는데, 이는 모두 국왕직소(상소)와 관련된 용어들이다. 〈한국사 DB〉 참조.

은 교조신원의 방법으로 국왕직소를 중시했다. 광화문 복합상소, 특히 보은도회 시기부터 각종 교단사 자료에는 상장규혼(上章叫閽: 『갑오동학난』), 충족규혼(裹足叫閽: 『시천교종역사』), 규혼지거(叫閽之擧: 『본교역사』)라는 말이 자주 보이는데, 1892년 12월 북접교단이 보은에 도소를 설치하고[22] 다음 해 봄 대규모 도회를 개최한 것도 한마디로 말하면, 국왕직소를 하기 위해서였다.[23] 서론에서도 강조했듯이 경사직향(『사발통문』), 구병입경(『사개명의』) 등의 슬로건도 주체의 성격, 또는 입경 당시의 상황과 조건에 따라 그 의미가 다를 수 있으나, 내전이나 혁명보다는 국왕직소를 의미하는 구호였다고 판단된다. 조경달 등은 국왕직소론을 '국왕 환상'의 산물이라 이해했으나,[24] 경사대도회, 즉 경사(京師)에서의 대규모 A/O 투쟁은 국내외의 각종 상황과 조건, 특히 어셈블리의 퍼포먼스 효과에 따라 정변이나 내란 수준을 넘어 다시 개벽을 지향하는 혁명으로 발전할 가능성도 충분히 있었다.

이종훈과 임동호의 회고에 따르면, 보은 장내리에서 이종훈은 3일, 임동호는 10여 일 동안 진을 치고 머물렀다고 하는 바, 공주 점거투쟁에 대한 구체적인 합의와 설계가 이루어진 것은 대략 이 무렵이었던 것으로 보인다. 요컨대 공주 점거투쟁에 합의한 이후 보은에서 전열을 갖춘 북접 동학군은 10월 14일

---

**22** "十二月六日에 神師가 大神師의 抑冤을 伸키 爲하사 將次 叫閽코져 하실새 先히 都所를 報恩帳內에 定하시다." 『천도교서』.

**23** "疏를 齋하고 閽에 叫하야써 大神師 萬古의 冤을 雪하는" 것(천도교서), "治疏叫閽, 將爲叫閽之擧 而廣收衆議하고 就事論事矣"(본교역사).

**24** 조경달은 '일군만민론(一君萬民論)'을 유교적 정치문화의 원리라 규정한 뒤, '갑오농민전쟁'의 주체들이 가진 '국왕 환상'도 여기에서 연유된 것이라 주장한 바 있다. 『近代朝鮮の政治文化と民衆運動—日本との比較』, 東京: 有志社, 2020, 23쪽. 하지만 이 책에서는 국왕직소를 목표로 한 A/O 투쟁(특히 경사대도회=만소·만민공동회)의 가능성과 잠재성을 더 강조하고 주목했다.

청산 문바위에서 치성식(출정식)을 거행했는데, 대규모 집회와 시위는 없었던 것으로 보인다. 『시천교종역사』는 일지 형식으로 「갑오교액」의 실상을 정리했는데, 이 부분의 서술을 축약하여 소개하면 아래와 같다.

(A) 10월 들어 이용구(황산), 신재련, 홍재길(충주), 정경수(안성), 고재당(이천), 박용구(음죽) 등 각지 교두들이 성세상응(聲勢相應) 보은 장내리와 청산 문바위 방면으로 모여들었다. 10월 6~7일 이용구가 이끄는 동학군이 괴산 읍내를 점거하기도 했다.

(B) 차시(10월 11일) 손병희 이용구가 보은 장내리에서 각포 동학군을 이끌고 청산 장석(丈席)에게 향하니, 신사가 각포 교두를 인견(引見)한 뒤 말씀하시길, 우리 교인들의 혐의는 3개월만 버티면 저절로 해결될 것이지만, 현재 다수의 교도가 '좌즉사(坐則死) 동즉생(動則生)'의 위기상황에 처했다. 금방 들으니 전봉준이 수만 명의 교도를 이끌고 공주로 향하고 있다는 소식을 들었으니, "그대들은 가서 전봉준을 만나 폭거를 중지하고 마음을 바꾸어 도모하면, 하늘의 뜻을 돌리고 선사의 원한을 풀 수 있음은 물론이고 생명도 지킬 수 있다는 점을 설득하라(仄聞全琫準, 率教徒數萬, 方向公州云, 君等須往會全琫準, 喩止其暴擧, 革心改圖, 則天意可回. 師冤可伸, 生命可保)"고 했다.

(C) 이에 문도(門徒)들이 모두 응명발행(應命發行)했는데, 오일상 강건회 일파는 회덕 등지로 향하고 손병희 이용구는 먼저 도중을 이끌고 전봉준과 미리 약속한 은진의 논산포로 향했다.

(A)는 기포령 이후 각자 기포한 기호와 호서의 동학군이 관군과 일본군, 또는 맹영재, 허문숙 등이 이끄는 민보군에게 쫓겨 황산도소와 보은도소 인근으로 몰려드는 상황, (B)는 공주 원정을 앞둔 시점에 최시형이 내린 유시 내용, (C)는 북접 동학군이 두 개의 대오로 나뉘어 오일상과 강건회가 이끄는 호중

동학군은 먼저 회덕을 거쳐 공주의 북문(대교, 장기대나루 혹은 금강나루) 방면으로 향하고, 손병희와 이종훈, 이용구 등이 이끄는 동학군은 전봉준군과 합류하기 위해 논산 방면으로 향했음을 보여준다. (B)에서 폭거중지 혁심개도 유시는 10월 14일 치성식 무렵 손병희를 메신저로 하여 최시형이 전봉준에게 전하라 지시한 유시인데, 공주 점거투쟁은 이러한 유시에 기초하여 합의·설계된 것이었다. 문경부사의 보고[25]에 드러난 보은 장내리의 당시 상황은 아래와 같다.

(A) 소위 최법헌은 지금은 청산 문암리에 살고 있는데 읍내와의 거리는 10리이다. 그는 수십만의 군중을 인솔하고 보은 장안에 모여 40여 리를 연락하고 있었으므로, 기세가 크게 떨치었다. 그리고 일본 통역관 4명을 살해하고 (…) 이상 10읍(邑)의 많은 적당들은 그 수가 각기 수만 명으로, 그들은 군기를 탈취하였을 뿐만 아니라 사창(社倉)의 환곡도 다 먹고 백성들의 양곡을 집치(執置)하여 군량으로 삼았다.

B) 전일에 일컬었던 법소(法所)와 도소(道所)를 지금은 창의소(唱義所: 倡義所의 오기)로 개칭하여 군호(軍號) 문자마다 모두 의자(義字)를 사용하고 있습니다. 그리고 그들이 말한 각 접주의 통문(通文)에는 대개, "벌레같은 왜추(倭酋)들이 일시적으로 날뛰어 경성(京城)을 침범하고 있으며 군부(君父)의 위태로움은 조석에 있고 종사의 위태로움이 신민의 철유(綴旈)에 있으니, 어찌 한심스럽지 않겠습니까? 그러므로 우리 접주들은 힘을 합하여 왜적을 쳐야겠습니다"라고 하였습니다. (C) 소위 녹두(綠頭)라고 불리는 전봉준(全鳳俊: 全琫準의 誤記)이 전라도 병사 수십만 명을 영솔하고

**25** 駐韓日本公使館記錄 1권 〉 五. 東學黨에 關한 件 附巡査派遣의 件 二 〉 (3) [報恩東學黨에 관한 報告(「該地東學黨動態探知書」)](양력 11월 17일: 仁川 中佐 伊藤→ 全權公使 井上). 문경부사의 위 탐지서는 「十一月十二日字(음력 10월 15일) 南部聞慶兵站司令部 出羽 少佐의 伊藤 砲兵中佐 前 報告書」에 별첨된 것이다.

공주에서 30리의 거리에 이르러 진을 치고 보은병(報恩兵)[26]과 서로 호응하고 있으므로 기세가 갑자기 확대되었습니다.

위의 '탐지서'에서 주목되는 사실은, 청산 문바위에 주석하던 최법헌의 지시로 수십만의 북접계 동학군이 보은 장내리에 모였다는 것(A), 둘째, 이와 동시에 법소 혹은 도소로 불리던 곳(시설 및 장소)을 창의소로 개칭하고 군호마다 모두 의자를 사용하기 시작했다는 것(B), 전봉준이 이끄는 남접 동학군이 이들과 서로 호응하기 위해 논산포에 진을 쳤다는 것(C) 등이다. 그 밖에 위 탐지서에는 경성 벽동에 사는 윤참군[갑병]과 전교리 이용호(본가는 보은 남학리)가 밀지를 가탁하여 민심을 선동하고 있다는 사실, 당시 보은창의소에 보은(최시형, 황하일, 강영석), 회인(유일수), 회덕(김복천), 충주(성두한), 옥천(박석규), 문의(오일상), 청산(이국빈), 청주(서일해), 영동(손광오), 황간(조경환) 등지의 동학군이 모여들었다는 사실, 청주는 9월 23일경부터 서일해(徐一海)라는 자가 수십만의 군중을 인솔하고 수십 겹으로 포위를 하고 있었으므로, 병사는 성문을 굳게 닫고 외부로부터의 원병을 기다리고 있다는 사실 등이 확인되는데, 크게 보면 공주 점거투쟁 직전 시기 북접 동학군의 동향을 가장 정확하게 파악한 정탐보고라 여겨진다.

### 3) 남북접 연대의 성사(9월 그믐)와 공동투쟁 합의

남접집단이 9월 10일경 삼례 재기포를 단행하고 북접교단이 9월 18일 기포령을 발하였으나, 두 집단 모두 일본군과 관군의 공세를 막아낼 방법이 묘연했다. 게다가 엎친 데 덮친 격으로 대원군 효유문과 더불어 고종의 선참후문 교

---

26　일본군은 '북접 동학군'을 '報恩兵'이라 호명했는데, 누차 강조했듯이 동학군을 '兵'이라 호칭한 것은 집단학살 피해자를 전사자라 호명한 것과 마찬가지로 일종의 역사 조작이다.

서 등이 삼남 일대에 전해지자 갑오변란 이후 척화거의를 도모했던 척사유생들조차 항일연대는커녕 도리어 반동학군 활동에 적극적인 관심을 보이기 시작했다. 기존의 연구들은 공주 점거투쟁의 배경으로서 남북접 연대가 가지는 의미를 무시하거나 간과하는 경향이 있었는데,[27] 그 이유는 남접·호남 중심 농민전쟁론 탓이다. 이런 까닭에 기존의 연구들 가운데 남북접 연대가 언제, 왜, 어떤 과정을 거쳐 성사되었으며, 연대의 구체적인 내용, 즉 연대가 성사될 때 양측이 합의한 공동투쟁의 1차적 목표와 방법이 무엇이었는지를 구명한 연구는 거의 없다고 해도 과언이 아니다.

남북접 연대가 성사되는 과정을 가장 상세히 보여주는 사료는 오지영의 『동학사(초고본)』[28]인데, 이는 1920년에 집필된 『천도교서』 「제2편 해월신사」의 해당 내용[29]과도 대략 일치하는 것으로 보아 신빙성이 있는 기록이라 여겨진

---

**27** 조경달은 북접교단이 공주 점거투쟁에 참여한 사실은 물론이고 남북접 지도부가 서로 연대했다는 사실조차 부정했다. "남북접은 원래부터 봉기의 목적도 달리했고 그 기반도 차이가 있어서 구국의 연합을 맺는 것은 기본적으로 불가능한 일이었다"라거나, 북접교단이 기포한 것은 '自衛' 때문이었지 "남접집단과는 달리 항일도 반정부도 표방하지 않았다"라는 주장 등이 그러하다. 조경달, 『異端の民衆反亂』, 제9장 제3절 南北接의 '連合'—抗日 反開化와 伸冤, 296~303쪽.

**28** 『동학사(초고본)』은 남북접 연대 문제를 서술할 때 '南北調和'라는 제목을 선택했으나 출간된 『동학사』는 '南北接 爭端'으로 바꾸었다. 오지영은 「天道沿革大概」에서 남·북접집단의 형성과 갈등 과정을 아래와 같이 요약 정리했다. "甲午春에 湖南地方 道人이 倡義文을 돌니고 革命亂을 일으키어 斥倭斥洋 輔國安民 八字로 旗를 세운 일이 잇섯다. 湖西에서 此를 不可라 하야 南北接이라는 名稱이 생겨 爭論이 極烈하엿다가 乃終 同門同族에 同死同生이 可타는 主張으로 和合된 일이 잇섯다." 東學史(草稿本)〉天道沿革大概.

**29** 『천도교서』에도 2백 자 분량의 간단한 설명이기는 하나, "金邦瑞 吳知泳 二人이 參禮驛에 至하야 全琫準 金開南을 見하고", 전봉준과 김개남을 설득하여 '盟誓를 定'했다는 것, 그런 뒤 "吳知泳이 金邦瑞 劉漢弼로 더부러 報恩에 往하야 其 事實을 神師께 具告한대, 神師가 吳知泳으로 하여곰 湖南都禁察을 삼으사 各包에 亂法者를 禁戢케 하"였다는 서술 등이 보인다.

다. 오지영(익산), 김방서(금구) 등 호남 지역의 북접계 지도자들이 남북접 연대에 적극적인 관심을 보인 것은 남접계 동학군의 집요한 '동참 요구' 때문이었다. 오지영의 『동학사(초고본)』에 보이는 "처음은 언쟁으로, 나중에는 육박전으로 극단에는 살상의 폐까지 생기었다"거나, 이로 인하여 "전라도 북편에 있는 도 중인심은 극도로 공포 중에 싸였었다"는 서술[30] 등은 당시 양측의 갈등이 얼마나 심각했는가를 잘 보여준다.

오지영이 남북접 연대(調和)의 배경으로 강조한 것은 일본군과 관군의 탄압, 그리고 동학 내부의 갈등과 대립이다. 특히 후자와 관련하여 "동학당은 본래부터 소위 연원당파의 폐풍이 많았었고 겸해 지방적 편벽 색채까지도 없지 아니하"였다는 서술, "호남 포중에서는 혁명적으로 일어서자거니 호서 포중에서는 교화적으로 하자거니 하는 의견이 서로 달라 충돌이" 자주 발생했다는 서술, 그리하여 급기야 "호남의 창의 일파는 북접파 보기를 구적(仇敵)과 같이 하였고 북접파 사람이 남접파 보기를 또한 사갈(蛇蝎)과 같이 하였다"는 서술 등은 『시천교종역사』 등을 통해서도 확인할 수 있다. 이와 관련한 『동학사(초고본)』의 서술은 특별히 '촘촘한 읽기'가 필요한 대목이다.

(A) 그들은(보은 도회소에 모인 북접 지도자들—인용자) 홀연 한 통의 장문(長文)을 내보인다. 그 통문 속에 언급하기를 "도로써 난을 지음은 불가한 일이다. 호남의 전봉준과 호서의 서장옥은 국가의 역적이오 사문(師門)의 난적(亂賊)이라. 우리는 빨리 모여 그것을 토벌하자" 하였다. 보기를 다한 후 오지영은 그들에게 향하여 이와 같은 질문을 하였다. (…) (B) 이 말을 들은 후 그들은 묵묵히 생각하다가 마침내 그

---

**30**  東學史(草稿本) 〉 南北調和. 삼례 재기포 전후 시기부터 호남 북부 지역의 동학군이 호서 남부 지역의 군현을 습격하는 사례가 점차 늘어났다. 『일지』 관련 항목 참조.

말이 옳도다 하여 일변 통문을 거두게 하고 일변 벌남기(伐南旗)를 꺾어버리고 보국안민(保國安民) 척왜척양의 기치하에서 진퇴를 같이하기로 결정을 짓고 일어서니라. (…) (C) 오지영이 조화책을 정하고 호남으로 회정(回程)할 새 해월선생이 오지영을 불러 부탁하여 왈, 내 이제 군에게 양호도찰(兩湖都察)의 임(任)을 맡기노니 이제로 내려가 남북 도전(南北 道戰)을 진심조화하여 대도의 장래를 그릇되지 말게 하라 하니라. (D) 오지영이 보은으로부터 돌아와 일변 북접이라 칭하던 제포에 통고하여 익산에 회집케 하고 일변 전봉준에게 남북조화된 지(旨)를 통지하니 어시호 남북접 싸움은 종식이 되니라. <u>이때는 갑오 구월 회간(晦間)이라.</u>

(A)는 남북접 갈등에 대한 대응책으로 북접교단이 공공연히 벌남(伐南)도 표방하고 있었음을 보여주는 대목이다. 이는 당시 북접교단이 "호남의 전봉준과 호서의 서장옥은 국가의 역적이오 사문의 난적이라"라는 내용의 통문과 벌남기를 각지의 교도들에게 내리고자 했다는 뜻인데, 이것이 사실이라면 기존연구의 기포령=남북접 연대라는 등식은 여러모로 재고의 여지가 많다.[31] (C)는 남북접 간의 갈등이 종식된 시점이 기포령 무렵이 아니라 '갑오 9월 그믐'임을 보여주는 대목이다.

그렇다면 남북접 지도부가 공주 점거투쟁에 합의한 것, 즉 금강 남북 방면으로 기각지세를 펼친다는 점거 계획에 합의한 것은 언제쯤일까? 명확한 증거는 없으나 이는 9월 회간 무렵, 즉 남북접 연대가 성사되는 시기였을 것으로 추정된다. 이이화는 『동학사』의 사료적 가치를 평가하는 심포지엄에서, 손천민

---

31  (A)와 (B)의 밑줄 친 부분은 『시천교종역사』 등에서도 확인된다. '전봉준의 자기비판', 그리고 이에 뒤이은 '손병희와의 의기투합' 운운하는 대목은 『천도교회사(초고)』 등에서도 반복 서술되었다(후술 참조).

의 「판결선고서」의 "동년 구월간에 전봉준에게 가서 합세(往投合勢)한 사실이 피고 등 진공(陳供)에 증(證)하여 명백한지라"라는 언급을 근거로, "남북접 화해의 일은 [오지영이 아니라] 손천민이 최시형의 지시에 따라 북접을 대표해 삼례로 와서 이루어졌"다고 주장한 바 있으나,[32] 사실 여부는 알 수 없다.[33]

9월 18일 기포령 이후 북접교단 휘하의 동학군도 관아를 습격하여 무장을 갖추기 시작했으나 본격적으로 무장대를 편성하기 시작한 것은 공주 점거투쟁에 대한 합의가 이루어지는 9월 그믐 이후였던 것으로 보인다. 충청병사 이장회의 보고에서 "10월 10일 무렵까지 자신의 관할 구역에서 무기를 탈취당한 군현과 진(鎭)은 8개에 불과했으나, 10월 14일 무렵에는 11개, 20일 무렵에는 17개, 23일 무렵에는 18개로 늘어났다"는 언급은 이를 보여주는 유력한 증거이다.[34] 서산·태안 지역의 동학군이 서산부사와 종백부 관원을 때려 죽인 사건(10월 1일), 염도희 등 청주병영 병사 72명이 대전평에서 집회시위 군중에 의해 맞아 죽은 사건(10월 3일), 해서 동학군에 의해 해주성이 점령된 사건(10월 6일),[35] 같

---

**32** 이이화, 「기조강연: 오지영의 『동학사』를 다시 본다」, 고창군·성균관대동아시아학술편, 『오지영의 『동학사』에 대한 종합적 검토』, 4쪽.

**33** 1900년 8월 체포되어 심문을 받을 때 손천민이 직접 써서 제출한 「공술서급유서(供述書及遺書)」에 따르면, 손천민은 최시형의 명에 따라 삼례로 가서 전봉준 등에게 귀화(자진해산?)를 권유했으나 "귀화는 고사하고 도리어 살해하려는 마음을 가졌"었다(歸化姑捨, 反爲殺害爲心)는 것이다. 손천민이 보은으로 돌아와 이러한 사정을 알리자 최시형은 각처에 통문을 돌려 "亂法亂道者를 ——禁戢하라"는 지시를 내렸다고 한다. 東學道宗繹史 〉第二編 目次 〉第十五章 庚子松菴遭難; 『국역총서 12』, 158쪽. 1900년(광무4년) 9월 20일 손천민(청주 거주, 44세)은 서장옥(청주 거주, 49세)과 함께 대한제국 平理院에서 재판을 받은 뒤 絞刑에 처해졌다. 「판결선고서원본」, 『국역총서 12』, 250~251쪽.

**34** 『갑오군정실기 1·2·3』, 각 날짜 항목 참조.

**35** 林宗鉉이 지휘하는 수만 명의 동학군은 10월 6일 해주성을 점거한 뒤 관가를 부수고 군기를 탈취했을 뿐만 아니라 海營의 공문서에 불을 지르고 중군과 관관, 비장 등을 끌어내 구타하고 관찰사도 강제로 끌어내렸다. 海西 동학군은 11월 6일까지 海營에 주둔했는데, 노획문서

은 날 괴산싸움(7일 읍내 점거)도 이 무렵이었다(『일지』 참조).

그렇다면 남북접 연대가 성사될 무렵 양측이 합의한 공동투쟁의 목표와 방법은 무엇이었을까? 이와 관련한 의문을 해결하려면 최시형이 전봉준에게 전하라 했다는 폭거중지 혁심개도 유시를 주목해야 한다. 기존 연구들은 남북접 지도부가 연대했다는 사실만 주목했지 위의 유시가 공주 점거투쟁에 어떤 영향을 미쳤는지는 거의 문제 삼지 않았다. 그러나 공주 점거투쟁 시기 남북접 동학군의 동향, 특히 양측의 투쟁 목표와 방법을 구체적으로 이해하려면 위 유시의 의미를 반드시 주목해야 한다. 왜냐하면 최시형의 유시는 남북접 연대의 전제조건이자 공주 점거투쟁의 기본 성격을 규정하는 지침이었기 때문이다.[36]

주디스 버틀러의 언급처럼 폭력에 맞닥뜨렸을 때 폭력에 대한 비폭력적 저항, 즉 비폭력 원칙에 입각한 A/O 투쟁은 더욱 중요한 의미를 가진다. 당시의 정세와 조건을 감안할 때 공주 점거투쟁은 일본군과 관군의 폭력에 대응한 유일한 '윤리적 대안'이었다.[37] 물론 남북접 지도부가 합의·설계한 공주 1차 A/O 투쟁은 경군·영병의 내응과 이교·시민의 호응 부재로 실패하고 말았다. 게다가 1차 투쟁에 실패한 남북접 동학군은 최시형의 유시를 어기고 함께 만사

---

가운데는 임종현을 감사, 성재식을 강령현감 등으로 임명한다는 '圖錄'도 포함되어 있었다. 甲午海營匪擾顛末 > 甲午十月; 『일지』 재인용.

**36** 일찍이 김상기는 「동학과 동학란」(1931)에서 『시천교종역사』 등 교단사 자료를 활용하여 최시형이 "자기의 지휘에 복종할 것을 전제로 擧義함을 허락"했다는 사실, "그러나 원래 이러한 대중운동은 한 사람의 의지대로 가는 것이 아니므로 최시형에 속한 북접은 드디어 전봉준의 북상과 합류하여 남접과 운명을 같이 함에 이르렀다"는 사실 등을 강조했다. 『동학과 동학란』, 143~144쪽. 위의 인용은 1931년 9월 29일자 『동아일보』에 연재된 내용 그대로이다.

**37** 주디스 버틀러, 「'우리 인민'—집회의 자유에 대한 사유」, 앞의 책, 266쪽, 272쪽. 버틀러가 강조했듯이 "비폭력적 행동은 육체적이고 집단적인 형식을 취한 적극적 투쟁으로서, 폭력에 대한 억제를 함양함으로써 가능한 적극적 투쟁"이었다. 같은 책, 266쪽.

일생지계인 공성전(우금티싸움)을 기획하고 실천했다. 하지만 이 또한 군사적 승리를 위한 전투라기보다는 자신들의 뜻과 의지를 만천하에 알리기 위한 정치적 시위(義擧)이자 일종의 역사투쟁이었다.


## 2. 남북접 지도부가 합의한 공동투쟁의 목표와 방법

남접·호남 중심 농민전쟁론을 지지하는 연구자들은 1862년과 1894년 어셈블리가 질적으로 차원이 다른 사건이라 말하나, 도회·의거 전통의 지속과 변용이라는 관점에서 보면 두 사건은 차이점보다는 공통점이 더 많다. 예를 들면, 취당·결당한 특정 집단이 통문을 돌려 사람들을 모으고, 이를 확대·지속하기 위해 특정한 공간을 점거하는 이른바 A/O(assembly/occupy) 투쟁은 1862년 어셈블리 때는 물론이고 1894년 어셈블리 때도 흔히 볼 수 있었던 현상이었다. 양자의 사건은 발통(發通: 포고)→취회(都會)→등소(等訴: 安民約條 혹은 폐정개혁 요구)→봉기(義擧)로 이어지는 사건의 전개 양상은 물론이고, 정소(의송)나 담판(안민약조 체결)을 통해 자신들의 요구가 어느 정도 달성되었거나, 아니면 관군의 물리적 탄압으로 집회와 시위를 더 이상 지속할 수 없다고 판단될 경우 지도부(大都所=倡義所)가 스스로 해산을 결정(선언)하는 양상조차 유사했다.

남접·호남 중심 농민전쟁론자들은 전주성 점거를 구병입경을 위한 군사적 '점령(함락)'으로, 그리고 동학군 지도부가 초토사(홍계훈)·전라감사(김학진)와 맺은 약조를 전쟁 당사자 간의 '화약(和約: 講和條約)'으로, 심지어 14개조 폐정개혁 요구를 일종의 '혁명강령'으로 간주하기도 한다.[38] 하지만 전봉준이 재판 과정

---

[38]  신영우, 「전주성의 점령과 화약」, 『신편한국사 39. 제국주의의 침투와 동학농민전쟁』. 신영우

에서 '전주를 입(入)할 때'라 표현했듯이,[39] 호남 동학군은 더 큰 어셈블리(호남대도회)와 정치담판을 위해 전주성에 들어간 것이지, 구병입경의 근거지를 확보하기 위해 적지(敵地)를 점령한 것은 아니었다. 아래에서 구체적으로 밝힐 터이나, 1차 봉기 시기 전주성 점거투쟁은 A/O 투쟁이라는 관점에서 보면 규모의 차이만 있었을 뿐 1862년 어셈블리는 물론이고 2차 봉기 시기 공주성 점거투쟁과도 그 성격과 의미가 크게 다르지 않다.[40]

기존의 연구들은 오지영의 『동학사』나 권병덕의 「갑오동학난」(『이조전란사』) 등 사건 참여자들이 정리한 저작들을 인용하며 남북접 동학군이 공주성을 점령한 이후 곧바로 서울로 향하려 했다는 점을 강조했다.[41] 그러나 이는 앞서도 강조했듯이 경사대도회(京師大都會)나 국왕직소(萬人疏)에 대한 기대나 희망을 표현한 것이지, 남북접 연대 시기 양측 지도부가 합의한 공동투쟁의 목표는 아니었다. 남북접 지도부가 합의한 공주 점거투쟁은 1차 봉기 시기 남접집단이 전주성을 점거한 뒤 담판과 협상을 시도한 것과 마찬가지로 더 큰 도회처, 더 크고 폭넓은 어셈블리 투쟁을 전개하기 위한 오큐파이 투쟁이었다. 이런 점에 유의하면서 아래에서는 「전봉준 공초」, 그리고 전봉준·이유상 상서 등을 통해 양측 지도부가 합의한 공동투쟁의 목표와 방법이 무엇이었는가를 구명해보고

---

는 동학군의 전주성 퇴거(자진해산)를 '휴전'이라 표현하기도 했다.

**39** 全琫準供草 〉 開國五百四年二月初九日東徒罪人全琫準初招問目.

**40** 1차 봉기와 2차 봉기의 차이와 공통점, 특히 전주성 점거투쟁과 공주성 점거투쟁에 대한 상세한 비교는 후속연구 『조선 1894년 어셈블리—역사·기억·기념』로 미루고자 한다.

**41** "且說 全琫準과 金開南 等이 大軍을 거나리고 全州城을 떠나 參禮驛에 이르러 北伐의 意見이 서로 달너 金開南은 말하되 大軍와 行陣을 北으로 公州길로붓허 가는 이보다 東北으로 淸州길로붓허 가는 것이 便宜라 하야 言論이 만하엿섯다." 東學史(草稿本) 〉 東學史 三 〉 義軍과 官兵接戰; "十月 二十五日에 孫秉熙와 全琫準이 數十萬衆의 東學軍을 領率하고 忠淸道 首府인 公州城을 占領하고 장찻 京城으로 直上하랴 하야 (…)." 권병덕, 「갑오동학난」.

자 한다.

## 1) 2차 봉기 시기 호서 동학군의 모이기/점거하기(A/O) 투쟁

2차 봉기 시기 남북접 동학군의 A/O 투쟁은 양호순무영 설치 이후 일본군과 관군의 대대적인 탄압이 예상되는 시점에서 더욱 활성화되었다. 점거의 주요 대상은 읍성이나 산성, 장터와 나루터, 그리고 부내(府內: 監營)나 읍치(邑治) 등 각지의 도회지(도회지지, 도회지처)였다.[42] 이런 관점에서 보면, 1차 봉기 시기 전봉준 등 남접 지도부가 전주성을 전격적으로 점거한 사건, 그리고 임기준 집단이 이끄는 공주 지역 동학군이 1894년 8월 1일 궁원에서 대규모의 도회를 개최한 뒤 그 다음 날 곧바로 부내 진입을 시도한 사건, 김인배 등이 이끄는 순천·하동·진주 지역 동학군이 9월 초순경 충경대도소 명의로 영우각읍각촌 대소사민들에게 영우대도회(嶺右大都會) 개최 사실을 알리는 통문을 두 차례(9월 2일, 9월 10일) 돌린 뒤 9월 중순 일단의 동학군을 동원하여 직접 진주성 점거를 시도한 사건, 평창·정선 등지의 동학군이 대관령을 넘어 9월 4일 강릉을 점거한 사건, 10월 6일 임종현 등이 지휘하는 동학군이 해주성(海營)을 한 달여 동안 점거한 사건 등은 A/O 투쟁의 보편성을 보여주는 대표적인 사례이다(「일지」 관련 항목 참조). 이런 대목에서 유의해야 할 점은, 1894년 어셈블리 과정에서 동학군이 점거하고자 한 장소는 세성산 입보나 대둔산 피신 등과 같은 몇몇 예외적인 경우를 제외하면 대부분—중국 혁명 과정의 근거지론과는 다르게—적의 힘이 미치지 않는 장소가 아니라, 그 반대로 상징적으로든 실질적으로든 국가권력의 핵심 공간, 즉 군현(읍치)과 감영(부내)과 경사(京師)였다는 사실이다. 요컨대, 2차 봉기

---

42  2차 봉기 시기 각지에서 전개된 점거투쟁 관련 사항은 『일지』 관련 항목, 그리고 「전국에 점화된 농민봉기의 횃불」, 『이이화의 동학농민혁명사 2』, 교유서가, 2020, 185~256쪽 등 참조.

시기 호서의 청주·공주·홍주, 호남의 전주·남원, 광주·나주, 영남의 예천·상주, 진주·하동, 기타 강릉과 해주 등지에서 전개된 A/O 투쟁은 더 큰 어셈블리를 조직하기 위해 더 큰 도회처(지)를 확보하기 위한 투쟁이었지, 군사적(유격투쟁) 근거지를 마련하기 위한 투쟁이 결코 아니었다.

그간의 연구들은 오지영의 『동학사』 등을 근거로 천안·목천 지역 동학군의 세성산싸움을 호남 동학군의 구병입경과 관련한 사건으로 이해하였다.[43] 김상기도 『동아일보』에 연재된 「동학과 동학난」(1931년 10월 3일)을 통해 전봉준이 "관군의 주력을 분산케 할 계획 아래에서 북상 연도(沿道) 각지의 동학당 수령으로 하야금 각지 요해지를 점령케 하였"다고 서술하면서, 그 실례로 김정현과 안승관의 수원 기포, 고석주의 홍천 기포, 김복용과 이희인의 목천 세성산 기포, 최한규의 공주 유구 기포, 정원준의 옥천 기포 사례 등을 열거하였다. 그러나 위의 사례들은 전봉준의 지시에 따른 행위가 아닐 뿐만 아니라 북접교단의 기포령에 따른 자구책(自境保衛·會立自生策)일 따름이었다. 대원군 효유문이나 『오하기문』, 『금성정의록』, 『홍양기사』 등에 보이는 각지 동학군이 '봉취의둔(蜂聚蟻屯)'하였다는 기록, 예를 들면 이범석의 『경난록(經亂錄)』에서 아산 지역 동학군이 "의둔봉취하여 셀 수 없이 원근을 횡행하며 군물과 식량 등을 토색했다"는 기록 등은 이를 보여주는 대표적인 사례들이다(〈한국사 DB〉 참조). 많은 한국사 사료들이 동학군을 포함한 민중들의 투쟁을 설명할 때 둔취라는 용어를 썼는데 이는 A/O 투쟁의 환유적 표현일 따름이다.

---

43 오지영의 『동학사(초고본)』은 세성산싸움의 성격과 의미를 설명하면서 "한편으로는 自境(자신의 근거지)을 保衛하고, 다른 한편으로는 남군의 북진을 응원하는 것"이었다고 강조했다. 하지만 『동학농민혁명 천안 세성산전투 연구』에 실려 있는 배항섭(150쪽)과 김양식(186쪽)의 글은 '자기 근거지 확보'라는 측면보다는 한성으로 올라가는 길목, 또는 남하하는 관군의 배후를 위협할 수 있는 요충지라는 점을 유별나게 강조하였다.

천안·목천 지역의 동학군이 '산성입보(山城入保)'를 시도한 것은 남접(호남) 동학군의 북진을 '응원'하기 위해서가 아니라 기포령에 따라 자경보위(自境保衛), 또는 회립자생(會立自生)을 도모하기 위해서였다. 이들이 작성산에 구들을 놓아 초막을 지었다거나, 세성산에 토성을 다시 쌓았다는 기록[44] 등은 이를 반증하는 대표적인 사례이다. 당시 세성산 동학군은 산성입보를 준비하기 위해 인근의 직산, 양성(소사) 지역은 물론이고 안성 방면으로까지 진출하여 식량과 군물을 모아들였는데,[45] 그 이유는 일본군과 관군의 공세, 특히 천안(아산·온양) 지역을 중심으로 '의병(윤웅열, 윤치소)' 활동이 활발해졌기 때문이었다. 하지만 이들 집단은 우선봉진이 이끄는 경군에 의해 10월 21일 곧바로 '토벌'되고 말았다.

내포 지역 동학군의 동향도 1894년 어셈블리가 내전이나 혁명이 아니라 19세기 후반의 정치문화를 반영한 일종의 도회이자 의거였음을 잘 보여주는 사례이다. 기존 연구들은 내포 지역 동학군이 10월 1일 서산·태안 군수와 종친부 관리를 '패(때려) 죽이면서' 봉기를 시작하였다는 사실, 예포대접주 박인호가 "기포 초기에는 한양으로 북상할 계획을 가지고 있었다"고 회고한 사실[46] 등을

---

**44** 『이이화의 동학농민혁명사 2』, 108~111쪽. 세성산이 三面이 심한 절벽이고 한 면만 약간 열려 있는 천연의 요새지였다는 사실, 노획물 가운데 다량의 활과 화살, 탄환과 철환, 곡식 700여 섬 등이 포함되어 있었다는 사실 등도 그 유력한 증거일 수 있다.

**45** 『갑오군정실기 2』, 『신국역총서 6』.

**46** 예산싸움 전후 시기 내포 농민군은 북접교단의 지시에 따라 '경사로 직향하여 국왕직소(大叫天威絲纊)를 실천한다는 목표'를 수정하고, 급기야 홍주성 공격(10월 28~29일)을 결정했다. 그 이유는 '京師로 진격할 때 야기될 後患(특히 관군과 유회군의 공격으로 말미암은 가족과 친인척의 피해)'을 방지하기 위해서였다. 朴寅浩, 「甲午東學起兵實談」, 『中央』 16호, 1935, 46~48쪽.

근거로 '농민전쟁론(내전·혁명론)'이나 '구병입경론'을 정당화하려 했다.[47] 그러나 10월 1일 사건은 물론이고 여미평도회(10월 15~24일)와 홍주성싸움(10월 28~29일)은 19세기 후반의 도회·의거 전통에 기초한 전형적인 A/O 투쟁임을 어렵지 않게 확인할 수 있다.

> 9월 그믐날(晦日)이라. 하오 3, 4시경 법소(法所)에서 훈시문(訓示文)이 하래(下來) 하읍신 바 「팔로(八路)의 오교도가 무죄간(無罪間) 차세(此世)에서는 생활이 난보(難保)라. 약차불이(若此不已)면 각처 두령은 일일이 개살출경(皆殺出境)을 당할 테오니, 도문즉시(到文卽時)에 속속 기포하여 처처 자기 대수포(大首包)에 회립자생(會立自生)하라」신 교시문(訓示文)이 래도(來到) 고(故)로 (⋯).[48]

위의 인용에서도 확인되듯이, 10월 1일 내포 동학군이 태안부사와 순무사를 살해한 사건은 9월 18일에 내려진 기포령 때문이 아니라 9월 그믐 무렵에 법소에서 내려온 훈시문 때문이었다. 훈시문의 핵심 내용은 문서가 도착하는 즉시 속속 기포하여 자신의 속한 포접 단위로 회립자생하라"는 것이었다. 위 사건의 자초지종을 간단히 정리하면, 동학도에 대한 공개처형(警衆梟首) 소식→교도와 군중의 운집→군수와 종친부 관원(궁장토 관리인?)에 대한 집단구타(살해)→고을 향리 및 양반가 습격(방화와 구타)→여미평도회(齊會)→승전곡·관작리싸움→홍주성 점거투쟁 등등으로 이어진다. 이런 과정은 19세기 후반 도회·의

---

**47** 기존 연구들은 10월 1일 기포를 시작하자마자 지방수령(태안부사 신백희, 宗伯府 관원 김경제, 서산군수 박정기)을 죽였다는 사실을 강조하며, 1894년 어셈블리와 1862년 어셈블리의 차이를 강조하였다. 배항섭, 「충청 지역 동학농민군의 동향과 동학교단—『홍양기사』와 『금번집략』을 중심으로」, 『백제문화』 23호, 1994 참조.

**48** 昌山后人 曹錫憲歷史 〉甲午九月.

거 투쟁 과정에서 흔히 나타난 A/O 투쟁의 전형을 보여준다.

앞서 소개한 박인호의 회고담처럼 내포 동학군도 기포(봉기) 직후부터 교단의 지시대로 당연히 '한양 입성'(경사직향)을 표방하였으나, 일본군과 관군, 특히 유회군과 민보군의 공격이 시작되자 곧바로 '내포의 수부인 홍주성을 점거'하는 방향으로 자신들의 투쟁방향(목표)을 바꾸었다. 당시 예포 대접주 박희인이 한양 입성론에 대한 대안으로 '법소입거'와 '장석 분부 봉승' 등을 제안했을 때 다수의 동학도들이 "그러면 우리 동네, 우리 가족은 누가 지키냐"는 취지의 불평·불만을 표했다는 사실[49]은 내포 동학군의 집단정체성과 더불어 홍주성싸움의 성격과 의미를 단적으로 보여주는 대목이다. 아래의 인용은 10월 24일 승전곡싸움에서 승리한 다음 날 예산 신례원 뒤뜰에서 설진(設陣) 유숙할 때 벌어진 일을 조석헌이 정리한 것인데, 당시 박인호는 '거대한 대중'을 모으기는 했으나 '오합지졸'이므로 성공하지 못할 것(不爲成功)이라는 생각을 가지고 있었다고 한다.

상암장(湘菴長: 박인호—인용자)께서 속속히 탈신(脫身)할 주의(注意)를 암정(暗定)한 후 즉시 진중(陣中)에 하령(下令)하되, "오동도(吾東道) 교진(敎陣)은 피배(彼輩)의 군졸(軍卒)과는 부동(不同)이라, 충남 제포접중(諸接包中)이 개회차지(皆會此地)하였으니 명일에 입거법소(入去法所)하여 장석분부(丈席分付)를 봉승하야 선위조처(善爲措處)하리라"라고 군령(軍令)을 대진중(大陣中)에 설유(設遣)하고 유진(留陣)하였더라. 차야의 잠을 이루지 못하옴으로 심복한 교인 이삼인을 솔하고 심야토록 일진(一陣)의 순진

---

49  昌山后人 曺錫憲歷史 〉甲午十月. 아무리 국가(또는 의리)를 위한 일이라 하더라도, 가족과 집과 마을(고을)을 지키는 것이 우선이라는 인식은 앞서 소개한 호서(은진)의병소의 「의병소조약」 등에서도 확인된다. 『隨錄』; 『국역총서 3』, 84쪽.

(巡陣)할 시에, 일구(一區)의 과청즉(過聽則) 하허접중(何許接中)이 상론하되, "악가 예포대접주가 하령하기를 명일의 솔대진(率大陣)하고 법소의 입거하기로 작정하니 차진 약 십일만 충남 등지에 무(無)한 경우에는 충남 도가노약(道家老弱)은 일인생활(一人生活)이 무(無)할 테오니 명일 조조에 우리가 먼저 주장하고 진중의 호령하되 부모처자를 생각하는 교인은 노하(路下)로 회립(會立)하고 불고(不顧) 부모처자하난 자년 부동(不動)하라 하자"고 약속을 정하옴을 문지즉(聞之則) 한출첨배(汗出沾背)러라.

위의 인용은 내포 동학군이 왜 구병입경이나 '법소입거'를 실천하지 않고 홍주성 점거투쟁을 선택했는지, 그 배경과 이유를 잘 보여준다. 요컨대, 부모처자를 생각하는 교인은 회립(會立)하고, 부모처자의 안위를 걱정하지 않는 자는 부동(不動)하라"라는 주장 앞에서 구병입경론이나 법소입거론은 당연히 무력할 수밖에 없었다. 최제우는 「탄도유심급(歎道儒心急)」(「동경대전」)에서 "동학을 하여 '자기 삶'에 피해가 오는 상황이라면 동학을 버리라"고까지 말했다.[50] 이처럼 동학이나 유학에서 흔히 말하는 '인간적인 삶'이란 대동론이나 확충론의 핵심내용처럼 '자신의 부모와 처자', 더 나아가서는 '남들의 부모와 처자'들까지도 잘 봉양하는 것이었다.[51]

10월 1일 사건 이후 내포 동학군은 10월 15일경부터 24일경까지 거의 열흘

---

50　歎道儒心急이란 '道儒들의 마음이 조급함을 개탄한다'는 뜻이다. 기독교와는 달리 동학에는 교회라는 조직의 우선성은 물론이고 순교라는 개념조차 찾아보기 어렵다. 김용옥, 「동경대전 2. 우리가 하느님이다」, 250~253쪽.

51　「禮記」 「禮運篇」에 보이는 '대동세상'은 各者不移 不顧天命하는 사회가 아니라 사회구성원 모두의 자치와 자율, 협동과 연대가 중시되는 세상이다. 권정안, 「대동사회, 영원히 평화로운 세상에 대한 꿈」, 「유학 일상의 길」, 작은숲, 2015 참조.

간 해미 여미평에서 도회(제회)를 개최했는데, 이 또한 A/O 투쟁의 전형을 보여주는 사례이다. 이 도회에 직접 참여했던 이들의 회고를 소개하면 아래와 같다.

(A) 여미평의 동학농민군들은 동리의 입구에다 최시형이 직접 써 주었다는 천불변도역불변(天不變道亦不變)의 깃발을 세우고, 중앙에는 덕의대접주 박인호(德義大接主 朴寅浩)라는 대장기도 세웠다. 좌우에는 척양척왜 보국안민 포덕천하 광제창생의 깃발을 세워 위엄도 보였다. 각자의 손에는 청황적 수기(手旗)가 쥐어졌고 궁을(弓乙)의 수건을 머리에 두르고 진영(陣營)마다 황덕불을 피우면서 시천주조화정영세불망만사지의 주문을 외워가며 전의(戰意)도 불태우고 있었다.[52]

(B) 진두(陣頭)에 나서서 보니까 사면팔방으로 모여드는 것이 밥 광주리입니다. 아낙네들은 이고 사내들은 지고 늙은이는 국을 들고 아이들은 물을 들고 이리저리로 모여드는데 실로 밥 난리가 났습니다. (…) 포와 포를 분별하고 동리와 동리를 분별하야 각각 받은 대로 들어오는 밥을 받아 쌓아놓고 각기 대오를 분별하야 밥을 나눠 먹는데 제법 규율이 정제하여 하나도 어지러움이 없었습니다.[53]

여미평도회가 열렸을 때 내포 동학군은 (A)처럼 기도와 주문, 각종 동학 제례와 의식 등을 거행하며 서로 호응하고 감응하였다. (B)는 아예 솔가하여 여미평으로 모인 이들도 상당수였음을 잘 보여주는 사례이다. 이처럼 특정 장소

---

52  朴來源,「春庵上師의 生涯와 思想」,『新人間』; 장수덕, 앞의 박사학위논문, 74쪽 재인용.

53  德包 運糧官 洪鍾植,「東學亂實話」, 46쪽. 洪鍾植은 덕포에 소속되어 원벌집회(도회)를 시작으로 서산기포, 여미벌 대도회(齋會), 승전곡싸움, 관작리싸움, 홍주성싸움(運糧官) 등에 참여하였다. 내포 동학군은 '상부의 동원령'에 의거하여 각자 농기구와 풍물, 총·칼·죽창, 또는 '식량'을 지참하고 여러 싸움에 참여했다.

에 함께 모여서 깃발을 세우거나 돌담을 둘러 자기 영역을 표시한 뒤, 기도와 주문을 외우고, 식고(食告)를 하며 밥을 나누고, 짬짬이 틈을 내 깃발과 나팔 등을 활용해 습진 훈련을 거듭하는 모습은 보은, 백산, 남원, 삼례, 청산, 여미평 등 1894년 어셈블리 당시 어디서든지 흔히 볼 수 있는 도회 풍경이었다. 함께 모여 말과 밥을 나누는 행위는 서로 동병상련하거나, '의기(義氣)가 통했음(感應)'을 보여주는 유력한 증거이다.[54]

내포 동학군은 공주 점거투쟁에 직접 참여하지는 않으나 결과론적으로 보면 일본군과 관군을 내포 지역에 묶어둠으로써 공주 점거투쟁을 간접적으로 돕는 역할을 수행했다.[55] 예산 신례원싸움 때 사망한 중군 영관 김병돈 기념비에 보이는 복암 이설(復菴 李偰, 1850~1906)의 회고, 즉 "만약 저들의 무리를 수습하여 예산에서 곧장 공주로 가서 남비들과 합세하여 협공하였더라면 금영이 함락되지 않으리라고 보장할 수 없었을 것이고, 금영이 함락되었다면 경사가 위태로워졌을 것"이라는 언급은 내포 동학군과 공주 점거투쟁이 어떤 상관성을 가지고 있었는가를 시사한다.[56]

---

**54**  서로 모여 말과 뜻을 나누고 모으는 행위 외에, 김지하는 '밥을 나누는 행위'의 중요성을 강조했다. 김지하, 「나는 밥이다」, 『(김지하 이야기 모음) 밥』, 분도출판사, 1984 참조 "밥이 하늘입니다. 하늘을 혼자 못 가지듯이 밥은 서로 나눠먹는 것 / 밥이 하늘입니다. 하늘의 별을 함께 보듯이 밥은 여럿이 갈라먹는 것 / 밥이 하늘입니다. 밥이 입으로 들어갈 때에 하늘을 몸속에 모시는 것 / 밥이 하늘입니다. 아아, 밥은 모두 서로 나눠먹는 것." 김지하, 「밥이 하늘입니다」.

**55**  이이화는 내포 동학군이 봉기 이후 공주로 진출하려 했으며, 일본군과 관군이 내포 지역에 파견된 것도 이를 저지하기 위해서였다고 주장했으나, 그 근거가 모호하다. 『이이화의 동학농민혁명사 2』, 114쪽, 226쪽.

**56**  "贈軍務參議金君秉暾有公之碑." 「復菴私集」, 『국역총서 6』, 291쪽. 김복한, 안병찬 등은 尊華復讎의 기치를 앞세우고 1896년 1월 16일 홍주부내에 창의소를 설치했는데, 흥미로운 사실은 홍주의병도 창의소 설치와 동시에 '公州府 先攻'을 '擧義 方略'으로 채택했다는 점이다.

'공주 점거와 수성'은 1차 봉기 때부터 동학군이나 관군 등 여러 주체들에 의해 거론되곤 했다. 1894년 7월 9일, 그러니까 대원군 세력이 이준용을 앞세워 쿠데타를 도모할 때, 장두재가 김덕명, 김개남, 손화중 앞으로 보냈다는 편지글에[57] 보이는, 호남 곳곳에서 도회(湖南處處都會)를 개최하여 병기와 군마를 갖춘 뒤 "금영에 이르러 유진(留陣)하면서 경솔하게 상경(上京)하지 말고 모형(某兄)의 지휘", 즉 운현궁의 지시를 기다리라는 대목은, 구병입경(기병부경)을 도모하려면 반드시 금영을 점거해야 한다는 뜻이다. 공주의 요충성에 대한 이 같은 인식은 일본공사관 측도 마찬가지였다. 예를 들면, "[전주성 점거 이후] 동학도의 위세는 배로 높아져, 파죽지세로 진격하여 충청도 공주의 석성(石城)에 근거를 두고 바야흐로 대거(大擧)하여 경성으로 쳐들어가려 하고 있다"[58]는 일본공사관 측의 지적은 이를 보여주는 증거이다. 당시의 정세와 조건을 감안할 때 구병입경은 공주 점거를 통해 더 큰 규모의 도회(호서도회, 호주대도회)를 개최한 이후에나 가능한 목표였다.

## 2) 「전봉준 공초」를 통해 본 공주 점거투쟁의 목표와 방법

1892년 말 교조신원운동 단계부터 동학군은 시종일관 경사직향 혹은 구병입경을 표방했다. 대부분의 연구들은 이런 사실들에 주목하여 공주 점거투쟁

---

김상기, 『한말 의병 연구』, 228~229쪽. 남북접 동학군이 공주를 점거하고자 한 것은 결코 특별한 計略이나 設計가 아니었다.

**57** 「동학당 사건 회심전말」에 별지로 첨부된 「東學黨 接主 張斗在가 발표한 回章」(대원군의 지시로 淸兵과 합세하여 日兵을 討滅하자는 내용) 참조.

**58** 駐韓日本公使館記錄 3권 〉四. 東學亂과 淸日關係 三 〉(1) 朝鮮東學派의 起因과 內亂의 形況. 문서 작성 시점을 정확히 파악할 수는 없으나, 청일전쟁을 즈음한 시기 朝鮮駐箚 特命全權公使 大鳥가 外務大臣 陸奧에게 보낸 보고문서 가운데 하나이다.

시기에도 동학군의 투쟁 목표가 동일했을 것이라 예단하였다. 물론 오지영의 『동학사(초고본)』, 권병덕의 『갑오동학란』[59] 등 참여자들의 회고자료에서도 이런 구호와 표방이 흔히 보인다. 가령, 오지영은 전봉준과 김개남의 공주길↔청주 길 논쟁을 '북진(北進)의 의견', 즉 구병입경의 코스 문제를 둘러싼 논쟁으로 단정했다. 물론 남북접 동학군은 걸핏하면 경사직향과 국왕직소를 투쟁목표로 앞세웠는데, 이는 전봉준도 마찬가지였다. 앞서도 언급했듯이 재판 과정에서 전봉준도 공주 점거투쟁의 궁극 목표가 국왕직소, 즉 "백성의 실정이 위에 도달하기 어려웠고 임금의 은택이 아래에까지 미치기 어려웠기 때문에, 기어코 일차(一次)로 경사(京師)에 이르러 민의(民意)를 상세히 개진"하기 위해서였음을[60] 애써 강조했다. 하지만 공주 점거투쟁 시기에는 누가 봐도 경사직향이 불가능한 상황이었으므로, 공주 점거 외에는 달리 대안이 있을 수 없었다. 전봉준도 재판 과정에서 토로했듯이, 공주(금영)는 양호의 동학군이 선택할 수 있는 가장 적절한 도회지이자 요해처였다.

1894년 12월 2일 순창에서 체포된 전봉준은 일본공사관에서 오래도록 문초를 받은 뒤, 1895년 2월 3일 법무아문에 인도되어 2월 9일부터 3월 10일까지 일본영사가 회심으로 참여한 가운데 다섯 차례 심문(會審)을 받았는데, 「전봉준공초」는 이때 생산된 기록이다. 후술하겠으나 공주 점거투쟁과 관련한 전봉준의 진술은 두 개의 상서(上書)와 고시(告示), 그리고 공주 점거투쟁 시기 남북접 동학군의 동향이나 활동 등을 통해서도 사실 여부를 확인할 수 있다. 주지하듯이 재판 당시 일본영사는 동학군의 거의(擧義) 명분을 훼손하고 폄훼하기 위해

---

**59** 권병덕의 「갑오동학란」에도 "손병희와 전봉준이 수십만의 동학군을 영솔하고 충청도 수부인 공주성을 점거하고, 장차 京城으로 直上하라"하였다는 서술이 보인다.

**60** "前此 廟堂之曉喩文 不止一二 而終無實施 下情難於上達 澤難於下究 故期欲一次抵京 詳陳民意하리이니다." 「乙未二月十九日全琫準五次問目 日領事問」.

공주 점거투쟁을 대원군 세력의 사주(裏面密旨說=使嗾說)에 의거한 패거이자 변란이라 몰아붙였다. 그러나 전봉준은 이를 부정하며 기회가 있을 때마다 자신들의 대의(大義)를 밝히기 위해 노력했다. 공주 점거투쟁과 관련한 아래와 같은 진술은 자신들의 대의(大義), 즉 남북접 지도부가 합의 설계한 공주 점거투쟁의 목표와 방법을 솔직 담백하게 진술한 것이라 여겨진다.

(A) 문(問) : 다시 기포(起包)은 하고(何故)오

답(供) : ① 기후(其後)에 문(聞)한 즉 귀국(貴國)이 개화(開化)라 칭(稱)하고 자초(自初)로 일언반사(一言半辭)도 민간(民間)에 전포(傳布)함이 무(無)하고 또 격서(檄書)도 없이 솔병(率兵)하고 우리 도성(都城)에 입(入)하여 야반(夜半)에 왕궁을 파격(破擊)하여 주상(主上)을 경동(驚動)하였다 하기로 ② 초야(草野)의 사민(士民)들이 충군애국지심으로 강개(慷慨)함을 불승(不勝)하여 의려를 규합하여 ③ 일인(日人)과 접전(接戰)하여 차(此) 사실을 일차 청문(請問)코져 함이니이다.(「開國五百四年二月初九日 東徒罪人全琫準初招問目」)

(B) 문 : 기후(其後) 다시 하사(何事)를 행하였는고

답 : ① 기후(其後)에 사량(思量)한 즉 ② 공주감영 산조(山阻)하고 하(河)를 대(帶)하여 지리가 형승(形勝)한 고로 차지(此地)를 확거(確據)하여 고수(固守)함을 모(謀)한 즉 일병(日兵)이 용이(容易)히 격발(擊拔)치 못하므로(못할 것이므로) ③ 공주에 입(入)하여 일병(日兵)에게 격(檄)을 전(傳)하여 상지(相持)코자 하였으나 ④ 일병이 먼저 공주를 확거(確據)하였으니 사세(事勢)가 접전(接戰) 아니할 수 무(無)한 고로 ⑤ 두 차례 접전 후 만여 명 군병을 점고(点考)한 즉 소여자(所餘者) 불과 삼천여 명이요 기후 또 두 차례 접전 후 점고한 즉 불과 오백여 명인 고로 ⑥ 패주(敗走)하여 금구(金溝)에 지(至)하여 다시 초군(招軍)하니 수효(數爻)는 초증(稍增)하나 기율(紀律)이 없어 다시 개전(開田: 戰의 오자—인용자)하기 극난(極難)하더니 ⑦ 일병(日兵)서 수후(隨後)하는 고로 2

차 접전하다가 패주하여 기각산해(其各散解)하니이다.

답(問: 供의 誤字)[61]: ⑧ 금구(金溝)에서 해산한 후에는 의신(矣身)이 경중리허(京中裏許)를 상세히 지(知)코자 하여 상경하려 하다가 순창지(淳昌地)에서 민병(民兵)에게 집피(執被)하였나니다.(「開國五百四年二月初九日 東徒罪人全琫準 初招問目」)

(A)에서 주목해야 할 것은 일본군의 범궐(犯闕) 소식을 접한 뒤 재기포를 결심했다는 진술, 그리고 재기포의 목적은 충군애국지심을 가진 사민들로 '의려(義旅)'를 규합한 뒤 일본군과 '접전'하면서 일본의 침략 사실을 청문(請問)하기 위해서였다는 진술이다. 전봉준은 1895년 2월 11일 회심때 일본영사가 "재차 기포는 일병이 범궐하였다 한 고로 재거하였다 하니 재거(再舉)한 후에는 일병(日兵)에게 무슨 거조(舉措)를 행하려 하였느냐'라고 질문했을 때도 위와 마찬가지로 "범궐한 연유를 힐문(詰問)코자 함이니다"라고 답했다(「乙未二月十一日全琫準 再招問目」). 그러면 위에 보이는 청문 또는 힐문이란 무슨 뜻일까? 추측건대, 청문이나 힐문은 당시의 도회·의거 문화를 감안하면 일종의 '정치적 담판', 즉 대의명분에 맞는지 시시비비를 가린다는 뜻으로 이해된다.

동학군의 1894년 어셈블리와 마찬가지로 구한말 의병들도 무장투쟁이나 독립전쟁보다 대의명분을 앞세운 정치담판(談辦, 談判)을 중시했다. 최익현은 병오의병(1906)의 목표를 "장차 북상하여 이토 히로부미(伊藤博文)·하세가와 요시미치(長谷川好道) 등 일본인 및 각국 공사들과 회동하여 담판을 지어(會同談辦) 늑약을 소멸시켜 우리 나라의 자주권을 회복하고, 우리 백성들이 종자를 바꾸는 화를 면하게 하려(民免易種之禍)"는 것이라고 말했으며,[62] 심순택도 을사보호조

---

61  "問: 其後 다시 何事을 行하얏난고" 등 질문이 빠져 있다. 필사 과정에서 생긴 오류로 보인다.
62  梅泉野錄卷之五〉光武十年丙午 ②〉1. 崔益鉉의 舉兵. 박민영은 최익현의 정치담판론을

약 체결과 관련하여 일본 정부와 다시 '거리담판(據理談辨)'할 것을 건의하는 상소를 올렸다.[63] 군대 해산 이후 고조된 정미의병(13도창의대진소)의 경우도 그 주체들은 기존의 연구들처럼 무장투쟁이나 독립전쟁[64]을 도모하고자 한 것이 아니라 대의명분에 근거하고 기대어(據義·仗義) 일본 정부(통감부)를 상대로 정치담판을 벌이고자 서울 진공작전을 펼친 것이었다. 이인영은 한국주차 헌병대 본부에서 진행된 심문 과정에서 자신들의 행동은 전쟁을 목적으로 한 것이 아니라 '통감부와 제의사(諸意思)를 교섭(交涉=담판)하여 관철할 계획'이었다는 점을 분명히 밝혔는데,[65] (A)에 보이는 '청문(請問)'은 이인영의 발언 가운데 보이는

---

"군사력의 열세를 스스로 인정하지 않을 수 없는 상황"에서 마련된 "외교를 통한 국권회복 계획"이라 규정했다. 박민영, 『대한선비의 표상 최익현』, 163쪽. 그러나 이보다는 춘추대의를 중시하는 동아시아 정치문화(회맹·회전 및 담판 문화)를 더 주목해야 한다. 임병찬은 태인 의병을 조직할 때 돌린 통문에서 "회집하는 날(會盟=義陣을 결성할 때―인용자) 먼저 (會) 盟主를 정하고 그의 지휘를 받을 것"(같은 책, 159쪽 재인용)을 명시하기도 했다.

63 『승정원일기』; 사료 고종시대사 28 〉 1905년(고종 42년) 11월 30일 〉 영돈녕사사 심순택, 박제순 등 오적을 주벌하고 강제 조약을 회수하여 말소할 것 등을 주장하는 상소를 올림. 1919년 곽종석 등 조선 유생들의 파리장서 사건 때도 담판(聲明于列國公館, 大開談判, 斷之以天下之公法)이라는 용어가 사용되었으나[心山遺稿卷四 〉 碑 〉 并序(俛宇 郭先生 神道碑銘)] 척사유생들 사이에서 담판이라는 말이 자주 회자된 시기는 을사조약(늑약) 체결 무렵이었다.

64 『신편한국사 43. 국권회복운동』에 실려 있는 유영렬의 글에 '국권방위전쟁'이라는 용어가, 그리고 13도창의대진소 활동에 대한 강재언의 언급에 "국제공법상의 전쟁단체로 인정하고 성원해주기를 요구"하였다는 대목이 보이나, 이인영은 자신들의 행위를 전쟁이라 규정하지 않고 춘추대의를 앞세운 일종의 정치담판이라 규정했다.

65 "문: 楊州郡에 집합한 것은 누구의 명령인가? 답: 누가 명령을 내려서가 아니라 내 마음대로 江原道에서부터 점차 京城으로 밀고 올라갔습니다. 統監府에 제 의사를 교섭하여 관철할 계획이었기 때문입니다." "문: 30회 남짓의 교전 중 너의 부하로 전사한 자는 몇 명인가? 답: 5명 정도 있었습니다. 原州에서 2명, 楊口에서 1명, 楊州에서 2명이었습니다. 제 목적은 전쟁이 아닙니다." "문: 이 밖에 말하고 싶은 것은 없는가? (…) 바라건대 일본에 보내진다면 일본 정부에 직접 의견을 辨明(=談辨)하고 싶다는 희망이 있습니다. 이것이 유일한 희망입니다." 統監府文書 8권 〉 一. 李麟榮陳述調書 〉 (2) [暴徒巨魁 李麟榮 調書 보고 건](발신일 양력

'교섭(交涉)'이나 '변명(辨明)'과 같은 의미, 즉 춘추대의를 앞세운 정치담판을 의미하는 말로 이해된다. 앞서도 강조했듯이 동학군이나 의병(의진)들이 창의에 앞서 발표하는 격, 즉 포고는 선전포고(宣戰布告)라기보다는 대의포고(大義布告)에 가까운 것이었다.

(B)의 ①~④는 공주 점거투쟁을 앞두고 남북접 지도부가 합의한 투쟁 목표와 방법을 상세히 진술한 부분이다. ① 당시의 조건이나 정세, 주체 역량 등을 '사량(思量)'해본 결과, '이전 시기와는 다른 대안을 마련하지 않을 수 없었다'는 대목, ② 그 핵심은 산이 험하고 강을 낀 천혜의 요새인 공주를 확거하여 고수하며 일본군의 격발(擊拔)을 막아냄과 동시에 ③ 공주에 입(入)하여 일본군에게 격(擊)을 전하고 서로 상지(相持)하고자 했다는 대목, ④ 그러나 일본군이 먼저 들어온 까닭에 '부득이' 싸우지 않을 수 없었다는 대목 등이 주목된다. 이를 풀어서 다시 정리하면, "애초에는 허술한 방비를 틈타 공주를 전격적으로 점거한 뒤 유리한 지세를 이용하여 '농성전'을 벌이며 정치담판을 벌이고자 했으나, 일본군이 먼저 공주를 확거하여 어쩔 수 없이 '공성전'을 전개하지 않을 수 없었다"는 뜻으로 이해된다. ③에서 공주에 입(入: 떼지어 몰려 들어가)한 뒤 호서 혹은 양호(호주)대도회 개최하려 했다거나, 이때 격(檄: 布告, 告示, 上書 형태의 선언 혹은 성명)을 채택한 뒤 이를 일본군에 전하고 상지(相持: 대치·농성)하고자 했다는 대목 등은 남북접 동학군의 투쟁 목표는 구병입경(驅兵入京)이 아니라 공주 점거 그 자체였음을 보여준다.

(B)의 ⑤는 자신이 직접 지휘한 남접(호남) 동학군에 대한 진술인데, 첫 번째 두 차례 접전은 1차 투쟁, 두 번째 두 차례 접전은 2차 투쟁을 지칭한 것이라 여겨진다. '첫 번째 두 차례 접전'을 마치니 1만 명의 동학군이 3천 명으로 줄고,

---

1909년 6월 30일: 발신자 韓國駐箚憲兵隊 본부에서 육군헌병 대위 村井因憲).

또다시 두 번째 두 차례 접전을 벌이자 그 숫자가 5백 명으로 줄었다는 진술은 사망자가 많았다는 뜻이 아니라, 대오를 이탈한 동학군이 많았다는 뜻으로 이해해야 한다. 기존의 연구들은 위의 인용에 보이는 의려(義旅)를 농민군(=인민혁명군)으로, 접전·개전(接戰·開戰)을 항일무장투쟁과 관련한 전봉준의 진술로 이해하였으나, 전체적인 문맥을 놓고 보면 이는 앞서 언급한 이인영의 진술처럼 서로 총칼을 들고 전쟁을 하려 했다는 뜻이 아니라 A/O 투쟁을 벌이고자 했다는 뜻임이 분명하다.

(B)의 ⑥은 호남 퇴각 이후에 전개된 금구·원평·태인싸움, 그리고 ⑦은 태인싸움 직후(11월 27일) 시기 자기 스스로 해산을 선포한 사실에 대한 진술이다. ⑤~⑧의 과정에 대한 전봉준의 진술은 어떤 자료들보다 공주 점거투쟁의 실제, 특히 남접 동학군의 활동상을 구체적으로 보여준다. 그간의 연구들은 ⑦에서 '접전했으나 패전한 뒤 해산했다'는 언급을 놓고 접전과 패전 사실만을 강조할 뿐 유독 '스스로 해산했다'는 사실만은 은폐하거나 생략하려는 경향이 강했다. 이는 ⑧에 대한 해석도 마찬가지이다. 대부분의 연구들은 ⑦에 보이는 해산 사실을 무시하는 가운데 ⑧을 '재기(재기포, 재봉기)를 위한 상경'이라 해석했으나, 이는 '동학 여당(餘黨)의 을미의병 참여론'(후속 연구 참조)과 마찬가지로 설득력이 부족한 억지 해석이자 일종의 역사조작(historical manipulation)이다. 해산 이후 "경중리허(京中裏許)를 상세히 지(知)코자 하여 상경하려" 했다는 진술이 무슨 뜻인지 정확히 알 수는 없으나, 상식적인 수준에서 보면 동지들, 혹은 '정계의 주요 인사'(쿠데타 모의 세력?)들을 만나 향후의 거취를 다시 모색하기 위해서였다고 해석하는 것이 더 옳아 보인다.

동학군은 교조신원운동 시기부터 줄기차게 경사직향과 구병입경을 표방하였으나, 이는 만인소 혹은 경사대도회(만민공동회)를 통해 국왕직소 투쟁을 전개하기 위한 구호였을 뿐이다. 누차 강조했듯이, 경사대도회를 개최하는 데 성공했을 경우 당연히 직소만 했을 가능성은 없다. 상황에 따라, 혹은 우연적인 사건들에 의해 정변이 일어날 수도 있고, 프랑스혁명 때처럼 고종과 민비가 단두대에 올려졌을 가능성도 배제할 수 없다. 하지만 남북접 지도부가 합의한 공동투쟁의 목표는 한양 진격이 아니라 공주 점거였음이 분명하다. 공주를 점거하여 더 큰 모이기 모으기 투쟁에 성공했다면, 더 큰 항일의려가 형성되었다면, 경사 점거를 시도했을 가능성도 충분히 있었다. 하지만 당시 구병입경은 여러모로 불가능한 목표였다.

공주 점거투쟁 시기 남북접 지도부는 자신들이 장난감 수준의 무기를 가진 오합지중이라는 사실은 물론이고 애국적 사민들의 참여 부재, 조야 유생들의 반동학군 활동 등으로 말미암아 경사직향이 불가능하다는 사실을 누구보다 잘 알고 있었으므로, 공주를 점거한 연후 농성전과 정치담판을 벌이는 현실적인 자구책을 마련하지 않을 수 없었을 것이다. 농민전쟁론을 지지하는 연구자들은 이 같은 A/O 투쟁론을 1894년 사건에 대한 폄훼라 이해할 수도 있으나, 당시의 도회·의거 문화에 비추어 보면 A/O 투쟁, 특히 청문이나 힐문이라는 말의 정치적 의미는 결코 가볍지 않다. 전봉준의 청문·힐문 관련 발언은 일본군이나 갑오정권을 넘어서 주변 열강 또는 천하를 상대로 무엇이 춘추대의(天下爲公)인가를 담판하려 했다는 뜻으로 이해해야 한다.

### 3) 상서(上書)와 고시(告示)를 통해 본 동학군의 투쟁 목표와 방법

공주 점거투쟁 시기 공주목사였던 서한보의 보고에 따르면, 전봉준 등은 충청감영 측에 네 차례 서찰을 보냈다고 하나,[66] 원문을 확인할 수 있는 것은 전

---

66 "비류가 네 차례 패악한 편지를 보내 왔으나 일일이 들어 보고할 필요가 없기 때문에 한꺼번에 올려 보내니 보시면 아시리라 여겨집니다." 「갑오년 11월 6일 徐晚輔가 보낸 편지」, 「先鋒

봉준과 이유상의 상서뿐이다. 당시 동학군은 서찰뿐만 아니라 고시(告示)를 공개적으로 발표하고 수시로 방문(榜文)을 내걸었는데(『공산초비기』 참조), 이런 자료들은 「전봉준 공초」 못지않게 공주 점거투쟁의 목표와 방법이 무엇이었는가를 잘 보여준다. 전봉준과 이유상이 박제순에게 올린 상서를 일본군 측은 개전서(開戰書)라 규정했으나, 이는 자신의 거의명분을 밝힌 일종의 대의포고이자 성명이었다. 이외에 「고시경군여영병이교시민」(한글)과 「시경군영병(示京軍營兵)」(한문)은 이들이 어떤 방법으로 공주를 점거하고자 했는가를 보여주는 자료이다.

10월 16일자로 전봉준이 충청감사에게 올린 상서는 "양호창의영수 전봉준은 호서 순상 합하께 삼가 백 번 절하고 글을 올립니다"로 시작되고 있다. 겉봉에 '논산유부 의생 근상서(論山留赴 義生 謹拜上書)'라 적은 것은 자신(義生)이 지금 논산까지 올라와 있음을 공개적으로 알리기 위해서였을 것이다. 하지만 박제순은 위의 상서를 가지고 온 문석열(文錫烈)과 백윤문(白允文)을 10월 20일 백주 대낮(낮 12시경)에 금강나루터에서 효수(大會軍民梟首警衆)하였다.[67] 전봉준이 위 편지를 통해 밝힌 거의 배경과 목적은 아래와 같다.[68]

  (A) 지금 조정 대신들은 구차하게 목숨을 보전하려는 생각에 위로는 임금을

---

陣上巡撫使書附雜記」, 『국역총서 8』, 339~340쪽.

**67** 「충청감사 박제순이 베껴서 보고함」, 1894년 10월 23일; 『갑오군정실기 1·2·3』, 『신국역총서 6』, 245쪽. 〈한국사 DB〉에서 '大會軍民梟首警衆'이라는 말을 검색하면 『조선왕조실록』에서는 48건(梟首警衆 142건, 梟警 220건), 『동학농민혁명자료총서』에서는 18건(39건, 78건)의 사례가 확인되는데, 가장 빈번했던 시기는 역시 고종시대였다. 『사료 고종시대사』에만 梟首警衆이라는 말(원문)이 173건(梟警 135건)이나 확인된다.

**68** 「甲午十月十六日 在論山謹呈」; 「錦營節下 下執事 入納」; 「論山留赴 義生 謹拜上書」, 「전봉준 상서」, 「宣諭榜文竝東徒上書所志騰書」, 『東學亂記錄 下』, 383~384쪽.

위협하고 아래로는 백성들을 속이며 동쪽의 오랑캐와 결탁하여 남쪽의 백성(南民)들에게 원한을 샀으며(東夷致怨於南民), 친병(親兵)을 함부로 움직여서 선왕(先王)의 적자(赤子)를 해치고자 하니 이것이 참으로 무슨 의도이며 도대체 무엇을 하려는 것입니까? (B) 지금 시생이 하는 일이 지극히 어렵다는 사실을 잘 알고 있습니다. 그러나 일편단심은 죽더라도 바뀌지 않을 것입니다. 천하에서 남의 신하가 되어 두 마음을 품고 있는 자들을 소탕하여 선왕조에서 500년 동안 길러주신 은혜에 보답하고자 하니 합하께서는 잘 살피시어 함께 의(義)를 위하여 죽을 것을 간절히 바랍니다.

(A)는 자신들의 거의 배경이나 명분을 밝힌 부분인데, 일본군의 경복궁 점령과 쿠데타(갑오변란)에 대한 동학군의 인식을 잘 보여준다. 여기서 주목해야 할 대목은 전봉준이 자신들을 남민, 또는 선왕의 적자라 지칭했다는 사실이다. 자신들을 남민이라는 칭한 것은 남적론에 대한 부정이고, 선왕의 적자를 칭한 부분은 고종의 윤음이나 대원군 효유문을 의식한 언설인데, 성상지적자(聖上之赤子), 아적자(我赤子)라는 표현은 거의 모든 효유문이나 윤음에 보이는 상용문구였다(〈한국사 DB〉 참조). (A)는 교조신원운동 시기부터 동학군이 시종일관 강조한 대의이자 거의명분이었다. (B)에서 종묘사직을 위하는 일이니 함께 '맹성(猛省)하여 의를 위해 함께 죽음을 각오하자(同死以義)'는 대목은 항일연대 차원에서 서로 협력할 것을 충청감사 박제순에게 당부하는 내용인데, 전봉준의 진심이 담긴 발언이라 이해된다. (B) 또한 당시 동학군 지도부가 세불리 역부족의 상황을 잘 알고 있었음을 시사한다.

전봉준 상서보다 하루 먼저 올려진 「이유상 상서」(10월 15일)의 속지 제목은 '공주창의대장소의장 이유상 근상서(公州倡義所 義將 李裕尙 謹上書)'이다. 전봉준 상서처럼 겉봉에 자신이 논산에 머물고 있다는 사실(論山留), 자신이 이끄는 동학군의 숫자(事勢兩難更招義旅 僅得智勇二百及砲士五千), 호남 동학군과 합류한 날짜(10월 12일) 등을 굳이 밝힌 것은 연대 이후 자신들의 위세를 과시하기 위해서였을 것이다. 일본군 측이 「이유상 상서」를 '개전서(開戰書)'라 칭한 것은 그 내용이 그만큼 도발적이었기 때문인데, 상서 가운데 공주 점거투쟁의 목표와 방법을 드러낸 부분만 발췌하여 소개하면 아래와 같다.

(A) 고개를 들어 남쪽을 바라보니 흙먼지가 하늘 높이 솟아오르고 창과 총이 숲처럼 늘어서 있었습니다. 급히 초병을 보내어 정탐하게 하였더니, 남군(南軍)이 16만 7,000명이라고 보고하였습니다. (B) 전장(全將, 全琫準)을 만나서 군사를 일으킨 연유를 물었더니, "법헌(法軒)이 호서(湖西)에서 도회(都會)를 연다는 통지를 받고 북쪽으로 가려고 한다. 나는 금영(錦營, 충청감영)과 묵은 원한이 없는데 나의 의로운 군대(我義師)를 막고자 철통같이 수비를 하고 있다고 하니 대로(大路: 호남대로—인용자)를 버리고 샛길로 가서 혐의를 피하는 것만 같지 못하다"라고 하였습니다. (…)
(C) 바라건대 합하께서 군사를 거두고 직무를 보시면서 엄연히 용모를 갖추신다면 의병(義旅·義師)[69]들이 틀림없이 절을 하며 지나갈 것이고(義旗必拜過), 간교한 자들은 틀림없이 자취를 감출 것입니다. 만약 외로운 고군(孤軍)을 저항하는 대군이라고 하고, 의병을 비도라고 한다면, 청인을 축출하고 일병을 맞이하는 것은 어떠한 의리에 해당합니까?(稱義兵爲匪徒則逐淸人迎日兵者將居何義乎)

(A)에서 창과 총으로 무장한 남군의 숫자가 16만 7천 명이라고 밝힌 대목은

---

**69** 국역총서는 義旗必拜過를 의병들이 절을 하며 지나갈 것이라 번역하였으나, 義旗는 위 인용에 보이는 義旅, 義師에 짝하는 용어이다. "의기, 혹은 이를 든 우리 의려(의군)가 반드시 절을 하며 지나갈 것이다"라고 번역해야 옳을 듯하다. 앞서도 강조했듯이 동학군이 스스로 병사(군인=soldier)를 칭한 경우는 몇몇 예외를 제외하면 거의 없다.

자기 휘하의 동학군을 지용(智勇) 200명과 포사(砲士) 5,000명이라 적기한 것처럼 일종의 과장이자 겁박임이 분명한데, 그 이유는 경군과 영병의 내응, 이교와 시민의 호응을 유도하기 위해서였을 것이다. 이유상은 (C)에서 공주 수성군을 고립된 '외로운 군대'라 칭했는데, 이런 대목도 당시 남북접 동학군이 어떤 방법으로 공주 점거를 도모했는가를 잘 보여준다. (B)는 전봉준에게 들었다는 재기포의 목적, 특히 논산까지 진출한 이유를 밝힌 부분이다. 그 핵심은 법헌이 호서에서 도회를 연다고 하여 동참하러 가는 길이라는 것, 그러니 자유롭게 갈 수 있도록 길을 빌려주면 예의를 갖추어 절을 하며 지나가겠다는 것이었다. 이런 대목도 공주 1차 투쟁이 결코 공성전이 아니었음을 시사한다. (C)에서 의병을 비도라 매도하는 것이 무슨 의리인가라고 항변한 대목은 공주 점거투쟁 과정에서도 패거/의거 논쟁이 계속되고 있었음을 시사한다.

물론 「이유상 상서」나 「시경군영병(示京軍營兵)」에 보이는 '호서도회' 관련 주장은 구병입경 의도를 감추기 위한, 또는 일본군이나 관군의 전력을 분산시키기 위한 일종의 계략일 수도 있다. 하지만 10월 중순 무렵은 누가 보더라도 구병입경이 불가능한 시점이었고, 또 좌측사 동즉생의 위기상황을 돌파하려면 더 큰 규모의 어셈블리, 특히 애국적 사민들과의 항일연대가 절실히 필요한 시점이었다. 그렇다면 남북접 지도부는 어디에서 호서도회를 개최하고자 했을까? 누차 강조했듯이 호서도회의 최적지는 충청감영이 입지한 대도회지, 즉 공주였다. 한 가지 흥미로운 사실은, 최시형이 점거투쟁의 추이를 살피며 원정군을 따라 은밀히 이동했다는 사실이다. 가령 "[1차 투쟁 이후] 두 군(軍)이 합진한 지 3일 만에 의암 선생께서 해월신사를 모시고 오셔서 진중에 주둔하고 머물"렀다는 이종훈의 회고[70]는 계획대로 공주 점거에 성공했을 경우를 대비한

---

70 「이종훈 약력」, 『신국역총서 1』, 2015, 137쪽. 공주 점거에 성공했다면 남북접 동학군은 즉각

행보라 여겨진다.

동도창의소 명의로 발표된 「고시경군여영병이교시민」(10월 12일?)[71]과 「시경군영병」(한문)(11월 12일)[72]은 남북접 지도부가 합의한 공주 점거의 방법을 구체적으로 보여주는 자료이다. 전자의 한글 고시는 사건 당시 방문 형태로도 게시된 것인데, 자신들의 거의명분으로 갑오변란을 강조하였다는 점, 그리고 제목을 통해서도 확인할 수 있듯이 경군·영병과 이교·시민(市民=상인)의 내응과 호응을 호소하였다는 점 등이 주목된다.

> (A) 동도가 의병을 드러 왜적을 소멸하고 개화를 제어하며 조정(朝廷)을 청평 (淸平)하고 사직을 안보할새, (B) 매양 의병이 이르는 곳의 병정과 군교가 의리를 생각지 아니하고 나와 투쟁을 하매, 비록 승패는 없으나 인명이 피차에 상하니 어찌 불상치 아니하리요. (…) 또한 (C) 공주 한밭(大田) 일로 논지하여도 비록 순간의 보원(報怨)한 것이라 하나 일이 참혹하며 후회막급이며, (D) 방금 대군이 압경(壓京)하

---

적으로 공주에 호서 혹은 양호(호주)대도소를 설치한 뒤 대규모 도회와 의거(의려)를 조직했을 것이라 믿어진다.

**71** 국사편찬위원회가 편찬한 『東學亂記錄 下』(379쪽)는 순한글인 「고시경군여영병이교시민」의 '이교시민' 대목을 '□敎示民'이라 읽었으나, 『일지』(212쪽)는 이를 '吏校市民'이라 읽었다. 이 글에서는 후자가 더 타당하다 여겨져 「告示京軍與營兵吏校市民」이라 읽었다. 위 자료는 이 고시의 발표된 날짜를 원문대로 우금티싸움이 끝난 11월 12일이라 보았으나, 정창렬은 이를 10월 12일의 오기라 주장한 바 있다. 정창렬, 앞의 책, 298쪽. 공주 점거투쟁 시기 남북접 동학군이 방문이나 괘서 등을 동원하여 선전전을 수행한 것으로 보아, 위의 고시는 사건 초기부터 작성 배포된 것이라 여겨진다.

**72** (東徒)倡義所 명의의 「示京軍營兵」은 전자의 고시와 달리 한문으로 짧게 작성된 것인데, 두 차례의 접전을 후회하는 대목, 그리고 『先鋒陣呈報牒』에 11월 12일자로 이 고시만 따로 편철되어 있는 것 등으로 미루어 보아 앞의 한글 고시와는 달리 11월 12일에 작성된 것임이 분명하다.

여 팔방이 흉흉한데, 편벽되이 상전(相戰)만 하면 가위 골육상전이라. 일변 생각건대 (E) 조선 사람끼리라도 도(道)는 다르나 척왜와 척화(斥和)[73]는 기의(其義)가 일반이라. (F) 두어 자 글로 의혹을 풀어 알게 하노니 각기 돌려 보고 충군우국지심이 있거든 곧 의리로 도라오면 상의하여 같이 척왜척화하여 조선으로 왜국이 되지 않게 하고, 동심합력하야 대사를 이루게 하올세라.(갑오십일월십이일 동도창의소, 「고시경군여영병이교시민」, 『선봉방문병동도상서소지등서』; 『국역총서 10』, 427~428쪽)

위의 인용에서 주목되는 점은 스스로 의병을 칭했다는 것(A), 관군이 의리를 생각하지 않고 의병인 자신들을 탄압하여 인명피해가 발생하는 불상사가 생겼다는 것(B), 대전평에서 영병들을 처형한 것은 원한을 풀기 위한 행동이었으나 후회막급한 일이라는 것(C), 일본군이 경복궁을 점령한 상황에서 서로 싸우는 것은 골육상전이라는 것(D), 도는 다르나 척왜와 척화의 뜻은 같으니 동심협력하여 대사를 도모하자는 것(E), 자신들이 내세운 대의에 동의한다면 이 글을 같이 돌려 본 뒤 서로 상의하여 함께 척왜척화의 방법을 찾아보자는 것(F) 등이다. 동도창의소는 우금티싸움 이후인 11월 12일 「시경군영병」이라는 글을 작성 배포했는데, 호서 혹은 양호대도회를 위한 차로론(借路論)은 여기에도 보인다.

두 차례 싸움을 벌인 것은 후회를 해도 소용없는 일이나(兩次交兵悔莫及矣), 거의 한 애초의 뜻은 사특한 자를 배척하고 아첨하는 자를 멀리 하려는 것이었다(當初擧

---

73  앞의 『동학난기록 하』는 '척왜척화'를 '斥倭斥華'라 읽었으나, '척화'는 '斥和碑' 등의 용례를 통해서도 확인할 수 있듯이 당시 흔히 쓰였던 斥和라는 뜻으로 읽어야 마땅하다. 일부 연구자들은 이를 '斥化'로 읽기도 하나 斥華와 마찬가지로 斥化도 당시 사람들에게 생소한 용어였을 것이라 짐작된다.

義斥邪遠倭而已). 경군이 사특함을 거든 것이(京軍之助邪) 어찌 본심이며, 영병이 아첨을 도운 것(營兵之扶倭)이 어찌 자신들의 뜻이었겠는가. (…) 내가 만약 속이는 것이라면 반드시 하늘이 죄를 줄 것이고 그대들이 만약 마음을 속인다면 반드시 스스로 죽을 것이다. 바라건대 하늘과 해를 가리키고 맹서하여 다시는 상해하는 일이 없으면 다행이겠다. 며칠 전에 다투어 나아간 것은 길을 빌리고자 한 것일 따름이다(日昨爭進借路而已).(甲午十一月印十二日 倡義所 花押)[74]

앞서도 강조했듯이 남북접 동학군은 공주를 점거한 뒤 일본이나 조선 정부를 상대로 일종의 '정치담판'을 벌이려 했는데, 그런 과정에서 대규모 도회 개최는 당연한 절차이자 수순이었다. 추론이기는 하나 정치담판을 진행하는 과정에서 동학군 지도부는 조야의 척사유생이나 관료, 군인들뿐만 아니라 청국과 러시아는 물론이고 미국과 영국 등 주변 열강들의 지지와 호응도 어느 정도 기대하고 있었던 것으로 보인다. 왜냐하면 삼국간섭이나 아관파천을 통해 곧바로 현실화되었듯이, 일본이 조선을 독점하고자 하는 경우 러시아 등 서구 열강들이 이를 견제하고 제지할 것이라는 정세 인식은 당시 일종의 상식이었기 때문이다. 예를 들면, 홍주에서 반동학군 활동과 을미의병을 주도한 이설은 「논왜구잉사사간소(論倭寇仍辭司諫疏)」에서 "[일본군의 범궐 행위를] 대국들(특히 俄羅斯)이 틀림없이 남의 일 보듯 하지 않을 것이며 각국 공사와 맺은 조약이 아직 파기되지 않았기 때문에 감히 쉽게 손을 쓸 수가 없을 것"[75]이라는 정세관을 피력했는데, 이런 정도의 정세 인식은 당시 동학군 지도부도 당연히 가지고 있

---

74 「示京軍營兵」(11월 12일), 『선봉진정보첩』, 『국역총서 8』, 74~75쪽 참조.

75 復菴 李偰의 「論倭寇仍辭司諫疏」(1894년 6월 15일), 『復菴私集』 卷14 疏附書, 『국역총서 6』, 222~223쪽.

었을 것이다.[76]

공주 점거투쟁은 남접집단이 호남 단위에서 전개한 1차 봉기(전주성 점거투쟁)와는 달리 갑오변란 이후 새롭게 조성된 정세와 조건 속에서 남북접 지도부가 합의·설계한 일종의 공동 대응책이었다. 당시 남북접 지도부는 경군·영병, 이교·시민의 내응과 호응 속에서 공주를 점거한 이후 애국적 사민들의 항일의려에 기초하여 일본과 조선 정부를 상대로 정치담판을 도모하고자 했으나, 점거농성도 의려 형성도 모두 실패했다. 동학군이든 유회군이든 누구라 할 것 없이 오도(吾道=斯道) 의식만 앞세웠을 뿐 서로 연대하고 협동하는 정치적 힘이 턱없이 부족했기 때문이었다.

---

**76** 1894년 사건 당시 러시아와 관련한 민간의 소문을 몇 가지 소개하면 아래와 같다. 전주성 점거 시기 동학군들이 "삼 년 내에 우리나라는 아라사에 복속될 가능성이 있다. 그래서 우리 동학군이 의병을 일으켜 민생을 안정시키려는 것이다"라는 말을 퍼뜨렸다. 『대한계년사』 1894년 4월 말; "근래에 가장 선풍을 끈 것이 아라리요(俄羅里謠)인데 음절이 슬프고 급하여 식자(識者)들은 틀림없이 아라사의 우환이 있을 것이라고 생각하였다." 『남유수록』, 5월 3일; "아라사 병사 20만 명이 왜놈들을 토벌하기 위해 우리 국경에 머물고 있다." 『기문록』 7월 17일; 『일사(日史)』 8월 19일). 〈한국사 DB〉 참조.

제2장

# 공주 점거투쟁의 시기별 추이

공주 점거투쟁의 전개 양상을 시기별로 구분하면 ① 남북접 연대가 성사되고 공주 점거투쟁이 설계되는 시기(9월 그믐 이후), ② 공주 점거를 위해 남북접 지도부가 각기 원정대를 조직하고 각기 논산과 공주 방면으로 진출하는 시기(10월 12일 논산회집과 14일 청산 치성식), ③ 남북접 동학군이 기각지세를 형성하기 위해 공주(금강) 남북 방면, 특히 호남대로상의 요충에서 A/O 투쟁을 전개하는 시기(1차 투쟁 10월 23~25일), ④ 1차 투쟁에 실패한 이후 우금티를 주공격 방향으로 하여 공성전(결사전)을 벌이는 시기(2차 투쟁 11월 8~11일), ⑤ 호남으로 퇴각하여 방어전을 벌이다 패배한 뒤 자진해산을 선포하는 시기(11월 13~27일) 등으로 나눌 수 있다. 첫 번째 시기는 이미 앞 장에서 정리했으므로 아래에서는 두 번째 시기부터 사건사의 추이를 검토해보고자 한다.

## 1. 남북접 동학군의 공주 진출과 일본군 및 관군 동향

### 1) 남접(호남) 동학군의 북상(10월 초)과 논산회집(10월 12~16일)

전봉준 등 남접집단은 9월 10일경 삼례에 대도소를 설치한 뒤[77] 재기포를 선언했으나, 그때는 남북접 연대가 성사된 것도 아니었고, 또 북상을 시작할만한 형편도 아니었다. 언제 남북접 지도부가 공주 점거투쟁에 합의했는지는 알 수 없으나 9월 그믐(晦間) 남북접 연대가 합의될 무렵, 혹은 그 직후였던 것으로 보인다. 전봉준이 이끄는 호남 동학군(포군) 4천여 명(의병)[78]이 삼례를 출발하여 논산(포)에 도착한 것은 10월 12일경이었고,[79] 김개남이 남원을 떠난 것은 14일, 전주에 도착한 것은 10월 16일경이었다.[80]

---

**77**  일본영사가 "參禮都會時 東徒之最著名者 誰也"라고 묻자 전봉준은 "金溝 趙鎭九, 全州 宋一斗, 崔大奉, 幾人是所謂最著名者 而其餘許多者 今難悉記"라고 답했다. 「乙未三月初七日全琫準四次問目 日領事問」. 이로 미루어 보면 삼례에 대도소를 설치할 때, 혹은 호남 동학군이 북상을 시작할 때, 인근 접주와 동도를 모아 삼례에서 도회를 개최했음을 알 수 있다.

**78**  일본영사가 "其時參禮所謂義兵之會者 爲幾何"라고 묻자 전봉준은 "四千餘名"이라 답했다. 「乙未三月初七日全琫準四次問目 日領事問」. 하지만 일본공사관 측이 순사를 파견하여 조사한 바에 따르면 10월 10일경 삼례에 모인 동학군의 숫자는 7,8만 명이었다고 한다. 駐韓日本公使館記錄 1권 〉四. 東學黨에 關한 件 附巡査派遣의 件 一 〉(45) [東學黨偵探에 따른 편의제공과 東學黨關係 探問調査] 〉2) [東學黨 關係 探問調査]. 위의 자료에 보이는 '4천여 명의 의병'은 삼례도회에 참여한 모든 동학군이 아니라 전봉준이 이끌고 북상한 포군의 숫자였음을 시사한다.

**79**  『남유수록』(10월 22일)에 따르면, 전봉준이 논산에 도착한 것은 10월 12일이었다고 한다. 삼례에서 논산까지는 100리 내외, 즉 하룻길이다.

**80**  조경달에 따르면 김개남은 이른바 49일 '讖說'에 따라 삼례 재기포 시기부터 독자노선을 걷다가 2차 투쟁 시기 전봉준과는 달리 금산(10월 24일)→진잠(11월 10일)→회덕(11일) 등을 거쳐 11월 13일 청주 방면으로 구병입경을 시도했다고 한다. 『異端の民衆反亂』, 293~295쪽. 장영민도 김개남이 대원군 밀지 계획에 따라 서장옥, 장두재 집단과 모의하여 청주 방면으로 기병부경을 실천했다고 보았다. 장영민, 「대원군의 동학농민군 보수양반 동원 기도에 관한

기존의 연구들은 재판 과정에서 있었던 전봉준의 진술, 즉 "협력하여 왕사 (王事)를 함께 하자 권하였으나 끝내 듣지 않아, 처음에는 상의한 바 있으나 마침내 끊어져 서로 상관하지 않았"다는 언급[81]을 근거로 공주 점거투쟁 시기 전봉준과 김개남이 서로 다른 길을 걸었다고 보았다. 하지만 삼례에서 재기포를 단행하는 시점은 물론이고 공주 점거를 위해 북상을 시작하는 10월 12일경에도 남접집단의 주요 지도자들은 서로 협의하며 대책 마련에 부심했던 것으로 보인다. 전봉준이 이끄는 호남 동학군이 북상을 시작할 때, 무장기포 때처럼 의진을 갖추고 만천하에 자신들의 대의를 포고하는 등 대대적인 출정식을 거행하지는 않았다. 그러나 여러 정황증거들로 미루어 보면, 남북접 지도부 간에 공주 점거투쟁에 대한 합의가 이루어지자 서로 협의하는 가운데 전봉준은 자기 휘하의 동학군을 이끌고 논산 방면으로 북상하고, 김개남과 손화중 등은 자기 휘하의 동학군을 이끌고 후방 보급과 수비를 담당했던 것으로 보인다.[82] 10월 16일 전주에 입성한 김개남이 전봉준의 요구로 운량도감이라는 직책을 떠맡은 김학진에게 겨울옷 1천 벌을 요구했다는 사실, 또는 순천부사와 고부군수가 군수전 납부 요구를 거절하자 이들을 전주로 끌고 가 곤장을 쳤다는 사실 등은[83] 김개남이 후방 보급과 수비를 담당했음을 보여주는 증거이다.

---

일고찰」, 641~642쪽 참조.

**81** "金則矣身勤以合力王事 終不聽施 故始有所相議者 而終則絶不相關." 全琫準供草〉乙未三月初七日全琫準四次問目 日領事問.

**82** 김상기는「동학과 동학란」에서, 전봉준이 '동학군의 근거지이자 책원지인 전주 일대의 守禦'를 '지용과 신망이 높은 김개남'에게 맡겨 '타일 준비의 여지'를 남겨두었다고 서술했는데, 이는 비교적 사실에 가까운 서술이라 여겨진다. 김상기, 앞의 책, 145쪽;「동학과 동학란 (32회)」,『동아일보』1931. 10. 3 참조.

**83** 『오하기문』,『승정원일기』;『일지』관련 항목 참조.『오하기문』에 따르면 김개남이 이처럼 逆節 행위를 일삼자 才人들조차 뿔뿔이 흩어졌다고 한다. 梧下記聞〉三筆〉甲午十月.

김개남이 남원에서 전주로 북상을 시작할 때 총통을 가진 자가 8천, 치중이 일백 리에 달했다고 한다.[84] 하지만 후방보급이나 수비는 생각처럼 쉽지 않았다. 일본군과 관군의 '토벌' 소식이 전해지면서 1차 봉기 때와 달리 호남 지역에서조차도 '공포와 불안의 정념'이 급속히 확산되었기 때문이다. 김개남군의 보급투쟁이 점점 더 과격해진 것도 이런 배경 가운데서였다. 특히 호남 동학군이 공주 1차 투쟁에서 패배했다는 소식이 호남 전역에 퍼지자, 이런 현상은 더욱 가속화된 것으로 보인다. 하지만 공주 1차 A/O 투쟁 직후 전봉준이 지원을 요청하자, 전주에 머물던 김개남군은 드디어 북상을 시작했다. 『동학사(초고본)』에 따르면 김개남군은 "삼례역을 떠나 여산 황화정에서 은진지계(恩津地界)로 들어 연산읍을 거쳐 공주 대전과 문의 등 여러 골을 지나 바로 청주지계(淸州地界)"로 진출했다고 한다.

남접집단의 또다른 거두였던 손화중과 최경선은 회심 과정에서 전봉준이 진술한 것처럼 전봉준과 함께 "공주로 향하다가 일본 병사가 해로로 공격해 올 거라는 말을 듣고 해방(海防)을 위해 광주를 고수"[85]했던 것으로 보인다. 그런 과정에서 이들은 호서 남부의 요충인 나주를 간간히 넘봤으나, 나주 유생과 이교들의 수성 활동으로 말미암아 점거 자체에는 실패했다.[86] 기존의 연구들은

---

84  삼례 재기포 시기 김개남의 동향에 대해서는 『오하기문』, 『영상일기』; 『일지』, 관련 항목 참조.

85  「을미 3월 7일 전봉준사차문목」. 전봉준의 진술대로 손화중은 9월 26일 광주에서 도회를 열고 통문을 돌려 인근 동학군을 광주로 결집하는 활동을 전개하였다. 「日 史」; 『일지』, 150쪽 재인용.

86  나주 지역의 동학군 및 의병 활동에 대해서는 배항섭, 「나주 지역 동학농민전쟁과 향리층의 동향」, 하원호 외 지음, 『한말 일제하 나주 지역의 사회변동 연구』, 성균관대학교 대동문화연구원, 2008 참조. 위 연구에 따르면 7월 5일, 10월 21일, 11월 11일, 11월 16일, 12월 4일 등에 나주 수성군과 일단의 동학군이 충돌하는 사건이 발생했다고 한다. 같은 책, 450~451쪽.

공주 1차 투쟁에 실패한 이후 전봉준이 북상을 요구했을 때 손화중과 최경선이 이를 '거절'한 것으로 보았으나, 그보다는 10월 28일 초토영[87]이 나주에 설치되는 등 상황 변화로 말미암아 대규모 부대를 북상시키는 것 자체가 불가능했기 때문이라 판단된다. 손화중과 최경선이 전봉준과 거의 동시에 자진해산을 선언한 것으로 보아, 양자의 동지적 유대는 끝까지 유지된 것으로 보인다.

재판 과정에서 전봉준이 진술했듯이, 공주 점거를 위해서는 일본군과 관군이 방어태세를 갖추기 전에 속도전을 펼치는 것이 중요했다. 하지만 남접집단은 삼례 재기포 이후 거의 한 달여 동안 정세를 관망하며 머뭇거렸는데, 가장 큰 이유는 이준용을 앞세운 쿠데타 계획이 파탄상태라는 사실(9월 9일 임기준 집단의 배도귀화, 관련자들의 체포 및 처형)을 여러 경로를 통해 인지했기 때문이라 판단된다. 게다가 오지영의 회고처럼, 당시 북접교단 내부에는 연대투쟁론보다 독자적인 국왕직소론(온건론)이나 남벌론(강경론) 등이 더 우세한 상황이었다.[88] 하지만 오지영의 회고처럼 9월 그믐(晦間) 무렵 남북접 연대가 성사되고, 또 보은에 운집해 있던 북접 동학군이 10월 11일경부터 공주 원정을 시작했다는(14일 청산 치성식) 소식이 전해지자, 전봉준군은 비로소 호남가도를 따라 북상을 시작했다.[89] 4천여 명의 남접(호남) 동학군은 10월 12일경 논산에 도착한 이후에도 곧

---

[87] 나주에 입지한 초토영은 10월 28일 호남초토사 민종열이 설립한 동학군 토벌기관인데, 같은 장소에 입지한 순사청과 함께 호남 지역 동학군을 토벌하는 중심기관 역할을 수행하였다. 이이화, 앞의 책, 참조.

[88] 기존의 연구들은 전봉준 등 남접 지도부가 곧바로 '北上(起兵赴京)'을 결행하지 않은 이유로, 전봉준이 재판 과정에서 언급했듯이 추수를 기다렸다거나 모병을 위해 시간이 필요했다거나, 신병 탓이었다는 사실 등을 강조하나(『異端의 民衆反亂』, 290쪽) 이는 오히려 부차적인 문제였다고 판단된다.

[89] 『일지』(165쪽)는 남접 지도부가 청산도회 소식을 전해 들은 시점을 10월 11일이라 특정했다. 북접 동학군은 10월 14일경 치성식을 개최한 뒤 16일경부터 공주 방면으로 진출했다.

바로 적극적인 공세를 펼치지 않았는데, 그 이유는 남북접 연대론, 혹은 항일 연대론 등을 매개로 더 많은 의려·의군을 모아야 했을 뿐만 아니라 남북접 지도부의 합의(設計)대로 북접 동학군 선봉이 금강 북안(대교·광정·유구) 지역에 진출하기를 기다려야 했기 때문이었다.

선행연구에서도 밝혔듯이, 남북접 동학군이 합의한 공주 점거 전술은 금강 남북 방면의 요충을 점거한 뒤 대규모 군중집회, 무장시위 등을 통해 충청감사는 물론이고 경군·영병의 내응, 이교·시민의 호응을 유도한다는 것이었다. 공주 1차 A/O 투쟁 시기 남북접 동학군이 금강을 사이에 두고 기각지세를 형성하고자 했다는 사실은 우선봉진이 유구에서 동학군 거괴를 문초하는 과정에서 입수했다는 아래와 같은 정보를 통해서도 어렵지 않게 확인할 수 있다.

당일(11월 11일―인용자) 유시에 유구 앞뜰에 당도하니 천안 의병이 먼저 이곳에 도착하여 붙잡은 동도 9명과 그들이 가지고 있던 장물(贓物)을 군대 앞에서 헌납하였다. 그러므로 동도를 자세히 캐물으며 취초하였다. 그랬더니 이들은 바로 이 마을 비류와 같은 무리로서 (A) 남몰래 전봉준과 약속하기를 "본진이 반드시 이 마을을 통과할 것이다. 이 마을 사람들은 후미를 끊고 내려가면서 공격하고 전적(全賊)은 금강을 건너 역으로 공격(逆功)하여 위아래 양쪽에서 협공하는 형세를 취하기로 하였다"라고 하였다. (B) 유구동은 모두 목천 비류의 소굴이라 진술하였다.[90]

[의병진에서 붙잡아 보낸 유구 동도 9명을] 즉석에서 공초하였더니, (C) 유구의 이른바 충경포는 사오천 명으로, 그들은 서로 약속하기를, "당일 밤이 깊어진

---

90 "本洞諸漢則截後 下功全賊 則越錦江逆功 以成上下挾攻之勢云 而維鳩一洞 則俱是木川匪類之窟宅." 兩湖右先鋒日記 二〉甲午十一月.

후에 산에 올라가 총포를 쏘아 사람들의 마음을 현혹시킨 뒤에 경군의 무기를 빼앗고 경군을 무차별 살해할 작정이었습니다. (D) 거기서 탈취한 병기로 강북에서 동도를 성원해 주고자 했습니다(將作東徒之江北聲援)"라고 진술하였습니다. (…) (E) 금영에서 한양으로 가는 길(錦營之去京)은 세 갈래입니다. 동쪽은 대교, 가운데는 광정(광정—인용자), 서쪽은 유구입니다. 유구 길은 여기서부터 점점 넓게 열리고, 대교와 광정이 가까이 있으니, 어떤 모양을 이루겠습니까? (F) 남북에 있는 두 적(賊)이 서로 우각지세(犄角之勢=掎角之勢)를 이루어 경군을 에워싸는 것으로 최상의 계책을 삼았으니, 그 헤아릴 수 없는 일을 누가 깊이 알겠습니까?[91]

위의 인용에서 주목되는 대목은, 천안의병이 체포하여 끌고 온 유구 출신 동학군 9명을 취조한 결과 이들이 전봉준군과 약속하여 관군이 유구를 지날 때 배후를 공격하고 전봉준군과 협력하여 공주를 수비하던 일본군과 관군을 금강 남북 방면에서 협공하려 했다고 진술했다는 것(A), 유구는 원래부터 천안·목천 동학군의 소굴이라는 것(B), 유구 지역 동학군(崔漢奎)을 포함한 충경포 동학군 4, 5천 명이 야밤에 경군을 기습하여 무기를 빼앗고 자신들을 살해할 계획이었다는 것(C), 그런 뒤 탈취한 무기로 무장하여 남접 동학군을 강 북쪽에서 성원하고자 했다는 것(D), 동학군이 유구(西則維鳩)를 점거할 경우, 길이 평탄하여 대교(東有大橋)와 광정(中有廣亭: 弓院)을 점거하는 것은 시간문제라는 것(E), 동학군 지도부의 설계(計之上)대로 남북의 두 적이 기각지세를 형성하여 경

---

**91** "維鳩所謂忠敬包爲四五千名者 (…) 以其所奪器械 將作東徒之江北聲援 (…) 錦營之去京有三路 東有大橋 中有廣亭 西則維鳩 維鳩一路 從此開闊 大橋與廣亭 近作何樣是乎 喩南北兩賊 互相犄角 以圍繞京軍 爲計之上 其所叵測 惟在深燭 結顆諸漢." 兩湖右先鋒日記〉甲午〉十一月; 「양호우선봉일기」 11월 12일자, 『자료총서 15』, 130~131쪽. 동일한 내용의 보고가 『순무선봉진등록』 11월 15일자에도 보인다. 『국역총서 2』, 191쪽.

군을 에워싸는 경우 대단히 위험한 결과가 초래될 가능성이 있다는 것 등이다. (B)와 (C)를 통해서도 확인할 수 있듯이, 유구 동학도들은 천안 목천뿐만 아니라 홍주 갈산에서 기포한 충경포(申澤雨, 李鎭龜)를 매개로 내포 지역의 포접과도 기맥을 통하고 있었던 것으로 보인다.[92]

이두황의 보고대로 1차 투쟁 시기 남북접 동학군은 금강을 사이에 두고 남쪽으로는 경천과 이인, 북쪽으로는 대교, 광정, 유구 등지를 점거하여 이른바 '기각지세'를 형성하고자 했다.[93] 후술하겠으나 「균암장 임동호씨 약력」 가운데 '공주영 북문' 밖에 매복하고 있다가 전봉준군의 진격에 호응하여 4일간 '공동도전'했다는 대목도 남북접 동학군이 금강을 사이에 두고 이른바 기각지세를 형성하고자 했음을 보여주는 유력한 증거이다. 하지만 금강 북안 지역은 1차 투쟁 이전부터(특히 세성산싸움 이후) 이미 일본군과 관군(특히 우선봉진), 특히 기호와 호서의 반동학군(자칭 의병, 유회군, 민보군) 세력이 장악하고 있었으므로, 동학군의 활동은 남안 지역에 비해 상대적으로 부진할 수밖에 없었다.

오지영의 『동학사(초고본)』도 호남 동학군의 북상 과정을 잘 보여주는 자료이다. 당시 호남 동학군은 늘 그러했듯이 경사직향을 표방하며 전봉준군은 논산-공주길, 김개남군은 논산-청주길, 그리고 송태섭군은 충청우도 길로 북상을 시작했다. 기존 연구들은 공주 1차 투쟁 시기 전봉준과 김개남군의 동향에

---

92  "당시 忠南의 東學黨은 德胞 禮胞 淸胞 忠慶胞 山川胞 洪胞 등이 있었으니 (…) (起兵洪州葛山) 忠慶胞는 申澤雨, 李鎭龜 (…) 其中 세력이 강대한 자는 德胞다. 甲午動亂을 際하야 이상 諸胞는 亂蜂과 如히 一時 兵을 起하야 海美郡 余美坪에 집중하니 불과 수일에 其衆이 수만에 달하였다." 「戰史上으로 본 忠淸南道」, 『개벽』 제46호, 1924년 4월.

93  공주 점거투쟁 시기 충청감사 박제순도 '동학군보다 먼저 敬川을 점거하여 犄角(=掎角)之 勢를 형성하는 방책'을 제시했다. 『순무선봉진등록』 10월 20일자 '忠淸道觀察使爲相考事.' 하지만 당시 일본군의 작전명령은 '공주 부내를 한 발짝도 벗어나지 말고 오로지 고개와 나루만을 굳게 수비'하라는 것이었다.

만 관심을 두었지, 송태섭군의 동향에 대해서는 거의 아무런 언급도 하지 않았다. 하지만 당시의 정황 증거들에 기초해보면 송태섭군에 대한 오지영의 회고는 사실일 가능성이 크다. 오지영의 회고처럼 송태섭군은 함열 방면에서 금강을 건너 서천·한산·임천·홍산 등지의 동학군을 모아 금강 동쪽 편의 정산 공수원(건지동) 방면에서 공주 점거전에 동참하려 했던 것으로 보인다.[94]

전봉준이 이끄는 호남 원정대는 10월 12일경부터 삼례에서 여산을 거쳐 논산포로 진출했는데, 이 길은 누구나 하루이틀 정도면(하루 백리 길) 주파할 수 있는 거리였다. 삼례 재기포 직후부터 호남 동학군이 수시로 여산이나 한산·서천 지역에 진출하여 군수와 무기를 확보하는 활동을 전개한 것도 거리상 가까웠기 때문이었다.[95] 일본군이 수집한 정보에 따르면, 여산부사 유제관은 세곡으로 거둔 5백 석 가운데 2백 석을 동학군 군량으로 내놓았을 뿐 아니라, 전봉준군이 여산을 지날 때는 소 7마리를 잡아 대접했다고 한다.[96] 오지영의 『동학사(초고본)』에서 '각도의 의군이 모두 한 곳에 회집(會集)하니 공주 남쪽 일대의 제읍은 수백만의 의군으로 인산인해를 이루었고, 기치검극은 수백리의 산하를 뒤덮었고, 총포고각은 천지를 진동하였다'는 대목은 논산회집 시기 동학군 기세를 잘 보여준다. 당시 삼례와 공주 사이의 군현들은 일종의 '해방구'였다. 북접 동학군이 공주 원정에 앞서 보은, 청산, 영동 등지에서 공개적으로 대규

---

94  『동학사(초고본)』에 따르면, 송태섭군(軍)은 "金溝 院坪으로부터 全州 땅을 거쳐 咸悅 熊浦津(錦江下流)을 건너 韓山 舒川 林川 鴻山 等 邑을 거쳐 陷落시키고 앞으로 京城方面을 向하여 치밀어 올라 그리든 바 公州地界에 이르"렀으나, 공주에서 패전한 이후 왔던 길을 되짚어 귀향하다 熊浦津(익산: 곰개나루)에서 집단학살되었다고 한다.

95  『주한일본공사관기록 1』; 『일지』 관련 항목 참조.

96  미나미고시로 문서 가운데 보이는 「문서번호 18: 전봉준 영칙(여산무사 유제관에 대한 보고)」, 박맹수, 「미나미고시로문서 해제」 재인용.

모 도회를 개최하지 않았듯이, 남접 원정군도 삼례는 물론이고 논산에서도 대규모 도회를 개최하지는 않았는데, 그 이유는 자신들의 공주 점거 계획을 노출하지 않기 위해서였다. 이 책에서 보은회집(10월 초순, 11일 이전), 논산회집(10월 12일부터 1차 투쟁 직전)이라는 명칭을 사용한 것도 이런 이유 때문이다.

논산회집과 관련한 오지영의 서술 가운데 유의해야 할 점은 남북접 연대(調和), 그리고 공주창의소의장 이유상(이유형)과 전 여산부사 김원식(金元植=金源植) 등과의 연대 사실이다. 기존 연구들은 이들의 합류를 연대가 아니라 '포섭 또는 귀속(歸屬)'으로 이해하는 경우가 많았으나, 『동학사(초고본)』의 아래와 같은 언급이 가지는 중요성이나 무게감을 잘 이해해야만 공주 점거투쟁에 대한 온전한 재현이 가능하다.

> 호남 전봉준과 호서 손병희와 유도수령(儒道首領) 이유상과 관병대장 김윤식
> (김원식의 誤記—인용자) 등 네 사람은 당시에 호걸이오 천하에 의협(義俠)이라. 처지가
> 비록 같지 못하고 숙계(宿契)는 서로 없었으나 유지령아(有志男兒)는 상달즉친(相逢
> 則親)이라 과거지사를 하족 괘념이리오 소위 민측이니 관측이니 유도이니 동학이
> 니 호남 호서이니 하는 등의 비열하고 양쾌(量快)한 생각이야 말할 것도 없는 것이
> 다.

앞서도 강조했듯이 이유상은 시종, 도사 벼슬을 역임한 적이 있는 일종의 무관 출신인데, 이는 김원식의 경우도 마찬가지였다. 여러 기록에 근거해보면 김원식은 재물을 바쳐 친군후영 영장, 여산부사 등을 역임하였으나[97] 호남 암

---

**97** 김원식이 매관을 통해 여산부사가 되었다는 사실은 황현의 『오하기문』에도 보인다. 김원식은 강경에 거주하는 부호로서 재물을 바쳐 여산부사가 된 뒤 탐학질을 일삼다가 동학군에

행어사(李冕相)의 눈에 거슬려 장오죄(臟汚罪)로 처벌된 인물이다.[98] 이런 사실을 잘 알고 있었을 전봉준 등 남접 지도부가 그를 끌어들여 네 개 읍의 접주로 삼았을 뿐만 아니라 북상 시기 그를 선봉으로 차출한 것은 오지영의 『동학사』가 그를 '관병대장'이라 칭한 것을 통해서도 알 수 있듯이, 그가 가진 남다른 경력 때문이었다. 오지영이 이유상(公州倡義所義將)과 김원식(礪山府使兼後營將兼東學黨 討伐大將: 『동학사』)의 합류 사실을 강조한 것은 남북접뿐만 아니라 척사유생이나 관료·관군들과도 연대가 가능했다는 사실을 강조하기 위해서였을 것이다. 『동학사(초고본)』은 이 외에도 「청군 패잔병이 의군에 투합」이라는 제목으로 청국 패잔병의 합류까지 강조했으나,[99] 이것이 사실일 가능성은 거의 없다고 판단된다.

논산포에 본진을 설치한 남접 동학군은 10월 16일경에는 공주부에서 40여

---

게 원한을 사 곤욕을 치렀다는 것이다. 『梧下記聞』〉三筆〉甲午十月. 이후 김원식은 보복을 하기 위해 동학에 거짓으로 입도하여 기회를 엿보다가, 관군과의 내통 사실이 발각되어 처형된 것으로 보인다. 계미년(1883) 3월 12일에 巡營에 머물고 있던 金源植이 戶房 鄭愚衡에게 "보내주신 물건은 감사히 받았다"는 편지를 보냈다는 사실이 〈한국사 DB〉에 탑재된 한 자료에서 확인되는데, 위의 순영은 정황상 完營이라 판단된다. 『수집사료해제집 11. 해남 鄭愚衡 문서』〉해남 鄭愚衡 문서〉해남 鄭愚衡 문서 목록. 이런 추론이 맞다면 김원식은 여산부사가 되기 전에 전주영에서 영리나 영장직을 수행했을 가능성도 있다.

98  "형조의 말로 아뢰기를, '전라도 암행어사 이면상(李冕相)의 서계(書啓)로 인하여, 전전임 여산부사(礪山府事) 김원식(金源植)이 재임 시에 뇌물로 받은 돈 1만 4,650냥에 대해서 그의 가동(家僮)을 잡아 가두고 기일을 정해서 독촉해 받아내겠습니다. 감히 아룁니다'하니, 알았다고 전교하였다." 『승정원일기』; 사료 고종시대사 16〉1892년(고종 29년) 7월 9일.

99  "청국 패잔병 오백 명이 섭사성(聶士成)의 인솔하에 논산 대본영에 드러와 부합(附合)하기를 애원"하므로, "의진(義陣)에서는 차(此)를 용허(容許)하였엇다. (…) 淸兵의 本來인즉 政府의 請求로 나온 者이나 그 軍兵이 나오든 처음 日本兵과 서로 싸와 만한 浪敗를 보고 도라갈 곳이업서 附合하기를 哀願하는 것임으로 그 情狀이 可矜하고 또는 來者는 不拒라 밧아드림이 可타 하야 軍中에 收容케 한 것이다." 『동학사(초고본)』.

리 떨어진 은진과 노성 지역까지 진출했고,[100] 10월 19일 무렵에는 노성(누동면 칠동)의 창고미를 경천(등잔골도회소) 방면으로 옮기는 등(『선봉진일기』; 『일지』, 180쪽) 경천과 이인 일대에 일종의 교두보(전진기지)를 구축하기 위한 활동을 시작했다. 상황이 이러하자 일본군과 관군 측은 일종의 '선발대'를 공주로 파견하여 수비를 강화했으나, 남접 동학군은 공주 점거를 곧바로 시도하지 않고 애초의 설계대로 북접 동학군의 금강 북안 도착을 기다렸다. 일단의 북접 동학군이 금강 북안의 대교에 도착한 것은 10월 23일경이었다.

## 2) 북접 동학군(원정대)의 공주 진출과 청산 치성식(10월 14일)

9월 18일 기포령 이후 각자기포하여 각자 자경보위 등 회립자생책을 마련하고 있던 북접계 동학군은, 9월 그믐 이후 남북접 연대와 더불어 공주 점거투쟁에 대한 합의가 이루어지자 식량과 무기를 확보하는 등 공주 원정(점거전)을 위한 준비를 서둘렀다. 1893년 4월 여주에서 입교한 임동호는 9월 22일 맹감역 부대의 탄압을 피해 여기저기를 떠돌다 9월 말 음성 무극장터 집회, 10월 괴산 싸움 등에 참여한 뒤, 청주 청천장터, 보은 대바위 등을 거쳐 장내리(법소)[101]에 도착하여 10여일간 머물렀다. 당시 그곳에 회집한 동학군은 '포군을 포함해 백여만 명'에 달했으며, '일시에 밥을 짓는 쌀이 350석'을 넘었다고 한다(「균암장 임동호씨 약력」). 공주 원정을 위해 10월 11일 보은을 출발한 북접 동학군은 10월 14

---

**100** 駐韓日本公使館記錄 1권 〉 四. 東學黨에 關한 件 附巡査派遣의 件 一 〉 (47) [湖南匪徒의 公州로의 進擊狀況 通報](1894년 10월 16일=양력 11월 13일: 김윤식→台兄).

**101** 임동호는 이를 '全鮮大都所'라 청했다. 길이는 8칸, 폭은 6칸이었는데, 1894년 3월 전라도 목공장을 불러 3개월 만에 완공하였다고 한다. 흥미로운 사실은 당시 해월신사는 청산 문바위에 거주하고, '팔도 도인의 첩지 출급' 등 위 대도소의 사무는 先聖師 즉 손병희가 主務했다는 것이다. 『신국역총서 1』, 241쪽.

일경 최시형이 머물던 청산 문바위(현재 옥천군 청산면)에서 치성식(致誠式)을 거행한 뒤 영동에서 옥천을 거쳐 공주 방면으로 진출한 것으로 보인다. 교단사 자료에 따르면, 치성식 때 통령기(統領旗)[102]를 받은 손병희가 첫 잔을 올렸고, 둘째 잔은 임정재(문청 대접주), 축문은 참모 손천민, 봉향(奉香)은 이관영, 봉로(奉爐)는 이원팔, 장령은 이종옥, 신택우, 정경수, 조재벽, 강건회, 박용구, 이상옥, 신재련 등이 담당했다.[103] 당시 북접 동학군(=伐南 征討軍=公州 遠征軍)의 선봉은 정경수포, 후군은 전규석포, 좌익은 이종훈포, 우익은 이용구포, 그리고 통령은 중군을 이끌었던 손병희였다.[104] 북접 동학군(원정대)의 공주 진출 과정에 대한 『천도교회사(초고)』의 내용을 소개하면 아래와 같다.

(A) 시(時)에 전봉준이 사훈(師訓)을 부준(不遵)하고 난도난법한 행위를 감행하야 반(反)히 민간에 폐해를 여(與)함이 심한지라 손병희가 위선 차를 정토키 위하여 기호(旗號)를 「벌남접」이라 하고 행진하여 (…) (B) 각포를 갑·을 2대로 분(分)하야 갑대는 영동 옥천으로부터 공주에 지(至)하고 을대는 회덕군 지명시에 지하야 청주

---

102  손병희만이 아니라 청국군 지휘관 섭사성, 그리고 천안 의병장 윤영렬도 동일하게 統領이라 호명되었다. 〈한국사 DB〉 참조.

103  성주현, 「동학농민혁명에 대한 해월 최시형의 인식과 역할」, 『동학과 동학농민혁명』, 선인, 2019 참조. 10월 14일 청산에서 열렸다는 치성식과 관련한 기록은 천도교 교단 측 자료에만 보인다. 성주현은 천도교중앙총부교사편찬위원회 편, 『천도교백년약사』, 1981 등을 활용하여 치성식 장면을 재현했으나, 원사료가 무엇인지는 분명치 않다. 성주현의 연구에 따르면 19세의 백범 김구도 황해도의 지도자 15명 중 한 명으로 위의 치성식 자리를 같이했다고 한다. 『충남동학농민혁명사』, 275~276쪽.

104  권병덕, 「갑오동학난」, "鄭璟洙包로 하야금 先鋒을 삼고, 全奎錫包로 하야금 後軍을 삼고, 李鍾勳包로 하야금 左翼을 삼고, 李容九包로 하야금 右翼을 삼고, 孫秉熙가 中軍이 되야 各包를 指揮하니 衆이 六十餘萬人이엿다." 하지만 이종훈은 약력에서 자신이 중군이었고, 선봉은 전규석, 후군은 이용구였다고 기술했다. 「이종훈약력」, 『신국역총서 1』, 137쪽.

군 진위대로 더불어 교전 대첩하고 논산에 지하다.

위의 인용에서 가장 주목되는 것은 (A)의 벌남접(伐南接), 벌남기(伐南旗) 등을 운운한 대목이다. 이를 문면대로 해석하면 북접교단의 공주 원정군은 공주 점거투쟁을 벌이기 위해서가 아니라 남접 집단을 '토벌'하기 위한 일종의 남벌군이라 해야 옳다. 하지만 (A)의 남벌 운운하는 대목은 남북접 연대가 성사되기 이전, 특히 기포령 시기의 상황과 노선을 반영한 서술, 또는 남북접 군의 연대 사실을 은폐하기 위한 연막전술일 가능성이 크다. 왜냐하면 공주 점거투쟁은 남북접 지도부가 합의·설계한 일종의 공동(연대)투쟁이었기 때문이다.

(B)의 '갑·을 2대의 행로'와 관련한 서술 부분은, 10월 24일 새벽 홍운섭 군에 의해 대파된 영옥포 동학군의 실체, 그리고 10월 26일 지명장(회덕)싸움을 수행한 호중 동학군의 실체를 잘 보여주는 대목이다. 미루어 짐작건대, 갑대는 기포령 전후 시기부터 이미 상당 수준의 무장을 갖추었던 기호(이천, 안성 등지)와 호서(장호원, 음죽, 충주, 영동, 옥천) 출신의 동학군, 그리고 을대는 북접교단의 강력한 영향력 가운데 호서 지역(회덕, 문의, 유성)에서 각자 기포한 동학군이었던 것으로 보인다. (B)의 말미에서 "회덕군 지명시에 지(至)하야 청주군 진위대로 더불어 교전 대첩하고 논산에 지"했다는 서술로 미루어 보면, 갑대와 마찬가지로 을대도 일본군과 관군의 공격에 대비하여 자신들의 근거지를 사수하기 위한 A/O 투쟁을 전개하다가 1차 투쟁이 끝난 이후 공주와 논산 방면으로 진출한 것으로 보인다.

갑대, 즉 영옥포 동학군 동향은 영동현감의 첩정[105]에 자세하다. 10월 13일

---

**105** 「갑오군정실기 6」, 『신국역총서 7』, 162쪽. 영동 현감의 첩정에 따르면 9월 27일에도 동도가 갑자기 들이닥쳐 군기와 집물을 약탈하였다고 한다. 「갑오군정실기 1」, 『신국역총서 6』, 134

동도 수만 명이 총과 창을 휴대하고 영동읍에 주둔했다가 19일 6만여 명의 동학군이 옥천 방면으로 향했다는 서술은 영옥포 동학군이 갑대의 주력군이었음을 시시한다. 수천 명의 동학군이 관아로 쳐들어와 관속을 결박하고 집물을 탈취한 뒤 '공주 지역으로 향하였다(發向公州地)'는 진잠 공형의 보고,[106] 그리고 상주 소모사 정의묵이 집필한 『소모일기(召募日記)』(10월 25일) 가운데 영동·황간 지역에 진을 치고 있던 '부지기만명(不知其萬名)'의 동학군이 10월 23일경부터 공주 방면으로 향했다는[107] 기록 등도 당시 공주 원정군의 동향을 보여주는 자료이다.

공주 점거투쟁 시기 북접(호서) 동학군은 남접(호남) 동학군(원정대)의 들러리가 아니라 공주(금영) 점거투쟁의 주력군이었다. 그럼에도 북접(호서) 동학군의 동향에 대한 기존 연구들의 서술은 지나치게 부실하다. 이는 표영삼의 「손병희 통령과 동학혁명」도 마찬가지인데, 여기서도 다른 연구들과 마찬가지로 여러 오류와 착종이 엿보인다. 특히 손병희가 이끄는 동학군이 10월 14일에 청산을 떠나 16일 논산에 당도하여 전봉준과 회동하였다거나, 10월 26일 지명장싸움을 수행한 북접 동학군이 곧장 대교로 진출했다고 서술한 대목 등은 사건의 선후관계 등으로 미루어 볼 때 오류임이 분명하다.[108] 가령 『천도교서』에 따르

---

쪽.

**106** 「갑오군정실기 2」, 『신국역총서 6』, 188~189쪽.

**107** 소모일기 〉 1894년 10월. "각처의 탐리(探吏)들이 돌아와서 보고한 내용 가운데는 황간과 영동의 여러 적들이 23일부터 옥천(沃川)을 넘어 공주(公州)로 향하고 있다고 하였으며, 또 어떤 보고는 지례(知禮)로 들어갔다가 진주(晉州)로 내려갔다고 하였다. 그러나 군대의 첩보(牒報)는 하나도 그 상세함을 얻을 수 없었다."

**108** 대교싸움은 10월 24일이므로 이를 수행한 이른바 '영옥포' 동학군은 지명장싸움과는 무관하다고 보아야 한다. 북접군 통령 손병희와 양호창의영수 전봉준이 논산에서 회동한 것은 1차 접전 이후 남북접 동학군이 모두 논산 방면으로 퇴각한 뒤 서로 통지를 주고받으며 2차

면, 손병희가 논산에 도착하여 전봉준과 회동한 시점, 즉 전봉준 등과 서로 만나 함께 기거하며 "대신사(大神師)께 심고(心告)하여 중맹(重盟)을 결(結)"한 시점[109]은 공주 1차 투쟁 이후, 특히 대신사 탄신일인 10월 28일 무렵이었던 것으로 보인다(후술 참조).

삼례에서 익산과 여산을 거쳐 논산에 이르는 호남 동학군의 북상길은 하루 이틀이면 충분히 주파할 수 있는 거리지만, 보은·옥천·영동 지역에서 금강 북안의 요충지까지, 그것도 일본군 중로군(대대본부), 교도중대, 우선봉진, 청주 영병 등의 탄압과 감시를 피하며 대규모의 동학군을 금강 북안으로 진출시켜야 했던 북접 동학군에게는 더 많은 시일과 준비가 필요했다. 대교싸움에 참여한 북접 동학군은 일본군 중로군의 공세로 말미암아 청주 방면에서 접근하는 지름길이 아니라 먼 길(현재의 4번 국도?)을 우회하여 대교 등 공주 동북 방면으로 진출한 것으로 보인다. 하지만 이 무렵에는 이미 상당수의 일본군과 경군이 공주를 수비하고 있었다. 서로군과 좌선봉진이 공주에 도착한 것은 10월 25일 효포싸움 하루 전인 10월 24일 해 질 무렵이었다.

### 3) 일본군 및 관군의 남하와 동학군 탄압 활동

앞서도 언급했듯이 이토 병참사령관이 이노우에 공사에게 동학군 탄압 계획을 보고할 무렵(10월 7일)에는 일본공사관 측도 남북접 동학군의 동향, 특히 양측이 공주 점거에 합의했다는 사실을 전혀 눈치채지 못했다. 하지만 10월 15

---

투쟁을 준비하던 시기였다. 후술 참조.

**109** "十月에 聖師가 神師의 命을 承하사 各包 道人의 統率을 하는 任을 當하시다. 是時에 聖師가 各包를 率하시고 公州에 至하사 全琫準 等으로 더부러 相遇하야 特히 住를 設하고 大神師께 心告하여 重盟을 結하시다. 是時에 道人과 官軍이 數合 會戰하야 不利함을 見하고 南方으로 退하야 論山에 屯하다." 天道敎書 〉 第三編 義菴聖師.

일 후비보병 독립 제19대대가 세 개의 방면군으로 나뉘어 남하를 시작할 무렵
에는 여러 경로의 보고를 통해 남북접 동학군의 공주 점거 계획을 어느 정도는
짐작하고 있었던 것으로 보인다. 하지만 일본군은 병참부 소속의 1개 소대를
미리 공주에 파견하여 수비를 강화했을 뿐 공세적인 자세를 취하지는 않았다.
공주 점거투쟁 직전 시기 공주에는 성하영, 홍운섭, 백락완 등이 이끄는 경리
청병 2개 소대 280명, 스즈키 아키라 소위가 이끄는 일본군 1개 소대(49명)가 공
주 우영의 영병들과 함께 수성 활동을 펼치고 있었고, 이두황 부대(장위영병 4개
소대)는 공주에 주둔하지 않고 외곽(천안과 내포 지역)에서 각자기포한 동학군을
진압하는 활동을 펼치고 있었다. 이들 가운데 가장 먼저 공주에 도착한 경군은
10월 6일의 백락완 부대(90명)였고, 뒤이어 10월 8일에는 스즈키가 이끄는 일본
군 1개 소대, 10월 10일에는 홍운섭 부대, 10월 19일에는 성하영 부대, 그리고 10
월 24일 저녁 무렵에는 서로군과 좌선봉진이 공주에 도착했다.

공주 점거투쟁 시기 일본군의 수정된 작전 계획은 호서와 호남의 동학군
을 한 곳에 몰아넣고 일거에 포위섬멸전을 벌이는 것이었다. 박제순의 긴급한
구원 요청에도 불구하고 일본공사관 측(이노우에 공사)은 서로군(선봉진)과 중로
군의 진군 속도를 의도적으로 늦추었는데, 그 이유는 호서와 호남 동학군이 공
주 인근 지역에 모여들기를 기다리기 위해서였다. 미리 계획된 서로군과 선봉
진의 행군 일정[천안(23일 숙박)→(차령고개)→광정(24일 숙박)→모로원(25일 숙박)→(금강)→
공주부]은 10월 25일 저녁 무렵에나 공주에 도착하는 것이었다.

전라도 삼례의 적도들이 충청도로 침입하고 있다는 것에 대해 다른 서신으로
말씀드린 바 있습니다. 그 적도들이 강원도·함경도 방면으로 침입하는 것을 예방
하기 위해 서로와 중로를 가는 우리 군대의 행진을 조금 늦춰 동로의 군대를 먼저
앞으로 나아가게 해야 합니다. 그래서 적도들이 중로와 서로 방면으로 도망치게

하는 방략을 취하여 끝내 그들을 포위 공격하여 일거에 박멸하도록 해야 할 것입니다. 이 점 단단히 명심할 것을 바라며 여기에 거듭 말씀드립니다.[110]

공주 점거투쟁 시기 일본군은 동학군의 작전 계획은 물론이고 동학군의 무장 수준이나 전투 능력을 비교적 정확하게 파악하고 있었다. 스즈키 아키라(鈴木彰) 소위가 10월 18일 일본공사관으로 보낸 아래의 보고, 특히 (E)와 같은 대목은 공주 점거투쟁 시기 일본군이 동학군의 전투 능력을 어떻게 파악(평가)하고 있었는가를 잘 보여준다. 스즈키 소위는 공주에 주둔하며 사병(토병)을 모집하여 훈련시키는 등 수성 활동과 관련한 공로로 충청감사로부터 '평성지장(平城之將)'이라는 칭송을 들었다.[111] 스즈키는 관변 측 자료들과는 달리 동학군을 '동도(東徒)'라 칭했으며, 3명을 사살한 것과 관련해서도 부득이(不得已)하여 그리했음을 강조했다.

여기 (A) 공주 남쪽에 있는 은진·여산 등의 동도(東徒)가 요사이 전라도의 동도와 합세하여 공주를 함취(陷取)하려고 개전서(開戰書: 전봉준과 이유상의 上書—인용자)를 이곳 감사에게 보내왔습니다(公州ヲ陷取セントシ開戰書ヲ當監司使ニ送リ). 게다가 전부터 얼마간 잠잠했던 부근의 동도도 이들과 한 패거리가 되어(이유상 등의 합류—인용자) 사태가 매우 불온합니다. 그러므로 지금 소관은 공주를 버리고 갈 수가 없습니다. 괴산·보은의 정찰은 충주에 머물러 있는 이이모리(飯森) 소좌님께 의뢰해두었

---

110  駐韓日本公使館記錄 1권 〉四. 東學黨에 關한 件 附巡査派遣의 件 一 〉(48) [公州救援要請과 江原·咸鏡·慶尙道方面으로의 賊徒侵入 警告](1894년 양력 11월 13일=음력 10월 16일: 井上 特命全權公使→南 陸軍步兵少佐 殿).

111  駐韓日本公使館記錄 1권 〉四. 東學黨에 關한 件 附巡査派遣의 件 一 〉(58) [鈴木彰의 公州駐在 간청의 件](甲午 10월 25일 金允植 頓).

으니 양지하시기 바랍니다. (B) 지난 10일(음력 10월 13일—인용자) 공주에서 북쪽으로 10리 거리에 있는 수촌(壽村: 水村—인용자)에서 통역자 김현갑의 말과 어학생(語學生) 사이토(齊藤)의 마부가 말을 약탈당했다는 보고가 있어 밤중에 그 마을에 가서 그 도소(都所)를 포위했더니, 그들이 창을 들고 저항해 왔습니다. 그래서 부득이 3명을 죽이고 21명을 포박하였으며 기(旗)와 창 20여 자루를 압수했습니다. 그러나 수령은 도주했습니다.

유감스럽게도 (C) 압수문서 중에 "청국은 우리 조선을 위해 진력하고 있으니 방관하지 않을 것이다. 협력하여 왜적을 쳐부수자"는 등의 글귀가 있었습니다. 참으로 뭐라 말할 수 없는 어리석은 백성입니다. 더욱이 (D) 전술한 개전서(「이유상 상서」—인용자) 중에는 그들이 "장교 200명과 병사 17만 6,000명을 갖고 싸우겠다"고 말해 왔습니다. 매우 엉터리 같은 과장된 거짓말입니다. 하여튼 지금 공주를 동도의 손에 넘겨주게 되면 사방에 있는 동도가 금방 봉기해서 걷잡을 수 없는 사태가 될 것입니다. 그러나 (E) 당분간은 이곳에 주재하여 수비할 1개 소대가 있으니 적도가 몇 만 명 쳐들어 온다 해도 조금도 염려할 것 없습니다. 이상 다행히 전하는 편이 있기에 보고드립니다.(1894년 양력 11월 15일=음력 10월 18일 공주에서 鈴木 少尉)[112]

(A)와 (D)의 개전서 운운한 대목은 앞서 소개했듯이 항일연대(호응과 내응)를 호소하는 전봉준(양호창의영수)과 이유상(공주창의소의장)의 상서일 뿐이었다. 당시 스즈키는 일본군 지휘부의 지시대로 동학군 측의 정보를 입수하기 위해 통역

---

112  駐韓日本公使館記錄 1권〉五. 東學黨에 關한 件 附巡査派遣의 件 二〉(5) [恩津·礪山等地 東徒의 公州攻取豫定開戰書 送付](양력 1894년 11월 17일=음력 10월 20일: 特命全權公使 伯爵 井上馨→後備第19大隊長 小佐 南小四郎). 스즈키가 일본공사관에 보낸 보고서(전보)를 이틀 뒤 일본공사관이 다시 미나미에게 보냈다는 사실은, 당시 동학군 토벌을 총괄한 것은 대본영이나 남부병참사령부가 아니라 일본공사관(井上馨)이었음을 시사한다.

까지 대동하고 수촌까지 진출하여 관련 문서를 압수하고 동도(=동학군)를 체포하여 심문한 것으로 보인다. (C)는 앞서 언급한 「갑오 9월 11일 진시(辰時)에 출(出)한 호주대의소(湖州大義所) 명의의 거의통문(擧義通文)」에 대한 언급인데, 후술하겠으나 '조가밀교(朝家密敎)'를 운운하는 대목보다 '청국과 협력하여 왜적을 무찌르자'는 대목을 더 주목했다는 점이 이채롭다. 위 통문의 핵심 내용은, 항일의려를 일으키라는 '조가(고종)의 밀교'가 있었다는 것, 조선에 항일의려가 형성되는 경우 청국 군사도 이에 호응하리라는 것 등이었다. (E)는 동학군을 함부로 공격하여 흩어지게 하지 말고 모두 모일 때까지 수비에 치중하라는 일본공사관 측의 지시에 따른 답변인데, 이와 같은 자신감은 앞서도 소개했듯이 일본공사관이나 갑오정권 측도 마찬가지였다. 일본공사관의 지시에 따라 후비보병 독립 제19대대는 서로군과 선봉진의 진군 속도를 일부러 늦추며 남북접 동학군이 공주 방면으로 몰려들기를 기다렸는데, 그 이유는 조선 정부의 위기의식을 정치적으로 충분히 활용한 연후 공주 인근에서 동학군을 포위 섬멸하기 위해서였다.

10월 15일과 16일 이유상과 전봉준이 상서를 올리자 앞서도 언급했듯이 박제순은 순무영에 급보를 보내 여러 차례 지원병의 파견을 요청하였으나, 선봉진은 한가한 답변으로 일관했다.[113] 그러자 다급해진 박제순은 10월 16일 다시 "적의 형세가 급박하고 엄하나 초겨울 날씨에 춥고 먹을 것이 적어서 길을 가다가 대부분 도망을 가니 만약 지금 군대를 진군시키면 반드시 큰 성공을 이룰 수 있을 것"이라고 말하며 속히 공주로 와줄 것을 요청했다.[114] 박제순의 10월

---

113 『순무선봉진등록』; 『일지』 10월 16일자, 175~176쪽. 당시 충청감영 측은 동학군의 공격 시점을 10월 17일경으로 파악했으나 실제 남북접 동학군의 공세가 시작되는 것은 북접 동학군이 금강 북안에 도착하는 10월 23일경이었다.

114 『순무선봉진등록』 10월 18일자. 일본군과 좌선봉진의 借道來援을 요청하는 글이므로 동학

18일자 보고에서 "현재 충청감영은 병사도 없고 식량도 없어서 하루에 열 번씩 놀라고 있으며, 매우 황급한 상태"라는 대목은 충청감영 측이 전봉준이 이끄는 호남 동학군의 논산회집 상황을 지켜보면서 상당한 위기의식을 느끼고 있었음을 시사한다.[115] 박제순은 10월 20일경 또다시 동학군보다 먼저 경천을 점거하여 기각지세를 형성한 뒤 동학군을 일거에 포위 섬멸하는 방안을 일본군에 건의했으나, 일본군 지휘부는 아직 때가 아니라는 판단 아래 '공주 부내를 한 발짝도 벗어나지 말고 오로지 방어하는 데 주력하라'는 지시만 거듭했다.[116]

양호순무영 휘하의 경군 가운데 가장 두드러진 활약을 벌인 것은 이두황이 이끌던 우선봉진이었다. 10월 9일 죽산을 출발한 이두황은 충청감사의 거듭된 지원 요청에도 불구하고 공주 부내로 오지 않고 청주·보은과 천안, 내포와 유구 등지를 오가며 호서 동학군을 탄압하는 데 앞장 섰다. 우선봉진은 10월 11일 장내리에 진출하여 이미 텅 빈 법소를 파괴한 뒤[117] 순무영의 지시에 따라 10월 17일 부강점, 18일 연기·봉암 등을 거쳐 공주에 도착했으나, 충청감사의 요청을 무시한 채 충청병사의 요청에 따라 10월 21일 세성산싸움 등을 수행하였다. 세성산싸움 이후 27일경 공주부에 도착한 이두황은 공주로 내려온 '일본공사'(공사관 직원, 혹은 일본영사?)의 환영(老問)을 받았다고 하나, 착오라 판단된다. 우선봉진은 내포 지역의 상황이 심상치 않자 일본군(공사관) 측의 지시에 따라 다시 내포 지역으로 향했다가,[118] 우금티싸움이 끝난 직후 유구와 정산(건

---

군의 혼란 상황을 과장한 측면이 있을 수도 있으나 실제로도 그러했을 가능성이 컸다고 판단된다.

**115** 「갑오군정실기 2」, 『신국역총서 6』, 218~219쪽.

**116** 『순무선봉진등록』 10월 20일자 '忠淸道觀察使爲相考事'.

**117** 『양호우선봉일기』 1894년 10월 15일, 『국역총서 11』, 41쪽.

**118** "大露彌空難見十步之人 自鳳巖離發南去三十里 到錦江津頭 錦伯出送名帖勞問 日本公使

지동)을 거쳐 곧바로 노성 방면으로 진출했다. 일본군 서로군 본대(100명)와 이규태가 이끄는 좌선봉진(2개 소대)이 장기대나루에 도착한 것은 10월 24일 신시(오후 3~5시), 부내에 도착한 것은 유시(오후 5~7시) 무렵이었다.[119]

서로군 본대와 좌선봉진이 공주에 도착할 무렵까지 공주 수성전을 총괄 지휘한 것은 충청감사 박제순이었다. 그는 남북접 동학군이 세 개의 방면, 즉 대교, 경천(효포), 이인(우금티) 방면으로 접근하고 있다는 사실을 간파한 뒤, 10월 23일 새벽 부대를 셋으로 나누어 효포와 능티, 금강진과 공산성, 그리고 이인 방면을 수비한 것으로 보인다.[120] 충청감영 측이 일부 경군(홍운섭, 백락완)과 영병(구상조, 이기동)을 공주 북방의 금강진과 공산성 방면으로 파견한 것은[121] 북상하던 호남 동학군 때문이 아니라 금강 북안(공주영 북문)에서 활동하던 호서 동학군 때문이었다. 1차 투쟁 직전 시기 대교 등 금강 북안에서는 북접 동학군이, 경천(효포) 지역에서는 전봉준군이, 이인 지역에는 이유상군(軍) 등이 활동하고 있었다.

---

偕來領官出來勞問." 『양호우선봉일기』 1894년 10월 27일. 그러나 이노우에 공사가 직접 공주를 찾았다거나, 심지어 이두황을 맞이하러(勞問) 금강나루까지 몸소 나왔을 가능성은 전무하다. '일본공사'는 일본공사관원의 誤記로 보인다.

**119** 선봉진과 서로군이 10월 24일 공주에 도착한다는 소식을 듣고 인천수비대 소속 스즈키 소위가 이끌던 일본군 100여 명은 24일 묘시(오전 5~7시)쯤 경성으로 출발하였다. 「갑오군정실기 3」, 『신국역총서 6』, 271쪽.

**120** 『공산초비기』, 「利仁之役」 참조. 이 세 곳은 공주 점거투쟁 내내 양측이 공수의 요처로 삼았던 곳이다.

**121** "홍운섭과 구상조는 각기 1소대를 거느리고 효포(孝浦)에 가서 유진(留陣)하였다. 우영장(右營將) 이기동(李基東)과 경리청 대관(隊官) 백락완(白樂浣)은 금강진(錦江津)과 산성(山城) 모퉁이에서 주둔하였다. 백락완이 또 강을 건너서 순시하다가 저물녘에 떠돌아다니는 동비 십수 명을 붙잡아서 돌아왔다."

## 2. 공주 1차 투쟁: 이인·대교·효포싸움

공주 점거투쟁의 절정을 흔히 우금티싸움이라 말하나, 남북접 지도부가 가장 큰 기대를 걸었던 것은 금강 남북 방면에서 동시에 진행된 1차 투쟁이었다. 1차 투쟁은 우금티싸움 때보다도 동학군의 사기가 드높았고, 투쟁 규모나 범위도 훨씬 크고 넓었다. 따라서 공주 점거투쟁의 성격과 의미를 따질 때는 당연히 우금티싸움을 포함한 2차 투쟁보다는 1차 투쟁을 더 주목해야 한다. 1차 투쟁을 앞두고 남북접 지도부가 합의한 공주 점거 방법은 금강 남북의 요충을 점거하여 기각지세를 형성한 뒤, 대규모 집회와 무장시위를 통해 경군·영병의 내응과 이교·시민의 호응을 유도한다는 것이었다.

기존의 연구들은 1차 투쟁의 주체로 남접집단이 이끈 호남 동학군(원정대)만을 주목했으나 사건의 자초지종을 온전히 재현하려면 오히려 북접교단과 호서 동학군의 동향과 활동을 더 주목해야 한다. 「균암장 임동호씨 약력」에는 1차 투쟁 시기 호서 동학군의 동향이 아래와 같이 정리되어 있다.

> 기시(其時)에 (A) 전봉준이가 논산에서 군기(軍器)를 다수 수집하야 유진(留陣)하고 옥천 성사 본진으로 통지(通知)하되 공주영을 공격할 터이니 동(同: 공주영의) 북문(北門)[122] 외(外)에 매복하였다가 관군을 격파하라 하였으므로, (B) 의암성사 송암 이종훈 임학선 이용구 정지택 제인이 포군(捕軍) 육칠만을 인솔하고 동 북문 외에 매

---

[122] '公州營 北門'은 금강 북안의 '대교(장기면 대교리)'를 지칭하는 것일 수도 있으나, 『시천교종역사』 등 여러 자료로 미루어 당시 忠淸右營 소재지였던 公山城의 북문, 즉 금강진(금강나루) 혹은 장기진(장기대나루) 방면을 지칭한 것으로 보인다. 왜냐하면 금강 남북으로 기각지세를 형성하여 공주를 공략한다 할 때, 공격과 방어의 요처는 호남대로상의 요충인 장기대나루일 수밖에 없었기 때문이다.

복하다. (C) 기시(其時)에 전일약(前日約)과 여(如)히 전군(全軍)이 관군과 응전하야 사일간 격전에 본진도 공동도전하다가 일모(日暮)를 당하여 승부를 미결하고 (D) 도로 양진에서 밀통(密通)하여 논산으로 퇴진하여 전군(全軍)과 비로소 합진(合陣)하고 양미 육만 석, 탄약을 다수 취합하고 십여일을 유(留)하였다.[123]

위의 인용에서 전봉준이 손병희에게 자신들이 먼저 공주영을 공격할 터이니 공주영 북문 밖에 매복하고 있다가 관군을 공격하라고 '통지'했다는 대목(A), 이에 따라 손병희 등이 6, 7만의 북접 동학군을 이끌고 북문 밖에서 매복하고 있었다는 대목(B), 이런 약속에 따라 전봉준군이 4일간 일본군 및 관군과 격전을 벌였고, 손병희군도 마지막 날(25일)에는 전일의 약속대로 공동투쟁(이인·대교·효포싸움)을 벌였으나 날이 저물어 승부를 가릴 수 없었다는 대목(C), 사정이 여의치 않자 양군(兩軍)이 밀통을 주고 받으며 논산으로 후퇴하여 합진한 뒤 10여 일을 머물렀다는 대목(D) 등은, 과장이 섞인 서술이기는 하나 1차 투쟁 시기의 상황을 어떤 자료보다도 간결하게 보여준다. 그러면 위 인용에 보이는 공주영의 북문은 구체적으로 어디를 지칭하는 것일까? 여러 사료를 종합해보면 이는 금강 북안의 대교, 장기대나루, 옥녀봉(성) 인근을 지칭하는 말이라 여겨진다.

1차 투쟁 시기 북접 동학군은 대교와 장기대나루, 계룡산 너머의 시화산 일대 능선, 그리고 남접 동학군은 이인(이유상군)과 효포·경천(전봉준군) 등지에서 공세를 펼친 것으로 보인다. 경리청부영관 겸 안성군수였던 홍운섭의 보고의 10월 23일 이경(밤 9~11시 사이) 무렵 "호남적 전봉준이 4만 명을 거느리고 남쪽

---

**123** 『균암장 임동호씨 약력』, 『신국역총서 1』, 242~243쪽. 위 사료에 보이는 '前日 約' 가운데는 '공주 점거 및 호서도회 개최' 계획도 포함되어 있었을 것이라 짐작된다.

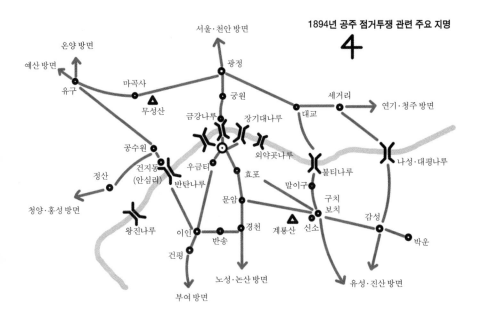

30리 떨어진 경천을 약탈하면서 장차 공주목으로 향할 것이라 소리쳤다"는 대목, 또는 "옥천포 동도 수만 명이 동쪽으로 30리 떨어진 대교에 둔취하여 전봉준과 함께 회합했다"는 첩보가 입수되었다는 대목[124] 등도 1차 투쟁 직전 시기 남북접 동학군의 동태를 잘 보여준다.

10월 6일 공주에 도착한 백락완의 회고에 따르면, 북상한 전봉준군은 논산포에 본진을 마련한 뒤 곧바로 여러 차례 노성, 이인, 경천 등지까지 진출하여 일본군과 관군을 위협한 것으로 보인다. 그러자 충청감사는 정부에 재차 파병을 요구했고, 이에 따라 서로군 본진과 좌선봉진이 일정을 앞당겨 10월 24일 저녁 무렵 공주에 도착했다. 그 이전까지 공주를 수비했던 일본군과 관군은 스즈키가 이끌던 100여 명의 일본군, 그리고 성하영, 홍운섭, 백락완 등이 이끄는 4

---

**124** 「선봉진정보첩」, 『국역총서 8』, 61쪽.

개 소대의 경리청병, 그리고 우영(右營)의 영장과 감영의 비장이 이끄는 수백 규모의 영병(營兵)과 순병(巡兵: 포교)들뿐이었다(『공산초비기』). 「이유상 상서」에 보이는 고군(孤軍) 운운하는 대목을 통해서도 확인할 수 있듯이, 전봉준군은 정탐 등을 통해 이런 상황을 잘 알고 있었음에 불구하고 본격적인 공세를 취하지 않았는데 그 이유는 '전일의 약속'대로 북접 동학군의 금강 북안 도착을 기다리기 위해서였다.

공주 1차 투쟁은 10월 23일경 대교 등 금강 북안 지역(공주영 북문)에 수만 명의 북접 동학군이 도착하고, 이와 더불어 10월 24일경 계룡산(莘沼→九峙·步峙)을 넘은 1만여 명의 동학군이 공주 분지의 동측 능선인 시야산 일대로 진출하면서부터 본격화되었다. 1차 투쟁은 경천(등잔골), 또는 이인 방면에 진출해 있었던 남접 동학군이 10월 25일 새벽부터 호남가도를 따라 경천에서 효포와 장기대나루 방면으로 시위행진을 시작하면서 절정에 달하였다. 공주(반포 신소) 유생 이단석의 『시문기』에 따르면, 25일 효포, 태봉, 오곡, 이인 등지 주둔했던 동학군의 규모는 10만 명 정도였다고 한다. 시간 순서에 따라 공주 1차 투쟁의 전개 양상을 장소별, 주체별로 정리하면 아래와 같다.

### 1) 공주창의장 이유상군의 이인싸움(10월 23일)

10월 15일과 16일 전봉준(양호창의영수)과 이유상(공주창의소의장)은 충청감사에게 서찰을 보내(上書) 자신들의 거의명분과 요구를 밝힌 뒤, 동학군을 경천이나 이인 방면까지 전진 배치하는 등 파상 공세를 벌이기 시작했다. 그러자 공주를 수비하던 경군과 영병, 이교와 시민(市民=상인)들 사이에는 공포의 정념이 확산되기 시작했고, 충청감영은 민심(民心)과 군심(軍心)을 안정시키기 위해 여러 계책을 동원했다. 백락완의 건의대로 충청감사가 직접 군민(軍民)을 대규모로 동원하여 금강나루에서 '행진(퍼레이드)'을 벌인 것(『남정록』 참조), 또는 상서를

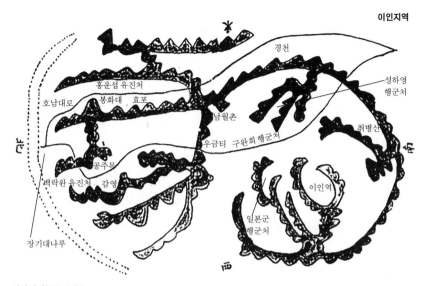

경천

성하영
행군처

홍운섭 유진처

호남대로
봉화대 효포

취병산

남월촌

우금티 구완희 행군처

공주목

이인역

백락완 유진처 감영

일본군
행군처

장기대나루

**이인지역(利仁之役)**
『공산초비기』에 수록된 이인싸움 관련 지도이다.

가지고 온 동학도를 금강나루에서 즉각 처형한(警衆梟首) 것 등은 일종의 심리
전 차원의 대응책이었다. 백락완의 『남정록』에 따르면, 1차 A/O 투쟁 직전 시
기까지 충청감영 측은 이러저러한 첩보와 소문이 들려올 때마다 우왕좌왕한
것으로 보인다. 특히 10월 22, 23일경 금강 북안(장기대나루, 대교 방면) 쪽에서도 동
학군이 대거 출현하자 충청감영 측의 혼란은 더욱 커졌다. 『남정록』에 따르면,
10월 23일 "적병이 봉황산 뒤쪽으로 몰래 접근하기 위해 막 웅진을 건넜다"라
는 소문이 들리자, "병법을 잘 모르는 감사가 [사실 여부도 확인하지 않고] 영
기(令旗)를 출발시켜 이인에 있는 군사를 불러 순영으로 되돌아오게 하"는 일까
지 벌어졌다. 박제순은 10월 22일경 호남대로[125]의 요충인 금강나루(장기대나루)

---

**125** 『공산초비기』에 수록된 이인, 효포싸움 관련 지도에도 '大路'가 선명하게 표시되어 있다. 금

를 사수하기 위해 그 부근 여러 곳에 파수대를 보냈는데, 남북접 동학군은 그 무렵부터 금강 남북 방면에서 무장시위를 본격화한 것으로 보인다. 앞서 언급 했듯이 충청감사가 친히 나서 장기대나루부터 효포 뜰까지 퍼레이드를 벌인 것은 이에 대한 심리전 차원의 대응이었다. 공주 1차 투쟁의 서막은 공주창의 장 이유상이 이끄는 동학군이 10월 22일경 이인과 남월 등지로 진출하면서 열 리기 시작했다.

조선왕조 시기 이인(역)[126]은 공주(금영)와 충남 서남부 지역의 각 군현을 연 결하는 교통의 요지였다. 이인(대도소)과 그 인근 지역에서는 1894년 3월경부터 동학군의 집회와 시위 활동이 활발했는데, 임기준 집단이 자진해산할 때 박제 순에게 올린 답서에도 반송, 건평, 용(수)막 등 유독 이인 인근에서 활동한 접주 들이 많았다. 1차 투쟁 시기 건평접주 이유상이 이끌던 동학군은 경천을 통해 호남대로를 따라 효포 방면으로 진출한 전봉준군과는 달리, 곧바로 이인 방면 으로 진출하여 우금티 등 공주부의 남서쪽 방면을 공략했다. 『남유수록』에 보 이는 "10월 22일 이유상이 전명숙에게 붙어서 그 전위부대가 되어 이인을 향해 가다가 부여에 들린다고 하여 인심이 흉흉하였다"거나, "10월 25일 전명숙과 이유상이 효포와 이인에 진군하였으나 불리하여 논산으로 물러났다"는 서술 등은 이런 상황을 보여주는 증거들이다. 이인 지역은 2차 투쟁 시기에도 북접 동학군의 주요한 활동 무대였는데 그 이유는 인근 지역에 동학교세가 강력했 기 때문이었다. 구술자료에 따르면, 공주, 노성, 부여는 물론이고 강 건너 우성,

---

강나루(장기대) 인근에는 현재 백제대교, 그리고 '호남대로'상에는 현재 공주-논산 간 국도 가 놓여 있다.

**126** 1535년(중종 30)부터 이인역에 주변의 9개 역을 관할하는 도찰방을 두었다. 『이인면지』 참 조.

정산 등지에서 많은 동학군이 이인으로 몰려들자[127] 이인 취병산에서는 군사 훈련까지 진행된 것으로 보인다.[128] 박제순의 보고에 따르면 "10월 23일 진시(오전 7~9시)쯤 파견 참모관 구완희가 이끄는 토병 1개 부대와 서산군수 성하영의 1개 부대, 스즈키가 이끄는 군사 100명이 힘을 합쳐 토벌하러 가서 한바탕 싸움을 하여 이인을 탈환하였"다.[129] 하지만 이인싸움에 참여한 경군과 영병들은 동학군이 웅진(곰나루)을 건넜다는 소문을 믿고 감사가 영기를 발했기 때문에 곧바로 공주로 돌아왔다고 한다(『공산초비기』).

『공산초비기』의 「이인지역(利仁之役)」에서 주목되는 점은, ① 관군과 일본군이 이인에 도착했을 때 인근 야산(취병산)에 숲처럼 수많은 깃발이 꽂혀 있었다는 사실, ② 전투를 시작한 김에 결판을 내고자 했으나 병법을 모르는 충청감사의 회군 지시에 따라 어쩔 수 없이 부내로 퇴각했다는 사실, ③ 스즈키가 이끄는 일본군 소대도 다음 날 본대로 복귀하겠다고 말하며 전투를 계속하려 하지 않았다는 사실, ④ 동학군이 이미 높은 곳을 확보하여 평지에서 위를 보고 총을 쏘게 되어 형세가 오래 버티기가 어려웠다는 사실 등이다. ①과 ④는 이인싸움도 일종의 점거전, 즉 A/O 투쟁이었다는 사실, 그리고 ②와 ③은 1차 투쟁 시기 일본군과 관군을 총괄적으로 지휘하는 컨트롤타워는 없었다는 사실 등을 시

---

127  금강 건너편, 정산 건지동, 우성 동천·봉암리 지역에서 채록된 구전자료에 따르면, 많은 동학군들이 금강을 건너 공주 점거투쟁에 참여했다고 한다. 『공주와 동학농민혁명』, 248쪽.

128  "취병산은 원래 채봉산이라 불렸는데 공주산성을 함락하기 위해 채병산에서 동학군들이 병사를 모으고 훈련을 했기 때문에 採兵山 또는 取兵山으로 바뀌었다"고 한다. 『공주와 동학농민혁명』, 205쪽, 207쪽.

129  「갑오군정실기 3」, 『신국역총서 6』, 263쪽. 박제순의 위 보고에는 "선봉진이 천안에 머물러서 곧 後殿(선봉이 아니라 오히려 후발대가 되었다는 뜻이다—인용자)이 되었고, 장위영 부영관 이두황의 군사는 아직 오지 않아 매우 걱정스러워서 견딜 수가 없"다는 내용도 보인다.

사한다.

공주 지역 유림들의 전문(傳聞) 자료[130]도 이인싸움의 또 다른 측면을 보여준
다. 이인싸움 때 지역 유림이 탄천면 송학리 박씨 문중의 동심 비호 아래 약 사
백 명의 의병을 모을 수 있었다는 것, 관군과 긴밀히 연락하는 가운데 이인면
초봉리 후록에서 정찰을 하다가 하산하여 출정을 준비하던 동학군을 발견하
고 이들이 이인 신기산에서 맹공을 가했다는 것, 당황한 동학군은 구암리 방면
으로 도주하여 '검정바위(검바위)' 지점에 도달했는데, 그때 "관군이 의병의 고
함을 신호로 초봉리에서 하산하여 동학군의 진로를 차단하고 일제히 공격"하
였다는 것, 그러자 동학군은 "일패도지하여 용성리 산협(山峽)을 통하여 계룡
면으로 패주하였다"는 것, 그 이후 "동학군은 계룡면 '무너미(물넘이)'에서 대오
를 정비하고 공주로 진군하여 효포리에 도달하"여 그곳에 포진하고 있던 관군
과 싸움을 벌였다는 것, 그러나 "이인에서 진격하는 관군이 후방에서 가세하여
(⋯) 동학군이 괴멸되었다"는 것 등이다. 이상의 전문은 관련 자료들에 기초해
볼 때 상당 부분 사실이라 인정된다. 23~24일 이인싸움을 주도한 일단의 동학
군은 25일 효포 방면으로 진출하여 경천에서 북상한 남접 동학군과 함께 효포
싸움을 벌였다.

### 2) 북접 동학군의 대교 진출(10월 24일)과 활동

대교(한다리)는 공주군 장기면(현재는 세종시 장군면) 소재지로서,[131] 공주에서 연

---

130 「甲午東學亂에 대한 世論」, 1994(공주대학교 공주학연구원, 〈공주학아카이브〉 소장). 위 문
    건은 공주 향교와 노인회가 1994년 이인 검바위에 「儒林義兵靖亂事蹟碑」를 세울 때 작성
    된 일종의 행사 팸플릿이다.

131 대교리 북부에는 국사봉(國師峰, 213.8m) 등 낮은 산지가 형성되어 있고, 대교천(大橋川) 주
    변에는 너른 충적 평야가 펼쳐져 있다. 『공주지명지』 참조.

기(세거리)와 청주로 통하는 '공청가도(公淸街道)'[132]상의 요충지이다. 1894년 7월 경 공주 지역 동학군의 활동이 활발할 때 이곳에서 유회가 열렸다는 사실은 그 인근에 유력한 양반들이 많이 거주하고 있었음을 시사한다.[133] 무장기포(3월 21일) 일주일 전인 1894년 3월 14일 공주(궁원)에서 도회를 개최한 동학군은 대교에 진출하여 유회(鄕會)를 방해했는데, 이는 동학도들에게든 유림에게든 대교가 상당히 중요한 도회지(처)였다는 사실을 잘 보여준다.

북접 원정대가 언제 어떤 경로로 대교까지 진출했는지는 알 수 없으나, 홍운섭의 보고에 따르면 10월 23일 이경(밤 9~11시 사이) 무렵 이미 '수만 명'의 동학군이 대교 지역에 둔취해 있었다고 한다. 당시 홍운섭은 충청감사의 지시에 따라 효포를 지키고 있었으나, 이런 첩보를 입수한 뒤 곧바로 정찰에 나선 것으로 보인다. 홍운섭은 다음 날 새벽 첫닭이 울 때 효포를 출발하여 수촌에서 아침을 먹고 대교 앞길을 따라 20리를 전진했는데, "수천 명이 동네 뒷산 작은 숲에 둔취해 있고, 동네 앞 넓은 들판에는 빙 둘러서 무수히 많은 깃발이 꽂혀 있었다"고 했다. 이른바 대교싸움은 24일 점심 무렵 홍운섭 부대가 이들을 기습하면서 시작되었다. 당시 양측은 반나절쯤 대치하다 동학군이 4~5리쯤 퇴각하자 홍운섭 부대는 더 이상 추격하지 않고 곧바로 공주로 돌아와 다시 월성산에서 효포에 이르는 지역을 수비하였다고 한다. 여러 자료를 종합하면, 대교싸움을 수행한 동학군은 영동·옥천포 동학군을 비롯하여 인근 지역인 유성(당시는

---

**132** 현재의 공주-세종-청주 간 36번 국도이다. 36번 국도는 종촌(공주 삼기면=세거리)에서 1번 국도와 만난다. 공청가도에 대한 자세한 설명은 김정기, 「청주지선의 전선 가설과 충청도 동학농민전쟁」, 『호서문화논총』 11, 1997 참조.

**133** 『약사』를 집필한 이용규는 대교리 출신으로 우암 송시열과 사돈간이었던 유력한 양반사족이었다. 대교 인근에는 전주 이씨 덕천군 사우, 김종서 장군 묘소 등이 입지해 있다.

공주부 관할 구역)·감성·박운(회덕) 등지에서 모여든 동학군들이었다.[134] 당시 관군 측 자료에 따르면 23일경 대교에는 수천 명의 동학군이 동네 뒷산에 진을 치고 있었고, 또 다른 수만 명의 동학군이 들판 가운데 깃발을 세우고 운집해 있었다는 것이다.

[10월 23일 인시경(새벽 3~5시)부터 관찰사의 지시에 따라 효포를 지키고 있었는데] 이경(二更, 밤 9~11시) 이후에 보고하는 말에, (A) "호남의 적 전봉준이 40,000명을 이끌고 남쪽으로 거리가 30리 되는 경천에서 노략질을 하면서 장차 공주목을 향하려 한다고 말했다" 하였습니다. 옥천포의 동도 수만 명은 동쪽으로 거리가 30여 리 되는 대교(공주 장기면 한다리)에 모여 주둔하고 있다가 전봉준과 합세하려고 한다고 합니다. (…) 하물며 (B) 효포는 장기면(대교)과 경천면 두 곳의 배와 등이 되어 적의 공격을 받는 곳이 되어 오래 머물기가 어렵습니다.
(C) [24일] 새벽닭이 울기를 기다려 즉시 출발하여 진영을 25리 뒤로 물리고 수촌(금강진 밖에 동네, 현재의 전막—인용자)에서 아침밥을 먹고 대교 뒷길을 따라 20리를 진군하여 멀리 바라보니 동네 뒤의 작은 산기슭 숲에 의지하여 진을 친 자(무장대—인용자)들이 수천 명이었으며, 넓은 들판에 깃발을 꽂고 둘러 있는 자(시위대—인용자)가 족히 수만 명이 되었습니다. 그러므로 (D) 몰래 배후에서 먼저 숲에 있는 적들을 습격하고 조금 있다가 포를 쏘면서 산을 내려가 넓은 들판의 적들과 서로 마주쳤습니다. 그 숲과 기슭을 빼앗으려 서로 포를 쏘면서 반나절을 대치하여 죽인 자가 20여 명이고 사로잡은 자가 여섯 놈이었습니다.

---

134　이용규의 『약사』에 다음과 같은 언급이 보인다. "10월 20일 후 전봉준이 전주에서 올라와 효포에 이르렀다. 최명기는 유성에서 들어와 대교를 점거하니 하루아침에 우리 큰집과 작은 집의 가산이 모두 탕진되었다." 『略史』, 『국역총서 6』, 58쪽.

그런 뒤에 (E) 점점 해산하여 산을 넘고 고개를 넘어 달아나기에 병사가 4, 5리를 뒤쫓아 가서 반나절을 서로 싸웠습니다. 그런데 날은 저물고 병사는 피곤하여 하나하나 토벌하고 싶었지만 진퇴양난이었기 때문에 방(榜)을 써 붙여서 백성을 안심시키고, 적들이 버리고 간 약간의 물건들을 주워 모았습니다. 곧 군대를 돌려 다시 수촌에 도착하였는데, 길에서 명령을 받고는 돌아와 공주목에 부대를 머물게 했습니다. (F) 사로잡은 여섯 놈은 효수하여 뭇 사람의 경계로 삼으리까, 아니면 포로로 바치오리까. 아울러 노획한 물건은 책으로 엮어 올려 보냅니다.(『순무선봉진등록』, 1894년 10월 25일, 『국역총서 2』, 69~70쪽)

위의 인용은 대교에 둔취한 동학군이 효포로 북상하던 남접 동학군과 합세하여 공주를 점거하려 했다는 것(A), 경천과 대교는 효포의 등과 배가 되는 요충에 해당한다는 것(B), 금강나루를 건너 수촌을 경유하여 대교에 도착해보니, 수만 명의 동학군이 동네 앞 들판과 작은 뒷산에 의지하여 진을 치고 있었다는 것(C), 관군 측은 24일 새벽에 먼저 산을 의지해 진을 치고 있던 동학군부터 제압하고 나서 들판에 모여 있던 동학군을 진압하고자 했다는 것(D), 관군의 습격으로 말미암아 동학군이 4, 5리가량 후퇴하였다는 것(E) 등을 보여준다. (F)에 대한 선봉진의 답변은 "붙잡은 여러 놈들은 잠시도 용서할 수 없으니 시간을 기다릴 것 없이 법으로 다스린 뒤(효수경중한 뒤) 즉각 순무영에 보고하라"는 것이었다.

(A)의 밑줄 친 부분은 1차 투쟁 시기 동학군이 금강 남북 방면에서 기각지세를 형성하고자 했다는 사실을 보여주는 유력한 증거이다. 이 외에도 『갑오군정실기』의 "옥천 비도 수만 명이 대교리에 모여 전적(全賊)과 연합하려 한다

고 합니다"라는 내용의 충청감사 보고,[135] 또는 순무영 측의 자료에 보이는 '호남적 4만'과 '옥천포 등의 동도 수만 명'이 효포와 대교를 장악한 뒤 호남대로상의 요충인 장기대나루를 공략하려 했다는 대목[136] 등은 공주 1차 투쟁의 목표가 금강 남북 방면으로 기각지세를 형성하는 것이었음을 잘 보여준다.

10월 24일 홍운섭 부대의 습격으로 말미암아 일시 후퇴한 북접 동학군이 그 이후 어디서 어떤 활동을 펼쳤는지를 보여주는 자료는 별로 없다. 『약사』는 전문 형식으로, 수십 발의 총성이 울리자 놀란 동학군이 모두 흩어졌다(不過數十砲響 魚駭鳥驚 一時解散)고 당시의 상황을 기록했으나, 수만 명의 동학군(원정대), 그것도 상당수의 '포군'까지 보유한 이들이 곧바로 해산했다고 보는 것은 무리이다. 어떤 형태로든 금강 북안 지역(특히 장기대나루 인근)에서 여러 가지 활동을 벌였을 것이라는 추론이 더 상식적이다. 10월 24일 대교싸움에서 패배한 북접 동학군 가운데 일부는 전일의 약속대로 공주영 북문 방면에서 무장시위를 벌이거나, 계룡산 신소를 거쳐 25일에 벌어진 효포싸움에도 참여한 것으로 보인다. 아래에 보이는 순무선봉진의 보고는 이를 보여주는 하나의 증거이다.

> 적의 선봉이 왕촌 등지로 물러나서 주둔하고 있는데, 먼저 그들을 몰아낸 뒤에야 판치(板峙)로 진군을 할 수가 있습니다. 죽산진영(竹山陣營: 우선봉진)은 지금 연기(燕岐)에 있다고 하는데, 반드시 공주로 들어올 필요는 없으니, 바로 행중(行中: 행군하는 진영)에 관문을 보내 대교에서 불타나루(火峙津)를 건너 마어구촌(馬於口村: 말아구)에 들어가서 왕촌의 안산(案山)에 주둔하여 왕촌의 청소(靑沼)에 있는 적을 몰아내고 기미를 보아 갑사(甲寺)로 나가는 것이 어떠하겠습니까? 전괴(全魁)는 갑사

---

135  「충청감사 박제순이 베껴서 보고함」, 1894년 11월 1일, 『갑오군정실기 1·2·3』, 281쪽.
136  「갑오군정실기 3」, 『신국역총서 6』, 290~292쪽, 298~299쪽 등 참조.

앞에 있는 듯합니다.[137]

공주 1차 투쟁에 참여한 호서 동학군은 영옥포 동학군만이 아니었다. 10월
3일 대전평에서 청주병영의 사병 73명을 몰사시킨 유성접주 최명기,[138] 그리고
회덕접주 강건회와 문의접주 오일상 등을 포함하여 많은 호서 동학군이 유성,
회덕, 문의, 진잠 등지에서 중로군의 공주 진출을 지연시키며 다양한 방면에서
공주 진출을 시도하고 있었다. 예를 들면 『순무선봉진등록』에서 보이는 '공주
로 향하던 성하영 부대가 유성, 대전 등지에 수천 명의 동학군이 모여 있다는
선봉진의 첩보를 듣고 10월 18일 모로원에 머물렀'는 기록, 10월 20일 선봉진
이 이두황에게 "연기에서 동학군이 출몰하니 감성(甘城: 세종시 금남면) 입구로 옮
겨 주둔하여 남비가 지나쳐 갈 우환을 끊으라"(순무선봉진등록, 『일지』, 182쪽)고 지
시했다는 기록 등도 이를 보여주는 사례들이다. "금강 동쪽의 감성과 유성 등
지는 오히려 응결된 얼음이 두려운데, 무리를 지어 종종 소요를 일으켜서 주민
이 안도를 할 수가 없고, 무뢰배가 좌우에서 안정되지 않았다고 합니다"라는
공주목사 서만보의 보고 역시 이를 보여주는 단적인 사례이다.[139] 10월 3일 대

---

137  李圭泰往復書竝墓誌銘 〉雜記 〉即曉趙弟相熙拜. 죽산진영(우선봉진)이 연기(봉암)에 머
    문 것은 10월 26일에서 27일 사이이므로(『양호우선봉일기』 참조), 이 보고는 24일 대교싸움
    직후 시기의 상황을 반영한 보고임이 분명하다. 화치진(불티나루), 마어구촌(말어구나루=
    마암나루=창벽나루, 마티고개) 등에 대해서는 『공주지명지』를 참조할 것.

138  대전평 사건과 관련하여 『시문기』의 다음과 같은 기록이 주목된다. "(1894년) 봄 이후 大田
    의 儒城 破軍里 溫田의 동학도가 청주의 관군과 대전에서 교전하였다. 관군은 공격하기 위
    한 군대가 아니고 동학도의 동정을 살피기 위한 군대였기 때문에 73명에 불과하였는데 모
    두 몰사하고 한 명도 살아남지 못하였다. 淸州兵譽에서 관군을 거느리고 와서 대전 파군리
    를 공격해 도륙하였다." 이로 미루어 보면, 위 사건을 직접 주도한 것은 회덕과 유성 지역 동
    학군들이었음이 분명하다.

139  「갑오년 11월 6일 서만보(徐晩輔)가 보낸 편지(甲午 十一月 初六日 徐晩輔上書)」, 『선봉진

전평 사건을 주도한 유성·회덕 지역 동학군도 거리상으로 가깝다는 이점을 활용하여 공주 동북 방향에서 활발한 활동을 펼친 것으로 보인다. 유성접주 최명기·박화춘을 비롯하여 강채서(姜采西=강건회? 회덕접주), 오일상(문의접주) 등도 공주 점거투쟁 시기 맹위를 떨쳤다. 이상면은 앞서 소개한 「동학혁명운동 당시 금강 중상류 척왜항전」(2020)에서 자신의 조부인 이종만이 대전평 참사 때 획득한 청주영병의 레밍턴 소총으로 무장한 '별동대'를 이끌고 강건회·오일상이 이끄는 호중 동학군, 심지어는 박인호·박희인이 이끄는 내포 동학군의 선봉에서 맹활약을 펼쳤다고 주장했으나 사실 여부는 사료적 근거가 부족하여 알 수 없다. 하지만 여러 정황증거들로 미루어 보면 별동대는 충분히 있을 수 있었다고 판단된다.

대교 등 공주 북동 방면으로 진출한 북접 동학군 가운데 일부는 10월 24일경 신소에서 구치·보치를 넘어(계룡산을 넘는 고개) 효포싸움에 참여했다. 『시문기』에 보이는 본촌 신소'(반포면 상·하신리)로 들어와 마을에서 저녁(1만 상)을 먹고 하루를 유숙한 뒤 24일 구치를 넘어 효포, 오곡, 이인 방면으로 진출했다는 기록[140]은 이를 보여주는 구체적인 증거이다.

10월 24일 동학도가 상신에서 출발하여 구치(鳩峙)를 넘었는데, 물고기를 꿴 것과 같이 행군(行軍)[141]하여 몇 리까지 길게 연이어 있었다. 사방의 동학도가 모이

---

**140** 『時聞記』, 『국역총서 6』, 9쪽.

**141** 관군이나 유생들의 자료, 심지어 동학군 측 자료에도 동학군의 행진시위(퍼레이드)를 行軍이라 표현하는 경우가 많으나, 이 책에서는 관군의 경우는 행군, 동학군의 경우는 행진이라 구별하여 서술했다. 공주 1차 A/O 투쟁 시기 효포싸움은 본격적인 공성전(점거전)이라기보다는 남북접 동학군이 호남대로상에서 펼친 일종의 무장시위이자 퍼레이드였다.

니 대체로 10만 명이었다. 효포, 오곡, 이인, 등지에 나누어 주둔하였다. 일본군 및 관군과 교전하였다. 동학도는 모두 산 위에 주둔하고서 밤에는 마을의 민가에서 이불을 훔쳐다가 몸을 둘러싸고 밤을 보내고, 낮에는 마을 사람을 위협하여 밥과 음식을 가져오도록 하였다.

위의 인용은 효포싸움 때 북접 동학군이 신소를 거쳐 구치(계룡산)를 넘었다는 것, 사방에서 모여든 남북접 동학군의 숫자가 무려 10만에 달했다는 것, 대부분의 동학군이 산 위에 둔취하며 야박을 했다는 것, 마을 사람들을 위협하여 밥과 음식을 가져오게 했다는 것 등을 잘 보여준다. 양호순무선봉의 '첩보'에 보이는 "대교에서 흩어진 동학군이 연기 세거리[142]에 모여서 전봉준에게 나아갈 계획"[143]이라는 대목은 앞서 소개한 『시문기』의 서술이 신빙할 만한 기록임을 반증한다.[144]

---

**142** '燕岐 細距里(삼거리)'는 1894년 당시 公州郡 三岐面(일제시기 연기군 남면) 일대, 특히 일제시기 국도 1호선이 지났던 崇村 인근을 지칭한 것이라 여겨진다. 국도 1호선은 종촌에서 羅城(공주 삼기면 나성리; 羅浦)→(금강)→대평(용포)→감성→유성으로 이어진다. 대평리(沙塢, 龍浦)는 1894년 당시 동학군은 물론이고 일본군과 관군도 자주 드나들었던 교통의 요지였다. 10월 23일 대교에 진출한 유성 지역 동학군은 이 길(대평↔종촌↔대교)을 따라 이동했던 것으로 보인다.

**143** "況大橋散黨 又聚於燕岐細巨里者 欲赴全賊之計也." 先鋒陣上巡撫使書(附雜記) 〉雜記(雜抄) 〉牒報(甲午十一月初八日); 「선봉진일기」, 『국역총서 8』, 343~344쪽.

**144** 정선원의 채록자료에 따르면, 2차 점거투쟁 무렵에도 일단의 북접 동학군이 현재 세종시(당시는 공주목 관내)의 돌다리(석교리)와 남곡리 방면에서 들어와 반포→상·하신리(莘沼)→보사재(步峙)→계룡면 중장리(갑사 사하촌) 등을 거쳐 이인으로 진출하였다고 한다. 「부잣집을 털며 이인으로 간 동학군」, 『공주와 동학농민혁명』, 257~258쪽 참조. "반포 송곡리 마을의 이씨네(자손 이용상)가 3천 석을 했다고 하는데, 이용상 부자네를 위협하느라 사랑채 기둥을 칼로 찍은 흔적이 남아 있는 것을 보고 자랐다."

### 3) 효포싸움: 남북접 동학군의 호남대로 점거투쟁(10월 25일)

공주 점거투쟁 시기 남북접 지도부는 모이고 모을 수 있는 모든 동학군을 동원하여 공주를 포위한 뒤 군중집회와 무장시위를 통해 경군과 영병, 이교와 시민의 호응을 이끌어내고자 했다. 양측의 합의와 설계에 따라 진행된 1차 투쟁은 10월 23일부터 25일 사이 금강 남북 방면에서 동시에 진행된 일종의 무장시위였는데, 25일 이른 아침부터 진행된 효포싸움은 그 절정이었다. 효포싸움 전야인 10월 24일 아침(진시) 월성산 봉화대에서는 5개의 봉화가 올랐다.[145] 이는 충청감영 측이 당시의 상황을 대단히 심각하게 인식하고 있었음을 보여준다. 경리청 참모관 구완희가 정리한 『공산초비기』 「효포지전」에 따르면, 24일 밤 "적병의 요새에 보이는 불빛이 수십 리를 서로 비추고 있으며 인산인해로 거의 항하(恒河: 인도의 갠지스강)의 모래알처럼 헤아릴 수 없"을 지경이었다고 한다.

10월 24일 저녁 늦게 서로군과 선봉진이 도착하기 전까지 경리청병을 이끌고 공주를 지킨 것은 서산군수 성하영(영관)과 안성군수 홍운섭(부영관)[146]이었다. 이들이 선봉진에 올린 보고들은(『선봉진정보첩』) 1차 투쟁 시기 남북접 동학군의 동향을 가장 잘 보여준다. 10월 24일 저녁(二更 무렵) 충청감사는 여러 첩자들로부터 수집한 정보에 따라 공주 분지의 여러 고개와 능선에 경군과 영병을 파견했는데, 1차 투쟁의 주전선인 효포(능티)를 중심으로 장기대나루-월성산-능티-능암산 일대의 능선과 고개를 수비한 것은 홍운섭과 성하영 부대였다. 서산군수 성하영의 첩보에 따르면, 10월 24일 '경천의 비류가 효포에 당도했다'는 소식을 금영에서 듣고 24일 사시경부터 25일경 진시 무렵까지 능티를 수비했다

---

**145** 『갑오군정실기 1·2·3』, 『신국역총서 6』, 271쪽.

**146** 10월 19일 공주에 도착한 성하영은 신임 영관인 홍운섭에게 1개 소대의 지휘를 맡겼다. 공주 점거투쟁 시기 홍운섭은 안성군수 겸 경리청 부영관이었다. 先鋒陣呈報牒 〉忠淸道瑞山郡守爲牒報事(開國五百三年十月二十四日).

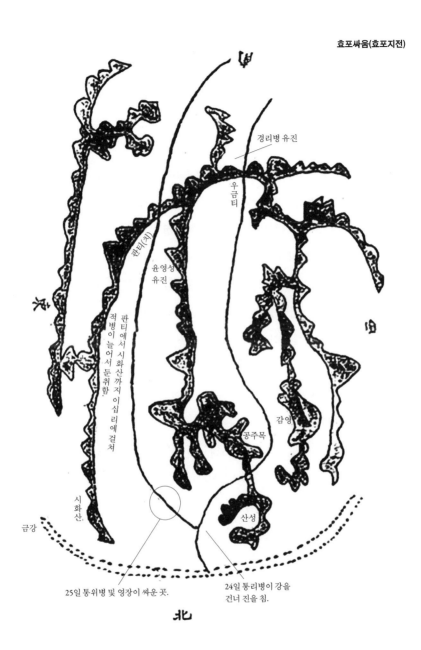

경리병 유진

우금티

판티(치)

윤영성
유진

판티에서 시화산까지 이십리에 걸쳐 적병이 늘어서 둔취함.

시화산

감영

공주목

금강

산성

25일 통위병 및 영장이 싸운 곳.

24일 통리병이 강을
건너 진을 침.

北

**효포지전(孝浦之戰)**
『공산초비기』「효포지전」에 실린 관련 지도이다.

고 한다.[147] 성하영이 능티부터 그 남쪽 방면을 수비했음에 반해, 홍운섭은 능치 북쪽, 그러니까 장기대나루에서 봉화대가 있는 월성산에 이르는 지역을 수비 했다. 따라서 10월 23, 24일경 대교나 장기대나루 인근에서 활동한 북접 동학군 의 동향은 홍운섭의 보고에 좀 더 자세하다.

· 23일 인시(03~05시) 무렵부터 충청감사 지시에 따라 공주목에서 효포까지를 나누 어 수비하면서 네 곳을 정탐했다. 24일 첫닭이 울 때 장기나루를 건너 출발하여 수촌에서 조반을 먹고 대교로 전진하였다. 반나절 투쟁하며 40여 리를 진군하였 으나 진퇴가 곤란하여 다시 공주 부내로 돌아왔다.(홍운섭 25일 첩보)
· 24일 술시(19~21시) 무렵 금영에 도착하여 자신과 대관 조병완은 금강나루, 참령관 구상조는 참모관 이상덕 등을 데리고 봉수현을 파수하였다.
· 25일 인시(3~5시) 무렵 서산군수 성하영이 적과 웅치에서 대치한 지 이틀이 되었 는데 적의 형세가 매우 웅대하니 구원하라는 영지(令旨)가 내려와 능티, 효포 방 면으로 진출하여 일본군 및 성하영 부대와 함께 오후 신시(15~17시) 무렵까지 반 나절 가량 전투를 수행했다.
· 패전 이후 월평(무너미) 건너편 시아산에 둔취했던 동학군은 오경(04~06시)쯤 어둠 을 타고 남쪽 30리 떨어진 경천으로 향했다.(이상 홍운섭 26일 첩보)[148]

홍운섭의 위 첩보는 10월 23일경부터 대교와 효포 등 금강 남북 방면에서 동학군의 움직임이 활발해지기 시작했다는 점, 그래서 24일 새벽 장기(대)나루 를 건너 대교에서 일단의 동학군과 싸움을 벌였다는 점, 동학군을 뒤쫓아 40여

---

**147**  先鋒陣呈報牒 〉忠淸道瑞山郡守爲牒報事(開國五百三年十月二十五日).

**148**  先鋒陣呈報牒 〉別軍官兼經理廳副領官安城郡守爲牒報.

리쯤 전진하였으나 진퇴가 곤란하여 다시 돌아와 금강나루와 봉화대 등을 파수했다는 점 등이 주목된다. 이로 미루어 보면, 당시 금강 남안의 경우 월성산, 능암산 방면을 제외한 효포 동편(계룡산 방면)의 모든 봉우리와 능선, 그리고 대교와 공주 북문 일대가 남북접 동학군의 영향력 아래 있었던 것으로 보인다. 다시 정리하면 효포싸움 직전인 24일 저녁부터 25일 아침 무렵 효포 인근에서는 ① 22~23일경 일본군 및 관군과 격전을 치른 이인 지역 동학군(공주창의소의 장 이유상 지휘), ② 23일부터 경천 방면에서 북상한 남접 동학군(양호창의영수 전봉준 지휘), ③ 24일 대교싸움을 수행한 뒤 '공주 북문' 방면(장기대 일대)으로 진출했거나 대교천을 따라 남하하다 불티나루(불티교 인근)를 건너 효포 방면으로 진출한 동학군, ④ 24일 신소(상·하신리)에서 계룡산(구치·보치)을 넘어 구왕, 대장, 문암 등지로 진출한 동학군(유성, 회덕 등지 동학군) 등이 서로 통지를 주고받으며 공주 점거전을 벌인 것으로 보인다. 11월 16일 청산 주성면 송현에서 체포된 동학군을 문초해보니 '10월 25일 공주 효포에서 패배한 적(賊)'이었다는 별군관 최일환의 보고[149]도 북접 동학군이 효포싸움에 직접 참여했음을 보여주는 하나의 증거이다.

기존의 연구들은 효포싸움을 능티(월성산과 능암산 사이의 고갯길)를 넘어 공주 부내로 진입하기 위한 일종의 '공성전(攻城戰)'으로 이해하는 경우가 많았다.[150] 물론 효포에서 능티를 넘어 '물안죽'으로 향하거나 능선길(공주고, 영명고 뒷산 산

---

**149** 先鋒陣呈報牒〉兩湖巡撫營府軍官崔日煥爲牒報事(開國五百三年十一月二十四日).

**150** 예를 들면, 신영우의 「고지를 오르며 공격했던 효포전투(10월 24, 25일)」, 「북접 농민군의 전투 방식과 영동 용산전투」, 68~71쪽은 이를 보여주는 대표적인 사례이다. "효포전투의 주전장은 우금치와 효포 사이의 긴 산줄기였다. 낮은 등성이를 타고 오르면서 고지를 공격하다가 수많은 남북접 농민군이 총에 맞아 죽었다. (…) 효포전투는 남북접 농민군이 죽고 죽어도 공격을 계속했던 중요한 전투였다." 같은 글, 70쪽.

줄기)을 따라가면 공주부 진입이 가능하다. 하지만 효포싸움은 부내 진입을 위한 전투가 아니라 남북접 연대가 성사될 무렵 합의한 대로 호남대로상의 요충이자 기각지세 형성의 요처인 장기대나루를 점거하기 위한 일종의 무장시위였다. 가령, 권병덕의 「갑오동학난」에 보이는 "[효포싸움 때] 장기대진으로 동학군이 용호(勇湖)같이 진(進)하니 관군이 거(拒)함으로 교전 수합(數合)에 승패는 결(決)치 못하였"다는 대목은 이를 보여주는 증거이다. 충청감영(관군) 측이 군세를 과시하기 위해 연출한 이른바 '장기대나루 퍼레이드'를 통해서도 확인할 수 있듯이, 이 나루를 누가 장악하느냐는 점거투쟁의 관건이자 승부처였다. 『남정록』에 따르면, 백락완이 장기대나루에서 나를 믿고 따르라 연설하자 경병은 응성용약(應聲勇躍)하고, 토병은 강개격분(강개격분)하여 뒤를 따랐는데, 백락완은 시위 효과를 높이기 위해 시위 대열을 장기대나루에서 효포 방면으로 이끌었다. 흥미로운 사실은 공주 1차 투쟁 때 동학군이 시위행진을 벌이고자 한 코스는 거꾸로 경천에서 효포를 거쳐 장기대나루로 향하는 길(호남대로)이었다. 예를 들어, 성하영의 보고에서 "저들 동학도는 혹은 많게 혹은 적게 각각 대오를 나누어 가지고 사방으로 흩어져 산으로 올라가서 상호 간 포를 쏘니, 그 형세가 대단하였다"(10월 25일 진시 서산군수 첩보)는 기록도 효포싸움이 본격적인 공성전이 아니라 일종의 시위행진이었음을 시사하는 증거이다. 그럼에도 불구하고 관군들은 "세 갈래 방면으로 길을 나누어 반나절 동안 동학군을 협공하여 수십 명을 포살(砲殺)하"는 만행을 저질렀다. 그러자 동학군은 관군에 무력으로 맞서지 않고 지도부의 신호에 따라 "사방으로 흩어져 높은 봉우리와 능선(미리 만들어 놓은 동학군 보루—인용자)으로 도피하였다"(25일 술시 서산군수 첩보)고 한다.

『공산초비기』에 보이는 남북접 동학군이 행진 전날인 24일 밤부터 인근 산상이나 능선에서 거화투쟁을 벌였다는 대목, 효포싸움 때 동학군의 지도자(賊

酋)가 홍개를 씌운 대교를 타고 무장시위를 주도하였다는 대목, 동학군이 진세를 펼쳤다가 거두거나 신호에 따라 전진과 후퇴를 반복하는 등 그 기세(陣勢)가 제법 볼 만했다는 대목[151]도 효포싸움의 시위적 성격을 잘 보여주는 증거들이다.

　　25일 이른 아침에 일본 병사와 함께 능치(能峙)에 오르니, (A) 적병의 우두머리가 의기양양하게 홍개(紅蓋)를 씌운 대교(大轎)를 타고 남쪽 길을 통해 곧장 올라왔다. 마치 파도가 몰아치는 듯한 형세였다(賊酋揚着紅蓋乘着大轎 由南路直上 勢如潮漲). (B) 일본 병사와 관군이 동시에 연달아 총을 쏘니 총소리가 산과 골짜기를 흔들었다(日兵官軍同時連砲 聲振山谷 血戰數時 死傷甚衆). 혈전을 벌인 지 몇 시간 만에 사상자가 매우 많이 발생하였다. (C) 저들이 마침내 옛 성루로 퇴각하여 주둔하였다(彼乃退屯故壘方其退也).[152] 퇴각할 적에 총소리를 연이어 울리면서 전투를 벌이려는 형세인 듯이 하다가 적병의 우두머리가 수습하고 나서 산으로 올라갔다. (D) 일본 병사와 관군이 이를 보고 저들 역시 병법을 아는 자가 있다고 말하였다.(「공산초비기」, 「효포지전」)

　　효포싸움 때 홍개를 씌운 큰 가마가 등장했다는 것(A)은 이 싸움이 본격적인 공성전이 아니라 자신들의 위세를 과시하는 행진 시위, 즉 일종의 퍼레이

---

**151** 충청감사가 순무영에 올린 11월 1일자 보고에 따르면, "죽거나 다친 자가 많아지자 붉은 일산을 쓴 자가 한 번 움직이니 적들이 점차 퇴각하여 시야산 쪽으로 물러났다". 「갑오군정실기 3」, 『신국역총서 6』, 283쪽.

**152** 『국역총서 9』(385쪽)는 위 인용에 보이는 '故壘'를 '옛 성루(古壘)'라 번역했으나, 이는 오역이다. 추측건대, 효포싸움 직전에 남북접 동학군이 露宿이나 夜泊, 山呼나 山上 擧火투쟁 등 무장시위, 관군의 선제공격이나 후퇴 시기의 추격전 등에 대비하기 위해 미리 만들어놓은 堡壘일 가능성이 더 크다. 효포 인근에는 '옛 성루'라 할 만한 고적이 없다.

드였음을 잘 보여주는 사례이다. (B)는 평화적인 행진을 벌이는 동학군을 향해 일본군과 관군이 집단 발포를 하여 많은 희생자가 발생하였다는 사실, (C)는 그러자 동학군은 관군의 추격에서 벗어나기 위해 총을 쏘면서 주변 산의 봉우리와 능선에 구축된 보루로 퇴각했다는 사실, (D)는 이 모든 과정이 병법을 아는 동학군 지도부의 지휘하에서 일사불란하게 진행되었다는 사실 등을 잘 보여준다. 동학군이 모였다 하면 습진 훈련을 거듭한 이유는 이런 싸움에 대비하기 위해서였을 것이다.

효포싸움 당시 남북접 동학군은 상서(上書)와 고시(告示)를 통해 누차 밝혔듯이, '호서도회를 위한 차로론'을 명분으로 앞내세우며, 경천→효포→장기대나루로 이어지는 호남대로 상에서 대규모의 시위 행진을 벌였다. 『공산초비기』에 실려 있는 관련 지도를 보면, 당시 동학군은 판치에서 시화산에 이르는 호남가도 우측 능선을 20리가량 장악한 뒤 줄지어 깃발을 꽂고 방포·거화하거나 함성을 지르며 호남대로를 따라 장기대나루를 향해 돌진하는 등 동학군의 기세를 끌어 올리기 위해 노력했다는 것을 알 수 있다.[153] 『시문기』에 따르면, 효포싸움 전날 밤부터 효포, 오곡, 이인 등지에 주둔하던 동학군은 모두 산 위에 올라가 보루를 쌓고 불을 피우며 하룻밤을 지새웠다고 한다.

반나절에 걸쳐 대규모의 물리적 충돌이 발생했음에도 일본군이나 관군 가운데 사상자가 한 명도 없었던 것은 어떤 이유 때문일까? 이는 동학군(특히 포군)이 각기 흩어져 여기저기서 소규모 유격전을 벌이거나, 숨어서 상대편을 저격하는 행위를 일체 하지 않았기 때문이라 판단된다. 그럼에도 관군과 일본군은 행진하는 동학군을 향해 집단 발포를 서슴지 않았다. 효포싸움 때 관군이 집단

---

153  앞의 지도(효포지전) 참조. 월성산 능암산, 그리고 효포 동편 능선 20여 리(『남정록』에는 40
     리).

학살한 동학군의 숫자는 70여 명(생포 2명) 정도였다고 하나,[154] 추격전까지 벌였다는 사실로 미루어 볼 때 축소된 수치임이 분명하다. 아래의 인용에서도 확인할 수 있듯이(C), 효포싸움에서는 교전을 하다 죽은 포군(선봉, 선진)보다는 포군의 지휘에 따라 호남대로를 행진하다 일본군과 관군의 집단발포로 사망한 사람, 혹은 관군의 추격을 피해 도망가다 길바닥이나 산골짜기에서 사망한 사람들이 훨씬 더 많았다. 구전(傳聞)에 따르면, 1차 투쟁 시기의 희생자는 같은 포접이나 같은 마을의 참여자들이 운구하여 가족 품으로 돌려보내거나 급한 경우 개별적으로 가매장한 것으로 보인다.

> (A) 성하영과 백락완 등이 적의 성채까지 추격하여 대포 및 군기를 빼앗아서 돌아왔다. (B) 마침 통위영이 머물러 있던 곳에서 급히 구원병을 청하자 백락완이 드디어 금강나루에 이르러 통위영 영관 신창희 등과 협력하여 한 차례 전투를 벌이자 적병이 피하여 달아나 평지에 이르러 다시 불러서 군사를 거두었다.
> (C) 이날 밤에 적병이 남쪽을 향하여 도망갔다. 길에서 탄환에 맞아 죽은 자가 산골짜기 사이에 낭자하였다. (D) 이 전투에서 일본병사 중 부상당한 자가 한 명 있었는데 금학동을 후탐(候探)하다가 유탄을 맞아 오른 발꿈치에 부상을 입었다. (E) 우영장 이기동이 토병(土兵)을 독려해서 거느리고 좌우에서 계책을 통하여 서로 호응하였다. 태만하지 않고 수고스럽게 애를 쓰는 점이 매우 많았다.(이상 『공산초비기』)

(A)는 퇴각하는 동학군을 끝까지 추격하여 집단학살을 벌였다는 사실, (B)는 백락완과 신창희가 이끄는 경리청군이 일단의 동학군과 금강나루 인근의

---

154 「갑오군정실기 4」, 『신국역총서 7』, 30쪽.

장기진, 납교(봉) 등지에서 서로 밀고 밀리는 공방전을 벌였다는 사실, (C)는 야음을 틈타 모든 동학군이 논산 방면으로 일제히 물러났다는 사실, (D)는 추격전이 전개되는 과정에서 많은 동학군이 관군에 의해 학살되었다는 사실, (E)는 동학군의 공주 진입을 막기 위해 토병까지 동원했다는 사실 등을 보여준다. 특히 (B)와 (D)는 효포싸움이 효포와 능티 인근에서만 벌어진 것이 아니라 공주 서측인 감영 뒷산, 남측인 우금티, 북측인 장기대나루 등 전역(戰域: 시위 혹은 점거 구역)이 매우 넓었음을 시사한다. 스즈키 소위는 공주에 주둔하면서 충청 감영 측의 요청으로 토병들의 군사훈련을 담당했는데, 관병과 토병을 구분하여 서술한 것(E) 등으로 미루어 볼 때, 토병은 대개 일반 주민들 가운데서 충원된 것으로 보인다. 스스로 의병을 칭했던 '유회군'은 독자적인 지휘체계와 군비를 갖추었지만, 토병들은 충청감영의 지휘하에 움직였을 뿐만 아니라 군수(軍需)도 공전과 공곡으로 충당했다.[155]

개인적인 무훈담이기는 하나 백락완(경리청 대관)의 『남정록』도 1차 투쟁의 전체 상황을 잘 보여주는 사료이다. 『남정록(한글본)』에는 홍운섭의 지시에 따라 백락완이 직접 수비를 담당한 장기대나루 인근의 금강 건너편(북안) 동봉, '금강 남안 장기대나루와 옥녀봉(성) 인근, 장기대나루에서 호남대로로 이어지는 '봉화대(월성산)와 능티, 자치봉 쪽의 상황이 자세하다. 아래의 인용문은 필자가 현대문으로 고침과 동시에 한자를 첨부했는데, ( )안은 필자가 부기한 것이다.

---

**155** 錦營來札〉錦營來札(道園=김홍집) '十月望日(15일) 弘弟拜謝'. 홍주성싸움 때도 토병을 모집하여 활용했으나, 훈련도 없고 규율도 없어 사사로이 보복행동을 자행했다고 한다. 洪陽紀事〉甲午十一月 참조.

(A) 봉수현(烽燧峴=능티)에 올라 바라보니 동도가 과연 금강상 대로(大路: 호남대로)로 쫓아 충살(衝殺)하여 오는데 선봉장(이규태)이 거느린 군사 이백사십 명(신창희가 거느린 통위영병)이 처음에는 금강을 건너 동봉을 지키다가 동비가 둘러쌈으로 인하여 물러나 옥녀봉에 올라가 둔치고 청병함이오, 적의 성세를 바라본 즉 심히 흉맹하여 거연(遽然)히 앞으로 향하기 어려우며, 또한 위태함을 보고 구원치 아니치 못할지라.

(B) 영관 성하영과 대관 윤영성은 동편 봉화 뚝(봉수대가 입지한 월성산)을 군게 지키고, 우룡은 바로 군사를 호령하여 달려 능티현(봉수현)에 올라 바라보니 사십리 산로(山路: 능선길)에 깃발과 창이 섞이여 인(사람) 병풍을 쳐 있는 듯하고 이십리 너른 들에 총과 칼이 삼렬(森列)하야 밀대짚 같은지라.[156] 길이 장탄하며 방략을 생각할 즈음에 한 때의 적병이 자치봉으로 올나오니 대개 이 봉은 공주를 둘러 가장 높고 요해(要害)로운 곳이라. (C) 동도가 만일 먼저 웅거(雄據)한 즉 아군이 지리(地理)를 잃어 더욱 조수족(操手足)할 길이 없는 고로 급히 병정을 시켜 죽기를 무릅쓰고 먼저 치달아 일제히 방총(放銃)하니 피도(彼徒)가 물러나 아래 둔덕에 둔취(屯聚)한지라, 우룡이 대희(大喜)하여 제군들에게 일러 왈, 병법에 일왈득지형(一曰得地形)이라 하였으니 이제 우리 고군(孤軍)으로 지형을 얻었으니 가히 승패를 보리로다.

(A)는 24일 황혼 녘에 금강을 건너 공주부에 도착하자마자 동봉[157]에 배치

---

156 공주 사투리로 말하면, 20여 리에 달하는(『공산초비기』 '효포지전' 삽도 참조) 효포 동쪽 '날맹이(산등성이)'에 여기저기 보루(故壘)를 쌓고, 마치 병풍처럼, 밀대(보릿대) 짚처럼 동학군이 빼곡히 늘어서 있었다는 뜻이다.

157 시목동에서 공주대교를 건너면 곧바로 옥룡동(장기대나루)인데, 옥녀봉성은 공산성 옆 금강가에 입지한 작은 토성이다. 하지만 이용구 등이 이끄는 북접 동학군이 싸움을 벌였다는 이인 근처의 옥녀봉(『시천교종역사』)은 이와 다른 장소라 여겨진다.

되었던 선봉진의 한 부대가 동학군의 공격을 받고 다시 강을 건너 공산성 옆 옥녀봉 쪽으로 퇴각하였다는 뜻인데, 이는 효포싸움 때 장기대나루(금강나루) 인근, 즉 '공주 북문' 방면에서도 (북접) 동학군이 활발한 활동을 벌이고 있었음을 시사한다. (B)는 당시 동학군이 효포 인근 40여 리에 이르는 능선을 점거한 가운데 효포싸움을 수행했다는 내용인데, 그 주체는 원정 결사대인 호남 동학군이 아니라 대부분 유성·감성·연기·회덕 지역에서 신소를 거쳐 계룡산을 넘어온 동학군이었다. (C)에 보이는 백락완의 회고대로 일본군이나 관군 측은 이미 '득지형(得地形)'한 상태였으므로, 만약 동학군이 능티 고개를 돌파하려 했다면 이는 병법을 전혀 모르는 무모한 행위일 수밖에 없다. 하지만 당시 남북접 동학군의 목표는 장기대나루를 중심으로 금강 남북 방면의 요충을 점거한 뒤 대규모 집회와 시위를 통해 관군의 내응과 주민들의 호응을 끌어내는 것이었다.

효포싸움과 관련한 사료로서 서로군 지휘자인 모리오(森尾雅一) 대위가 사건 당일(10월 25일)에 작성한 「전투상보」도 주목해야 한다. 당시 일본군은 월성산과 능암산, 그리고 그 사이에 입지한 능티를 수비했다. 위 보고에서 주목되는 점은 한때 대략 300여 명의 동학군이 자신들이 수비하는 능티를 향해 돌격해 왔다는 것, 능암산에서 약 1,000m 전방에 있는 냉천 뒷산에서 동학군 약 3,000여 명이 능티와 월성산을 수비하던 관군과 접전을 벌였다는 것, 동학군 몇 명이 일본군의 우익인 능암산 기슭으로 나와 '이 산을 점령하려는 듯했다'는 것, 월성산과 능암산 중앙에서 적의 측면과 배후를 향해 몇 번 일제사격을 가했지만 거리가 멀어서 사격을 중단했다는 것 등이다. 위의 「전투상보」는 당시 상황을 '동학군 몇 명이 능암산이나 월성산을 점령할 듯한 기세였다'고 기록하고 있으나, 앞의 '몇 명'을 제외한 대부분 동학군은 '총알이 미치지 않을 정도의 거리'를 늘 유지하였다. 「전투상보」에 보이는 "아군 전사자 없음, 부상자 1명. 적군 전사자 6명, 부상자 미상" 같은 기록, 또 '소비 탄약 5백 발' 등의 기록은 관군이나 영병들과 달리 일본군은 추격전까지는 가담하지 않았음을 시사한다.

이상에서 정리했듯이, 공주 1차 투쟁 시기 남북접 동학군은 금강 북안의 대교와 금강나루(장기대) 인근, 옥녀봉(옥룡동)과 소학동(납교), 금강 남안의 효포와 판치(경천), 이인과 금학동(우금티), 금강 서안의 정산 등지에서 동시다발적으로 무장시위를 벌였다. 1926년 『개벽』지에 실린 아래와 같은 기사는 과장이 섞이기는 했으나, 공주 1차 투쟁에 대한 가장 포괄적인 정리라 여겨진다.

혁명군이 이와 같이 공주성을 향하고 직진할 새 충청관찰사 박제순의 휘하에서 관군을 통솔한 이규태, 성하영, 홍운섭 등 제장(諸將)이 일본군과 병력(並力)하여 이인, 효포, 봉황산 등지에 열진(列陣)하고 혁명군의 전진을 방(防)함으로 혁명군은 이에 방향을 변경하여 10월 25일에 봉황산의 후면으로 웅진(熊津)을 잠도(潛渡)하여 공주성을 직박(直迫)하매 이에 비로소 관군과의 접전이 생겨서 남월촌(南月村), 취병(翠屏), 지취(智翠), 금반산(金盤山) 등지에서 육탄혈우(肉彈血雨)—범(凡) 7차의 혈전을 결행하여 당일 박모(薄暮)에 효포를 점령하고 이어서 대교, 우금티, 웅치(熊峙), 금진(錦津) 등지에서 범 7일간의 혈전을 계속하여 양군의 사상(死傷)이 누만(累萬)에 달하는 중 그야말로 혈해시산(血海屍山)의 일대 참극을 연출하고 결국 스즈키(鈴木), 모리오(森尾) 등의 훈련된 일병(日兵)을 합한 관군에게 패하야 논산으로 퇴진하니 혁명군의 치명상은 실로 여기에 있었다.[158]

물론 위 기사는 구체적인 증거, 즉 1차 사료에 근거한 정리는 아니다. 하지만 『시천교종역사』 「갑오교액」에 보이는 "전봉준이 일곱 차례나 공주의 효포

---

**158** 일기자, 「甲午東學亂의 自初至終」, 『개벽』, 제68호, 1926.

(孝浦)에서 혈전을 벌이고, 취병산(翠屏山), 지취산(智翠山), 금반산(金盤山) 등과 연기(燕岐), 성기(成岐: 三岐의 오기) 등지로 옮겨 다니며 싸웠"다는 기록 등으로 미루어 볼 때 나름대로 신빙성이 있는 정리라 여겨진다. 위 인용처럼 공주 1차 투쟁은 2차 투쟁 때보다 기세도 좋고, 규모도 크고, 투쟁의 종류(방법)나 범위(일종의 戰役) 자체도 훨씬 더 다양하고 넓었다.

그러면 공주 1차 투쟁에 참여한 남북접 동학군의 규모는 어떠했을까? 정확한 계산은 불가능하나 10월 25일 사방팔방에서 공주(금강) 남북 방면으로 모여든 남북접 동학군의 숫자, 특히 공주 외곽 지역에서 일본군과 관군의 공주 진출을 저지한 호서(호중, 호좌, 호우) 지역 동학군까지 포괄하면 공주 1차 투쟁에 참여한 북접계 동학군은 아무리 적게 잡아도 10만여 명은 넘었을 것이라 추정된다.[159] 이에 반해 우금티싸움 등 공주 2차 투쟁이 전개된 11월 8~11일 무렵에는, 호서 각지에서 기포한 동학군도 이미 일본군·관군·민보군 등에 의해 각개격파되고 논산·노성, 이인·경천 방면에 집결한 남북접 동학군도 사기저하와 추위로 대열을 이탈하여, 남북접 동학군 모두 진세(陣勢)와 기세(氣勢)가 급격히 약화된 상태였다(후술 참조).

그간의 연구들은 우금티싸움을 포함한 2차 A/O 투쟁을 공주 점거투쟁의 절정으로 이해하였으나, 사건의 전체적인 흐름을 감안하면 우금티싸움보다는 금강 양안에서 동시에 전개된 효포싸움을 더 주목해야 한다. 효포 인근의 중동골(中湖)에서 사건을 직접 목격한 공주 유생 이철영은 효포싸움 이후 경군이 승

---

159  신영우는 공주 점거투쟁 시기 호서 동학군을, 공주 2~3만, 문의 1만 2~3천, 내포(홍주) 1만여 명 정도로 파악했으나(앞의 「북접 농민군의 교단 거점 수비와 청주 일대의 전투」, 75쪽), 여기에 충주와 제천 일대, 보령 서천 등 충남 서남부 일대, 천안·목천·유구 충남 북부 등지의 동학군을 포함하면 공주 1차 투쟁(10월 23~25일) 시기 공주와 그 인근 지역에서 활동한 동학군은 10만 명 이상이었을 것이라 추정된다.

승장구하여 드디어 팔로에서 모여든 동학군이 모두 사방으로 흩어졌다고 회고했다.[160] 이는 규모로 보나 의미로 보나 우금티싸움보다 효포싸움이 더 크고 '치명적(결정적)인 사건'이었음을 시사한다. 일종의 공성전인 우금티싸움과는 달리, 공주 1차 투쟁은 최시형의 '폭거중지 혁심개도' 유시에 따라 물리적 폭력보다는 경군·영병의 내응, 이교·시민의 호응, 즉 애국적 사민들의 연대와 협동을 중시하는 전형적인 A/O 투쟁이었다.


## 3. 공주 2차 투쟁: 우금티·청주성싸움

### 1) 남북접 동학군의 논산 재결집(10월 말~11월 초)

10월 25일 새벽부터 밤늦게까지 효포 인근에서 무장시위 활동을 벌였던 남북접 동학군은 26일 새벽 4시경 어둠을 타고 남쪽 30리쯤 되는 경천점으로 후퇴하였다가 이후 아예 논산이나 노성 방면으로 퇴각한 것으로 보인다(『순무사정보첩』). 선봉진은 1차 투쟁 직후 네 차례나 '정찰병(騎兵)'을 파견했으나 공주 인근에서는 동학군의 종적을 찾을 수 없었다고 한다(『공산초비기』). 그러자 바로 다음 날 선봉진은 동학군이 주둔했던 판치와 이인까지 부대를 전진배치하였다(『선봉진일기』). 11월 3일자 선봉진 보고에 따르면, 1차 투쟁 이후 "네 곳의 비도가 노성과 논산 초포 등지에 집결"했는데, 서로 간의 거리가 50~60리, 또는 70~80리로, 방어가 소홀한 편이었다고 한다.[161] 선봉진이 순무영에 올린 11월 8일자

---

160 "京軍與東匪一日接戰(효포싸움―인용자) 而東匪大敗 死者塡壑 生者四散 自後京軍乘勝逐北八路東匪次第討平 而法軒瑢準介男夏中 亦先後伏誅矣." 甲午東亂錄 卷之四 〉雜著.

161 「갑오군정실기 4」, 『신국역총서 7』, 51쪽.

보고는 당시 동학군의 실상을 아래와 같이 묘사했다.

(A) 남쪽에 있는 은진·논산의 적과 전봉준의 무리가 흩어졌다가 다시 모여 황산에서 호응하여 따르지 않는 자들을 약탈하고 호남의 김개남을 불러 모아 후원한다고 합니다. (⋯) 동남쪽의 갑사(甲寺)에도 걱정거리가 있는데, 길이 좁고 옆에 험난한 데가 많아 복병(伏兵)이 있을 만합니다. 또한 (B) 흩어진 적의 소굴인 데다가 더욱이 대교에서 흩어진 적들이 다시 연기의 세거리에 모여서 전적(全賊: 전봉준)에게 나아갈 계획인데 반드시 갑사로 향할 것입니다. (C) 먼저 관군으로 그 소굴을 정탐하여 나아갈 길을 차단하고 교도병과 합세한다면 적의 형세는 반드시 나눠질 것입니다. (D) 힘이 분산되면 저들은 서남 방향을 따라 바로 완영(完營)으로 향하여 갈 것이고, 상대가 되지 않을 것이니 전적(全賊)의 머리를 휘하(麾下: 순무사를 지칭)에 바칠 수 있을 것입니다. 길은 장기대에서 외약곳진(外若串津)[162]을 거쳐 왕촌·청인(靑印: 靑沼의 오기—인용자)·대장(大莊: 계룡면 중장리·하대리 일대—인용자)을 내려가면 갑사까지 30리입니다.[163]

위 인용의 (A)는 1차 투쟁에서 패배한 이후 남북접 동학군이 각기 논산·은진 방면으로 퇴각했다가 다시 총력전을 전개하기 위해 후방 수비와 보급을 담당하기로 한 김개남군을 불러 올렸다는 것, 그리고 갑사 동쪽 방면에 상당수의 동학군이 둔취해 있었다는 것을 보여준다. (B)는 10월 24일 대교싸움에서 밀려 흩어진 북접 동학군이 다시 연기 세거리에서 모였다가 계룡산 인근의 고개를

---

162 사송정 건너편의 오얏골나루(瓦也津; 李氏津)를 지칭한다. 소학동에서 왕촌 방면으로 향할 때 건넜던 옛다리가 와야교이다. 오얏골나루를 건너면 박동진 판소리관이 입지한 무릉리인데, 대교는 여기서 그리 멀지 않다. 『공주지명지』 참조.

163 先鋒陣上巡撫使書(附雜記) 〉 雜記(雜抄) 〉 牒報(甲午十一月初八日).

넘어 갑사 방면으로 진출했다는 사실, (C)는 선봉진이 교도병과 합세하여 (북접 =호중) 동학군의 퇴로를 차단하는 작전을 펼치고 있었다는 사실 등을 잘 보여준다. (D)의 "동학군을 공격하여 분산시키면 곧바로 호남(완영) 방면으로 퇴각할 것이고, 그렇게 되면 남접(호남) 동학군을 쉽게 제압할 수 있을 것"이라는 선봉진의 제안은 공주 점거투쟁 시기 일본군이 어떤 탄압 작전을 구사했는지를 잘 보여주는 대목이다. 공주 1차 투쟁 직후 일본군 지휘부(대대본부)는 10월 13일경 병참사령부(일본공사관)가 수립한 애초의 계획을 변경했다. 그 핵심은 섣부른 전진 공격으로 동학군을 호남 방면으로 내몰지 말고, 오히려 노성 인근 지역으로 모두 모여들기를 기다렸다가 포위 섬멸전을 벌인다는 것이었다.

공주 1차 투쟁 이후 남북접 동학군은 세불리, 역부족의 상황을 절감하지 않을 수 없었다. 가장 큰 이유는 1차 투쟁을 전후한 시기 일본군과 관군의 탄압으로 호서 지역, 특히 금강 이북 지역의 상황이 갑작스럽게 불리해진 탓이었다. 주지하듯이, 북접(호서) 동학군은 1차 투쟁뿐만 아니라 세성산싸움(10월 21일), 지명장싸움(10월 26일), 홍주성싸움(10월 28일: 점거투쟁), 중약싸움(10월 29일) 등에서 연이어 패배했다. 그러자 금강 이북 지역에서는 일본군과 관군의 비호 아래 각지의 반동학군 세력(수성군, 민보군)이 발호하는 등 동학군에게 지극히 불리한 상황이 연출되었다. 『남유수록』11월 5일자 기사는 우금티싸움 직전 시기 이미 호서 남서부 지역조차 반동학군 세력의 수중에 들어가 있었음을 시사한다.

남포 이광순은 본래 동도대접주로 기미를 보고 길을 바꿔서 귀화를 원하였다. 홍주 목사가 방어중군(防禦中軍)의 인수(印綬)를 주어 그로 하여금 유도(儒道)를 일으켜서 비류를 토벌하게 하였다. 남포와 비인 모두 호응하여 따랐고, 서천과 한산도 모두 성을 지켰다. 동도 접주들이 모두 도망하였고 또한 많이 포획하여 홍주로 압송해서 참수하였다.

위 자료에 따르면, 11월 7일의 서천유회(儒會)는 인산인해를 이루었음에 반해, 공주 점거투쟁 시기 각지의 도회를 통해 세를 결집했던 홍산과 한산의 동학군은 우금티싸움 이전 시기에 해당 지역의 수성군에 의해 이미 궤멸한 상태였다. 서천유회가 열렸을 때 주인이 참여하지 못하는 경우 머슴을 대신 보냈다는 대목, 그리고 "원근(遠近)의 접주들과 패악을 부리던 자들이 모두 호남으로 달아"났다는 대목 등은 공주 2차 투쟁이 시작되기도 전에 이미 전세가 급격히 기울고 있었음을 시사한다.

게다가 공주 1차 투쟁을 전후한 시기 호서 각지의 동학군이 각개격파되고 호남 동학군의 지원도 줄어들면서 남북접 동학군은 노성 인근 지역에 고립되어 포위공격을 당할 위험성조차 커지고 있었다. 당시 지명장싸움과 증약싸움 등을 치른 일본군 중로군은 호중 동학군을 각개격파한 뒤 북접 동학군의 퇴로를 차단하기 위해 연산(13일)과 노성(14일) 방면으로 진출하기 시작했고, 우선봉진도 내포 지역 동학군을 진압한 뒤 공주 부내로 들어오지 않고 유구(11월 11일)→동천(12일)→정산읍(13일)→건지동(14일)→반탄(나루) 등지를 거쳐 이인·노성 방면으로 진군하던 상황이었다.[164] 사정이 이러하자 남북접 동학군은 우금티를 주공격 방향으로 한 마지막 결사전을 시도하지 않을 수 없었다.

---

164  우선봉진은 11일 유구, 12일 동천, 13일 정산읍, 14일 용수동(막)에 유숙했는데, 유구에서 동천에 이르는 길을 아래와 같이 묘사했다. "鳥木과 九靈 등의 고개를 넘는데, 산은 높고 길은 험하였다. 큰 시냇물이 협곡을 통과하였는데, 그 냇물을 13번이나 건넜다." 우선봉진은 13일 정산읍에 머물며 건지동의 동학군 100여 명을 체포하여 심문한 뒤 정산 읍내에서 10여 명의 동학군을 목을 메달아(結顆) 죽인 뒤 14일 미시(13~15시)경 반탄나루를 거쳐 이인역, 龍水洞(龍水幕)으로 향했다. 『兩湖右先鋒日記』〉右先鋒日記 二〉甲午十一月. 『공산초비기』(「牛金之師」)는 이 대목을, 이두황 부대가 "적병이 이미 퇴각하였다는 소식을 듣고 이인에 머물러 의각(犄角)의 형세를 취하였다(聞賊已退 往駐利仁 爲犄角之勢矣)"라고 서술하였다.

1차 투쟁에 실패한 이후 남북접 지도부는 노성·논산 방면에서 자신들의 대오를 다시 추스르면서 새로운 정세와 조건에 부합하는 투쟁 목표와 방법을 모색하지 않으면 안 되었다. 손병희가 이끄는 북접 동학군 본대(중군)가 지명장싸움(10월 26일) 이후 연산을 거쳐 논산 방면에 도착한 것도 이 무렵이었다고 판단된다. 10월 28일 대신사 탄신일이 도래하자 남북접 지도부(各包 敎頭)는 한곳에 모여[165] 주문을 외우고 도를 강하며(誦呪講道), 적을 이길 수 있는 방책을 다시 논의했는데, 그때 전봉준은 아래와 같이 탄식하며 자신을 책망했다고 한다(『시천교종역사』). 아래의 인용은 남접·호남 농민전쟁론의 입장에서 보면 언급조차 쉽지 않은 내용이지만, 여러 정황 증거들로 미루어 볼 때 사실이라 여겨진다.

(A) 전봉준이 개연(慨然)히 탄식하며 말하길 "봉준은 사문(師門)의 도제(徒弟)가 되어 도를 어지럽히고 법을 어지럽혔으니 곧 사문의 죄인이요, 관창(官倉)에서 곡식을 꺼내고 관리를 살해하였으니 국가의 죄인이요, 백성들의 재물과 곡식을 빼앗았으니 국민의 죄인이다. 한 번 죽어 속죄하는 것은 본래 달갑게 마음먹었던 바다. 오직 원하건대, 제군들은 선후책을 더욱 강구하여 선사의 원통을 씻어드리고 생민(生民)의 상처를 구료할 것을 기하도록 하자." B) "만 번 죽을 각오로 한 번 살 계책을 내어 다시 죽음을 무릅쓰고 곧장 공주 길로 향한다면 일이 잘될 수도 있을 것이다(出萬死一生之計, 更爲攖鋒冒鏑, 直衝公州之路則事可諧矣)." 살펴보건대, C) "호남의 교도들은 여러 번 혈전을 벌인 나머지 지쳐서 떨치기 어려우니, 오히려 바라는 바는 기호(畿·湖: 경기와 호서?)의 교도들이 마음을 합하고 힘을 다하여 큰일을 이루는

---

[165] 『오하기문(삼필)』에 따르면, 1894년 '賊 濟愚의 生日'에 "여러 곳의 적들이 모두 성대하게 모여, 旗를 만들어 한 면에 '龍潭先生 伸冤旗'하고 일곱 글자를 크게 써서 내걸고 하늘에 제사를 지냈다"고 한다.

것 뿐이다."[166]

위의 인용에서 주목되는 사실은 우금티싸움을 앞두고 전봉준이 자신을 사문과 국가와 국민의 죄인이라 자책했다는 것(A), 당시 전봉준이 우금티싸움을 만사일생지계(萬死一生之計)라 규정했다는 것(B), 자신들은 여러 번 '접전'하여 피해도 크고 지쳤으니, 이제는 경기와 호서(북접) 동학군이 나서야 할 때라 말했다는 것(C) 등이다. 이런 사실은 『천도교회사(초고)』에도 기술되어 있다. 손병희가 앞서 소개한 최시형의 '폭거중지 혁심개도' 유시를 전봉준에게 전하자 위의 언급처럼 자신의 잘못을 스스로 인정했고 그러자 손병희는 남벌기를 꺾고 선사의 유시까지 어겨가며 우금티싸움을 함께 수행했다는 것이다.[167]

시시(是時)에 전봉준이 손병희의 벌남행진(伐南行進)함을 문(聞)하고 이인역에 래도(來到)한지라 손병희가 전봉준에게 위(謂)하야 왈 "군(君)이 선생의 교훈을 부준(不遵)하고 자행자지(自行自止)함이 난법난도(亂法亂道)에 지(至)하니 전과(前過)를 회개(悔改)하고 사명(師命)을 순종하라"할 때, 전봉준이 왈 "봉준이 사문도제로서 난법난도하였으니 사문의 죄인이오 민재민곡을 약탈하였으니 국민의 죄인이라. 일사(一死)는 고소감심(固所甘心)이오니 자금(自今)으로 접장(接長)을 종(從)하야 선사의 유원(遺寃)을 신설(伸雪)하고 생민(生民)의 도탄을 거제(據濟)하기로 내심륙력(內心戮力)하

---

166  "遂退于論山, 南北兩接教徒, 合數十萬, 仍留數日, 各包教頭, 與全琫準, 誦呪講道, 更議料敵制勝之策, 琫準慨然嘆曰, 琫準爲師門徒弟, 亂道亂法, 卽師門之罪人, 發倉廩, 害命吏, 卽國家之罪人, 攘奪民財民穀, 亦國民之罪人, 一死固所甘心, 而惟願諸君, 益講善後之策, 期於伸雪先師之遺寃, 拯濟生民之淪傷, 出萬死一生之計, 更爲攖鋒冒鏑, 直衝公州之路則事可諧矣. 而顧此湖南教徒, 於屢蚍之餘, 疲苶難振, 尙望畿湖教徒, 同心戮力, 協成大事焉." 시천교종역사 〉 갑오교액.

167  『천도교회사(초고)』, 포덕 34년, 466~467쪽, 박맹수, 앞의 『자료집 (1)』 수록자료 재인용.

겠나이다" 하더라. 손병희가 각포 두령에게 위(謂)하야 왈 전봉준이 이미 회개(悔改)하였으니 벌남접(伐南接)의 기호(旗號)를 개(改)하노라 하고, 경(更)히 척왜양창의 기를 건(建)하다.

손병희가 전봉준에게 최시형의 '폭거중지 혁심개도' 유시를 전하자 전봉준이 곧바로 회개했다는 대목, 그런 연후에 양측 지도부가 의기투합하여 우금티싸움을 수행했다는 대목 등은 두 개의 교단사가 공통적으로 강조하는 내용이다. 양자의 차이는 단지 『시천교종역사』는 이용구의 활약상을 상세히 기록하고 있음에 반해, 『천도교회사초고』는 우금티싸움에 대한 기록을 아예 생략했다는 것, 『천도교회사초고』는 손병희가 각포 두령들에게 남벌기를 꺾고 척왜양창의 깃발을 세우라 말했다(통령으로서 지시했다)는 대목을 유별나게 강조했음에 반해 『시천교종역사』는 이를 언급조차 하지 않았다는 것뿐이다. 이는 양교단의 정통성 경쟁 과정에서 발생한 의도적인 생략이라 판단된다.

『시천교종역사』나 『천도교회사(초고)』에 보이는 위와 같은 서술들은 남접·호남 농민전쟁론의 입장에서 보면 합리적인 설명이나 해석이 어려운 대목이다. 교단사를 토대로 다시 꾸민 글이라 여겨지나, 『개벽』에 보이는 아래와 같은 회고, 특히 "두 거두와 두 대군이 서로 울고 서로 위무했다"라는 대목은 교단사 서술보다 훨씬 더 그럴듯하고 실감 나게 들린다.

(A) 두 거두와 두 대군이 서로 울고 서로 위무하며 잉(仍)히 수일을 유숙할 새 한편으로는 도(道)를 강하고 주(呪)를 송하며, 또 한편으로는 병(兵)을 련(練)하고 책(策)을 운(運)하는 등 당시의 광경은 실로 비절장절(悲絕壯絕)하엿다. (B) 이때에 전봉준이 손병희를 돌아보며 무연히 탄식을 지여 가로되 '내 한갓 일이 중하고 급함만을 생각하고, 급거히 일을 일으켜 수없는 민재(民財)와 생명을 없이하고 형세가 이

에 이르렀으니, 내 한 몸은 이제 죽어도 아플 것이 없으나 도탄 중에 들은 저 많은 생민은 어찌 할까. (C) 이제라도 선후책을 선강(善講)하여 최후의 일심(一心)으로 공주를 직충(直衝)하면 십분 희망이 있으나 돌아보건대 호남도인은 여러 번 싸운 나마에 피곤하기 저러하니 원컨대 기호의 도중(道衆)이 동심협력하여 대사를 협성(協成)함이 있기를 바란다." 이에 (D) 두 사람은 서로 손목을 잡고 "일의 성불성(成不成)은 천(天)에 있고 운(運)에 있는지라. 우리의 무를(물을) 바가 아니며 우리는 다만 하고 싶은 일을 할 수 있는 데까지 할 뿐이라" 하고 크게 삼군(前·中·後軍—인용자)을 호궤(犒饋)하여 원기를 회복하고 (E) 11월 3일 조조(早朝)에 다시 진군하여 성하영(成夏泳)이 통솔한 관군을 이인역에서 대파하고 질풍신뢰와 같이 관군을 추격하여 우금치, 견준봉, 주봉, 웅치 등 요새를 포위공격하기 무릇 6주야(凡六晝夜)간에 최선 최후의 혈전을 진(盡)하였으나 결국 무기의 불비(不備)와 사졸의 불련(不練)으로 불행 패퇴하니.[168]


위 인용의 (A)는 1차 투쟁에 실패한 이후 남북접 동학군이 함께 모여 서로 눈물을 흘리며 위로했다는 사실, (B)는 이때 전봉준이 많은 희생과 불리해진 형세를 자기 탓으로 돌리며 자책하고 탄식했다는 사실, (C)는 호남 동학군은 여러 번의 투쟁으로 사기도 떨어지고 지쳤으나, 북접 동학군이 동심협력하여

---

**168** 一記者,「甲午東學亂의 自初至終」,『開闢』제68호, 1926. 패퇴의 원인으로 무기불비, 훈련부족을 강조한 대목은 앞서도 강조했듯이 부적절한 평가라 여겨진다. 하지만 아래와 같은 언급은 필자가 이 책에서 '대파국의 서막'이었다는 점을 강조한 대목과도 그 의미가 유사하다. "이 혁명이 우리에게 남겨준 큰 의의는 민중의 힘이란 것은 이러한 것이며 민중의 요구는 이러한 것이다. 비록 一時의 실패를 당하엿슬지라도 우리 민중은 어느 때일지라도 이와 가튼 민중 本位의 새 세상을 세우고야 말지며, 그래서 세우기까지는 언제던지 이와 가티 싸울 것이다 하는 가장 중요한 교훈을 우리 남아 잇는 민중에게 피와 불로써 전해준 그것이다." 위의 글, 43쪽.

곧바로 공주길로 향하면 십분의 희망이 있을 수도 있다고 말했다는 사실, (D)는 전봉준과 손병희가 의기 투합하여 2차 투쟁을 준비했다는 사실, (E)는 남북접 동학군의 진군이 11월 3일경부터 시작되었다는 사실 등을 보여준다. (C)는 손병희가 이끌던 북접 동학군 본진(中軍)은 1차 투쟁에는 직접 참여하지 않았음을 간접적으로 시사한다.

기존의 연구들은 전봉준을 역사화할 때 창의군의 영수(領袖), 즉 회맹주(會盟主)로서의 면모보다는 농민전쟁을 이끈 장군(장수)으로서의 면모를 더 강조했으나,[169] 이는 일면적인 평가이다. 전봉준은 앞서 언급한 자책 외에도 공개적으로 여러 차례 자신의 과오나 실책을 자아비판한 바 있다. 1894년 8월 1일, 한 일본인(정보원)에게, 집단입도(마당포덕) 과정에서 동학군에 끼어든 불항무뢰지배(不港無賴之輩), 부랑지배(浮浪之輩) 등의 굴총과 토색질을 방조한 죄, 그리고 뜻하지 않게 청국군과 일본군을 끌어들인 죄[170] 등을 자책했다는 사실, 또는 갑오변란 직후 김학진이 전봉준에게 동부국란(同赴國難), 공수전주(共守全州)하자고 제안했을 때, 전봉준이 자신의 과오를 인정하며 김학진에게 "일사보국(一死報國)하여 자신의 창란지죄(倡亂之罪)를 속죄하겠다"[171]는 뜻을 밝혔다는 사실(『오하기문』) 등은 이를 보여주는 대표적인 사례이다. 전봉준은 재판 과정에서도 "일의

---

**169** 이런 전봉준의 '自歎'과 '自責'이 사실이라면 공주 점거투쟁과 관련한 기존의 연구성과는 물론이고 여러 문학작품에 보이는 전봉준의 이미지는 재고되어야 마땅하다. 1894년 어셈블리와 관련한 대표적인 소설들에 대한 평가는 조동길, 「동학농민전쟁 소설에 나타난 공주 전투 장면에 관한 연구」, 『(우금티동학농민전쟁 125주년 기념 학술토론회) 1894년 우금티, 어떻게 기억하고 기념할까?』(2019년 10월 25일), 175~196쪽 참조.

**170** 전봉준은 8월 1일, 전주에서 익명의 일본인과 대화하는 가운데 "뜻밖에도 우리들의 거병을 매개로 해서 오늘날 청일 군대의 싸움을 조선에서 보기에 이른 것은 우리들이 천추의 유감으로 여기는 바이다"라고 말했다 한다. 趙景達, 『異端の民衆反亂』, 232쪽.

**171** 梧下記聞〉二筆〉是月望間 瑑準開南等 大會于南原.

기미를 잘 살피지 못하고 제대로 헤아리지 않고 제멋대로 백성을 움직이고 무단히 소요를 일으켜 백성을 물과 불구덩이에 빠트린" 것[172] 그리고 "정도(政道)를 실현하려 의군(義軍=義旅)을 모았으나 결국 '역적'이라는 오명을 쓰고 죽게 된 것" 등을 가장 안타까워했다.[173]

『시천교종역사』, 『천도교회사(초고)』 등 북접교단 측의 자료에는 공주 2차 투쟁의 주전선인 우금티싸움에 대한 설명이 소략한데, 그 이유는 우금티 방면의 공방전은 남접 동학군이 주도했기 때문이다. 전봉준은 재판 과정에서 첫 번째 두 차례의 싸움(1차 투쟁) 이후 자기 휘하 동학군이 1만여 명에서 3천 명으로 줄고, 또 두 번째 두 차례의 싸움(2차 투쟁) 이후 또다시 5백여 명으로 줄었다고 진술했다. 이로 미루어 보면, 우금티싸움 직전 시기 전봉준이 이끌던 호남 동학군은 그 세력이 많이 약화되어 있었던 것으로 보인다. 예를 들면, 관군 측의 보고에서 "현재 적의 기세는 격렬하면서 급하지만 초기 엄동설한에 날씨는 춥고 식량은 적어 도중에 도망하는 자가 많습니다"[174]라는 대목, 또는 "은진·노성 사이의 일은 소문으로 들은 것이 정확하지 않지만 동학군들이 저희들끼리 며칠 점고해보니 빠져 나간 자들이 몇 천 명쯤 된다고 하고, 날씨는 춥고 먹을 것은 적으니 스스로 도망하는 사람이 있다고도 합니다"[175]라고 한 대목 등은 1차

---

172  전봉준은 일본영사가 "不計事機之如何 擅自動民 無端惹鬧 陷民於水火者"라고 질책하자, "不詳裏許 而擅自動民 果是做錯이외다"라고 답했다. 全琫準供草〉乙未二月十九日全琫準三招問目. 이런 사실도 위와 같은 탄식과 유사하다.

173  전봉준은 사형선고를 받자 분연히 무릎을 치며, "正道를 위해 죽는 것은 조금도 원망스럽지 않으나 逆賊이라는 汚名을 쓰고 죽는 것은 심히 유감이"라거나, "義軍(義旅?)을 일으켰다가 죽게 되었으니 天下(세상?)에 이런 이치도 있는가"라고 통탄했다고 한다. 京城 靑山好惠, 「朝鮮時事」, 1895년 4월 23일; 「東學黨巨魁の裁判」, 『東京朝日新聞』1895. 5. 7.

174  「10월 18일 충청감사의 공문(同一錦伯移文」, 『先鋒陣日記』, 『국역총서 1』, 253쪽.

175  『순무선봉진등록』1894년 10월 20일(후록), 『국역총서 2』, 40쪽.

투쟁에 실패한 직후부터 사기도 떨어지고 추위도 심해지면서 많은 동학군이 대오를 이탈했음을 시사한다.

1차 투쟁 이후 전세가 급격히 기울어가자 호남과 호서 각지에서는 토호 유생이나 주민들의 반동학군 활동(밀고와 체포, 보복과 학살)이 활기를 띠기 시작했다.[176] 『오하기문』에서 북상하던 남접(호남) 동학군이 공주에 이르러 더 이상 앞으로 나아가지 못하자 "민간에서는 적(동학군)이 패했다는 소문이 떠들썩하였다"거나 각지 동학군이 "각각 머뭇거리고 두려워하는 모습에서 이미 궤멸할 기미가 드러나고 있었다"는 대목은[177] 이를 보여주는 단적인 사례이다. 『남유수록』 10월 25일자 기사에 따르면, "전명숙과 이유상이 효포와 이인에 진군하였으나 불리하여 논산으로 물러났다"는 소문이 나돌기 시작하자 동학군이 오랫동안 장악하고 있었던 부여와 서천 등지에서도 지역 유생 주도의 반동학군 활동이 활성화되었다고 한다.

공주 2차 투쟁을 시작할 무렵 금강 이북 지역은 이미 일본군과 관군의 통제하에 있었으므로 자칭 '의병(의군)'들의 반동학군 활동이 더욱 기세등등하였다. 1차 투쟁에 참여했던 달동접주 장준환이 설포·모군(設包·募軍)을 위해 귀가했다가 관군과 마을 장정들에 의해 체포된 것(11월 3일), 공주 삼기면 입석리(현재 세종시 지역)에 사는 유학 유석홍이 마을의 의군(義軍) 30명을 거느리고 이른바 동학

---

**176** 『일지』 관련 항목 참조. "비류가 소요하는 때를 당하여 감히 義擧라고 이름을 붙이지 못하고 儒會를 기준으로 삼아 대략 규칙을 만들어 비류를 방비하였습니다." 公州 監役 申復均 報告, 『순무선봉진등록』 10월 7일, 『국역총서 2』, 131쪽.

**177** 『번역 오하기문』, 79쪽. 황현은 당시 전라도 지역의 상황을 "적 중에 전라 지방에 있는 자들은 동쪽으로 운봉에 막히고, 아래로는 하동을 겁내고, 남쪽은 좌수영을 꺼리어 각각 머뭇거리고 두려워하는 모습에서 이미 궤멸될 기미가 드러나고 있었다"고 기록했는데, 비교적 객관적인 상황 설명이다.

의 접주 설장률을 체포한 뒤 모진 고문을 가하여 사망에 이르게 한 것[178] 등은 모두 이 무렵의 일이었다. 이런 사정은 동학군이 오래도록 장악하고 있었던 금강 이남 지역도 마찬가지였다. 선봉진이 11월 3일 귀화를 권유하는 공고문과 공문을 부여와 정산 지역에 내리자[179] 이들 지역에서도 민보군이나 유회군의 반동학군 활동이 더욱 활기를 띠었다. 한산의 수성장과 수리(首吏)가 한산읍의 비괴를 체포하여 5일장이 다시 열리기 시작했다는 한산군수의 보고, 남포현 사인(士人)이 의(義)를 실천하기 위해 집안의 재물을 내고 장정으로 의병을 모아 추용성포를 급습하여 '수천 명을 죽이고' 군기를 되찾아왔다는[180] 남포현감의 보고 등은 이를 보여주는 사례이다.[181]

1차 투쟁에 실패한 뒤 논산 방면으로 퇴각한 전봉준은 세작(細作)을 보내 공주 부내의 상황을 정탐하는 한편,[182] 김개남군과 손화중군의 북상을 요청하여 전열을 재정비하고자 한 것으로 보인다. 『남정록』의 아래와 같은 서술들은 당시 관군 측이 여러 경로의 정보망을 통해 남북접 동학군의 동향을 정확히 파악하고 있었음을 보여준다.

며칠이 지나 '어떤 사람'이 은진으로부터 와서 말하기를 적병이 다시 논산에 모여 여당(餘黨)을 불러 모으고, 아울러 완산에 들어와 웅거하고 있는 김개남에게

---

178 『순무선봉진등록』, 11월 2일, 『국역총서 2』, 104~105쪽.

179 『순무선봉진등록』, 11월 3일, 『국역총서 2』, 105쪽.

180 『갑오군정실기 4』, 『신국역총서 7』, 56쪽.

181 우금티싸움 무렵 서천 각지에는 儒幕이 설치되어 儒標가 없으면 통행이 어려운 형편이었다. 최덕기, 『갑오기사』, 『국역총서 4』, 278쪽, 479쪽.

182 "사람을 부려 적의 진퇴를 정탐하여오라 하였더니 이윽고 와서 고하되 상쾌하도다, 적의 간첩이 아군의 형세를 보고 황망히 달려가서 호흡을 불통하며 전대장에게 고왈 (…)." 앞의 『남정록』.

구원을 요청하여 힘을 합하여 재거(再擧)한다 하고, 또 며칠 사이에 방사인(訪事人: 정탐)이 이어서 보고하기를 적병이 점차 노성과 공주 경천을 향하고 있으며, 산을 오르며 쌀을 옮기고 아울러 포대를 설치하고 있다고 하였다.

2차 투쟁 시기 북접 동학군은 이인을 전진기지로 활동했는데, 그 이유는 오래 전부터 동학세가 막강한 곳이었기 때문이다. 공주 인근의 동학군, 특히 동학교세가 강력했던 이인(盤松之黨, 乾坪之賊)과 정산(彌勒堂) 일대의 동학군은 1차 투쟁 이후에도 호남과 호서 등지에서 몰려온 동학군과 함께 수시로 공주 부내를 위협한 것으로 보인다.[183] 특히 김기창이 이끄는 (건)지동 동학군은 선봉진이 특별히 주목할 정도로 세력이 당당했다.

### 2) 우금티싸움: 부득이했던 결사전(11월 9일)

논산과 노성 일대에 재집결한 2만여 명의 남북접 동학군은 10월 말경 우금티싸움을 합의·설계한 뒤 11월 초순부터 노성·경천 방면으로 군량을 나르고 포대를 설치하며 우금티 공방전을 준비한 것으로 보인다. 그러자 정탐·탐리·세작들을 통해 이런 움직임을 간파한 선봉진은 부대를 셋으로 나누어 둘은 판치와 이인, 하나는 감영을 지키는 방식으로 동학군의 공격에 대비하였다. 『남정록』에 따르면 백락완은 11월 7, 8일경 성하영과 함께 이인까지 전진하였으나, 손병희를 주력으로 한 북접 동학군에게 포위되어 고전하다가 8일 저녁 늦

---

183 "서남쪽에 利仁의 金義權이 새와 짐승처럼 흩어졌다가 이인에 다시 모여 호응해서 따르지 않는 裵哥를 죽였기 때문에 주민이 비록 가고 싶지 않았으나 위협에 두려워서 감히 따라가지 않을 수가 없었습니다." "서쪽 定山의 彌勒堂에 근심거리가 있습니다. 金基昌이 아들로 하여금 통문을 내게 하여 수천 명을 모았다고 하는데, 그 기세가 늘어나게 해서는 아니 됩니다." 先鋒陣上巡撫使書(附雜記) 〉 雜記(雜抄) 〉 牒報(甲午十一月初八日).

게 포위망을 뚫고 감영으로 돌아왔다고 한다. 『남정록』의 "손화중(손병희—인용자)이 과연 상래하여 노성군에 둔주하고 전봉준의 패귀함을 보고 분기대발하여 이십만 대군을 몰아 물밀듯 들어와 이인으로 작로(作路)하여 본월 초팔일 신시(15~17시) 가량에 개미떼처럼 결진(結陣)하고 바람같이 (애워)싸서 들어오는 길에 나의 지킨 바 취병산을 둘러싸니"라는 대목은 앞서 소개한 전봉준의 자탄이 사실일 수도 있음을 시사한다. 앞서 소개했듯이 전봉준은 북접 지도부에 "호남 도인은 여러 번 싸운 탓에 피곤하니 기호의 동학군이 힘을 써주면 좋겠다"고 당부했는데, 이런 당부 때문인지 손병희가 이끄는 북접 동학군은 공주 2차 투쟁 시기 남접 동학군보다 훨씬 이른 시기(묘시경, 5~7시)부터 공주 서쪽의 견준봉 두리봉 일대의 고갯길을 넘봤다. 11월 4~5일경 옥천, 영동 등지에 5~6만 명의 동학군이 모여 있었다는 관군 측의 보고[184]는 이들도 노성과 이인 방면으로 진출하여 공주 2차 투쟁에 동참했을 가능성을 시사한다.

공주 2차 투쟁은 11월 8일 오후 2시경부터 시작되었다.[185] 8일 오후 노성·경천 방면에서 판치로 진격한 동학군(남접군)은, 판치를 지키던 구상조의 경리청 병을 몰아내고 1차 투쟁 때처럼 효포 일대의 동쪽 능선을 따라 깃발을 꽂고 진세를 과시하며 관군과 대치하였고, 이인 방면으로 진격한 동학군(북접군)은 이인 취병산에 주둔하고 있던 성하영 부대를 우금티까지 밀어붙이며 파상공세를 펼쳤다. 『천도교서』는 공주 점거투쟁의 전개 양상을 설명하는 대목에서 "손병희 이하 제포(諸包: 대두령=접주 숫자, 총계 73읍, 314인—인용자)가 지공주(至公州)하야 전봉준 등으로 상우(相遇)하야 관군과 더불어 교전하다가 패하야 남으로 향할

---

**184** 『갑오군정실기 4·5·6』, 52쪽, 72쪽.

**185** 경리청 참령관 구상조의 보고에 따르면 8일 未時(13~15시)경 동학군 몇만 명이 경천점 방면에서 올라오거나 노성현의 뒷산으로부터 산을 올라와 포위함으로 효포와 웅치(능치) 주변에 진을 쳤다. 선봉진일기, 순무사정보첩; 『일지』, 207쪽.

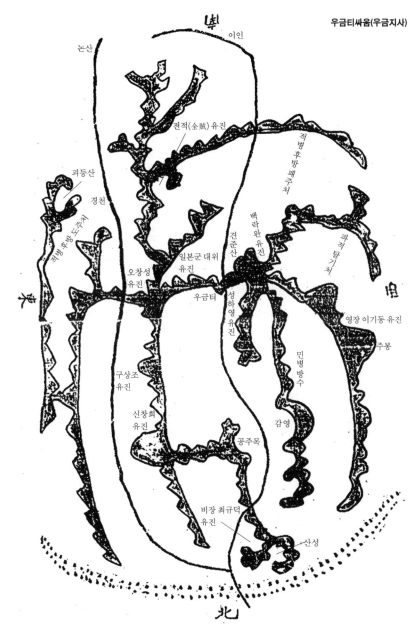

우금티싸움(우금지사)

**우금지사(牛金之師)**
『공산초비기』「우금지사」에 실린 관련 지도이다.

새"라고 단 한 줄로 공주 점거투쟁의 전개 양상을 서술했으나, 『시천교종역사』
는 이용구의 활약상을 중심으로 2차 투쟁 시기 북접 동학군의 활동을 비교적
소상하게 기록하였다. 『시천교종역사』는 이용구가 이인역→옥녀봉→봉황산
(감영 뒤 공주의 주산=진산) 방면으로 전진하다 부상(정강이 관통상)을 당해 논산포로
후퇴했다고 서술했는데, 이때의 옥녀봉은 공산성 인근의 옥녀봉(성)이 아니라
이인 근처(발양리 옥고개 인근?)의 작은 봉우리(小蓋峰)[186]였을 것이라 짐작된다. 백
락완의 『남정록』에 따르면 11월 9일 전날 밤부터 인근의 산산촌촌에는 "화광
이 창천하여 수십리를 연하였"다. 북접 동학군이 백락완이 지키던 견준봉과 두
리봉 일대를 공격하기 시작한 것은 11월 9일 묘시경(오전 5~7시)부터였다.

우금티싸움 전날 일본군과 선봉진은 정탐 활동을 통해 동학군의 주 공격
방향이 우금티라는 사실을 이미 알고 있었다. 11월 8일 밤, 모리오 대위가 이끄
는 서로군을 우금티 옆의 가장 높은 봉우리에 전진배치하고, 경군이나 영병들
로 하여금 동학군이 진입을 시도할 만한 인근의 고개와 능선을 제각기 방어하
게 한 것도 이런 이유 때문이었다. 11월 8일 밤 성하영 부대는 우금티에, 통위영
대관 오창성 부대는 금학동에, 경리청 영관 구상조 부대는 능티에, 통위영 영
관(우참령관) 장용진 부대는 봉수대에, 백락완 부대는 견준봉에, 공주진 우영장

---

**186** 「균암장 임동호씨 약력」에 따르면 공주 2차 투쟁 시기 북접 동학군 본진은 "이인에서 수비
하는 관군을 격파하고 같은 산중에서 숙박하고 다음 날 밝기 전에 서쪽의 공주로 공격해서
들어가는 중 작은 봉우리(小蓋峰) 두 개를 점령하였다"고 한다. 『(신국역총서 1) 종리원사
부동학사외』, 117~118쪽. 추측건대 이인역 인근의 옥녀봉은 위의 봉우리(이인 발양리 옥고
개 인근 복귀산? 구절산?) 가운데 하나였을 것이라 짐작된다. 왜냐하면 만약 공산성 옆 옥룡
동 옥녀봉(성: 충청남도기념물 제99호) 인근에서 무력 충돌이 발생했다면 1차 투쟁 때든, 2
차 투쟁 때든, 북접 동학군이 장기대나루를 건너 옥룡동 방면까지 진출했다는 뜻이기 때문
이다. 하지만 당시 상황으로 미루어볼 때 그럴 가능성은 거의 없다. 복귀산 옥고개를 지나면
오곡동을 지나 우금티와 주미산·견준산, 승방길을 따라 새재, 두리봉 등지로 향할 수 있다.

이기동 부대는 두리봉(周峰)에, 일본군 모리오 대위가 이끄는 서로군은 동남봉산(주미산?) 위에 주둔하며 동학군의 공세에 대비했다.[187] 일본군과 관군의 배치 상황을 살필 때 주목되는 점은, 일부 경군과 영병이 효포 방면의 능치와 봉수대를 지키기는 했으나 1차 투쟁 때와는 달리 '공주 북문' 방면, 특히 장기대나루를 방어하는 부대는 없었다는 사실이다. 이는 2차 투쟁을 즈음한 시기에는 금강 북안 지역이 이미 일본군과 관군의 통제 아래 있었기 때문이다.

11월 8일 밤부터 북접 동학군은 동쪽으로는 판치 뒷산, 서쪽으로는 봉황산 인근의 산기슭까지 3, 40리에 걸쳐 진세를 펼쳐놓았다. 북접 동학군은 9일 묘시경부터, 그리고 남접 동학군은 사시(9~11시)경부터 우금티, 견준봉, 두리봉 인근의 새재, 하고개 등 공주부로 진입하는 고개를 중심으로 파상공세를 펼쳤으나, 가장 치열한 공방전이 벌어진 곳은 남접 동학군이 투쟁을 이끈 우금티마루였다. 당시 전봉준이 이끄는 주력군은 경천 방면에서 향포와 오실을 거쳐 우금티를 직접 공략했고, 북접 동학군은 성동격서의 차원에서 이인을 거쳐 주로 공주부 서쪽 방면의 견준봉과 두리봉 주변의 고갯길(새재, 하고개)을 공격한 것으로 보인다. 『공산초비기』의 「우금지사」는 당시의 상황을 다음과 같이 묘사하였다.

적병이 삼면을 빙 둘러 에워쌌다. (A) 처음과 끝이 30리쯤 되어 마치 상산(常山)의 뱀과 같아 공격하면 당연히 효포와 능치 등지에서 준동하여 곧장 침입하려는 형세가 되었다. 하지만 그들의 의도는 늘 우금티에 있었다. 우금티에 엄한 방비가 있음을 알고 또 돌아서 주봉을 향하였다. (…) (B) 적병이 고개를 넘으려고 하자 또 산허리에 올라 일제히 발사하였는데 4~50 차례를 이와 같이 하였다. 시체가 쌓여 산에 가득하였다(積屍滿山). (C) 관군이 일본 병사 사이에 줄지어 서서 탄환을 발사

---

187  『갑오군정실기 5』, 『신국역총서 7』, 101쪽.

했는데 오차가 없었다. 일본 병사 역시 그 재능을 칭찬하였다.

적병이 또 물러나면서 마주보던 조금 먼 언덕 위를 근거로 삼아 산허리에서 날아오는 탄환을 피하였다. (D) 관군 수십 명이 마침내 산에서 내려와서 작은 언덕으로 엄폐물을 삼고 잠복하면서 총포를 발사하여 고개를 마주 대하고 있는 적병을 향하여 하나씩 명중시켰다. 적병은 나아가 공격하려 하였지만, 산허리에서 발사되는 탄환이 두려워 마침내 성채(능선에 구축한 보루—인용자)를 버리고 달아났다. (E) 관군이 큰 소리를 지르며 추격하여 대포와 군기, 깃발 60개를 수거하였다.

모리오 대위가 경리청 군사 50인과 함께 십수 리를 추격하였지만 적병은 이미 멀리 달아났다. 이 전투에서 관군과 토병 측 사망자가 각기 한 명씩 발생하였다. (F) 우금치 한쪽의 적병이 비록 퇴각하였지만 동남쪽 여러 봉우리에 결진(結陣)하고 있는 적병이 아직도 우뚝이 움직이지 않았다. 오직 탄환이 이르지 않는 곳에서 관군과 총포를 쏘며 서로 대치하였고, (G) 적병이 또 글을 내걸고 조롱하였다(掛書嘲罵).

(H) 11월 11일 능치에 주둔하고 방어하는 군사가 호의(號衣, 더그레)를 벗고 두건으로 머리를 싸고 오르자 적병이 동료라고 여기고 의심하지 않았다. 면전 앞까지 이르러 쏜살 같은 소리 하나에 비가 오듯이 탄환이 발사되니 적병이 마침내 놀라 흩어졌다. 또 대포와 납탄환 수천 개를 빼앗았다. (I) 각 봉우리에 터를 잡고 있던 적병 역시 차츰 흩어져 달아났다. 마침내 방어를 풀고 군사를 쉬게 하였다. 단, 토병(土兵)으로 하여금 망을 보도록 하였다. (J) 이두황이 홍주에서 구원병으로 왔다가 적병이 이미 퇴각하였다는 소식을 듣고 이인에 머물러 의각(犄角)의 형세를 취하였다.

(A)부터 (E)까지는 치열했던 전투 상황에 대한 상세한 묘사이다. 우금티싸움은 일종의 공성전이었으므로 효포싸움과 달리 여러 차례 공방전이 벌어진

것으로 보인다. 하지만 (A)와 (F)와 (G)를 보면 여러 봉우리에 결진한 뒤 사정거리 밖에서만 싸웠을 뿐 아니라 총싸움 못지않게 말싸움과 명분싸움도 중시했음을 알 수 있다. 당시 동학군은 대열의 선두에 서서 싸움을 이끄는 무장대(결사대)와 후위, 특히 산 위에서 산호(山呼)·거화(擧火)·게방(揭榜) 투쟁을 전개하는 시위대로 이분화되어 있었으며, 각 방면의 동학군을 총괄 지휘하는 단일 지휘부는 존재하지 않았다. 다른 한편, (J)는 연산에서 접근하던 중로군과 우선봉진이 이인과 노성 남북 방면에서 기각지세를 형성하여 그곳에 둔취해 있던 동학군을 일망타진하려 했음을 시사한다. 당시 우선봉진은 내포와 유구 지역의 동학군을 진압한 뒤 14일 정산 건지동에서 금강의 반탄나루[188]를 건너 이인과 노성 방면으로 직향하였고, 중로군은 14일 연산싸움 이후 곧바로 노성 방면으로 진출하여 동학군을 포위공격하고자 했다. 11월 9일 우금티싸움 직후 남북접 동학군 본대가 서로 연락을 주고받으며 곧바로 논산 방면으로 퇴각한 것은 일본군과 우선봉진의 포위 작전을 간파했기 때문이었다. 공주 동남쪽(계룡산 방면) 야산과 능선(보루) 위에서 무장시위를 벌이던 북접계 동학군도 11일경에는 모두 자신의 근거지로 향하거나 논산 방면으로 퇴각했다.

『공산초비기』보다 내용은 소략하나 일본군의 「전투상보」에도 관군 측의 자료에서는 볼 수 없는 내용이 풍부하다. 먼저 우금티싸움 전야의 상황보고를 정리하면 아래와 같다.

　(A) 11월 8일 오후 4시, 판치의 경계를 맡고 있던 경리영병으로부터 오후 3시경

---

**188** 兩湖右先鋒日記〉右先鋒日記 二〉甲午十一月. "未時쯤 선봉진의 지시에 따라 이인을 향하여 길을 떠나 반탄(班灘)을 건너서 20리를 간 뒤 저물녘에야 이인에 당도하였다." 半灘(반여울)나루는 공주시 대학리와 청양(정산)군 목동면 안심리(건지동)를 연결하는 나루이다. 이인과 정산 사람들이 장날 이 나루를 자주 이용했다고 한다. 『공주지명지』 참조.

적의 공격을 받고 공주로 퇴각했다는 보고를 받았다. 당시 공주에는 일본군 제2중대(1개 소대와 2개 분대가 다른 곳에서 활동하고 있었음)와 한병(韓兵) 810명이 주둔하고 있었다.

(B) 11월 8일 적의 활동이 시작되자 제2중대를 우금치산으로 파견하고, 오후 5시 20분 스즈키 특무조장으로 하여금 그의 소대와 이인에서 퇴각해 온 한국군을 이끌고 우금치산과 이인가도를 수비하게 하였다. 대위 모리오(森尾雅一)는 제3소대(2분대 빠짐)를 데리고 향봉(香峰: 향포?) 부근을 지켰다.

(C) 통위영병 250명을 월성산, 경리청병 280명을 향봉 부근으로 보내 서로 연락하며 적을 방지하게 했다. 이와 동시에 이인에 있던 경리청병 280명을 우금치산으로 퇴각시켰다.

(D) 11월 8일 밤 "향봉산 위로부터 약 1,400m 떨어진 산 위 일대에 적도가 모여 있었다(약 2만 명). "불을 환하게 지피고 동남쪽을 포위하면서 계속 총과 포를 쏘아댔다. 그 기세가 매우 거세었지만 전진하려고 하는 기색이 없었으므로, 다음 날 아침까지 서로 대치하였다."

11월 8일 오후부터 동학군의 공세가 심상치 않자, 일본군 지휘부는 서로군 1개 중대 병력과[189] 경군 및 영병 810명을 이끌고 수성전을 준비했다. (A)는 전체 수비 병력의 규모, (B)와 (C)는 일본군과 관군의 배치 상황, (D)는 11월 8일 밤, 향봉(산) 인근 동학군의 동향을 잘 보여준다. 당시 일본군과 관군이 우금티 이외에 1차 투쟁의 격전지였던 판치(무너미고개), 월성산(능티), 향봉산(향포 인근 야

---

**189** 당시 일본군(후비보병 대대) 1개 중대의 정원은 221명이었다. 그러나 일부 병력이 다른 지역에 파견되어 임무를 수행하고 있었으므로 우금티싸움에 직접 참여한 일본군은 아무리 많게 잡더라도 2백 명을 넘지 않았을 것으로 추정된다.

산) 등 호남대로상의 요충도 수비하고 있었다는 사실, 그리고 우금티싸움 전날부터 동학군의 주력(2만여 명 규모)이 향봉 인근에 둔취하고 있었다는 사실, 특히 밑줄친 대목은 본격적인 공세를 시작하기 전날 밤부터 동학군이 공주 분지를 둘러싸고 산상거화 투쟁을 벌이고 있었음을 보여주는 증거이다. 위의 「전투상보」는 11월 9일의 전투 상황을 아래와 같이 보고하였다.

(A) 11월 9일 오전 10시 이인 가도와 우금티산 사이로 대략 1만여 명의 동학군이 돌격해 왔고, 이와 동시에 삼화산(三花山, 시화산의 오기)의 적(1만여 명)도 [향포를 거쳐] 오실 뒷산을 향해 전진해 왔다. "우금치산은 공주의 요지로서 이곳을 잃으면 다시 공주를 지킬 방도가 없다." 오전 10시 40분 우금치산에 이르러 적의 정세를 정찰하니, 적이 우금치산 전방 약 500m 떨어진 산 위로 전진해 왔다. 이때 스즈키(鈴木) 특무조장은 일본군과 경리청병을 견준산과 우금치산(주미산) 산허리, 이인 가도 오른쪽(전방 도로를 막을 수 있는 곳), 봉황산(전면과 오른쪽 방어를 맡음) 등에 파견하여 수비하게 했다.

(B) "제3소대를 전방 산 위 약 800m 되는 곳에 군집한 적을 대적케 했으며, 경리영병은 가장 가까이에 있는 적을 향해 사격토록 하였다. 그러나 적은 교묘하게 지형지물을 이용, 약 200여 명이 우금치산 꼭대기에서 약 150m 되는 산허리로 진격해 왔다. 그 선두의 5~6명은 몇 미터 앞 사각(死角)지점에 육박했고 전방의 산 위에 있던 적은 더욱 더 전진해 왔다. 수 시간 동안 격전했는데 우리 군대가 가장 격렬하게 싸웠다." 오후 1시 20분 우금치산의 우리 군대를 그 전방 산허리로 전진시키고 경리영병에게 신속한 사격을 지시했다. 적이 동요하는 것을 보고, 1시 40분경 1개 소대와 1개 분대로 적진에 돌입케 하였다.

(C) 적이 퇴각하자 경리영병에게 추격을 맡기고 중대는 이인 가도로 나가 적의 퇴로를 압박하려 했으나 이인까지 추격했다가 더 이상 전진하지 않고 산허리

에 불을 지른뒤 은밀히 퇴각했다. 동남쪽의 적도[190]가 퇴각하지 않아, 한병에게 우금치산·오실 뒷산·향봉·월성산 등의 경계를 맡기고 다른 대원은 오후 8시경 공주로 철수하였다.

(A)는 우금티싸움 당일인 11월 9일 동학군의 동향과 일본군의 대응 상황, (B)는 오전 10시경부터 오후 1시 40분경까지 우금티마루에서 진행된 공방전 상황, (C)는 동학군이 퇴각을 시작한 때부터 일본군이 전투를 마치고 공주 부내로 철수하는 저녁 8시 무렵까지의 상황을 잘 보여준다. 위의 보고에 따르면, 우금티싸움은 두 집단의 동학군, 즉 이인 가도를 따라 우금티 방향으로 곧바로 진군한 동학군(1만 명)과, 호남대로 인근의 시화산에서 향포(향봉)를 거쳐 오실 방면으로 진출한 동학군(1만 명)에 의해 수행된 것으로 보인다. 여러 가지 회고 자료에 따르면, 이인 방면에서 북상한 동학군은 손병희와 이용구가 이끌던 북접계 동학군이었고, 시화산 방향에서 오실 쪽으로 접근한 동학군은 전봉준이 이끄는 호남 동학군이었던 것으로 추정된다. 위의 인용에서 주목되는 것은 200여 명의 동학군이 지형지물을 이용하며 우금티 전방 150미터 지점까지, 그리고 선두에 선 동학군 5~6명이 일본군 코앞의 '사각지대'까지 접근했다는 대목이다. 이는 우금티싸움에 참여한 모든 동학군이 인해전술 운운하는 주장처럼, 일거에 우금티 방면으로 돌격한 것이 아님을 말해준다. 달리 말하면 일부의 동학

---

190 공주 동쪽 방면(청주, 연기, 회덕, 유성 등지)에서 모여든 북접(호서) 동학군의 일부로 보인다. 이들은 논산 방면으로 퇴각한 동학군과는 달리, 11월 11일경까지 계룡산 인근 지역에서 활동하다가 왔던 길을 되짚어 계룡산(보치, 구치)을 넘어 감성, 유성, 박운리(회덕) 방면으로 흩어진 것으로 보인다. 후술할 「東徒 配置圖」(『先鋒陣情報牒』) 참조. 10월 3일에 벌어진 대전평 참사를 주도한 姜采西(회덕집강 강건회), 崔明基(연기집강), 李一善은 薄雲里 출신의 유력한 접주들이다. 『신국역총서 12』, 132쪽.

군(결사대=돌격대)만이 탄착점(死線) 근처까지 접근했지, 나머지는 뒤쪽에서 총포를 쏘며 기세를 돋구었을 뿐이었다.

위의 보고에 따르면, 동학군이 우금티를 공략하기 시작한 시점은 오전 10시경, 그리고 퇴각을 시작한 시점은 오후 1~2시경이었다. 하지만 우금티 외의 전선, 특히 무장시위대가 장악하고 있던 공주 분지의 여러 고개와 능선에서는 비교적 늦은 오후까지 산발적으로 싸움이 진행된 것으로 보인다. 가령 주력군이 모두 퇴각했음에도 공주 동남쪽 능선의 동학군이 보루에 남아 있었다는 대목은 우금티 외의 여러 지역에서 무장시위가 벌어지고 있었음을 반증한다. 우금티싸움 직후 선봉진이 곧바로 오실 뒷산, 향봉, 월성산 등지에 병력을 배치한 것도 그런 이유 때문이었다. (C)에서 확인할 수 있듯이 일본군과 관군은 적극적으로 동학군을 추격하지 않았는데, 그 이유는 앞서 강조했듯이 남북접 동학군을 노성 인근에서 포위 섬멸하기 위해서였다.

『남정록』은 일본군의 「전투상보」나 『선봉진일기』 등과는 다른 우금티싸움의 또 다른 측면을 보여준다. 초전부터 동학군의 후진이 곧바로 무너지기 시작했다는[191] 대목, 그리고 11월 9일 바로 다음 날 충청감영 측이 개선하는 일본군을 위해 취타육각을 앞세우고 일종의 승전 퍼레이드를 벌였다는[192] 대목 등이 그것이다. 11월 16일 순무영에서 고종에게 아뢴 바에 따르면, 11월 9일 "날이 저물어 병사들을 철수시켰는데, 비도들은 사방으로 흩어져 짐승이 도주하듯 하

---

191 "승부지기(勝負之氣)가 잠시간에 있는지라. 우롱이 대호왈 피도(彼徒)의 후진(後陣)이 먼저 움직이니 반드시 달아날 뜻이라, 이 기회를 잃지 말고 더욱 분격하라 (…)." 『남정록』.

192 "익일(翌日)에 순상이 승전함을 치하하여 취타육각을 갖추어, 길을 인도하여 회군할 때 공주부 상하민인 등이 이마에 손을 얹고 칭하하며 기꺼워하는 소리가 비할 데가 없더라." 『남정록』.

였(匪徒則四散獸竄)"다고 한다.[193] 하지만 우금티 방면을 공격한 동학군과는 달리 공주의 동쪽 능선, 즉 능치, 판치 인근 등지에서 '상산(常山)의 뱀'처럼 30리에 걸쳐 장사진(長蛇陣)을 치고 있던 동학군(주로 회덕, 유성 지역 동학군)은 11월 11일경까지 퇴각하지 않고 자리를 지키고 있었던 것으로 보인다. 관군들이 '군복을 벗고 비류로 꾸며' 큰 전과를 거두었다는 무훈담이 만들어진 것도 이 무렵이었다. 홍운섭의 11월 12일자 보고에 따르면 "적의 무리 수천 명이 요새지에서 버티고 주둔하여 견고히 지키면서 나오지 않고 있어 격파할 계책이 없었"는데, 교장 이봉춘이 점심 무렵 각별히 정예병사 10명을 거느리고 군복을 다 벗고는 비류로 꾸며서 천천히 앞으로 나아가 가까운 데 이르러 일제히 총을 쏘아 4~5명을 사살하자 동학군이 무기를 버리고 사방으로 흩어져 '계룡산' 등지로 도망쳤다고 한다.[194] 추측건대, 이들은 왔던 길을 되짚어 구치·보치를 넘어 감성·박운·유성 방면으로 퇴각한 것으로 보인다(후술 참조). 11월 12일자 보고에 따르면, 12일경에는 공주와 그 인근 각처에 보루를 쌓고 진을 치고 있던 모든 동학군의 '형적(形跡)이 사라졌다'고 한다.

앞서 강조했듯이 공주 1차 투쟁에 직·간접적으로 참여한 동학군의 숫자는 10만여 명, 그리고 2차 투쟁에 참여한 남북접 동학군은 대략 2만 명 정도였던 것으로 추산된다. 그러면 이 가운데 희생자는 어느 정도였을까? 일종의 무훈담인 『공산초비기』 탓에 우금티싸움 하면 흔히 '적시만산', '시산혈해', 또는 '혈해성천, 시체적산'이라는 말을 먼저 떠올린다. 예를 들면 구례 유생인 황현은 사건 직후 당시의 전문(傳聞)에 의거하여, 공주에서의 세 차례 패배로 말미암아 수

---

**193** 『갑오군정실기 5』, 『신국역총서 7』, 111쪽. 위 인용에 보이는 '匪徒'는 동학군, 즉 내전이나 혁명전에 참여한 인민군(혁명군)이 아니라, 도회와 의거에 참여한 일종의 '집회 군중'이나 '무장 시위대'였다. 이런 광경은 1980년 광주민중항쟁 때도 마찬가지였다. 후술 참조

**194** 『순무선봉진등록』; 『국역총서 2』, 166쪽.

만 명의 동학군이 죽었다고[195] 기록하였으나, 이는 과장임이 분명하다. 박맹수도 "자기 휘하의 동학군이 1만여 명이었으나 두 차례 전투 후에 3천여 명, 또 두 차례 전투 이후에는 남은 자가 500명에 불과했다"는 「전봉준 공초」의 대목을 "1만 명의 동학군 가운데 5백여 명만 살아 남았다"는 뜻으로 이해한 듯하나,[196] 상당수는 대오를 이탈한 동학군이었다. 물론 효포싸움 시기의 동학군(賊徒) 측 전사자는 6명(소비 탄약 500발), 우금티싸움 때는 37명(소비 탄약 2,000발)이라 기록한 일본군 측 「전투상보」[197]는 축소된 보고일 것이다. 하지만 우금티 인근에 수백 명 규모의 '집단 매장지'가 없다는 사실 등으로 미루어 보면, 공주 점거투쟁 시기, 특히 우금티싸움 때조차도 사망자는 '소문'이나 '속설'[198]처럼 그리 많지는 않았던 것으로 보인다.

효포싸움 때와 마찬가지로 우금티싸움 때도 동학군은 최시형의 폭거중지 유시에 따라 이른바 인해전술식의 돌격전을 벌이지는 않았다. 우금티싸움 때도 동학군, 즉 "금학(金鶴: 우금티 소재)·웅치(능티)·효포의 건너 봉우리에 있는 비

---

195  "瑊準之北上也 連檄化中連兵 而化中不應 及公州三敗 死者數萬." 梧下記聞 〉 三筆 〉 梧下記聞 籤紙.

196  「동학농민전쟁과 우금티전투」, 앞의 『공주와 동학농민혁명』, 50쪽.

197  여러 「전투상보」에 보이는 동학군 사망자는 아래와 같다. 효포싸움(양력 11월 22일 보고) 我軍 전사자 없음, 부상자 1명, 賊徒 戰死者 6명, 부상자 미상; 지명장싸움(양력 11월 23일 보고) 아군 피해자 없음, 적도 전사자 7명, 부상자 미상; 홍주성싸움(양력 11월 25일 상황보고) 아군 피해자 없음, 단 홍주 민병 4명 부상, 적도 전사자 200명, 부상자 미상(양력 12월 4, 5일 보고); 연산싸움(양력 12월 10일 보고) 아군 전사자 1명, 부상자 없음, 적도 전사자 50명, 부상자 미상; 논산싸움(양력 12월 12일 보고) 아군 전사자 없음, 적도 전사자 20명. 이와 관련하여 흥미로운 사실은 "홍주성싸움이나 연산싸움에 비해 효포싸움(6명)이나 우금티싸움(37명) 시기 동학군 '전사자'의 숫자가 상대적으로 적었다"는 점을 주목한 연구성과가 지금까지 단 한 편도 없었다는 사실이다.

198  "우금치는 공주 남쪽을 지키는 관문이었으며, 동학운동 때 관군과 싸워 동학 농민군 10만 명이 전사한 역사적 장소로 잘 알려져 있다." 한국학중앙연구원—향토문화전자대전.

도들은 10리쯤 서로 바라보이는 높은 봉우리에 나열하여 진을 치고 때로는 고함을 지르며, 때로는 포를 쏘아 항상 공격할 기세를" 취했을 뿐 일본군의 주장처럼 인해전술식 돌격전을 감행하지는 않았다. 『공산초비기』「우금지사(牛金之師)」에 보이는 아래와 같은 대목은 이를 보여주는 단적인 증거이다.

> 동비의 정형은 종일토록 출몰하여 곧 공격해 올 듯하였고, 조금만 소홀하면 산에 올라 시험하고, 포를 쏘면 갑자기 몸을 피하니, 만일 적이 유혹하는 계책이 아니면 필시 많은 군사의 지원을 요하는 것이니, 우리의 단속하는 바가 교전할 때보다 배나 되었습니다.

위의 인용은 우금티싸움 때도 동학군 지도부가 '희생자를 최소화하면서도 시위 효과를 최대화하는 전술'을 구사했음을 보여준다. 효포싸움 때도 그러했으나, 우금티싸움 때도 남북접 동학군은 지휘부의 신호에 따라 진격과 후퇴를 반복하는 등 '적을 유혹하고 위협하는 계책'을 사용했을 뿐 인해전술을 사용하지는 않았다. 필자의 추론도 명확한 근거가 있는 것은 아니나, 효포와 우금티 인근에 수백 구의 시신이 묻힌 집단 매장지가 없는 것으로 보아, 동학군 사망자는 아무리 많아도 1천여 명을 넘지는 않았을 것이라 추측된다.

### 3) 김개남군의 북상과 청주성싸움

전봉준은 재판 과정에서 김개남과는 서로 뜻이 달라 '끝내 서로 상관하지 않았다'고 언급한 바 있다. 기존 연구들은 이런 발언에 주목하여 공주 점거투쟁과 11월 13일 김개남군이 주도하였다는 이른바 청주성싸움을 별개의 사건으로 이해하는 경우가 많았다. 특히 장영민은 이 사건을 대원군 밀지설과 관련이 있는 사건이라 판단했으나,[199] 이 또한 당시의 '소문'에 근거한 추론일 뿐 구체적인 증거는 별로 없다. 처형될 때 김개남이 자신들의 거사는 모두 '대원군의 은밀한 지시'에 따른 것이라며 오히려 큰소리를 쳤다고 하나,[200] 11월 13일 무렵에도 김개남이 대원군 밀지설을 믿고 따랐을 가능성은 거의 없었다고 판단된다.

기존 연구들은 전라도 김개남포(包) 5,000명이 금산 등지에서 11월 10일 신시쯤(오후 3~5시) 진잠읍에 들어왔다가 11일 오시경(오전 11시~오후 1시)에 회덕으로 향하면서 "장차 청주로 향할 것이라 말했다"는 11월 13일자 진잠현 공형의 보고,[201] 또는 "11월 13일에 전라도 김개남포 5,000여 명이 청주로 향했다가 돌아가는 길에 밤을 틈타 갑자기 쳐들어 왔"으나 관속 및 읍민이 단결하여 저항하자 "총 31자루와 말 4필을 버리고 연산 땅으로 도주하였다"는 11월 18일자 진잠현 수관리의 보고[202] 등을 근거로 청주성싸움을 김개남군이 주도한 것이라 단정하였다. 하지만 진잠 공형도 "장차 청주로 향할 것이라 하였는데, 자세한 정황을 헤아릴 수 없습니다"라고 말끝을 흐렸듯이, 김개남군이 청주성싸움을 이끌었다는 설은 '추정'이나 '소문'일 뿐 구체적인 증거는 거의 없다. 청주성싸움과

---

199 장영민은 선행 연구에서 장두재의 꼬임 때문에 김개남이 청주성 공격을 시도했다거나, 그 과정에서 장두재가 사망했다는 사실(『동학의 정치사회운동』, 419쪽) 등을 강조하였다.

200 梧下記聞 三筆〉'賊金介南伏誅'. 황현도 대원군 밀지설 자체를 동학군이 만들어낸 헛소문이라 규정했다. 한 저작은 도강 김씨 후손들 사이에서 전해 내려왔다는 '傳聞' 등을 토대로 개남장 김개남의 생애사를 재구성했는데, 그 핵심은 전봉준(1855년생)을 입도시킨 것은 김개남(1853년생)이라는 것, 김개남이 반대했음에도 전봉준은 일본군 첩자(일본 낭인들이 부산에서 결성한 천우협? 후속 연구 참조)에게 속아 북상을 단행했다는 것, 하지만 전봉준이 지원을 요청하자 손화중, 최경선 등과는 달리 북상하여 끝까지 전봉준을 도왔다는 것 등이다. 김기전 지음, 『다시 쓰는 동학 농민혁명사』, 광명, 2006 참조.

201 『선봉진등록』 1894년 11월 13일; 「갑오군정실기 5」, 『신국역총서 7』, 113~114쪽.

202 11월 18일 충청감사가 순무영에 올린 보고, 「갑오군정실기 5」, 『신국역총서 7』, 121~123쪽.

관련한 가장 상세한 기록은 11월 12일 청주에 도착하여 다음 날 새벽 청주성싸움을 직접 지휘한 일본군의 「전투상보」인데,[203] 여기에도 김개남군에 대한 언급은 없다.

· 11월 12일 문의 방향에서 출발하여 오후 8시경 청주에 도착하자 병마절도사가 "동학도 수십만이 청주를 향해 오고 있다"고 말했다.
· 13일 오전 6시 신탄 방향으로부터 동학도가 이미 청주에서 10리가량 떨어진 곳까지 행진해 와 있다는 보고를 받았다.
· 오전 6시 40분쯤 "신탄 방향으로부터 1만 5~6천 명의 동학도가 청주에서 1,500~1,600m 떨어진 곳까지 행진해 왔으며, 더구나 문의 방향에서 오는 동학도 약 1만여 명이 모두 신탄 방향에서 오는 동학도와 합세해 오른쪽 방향으로 우회하고 있다"는 보고를 받았다.
· 청주성에서는 효과적인 방어도 공세 전환도 어렵다 판단하여 일단의 부대를 청주성 서남쪽 고지로 파견했다. 아침 7시 50분경 동학군이 전진하여 청주성에서 500m 떨어진 곳까지 접근하여 대응사격을 했다. "적이 대략 4~5분간 응사했지만 끝내는 병기와 탄약·소·말들을 버리고 패주하였다." 이때 오른쪽으로 우회하려던 적도 역시 신탄(공주) 방향으로 무너져 달아나고 우리 군이 이를 추격하였다.

위의 「전투상보」에서 첫 번째로 주목해야 할 점은 청주성싸움을 수행한 동학군은 두 무리, 즉 신탄진 방향에서 모여든 1만 5, 6천 명과 문의 방향에서 모여든 1만여 명이었다는 사실, 그리고 퇴각할 때도 각기 다른 방향으로 흩어졌

---

**203** 駐韓日本公使館記錄 1권〉「七. 各地東學黨征討에 관한 諸報告」〉'(5) 淸州附近 戰鬪詳報 (양력 1894년 12월 9일=음력 11월 13일)' 少尉 桑原榮次郎.

다는 사실 등이다. 이는 이 싸움에 참여한 집단이 하나가 아니었을 가능성을 시사한다. 물론 청주성싸움에 참여한 이들이 누구인지를 알 수 있는 사료는 많지 않으나 충청병사 이장회의 11월 18일자 보고는 청주성싸움이 벌어졌을 당시 남북접 동학군의 동향을 잘 보여준다. 예를 들면, "호남의 거괴 전봉준이 선봉진이 되어 공주를 침범하였으며, 김개남은 중군이 되어 청주를 침범하였고, 또 한 놈은 후군이 되어 호응"했는데, 이날 전투를 수행한 동학군은 '모두 중군 깃발을 가지고 있었다'는[204] 대목은 청주성싸움이 공주 점거투쟁과의 관련 속에서 수행되었을 뿐만 아니라 그 주체도 하나가 아니었음을 시사한다. 위 보고는 중군 깃발을 휘날린 동학군이 김개남군이라 단정했으나, 우금티싸움에서 패배한 뒤 귀향하던 북접 동학군이었을 가능성도 크다. 왜냐하면 북접 동학군은 원정 당시부터 '선봉', '중군', '후군' 등의 편제를 갖추고 있었기 때문이다. 10월 26일 중약 부근에서 있었던 싸움에서도 북접 동학군은 선봉, 중군, 좌우익군, 후군 등의 편제를 갖추고 있었다고 한다.[205]

두 번째로 주목해야 할 사실은 13일 새벽부터 '전투'가 시작되었다고는 하나 '교전' 시간이 4~5분에 불과했다는 대목이다. 이는 이 사건이 본격적인 공성전이나 교전이 아니라, 청주성 가까이 접근하여 시위를 벌이던 일단의 동학군에게 일본군과 관군이 집단발포한 일방적인 학살 사건이었음을 시사한다.[206] 동학군은 11월 13일 싸움 이전에도 여러 차례 청주성을 위협했는데,[207] 그 목적

---

**204** 「갑오군정실기 5」, 『신국역총서 7』, 127쪽.

**205** 駐韓日本公使館記錄 1권 〉「六. 東學黨征討關係에 關한 諸報告」〉 (11) 增若附近 戰鬪詳報 (양력 1894년 11월 26일=음력 10월 29일; 발신자 少尉 宮本竹五郎).

**206** 『주한일본공사관기록』; 『일지』, 196~197쪽. 당시 일본군은 짧은 교전 이후 곧바로 동학군을 추격하여 16명을 체포하였다.

**207** 신영우, 「1894년 동학농민군의 청주성 점거 시도」, 『충북사학』 13, 2002 참조. 하지만 동학군

은 9월 24일의 청주성싸움과 마찬가지로 군사적 점령을 목표로 한 공성전이라 기보다는 일종의 A/O 투쟁이었을 가능성이 더 크다. 예를 들면, 9월 24일 싸움과 관련하여 서일해가 군중을 인솔하고 청주성을 수십 겹 포위한 가운데 병사(兵使)가 성문을 굳게 닫고 원병을 기다리고 있다는 보고(「聞慶府使의 該地東學黨動態探知書」), 비류 수만 명이 성 아래를 범하여 충청병사가 친히 나아가 수십 명의 적도를 죽이자 모두 물러났다는 보고(『승정원일기』; 『일지』, 149쪽) 등은 일종의 시위투쟁(행진=퍼레이드)이지 본격적인 공성전은 아니었음을 시사한다. 9월 24일 시위에 직접 참여한 이종훈의 회고는 이를 보여주는 적절한 사례이다.

> 갑오 6,7월간에 사방 각군에서 동학군을 일일 포촉하는 고로 각포로 윤통(輪通)하여 일처(一處) 집합 동사(同死)하는 것이 당연하다 하고 8월에 기포되어 청주읍으로 행진하는 제(際)에 동문외(東門外)로 홀연 복병이 엄습하여 총화로 교전하다가 도인 수백 명이 피살되었으나 여(予)는 천우신조지덕(天佑神助之德)을 몽하야 행히 피화하고 충주 외서촌 광희원장으로 래하여 도인 4만여 인을 소집하여 수일 유진하다가 무기장으로 이둔하고 (…).[208]

위 인용은 9월 24일의 청주성싸움이 본격적인 공성전이라기보다는 전주성이나 공주성싸움과 마찬가지로 일종의 A/O 투쟁이었음을 시사한다. 10월 3일에 발생한 대전평 참사는 9월 24일에 있었던 청주 영병들의 집단발포(학살) 사건에 대한 항의이자 일종의 설분(雪憤)투쟁이었다.

더불어 주목해야 할 점은, 전주성이나 공주성 등과 달리 청주성의 경우는

---

의 청주성 공격은 대부분 소규모였을 뿐만 아니라 소문에 그친 경우가 많았다.

**208** 「이종훈약력」, 『신국역총서 1』, 256쪽.

소문만 무성했지 실제로 공성전이 벌어진 적이 없었다는 사실이다. 9월 24일에 벌어진 청주영병들의 집단발포 사건 이후 호서 동학군, 특히 서장옥이나 김개 남군이 청주성을 공격할 것이라는 소문은 끊임없이 나돌았던 것으로 보인다. 예를 들면, 『남정록』에서 "십월 초륙일이라 차셜 우룡이 공주부에 다다르니 먼 저 보낸 병정 오십 명을 청주 김개남 싸움에 구원 차로 보내었더라"라는 대목, 또는 일본군의 「전투상보」에 보이는 문의에서 활동하던 진남병(鎭南兵: 약 30명) 대장으로부터 '적의 한 부대가 연기 길을 막고 한 부대는 청주를 치려 한다'는 첩보를 보고 받았다는 대목 등은 이를 보여주는 하나의 사례이다. 「전투상보」 에는 위의 첩보에 따라 10월 26일경 다시 청주로 돌아갔다는 사실, '청주 남문 밖에 소수의 적이 있었다는 사실, 그래서 진남병이 성문을 나서 접주 이하 16 명을 붙잡았다는 사실[209] 등이 추기되어 있는데, 이는 증약싸움이 벌어질 때도 청주성 인근에서 산발적인 시위가 계속되고 있었음을 시사한다.

그렇다면, 11월 13일 김개남군 혹은 북접 동학군이 청주성 인근에서 무장시 위 활동을 전개한 것은 무슨 이유 때문일까? 물론 김개남은 재판 없이 처형되 었으므로 전봉준처럼 공초나 재판자료가 없다. 따라서 그의 활동에 대한 서술 이나 평가는 남의 말, 혹은 소문에 의지할 수밖에 없으나, 당시 유생들의 회고 자료는 대부분 전봉준과 김개남이 공통의 목표를 향해 투쟁을 벌이고 있었다 고 서술했다. 가령 「갑오약력」에서 "김개남이 10월 보름쯤 전주에 들어갔다가

---

**209** 앞의 「增若附近 戰鬪詳報」(10월 26일). 추론이기는 하나, 소수의 동학군이 남문 밖에서 얼쩡 대고 있어 추격하여 16명을 체포했다는 淸州兵使(營兵)의 보고는 과잉 대응이거나 조작 가 능성도 배제하기 어렵다. 충청병사는 9월 24일의 동학군 집단학살 사건(이른바 청주성전 투), 10월 3일의 대전평 참사 이후 동학군(특히 湖南賊 金開南軍)이 청주성을 공격할 것이 라는 '소문'만 돌아도 그야말로 놀란 토끼마냥 순무영이나 감영 쪽에 '지원 병력' 파견을 요 청했다. 이런 관점에서 보면, 청주성 공격 소문을 포함하여 소수의 동학군 운운한 대목도 사 실이라기보다는 일본군을 청주성에 붙잡아두기 위한 술책일 수도 있다고 판단된다.

(북상 시기 불명—인용자) 청주로 향하였는데 그가 북상하는 목적 가운데 분명한 하나는 공주를 공격하려는 전봉준군과 공동(연합)작전을 전개하자는 것이었다"는 기록,[210] 또는 『시문기』의 "11월 17일 전주 김개남·서일청(徐一海)·손화중 등이 수천 명을 거느리고 왔다가 청주 남석교에서 패배하여 물러갔다"는 기록 등도 부정확하기는 하나, 남북접 동학군이 우금티싸움 이후에도 끝까지 뜻을 같이했다는 증거일 수 있다.

9월 24일 청주성 점거투쟁이 벌어진 이래 11월 13일까지 청주성 인근에서는 크고 작은 무장시위가 연이어 발생했는데, 그럴 때마다 서장옥과 김개남이 주요 인물로 부각되었다. 물론 여러 증거로 미루어 볼 때 11월 13일 싸움에 김개남군이 참여했을 가능성은 매우 크다. 하지만 기존 연구들처럼 김개남이 독자적으로 기병부경을 도모하는 과정에서 벌인 공성전이라 단정하는 것은 무리임이 분명하다. 추론이기는 하나, 11월 13일의 충돌사건은 우금티싸움 이후 청주 방면으로 귀가·귀향하던 북접 동학군(중군), 또는 지명장싸움(10월 26일)이나 증약싸움(10월 29일) 등을 주도한 호중 동학군이 일본군과 관군의 전력을 분산시키기 위해, 혹은 북접 동학군의 퇴로를 안정적으로 확보하기 위해 일종의 성동격서 차원에서 벌인 무장시위였을 가능성이 더 크다. 주지하듯이, 강건회·오일상 등의 지도로 회덕·문의 일대에서 활동한 북접 동학군은 일본군 중로군이 교도중대와 진남영 병사 등을 이끌고 곧바로 연기 방면으로 진출하려 할 때 이들을 저지하기 위해 여러 방식으로 지연전을 펼쳤다.[211] 이런 사실들도 북접

---

210  『갑오약력』; 「갑오군정실기 8」, 『신국역총서 8』, 114쪽.

211  지명장싸움 이후 11월 28일경 중로군은 공주로 향하기 위해 燕岐에서 약 10리 떨어진 곳에 있는 龍浦마을까지 진출했으나, "增若 부근으로 퇴각한 東學徒가 다시 모여 文義를 습격했고, 지대는 淸州로 철수했다"는 보고를 접한 뒤 곧바로 본대를 되돌려 增若·沃川 방향으로 전진했다(「동학당 정토약기」). 일본군 중로군과 함께 10월 26일 지명강(나루)싸움에 참여

동학군, 특히 호중 동학군의 교란(지연)작전이 대단히 계획적(의도적)이었음을 시사한다.

오지영은 『동학사(초고본)』에서 북상(북벌)을 앞두고 전봉준과 김개남이 공주길, 청주길 논쟁을 벌였다고 특필했다. 대부분의 연구자는 이를 주목하여 공주 점거투쟁과 청주성싸움을 서로 결이 다른 사건이라 평가했으나, 크게 보면 두 사건은 남북접 지도부의 협의하에서 벌어진 일련의 사건들이었음이 분명하다. 추측건대, 당시 논쟁거리가 된 것은 오지영의 회고처럼 '기병부경의 루트'가 아니라 '어떤 곳이 더 호서도회, 혹은 양호(호주)대도회를 개최할 만한 적지(도회지처)인가'였을 것이다. 이런 관점에서 보면, 11월 13일의 청주성싸움은 청주성을 군사적으로 점령하기 위한 전투(교전)라기보다는 공주 점거투쟁을 성공적으로 수행하기 위한 성동격서 차원의 무장시위였을 가능성이 더 크다. 왜냐하면 당시 남북접 동학군이 연대하여 A/O 투쟁을 전개할 만한 적지(適地), 특히 양호대도회의 적지는 청주나 보은이 아니라 공주일 수밖에 없었기 때문이다.


## 4. 남북접 동학군의 호남 퇴각과 근거지 사수투쟁

### 1) 연산·논산싸움과 남북접 동학군의 호남 퇴각

일본군(서로군)과 관군(선봉진)은 우금티싸움 직후 곧바로 동학군을 추격하

---

했던 교도중대도 공주 인근의 芙江 新垈에 도착했으나, 동학군이 회덕에 기세가 크다는 소식을 듣고 길을 바꾸어 29일 다시 회덕으로 향했다. 『순무선봉진등록』, 『순무사청보첩』; 『일지』, 197쪽.

지 않고 중로군과 우선봉진이 연산과 노성 방면에 도착하기를 기다렸다. 그 이유는 동학군이 호남 방면으로 퇴각하거나 뿔뿔이 흩어지는 것을 막기 위해서였다. 후비보병 대대 본부와 중로군은 서로군과 함께 공주 부근의 동학군을 포위·초멸하기 위해 옥천·금산·진산 등지를 거쳐 11월 13일 오후 4시경 연산에 도착했다.[212] 고산현 부근에 1개 지대를 배치한 이유는 공주 점거투쟁에 참여한 동학군이 전주나 무주 방향으로 흩어지지 못하게 하기 위해서였다. 당시 중로군은 "진산과 연산의 적도를 서로군과 함께 협공하여 전주로 전진"할 계획이었다고 한다. 내포 동학군을 진압한 뒤 공주부로 향하던 우선봉진을 금강(반탄나루)을 건너 곧바로 노성으로 가게 한 것도 동일한 이유 때문이었다. 하지만 중로군과 우선봉진이 노성에 도착한 11월 14일 무렵 남북접 동학군은 이미 노성을 물러나 연산이나 논산(논호, 초포, 마구평) 방면으로 퇴각한 이후였다. 노성의 큰 마을 뒷산에 잡다한 깃발을 늘어서 꽂아놓은 것은 후퇴할 시간을 벌기 위한 일종의 허장성세였다.[213]

남북접 동학군은 11월 12일 (동도)창의소 명의로 「시경군영병(示京軍營兵)」을 발표하여 경군과 영병의 내응을 다시 한번 호소했다. 111자 분량의 짧은 글이기는 하나 그 내용은 지극히 정연하고 간곡하다. 그 내용을 빠짐없이 정리하면, 아래와 같다.

---

212 이런 사실은 미나미 소좌가 1895년 5월(양력) 조선의 총리대신, 군무협판 등이 참석한 자리에서 행한 '講話'에서도 확인된다. 위 '강화'에 보이는 "中路의 分進隊가 連山의 적을 격렬히 격파했으므로 論山과 公州의 적도 공포심을 일으켰는데, 그 까닭은 連山에서 패하면 그 배후가 절단될 우려가 있었기 때문"이었다는 발언(「동학당 정토약기」) 등이 주목된다.

213 1894년 11월 17일자 『순무선봉진등록』, 『국역총서 2』, 204~206쪽. 노성에 13일까지 남아 있었다는 '약간 명의 적'은 대오를 이탈한 인근 지역의 동학군으로 보인다.

- 두 차례의 전투(交兵)는 후회막급한 일이었다. 당초의 거의 목적은 척사와 아첨하는 무리를 멀리하기(遠佞) 위해서일 뿐이다.
- 경군의 조사(助邪)가 어찌 본심이고, 영병의 부녕(扶佞)이 어찌 자의이겠는가. 지금부터는 서로 싸워 살인·방화를 하지 말고 함께 부대의(扶大義) 상보국가(上輔國家) 하안민(下安民) 하자.
- 우리가 속이는 것이라면 하늘이 벌을 내릴 것이고, 그대(君)들이 이를 의심하면 반드시 자멸하고 말 것이다. 앞으로는 맹세코 서로 해침이 없으면 다행이겠다.
- 지난번에 쟁진(爭進)한 것은 차로(借路)를 위해서일 뿐이다.

마지막 대목의 '쟁진차로(爭進借路)' 운운한 대목은 이유상 상서에서도 확인할 수 있는 내용이다. 만약 당시 남북접 동학군이 공주 수비군을 궤멸시킨 뒤 구병입경을 시도하려 한 것이라면 위의 고시는 온통 거짓말이라 말해야 옳다. 하지만 전봉준과 이유상이 상서를 통해 누차 밝혔듯이, 위 고시의 핵심 내용은 모두가 동학군의 '진심'이었다고 판단된다. 전봉준의 「판결선고서(원본)」는 당시의 상황을 아래와 같이 요약하였다.

> [공주 1차, 2차 투쟁에서 모두 패배한 이후 전봉준은] 일본군을 더 치려 하였으나, 일본군이 공주에서 움직이지 않고 있는 데다가(雄據하여 있기에) 그 사이 피고의 포(包) 중에서 병사들이[214] 점점 도망가고 흩어져서(被告包中이 漸漸逃散하여) 수습하지 못하게 되었다. 어쩔 수 없어 한번 고향으로 돌아갔다가 다시 '군사'를 모아(募

---

214 「판결문」에 보이는 '募兵' 운운한 대목에 의거하여 번역자는 동학군을 '병사(兵士)'라 칭했으나, 누차 강조했듯이 공주 점거투쟁 시기의 동학군은 soldier나 army가 아니라 도회와 의거에 참여한 집회군중이자 시위대였다.

兵하여) 전라도에서 일본군을 막으려 하였으나 응모하는 자가 없었기 때문에 함께 모의한 3~5명과 의논하여 변복을 하고 조용히 경성으로 들어가 정탐하려고 하였다.(「동학관련판결선고서」, 『국역총서 12』, 204쪽)

우금티싸움 이후 관군의 동향은 『선봉진정보첩』에 자세하다. 11월 11일, 선봉진은 경리청 영관과 대관에게 휴식을 명하는 훈령을 하달한 뒤 사기진작 차원에서 곧바로 논공행상을 시작했다. 통위영 우참령관 장용진이 선봉진에 올린 11월 18일자 보고[215]는 퇴각 전후 시기 남북접 동학군의 동향을 가장 잘 보여주는 자료이다. 위 보고는 우금티싸움 때까지 나름대로 세력을 유지하고 있었던 세력으로 "전봉준, 김개남, 손화중(孫化中: 손병희의 오기), 이유상(李有相: 李裕尙의 오기), 강채서(姜采西: 강건회? 회덕접주), 오일상(문의접주), 최명기·박화춘(유성접주), 안성포(선봉 정경수), 상주포" 등을 손꼽았다. 여기서 주목되는 사실은 우금티싸움이 끝날 때까지도 관군 측이 손병희를 손화중으로 착각하고 있었다는 것, 남북접 동학군 지도자들 가운데 네 번째로 언급될 정도로 공주창의장 이유상의 위상이 높았다는 것, 중로군을 호중 지역에 묶어두는 데 큰 공을 세운 강건회, 오일상 등도 결국 공주로 진출하여 우금티싸움 등에 참여했다는 것, 북접 동학군의 선봉이었던 안성포(정경수포)와 상주포 동학군이 보은회집 때부터 마지막까지 점거투쟁에 참여했다는 것, 청주성싸움에 참여했던 김개남군도 곧바로 전봉준과 합류하여 함께 호남 방면으로 퇴각했다는 것 등이다. 위 보고에 첨부된 「동도배치도(東徒排置圖)」를 통해 우금티싸움 전후 시기 동학군의 동향을 정리하면 다음과 같다.

---

**215** 先鋒陣呈報牒〉親軍統衛中右參領官爲牒報事; 「친통위중우참령관이 첩보합니다」(11월 18일), 『선봉진정보첩』, 『국역총서 8』, 78~79쪽.

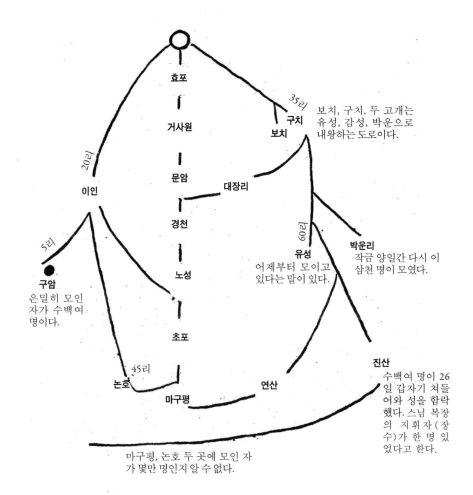

**「선봉진정보첩」의 동도배치도(東徒排置圖)**
통위영 우참령관 장용진이 선봉진에 올린 11월 18일자 보고에 첨부된 지도로, 공주 2차 투쟁 시기 남북접 동학군의 동향이 포괄적으로 표시되어 있다.

첫째, 최상단의 ○ 표시는 공주부인데, 동학군의 공주 진출로를 크게 3개로 파악했음이 주목된다. 그 가운데 (A)는 이인에서 공주부로 향하는 코스인데, 이인을 교두보 삼아 활동한 동학군은 이인과 노성, 논호(마구평), 구암(부여) 등지에서 모여든 동학군으로 추정된다. (B)는 호남대로를 따라 장기대나루로 향하는 코스인데, 1차 투쟁 때는 남북접 동학군의 주요 행진 방향이었다. 하지만 2차 투쟁 때는 (B) 코스가 아니라 주로 (A) 코스를 주공격 방향으로 설정한 것으로 보인다. (A) 및 (B) 코스와 달리 (C) 코스는 1차 투쟁 때부터 주로 북접(호서) 동학군이 애용했던 통로로, 박운,[216] 감성, 유성 방면에서 모여든 호서 동학군이 계룡산(莘沼↔구치·보치)을 거쳐 문암·대장, 또는 효포·판치·경천 등지로 진출할 때 주로 활용했다. 지금까지의 연구들은 (B) 코스에서 호남 동학군이 벌인 활동만을 주목했으나 남북접 동학군의 공주 진출 경로나 시위(점거) 구역은 생각보다 훨씬 더 다양하고 넓었다.

둘째, 위 지도를 관련 사료들과 연결해보면, 우금티싸움 무렵 각 방면에서 활동한 남북접 동학군의 규모나 활동상을 어느 정도 파악할 수 있다. 위 지도에서 논호·초포(마구평) 지역에 모인 '몇만 명인지 알 수 없는(不知其萬名)' 무리는 우금티싸움을 수행한 뒤 논산 방면으로 퇴각한 동학군인데, 이들 가운데 손병희가 이끈 북접 동학군도 포함되어 있었던 것으로 보인다. 북접 동학군은 왔던 길을 되짚어 연산, 회덕, 문의 등을 거쳐 자신들의 근거지인 영동·옥천, 청주·

---

216 공주와 회덕 사이에 입지한 박운리(泊雲里, 溥雲里)는 강채서(=강건회)와 최명기 등을 배출한 유명한 동학촌이었으나(『신국역총서 12』, 132, 136쪽), 1894년 사건 이후 마을 이름이 백운리(白雲里)로 바뀌었다. 1914년 군면 폐합 이후 회덕군 백운리는 다시 대전군 탄동면 백운리로 변경된 것으로 보인다. 1907년 공주군 일진회장 김공빈 씨가 의병을 칭하여(관군이?) 백운리에 불을 놓아 다수 가옥이 불타자 民人 등이 김씨의 가옥을 수탐하여 약탈한 물품이 많았다고 한다. 「藉義行賊」, 『황성신문』 1907. 10. 1. 현재는 박운리고개(바구니고개)라는 이름만 남았다.

보은, 괴산·충주 등지로 퇴각하고자 했으나, 호중 지역에서 활동하던 중로군이 11월 13일 진잠을 거쳐 연산 방면으로 진출하여 퇴로를 차단하자 고향을 등진 채 호남 동학군을 따라 낯선 동네를 떠돌 수밖에 없었다. 하지만 (C) 코스로 진출한 북접 동학군은 큰 방해 없이 왔던 길을 되짚어 호서와 호중 방면으로 퇴각한 것으로 보인다.

셋째, 10월 26일 수만 명의 동학군이 진산으로 갑자기 쳐들어와 성을 함락(卒入陷城)했는데, 그 가운데 스님 복장의 장수(僧將)가 한 명 있었다는 부기(附記)가 주목된다. 조경달은 『이단의 민중반란』에서 부산총영사(室田義文)의 보고[217]에 근거하여 서장옥(徐璋玉?)이 서울 교동에서 김개남, 그리고 전봉준·최경선 등과 연락하며 운동을 총괄 지휘하였다는 주장을 제기한 바 있는데(309~310쪽), 위지도에 보이는 스님 복장의 장수가 서장옥이었다면, 김개남이 서장옥·장두재와 연대하여 밀지 계획(기병부경)을 실천하고자 했다는 장영민의 주장도 그 나름대로 가능성이 있다고 봐야 한다. 하지만 앞서도 누차 강조했듯이 이때는 이미 쿠테타 계획 자체가 파탄상태였고, 대부분의 동학군 지도자가 이를 알고 있었다. 게다가 10월 26일 진산읍을 점거한 동학군 주력은 여러 정황증거로 미루어 볼 때 김개남이 이끌던 호남 동학군이라기보다는 평소 승려 복장을 하고 다녔다는 서장옥과 장두재가 이끌던 호중 동학군이었을 가능성이 더 크다.

우금티싸움 직후 북접 동학군의 동향을 잘 보여주는 사건은 11월 14일에 벌어진 연산싸움이다. 일본군의 「전투상보」에 따르면 11월 13일 연산에 도착한 중로군이 14일 새벽부터 서둘러 노성 방면으로 진출하려 할 때 '호남 비류'

---

217  駐韓日本公使館記錄 2권 〉 二. 京城·釜山·仁川·元山機密來信 〉(23) [東學黨 首領에 관한 보고](1894년 10월 30일=음력 10월 2일: 在釜山 總領事 室田義文→在京城 日本特命全權公使 伯爵 井上馨); [東學黨 首領에 관한 보고](機密第31號).

이삼천 명이 총을 쏘며 읍내로 진입하면서 교전을 벌였다는 것이다.[218] 하지만 연산싸움을 주도한 동학군은 호남 동학군이 아니라 북접 동학군일 가능성이 더 크다. 가령 「균암장 임동호씨 약력」의, 연산 읍내에서 화공(火攻)을 벌여 관군을 진멸한 뒤 논산으로 돌아와 전봉준군과 합진했다는[219] 대목은 이를 보여주는 유력한 증거이다.

연산싸움은 14일 점심 무렵에 벌어졌는데, 이때 동학군이 읍내 사람들에게 피신하라 말한 뒤 마을에 불을 지르고, 산 위에서 의도적으로 산호(山呼) 투쟁을 벌인 것은 일본군의 공격을 도발하여 노성 진출을 지연시키기 위해서였다. 「전투상보」에서 주목되는 대목은 오전 11시 5분 모든 부대의 점호를 끝내고 군수물자를 출발시킬 때, 서북쪽 고지에서 적도 5~6명을 발견한 뒤 행군을 멈추고 연산현으로 퇴각하였다는 것, 이때 사방의 산꼭대기에 수많은 적도가 나타나 불을 질렀는데, 이것은 '허세를 부리기 위해 마을 사람들이 벌인 짓' 같았다는 것, 즉 "감히 전진하지도 않고, 사격과 산개하는 모습도 무질서하였다"는 것 등이다. 이런 사실들은 연산싸움이 노성 방면으로 진군하려던 중로군을 지연시키거나, 아니면 북접 동학군의 퇴로를 확보하기 위한 작전이었음을 시사한다. 「동학당 정토약기」에 따르면, 미나미 대대장의 지휘하에 중로군은 11월 14일 아침 노성으로 출발하기에 앞서 "은진 방면으로부터 적도(賊徒)의 배후로 나

---

**218** 「갑오군정실기 6」, 『신국역총서 7』, 163쪽. 당시 연산현감은 동학군과 '내통(內通)'하여 일본군의 인부 모집을 의도적으로 방해하여 출발시간을 지연시켰고, 동학군은 읍내와 인근 야산에 불을 질러 중로군의 진군을 방해했다. 일본군 측 자료에 따르면 당시 연산현감 李秉濟는 동학군과 내통한 아들 때문에 곤욕을 치렀다고 한다. 南小四郎 第十九大隊長이 十二月 二十八日字로 井上 公使 前으로 보낸 '東徒內通嫌疑地方官 名單列記 及 處分要請', 앞의 「동학당정토약기」.

**219** 『신국역총서 1』, 117~118쪽. 연산현감의 첩정에 따르면, 동학군의 火攻으로 70여 호가 불탔다고 한다.

아갈 목적으로 1개 지대를 파견"했으나, "도중에서 수천 명의 동학도에게 포위되어 전진할 수 없었다." 더불어 주목되는 것은 동학군 가운데 '렉싱톤·스나이더 소총을 소지한 검은색 옷을 입은 자'들에 관한 언급이다. 위 보고는 이들이 "혹시 청국 패잔병이 아닌지 모르겠다"고 추측하였으나, 이는 일본군의 정략적 발언이거나 민중의 기대나 희망을 담은 소문일 뿐이었다. 후술하겠으나, 검은 옷을 입은 동학군은 평상복인 흰옷을 입은 무장시위대(接主 引率: 後陣)를 선도·보호하거나, 일본군이나 관군의 기습공격을 방어하는 임무를 수행하던 일종의 결사대였던 것으로 보인다. 이종면은 앞의 연구에서 자신의 할아버지인 이종만이 이끌던 별동대가 연산싸움을 이끌었다고 주장한 바 있는데,「전투상보」의 '검은 복장', '렉싱톤 소총' 운운한 대목으로 미루어 볼 때 사실일 가능성도 있다고 판단된다. 앞의「동학당 정토약기」는 당시 상황을 아래와 같이 묘사한 바 있다.

(A) 이때부터 노성을 향해 출발하기로 하고 출발 명령을 내렸는데 이때는 이미 정오였다. 그래서 즉시 병사들에게 선 채로 밥을 먹게 하고 바야흐로 출발하려는 찰나, (B) 적병이 전면에 있는 산성 위에 나타났다. 그 수가 실로 수천이었다. 곧 전위(前衛) 대열을 바꾸어 이에 대적했다. 이 적은 깃발을 아주 좋아하는지 수백 개의 깃발을 나부끼고 있었다. 그리고 앞서 말한 바와 같이 (C) 이때의 적은 '검은 옷'을 입었으며 그 지휘하는 것이나 전개하는 것이 매우 볼 만하였다. 또다시 수천 명의 적병이 나타나 순식간에 성벽 전면에 있는 산 위로 올라가고 또 그 후면에도 많은 적병이 나타나서, (D) 주위의 모든 작은 언덕은 순식간에 '흰옷'을 입은 적도로 빼곡했다.

위의 인용에서 주목되는 사실은, 밥도 선 채로 먹는 등 급하게 노성 방면으로 진출하려 할 때, 갑자기 동학군이 앞길을 가로막았다는 것(A), 동학군은 공격을 시도하지 않은 채, 산 위에 깃발을 늘어 놓고 위협만 했다는 것(B),[220] 검은색 복장을 한 일단의 동학군(20여 명)이 앞장서서 규율있게 싸움을 주도했다는 것(C), 흰옷을 입은 대다수의 동학군은 산 위나 능선에 올라 무장시위를 벌였다는 것(D) 등이다. 「동학당 정토약기」는 이 외에도 몇 가지 중요한 사실을 더 언급하고 있다. 한 무리의 동학군이 은진 방면으로, 다른 무리는 연기 방면으로 도주하였다는 것, 전봉준이 발급한 "너를 부선봉으로 삼는다"는 글귀가 적힌 사령장을 소지한 '동비 부장(東匪副將)'을 생포했다는 것,[221] 싸움에 참여한 동학군의 숫자가 3만여 명 정도였다는 것 등이다. 위 자료에 따르면, 11월 14일 연산 싸움을 수행한 동학군은 최소한 2개 이상의 집단이었던 것으로 보인다. 추측건대 연기 방면으로 퇴각한 동학군은 우금티싸움 이후 귀향하기 위해 연산 방면으로 몰려든 북접 동학군, 혹은 연산 인근 지역에서 활동했던 본바닥 동학군이었을 것으로 추정된다. 「균암장 임동호씨 약력」에서 확인할 수 있듯이, 손병희가 이끄는 북접 동학군 본대는 연산싸움 이후 일본군과 관군들에 의해 퇴로가 차단되자 호남 동학군을 따라 곧바로 호남(전주) 방면으로 퇴각했다.

연산싸움 다음 날 치러진 소토산과 황화대싸움도 일본군과 관군의 호남 진출을 지연시키기 위한 일종의 지연전이었다. 일본군과 관군 측 자료를 종합

---

**220** 연산싸움 때도 대부분의 동학군은 산 위에서 힘차게 깃발을 흔들며 총포를 쏘고 함성을 지르는 등 기세를 올렸고, 일부 포군들은 기세를 돋우기 위해 모두가 지켜보는 가운데 용감무쌍하게 일본군과 교전을 벌였을 것이라 추측된다.

**221** 일본군 측은 위의 사령장을 전봉준이 발행한 것이라 추정하였으나, 이보다는 오히려 통령 손병희가 발행한 사령장일 가능성이 더 크다. 「전투상보」는 이 사실을 "적의 전사자 중 이상한 복장을 한 자가 있어서 심문해보니, 執綱 金順甲을 副先鋒으로 한다"는 사령장이 있었다고 기록했는데, 청주성싸움을 설명할 때도 강조했듯이 '(부)선봉'이라는 직책은 북접군의 편제(선봉, 중군, 후군)였다.

하면, '대촌 후원의 봉우리(소토산)'에 많은 깃발을 꽂고 위세를 과시했던 동학군 3천여 명[222]은 15일 2시경 그곳까지 추격해온 일본군과 관군의 공격을 받고 오후 3시 30분경 곧바로 은진 황화대로 후퇴하였고, 거기서 또다시 공격을 받자 곧바로(오후 4시 10분경) 호남대로를 따라 전주 방면으로 퇴각한 것으로 보인다. 이두황의 11월 17일자 보고에도 소토산 및 황화대싸움에 대한 묘사가 자세한데, '남은 적 천여 명'이 우수수 흩어져 마치 새벽하늘의 성근 별, 가을바람의 낙엽과 같았다는 등 일종의 무훈담이다.[223] 11월 18일자 선봉진의 보고[224]에 의하면, 노성과 논산 등지에서 학살한 동학군은 300여 명 정도였다. 노성·논산싸움을 수행한 뒤 선봉진은 자신들의 집단학살 행위를 '효력분의(效力奮義)'한 행위라 자찬하며 정부에 각영 장졸들에 대한 포상을 품신하였다.

　연산·논산싸움 이후 전봉준과 김개남이 이끌던 호남 원정대는 물론이고 북접교단 휘하의 원정대도 모두 삼례와 전주(11월 19일)를 거쳐 호남 방면으로 퇴각했는데, 당시 전봉준 휘하의 동학군은 1천여 명, 김개남 휘하의 동학군은 5백여 명에 불과했다.[225] 「균암장 임동호씨 약력」의, '죽산 윤씨'의 계략에 빠져 강경강에서 몰살 지경에 이르렀으나 호남 동학군의 도움으로 간신히 죽음을 면했다거나, 여산으로 퇴각하여 전봉준이 모은 곡식 '9천석'으로 군사를 먹이고 익산으로 들어가 2일을 머물렀다거나, 먹다 남은 곡식을 각각 휴대하고 전주성 안에 들어가 3일간을 머물렀다는 등의 회고는 공주 점거투쟁 시기 남북

---

222　당시 관군 측은 소토산에 모인 동학군의 숫자를 1만여 명 정도로 파악하였으나(『순무사정보첩』; 『일지』, 218쪽), 이는 전공을 부풀리기 위한 과장임이 분명하다. 「전투상보」에 의하면 전투 과정에서 일본군이 소비한 탄약은 453발에 불과했다.

223　『순무선봉진등록』, 11월 17일, 『국역총서 2』, 207~209쪽.

224　『순무선봉진등록』, 11월 18일, 『국역총서 2』, 210~211쪽.

225　『東學亂記錄(상·하)』; 배항섭, 「제2차 농민전쟁(반일투쟁의 전개)」, 480쪽 재인용.

접 동학군이 서로 섞이지 않고 독자적으로 활동했다는 사실, 더 나아가 지휘체계는 달랐어도 서로 끈끈한 연대의식(형제애, 동지애)을 가지고 있었다는 사실 등을 시사한다.

## 2) 호남 근거지 사수를 위한 원평·태인싸움

우금티싸움 이후 일본군과 관군은 곧바로 호남 동학군을 추격하지 않고, 먼저 호서 지역에 남아 있던 동학군을 제압하는 활동을 전개하였다. 「동학당 정토책」에 실린 일본군 각 부대의 '숙박표'에 따르면, 공주를 수비하다 화헌(11월 18일)을 거쳐 은진(19일)에 도착한 서로군과 연산(14일)을 거쳐 노성(15일)까지 진출했다가 다시 남하하여 은진(19일)에 머물던 중로군은 11월 20일 은진에서 합류한 이후 11월 22일경 삼례를 거쳐 11월 24일경 전주에 입성하였다. 「동학당 정토약기」에 따르면, 당시 일본군의 계획은 미나미 대대장의 지휘 아래 "중로본부병과 서로분진대, 그리고 경리영병 및 장위·통위병을 모두 각 부대별로 나누어 삼례를 포위" 공격하는 것이었으나 이때는 이미 모든 동학군이 전주성을 빠져나간 뒤였다.[226] 전봉준이 1천여 명의 동학군을 이끌고 김개남과 함께 전주성에 입성한 것은 11월 19일경이었으나 일본군과 선봉진이 추격을 시작하자 곧바로(10월 23일경) 전주성을 포기한 것으로 보인다.[227]

남접집단에게 남은 유일무이한 타개책은 해산하거나 호남 지역의 애국적 사민(충의지사)들과 함께 자신의 근거지에서 일본군과 관군의 공세에 맞서는 것

---

**226**  『일지』; 先鋒陣呈報牒〉敎導中隊長爲牒報事(開國五百三年十一月二十五日) 참조 공주 수성전에 참여했던 선봉진이 남하를 시작한 것은 11월 21일, 그리고 삼례 방면으로 진출한 것은 11월 22일경이었다.

**227**  호남 후퇴 이후 시기의 호남 동학군 활동에 대해서는 배항섭, 「제2차 농민전쟁(반일투쟁의 전개)」, '농민군의 후퇴와 농민전쟁의 좌절' 참조.

뿐이었다. 하지만 가장 큰 위세를 자랑했던 남원 근거지는 박봉양이 이끄는 운봉 수성군에 의해 이미 무너졌고,[228] 광주를 근거지로 활동하던 손화중과 최경선군도 11월 10일경부터 여러 차례 나주성을 넘보았으나 나주 수성군의 분전으로 말미암아 큰 성과를 거두지 못했다. 다른 한편, 김개남과 깊은 유대를 가지며 순천과 하동을 근거지로 삼아 활동하던 김인배도 11월 20일경부터 여러 차례 좌수영을 점거하기 하기 위해 분전했으나 이 역시 실패했다(『일지』, 관련 항목 참조). 여기에 더하여 10월 28일 나주에 설치된 초토영을 중심으로 호남 각처에서 반동학군 활동이 활발해지자 호남 동학군은 사면초가의 상황에 내몰리게 되었다. 전주를 거쳐 금구·원평까지 후퇴한 전봉준군은 11월 25일 김덕명포의 도움으로 동학군 수만 명을 모아 품자진(品字陣) 혹은 일성팔열진(一聲叭列陣)을 치고 일본군과 관군(교도중대)의 공격에 대항했으나, 곧바로 무너졌고,[229] 11월 27일에는 8천여 명의 동학군을 모아 태인의 3개 산, 9개 봉우리에 진을 치고 결사 항전했으나, 또다시 참패했다.

---

**228** 전라 좌도의 핵심 근거지인 남원성이 호남참모관 박봉양에 의해 점거된 것은 11월 24일경이었다. 『일지』 참조.

**229** 원평·태인싸움에 대한 상세한 소개로 『이이화의 동학농민혁명사 2』, 「최후의 원평 태인전투」, 146~152쪽 참조.

## 제3장

# 남북접 동학군의 해산과 집단학살

## 1. 남북접 동학군의 해산과 귀향

양호창의영수 전봉준은 태인싸움 패배 직후인 11월 27일경 동학군의 해산을 공식적으로 선언했다.[230] 뒤이어 11월 말경에는 호남으로 퇴각한 북접 동학군이,[231] 12월 1일에는 손화중과 최경선이 이끄는 동학군도 각기 자진해산을 공표했다.[232] 광주 목사의 첩보에 따르면, 11월 27일에 동도 수만 명이 성안에 돌입

---

**230** 「전봉준 공초」, 『일지』, 232쪽. 『오하기문』에 따르면, 전봉준이 해산을 선언할 때 따르던 이들이 통곡하며 "우리들은 少接主를 天神처럼 믿고 있습니다. 바로 죽으라고 하시면 죽을 뿐입니다. 장차 어찌하면 좋겠습니까"라고 절규하자 전봉준은 "일이 성사되고 실패하는 것은 운수에 달려 있는데, 어찌 말을 많이 하리오"라 답하며 정예병 수십 명을 뽑아 태인을 떠났다고 한다. 『번역 오하기문』, 291쪽.

**231** 『일지』는 북접 동학군의 해산 사실을 아예 언급하지 않고 있으나, 북접 동학군도 양호창의 영수인 전봉준이 해산을 선포할 때 이를 따른 것으로 보인다. 「균암장 임동호씨 약력」에 따르면 손병희 등은 임실 갈담을 지날 때 최시형으로부터 호서 동학군을 '집만큼은 데려다주라'는 내용의 경통을 받았다고 한다. 후술 참조

**232** 『순무선봉진등록』, 『일지』, 237쪽. 최경선이 榜文을 내걸었다는 것은 해산 자체가 공개적이며 공식적이었음을 의미한다. 최경선은 2백여 명의 동학군(부하?)을 이끌고 동복 방면으로

1894년 남북접 동학군의 공주 점거투쟁

하여 공해(公廨)나 민가를 점거해 거처하다가, 12월 1일 사시(巳時, 오전 9~11시) 무렵에 손화중은 무리를 해산시킨 뒤 피신했고, 최경선은 '귀화'[233]하겠다는 뜻을 담은 방문을 내걸고 떠났다는 것이다(『일지』 관련 항목 참조). 김개남도 12월 1일 태인 산내에서 체포될 무렵에는 다른 지도자들과 마찬가지로 이미 휘하의 동학군을 해산한 뒤였다. 공주 점거투쟁 이후 전봉준과 김개남이 같이 호남(전주)으로 퇴각했다는 사실, 그리고 체포 직전 시기 서로 만나고자 했다는 사실(『일지』 관련 항목 참조) 등은 공주 점거투쟁 시기 두 지도자의 관계가 어떠했는지를 잘 보여주는 대목이다.

황현의 『오하기문』에 따르면 "공주에서 세 번 패하여 수만 명이 죽자 전봉준은 비로소 두려움을 느껴 화중에게 편지를 보내 무리들을 흩어지게 하여 살 길을 찾고 함부로 살아 있는 생명을 죽이지 말라"[234]고 당부했다고 한다. 하지만 '두려움' 운운한 대목은 척사유생들의 왜곡일 가능성이 높다. 왜냐하면 1862년 어셈블리 때도 그랬듯이, 관군의 공격이 시작되어 많은 인명이 살상될 가능성이 있거나, 폐정개혁과 관련한 약조(안민약조)를 체결하는 등 자신들의 요구가 어느 정도 관철되면 자진해산을 선언하는 것이 상례였기 때문이다. 남북접

---

향하다가 오윤술이 이끄는 민보군(민포)에 의해 체포되었다. 최경선을 체포할 때 민보군은 157명의 동학군(주로 포군)을 사살했다고 한다. 『일지』, 239쪽. 『오하기문』에 따르면, "鄕社가 앞장서고 保伍가 하나로 뭉쳐 火砲로 무장한 自警 군대"를 民砲라 불렀다고 한다. 梧下記聞 〉二筆〉是月望間 琫準開南等 大會于南原.

**233** "魁首孫華仲散徒而去 崔京宜以歸化之意揭榜而去."『先鋒陣呈報牒』〉光州牧使爲牒報事 (開國五百三年十二月初五日). 최경선이 작성했다는 '歸化 榜文'의 원문을 확인할 수는 없으나, 선봉진의 답변에 보이는 "況悖慢遣辭 尤極駭惡"이라는 대목으로 미루어 보면 '歸化'라는 표현은 적절치 않아 보인다. 귀화란 앞서 설명했듯이 匪賊이 化民, 즉 良民化되는 것을 지칭하는 관변 용어이다.

**234** "公州三敗死者數萬 琫準始懼貽書化中 使散衆亡命勿徒殺生民 化中乃盡起其布合十餘萬 圍羅州時群賊合十餘萬 (…)."『梧下記聞 三筆』; 앞의 『번역 오하기문』, 282쪽.

지도부가 동학군 해산을 선언한 것은, 대중적 지지가 부재한 상태에서 A/O 투쟁을 지속한다는 것은 대의명분도 잃고 희생만 자초할 뿐 정치적 실익이 거의 없다고 판단했기 때문일 것이다. 전봉준을 포함한 남접 지도자들은 황현의 지적처럼 '비적의 수괴'가 아니라 동학을 믿고 따르던(酷好하는) 도인들이었다.[235]

흥미롭게도 그동안 양호창의영수 전봉준이 동학군의 해산을 공개적으로 선언했다는 사실을 주목한 연구성과는 거의 없었다. 왜냐하면 농민전쟁론에 기초해보면 해산은 곧 항복을 의미하기 때문이다. 이런 이유로 기존의 연구들은 자발적인 해산 사실보다는 오히려 전봉준이 '재기를 도모하기 위해' 상경을 시도하려 했다거나 김개남과 만나고자 했다는 사실 등을 더 강조하는 경우가 대부분이었다. 하지만 남북접 지도부가 공개적으로 해산을 공표했다는 사실은 공주 점거투쟁은 물론이고 1894년 어셈블리의 성격과 의미를 구명할 때 반드시 주목해야 할 대목이다. '동학군이 자진해산을 선포했다'는 사실이 가지는 의미를 가장 실감 나게 보여주는 사례는 일본군과 관군의 추격에 쫓겨 낯선 타향 땅까지 내려온 북접계 동학군의 귀향 과정이다. 앞서도 소개한 「균암장 임동호씨 약력」은 호서 동학군의 해산과 북상 과정을 잘 보여준다.

정읍을 지나 장성 갈재를 넘어가다가 해월신사의 경통(敬通)을 나무에 걸어놓은 것을 손송암장(손천민)이 먼저 발견하였는데 말씀하였으되 (A) 도인 중 진실한 사람은 적고 다수가 도적 사람이니 그 사람을 데리고 다니다가는 전부 죽이고 말

---

**235** "東學은 守心敬天하는 道인 故로 酷好하나이다." 全琫準供草 〉乙未二月十一日全琫準再招問目. 이와 동시에 일본영사가 "汝로 同謀한 孫化中 崔慶善 等이 다 東學을 酷好하는 者냐"라고 질문했을 때도 "然하니이다"라고 답했다. 앞서도 언급했듯이 전봉준은 대신사탄신일(10월 28일)을 즈음하여 남북접 접주들이 모인 자리에서 모든 실패와 희생을 자기 탓으로 돌리며 뜨거운 눈물을 쏟아냈다.

것이니 곧 (B) 자기 집만큼은 데려다주어라. (C) 사람이 다수 사망 아니한 것은 그 대들의 수도한 은덕이라 하셨다.

그날 밤에 담양 땅에 가서 유진하고 (D) 성사 처소로 송암장이 가서 전기 해월 신사의 경통을 뵈이고 성사의 의견을 문(問)하여 나는 곧 집으로 가면서 각각 귀 가시킬 생각이 유(有)하다 함에 성사 소답(所答)은, 나는 수만 명을 데리고 대사를 경영하다가 그저 해산할 수 없다 하셨다. 그 말씀을 들은 송암장은 그 길로 바로 선진(先陣)이 되어 떠났다. 일시는 동년 11월 그믐날이었다.[236]

(A)에 보이는 '도인 중에 진실한 사람이 드물고 다수가 '도적 사람'이라는 최시형의 언급은 남접(호남) 동학군과 마찬가지로 북접(호서) 동학군 가운데도 도적질을 일삼는 무뢰 발피가 다수 포함되어 있었음을 시사한다. 『천도교서』 에는 퇴각 시기의 혼란상을 보여주는 서술이 여럿 보이는데, "그때에 각포 도 인의 작폐가 있음을 듣고 크게 걱정하여 도금찰로 하여금 그 연원(淵源)을 캐물 어 금지하게" 했다는 기록은 이를 보여주는 하나의 사례이다. 이런 혼란상은 『시천교종역사』에서도 확인된다. 최시형이 임실군 갈담역에서 "각 포의 교인 들이 감정적으로 작폐한다는 소식을 듣고 깊이 우려한 끝에 특별히 도검찰을 정"했다는 11월 조 등이 그러하다. 이 무렵 북접교단은 각 병영과 일본의 주찰 병참소(가흥 병참소) 등에 벼와 가라지 풀을 운운하며 남접집단과 자신들을 구별 해줄 것을 요구하기도 했다.[237]

---

236 「균암장 임동호씨 약력」, 『신국역총서 1』, 원문은 영인본 160~161쪽, 교열본, 243~244쪽. 신 국역총서는 위 번역문의 '집'을 '짐'으로 읽었다.

237 "가라지풀을 구분하지 못하여 벼를 해치는 일이 실로 많고, 자색과 주색이 색깔이 같아서 진짜 색깔을 어지럽히는 것이 얄밉습니다(嗚呼粮莠不分, 害稼實多, 紫朱同色, 亂眞可惡)." 『시천교종역사』.

위 인용문에서 특별히 눈에 띄는 대목은, "자기 집만큼은 데려다주라"는 최시형의 지시(B)이다. 기존의 연구들은 앞서도 강조했듯이 동학군의 해산 사실보다는 '끝까지 투쟁하다 죽었다'거나 '마지막까지 재기를 위해 애썼다'는 사실 등을 강조한다. 하지만 해산 선언 이후 대부분의 동학군은 각자 흩어져 귀향(귀가)을 서둘렀다. 기존의 연구들은 북접 동학군이 귀향하는 과정에서 발생한 금산, 영동, 옥천, 보은(북실) 등지의 '충돌'과 '학살'을 '전투'라 호명한다. 그러나 A/O 투쟁을 마치고 귀향하는 동학군을 의도적, 계획적으로 집단학살한 사건을 전투라 호명하는 것은 어불성설이다. 이는 당연히 '참변' 혹은 '참사'라 수정해야 마땅하다. (C)는 공주 점거투쟁 시기 사망자의 숫자가 속설만큼 많지는 않았다는 사실을 보여주는 대목인데, 이런 관점에서 보면 최시형의 '폭거중지 혁심개도' 유시는 남북접 지도부나 일반 동학도들에 의해 어느 정도 관철되었다고 판단된다.

(D)에 의하면 손천민은 최시형의 지시에 따라 휘하 동학군을 귀가시킬 목적으로 11월 그믐 선진(先陣)으로 떠났음에 반해, 손병희는 "수만 명을 데리고 대사를 경영하다가 그저 해산할 수 없다"고 말했다 한다. 하지만 교단사 자료에 따르면 손병희도 최시형의 지시에 따라 7천여 명의 동학군을 이끌고[238] 귀향을 서두른 것으로 보인다. 북접 동학군은 무주(12월 5일), 영동(12월 11~12일) 등지를 거쳐 12월 13일경 청산 문바위에 도착했다. 「균암장 임동호씨 약력」에 보이는 용산 참사와 관련한 회고, 예를 들면 공주 이상초, 강채사(강채서=강건회) 두 사람이 "우리는 다 죽어도 우리 도를 세상에 드러내실 해월신사를 사시게 해야 후세에 우리 수치를 면할 수 있다"라고 고함치자 "성사(손병희를 말함—인용자), 임학선, 이종훈, 이용구 등 여러 사람이 칼을 빼 들고 호통해서 전진 진격하

---

**238** 『토비대략』; 『일지』 242쪽.

여 한 사람도 상함 없이 다수의 관군을 진멸하고, 신사를 모시고 청산 문바위 신사댁 문전에 도달했다"는 대목은 여러모로 흥미롭다.

북접 동학군이 북상하여 청산으로 돌아온 것은 무엇보다 자신들의 가족과 친척, 친구(동무)와 이웃이 살고 있는 고향이었기 때문이다. 하지만 일본군과 관군의 추격을 피해 어렵게 고향땅까지 온 동학도들은 보은 북실계곡에 삼삼오오 모여 있다가 12월 18일 일본군과 관군, 민보군에 의해 무참히 집단학살당했다.[239] 충청병사 이장회의 12월 26일자 보고에 의하면, 관군과 일본군은 오도가도 못하고 북실계곡에 모여 있던 동학군을 대포를 쏘아 흩어지게 한 뒤 수십 리를 뒤쫓아 죽이거나 생포했는데, "서로 밟고 밟혀서, 죽은 시체가 들판에 가득했다(自相踐踏尸橫遍野)"고 한다.[240] 북실 참사에 대한 일본군의 「전투상보」를 소개하면 아래와 같다.

이날 밤은 눈이 많이 내려 추위가 뼈를 쑤셔 걷기조차 곤란하였다. 거의 5리 넘게 행진했을 때 전방에 불빛이 보였다. 가까이 가서 토민(土民)을 만나 물어보니 바로 '동학도의 짓'[241]이라 하였다. 즉각 앞으로 전진하여 종곡(鍾谷) 남쪽 고지(종곡에서 약 80m 떨어진 곳)를 점령하였더니 동도 약 1만 여 명이 화톳불을 피워놓고 각기 몸을 녹이고 있었고, 조금도 방비하고 있는 것 같지 않았다(東徒約一萬餘焚火ニ依リ各々暖ヲ取リ毫モ備ナキモノ、如シ). 상황이 이러했으므로 이 부근 'パランプラン'으로부

---

239 최시형과 손병희가 이끄는 동학군 1만여 명은 보은 북실(종곡 부근)에서 상주소모영 유격병, 용궁 민보군, 함창 민보군, 일본군 270여 명의 기습공격을 받았는데, 이때 집단학살된 동학군을 「전투상보」는 300여 명(전사자), 「소모일기」는 395명, 「토비대략」은 '爲亂砲所斃者二千二百餘人', '夜戰所殺爲三百九十三人'이라 기록하였다. 『일지』 253쪽 재인용.

240 「갑오군정실기 9」, 『신국역총서 8』, 205쪽.

241 지극히 악의적인 표현이다.

터 진군해 오는 미야케(三宅) 대위에게 연락병을 보내 함께 공격하도록 통첩해놓고 흩어져서 세 번 일제사격을 가해 그들의 정신을 교란케 한 다음 돌입하였다. 그들은 당황하여 마을 밖으로 달아났다(潰走ス).[242]

인용문을 통해서도 확인할 수 있듯이, 일본군은 종곡에 운집한 동학군을 진압할 때 집단발포 이후 곧바로 정중앙을 돌파하는(中央ニ突貫) 작전을 펼쳤는데, 이는 예나 지금이나 군인들이 시위대를 진압·해산하는 가장 전형적이며 고전적인 수법이다. '종곡 부근 전투'는 후비보병 제19대대가 작성한 22건의 「전투상보」 가운데 가장 많은 '전사자'(집단학살 피해자)가 발생한 사건이었는데, 앞서 소개했듯이 '효포싸움 전사자'는 6명, '우금티싸움 전사자'는 37명이었다.

김산(金山) 유생 최봉길(崔鳳吉)이 전해 들은 이야기에 따르면, "저들이 촌가에 흩어져 있다는 말을 듣고서, 곧장 보은(報恩) 북실촌(北實村)에 도착하여 온 마을을 포위하고 동시에 일제히 총을 쏘니, 죽은 비류와 속자(俗子)가 태반이었다"고 한다.[243] 『기문록』에 따르면, 북실(종곡)에서 살아남은 동학군은 사방으로 흩어졌고, 수백 명 정도만 신사와 손병희를 따라 괴산을 거쳐 음성군 금왕읍 되자니로 갔다. 되자니는 손병희군(包)이 최초로 기포한 충의(황산)도소가 있던 황산에서 불과 20리 남짓한 곳인데, 모두 떠나고 결국 몇몇만 고향으로 돌아온 셈이다. 『천도교서』에는 12월 24일에 성사가 충주에 이르러 "모든 도인을 총집결하여 각자 집으로 돌아가라", "집에 돌아간 뒤에는 반드시 지극한 정성으로

242 「各地東學黨 征討에 관한 諸報告」〉(4) 鍾谷附近 戰鬪詳報(양력 1895년 1월 13일: 少尉 桑原榮次郎 발신).

243 歲藏年錄〉甲午十二月.

도를 수련해 하늘의 때를 거스르지 마라"고 당부했다는 기록이[244] 보인다. 해산 과정과 관련한 『천주교회사(초고)』의 핵심 결론, 메시지는 결국 신사의 뜻을 받들어 호서 동학군을 집까지 데려다주는 임무를 완료했다는 것이었다.

## 2. 관군 및 민보군의 동학군 색출과 집단학살

양호창의영수였던 전봉준은 12월 2일 피로리에서 해당 지역의 민정(民丁)들에게 체포되어 순창관아에 수감되었다가 12월 7일 일본군에게 인도되었고, 이때를 전후하여 김개남, 손화중, 최경선, 김인배, 김덕명 등 남접의 주요 활동가들도 각지 수성군의 방조와 협조 속에서 관군 및 일본군에게 줄줄이 체포되었다.[245] 남북접 지도부가 동학군의 해산을 공개적으로 선포하고 주요 지도자들이 체포되었다는 소식이 전해지자 전국 각지에서 제각기 A/O 투쟁을 전개하던 동학군도 각기 해산한 뒤 살 길을 찾기 위해 부심했다. 12월 15~17일 사이 이방언이 이끄는 일단의 동학군이 벌인 장흥 석대·죽산싸움,[246] 그리고 12월 20일 해남(땅끝)까지 쫓긴 수천 명의 동학군이 통위영병의 공격을 받고 사방으로 흩어졌다는 기록(『일지』, 253쪽), 그리고 강진, 해남 일대로 내몰렸던 동학군이 12

---

244 『국역총서 13』, 323쪽.

245 『승정원일기』; 사료 고종시대사 18〉1894년(고종 31년) 12월 16일〉총리대신, 김개남을 멋대로 효수한 전라 감사 이도재에 대해 越俸二等의 형전을 시행할 것을 청함.

246 『일지』, 해당 날짜 항목 참조, 이방언은 12월 25일 이두황군에게 잡혀 나주로 압송되었다. 『일지』, 255쪽. 공주 점거투쟁 이후 무장, 흥덕, 고창 지역의 반동학군(수성군) 활동에 대해서는 박찬승, 「전봉준 손화중의 무장기포와 반농민군 동향」, 『근대 이행기 민중운동의 사회사』, 81~94쪽 참조.

월 말 제주도와 진도로 도주하였다는 『주한일본공사관기록』의 기록(『일지』, 257쪽) 등은 당시 민보군을 포함한 일본군과 관군의 추격과 핍박이 얼마나 집요했는가를 잘 보여준다. 동학군이 자진해산을 공개적으로 선포했음에도 일본 정부는 '조선 정부의 공식 요청'이라는 형식으로 오랫동안 일본군을 조선에 주둔시킨 채 집단학살을 방조하거나 직접 주도하였다.[247]

1894년 어셈블리 당시 동학군은 당대의 사회적 합의이자 일종의 지배이데올로기였던 인의와 민본의 실천을 요구하는 의려이자 의군이었다. 그러나 일본군과 관군은 동학군 지도부가 공개적으로 해산을 선포했음에도 동학군 참여자들을 비류나 잔적으로 규정하며, 이들에 대한 탄압과 학살을 정토나 토벌, 또는 의전이나 정란이라는 이름으로 정당화하려 했다. 하지만 동학군 희생자는 전투 과정이 아니라 동학군 지도부가 자진해산을 선언한 이후에 더 많이 발생하였다. 요컨대 전투 과정에서 총칼을 들고 싸우다 죽은 사람보다는 귀향하다 혹은 집에 가서 붙잡혀 죽은 사람이 훨씬 더 많았다.

오지영의 『동학사』는 1894년 사건 당시 동학군 희생자를 20~30만 명, 『천도교창건사』는 20만 명 정도로 추정했는데, 조경달은 이를 실제에 가까운 숫자라 이해하였다.[248] 하지만 위의 수치는 교단화 이후 순교(殉敎)의 이미지를 창안하기 위한 과장일 가능성이 더 크다. 조경달은 '공주전투' 시기 양측의 교전 회수와 매 교전시 평균 희생자(전사자) 숫자, 또는 「전투상보」에 보이는 일본군과 교

---

247  2차 봉기 직후 일본 정부는 '외무대신 김윤식의 진정(鎭定) 요청'이 있자 동학군 진압(정토)을 명목으로 파견한 후비보병 2개 대대(6,255명)를 현역병(상비보병과 헌병 1,450명)으로 대체하고, 고문정치를 강화하는 등 보호국화 정책을 지속적으로 추진하고자 했으나(『사료 고종시대사』 관련 항목 참조) 시모노세키조약 직후 이른바 '삼국간섭'으로 말미암아 급제동이 걸렸다.

248  조경달, 「反亂の終局」, 『異端の民衆反亂』, 313~317쪽. 조경달은 일본군의 동학군 탄압과 학살을 '근대 일본이 해외에서 저지른 최초의 대학살 행위'라 규정하였다. 위의 책, 317쪽.

도중대의 소비 탄약량 등을 근거로 전투(교전) 중 사망자의 숫자를 7천여 명이라 추정했는데, 이 또한 당연히 과장된 수치이다. 1894년 시기 대부분의 희생자는 조경달의 주장처럼 교전 과정이 아니라 남북접 지도부가 해산을 선포한 이후에 발생하였다.

조선왕조 정부(순무영)는 「언문선유방문(諺文宣諭榜文)」 등을 통해 '귀순·귀화하면 전일의 허물을 문제삼지 않을 뿐 아니라 추포도 없을 것'이라고 누차 공개적으로 맹세했음에도,[249] 자진해산하여 귀가한 동학군까지 끝까지 추격하여 집단학살(梟示警衆)하는 만행을 저질렀다. 『선봉진정보첩』에는 동학군의 체포·처형과 관련한 전국 각지 지방관 또는 별군관들의 보고가 여럿 첨부되어 있다. 각 지방에서 집단학살이 광범위하게 진행된 것은 중앙정부나 순무영이 내려보낸 '비밀감결(甘結) 혹은 관문(關文)' 탓이었다. 12월 13일자 옥구현감의 보고에 따르면, '비밀감결'의 핵심 내용은 면리 및 연해 등처에 각별히 신칙하여 흩어져 촌려(村閭)에 숨어 있거나 도망간 자들을 모두 잡아들이라는 것, 특히 "유명한 거물급 괴수와 각처에서 불법을 자행한 접주 및 비록 협종(脅從)한 자라도 각별히 엄하게 조사해서 한 명도 빠짐없이 반드시 범죄사실을 알아내 굳게 가두고 나서 보고"하라는 것 등이었다.[250] 이와 동일한 내용의 비밀감결은 당시

---

249 "내가 한 말이 있으니, 맹세코 너희를 속이지 아니하리라. 오늘이라도 개과천선하면 이것이 죽는 걸 버리고 사는 데로 오는 것이다.", "오늘 귀순함을 기특히 여겨 아무쪼록 접제(接濟)하여 기한(飢寒)을 면하게 하고, 엄칙(嚴飭)하여 추포(追捕)가 없게 하여 태평한 세상 염려없이 살게 할 터이니, 너희가 급히 회오(悔悟)하여 의심을 말아라." 宣諭榜文竝東徒上書所志謄書 〉諺文宣諭榜文. 한문으로 된 11월 17일자의 「巡撫使榜示文」에도 '違死就生', '禁其搜捉' 등을 운운한 대목이 보인다. 巡撫先鋒陣謄錄 〉巡撫先鋒陣謄錄 第三 〉甲午十一月十七日.

250 先鋒陣呈報牒 〉沃溝縣監爲牒報事(開國五百三年十二月十二日). '비밀감결'에 대한 언급은 「康津縣監爲牒報事(開國五百四年正月十三日)」, 「鴻山縣監爲牒報事(開國五百四年正月二十八日)」 등에도 보인다.

삼남의 모든 군현에 하달된 것으로 보인다.

동학군에 대한 집단학살은 일본군보다는 주로 관군(경군, 영병)에 의해 주도되었다. 일본군의 보고 등에 따르면, 당시 관군은 대부분 무뢰지배나 용병에 가까웠다.[251] 당시 일부 지방관이나 군교들은 검거 실적을 올리기 위해 성묘 풍속까지 악용하는 등 온갖 간계와 위괴(違乖)를 활용했다고 한다.

본현(本縣) (A) 경내 비류들의 거괴 및 얼굴 빛만 바뀌고 마음은 바뀌지 않은 무리와 다른 경내에서 쫓겨나 몰래 숨어 있는 자들을 일일이 적발하여 죽이지 않으면 안 됩니다. (B) 대병(大兵)이 사방에 도림(到臨)하고 정탐하는 군교들이 도처에 돌아다니므로, 비도들이 겁을 먹는 일이 있을 것입니다. 그들을 잡아낼 때 더욱 깊숙이 숨기 때문에 샅샅이 탐문하여 잡아낼 수 없을 뿐 아니라, 민심이 안정되지 않아서 또한 기탐(譏採)하기가 어렵습니다. 그래서 (C) 현감이 몸소 마을을 다니면서 별도로 타일러 깨우치고 화복(禍福)으로 효유하여 그들을 안도하게 하고, 저 비류들로 하여금 모두 의심을 풀고 각자 집에 돌아가 있게 한 뒤에 때를 타서 잡아내면 빠져나간 자들이 없을 듯 하였습니다. (D) 그러므로 비밀히 별초(別哨)를 모집하여 시각을 정해 초포(勦捕)할 무렵에 때마침 본영의 참모가 선산에 성묘하는 행차를 만나 몰래 좋은 계책을 내어 이달 20일 밤에 교졸을 와자하게 내보내서 그들 거괴 25인을 붙잡아 일일이 취초하였습니다. 그랬더니 (E) 본현 경내에 살고 있는 비

---

**251** "조선의 兵丁들은 干城의 분개가 있고 국가를 지키는 뜻이 있던 자들이 아니라, 본디 무뢰배로서 품삯을 탐하여 병정이 된 자들로서, 봉급이 지급되지 않는 겨울철에는 京城의 도적이 되어 부잣집을 약탈하는 경우가 종종 있었다"고 한다. 혼마 규스케(本間九介) 저, 최혜주 역주, 『(일본인의 조선정탐록) 조선잡기』, 김영사, 2008, 50~51쪽. 위 정탐록은 1894년 4월 17일(양력)부터 6월 16일까지 『二六新報』에 연재된 조선 관련 특집기사(158편)를 모아 그해 7월 1일 출판한 저작이다.

류의 거괴 8명이 모두 순무사(신정희—인용자)의 본댁(本宅)에서 작변(作變)한 놈들이었고, 그 나머지 여러 놈들은 혹은 목천 세성산에서 쫓겨난 자들이기도 하고 혹은 임오년의 군병으로서 도망하여 왔다가 또 동학에 가입하여 숱하게 말썽을 일으킨 자들이었습니다.[252]

위의 인용에서 (A)는 전의현감의 동학군 인식, (B)는 군교들의 횡포와 흉흉한 민심, (C)와 (D)는 동학군을 색출하기 위해 동원한 간계, 그리고 (E)는 체포 처형된 동학군에 대한 언급이다. 특히 '세성산에서 쫓겨난 자'라는 표현은 세성산싸움이 자경보위(自境保衛), 또는 산성입보(山城入保) 차원에서 세성산을 점거했던 동학군을 '쫓아낸' 사건, 달리 말해 '근거지'를 파괴한 사건이었음을 시사한다. 선봉진은 위의 보고에 대한 11월 24일자 답변에서 "만일 비밀리에 계획하지 않았더라면 어찌 이와 같이 상세하게 찾아낼 수 있었겠으며, 또 어찌 잠시라도 목숨을 살려둘 수 있겠는가. 보고한 것과 처결한 것이 모두 타당하였다"라고 했다.[253]

관군의 집단학살이나 약탈 사례는 관군 측 보고보다는 오히려 일본군 측의 보고자료에 더 자세하다. 예를 들면, 11월 29일자로 후비보병 대대장 미나미가 이노우에 공사에게 보낸 보고[254]에서 "인민 모두 환영하였던 곳은 청주, 공

---

252 先鋒陣呈報牒〉全義縣監爲牒報事(開國五百三年十一月二十一日).

253 이두황 부대가 내포 지역에서 저지른 잔혹한 학살과 약탈행위는 당시 현장에서 이를 지켜본 일본군 지휘관들조차 분노하게 할 정도였다. 장수덕, 앞의 논문 참조. 하지만 위와 같은 보고에 대한 선봉진의 29일자 답변은 "결딴낸 놈들을 처음부터 장부를 만들지 않았으니 매우 엉성하다. 그러나 한산읍에서 푸짐하게 犒饋한 것은 가상하고 감탄할 일이다"였다. 先鋒陣呈報牒〉出陣瑞山郡守爲牒報事(開國五百三年十一月二十二日).

254 「東學徒 鎭定에 관한 諸報告 및 意見 具申」, 『주한일본공사관기록 1』, 198~199쪽.

주, 홍주, 금산 등" 동학군의 공격으로 전쟁터가 된 곳이었다는 대목, 조선인들이 가장 싫어하는 것은 조선 병사인데, 이들은 "가는 곳마다 인민의 물품을 약탈하고, 그들 처사에 순종하지 않을 때는 구타하여 실로 그 난폭함이 언어도단"이라는 대목, 이런 사실을 뻔히 알면서도 "병사, 감사, 현감 등이 (…) 보교를 타고 소리를 지르며 그 행로를 경계하니, 마치 태평무사함을 구가하는 것" 같다는 대목 등이 그러하다. 파병 이후 일본군은 민심을 얻기 위해 철저하게 군기를 유지하려 했으나, 순무영 군사들은 순무는커녕 가는 곳마다 학살과 토색질을 일삼았다.

군현 단위에서 벌어진 유회군과 민보군의 집단학살·약탈은 더욱 가관이었다. 당시 '의병'을 자칭했던 토호양반들은 동학군을 집단학살 할 때 "춘추(春秋)의 법에 '난신적자(亂臣賊子)는 누구나 그들을 주륙할 수 있다'고 했으니, 이는 만고 이래의 큰 법"이라는 명분[255]을 앞세웠다. 『오하기문』의 아래와 같은 서술은 집단학살에 대한 척사유생들의 인식을 사실적으로 보여준다.

이 무렵 도적의 두목들이 차례로 사로 잡혔지만, 그 잔당은 이리저리 흩어져
마을로 숨어 들었기 때문에 모두 잡아 죽일 수 없었다(其黨散伏閭里 不可盡誅). 그래서
접주, 접사, 교장, 통령 등은 죽이고 나머지는 모두 죄를 묻지 말자는 의견도 있었
다. 그러나 그 숫자만도 천여 명을 헤아렸다. 게다가 참모관, 소모관, 민포장, 의병
장, 수성장, 기군장(起軍將) 등은 모두 비겁하고 소심하여 애중에 얽매이기도 하고,

---

255 "春秋之法 亂臣賊子 先治其黨與 又曰人人得以誅之 此是萬古以來 大經大法也." 巡撫先鋒
陣謄錄 〉巡撫先鋒陣謄錄 第三 〉甲午十一月十九日 沃川安內倡義所通文. '聖人之徒 亂臣
賊子皆得誅 不必士師之職' 등의 말은 당시의 사료인 황현 매천(『매천집』)이나 해학 이기
(「求禮縣義兵盟主李沂(甲午十二月 日)」)의 자료, 또는 『금성정의록』, 『벽파유고』, 『농산집』,
『오남집』 등에도 보인다. 〈한국사 DB〉 참조.

342 1894년 남북접 동학군의 공주 점거투쟁

뇌물을 바친 경우에는 반드시 죽여야 할 이들도 죽이지 않았다. 오직 날품을 팔며 빌어먹는 사람들 가운데 먹고 입을 것을 찾아 도적에 들어와서 포사(砲士)라는 이름을 얻었던 사람만 애꿎게 많이 죽었을 뿐이다.(『梧下記聞』〉三筆〉乙未正月)

 

난리통의 한복판에 입지한 공주, 노성, 연산 등지는 동학군 색출을 명목으로 한 관군과 토병의 작폐, 여기에 더하여 의병을 가탁한 반동학군 세력의 횡포로 말미암아 텅 빈 마을이 허다했다.[256] 사정이 이러하자 충청감사 박제순은 "만약 지금 이들을 다 죽인다면 충청도 지역의 백성들은 장차 씨도 남음이 없을 것이니 마땅히 널리 다 불러들여서 다시 모여 살도록 해야" 하는데, "전에는 도둑에게 약탈당하고 이번에는 군사들에게 침탈되어 가산은 온통 텅 비고 호구할 식량도 없게 되는 경우 인심은 몹시 두려워하여 사방으로 뿔뿔이 흩어지고 궁하여 호소할 수도 없으니, 필시 다시 도둑질을 하게 될 것"이라고 강조하면서[257] 유회(儒會), 혹은 소모관 등을 자칭하며 작폐를 일삼는 무리를 모두 해산시킴과 동시에 오가작통법을 철저히 실시할 것을 중앙정부에 건의하였다.

1894년 어셈블리의 진원지인 호남 지역의 경우는 나주에 설치된 초토영과 순사청을 중심으로 동학군을 색출하고 학살하는 활동이 벌어졌다.[258] 『오하기

---

**256** 난리통에 공주 사람들이 겪었던 참상에 대해서는 후속연구 「난리통의 공주사람들—난리와 피난의 기억」에서 좀 더 자세히 논의할 계획이다. 난리와 피난이라는 주제는 甲午動亂이나 6·25動亂의 성격과 의미를 새로운 관점에서 구명할 수 있는 일종의 키워드이다.

**257** 「충청감사 박제순이 베껴서 보고함」(1894년 11월 19일), 「갑오군정실기 6」, 『신국역총서 7』, 219쪽. 남북접 동학군이 오래 둔취했던 은진 논산 지역은 열 집에 열 집이 몽땅 비어 있었다(見此櫛比戶十室十空)고 한다. 先鋒陣各邑了發關及甘結〉榜示恩津論山(甲午十一月二十二日).

**258** 이이화는 문헌사료와 구술을 종합하여 호남 지역에서 벌어진 대량학살의 진상을 잘 정리하였다. 『이이화의 동학농민혁명사 2』, 5장 '대량학살의 참극' 참조.

문』에 따르면, 체포된 도적의 두목만 해도 1천여 명에 달했다고 한다. 이들에 대한 정부의 입장은 12월 9일자로 순무영이 내린 관문을 통해서도 확인할 수 있듯이, "무릇 기강과 관련된 범죄이니 극도로 흉측하고 패악한 자는 모두 일일이 쳐 죽여 후환을 영원히 막으라"라는 것, "많은 죄악의 정황이 이미 드러난 자는 일일이 적발하여 반드시 죽여서 용서하지 말라"는 것 등이었다.[259] 이런 류의 지시는 영남 소모사가 상주 각 면의 면임과 각 리의 존위 및 유사 등에게 보낸 전령 등에서도 확인된다.[260] 10월 28일 민종렬을 호남초토사로 임명하면서 설치한 나주 초토영은 호남 동학군 토벌의 총본부 역할을 수행하였고, 일본 공사관 측도 나주 초토영 인근에 순사청을 설치하여 체포된 동학군을 심문하거나 처형하는 활동에 관여했다. 전봉준, 손화중, 최경선 등을 체포하여 재판을 받게 한 것도 나주 초토영과 순사청이었다.[261]

양호순무영이 우선봉진에 보낸 전령[262]에서 "수많은 병정이 연로를 행진하면서 비류를 수색해서 잡는다는 핑계로 밤에 마을을 돌아다니며 양민을 위협하여 재물을 빼앗는다는 소리가 곳곳마다 들려오니 극히 통탄스럽다"거나, "지금 이웃나라(일본군) 장수의 보고를 받아 보니 비단 군율에 관계되는 것만이 아니다. 그 이웃나라에 부끄러움을 보이는 짓이니 더욱 놀랍고 마음이 아프도

---

**259** 「갑오군정실기 7」, 『신국역총서 8』, 77~79쪽. 12월 9일 순무영이 삼남의 감사와 병사, 순무영의 좌선봉과 우선봉, 호연초토사 이승우와 호남초토사 민종렬, 그리고 10여 명의 소모사, 6명의 소모관, 1명의 참모관 등에게 내린 지시이다.

**260** "조정의 신칙과 감영의 관문에서 반드시 처형하여 용서하지 말라고 거듭 강조한 것은 준엄할 뿐만이 아니니, 의려소(義旅所)에서 날마다 군사들을 점고하여 저들을 잡아들여야 끝이 날 것이다." 『소모사실』; 사료 고종시대사 18 〉 1894년(고종 31년) 11월 2일.

**261** 당시 나주 감옥의 실상에 대해서는 『이이화의 동학농민혁명사 2』, 259~265쪽 참조.

**262** 「우선봉장 이두황에게 전령함」, 1894년 11월 29일, 「갑오군정실기 6」, 『신국역총서 7』, 209쪽.

다"라는 대목 등은 '비류 색출'[263]을 빌미로 한 작폐가 얼마나 극심했는가를 잘 보여준다. 위의 전령의 후기(後記)에 일본군 소위 사이토(齋藤溫)의 보고가 첨부 되어 있는데, 이에 따르면 해미 경내의 경우 이두황(장위영)군이 집집마다 약탈 하여 소 50여 마리를 빼앗아 가는 등 "불쌍한 이곳 양민들은 돈과 곡식을 동학 군(=비도, 폭도)에게 빼앗기고, 약간 남은 것도 경귀(京鬼=京兵)에게 모조리 빼앗겨 서 남은 것이 없"었다고 한다.[264] 홍주목사 겸 호연초토사 이승우는 장위영 별 군관 이창직이 저지른 불의하고 패악스러운 짓(不義之悖擧)을 거론하면서 당시 의 사정을 "난리 이후로 잔약한 백성들이 또 한 번 난리를 만난(亂餘殘民又逢一 亂)" 꼴이라 표현했다.[265]

남북접 동학군은 1차 봉기 때도 「사개명의(四個名義)」를 통해 불살생 불살물 을 표방했고, 2차 봉기 때도 「군중절목」을 통해 죽고 죽이는 행위를 극도로 자 제하고 경계했다.[266] 당연한 결과이지만, 공주 점거투쟁 시기 여러 차례의 무력 충돌 과정에서도 사망한 동학군의 숫자는 그다지 많지 않았다. 대규모의 집단 학살 사건은 대부분 동학군 지도부가 자진해산을 공표한 이후에 벌어졌다. 호

---

**263** 6·25전쟁 시기 군경이나 우익청년단은 '빨갱이(共匪, 通匪分子, 附逆者)'를 색출한다는 명 목으로 많은 민간인(양민)들을 학살했는데, 이런 현상은 '갑오동란' 때도 유사한 형태로 나 타났다.

**264** "哀此良民錢穀見奪於東學 如干餘存亦爲京貴蕩盡 無餘目下凍餓 甚爲可矜 該民等泣訴非 但陣中也." 「갑오군정실기 6」, 『신국역총서 7』, 209~210쪽.

**265** 「갑오군정실기 6」, 『신국역총서 7』, 160~161쪽.

**266** 배항섭의 연구에 따르면 19세기에 빈발한 동아시아 삼국의 농민봉기 사례를 비교해보면 중국에 비해 일본과 한국의 경우 인명살상과 폭력의 강도가 훨씬 약했다. 배항섭은 그 증거 로 동학군의 四個名義, 對敵時約束, 戒軍號令 등을, 그리고 그 원인으로 유학의 민본론이나 왕도정치론, 또는 조경달처럼 '국왕의 권위(환상)' 등을 두루 강조했다. 「19세기 동아시아 민중운동과 폭력—정당성의 사상적 기반에 대한 비교를 중심으로」, 배항섭·이경구 엮음, 『비교와 연동으로 본 19세기의 동아시아』, 너머북스, 2020 참조.

남 지역의 경우는 특별히 일본군과 관군의 비호 가운데 민포(民砲)들의 횡포가 심했다.[267]

고종은 11월 4일 조칙을 통해 동학군의 토벌(平湯)이 머지않았다고 말하며, 일본군의 파병과 동학군 학살을 "오로지 우리를 도와 난을 평정하고 정치를 고치고 백성을 편안케 하여 이웃의 화목을 돈독히 하는 호의"라 규정하며 동학군에 대한 일본군의 집단학살에 적극 협조하라고 지시했다.[268] 뒤이어 12월 13일 일본군과 관군의 집단학살이 한창인 때 고종은 태묘에 나아가 자주독립을 서고한 뒤 칙령으로 이른바 홍범14조를 선포했고,[269] 12월 27일에는 순무영을 해체한 뒤(『순무사정보첩』; 『일지』, 257쪽) 공을 세운 이들(766명)에게 포상을 내렸다.[270] 1895년 2월에는 일본군과 조선군 지휘관을 직접 초대해 거창한 축하연을 벌였다.[271]

---

**267** 梧下記聞 〉三筆 〉乙未正月.

**268** 고종실록; 사료 고종시대사 18 〉 1894년(고종 31년) 11월 4일 〉 고종, 일본군에 협조할 것을 칙유함.

**269** 고종은 1894년 12월 12일(양력 1895년 1월 7일) 주한 일본공사 이노우에(井上馨)와 내부대신 박영효(朴泳孝)의 권고(강요)에 따라 대원군·왕세자·종친 및 군신(群臣)을 거느리고 종묘에 나아가 「독립서고문(獨立誓告文)」과 더불어 「홍범14조」를 선포하였다. 승정원일기; 사료 고종시대사 18 〉 1894년(고종 31년) 12월 12일.

**270** 주책(籌策: 순무사 신정희 등 4명), 장령(將領: 좌선봉장 이규태 등 25명), 주모(主謀: 참령 이승원 등 17명), 공략(攻略: 성하영, 구상조, 홍운섭, 백락완 등 309명), 의려(義旅: 윤영렬 등 347명), 정탐(偵探: 남만리 등 64명) 등 6개 부류로 나누어 포상했다. 『東學黨征討人錄』(鄭昌烈 해제) 참조. 義旅에 참여한 공을 인정받은 사람 가운데 공주 출신의 인물로서 전오위장 姜元伯, 전첨사 盧貞鉉, 유학 洪義淵, 그리고 구례 의려장으로 '儒學 李沂'가 언급되어 있다는 점이 흥미롭다. 많은 의려 참여자를 배출한 지역은 홍주, 천안, 옥천, 태인, 나주, 순창 등이었다.

**271** 이이화, 앞의 책 3, 「성대한 정토군 환영식」, 179~184쪽.

# 제4장

## 항일연대의 실패와
## 호서 유생들의 반동학군 활동

 

감영도시 공주는 북쪽으로는 금강이 흐르고, 그 나머지는 산으로 둘러싸여 있어 압도적인 물리력을 가지고 있지 않은 한 군사적 점령이 어려운 천연의 요새였다. 이런 사실을 몰랐을 리 없는 남북접 동학군이 공주를 점거하고자 한 달여 동안 총력을 기울인 것은 다른 무엇보다도 A/O 투쟁, 즉 모이고 모으는/ 점거하고 담판하는 투쟁의 적지(大都會地·處)였기 때문이다. 당시 남북접 지도부는 공주(금강) 남북 방면의 요충지, 또는 호서와 호남을 연결하는 호남대로를 점거한 뒤 애국적 사민(士民)이 참여하는 대규모 집회와 무장시위(도회와 의거)를 통해 경군과 영병의 내응, 이교와 시민의 호응을 유도하고자 했다. 앞서도 강조했듯이 성공의 중요한 열쇠는 역시 공동체 구성원들의 마음(민심)을 움직이는 것, 달리 말하면 긍정적 감응(affectus) 혹은 공감장(sympathetic field)[272]을 형성하

---

272  전남대학교 감성인문학연구단 지음, 『공감장이란 무엇인가』, 도서출판 길, 2017, 88쪽. 위 책은 "(광주—인용자) 5월 항쟁이라는 사건을 비교적 단일하고 균질적인 덩어리(신체)가 아니라 미시적이며 이질적인 사건들의 다발 또는 아상블라주(assemblage)로 파악하는 관점", 또는 "이질적인 사건들의 다발 속에서 신체들의 마주침과 그로 인해 촉발된 다양한 감정들, 그리고 그것들이 형성해내는 운동들을 轉寫(transcription)할 수 있는 개념"의 필요성을 강조

는 것이었다. 하지만 남북접 동학군의 기대와 희망과는 달리 경군과 영병의 내응은 물론이고 이교·시민 등 공동체 구성원들의 호응도 그리 크지 않았다. 가장 큰 이유는 동학군 스스로가 차이를 넘어서는 횡단적 접속 능력, 즉 서로 연대하고 협동하는 정치적 힘을 가지고 있지 못했기 때문이었다. 공주 점거투쟁 시기, 특히 1차 A/O 투쟁 이후 공주와 그 인근 지역에서 민보군과 유회군의 반동학군 투쟁이 활성화된 것도 이런 이유 때문이었다.

이런 문제의식 가운데 아래에서는 먼저 공주 점거투쟁 시기 동학군의 항일연대론에 대응하여 지역 주민과 지방수령(이서층) 및 관군(경군영병)들이 어떠한 반응을 보였는지, 연대투쟁보다는 반동학군 활동이 더 크게 활성화된 이유가 무엇인지 등을 살펴 보고자 한다. 앞서도 강조했듯이 남북접 동학군이 공주 점거에 실패한 가장 큰 원인은 무기 열세나 훈련 부족 때문이 아니라 척사유생들을 포함한 공동체 구성원 모두의 마음을 움직이지 못했기 때문이었다. 그간의 연구들은 동학군에 직접 가담했거나 반동학군(토병, 민보군) 활동을 전개한 사람들만을 주목했을 뿐, 난리 피해를 고스란히 감수해야 했던 공주 사람들의 삶과 의식에 대한 관심은 그리 크지 않았다. 따라서 이 책에서는 피난길을 떠났거나 가까운 곳으로 잠시 피신한 사람들, 여러 명목으로 관군에게 원납전(願納錢)이나 상납금(寸志=微意)을 바쳐 여러 위기나 피해를 모면한 사람들, 더 나아가 오도가도 못하고 집과 마을에 남아 상황 변화(특히 타자들과의 마주침)에 따라 어떤 때는 동학군, 어떤 때는 관군들과 능동적(긍정적), 혹은 수동적(부정적) 관계를 형성하기도 했던 사람들도 주목하고자 노력했다.

---

했는데, '공감장론'은 1894년 어셈블리의 수행성 효과를 분석할 때도 유용한 개념이다.

## 1. 공주 점거투쟁 시기 지역주민 동향

공주 점거투쟁이 벌어진 10월 23일경부터 11월 11일경까지 공주와 그 인근 지역은 전쟁터임과 동시에 난리통이었다. 물론 이런 가운데서도 많은 주민들이 동학군에 가담하는 등 그 나름의 긍정적(능동적) 감응(정동)에 기초하여 동학군과 함께 밥과 말, 기대와 희망을 나누었다. 우금티 인근 지역의 주민들 사이에서 "무르팍으로 내밀어도 나갈 수 있었는데, 주먹만 내질러도 나갈 수 있었는데 그걸 못했다"는 말이 한동안 나돌았다는 것도[273] 동학군이나 공주 점거투쟁에 대한 기대와 패배에 대한 아쉬움이 그만큼 컸음을 시사한다. 하지만 대부분의 주민은 전투나 시위에 직접 참여하기보다는 피난·피신을 하거나 집과 마을에 남아 난리통의 참변을 고스란히 감수하지 않으면 안 되었다. 특히 이러저러한 이유로 관군과 동학군의 출입이 잦았거나 동학(군)에 참여했던 사람들이 많았던 마을들은 그야말로 '유사이래' 처음으로 혹독한 참화를 겪었으며, 이런 상황에서 엎친 데 덮친 격으로 동학군의 패색이 짙어지자 긍정적 감응보다는 슬픔의 정동이 점차 더 커지기 시작한 것으로 보인다.[274]

변혁주체 민중론에 의하면 '민중(농민군)'들은 언제나 '자발적 합의'를 통해 '엄청난 도덕성'을 발휘한 존재들로 설명된다. 하지만 공주 사람들을 움직이게 하고 무엇인가를 선택하게 한 원인이나 동기로 어떤 구조나 필연성 못지않게 어떤 우발적 마주침, 그런 과정에서 촉발된 다양한 '행위의 흐름'을 주목해야 한다. 왜냐하면 구조는 행위 간의 우발적인 마주침과 그것의 반복에 의해 생성

---

[273] 『공주와 동학농민혁명』, 136쪽.

[274] 공주 점거투쟁 시기 주민 동향에 대한 서술은 지면관계상 후속연구 「난리통의 공주사람들 —역사와 기억의 거리」로 미루고자 한다.

되는 것이기 때문이다.[275] 정동 이론에 기초해보면, 1894년의 공주는 1980년의 광주와 마찬가지로 일종의 거대한 '정동정치의 공간이자 네트워크'였다.[276]

뒤에 배도귀화했다고는 하나, 임기준이 이끄는 동학군은 1894년 8월 2일 공주 부내를 점거하는 등 8월 말경까지 활발하게 집회와 시위 활동을 펼쳤다. 과장이겠지만, 앞의 「동도접주답서(東徒接主答書)」에 따르면, 공주 관내 12개 접의 동도(동학군) 숫자는 13만 9,900명, 나머지 공주 인근 지역 6개 접을 포함하면 모두 23만 8,700명이었다. 임기준 집단이 배도귀화한 이후 위세가 크게 약화되기는 했으나 건평접주 이유상의 사례처럼 많은 접주나 동학도들이 공주 점거투쟁에 직접 참여했다. 예를 들면, 북접 교단이 기포령을 발포했을 때(9월 18일) 공주에서 김지택(金知擇), 배성천(裵成天), 유구에서 최한규 등이 기포했다는 사실(『동학사』), 1894년 7월 호서선무사 정경원에 의해 공주 집강망으로 차정된 바 있는 달동(궁원?)접주 장준환(공주집강)이 공주 점거투쟁에 참여했다가 11월 3일 관

**275** 기유정, 「1920~30년대 조선인 군중 소요와 식민지 군중의 정치동학」, 『사회와 역사』 제132집, 2021, '군중과 사건의 철학', 18~20쪽 참조. 알튀세르는 이런 만남과 흐름을 사건의 철학, 혹은 마주침의 유물론이라 명명했다. "사건의 철학은 일회적이거나 변동적인 행위들과 그것이 만들어내는 순간 너머에서 그것의 영속적 실체 즉, 원인을 찾는 것이 아니라, 어떤 행위가 다른 것을 촉발하고 그것이 또 다른 행위를 촉발하는 행위 간의 흐름 즉 계열의 무한반복 자체 안에서 존재의 의미를 확인한다." 기유정에 의하면, 들뢰즈는 "이 같은 우발적 마주침을 통해 존재의 정치를 설명하는 큰 얼개를 그린 후에 이 같은 행위들의 마주침이 무한히 반복되는 과정 그것이 바로 사회구조를 만든다고 말"했다는 것이다. 공주 점거투쟁 시기 공주 지역 주민들의 다양한 동향(정치동학)을 설명할 때도 유용한 설명틀(분석틀)이다.

**276** 김미정, 「기억-정동 전쟁의 시대와 문학적 항쟁—한강의 『소년이 온다』(2014)가 놓인 자리」, 『성균관대학교 인문학 연구』 54집, 2017, 256쪽. "정동은 무엇보다 타자에 의해 촉발되고 그것에 의해 생성변화(devenir)하는 과정이다. 따라서 정동은 단순히 일 개인에게 고착된 것이 아니라, 모든 관계들 속에서 흐르고 발현되는 감정을 이해하는 데 유용한 관점을 제공한다. 정동은 주체와 객체의 이분법도 가로지르며, 인간 개개인뿐 아니라 세계에 존재하는 모든 만물 사이에서 횡단하고 교류하는 힘의 관계이기도 하다." 위 논문, 각주 12.

군에 체포되었다는 사실, 10월 13일 공주 북쪽 십 리 거리에 있는 수촌(壽村: 水村의 오기)도소가 일본군의 습격을 받았다는 사실 등은 이를 보여주는 대표적인 사례들이다. 공주 지역에서 동학군의 활동이 가장 활발했던 곳은 이인권과 궁원권, 그리고 유구 인근의 이른바 서삼면(유구=신상, 신풍=신하, 사곡면), 공주 동부의 감성·유성·박운리 지역이었다.

하지만 대다수 주민들은 동학군이나 관군(일본군)의 동향과 관련한 이러저러한 소문에 일희일비하면서 난리를 견뎌낸 것으로 보인다. 『남정록』에 따르면, 동학군이 공주를 포위하자 "부하(府下) 인심이 성동하여 노소남녀 곡성이 진동하고 산천초목의 기색이 소조(蕭條)"하였다. 근 한 달여 동안 나루터나 고갯마루마다 기찰 포교들이 출입을 통제했고, 장시가 열리지 않아 생활 필수품의 조달이 쉽지 않았다. 이런 가운데 일반 주민들은 토병에 동원되거나 일본군이나 관군이 강요하는 각종 부역을 감내해야 했던 것으로 보인다. 하지만 충청감영이나 관군 측은 모든 문제의 근원을 당연히 '남비=호남적 탓'으로 돌렸으며, 이 같은 선동·선전은 공주 지역 주민들에게 상당한 영향력을 행사한 것으로 보인다. 왜냐하면 지역 주민들은 난리굿의 직접적인 피해자였기 때문이다.

공주 부내와는 달리 전장의 한복판에 입지한 동리들은 마을 전체가 불 타거나 없어지는(폐동) 등 물적·인적 피해가 극심했다. 특히 주요 격전지였던 효포나 이인, 우금티 인근의 승주골과 은골 등이 그러했다. 순무선봉진의 보고에 의하면, 이인역의 경우 "소요를 겪은 뒤라 온마을이 텅 비어 열 집에 한 집도 남아 있지 않았다"고 한다(11월 4일자 보고). 효포 인근에 전해지는 "소개 한가는 한숨을 쉬고/ 새터 이가는 이를 갈고/ 여사울 전가는 전대로 있고/ 소와리 오가는 오시란 하다"(170쪽)라는 말은 마을이나 문중별로 희비가 엇갈리기도 했음을 보여준다. 회고에 따르면, 악행을 저질러온 새터마을 양반의 집은 동학군들이 불을 놓았으나 같은 마을 김 주사네는 그동안 선행을 많이 베풀어 보복을 하지 않고 오히려 치사했다고 한다(166쪽). 평소의 적덕(積德)이나 적선(積善)의 중요성을 강조하는 이런 류의 미담 사례는 갑오동란 때만이 아니라 6·25(경인)동란 때의 구전에도 자주 보인다.

　공주 인근 지역에서 격렬한 전투가 계속되자 양반 부호들은 아예 타지로 피난을 떠나는 경우가 많았으나, 그럴 형편이 아니었던 일반 면민들은 집과 마을에 남아 상황에 따라 피신을 하거나 '부역(노역)'을 하는 등 근 한 달여 동안 고달픈 삶을 이어가야 했다. 특히 난리통에 '강압에 못이겨', '목숨을 부지하기 위해' 어쩔 수 없이 어느 편에 가담하거나,[277] 이른바 '어쩌다 부화뇌동하여' 동학이나 각종 사건에 직접 간접적으로 관여한 사람(가족)이나 마을들은 관군이나 민보군의 혹독한 처벌과 폭력을 감수하지 않으면 안 되었다. 어떤 마을은 '6·25동란' 시기 흔히 '톱질'[278]이라 표현되던 비극을 앞서 겪기도 했다. 이런 과정에서 자신과 가족, 마을을 지키기 위해 같은 동네 주민을 감영이나 군영에 신고(고발)하거나 잡아 바치는 일도 비일비재했다. 공주 점거투쟁 참여자들에 대한 체포(색출)와 처벌(학살)은 1900년대 초반까지 지속되었다.[279]

---

**277**　관군 측의 문초기록이나 유생 측의 일기(회고)자료에는 勒道, 즉 강압에 의해 동학(군)에 가담할 수밖에 없었다는 사람들이 의외로 많다. 게다가 동학군 세력이 강력했던 지역에서는 '취회'나 '기포'를 할 때 마을 단위로 주민을 동원한 사례도 종종 있었던 것으로 보인다. "총을 쏘는 소리를 내면서 마을 백성들이 크게 소리를 질러 말하기를, '오늘밤 윤동接의 都會가 있으니, 한 명도 빠지지 말고 윤동으로 가자'라고 운운하였다." 『갑오기사』 1894년 9월 30일; 『국역총서 6』, 113쪽.

**278**　당시에는 대개 두 명이 톱의 양 끝을 잡고 슬근슬근 톱질을 했다. 6·25동란 시기 '톱질'이란 국방군과 인민군, 우익마을(문중)과 좌익마을 사이에서 흔히 벌어졌던 일종의 보복(사건)을 일컫는 말이다. 관련 사례는 졸고, 「충남 공주의 한국전쟁과 전쟁 피해」, 『제노사이드연구』 제4호, 2008; 박찬승, 『마을로 간 한국전쟁—한국전쟁기 마을에서 벌어진 작은 전쟁』, 돌베개, 2010 등 참조.

**279**　「詞捉東黨」, 『황성신문』 1901. 9. 28; 「東匪捕捉」, 『황성신문』 1904. 6. 2.

더불어 주목해야 할 주민 피해는 관군(경군, 영병)들에 의해 수시로 이루어진 각종 토색질과 작폐였다. 예를 들면, 『순무선봉진등록』에 보이는 "근래에 들으니 군관이라 칭하고 혹은 병사라 칭하면서 마을에 출몰해 토색질을 하는 것이 적지 않았다고 한다. 군관과 병사를 막론하고 마을을 지나갈 때 절대로 촌민을 침범하지 말아서 안심하고 살게 하라"고 엄명했다는 대목(순무선봉진이 11월 6일 「공주 각 면에 보낸 전령」), 공주 광정참촌 동장 장경원의 정소에 보이는 "우리 동네는 길이 넓고 참이 커서(孔路巨站) 자주 큰 대열(大陣)이 지나가고 비류의 침탈이 찾아서 태반이 흩어져서 '절참지경(絶站之境)'에 이르렀"다는 11월 6일자 보고의 한 대목[280] 등은 이를 보여주는 하나의 사례이다. 지역 주민들은 시쳇말로 '알아서 긴다'는 식으로 술과 떡, 또는 소, 돼지, 쌀(백미), 담배, 미나리(공주 토산물) 등을 스스로 가져다 바치는 경우가 허다했다.

1차 접전 시기 전쟁터였던 익구곡면 구왕 등지의 주민, 특히 피난을 떠났다 돌아온 사족(士族) 혹은 부민(富民)들이 올린 '소지(所志)'(11월 18일 접수)는 이런 사실을 간접적으로 시사한다.[281] 경천(계룡산) 근처에 입지한 동네들은 1차 접전 시기부터 자주 동학군이 주둔하는 등 '관할'의 주체가 자주 바뀐 곳이었다. 위 소지에는 제(題)가 하나 달려 있는데 그 내용인 즉, "설사 죄를 범하였더라도 고쳤다면 훌륭한 일인데, 하물며 애당초 물들지 않은 자야 더 말할 것이 있겠는가? 시골의 사정을 따져볼 때 그 가상함은 물품의 많고 적음에 달려 있지 않다"는

---

**280** 광점참 동장의 탄원서에는 관군뿐만 아니라 동학군으로부터도 여러 가지 피해를 입었다거나, 관군(우선봉진)의 경우 군표를 발행했다거나, 관가로 군표를 돈으로 바꾸어 달라고 호소해도 자기 소관이 아니라는 말만 거듭했다거나, 자기 동네에서는 한 명도 동학군에 가담한 적이 없음에도 관군들이 흔히 비류와 기맥을 통했다는 혐의를 빌미로 재물을 약탈하거나 노동력을 동원했다는 대목 등이 눈에 띈다. 『순무선봉진등록』 11월 6일, 『국역총서 2』, 124~125쪽.

**281** 「所志謄書冊」, 『宣諭榜文竝東徒上書所志謄書』, 『동학농민혁명국역총서 10』, 441쪽.

것이었다. 이런 대목까지 종합해서 위 인용문의 행간을 읽어보면 당시 관군(토벌군, 정란군)의 위세나 횡포가 얼마나 컸는지를 유추할 수 있다. 피난이나 피신을 떠났던(행적이 분명치 않은) 주민들에 대한 협박이나 위협으로 들릴 소지가 적지 않기 때문이다. 사건이 종료된 11월 16일부터 20일까지 면 혹은 동네 단위로 관군 측에 술과 떡 등을 바친 사례는 우정면 죽계리, 익구곡면 구왕·용산·양동·하청리, 요당면 율정리, 요당면 양촌리, 동부면 한적동, 동부면 봉무동, 우정면 도산리 등 무려 8건에 달했다.[282]

앞서 언급한 사례들에 보이는 주민들의 '촌지(寸志=微意)'는 자기 동네를 잘 봐달라는 일종의 청탁성 뇌물이었다. 그때나 지금이나 '맨입'으로 되는 일은 없었다. 1894년 10월 15일 정안면 달동 동민들은 '관병의 침탈을 염려하여' 동학 거괴를 잡아 바친 공로를 강조하며 '동(洞)을 안정시킬 수 있게 완문을 발급해달라'고 관군 측에 요청했다.[283] 이런 요구는 부역(노역) 관련 행위자가 많았던 전쟁터 인근 마을들, 특히 동학군의 세력이 강력했던 이인과 궁원 인근 마을들에서 더 빈번했다. 『순무선봉진등록』에 자주 보이는 '공문', '증명서' 등은 '물침표(勿侵標)'와 마찬가지로 양민과 비도를 구분하는 일종의 '양민 증명서'였다.[284]

---

**282** 「所志謄書冊」, 『선유방문병동도상서소지등서』, 『국역총서 10』, 440~443쪽.

**283** 『日本士官函謄』, 『국역총서 12』, 295쪽. 당시 어떤 형태로든 '사건'에 연루된 마을들의 경우 뇌물 등을 바치고 물침표를 관군 측에 애걸하는 경우가 많았다. "귀 진중에 별무사 안첩지라 하는 자가 무안 진남면의 양수녀에게 부탁을 받아 (뇌물을 바치고—인용자) 勿侵標를 얻으려 하였다"는 대목은 이를 보여주는 사례이다. 「일본사관함등(1895년 1월 3일)」, 『국역총서 12』, 258~259쪽.

**284** "동학 괴수 崔允을 이미 우리 동네에서 체포하여 바쳤는데 다시 병사들이 폐단을 일으킬 염려가 없도록 엄히 '공문'으로 써서 후일의 폐단을 막아 주십시오." 『순무선봉진등록』, 11월 11일자 기사; 『국역총서 2』, 159쪽; "저희 동네를 편안히 하라는 뜻의 증빙을 발급해주시기 바랍니다." 위의 자료, 11월 15일자 기사; 『국역총서 2』, 180쪽. 이런 류의 문서(通文, 傳令, 完文, 牒呈, 等狀)는 동학농민혁명기념재단이 수집한 「동학농민혁명 관련 고문서」(『신국역총

순무영(선봉진)이나 감영(중영)에 '비도 마을'이 아니라 '양민 마을'이라는 증빙을 요구할 수 있었던 곳은 그래도 형편이 나았다. 동학군을 많이 배출했거나 동학도소가 설치되었던 마을들은 관군의 횡포를 고스란히 감내할 수밖에 없었다. 비적(폭도=좌익)과 양민을 구분하는 행위, 양자 간에 선택을 강요하는 일종의 '투명장(投名狀)'[285] 사례는 한말 의병투쟁이나 일제하의 민족해방투쟁은 물론이고 6·25동란 과정에서도 동일하게 나타난 현상이었다.[286] 『순무선봉진등록』 11월 15일자 「공주수촌거민등소(公州水村居民等訴)」는 당시의 사정을 잘 보여주는 사례이다. 수촌은 대교싸움 이전에는 동학군의 거점이었으므로 10월 13일에는 스즈키 소위가 이끄는 일본군이 마을을 습격하여 3명을 살해하고 21명을 체포하는 만행을 저질렀고, 그 이후 10월 24일에는 대교싸움을 수행한 홍운섭 부대가 머물러 식사와 휴식을 취하기도 했다.

---

서 11」)에도 보인다.

**285** 당시 동학에 입도하는 행위 그 자체는 일종의 '投名狀'을 던지는 행위, 즉 國憲을 어지럽히고 國法을 어기는 행위였다. '投名狀'이란 『수호지』의 '임충전'에 나오는 용어인데, 특정한 결사집단(특히 범죄집단)이 조직 구성원의 배신을 방지하기 위해 흔히 행했던 일종의 통과의례였다. 국가권력은 갑오동란 때는 물론이고 6·25(경인)동란 때도 수시로 국민에게 투명장을 요구했다. 이승만 정권이 전쟁 직후 군경이나 청년단원들에게 보도연맹원에 대한 학살을 강요한 것도 일종의 '投名狀'을 요구하는 행위였다. 어찌 보면, 백기완의 장편시 〈묏비나리〉의 한 대목을 인용했다는 〈님을 위한 행진곡〉의 "사랑도 명예도 이름도 남김없이"라는 노랫말도, 글자 뜻 그대로 풀이하면 기실은 또 다른 의미의 '投名狀을 던진다'는 뜻이다.

**286** 甲午動亂 시기 조선왕조 정부가 비도(마을)와 양민(마을)을 구분했듯이, 한말 일본군은 폭도와 양민(『暴徒ニ關スル編冊』), 일제하의 경찰은 좌익과 양민(『最近における朝鮮治安狀況』)을 철저히 구분하였다. 〈한국사 DB〉 참조. 1894년 갑오동란 때를 비롯하여 1980년 광주민중항쟁에 이르는 시기까지 한국 근현대사 속에 등장하는 무수한 집단학살(제노사이드) 사건은 결국 '양자택일'을 강요하는 이 같은 '投名狀 文化'의 산물이었다. 공주대학교 참여문화연구소(책임연구원 지수걸), 『2008년 한국전쟁 전후 민간인 집단희생 관련 최종결과보고서(충북 영동 편)』, 진실화해위원회, 2009 참조.

삼가 아뢰오니 살펴주십시오. (A) 저희 동네는 지난 8월 모일에 비류에게 협박을 당하여 울부짖으며 그 무리로 들어갔습니다. (B) 지난 달에 일본 병사들이 밤에 왔을 때 3명이 살해되고 21명이 체포되어 옥에 갇혔는데, 조사를 마친 뒤에 진실로 동도를 배신할 것이라고 하여 놓아주었습니다. (C) 주력부대가 여러 날 머물러 있었는데, (D) 작은 정성이라도 바칠 것이 없어서 우리 동네에서 백미 2석 20두를 이에 감히 거둬 바치오니, 엎드려 빌건대 참작하여 헤아리신 뒤에 만분의 일이라도 도움이 된다면 천만 다행이겠습니다. → (題) 당초에 동학에 물든 것은 부득이해서였고, 지금 귀화하였으니 그 실상을 볼 수 있을 뿐만 아니라 여러 번 병사의 난리[兵弊(幣)]를 겪은 뒤인데도 이렇게 넉넉히 바쳐 도와주니 백성들의 마음을 볼 수 있다. 이를 전해 보고할 것이고 백미는 숫자대로 받았다.[287]

물론 관군들만 그랬던 건 아니었다. 동학군도 지휘부의 의도나 표방과는 다르게 주민들에게 민폐를 끼친 것으로 보인다. 계룡산 신소(莘沼) 마을의 경우 만여 명의 동학도가 들이닥쳐 23일 저녁밥과 24일 아침밥을 해 바치는 등 "본촌 신소에 마을이 생긴 지 몇 백 년 만에 처음 이러한 좋지 않은 운수를 만났다"고 할 정도였다.[288] 하지만 동학군 때문에 주민들이 비명횡사했다거나 재산상 손실을 보았다는 구술은 별로 없다.[289] 물론 아무리 '정의로운 전쟁'이라 하더라도 내 고을, 내 마을, 내 집 마당이 전쟁터가 되기를 바라는 사람은 아무도

---

**287** 『국역총서 2』, 178~179쪽.

**288** 「시문기」, 『국역총서 6』, 9쪽.

**289** 동학군의 횡포나 설분행위 때문에 피해를 보았다는 구술(傳聞)은 효포싸움 시기 소개 한씨나 새터 이씨들 사례를 제외하면 거의 없다. "동학군도 거친 사람이 있어서 부잣집 보물 같은 것을 빼앗아 갔다. 재당숙이 주사고 삼종이 참봉인데 제기와 놋그릇을 빼앗겼다." 오곡동 거주 주민 구술; 앞의 『공주와 동학농민혁명』, 145쪽.

없을 것이다. 이런 차원에서 보면 대다수 공주 사람들에게 공주 점거투쟁은 횡액임이 분명했다.

공주 점거투쟁 시기 상당수 공주 사람들은 재앙과 횡액을 피하기 위해 피신과 피난의 길을 선택했다. 이는 '춘추대의'를 입에 달고 살던 유생들의 경우도 마찬가지였다.[290] 예를 들면, 공주(대교) 유생 이단석의 『시문기』, 공주(신소) 유생 이용규의 『약사』, 공주(부여) 유생 이철영의 「갑오동란록」, 그 밖에 부여 유생 이복영의 『남유수록』, 서천 유생 최덕기의 『갑오기사』, 아산 유생 이범석의 『경란록』, 당진 유생 김현제의 『피난실기』 등에는 피난과 피신에 관한 일화가 그득하다. 공주 지역의 사례는 아니나, 김현제의 『피난실기』에 따르면 난리가 나자 "사환(使喚)들은 곧 원수로 바뀌었고, 어제까지 친숙하던 사람들이 모두 원수가 되었"으며, "비록 친지나 친족 간이라도 그들이 곤욕을 당하는 것을 바라만 보며 아무도 감히 구해주지 못하였으며 남의 일처럼 생각하였다"고 한다.

공주 점거투쟁 시기 주민들의 피난(피신) 실태를 가장 적나라하게 보여주는 것은 역시 구술(傳聞) 자료들이다. 예를 들면, 정선원의 채록자료에 보이는 "아주 어렸을 때 수랭이골에 5채, 등정골에 10호 정도 살았는데 참나무 숲으로 가려 바깥에서 보이지 않아 피난지로 통했다. 6·25 때도 주변의 많은 사람들이 모여들었다"는 구술(194쪽), "홍승묵 님의 부친이 유성에서 살다가 『정감록』에 나오는 피난지로 공주의 경천 유구 이인이 이야기되고 있어, 이인면 구암리 319번지로 피난을 오셨다"는 구술(207쪽) 등이 그것이다. 양반들은 누구라 할 것 없이 노복을 데리고 솔가하여 피난을 떠나거나, 단신으로 인근의 친인척 집에 피

---

290  당시 공주와 호서 유생들은 난세를 치세로 전환하기 위해 노력하거나 난리에 정면으로 맞서기보다는(靖亂=反東學軍 活動), 一身과 一家의 안위를 돌보기 위해 대부분 피신과 피난을 선택하였다. 공주와 그 인근 지역 유생들의 일기(피난록)나 문집자료에 피난에 관한 이야기가 자주 보이는 것도 그런 이유 때문이다.

신하는 경우가 많았다. 그러나 일반 주민들은 자신의 집과 마을에서 혹독하게 난리를 경험했다. 피난과는 달리 피신과 관련된 공주 사람들의 구술이나 기억은 절박하고 극적이다. 예를 들면, 경황없이 냅다 들쳐업고 뛰느라 아이 대신 오쟁이를 지고 왔다거나,[291] 등에 업은 아이를 어디에 떨구었는지도 모를 정도로 경황이 없었다는 류의 구술 등이 그러하다.[292] 경황이 없어 애를 "두고 왔다"거나, "떨어뜨렸다"다거나, "잃어버렸다"는 등의 구전은 이철영의 회고에도 보인다.[293]

공주 사람들에게 동학군의 공주 점거투쟁은 오래 기억될 수밖에 없는 큰 난리이자 횡액이었다. 초기 시기에는 나름대로 기대와 희망이 존재했을 것이나, 난리가 오래 지속될수록 주민들 사이에서는 긍정적 감응보다는 난리가 빨리 끝나기를 바라는 부정적인 감정이 확산된 것으로 보인다. 특히 1차 점거투쟁 이후 자발적이건 강제적이건 토호 사족이 주도하는 반동학군 활동이 활성

---

**291** 오쟁이란 볏짚으로 만든 가마보다 작은 섬인데, 곡식이나 무거운 물건을 등에 지고 갈 때 흔히 사용하는 일종의 망태기 같은 것이다. 오픈사전이나 지식백과 등은 '오쟁이를 진다'는 말을 "자기 아내가 다른 남자와 간통하다"는 말이라 풀이하고 있으나 이는 비유적으로 사용된 경우일 뿐이다.

**292** "계룡면 여사울에 있는 식구들이 피난하면서 얼마나 급했는지 고모부를 나무 절구통에 넣고 삿갓을 씌워 놓고 피난을 했다. (…) 사촌누나가 고모부를 가리켜 '도구통에서 피난한 이여'라고 놀렸다." 187쪽; "어머니가 동학난리를 '오작난리'라 했다. 동학군을 정부에서 무지무지하게 탄압했다. 무조건 잡아다 죽이는 통에 오쟁이 속에도 숨고 도구통 속에도 숨고 단지 속에도 숨었다. 어머니가 1904년생으로 노성에서 태어나 15세에 경천으로 시집을 왔다." 193쪽; "갑오년 난리 때 애기를 업고 피난을 갔는데 싸아시(씨아실?) 골짜기에서 아이를 내려놓으려 살펴보니 어린애는 집에다 두고 '오쟁이를 지고 왔다'고 한다. 또 동학난리 때 년추골 사람들이 피신한 '구룩골' 이야기도 있다." 214쪽.

**293** 이철영, 「갑오동란록」, 『국역총서 6』, 71쪽. "한 여자가 급히 도망갈 때 등에 업은 아이를 길에 떨어뜨렸다. 그 여자는 그것을 알아채지 못하였는데, 돌아오는 길에야 비로소 아이를 찾았다. 우물 주변에 떨어져 있었는데, 그때까지도 울면서 울음을 그치지 않았다고 한다."

화되면서 이런 분위기는 더욱 확산되었을 것이다. 공주 점거투쟁 시기, 특히 전세가 기울수록, 충돌이 과격해질수록 동학군은 주민들로부터 고립되는 양상을 보였다.

## 2. 동학군의 항일연대론에 대한 지방수령 및 관군의 반응

공주 점거투쟁을 시작하면서 남북접 동학군은 관군과 영병들의 내응뿐만 아니라 지방수령이나 이교들의 협조에도 큰 기대를 걸었다. 이른바 '조권(朝權: 王權)의 대행자'이자 '목민관'인 지방수령의 정치적 자원과 영향력을 무시할 수 없었기 때문이다. 이준용을 앞세운 쿠데타 모의 세력이 밀지나 밀교에 "전직 관료나 유생, 또는 동학군이나 보부상 등이 항일의려를 결성하는 경우 지방수령이 나서서 군수를 마련하는 데 적극 협조하라"는 지시를 담은 것, 그리고 그 반대로 일본 정부가 「조일양국맹약」에 근거하여 자신들에게 비협조적인 각 군현 지방관의 교체나 처벌을 요구한 것[294] 등도 이런 이유 때문이었다. 평양전투 직전 시기 평안·황해감사 등 경의로(京義路) 인근의 지방수령이나 영병들은 물론이고 일반 주민들조차 일본군의 협조 요구를 거부하고 청국군에 호의적인 반응을 보이자, 일본군은 서흥부사 홍종연, 그리고 황주부사, 상원군수 등의 교체를 요구하였다.[295] 일본군의 동학군 토벌(정토)을 주도한 조선주재 일본공사관과 후비보병 독립 제19대대도 다양한 방식으로 삼남 지역 지방관들을 감시하고 통제했다.

---

294    조재곤, 앞의 「청일전쟁과 일본의 조선정책」, 앞의 책, 59쪽.

295    박종근, 앞의 책, 176~188쪽 참조.

갑오변란 이후 척사유생들 사이에서 항일의려론이 확산되고, 이와 거의 동시에 밀지설이나 밀교설이 등장하자, 동학군에 호의적인 태도를 보이거나 일본군의 동학군 탄압에 비협조적인 태도를 보인 지방수령들이 일부 존재했다. 아래 인용은 일본군 지휘관이 부패하고 무능한 지방수령들을 비판하는 내용이지만, 거꾸로 읽으면 당시 상당수의 지방수령들이 일본군의 동학군 탄압에 비협조적이었음을 시사한다.

> 지방관리는 단순히 그 사람 수만 채우고 있을 뿐, 동학도의 세력이 왕성할 때
> 는 그들이 하라는 대로 하고, 군대가 가면 군대를 편드는 것 같이 주선하고, 그리
> 고 군대가 떠나려고 하면 또다시 동학도에게 공략당할 것을 겁내 한사코 군대가
> 머물러주기를 바란다.(『동학당 정토책』)

게다가 동학군의 활동이 활발했던 곳에서는 밀지나 밀교의 핵심 메시지처럼 지방수령들이 동학군과 협조적인 관계를 유지한 경우도 더러 있었던 것 같다. 12월 8일 19대대 대대장 미나미가 이노우에 공사 앞으로 보낸 보고[296]에 따르면, 당시 일본군은 "연도(沿道)의 군수·현감 기타 관리로서 동학당과 내통하고 있는 자인지 아닌지를 헤아릴 길이 없으므로, 어떤 현이든 도착하면 제일 먼저 현의 기둥이 되는 부사나 현감 등에게 취조를 담당한 관리로 하여금 수뇌급 적도의 유무를 묻게 했"다고 한다. 미나미는 위 보고에서 진산군수 신협, 연산현감 이병제, 전 용담현령 오정선, 여산부사 유제관 등이 동학군과 내통한

---

**296** 駐韓日本公使館記錄 1권 〉五. 東學黨에 關한 件 附巡査派遣의 件 二 〉(30) [東學徒鎭定에
관한 諸報告 및 意見具申] 〉 2) [意見具申](1894년 12월 2일=양력 12월 28일, 後備步兵獨立
第19大隊長 南小四郎→特命全權公使 伯爵 井上馨).

혐의가 있었다고 보았으나, 소문이나 추측일 뿐 구체적인 혐의 내용이나 증거를 제시하지는 못했다.[297] 이병제와 오정선의 사례만 소개하면 아래와 같다.

연산현감 이병제: 위의 사람은 우리 부대가 도착하던 날 밤, 회개하였는지 자기의 처사가 옳지 않았음을 후회한 모양입니다. (…) 끝내 동학당과 내통하고 있는 기미가 엿보였습니다. (…) 자제가 3명이 있는데, 그들이 아버지의 명을 듣지 않아 이 지경이 됐다고 했습니다. 그러나 관군에 의해 사실이 탄로 난 후에는 모든 일을 매우 잘해주었습니다. 이것 역시 여기에 상응하는 처분이 있으시기 바랍니다.

전 용담현령 오정선: 위의 사람들은 동학당에 가담한 혐의가 매우 농후하므로 포박하여 엄중히 취조하였던 바, 사실이 분명해졌습니다. 그러나 지금은 우리 부대에 종군하여 여러 가지 일들을 주선해주고 있고, 국가를 위해 죽음으로써 보답하겠다고 말하고 있습니다. 그러하오니 이 사람들은 복직시켜주시기 바랍니다.

그러나 황현의 『오하기문』 등과는 달리 전라감사 김학진에 대한 일본군의 평가는 매우 호의적이었다.

전(前) 전라감사 김학진(金鶴鎭): 위의 사람은 동학당이 입성하기를 전후해서 목숨을 걸고 구민사업을 주선하는 데 전력을 다한 사람입니다. 그러하오니 어떤 자리로 전직(轉職)해주셨으면 합니다.(「意見具申」)

---

**297** 진산군수 신협: "위의 사람은 동학당 편에 들었던 자인 것 같으며, 모든 일이 매우 애매모호했습니다. (…) 그러하오니 시급한 처분이 있으시기 바랍니다."; 여산부사 유제관: "위의 사람은 애매모호한 말만 하는지라 그 심중을 알 수 없었습니다. 다시 오늘 들리는 바에 의하면, 동학당의 운량관이 되었다 하오니 취조하시어 엄중한 처분을 바랍니다."

『양호우선봉일기』에는 오정선이 작성했다는 공장(供狀: 자술서)의 일부가 발췌되어 있다. 그 핵심 내용은 동학군을 진압한 공로로 진산군수가 되었으나 병을 얻어 유구로 돌아왔다는 것, 동학군이 강제로 유구도집강²⁹⁸에 임명했으나 자신은 모르는 일이라는 것 등이다. 오정선은 11월 11일 자신의 고향인 유구에서 우선봉진에 체포되어 갇혀 지내다가 공주 점거투쟁이 끝난 11월 21일 일본군에 넘겨졌다. 그는 스스로 과거의 죄를 자복하고 배교한 뒤 '선봉진 별군관의 직책'을 맡았다고 한다.²⁹⁹

앞서도 서술했듯이 공주 지역에서는 갑오변란 직후부터 부여와 노성 등지의 유생들 사이에서 항일의려 형성론이 확산되고 실천되었다. 이런 사실을 통해서도 확인할 수 있듯이, 갑오변란 이후 조야 유생들 사이에서 항일의려 형성론이 확산되자 일부 지방수령, 특히 대원군이나 민씨 척족 세력에 가까운 일부 지방수령들이 동학군에 호의적인 태도를 보이는 경우가 종종 있었다고 판단된다. 진위 여부와는 별개로 대원군 밀지설이나 조가밀교설이 등장한 것도 이런 분위기 가운데서였다. 하지만 이병제와 오정선의 사례를 통해서도 확인할 수 있듯이, 동학군과 연대하여 끝까지 항일투쟁을 전개한 지방수령은 없었다.

동학군이 고시한 「고시경군여영병이교시민」 등을 통해서도 확인할 수 있듯이 동학군 지도부는 지방수령 못지않게 경군과 영병들의 내용에 대한 기대

---

**298** 유구 등 서삼면 지역은 일제 시기 오지영이라는 만석꾼이 거주하는 등 해주와 동복 오씨 동족마을이 많은 곳이다. 호서 지역의 집강소가 일종의 관민상화 조직(특히 치안유지 기구)이었다는 점을 감안하면 충분히 가능성이 있는 추론이다.

**299** 『순무선봉진등록』 11월 24일, 『국역총서 2』, 234쪽 참조 오정선의 사례와 관련하여, 그의 두 아들이 자신의 아버지를 살리기 위해 유구 지역 동학도를 체포하여 원수의 머리를 베어 일본군을 찾아왔다거나, 그래서 효성에 감동하여 우선봉진이 직접 사면을 해주었다는 회고 등이 흥미롭다. 이는 유구 지역 동학도에 대한 학살이나 처벌이 얼마나 사사롭게 진행되었는가를 보여주는 사례이다.

가 컸다. 물론 공주 점거투쟁 시기 경군·영병의 내응은 거의 없었으나, 그럴 기미나 가능성이 전혀 없었던 것은 아니었다. 가령 10월 11일 공주 주둔 경군들이 '논공행상에 대한 불만', 또는 '동학군에 대한 공포감' 때문에 무리를 지어 금강을 건너는 집단행동을 벌였다는 사실(소문)[300] 등도 관군(軍心)의 동요나 내분 가능성을 보여주는 사례일 수 있다. 하지만 공주 점거투쟁 내내 경군과 영병들의 내응은 거의 없었다.

경군의 내응 가능성을 따질 때는 일반 병사들보다는 양호도순무영 지휘부의 성향이나 태도 문제를 더 주목해야 한다. 미나미 대대장은 앞의 「동학당 진정에 관한 의견 구신」을 통해, 좌선봉장 이규태에 대해 "열렬히 동학당에 가담한 사람이며 모든 처사가 애매모호하고 지휘부의 명령을 왜곡, 이제까지 한 번도 전투 일선에 나선 적이 없"는 '해로운 인물'이라 단정하면서, 빨리 소환 처분해 달라 품신했다. 그 이유는 우선봉장 이두황과는 달리 그가 대원군 세력과 가까운 통위영병을 이끌었을 뿐만 아니라 일본군의 지시에 소극적으로 반응한 탓이었다. 앞서도 소개했듯이 대원군 세력은 동학군이 구병입경할 경우 통위영군을 동원하여 정변을 도모하려 했다. 선봉진 이규태는 일본군의 지휘를 종종 거부하여 일본군의 분노를 야기하였으나, 우선봉진 이두황과 경리영병은 '가타부타 한 마디 하지 않고' 일본군의 지시를 잘 따랐다(「동학당정토약기」 참조). 미나미는 1895년 5월 조선의 총리대신이나 군무협판 등이 참여한 자리(講話)에서도 이규태와 일본군 지휘부의 갈등 사례를 언급했는데, 내통 운운하는

---

300  "이번 (10월) 11일 경리청의 병사들이 논공을 적어 보고할 때에 억울한 점이 있다고 하여 무리를 모아 강을 건너 올라가려고 하였습니다. 그때의 모습은 난리보다 심하다고 할 만하였습니다. 비록 순상과 제가 함께 나가 바로 타일러서 돌아오게 했으나 그 당시의 모습으로는 將官을 쏘아 죽이는 일이 있더라도 누가 금지할 수가 있겠습니까?" 「갑오년 11월 6일 徐晩輔가 보낸 편지」, 「先鋒陣上巡撫使書附雜記」, 『국역총서 8』, 339~340쪽.

대목은 사실이 아닐 가능성이 더 크다. 이규태의 「상순무사서(上巡撫使書)」에는 '전봉준, 최경선 등의 죄수를 체포했으나 일본군에게 [우리의 신민인] 포로를 빼앗겼다'거나, '일본군 대대장에게 책망을 당하는 것이 노예보다 심했다'는 개탄과 원망의 말들이 여기저기서 보인다.[301] 11월 16일자 「상순무사서」 가운데 "일본인이 순영을 핍박한 일은 이미 봉장(封章)을 올렸고, 또한 적어서 의정부에 보냈으므로 아시리라 생각합니다. 그러나 아직도 사무를 그만두고 모든 일에 갈등을 빚으니 한탄스럽습니다. 일본인이 이처럼 거리낌이 없는데 소인(小人)에게 있어서는 어찌 말할 게 있겠습니까? 하하!" 등과 같은 자조 섞인 불평은 이규태 등 순무영 지도부가 일본군 지휘관들과 갈등한 이유를 극명하게 보여주는 대목이다. 하지만 이는 그야말로 지휘관으로서의 불만을 토로한 것이지 항일의지가 담긴 발언이나 행동은 아니었다.

주지하듯이 동학군 진압에 동원된 경군은 양호순무영 소속의 군대였는데, 명칭만 보면 순무, 즉 토벌보다는 위무를 중시하는 군영이라는 뜻이다. 게다가 순무영 「방시문」에 보이는 오적자(吾赤子)라는 표현, 특히 오동포(吾同胞)를 운운한 대목에서도 확인할 수 있듯이, 관군들도 동학군과 마찬가지로 사건 자체가 일종의 '골육상쟁'이라는 인식을 어느 정도는 가지고 있었을 것이다. 하지만 「갑오군공록」을 통해서도 확인할 수 있듯이 양호순무영 소속의 경군들은 우선봉진이든 좌선봉진이든 모두 일본군이 지휘(方助)하는 가운데 동학군을 집단학살했다.

경군과 영병 중에 그나마 내응 가능성이 있었던 것은 전주성 점거투쟁 시기에도 확인할 수 있었듯이 역시 영병과 이교들이었다. 이유상 상서에 보이는 '우영의 호걸'들이 누구인지, 얼마나 많은 영병과 이교들이 동학군 혹은 쿠데

---

**301** 「선봉진상순무사서부잡기」, 『국역총서 8』, 316~317쪽.

타 모의 집단과 연통하고 있었는지는 알 수 없으나, 임기준 집단이 8월 2일 부내 진입을 시도한 뒤 해산하지 않고 대오를 흐트리지 않은 채 금강 가 등에 오랫동안 머물 수 있었던 것은 그만큼 내응과 호응이 컸기 때문이라 짐작된다. 예를 들면, "한낱 통신에 불과한 것이므로 신용하기 어려우나 참고 삼아 잠시 이를 기록했음"이라는 단서가 달려 있기는 하지만 "충청감사 영하에 있는 비장(裨將) 중 동학당과 내통하고 있는 자는 구완선·홍재길·임기준·현영운" 이라는 첩보는 여러 가능성을 시사한다.[302] 하지만 이들 집단은 배도귀화한 이후 박제순의 수하가 되어 공주 수성전에 참여했다. 박제순이 순무영에 올린 12월 4일자 보고에 의하면, 공주영장 이기동, 감영군관 구완희, 전오위장 최규덕, 주사 이희준과 현영운, 출신 윤노선, 유학 정창조, 전부사 이종헌 등이 '토병을 이끌고 병사들 사이를 오가며 험하고 좁은 길목을 지키는' 등 공로가 적지 않았다고 한다.[303]

　공주 점거투쟁 시기 만약 공주 지역의 영병과 이교·시민들이 전주성 점거투쟁 때처럼 동학군의 공주 진입을 도왔다면, 그리하여 공주 점거에 성공한 뒤 호서도회, 또는 양호대도회를 개최할 수 있었다면, 그 뒤에 무슨 일이 벌어졌을까? 막연한 추측이자 가정이기는 하나 이 같은 A/O 투쟁 과정에서 남북접

---

302　駐韓日本公使館記錄 1권 〉 四. 東學黨에 關한 件 附巡査派遣의 件 一 〉 (45) [東學黨偵探에 따른 편의제공과 東學黨關係 探問調査] 〉 2) [東學黨 關係 探問調査]. 수신자 발신자 표시도 없고 날짜도 없으나, 보고의 내용으로 미루어 보면 대략 후비보병 제19대대가 서울을 출발하기 직전(10월 15일) 무렵의 보고라 여겨진다.

303　12월 4일 「충청감사 박제순이 베껴서 보고함」, 『갑오군정실기 7』, 『신국역총서 8』, 53~54쪽. 참모관 전도사 권종석, 참모사 전주사 이규백, 유학 정도영 등은 우금티에서 동학군 진영으로 전진하며 전투를 벌였고, 공주영장 이기동은 수교 박준식(일제시기 공주 관풍정 射頭)과 함께 봉황산 뒤 두리봉(圓峯)을 지키며 북쪽에서부터 길을 따라 오른쪽으로 진격하여 적을 격퇴하였다고 한다. 『선봉진일기』; 『일지』, 209쪽.

동학군을 넘어서는 더 큰 연대와 협동이 성사되었을 가능성도 충분히 있었다고 생각한다. 더 막연한 기대이자 희망이기는 하나, 그런 가운데 최익현을 소모장(회맹주)으로 하여 호서 노론의 연총지에서 의진(회맹소)이 형성되었다면, 동학군은 그들의 표방대로 항일의려의 한 축으로서 항일투쟁에 매진할 수 있었을 것이다. 물론 항일의려의 형성이나 정치담판은 현실화되지 않았으나, 남북접 동학군의 공주 점거투쟁은 역사의 흐름을 크게 뒤바꾼 대파국의 서막을 열었다.

## 3. 공주 점거투쟁 시기 호서 유생들의 반동학군 활동

갑오변란 직후 시기에는 동학군과 마찬가지로 조야의 유생들도 항일연대(의려)의 필요성을 인지하고 역설했다. 앞서도 검토했듯이 공주와 그 인근 지역에서 유회소와 민회소, 또는 호서의병소나 호주대의소가 설립된(모의된) 것도 이런 분위기 가운데서였다. 하지만 전세가 일본군 관군 편으로 기울고, 또 조선왕조 정부가 여러 명목과 방법으로 반동학군 활동을 장려하자 공주와 호서 지역 유생들은 항일연대를 도모하는 활동보다는 동학군을 토벌하는 활동에 더 큰 관심을 보이기 시작했다. 당시 척사유생들은 반동학군 활동을 전개하면서 "춘추의 법에 따라 난신적자는 누구나 주륙할 수 있다"는 주장을 앞세웠다.[304]

---

**304** 이 같은 언급은 갑오년 조야 유생들의 상소, 그리고 반동학군 활동과 관련한 『동비토록』, 『금성정의록』, 『거의록』 등 거의 모든 사료에서 확인된다. 옥천 義所將 박정빈, 군관 육상필은 춘추지법을 운운하는 통문을 각 마을로 돌린 뒤 의병을 일으켰다. 巡撫先鋒陣謄錄 第三 〉甲午十一月十九日 沃川安內倡義所通文.

공주 점거투쟁 시기 호서 유생들은 항일연대보다는 남비(호남적)론 등을 앞세우며 반동학군 활동을 전개하는 데 여념이 없었고, 문석봉, 김복한 등 을미년 의병 활동[305]의 주체가 되는 척사유생들도 1894년 어셈블리를 패거로, 그리고 동학군을 잔적으로 규정하며 반동학군 활동에 주력했다. 매천 황현이 「갑오평비책」에서 "한 개의 도당(道黨) 1만 명 정도를 죽인다 하더라도 이는 결코 혹독한 처사가 아니다"라고까지 극언했다는 사실은 척사유생들의 반동학군 활동이 얼마나 가혹한 것이었는지를 잘 보여준다. 지방 유생이나 전직 관료들의 반동학군 활동은 동학군의 위세가 미약했던 지역에서 더욱 활발했다. '소모관 겸 천안군수' 김병숙[306]이 선봉진에 올린 11월 16일자 보고[307]에 따르면, 윤영렬, 윤치소 등이 이끈 천안의병[308]은 천안군수를 소모관으로 하여 의병을 조직한 뒤 경군의 지원 속에서 아전과 관노, 민간의 장정을 훈련시켜 수성 활동을 전개함과 동시에, 오가작통제를 실시하여 동학군의 동태를 수시로 감시했다. 천안의병과는 별개로 윤영렬은 별군관의 직함을 가지고 홍주 방면으로 진출

305  김상기, 『한말의병연구』, 일조각, 1997; 홍순권, 「을미의병을 재평가한다」, 『역사비평』 29호, 1995; 이상찬, 「을미의병 지도부의 반동학군 활동」, 『규장각』 18, 1995; 「1896년 의병운동 통설에 대한 비판적 검토」, 『역사비평』 45, 1998 참조.

306  "柳麟錫이 의병을 크게 일으켜 충청북도의 관찰사와 수령 몇 명을 죽이고 승승장구하며 충청남도에 진격하여 제일 먼저 단발을 강행했던 天安郡守 金炳塾을 베어죽였다." 이범석, 『경란록』, 을미년조. 이범석은 아산 출신 유생이다. 김병숙은 동학군 탄압 때 공을 세워 군수로 발탁되었으나 단발을 강제한 혐의로 유인석 의병에 의해 처형되었다.

307  『순무선봉진등록』, 『국역총서 2』, 197~198쪽.

308  天安義旅의 統領(「東學黨征討人錄」) 尹英烈과 尹致昭는 부자간이다. 高宗 31년 10월 27일(庚午) 兩湖都巡撫營 啓言에 따라 300名을 召募 先鋒陣으로 來赴한 天安居 前監察 尹英烈 牙山居 出身 趙重錫을 別軍官에 差下되었다. 『승정원일기』 고종 31년 10월 27일. 1895년 3월 윤영렬은 의병을 일으킨 공로로 '內務參議'로 승진했다. 『고종시대사 3집』, 1895년 3월 1일.

하여 내포 동학군을 탄압하는 활동을 전개하기도 했다.[309]

1894년 12월 11일 소모사로 임명된 문석봉도 서울에서 26명의 의사(義士)를 모아 연산과 진잠, 회덕, 대둔산 등지에서 동학군을 탄압하고 학살하는 활동을 전개했다.[310] 문석봉은 일본군과 관군에게 쫓겨 가족 단위로 대둔산 마천대에 몸을 의지하고 있었던 동학군을 집단학살했다. 이이화의 연구에 따르면, 문석봉 부대의 집요한 습격으로 더 이상 버티기가 어렵자 동학접주 김석순은 자신의 어린 딸을 품에 안고 절벽으로 뛰어내려 자결했다고 한다. 민비 시해 사건이 벌어지자 문석봉은 회덕·진잠 지역에서 의병을 일으켜 한때 공주(금영) 점거를 시도하기도 했으나[311] 진잠현감의 고변으로 실패하고 말았다. 당시의 『관보』는 문석봉을 "공주부 하의 비적(匪)인 문석봉당", 혹은 '공주 비괴 문석봉'이라 칭했다.[312]

---

309 「본진영 별군관 의병소 통령이 선봉진에 보낸 11월 11일자 보고」, 『순무선봉진등록』 등을 보면, 윤영렬이 이끈 온양의병은 유구는 물론이고 홍성이나 해미까지 진출하여 활동한 것으로 보인다. 의병통령 윤영렬의 12월 19일자 보고에는, "체포한 수백 명의 비류들을 선봉진의 '모두 죽여도 좋다'는 허락을 받고 각 부대와 읍으로 압송하여 조치하였다"는 내용이 보인다. 『갑오군정실기 9』, 『신국역총서 8』, 164쪽.

310 문석봉 의병에 대해서는 김상기, 「을미의병의 효시, 유성의병」, 『한말의병연구』, 157~181쪽 참조. 『義山遺稿』에는 문석봉이 동학군 탄압 활동과 관련하여 순영이나 도순무영에 올린 글들이 실려 있다. 문석봉 부대와 대둔산 참변의 관계에 대해서는 『이이화의 동학농민혁명사 2』, 219~223쪽 참조.

311 『국역총서 6』, 191~194쪽. 문석봉(당시 45세)은 충청관찰사 이중하가 "네가 공주성에 근거를 두려 한 것은 어떤 뜻인가? 국가의 城地를 임의로 취하여 의지하려 하였는가?"라고 묻자, "만일 먼저 지리를 얻지 못하면 어떻게 무기와 사납고 악한 병사들을 막을 수 있겠는가?"라고 답했다. 「再供招 觀察使 李重夏 乙未 十二月 二十八日」, 『義山遺稿』; 『국역총서 6』, 194쪽. 이런 사례에서도 확인할 수 있듯이 공주(금영) 점거는 地理를 조금이라도 아는 사람이라면 누구라도 그런 선택을 할 수밖에 없는, 일종의 상식이었다.

312 고종시대사 3집 〉 高宗 32年 11月 8日 〉 公州府下의 「匪」인 文錫鳳黨이 (…); 고종시대사 4집

그렇다면 동학군과 척사유생 간의 항일연대는 정녕 불가능했던 것일까? 대부분의 유생들은 동학군에 대해 비판적이었지만, 일부 유림들 사이에서는 민본론이나 척왜론에 의거하여 탐관오리와 일본군을 비판하는 여론이 형성되기도 했다.[313] 유인석이 갑오변란 직후 「격고팔도열읍」이라는 글에서 "마침내 갑오년 6월 20일 밤에 이르러 우리 조선 삼천리 강토가 없어진 셈"이라 주장했다는 사실,[314] 안동향교에서 의병을 일으킨 공주 유생 서상철이 1894년 7월 경부터 창의 움직임을 보였다는 사실[315] 등은 양자의 연대 가능성을 보여주는 증거들일 수도 있다. 하지만 그런 일은 거의 벌어지지 않았다. 드문 사례로, 이기(李沂)는 동학군의 A/O 투쟁이 한창일 때 전봉준과 상의하여 동학군을 이끌고 서울로 쳐들어가 정부를 전복하고 국헌(國憲)을 일신하려는 계획을 가지고 있었다고 하나,[316] 이는 과장일 가능성이 크다. 왜냐하면 이기는 순무영이 작성해

---

> 建陽 元年 1月 15日 〉公州「匪魁」文錫鳳을 逮捕하다.

313  배항섭, 앞의 「1894년 동학농민군의 반일항쟁과 민족적 대연합 추진」, 120~124쪽.

314  柳麟錫, 「격고팔도열읍」, 『昭義新編 권일』, 김상기, 『한말의병연구』 참조(박맹수, 『공주와 동학농민혁명—해설·자료·연표』, 40쪽 재인용).

315  호서(청풍)유생 서상철은 7월 2일자 포고를 통해 팔도의 충의지사는 7월 25일 일제히 안동부의 명륜당에 모여 적을 토벌하기를 기약하자고 제안했다. 羅巖隨錄 〉二一四 湖西忠義徐相轍布告文. 위 포고문은 아래와 같은 글귀로 시작되고 있다. "湖西忠義徐相轍等 特以大義 布告于我東土有位大人暨編戶人員 登山而呼四面 皆應以其所聞者衆也 伏願傳戶喻一體 輪察焉."

316  "삼남(三南)의 백성이 박탈을 견디지 못하여 갑오년(甲午年)에 동비(東匪)가 일어났을 때 공의 집은 구례(求禮)에 있었는데, '이것은 서울에 달려 들어가서 정부(政府)를 뒤엎고 간신(奸臣)을 죽여 임금을 받들어 국헌(國憲)을 새롭게 할 만하니, 일찍 서둘러서 운용(運用)해야 할 일이다'라고 생각하고 전봉준(全琫準)에게 달려가서 설득시켰다. 봉준은 동비의 괴수로 제법 호걸스러웠는데, 공의 말을 좋아하였으며 따라서 말하기를, '나는 공의 설득을 따를 것이오 남원(南原)에 김개남(金介南)이 있으니 공은 가서 합세하시오'라고 하였다. 공이 바로 달려가서 남원에 이르렀으나, 개남은 거절하고 만나주지 않았다. 오히려 해치려고

올린 '군공록'에 '구례 의려장'으로 이름이 올라 있기 때문이다. 게다가 『선봉
진정보첩』에서는 성하영이 일부러 구례를 찾아가 이기를 직접 만나 그의 공적
을 치하했다는 기록도 보인다.[317]

도회·의거 전통의 지속과 변용이라는 관점에서 볼 때, 모이고 모아, 점거하
고 담판한다는 A/O 투쟁 전술은 을미년의 의병들도 상용했다. 을미의병의 주
체들은 발통·취회의 과정을 거쳐 의진(의려)을 형성한 뒤 주변의 읍성, 특히 23
부제 실시(1895년 6월~1896년 8월)로 말미암아 관찰부로 승격한 감영급 도회지를
점거하는 투쟁을 전개했는데, 이 또한 대의명분을 앞세운 정치담판을 위해서
였다. 하지만 을미의병도 남북접 동학군과 마찬가지로 강력한 점거농성 투쟁,
특히 초야 사민층의 지지 가운데 항일의려를 형성하는 데까지는 이르지 못했
다. 예를 들면, 홍주의병은 홍주부 관할 22개 군과 홍주군내 27개 면에 통문을
띄워 의병에 응모하기를 호소하였으나, 주민들의 반응은 그리 호의적이지 않
았다.[318] 홍주의병의 주도자인 이설은 앞의 상소에서 임금과 조야의 유생들이
나서서 싸우면 우리 백성 모두가 함께 투쟁할 것이고, 그러면 승리할 것이라

---

하여, 공은 옷을 바꿔 입고 달아나서 죽음을 모면하였다. 이로부터 그들과 함께 일을 할 수
없음을 알게 되었다." 舊園文錄 〉海鶴李公墓誌銘. 이 글은 국사편찬위원회가 편찬한 『海鶴
遺書』(1955)에도 실려 있다.

**317** 성하영은 선봉진에 "특별히 官衛을 주어 민중을 이끌고 防守하게 할 뜻으로 巡撫營에 謄報
하는 것"을 건의함과 동시에, "李沂가 각처에 파송한 檄文을 謄書하여" 올렸다. 先鋒陣呈報
牒 〉出陣壯衛營副領官兼竹山鎭討捕使爲牒報事(開國五百三年十二月十一日). 뒤이어 첨
부된 「求禮縣義兵盟主李沂(甲午十二月 日)」의 서두에도 당시 척사유생들이 상용한 '聖人
之徒 亂臣賊子 皆得誅不必士師之職'이라는 언급이 보인다.

**318** 홍순권, 「을미의병운동을 재평가한다」, 『역사비평』 1995년 봄호. 위 연구에 따르면, 홍주의
병의 경우 "봉기 단계에서 먼저 유군(儒軍)이 모였으나 민병이 오지 않아 차츰 흩어져 버
렸"고, 제천의병도 "의병이 지나는 고을마다 격문을 내어 민병의 자진 응소를 호소하였지
만, 좀처럼 평민들이 호응해 오지 않았"다고 한다. 위의 논문, 176쪽.

장담했으나[319] 이런 기대는 난망한 것이었다. 1894년 난리, 특히 고종과 조선왕조 정부, 특히 관군과 유회군의 집단학살을 경험한 민중들은 1894년 어셈블리 때와는 달리 을미년에는 쉽게 나서지 않았다. 한말의 의병운동이 대중적인 A/O 투쟁으로 발전하지 못한 주요한 원인도 민중(동학군)들에 대한 관군과 의병(유회군, 민보군)의 집단학살, 즉 1894년 어셈블리의 후과(後果) 때문이었다.[320]

---

**319** "최근 항간에서는 비록 어리석은 일반 백성조차 서로 모여서 이야기를 하며 팔뚝을 걷어붙이고 손바닥을 치면서 울분을 토로하고 욕을 합니다. 심지어 귀먹어리와 절름발이까지 모두 기세를 올리며 돌을 던지고 몽둥이를 휘두르고자 합니다. 이것이 사람들의 마음에 증험해보아 우리가 승리할 수 있는 이치입니다." 앞의 「論倭寇仍辭司諫疏」.

**320** 후속연구 「갑오의려와 을미의병: 동학군 잔여 세력의 을미의병 참여론 비판─동학군과 척사유생은 무엇이 당대의 의리인지를 다투었다」, 『조선, 1894년 어셈블리(ASSEMBLY): 역사·기억·기념』 참조.

3부

공주 점거투쟁의 성격과 의미

특정 사건의 성격과 의미를 논하는 작업, 특히 기억과 기념의 문제는 사건의 자초지종을 따지는 작업과는 달리 지극히 정치적이며 이데올로기적인 행위이다. 이런 사실은, 그동안 한국사(국사) 교과서들이 1894년 사건의 성격과 의미를 어떻게 규정해왔는가만을 보아도 쉽게 알 수 있다. 박근혜 정부 시절 '국정교과서 편찬기준(=집필지침)'을 제정할 때, 청와대는 이른바 'BH(청와대) 지시'[01]라는 명목으로 "동학농민운동의 성격을 설명할 때 '근왕운동적인 성격'에 유의할 것" 등을 강조한 바 있었다. 이는 역사교육의 정치 이데올로기적 성격을 보여주는 대표적인 사례이다.

하지만 1894년 사건은 단일한 사건이 아니라 일종의 '다사건(多事件)'이므로 보는 관점과 입장에 따라 그 성격과 의미를 다양하게 규정할 수 있다. 이런 점들을 유념하면서 3부에서는 공주 점거투쟁의 배경과 전개 양상에 대한 논의들

---

01  2015년 9월 하순경 청와대에서 작성한 이른바 「2015년 교육과정에 따른 교과서 편찬기준(유의점)」에 대한 21개의 'BH(청와대) 수정의견' 가운데 하나이다. 졸고, 「역사교과서 국정화의 진상과 역사학계의 반성문 쓰기」, 『역사와 현실』 109, 2018 참조.

을 바탕으로 사건의 역사적 성격과 의미를 새롭게 조망해보고자 한다. 3부에서 특별히 주목한 것은 서론에서도 밝혔듯이 19세기 후반의 도회·의거 문화에 기초한 A/O(모이고 모아, 점거하고 담판하는 assembly/occupy) 투쟁으로서의 성격과 의미이다. 1장에서 남북접 동학군의 집단정체성 문제를 구명한 뒤 2장에서는 결론 삼아 공주 점거투쟁과 도회·의거 문화의 상관성을 살펴보고자 한다.

# 동학군의 집단정체성 재론

공주 점거투쟁의 성격을 규명하려면 당연히 사건의 주체와 목표 등에 대한 정리가 필수적이다. 기존의 연구들은 구조사적인 관점에서 남북접 동학군을 당시의 사회(계급)구조에 의해 형성된 동일한 계급의식을 가진 '농민군(peasant army, 혹은 혁명군)'으로, 그 투쟁목표를 반외세 반봉건, 즉 항일과 정권(왕조) 타도 등으로 규정하려는 경향이 강했다. 하지만 사건사적인 관점에서 보면 동학군은 동학의 종지인 '광제창생 보국안민'을 실천하기 위한 일종의 결사이자 집회 시위군중이었으며, 투쟁의 목표와 방법은 19세기 후반의 도회·의거 전통에 의거한 전형적인 A/O 투쟁이었다. 요컨대, 남북접 지도부가 합의한 공주 점거투쟁의 목표와 방법은 충군애국지심을 가진 초야의 사민들을 중심으로 항일의려를 형성하는 것, 특히 경군·영병의 내응과 이교·시민의 호응 등을 토대로 공주를 점거한 뒤 조선왕조나 일본 정부를 상대로 '정치담판'을 벌이는 것이었다.

물론 남접·호남 중심 농민전쟁론자들의 주장처럼[02] 전봉준 등 남접 지도부

---

02  정창렬, 「동학농민전쟁의 역사적 의의(국가·민족·국민)」, 『신편한국사 39』. "전봉준은 제2차

가 나름대로 새로운 '정권 구상'을 가지고 있었을 수도 있다. 게다가 추론이기는 하나, 공주 점거에 성공할 수 있었다면 사건과 사건의 연쇄·중첩 과정에서 조선왕조의 지배 체제가 재생(회복) 불가능한 상태로 해체되면서 새로운 정권(연합정권?) 주체가 형성되어 경장(更張)이나 유신(維新)을 넘어서는 급진적인 정치개혁이 추진될 가능성이 전혀 없었던 것도 아니었다. 하지만 공주 점거투쟁, 특히 애국적 사민(士民)들의 항일의려(義旅) 형성과 이에 기초한 점거농성 및 정치담판 등에 실패함으로써 이런 구상은 가능성이나 잠재성으로만 존재했을 뿐, 현실화되지는 않았다.

## 1. '농민군'인가, '동학군'인가?

남접·호남 중심 농민전쟁론자들은 동학(특히 북접교단)과 1894년 어셈블리의 연관성을 제한적으로만 인정한다. 예를 들면, 정창렬은 "농민들의 결합·유대 형성에 동학교문의 조직이 크게 기여하였다"는 사실은 인정하나, 그 "결합 방식이 다양하고 다원적이었다"는 점을 특별히 강조했다.[03] 정창렬이 주목한 동학군의 결합 원리나 계기는 '농민적 향권 세력'의 형성(존재)과 정치적 영향력 확대, 탐학에 대한 증오 등 심정적 유대의 확산, "공동의 힘으로 침어(侵漁)를 막아내"야 한다는 생각, 함께 모여야 억압과 수탈에서 벗어날 수 있을 것이라는 기대와 희망 등이다. 물론 정창렬이 언급한 대로 동학군의 결합 방식은 다양하

---

농민전쟁의 단계에서는 내정혁신을 위한 방법으로서 항일의 연합전선과 연합정권까지 구상하였다. 농민군 세력도 연합정권의 일각에 자리시켰을 가능성도 농후하였다. (…) 그러나 그 國權·主權의 담당자로서의 국민은 인식되지 못하였다고 생각된다."

**03** 정창렬, '결합의 유대', 앞의 「동학농민전쟁의 역사적 의의」 참조.

고도 다원적이었다. 어윤중은 보은도회에 참여한 동학군의 구성, 또는 이들의 입도 배경과 동기를 아래와 같이 정리했는데, 1894년 어셈블리에 참여한 동학군의 구성도 이와 크게 다르지는 않았을 것이라 짐작된다.

포덕 초기에는 부적과 주문을 가지고 무리를 현혹시키고, 도참설을 전파하는 등 세상을 속여 사람들을 모았다. 하지만 마침내 근자에 이르러서는 재주와 기상을 믿었다가 일이 뜻대로 되지 않은 사람(略負才氣 鬱鬱不得意者), 탐욕이 멋대로 행해지는 것에 대해 분개하여 백성을 위해 한 목숨 바치려는 사람(憤貪墨之橫行 欲爲民制其死命者), 오랑캐들이 우리의 이권을 빼앗는 것을 분하게 여겨 큰 소리를 치던 사람(痛外夷之奪我利源 妄爲大談者), 탐욕스러운 군교와 속이 검은 아전에게 학대를 당하여도 억울함을 호소할 곳이 없었던 사람(爲貪帥墨吏之所侵虐 無所伸訴者), 서울과 시골에서의 무단(武斷)으로 협박과 통제를 받아 스스로 보전할 수 없었던 사람(爲京鄕武斷所脅制無以自全者), 서울이나 지방에서 죄를 짓고 도망한 사람(京外之負罪 逃命者), 영·읍속들 가운데 의지할 곳이 없어 여기저기 떠돌던 사람(營邑屬之無賴散處者), 농사를 지어도 곡식을 남기지 못하고 장사를 하여도 이익을 남기지 못한 사람(農無遺粟商無遺利者), 어리석고 우매하여 소문만 듣고 동학에 들어가 살 길(樂地)을 찾으려 했던 사람(蚩蚩矇矓風聞 以入爲樂地者), 빚을 져 독촉을 이겨내지 못한 사람(不耐債貨之侵督者), 상민과 천민이 귀하게 되기를 바라는 사람(常賤而願爲拔身者)들이 그들을 따랐습니다.(聚語〉宣撫使再次狀啓 魚允中兼帶)

위의 인용에 따르면, 포덕 초기의 입도 동기는 부적과 주문, 기도와 수행 등 교조의 가르침이나 종교적 열정이었으나, 보은도회가 열리는 1893년 봄 무렵에 이르면 여러 가지 정치경제적인 이유로 동학에 입도하는 사람들이 늘어나기 시작했다는 것이다. 이는 보은도회 무렵, 특히 어셈블리 투쟁의 정치(수행성)

효과 등으로 말미암아 동학의 사상이나 종지는 물론이고 동학도의 구성이나 정체성 자체도 달라지기 시작했음을 시사한다. 1894년 어셈블리 때의 동학도는 위의 인용에도 보이듯이 자신들의 생활상의 요구를 해결하기 위해 모인 사람들이었고, 이 무렵에는 경전화된 최제우(대선생)의 가르침보다는 척양척왜와 보국안민의 기치, 또는 어셈블리의 촉매제인 영부와 주문 등 각종 동학식 의례와 의식, 또는 이를 매개로 모여든 어셈블리 자체가 동학(군)의 정체성 형성에 더 중요한 의미를 가졌을 것이라 짐작된다.

동학사상의 혁명성을 논의하는 과정에서 기존 연구들은 『동경대전』의 논학문(동학론)에 보이는 '우리 도(吾道)는 무위이화(無爲而化)'라는 말에 주목하여 그 혁명성을 부정하는 경향이 강했다. 조경달이 앞의 『이단(異端)의 민중반란』에서 1894년 어셈블리의 동력 혹은 지도사상으로 정통 동학의 내성주의(범신론적 자력신앙)보다 남접집단의 이단동학(일신론적 타력신앙)에 주목한 것도 그런 이유 때문이라 판단된다. 그렇다면 1894년 당시(斯世, 斯地) 동학군이 믿고 실천한 동학의 종지(宗旨) 또는 정체성(identity), 즉 사민(斯民)들이 닦고 실천해야 할 사도(斯道)와 사학(斯學)은 무엇이었을까? 사방의 현사들이 "도로 말하면 같은 도라고 말씀하셨는데 그렇다면 서학이라고 이름해도 무방하지 않겠습니까(同道言之 則名其西學也)"라고 질문하자 최제우는 "그렇지 아니하다. 나는 이 동방의 조선 땅에서 태어나 그 도를 이 조선 땅에서 받았다. 도는 분명 천도라고 내가 말했다. 그래서 나는 말하겠다. 그 도에 도달하는 학으로 말하자면 분명 동학이다"라고 답했다.[04] 이런 말들의 핵심 논지는 우리 세상과 우리 백성과 우리 도

---

04 "曰同道言之, 則名其西學也, 曰不然. 吾亦生於東 受於東 道雖天道, 學則東學. 況地分東西, 西何爲東, 東何爲西. 孔子生於魯, 風於鄒 鄒魯之風 傳遺於斯世, 吾道受於斯, 布於斯, 豈可謂以西名之者乎." 『동경대전』, 「논학문」.

와 우리 학문을 강조하는 주체적 현실주의였다.[05] 이런 관점에서 보면, 1894년 어셈블리 과정에서 동학군이 믿고 따른 동학의 종지(정체성)는 무위이화가 아니라 보국안민이라 말해야 옳다. 예를 들면, 보은도회 당시 동학도소 측은 도회 개최의 목적, 즉 자신들의 창의 목적을 "한편으로는 도를 보위하고 스승을 높이는 방안을, 다른 한편으로는 보국안민의 계책을 마련하는 것"이라 천명했다.[06] 이는 보은도회 그 자체가 동학의 종지를 실현하기 위한 구체적인 실천행위였음을 시사한다. 요컨대, 1894년 어셈블리 때는 보국안민을 강조하는 것, 더 나아가 스스로 집회와 시위에 참여하여 주문을 외고 기도를 올리는 것 그 자체가 동학을 하는(doing)[07] 행위였다.

전봉준 등은 전주화약 직후 (제중)의소 명의의 포고문을 통해 "오도(吾道)의 종지(宗旨)는 진실로 보국안민에 있다"는 점, "도인(道人)이라 칭하면서 본업인 농업에 힘쓰지 아니하고 민심을 선동하면 이는 곧 난도(亂徒)"라는 점 등을 분

---

**05** 김용옥은 『동경대전 2』에서 이 대목과 관련하여 아래와 같은 해설을 덧붙였다. "동학(Eastern Learning)은 서학에 반대하는 개념이 아니라 해동 즉 '조선의 배움'이라는 뜻이다. 동학은 조선학이다. 조선사람이라면 누구든지 참여해야만 하는 배움(學)이라는 뜻이다." 위의 책, 134~135쪽.

**06** "各包敎徒, 居斯齊集, 一以爲衛道尊師之方, 一以爲輔國安民之策, 寔切厚望." 侍天敎宗繹史 〉侍天敎宗繹史 第二編 下〉第十章 爲師訟冤. 권병덕도 「갑오동학난」에서 이 대목을 "各包敎徒난 屆期齊會하야 一은 衛道尊師하는 方을 爲하고, 一은 輔國安民 하난 策을 爲하기를 寔切厚望이라"라고 서술했다.

**07** 김용옥이 강조했듯이 창도 초기부터 동학도들은 '동학을 믿는다'라는 표현을 쓰지 않고 반드시 '동학을 한다'라고 말했는데, 그 이유는 동학은 믿음(Belief)의 대상이 아니라 함(Doing) 그 자체였기 때문이라는 것이다." 도올 김용옥, 「序」, 표영삼, 『(수운의 삶과 생각) 동학 I』 통나무, 2004, 13~14쪽. 이런 견지에서 보면, '북접교단의 正統東學(범신론적 天觀, 內省主義)'과 '남접 지도부의 異端東學(一身論的 天觀=上帝觀)'을 구분하는 조경달의 주장은 동학사상이나 교리를 오해한 것일 수도 있다.

명히 밝혔다.[08] 뿐만 아니라 전봉준은 재판 과정에서도 일본영사가 "동학이라는 것은 어떤 주의(主意)이고 어떤 도학(道學)이냐"라고 질문하자, 곧바로 "수심(守心)하여 충효로 근본을 삼아 보국안민하자는 일"이라 답했다.[09] 요컨대, 1894년 어셈블리 당시의 모든 기록에 따르면 1차 봉기 때나 2차 봉기 때나 동학군은 동학의 종지인 보국안민을 실천하기 위해 모인 동학도 그 자체였고, 보국안민은 모든 동학군의 서원(誓願)이자 강령(綱領)이었다.[10]

1차 봉기 시기 남접집단은 자신들의 집단정체성을 표현할 때 동도 또는 동학유생이라 칭했을 뿐, 병·군·당(兵·軍·黨) 등의 표현은 가급적 쓰지 않으려 애썼는데, 이는 2차 봉기 때도 마찬가지였다. 「전봉준 공초」에서 애국적 사민(士民)들의 항일의려를 조직하려 했다는 표현도 가급적 반란(내란)의 이미지를 피하기 위해서였을 것이다. 그럼에도 조선왕조 정부나 관군 측은 동학군의 A/O 투쟁을 창란·패거라 규정한 뒤 동학군을 시종일관 비적·비류(남적·남비, 호남적·호남비)라 호명했다. 그렇다면 일반 민중들은 동학군을 무어라 불렀을까? 아래에 보이는 일본공사관 측의 탐문 자료는 당시 민중이 1894년 어셈블리의 주체를 어떻게 호명하고 있었는가를 잘 보여준다.

---

08 『주한일본공사관기록 3』: 배항섭, 「동학농민전쟁의 사상적 기반과 유교」, 『歷史學報』第236輯, 2017. 12, 30쪽 재인용.

09 全琫準供草 〉 乙未二月十一日全琫準再招問目.

10 1904년 갑진민회운동을 벌일 때 손병희나 이용구도 동학의 종지가 보국안민이라는 사실을 거듭 천명했다. 손병희 측(천도교)이 이용구 측(시천교)을 黜教 처분할 때 '聖訓'을 운운하며 난도난법자라 비판하자, 이용구 측은 "聖經曰輔國安民計將安出, 今此民國事進步的義務, 謂之亂道亂法可乎"라고 항변했다. 侍天教宗繹史 〉 侍天教宗繹史 第三編 〉 第八章 兩教分門. 위에 보이는 '民國事' 운운하는 대목은 일진회가 民會(national assembly)와 民國(共和國) 건설을 지향하는 정당사회단체였음을 시사한다. 논란이 뜨거울 법한 주제이기는 하나, 이에 대한 자세한 언급은 지면관계상 후속연구 「1894년 어셈블리 이후—1904년 갑진민회운동과 1919년 3·1만세운동」으로 미루고자 한다.

경상도에서도 충청도·전라도와 접경한 각 지방에 동학당류가 많고 특히 선산·상주·유곡 등은 평소 동학당의 소굴이라고 일컬어진다. 이번 충청도의 소요 때에도 동학당을 응원하기 위하여 상주 쪽에서 그곳으로 간 사람이 적지 않다고 한다. 위의 각 지방 백성들은 동학당에 대하여 누구나 암암리에 경의를 표하며 동학당을 지목하여 동학군(東學君)[11] 혹은 동학인(東學人)[12]이라 칭하며 당(黨)이라고 말하지 않는다는 것이다(人民ハ東學黨ニ對シテハ何レモ暗ニ敬意ヲ表シ東學黨ヲ目シテ東學君或ハ東學人ト稱シ黨トハ云ハサル由). 그리고 그 말하는 바를 듣건대, 모두가 민씨(閔氏) 집안의 전횡에 분개하고 지방의 폐정을 탄식하지 않는 자가 없다고 한다.[13]

위의 자료는 당시 민중이 1894년 어셈블리의 주체를 '동비(東匪)' 혹은 '동학당(東學黨)'[14]이라 칭하지 않고, 흔히 동학군(=꾼=軍), 동학인(=쟁이)라 불렀음을 보

---

**11** 동학군의 軍을 일본어 용례처럼 君(きみ)으로 이해한 듯하나 순수 우리말인 '꾼(=軍)'을 그렇게 기록(구술 채록)한 것이라고 판단된다. 일반 농민을 농군이라 호명한 것은 兵農一致 사회의 유산이다.

**12** 위에서 東學君을 동학꾼(한자식 표현은 軍)이라 읽어야 하듯이 東學人은 19세기에도 흔히 쓰인 '천주학쟁이'라는 말처럼 '동학쟁이'라 읽어야 옳다. 한말이나 일제시기 동학쟁이라는 말이 흔히 쓰였듯이 1894년 당시에도 '천주학쟁이'라는 말과 더불어 '동학쟁이'란 말이 쓰였을 것이라 믿어진다. 천주학쟁이와 관련한 연구로는 원재연의 『조선왕조의 법과 그리스도교』, 한들출판사, 2003 참조.

**13** 駐韓日本公使館記錄 1권 〉二. 全羅民擾報告 宮關內騷擾의 件 二〉(16) [慶尙道內 東學黨 狀況 探聞 報告] 양력 6월 13일(음력 5월 10일). 在釜山 總領事 室田義文→臨時代理公使 杉村濬.

**14** 1894년 어셈블리 때 척사유생들은 사건의 주체를 대개 東匪, 또는 南賊이라 호명했다. 흥미로운 사실은 유독 황현의 『오하기문』이나 『매천야록』에만 당시 일본군이 주로 썼던 '동학당'이라는 표현이 자주 보인다는 점이다. 『論語』 述而篇에 '君子不黨'이라는 말이 나오듯이, 당시 흔히 쓴 개화당, 수구당, 동학당이라는 말은 요즘과는 달리 지극히 부정적인 표현이었기 때문이라 판단된다.

여준다. 두 개의 호칭이 가진 공통적인 특징은 '동학도로서의 정체성'을 강조하고 있다는 것이다. 요즈음의 언어 감각대로 해석하면 동학군의 군(軍)은 군대나 군인(병사)을 지칭하는 용어로 오해하기 쉬우나 병농일치 사회에서 군(꾼)이라는 말은 나무꾼(樵軍), 농사꾼(農軍), 두레꾼 등과 마찬가지로 특정한 무리나 집단을 지칭하는 상용어였다.[15] 1862년 진주와 공주 어셈블리를 주도한 초군(樵軍)은 순전한 나무꾼 집단이 아니라 『임술록(壬戌錄)』에 보이는 "산에 오르면 초군이요 들에 나가면 농부(登山樵軍也 出野之農夫也)"라는 표현처럼 일반 농민들을 지칭하는 용어일 뿐이었다.[16]

1894년 어셈블리 때 '서학쟁이'라는 말처럼 '동학쟁이(東學人)'라는 말이 유행했다는 사실도 흥미롭다. 예를 들면, 1907년 11월 대한협회 창립총회 시기 안창호가 축사를 통해 '동학쟁이' 운운하는 발언을 했다가 물의를 빚었다는 회고,[17] 또는 「우리는 종놈이다」(『개벽』 65호, 1926년 1월)[18]에 보이는 "동학쟁이는 나라에서 역적과 같이 여긴다데"와 같은 표현들도 당시부터 '동학쟁이'라는 말이

---

**15** 〈한국사 DB〉 참조. 박달성은 『별건곤』에 실린 한 글에서 1894년 사건의 주체를 "꼴軍, 나무ㅅ軍, 장사ㅅ군, 農事ㅅ군(卽東學軍)"이라 표현하기도 했다. 「드면錄!! 그때에 이리 햇드면 只今 朝鮮은 엇지 되엿슬가, 最初의 民衆運動을 니르킨 東學黨이 政治의 訓練만 잇섯드면」, 『별건곤』 제7호, 1927년 7월.

**16** 김준형, 앞의 「진주농민항쟁의 재음미」, 『(진주학총서 2) 진주정신을 찾아서』, 177쪽 재인용. 19세기 후반의 민요는 주로 겨울철 농한기에 발생했는데, 이 무렵 농부(농사꾼)들은 주로 초군 조직을 매개로 땔감을 얻거나 판매하는 활동을 전개하였으므로, 관변 측 자료는 민요를 흔히 樵變, 樵軍作變이라 호명한 것으로 보인다.

**17** 「百人百態 演壇逸話」, 『별건곤』 제30호, 1930년 7월.

**18** 新丙寅生이 집필한 '이야기(소설)체 형식'의 회고담인데, 부제는 '東學黨亂 中의 興味 잇는 사실/ 종놈으로서 上典 XX 까든 니약이'이다. 동학쟁이라는 말은 앞의 「百人百態 演壇逸話」에도 보인다.

흔히 쓰였음을 보여주는 증거들이다.[19] 서학쟁이, 동학쟁이 같은 말은 부정적이기는 하나, 비적이나 폭도라는 이미지와는 결이 다른 호명이다.

재판 과정에서 전봉준이 진술했듯이 1차 봉기, 특히 고부민란 때는 "동학은 적었고 원민이 많았다"고 한다. 하지만 1차 봉기 시기에도 호남 동학군은 '초무평민(初無平民) 구시동도(俱是東徒)'[20]라는 언급대로 도적이든 원민이든 모두 입도절차를 거친 동학도였으며, 모였다 하면 기도(祈禱)와 송주(誦呪)[21]를 했다. 『시천교종역사』에서 "전봉준이 무리를 이끌고 정읍 함평을 거쳐 장성에 이르렀을 때, 따라 붙는 자가 날로 늘어 무리가 수만에 이르"렀다거나, "지나가는 고을마다 인심이 풍종경부(風從景附)하여, 일변 강도(講道)하고 일변 연병(演兵)하니 그 세가 점차 웅장해졌다"[22]는 기록 등은 이들 모두가 동학도(군)가 되었다는 증거이다. 또한 『시천교종역사』에서 "일창백수(一唱百隨)하니 팔역동성(八域同聲)했다"는 대목, 또는 9월 10일자 충경대도소 통문에 보이는 '억천만인이 모두 한마음이었다'거나, '한 사람이 깃발을 들면 만 사람이 상응했다(一夫揭竿 萬夫相應)'[23]는 대목 등도 당시 동학군의 신명이나 감흥이 얼마나 크고 깊었는지를 잘 보여

---

**19** 함경도 단천 지역 동학군(박승일) 후손(손자)의 증언 가운데, "동학쟁이 집안이라고 찍혀 가지고" 등 '동학쟁이'라는 말이 두 차례 쓰였다. 박준성 채록, 『다시 피는 녹두꽃』, 〈한국사 DB〉.

**20** 隨錄〉甲午〉甲午三月二十七日 啓草.

**21** 동학세가 강력한 지역을 언급할 때, "한밤에 맑은 물을 떠놓고 주문을 외우는 소리가 백 리까지 끊이질 않았다(甚至中夜 淸水誦呪之聲 不絶百里)"는 표현이 자주 쓰였다. 『義山遺稿』〉卷之一〉上巡營(一).

**22** 侍天教宗繹史 第二編下〉第十一章 甲午教厄.

**23** 駐韓日本公使館記錄 1권〉四. 東學黨에 關한 件 附巡査派遣의 件一〉(21) [東學黨의 檄文通報 및 情報通知 요청](1894년 9월 24일(양력 10월 22일). 南部兵站監 伊藤祐義→臨時代理公使 杉村濬).

주는 증거이다.

공주 점거투쟁 시기 북접교단은 전체 동학도(군) 숫자를 60만이라 칭했고[24] 전봉준도 재판 과정에서 같은 말을 했다.[25] 이 외에 일본공사관(「동학당 사건 회심 전말」)과 관군 측(「兩湖巡撫先鋒將李公墓碑銘幷序」) 기록, 또는 『남유수록』(계사년 3월) 등에도 '동학당 60만', '중호 60만(衆號爲六十萬)', '다지 60만중(多至六七十萬衆)' 등 등의 표현이 자주 보이는데, 이 또한 동학교단이나 동학군 측의 주장을 그대로 받아들인 수치라 여겨진다.[26] 그렇다면 공주 점거투쟁 당시 60여만의 동학군 을 결집시킨 정치적 힘, 그 계기와 동력은 무엇이었을까? 이럴 때 당연히 동학 의 사상과 조직을 전체적으로 주목해야 하나, 이 책에서는 지면관계상 21자 시 천주 주문(侍天主呪文)과 궁을 영부(弓乙 靈符)를 매개로 한 동학식 의례(儀禮)와 의 식(儀式)의 중요성을 강조하고자 한다. 왜냐하면, 당시 유생들은 영부와 주문을 활용한 동학군의 의례나 의식을 사술(邪術)이라 폄훼했으나, 김용옥의 주장처 럼 "주문(또는 영부—인용자)은 동학이 민중에게 다가갈 수 있었던 가장 포퓰러한 언어요, 암호요, 상징이요, 위로요, 경전을 압축한 비어"였기 때문이다.[27] 김용옥

---

24  『천도교회사초고』와 오지영의 『동학사』, 권병덕의 『갑오동학란』 등도 통령 손병희가 통할한 전체 동학군의 숫자를 60만이라 기록하고 있다. 〈한국사 DB〉 참조.

25  會審 과정에서 일본영사가 "너희 편은 몇 명 정도냐"고 질문하자 전봉준은 "동학당 60만 명 중에 함께 생사를 같이하기로 맹세한 자는 겨우 4천 명뿐"이라고 답했다. 『東京朝日新聞』〉 明治28년 3月 6日. 1893년 보은도회 시기 주최측이 공공연히 주장한 전체 동학도의 숫자도 60만이었다. 南遊隨錄 〉 日記續五 〉 癸巳三月.

26  〈한국사 DB〉 참조. 순천 지역에서 11월 말경에 압수된 「동학당의 건언(建言)」이라는 문건 에 따르면, 당시 동학군은 스스로 100만(生等百萬)을 칭하기도 했다. 『신국역총서 14』, 104쪽, 365쪽.

27  앞의 『동경대전 2』, 「주문」, 214쪽. 마수미의 정동정치론 혹은 버틀러나 네그리의 어셈블리론 에 따르면, 동학의 주문과 부적은 어셈블리 투쟁의 기본조건인 '기쁨의 정동(情動: affect)', 또 는 '긍정적 감응(感應: affectus)'을 자극하는 매개, 그리고 김지하 식으로 표현하면 집단적 신

은 『동경대전 1』에서, 동학이 제인(濟人)과 교인(敎人)의 주요한 수단(방편)으로 영부와 주문을 강조한 것은 기독교나 불교 등 기성종교를 통해 "제도화된 종교의 본질은 제식에 있다"는 사실을 잘 알고 있었기 때문이라 주장한 바 있다. 즉 "서학에 빠진 조선의 민중에게 막연한 전향을 요구하는 것보다는 그것을 상쇄시킬 수 있는 어떤 새로운 제식이 필요하다"는 사실 등을 잘 알고 있었기 때문이라고 보았다.[28]

1893년 봄 보은도회가 열렸을 때 동학도들 사이에서는, 부적을 몸에 지니고 주문만 외우면 물과 불의 피해는 물론이고 총알도 피할 수 있다는 소문이 파다했는데,[29] 이는 1894년 어셈블리 때도 마찬가지였다. 「경포도청기교정탐기(京捕盜廳機校偵探記)」[30]에 따르면, 1차 봉기 시기 호남 각지에 둔취했던 동학군은 "매

---

명(神命) 또는 신기(神氣: 신끼) 형성의 주요한 매개였다. 김지하는 「우금티 현상」이라는 글에서, "시산혈해를 이루며 실패에 실패를 거듭하며 주검을 넘고 또 넘어 그들로 하여금 해방을 향해 나아가게 했던 근원적 힘"을 "동학군을 통한 민중의 집단적 신기(신끼)의 대각성"이라 표현한 바 있다. 「우금티 현상」, 『살림』, 동광출판사, 1987, 33쪽 참조. 이에 반해 조경달은 주문과 부적을 농민군의 '戰意를 높이기 위한 邪術'이라 평가했으나(『異端の民衆反亂』, 343쪽), 이런 식의 해석은 '무지한 민중을 사술로 현혹하여 일종의 '죽음의 굿판'을 벌였다'는 당시 유생들의 주장과 크게 다르지 않다.

**28** 앞의 『동경대전 1』, 22~23쪽. 영부와 주문에 대한 김용옥의 아래와 같은 주장은 긍정적 감응(感通)의 확산 문제와 관련하여 우리에게 시사하는 바가 많다. "이론을 제시하지 않고 영부와 주문을 제시한 것은, 수운에게 나타난 상제는 민중을 잘 이해하고 있었던, 민중 속에 살아 있는 상제였다는 것을 증명하는 것이다. 민중에게 필요한 것은 제인의 영부였고, 위아의 주문이었다. 이로써 동학은 민중 속에 파고들 수 있는 확고한 기반을 확보하게 된 것이다. 수운의 대각은 이론(theoria)이 아니라 실천(praxis)이었다." 앞의 『동경대전 2』, 91쪽.

**29** "時亨 誘愚民但持符念呪 則水不沈 火不爇 雨不沾衣 矢石鉛丸皆不入 故愚民信之 從者日衆 及至都會 天大雨衆露立 衣冠盡濕 其黨稍疑之." 梧下記聞〉首筆〉甲申.

**30** 駐韓日本公使館記錄 1권〉一. 全羅民擾報告 宮闕內騷擾의 件一〉(15) 東學黨에 관한 續報 發第102號 (仁川 總領事), 發第103號 (元山 總領事), 發第104號 (釜山 總領事) 明治二十七年 五月二十二日.

일 진법(陣法)을 연습하고 밤이면 경문(經文)을 읽"었다고 한다. 심지어 『나암수록』에는 "그들이 전수하는 주문 21자는 머리를 모으고 외우면 몸이 떨리고 앉아 있어도 부들부들 떨어 아무도 수습할 수가 없고 온 몸에 땀을 흘린 뒤에야 중지하니, 마치 천질(天疾, 간질)이 있는 자와 같았다. 이를 신령이 내려오는 것이라고 하였다"는 서술도 보인다.[31]

하지만 일본군과 관군의 물리적 탄압으로 동학군이 세불리 역부족의 상황에 내몰리자 늑도 행위가 빈번해지는 등 동학군의 구성이나 정체성이 크게 변화하기 시작했다. 남북접 연대 시기 최시형으로부터 양호도찰(兩湖都察)에 임명된 오지영은 2차 봉기 시기 "동학 각포(各包)의 사정과 각 집강소의 행정(行政)이며 의군 각진(義軍各陣)의 행동을 총찰(摠察)"한 뒤, '갑오전쟁(甲午戰爭) 이래 동학 자체의 변화 양상', 특히 평상시(平昔)와 비교할 때 '특필(特畢)해야 할 느낌(感)'을 아래와 같이 정리했다.

첫째, 포덕(布德)에 대하여 무더기로 식(式)을 행하였다. 한마당에서 십인이나 백인 이상의 다수가 입도(入道)를 하였고, 또는 부자나 양반이나 기죄과(其罪過)를 징습(懲習)하는 일방(一方) 도(道)에 탁명(托名)하는 자도 많았다. 또는 탁명자(托名者) 중에는 부랑(浮浪) 강량배(強梁輩)까지라도 모두 허락되어 휩쓸려 들어왔다. 포교자에 있어서는 앞에 사람이 많아야 지위가 높아지고 의군(義軍) 반열에 있어서도 또한 고등 장령(將領)이 되는 까닭으로 그리하는 것이다. 사실 도를 가르치고 덕을 편다는 것보다는 령인권(領人權) 문제에 대한 마음이 많아 그리하는 것이다. 그 풍(風)이 점점 성(盛)하여 내종(乃終)에는 남이 관리하는 사람을 유인하는 등 남의 진영(陣

壘)에 들어가 인마 총포 탄약 등을 약탈하는 일까지도 있었다. 그중에는 외면으로 동학의 탈을 쓰고 중심에는 악의를 그대로 가지고 있는 자도 많았다.[32]

위의 인용에서도 확인할 수 있듯이, 일본군과 관군의 탄압이 본격화되기 전까지는 자발적인 참여가 대세였으나 동학군에 대한 일본군과 관군의 탄압이 본격화되면서 늑도 현상이 확산되기 시작했다. 사정이 이러하자 1차 봉기 때와는 달리 동학군의 오도(吾道)의식이나 도속(道俗) 구분 의식,[33] 특히 영부와 주문을 활용한 각종 의례와 의식은 동학군을 오히려 고립시키는, 달리 말하면 민중들의 '긍정적 감응'을 증대시키기보다는 오히려 이를 약화시키는 역할을 수행하기 시작한 것으로 보인다. 왜냐하면 당시 동학군에 가담하는 행위는 양민(화민)이기를 포기하고 비적이 되는, 일종의 투명장(投名狀)을 던지는 행위였기 때문이다.

조선왕조 시기 양인은 천인과는 달리 국법체계 속에 포섭된 백성일 뿐만 아니라 국역의 주요한 담당층이었으므로 당연히 법의 보호를 받아야야 할 백성이었다. 하지만 난세의 양민은 평상시의 양인과는 달리 특별한 귀화나 전향 절차, 즉 충성도 테스트를 거친 사람들을 지칭하는 말이었다. 요컨대 1984년 어셈블리 당시의 양민은 공주 사람들의 입말처럼, 작은난리(동학난리=갑오동란), 큰

---

32  東學史(草稿本)〉東學史 三〉義軍과 官兵接戰. '부랑강상'과 유사한 의미로 '無賴潑皮'라는 용어도 자주 쓰였다.

33  『동경대전』에는 吾道에 대한 언급, 특히 서학이나 유학(성리학)과의 차별성을 강조하는 대목이 자주 눈에 띈다. 「수덕문(동학론)」에 보이는 '吾道無爲而化矣', '吾道今不聞古不聞之事', 또는 「座箴」에 보이는 '吾道誠敬信三字' 등이 그러하다. 도올 김용옥 지음, 『동경대전 2. 우리가 하느님이다』, 통나무, 2021 참조 하지만 1894년 어셈블리 때 '吾道의 宗旨'는 남북접 집단의 통문이나 포고 등에도 자주 보이듯이 보국안민, 척양척왜 그 자체였다.

난리(6·25난리=경인동란) 때 자주 쓰였던 '무고한 양민(無辜之民)'[34]이라는 상용적 표현들을 통해서도 확인할 수 있듯이, 조선왕조 시기 양인이나 적자와는 다른 개념이었다. 소모사 문석봉이 반동학군 활동을 하던 시기 진잠 각 면에 내린 전령을 소개하면 아래와 같다.

타일러서 깨닫게 하는 바이다. 비도들이 교화를 입지 않은 것이 요사이에 매우 심하다(匪徒之梗化此間尤甚). (…) 아! 우리 무고한 백성들은 저들 비도들에게 고통을 당한 지가 오래되었다(噫我無辜之民罹彼匪徒之患久矣). 지금부터 전에 오염된 것을 깨끗이 씻어내 삼가 본심을 지키고 오적(五賊)[35]들을 죽여 앞선 예로 경계를 삼고 서로 경계하고 신칙하여 양민이 되도록 하라(今以後蕩滌前染謹守本心以五賊之死爲前車之戒互相警飭至爲良民).[36]

문석봉은 을미년에 같은 지역에서 의병을 일으켰는데, 그의 부대는 공주 1차 투쟁 시기 북접 동학군과 마찬가지로 공주부를 점거하기 위해 공주부로 향하다(『시문기』 참조) 백락완과 구완희가 이끌던 관군에 의해 토벌되었다. 당시

---

**34**  무고는 無故가 아니라 반드시 無辜라 표기해야 한다. 辜란 緣故·事由, 까닭·이유. 道理·事理라는 뜻을 가진 故와 달리 허물·罪, 또는 災難·患難 등을 뜻하는 단어이기 때문이다. 〈한국사DB〉에서 無辜之民이라는 단어를 검색하면 『승정원일기』에 115건, 『조선왕조실록』에 90건, 『한국사료총서』에 22건, 『동학농민혁명자료총서』와 『주한일본공사관기록』 등에 각각 4건이 등장한다. 한국전쟁 시기 민간인 학살(=양민학살) 사건과 관련하여 후손(특히 자식)들이 가장 자주 입에 올리는 것도 "자신의 부친은 공산주의의 공자도 모르는, 그야말로 무고한 양민이다"라는 말이다.

**35**  五賊이란 을사오적이 아니라 해당 지역에서 활동하던 동학군 匪魁였는데, 이들은 체포된 뒤 甲午動亂(작은난리) 때건 庚寅動亂(6·25동란, 큰난리) 때건 늘 그랬듯이 '砲殺警衆', 혹은 '梟首警衆' 되었다.

**36**  義山遺稿(동학농민혁명사료총서 9권) 〉卷之二 〉傳令 〉傳令 鎭岑各面.

『관보』는 이를 "공주 부하(府下)의 비(匪)인 문석봉당(文錫鳳黨)이 도산(逃散)하였다", "공주 비적 문석봉을 체포했다"라고 보도했다.[37] 1894년 어셈블리 때부터 국가에 의해 난민(亂民)과 적자(賊子)로 지목될 경우, 그의 가족(가문)과 그가 사는 마을은 집단학살을 포함하여 여러 가지 협박과 공포에 시달려야 했다.[38] 요컨대 '무고한 양민'이니, '나서지 마라 패가망신한다' 라는 말들은 대파국의 시대가 낳은 새로운 말이자, 역설적으로 말하면 역사의 큰 흐름이 바뀌고 있음을 보여주는 상징적인 언설이기도 했다.

조선왕조 정부와 조야의 유생들은 동학군을 탄압하고 항일연대(의려)론을 분쇄하기 위한 책략의 하나로 비적↔양민론, 또는 남비(호남적)론을 두루 활용했는데, 늑도가 성행한 것도 이런 배경 가운데서였다. 『오하기문』에 따르면, 10월에서 11월 사이, 특히 공주 점거투쟁(1차 투쟁)에 실패했다는 소문이 나돌면서 늑도가 더욱 심해졌다고 한다.[39] 1894년 어셈블리 때 '마당포덕', '처남포덕'[40]이라는 말이 유행한 것은 대부분의 동학군이 입도식(入於東學)을 거쳤다는 증거인

---

**37** 고종시대사 3집 〉 高宗 32年 11月 8日 〉公州府下의 「匪」인 文錫鳳黨 이; 고종시대사 4집 〉 建陽 元年 1月 15日 〉公州 「匪魁」文錫鳳을 逮捕하다.

**38** 『고성총쇄록』에 수록된 4월 11일 면리에 내려보낸 감결에 보이는 "雖於至情之間 有所誆惑 於邪說 則是爲亂民也 終必至於敗家亡軀 而亦將累及於父子兄弟矣 無或以一人之故 而禍 延全家 必須預先摘發自首 官庭俾爲曉飭歸化 以圖自新之美 如其不然則無辜之民 亦難免 玉石俱焚之意 (…)"라는 대목은 이를 보여주는 하나의 사례이다. 固城府叢瑣錄(동학농민혁명사료총서 4권) 〉 甲午四月.

**39** "琫準等既北上 至公州 不得前 民間喧傳賊敗 (…) 十月至十一月勒道尤甚 若又數月則將無 人不賊矣. 梧下記聞 〉 三筆 〉 甲午十月.

**40** 1894년 시기 빠른 속도로 입도하는 사람들이 늘어나서 방에 들어올 새도 없이 마당에서 우물 청수를 떠놓고 입도식을 거행했던 까닭에 '마당포덕'이라는 말이 유행했다. '처남포덕'이란 비밀을 지키기 위해 친인척을 중심으로 조직을 늘려 나간 사실을 빗댄 당시의 시쳇말이다. 황현 『오하기문』, 오지영, 『동학사(초고본)』 등 참조.

데, 공주 유생 이단석의 5월 20일자 일기(「시문기」)는 동학군의 입도 동기나 과정을 아래와 같이 기술하였다.

〈5월 20일〉 (…) 그들이 주장하기를, "(A) 우리 동학에 들어온 사람(入稟道者)은 모두 신명(神明)의 도움을 받고 병든 자는 낫고 가난한 자는 부유해지고 병란 중에도 생명을 보호할 수 있으며 나쁜 짐승이 범할 수 없다"라고 하였다. 이 말을 듣고 현혹되어 입교하지 않는 사람이 없었다. 그런데 (B) 동학에 들어 오지 않은 사람에게는 강제로 권하고(其不入者勒勸), 그래도 듣지 않으면 온갖 형육(刑戮)을 당하게 하여 할 수 없이 입교하는 사람도 많았다(其不得已入者亦多). 이 때문에 여러 고을의 동학도(東徒)가 더욱 세력이 커지고 관에서 내린 명령은 행해지지 않아 이로 인하여 큰 혼란이 초래되었다.

위 자료는 사술(邪術)에 현혹되거나(A) 강제로 '동학에 들어간'(B) 경우가 많았음을 강조하고 있는데, 이런 현상은 공주 점거투쟁 시기 동학군이 해당 지역을 점거한 경우 더욱 극성했다. 이철영의 「갑오동란록」에 따르면 공주 왕촌(대왕동)에서도 늑도가 성행했는데[41] 그 이유는 입도 자체가 곧바로 입당(入黨)이고, 더 나아가 '양민(화민)'이기를 포기하는 일종의 '투명장'을 바치는 행위(비도 되기)이기 때문이었다. 언제 어디서나, 그때건 지금이건, 일본이든 중국이든 조선이든, 민중들의 어셈블리 투쟁 과정에서 특정 종교나 공동체적인 규율 등을 매개로 참여(동참)를 강요하는 행위는 보편적인 현상이었다.

---

41 "自後大旺洞里亦設一包 而或甘心或脅 從鮮有不入其黨 不入者禍又隨之." 甲午動亂錄(동학농민혁명사료총서 9권) 〉 甲午東亂錄(卷之四 雜著). 대왕동(현재의 왕촌)은 효포 인근 마을이다.

1862년 도회 때도 집회와 시위에 불참하는 경우 벌전(罰錢)을 물리거나 특정 마을이나 부민들에게 식사 제공이나 금품을 요구하는 등 강제 참여행위가 성행했는데,[42] 이런 강제 참여 관행은 1894년 어셈블리 때도 마찬가지였다. 영호 대접주 김인배가 진주 지역에 게시한 9월 2일자 초차괘방(初次掛榜)에서 "이달 8일 오전에 각 리마다 13명씩 일제히 평거 광탄진(平居廣灘津)으로 모여 완전하게 의론한 뒤 결정"할 터이니, 13면 리수(里首)는 "지사인(知事人) 두 명과 마을의 유군(遊軍) 10명씩 삿갓을 쓰고 모이라(着笠來待)"고 한 것, 만약 불참하는 면(面)이 있으면 '응당 조처(當有擧措)'하겠다는 뜻을 밝힌 것은 이를 보여주는 대표적인 사례이다.[43]

1894년 어셈블리 당시 유림들의 회고록이나 피난록 류에는 동학을 이단사술(異端邪術)이라 규정하는 언급들이 자주 보이는데, 그 근거가 되었던 것이 바로 21자 시천주 주문과 궁을영부(弓乙靈符)였다. 요컨대, 동학의 주문과 영부, 또는 형제의 의(誼)를 강조하는 각종 의식과 의례는 어셈블리 투쟁의 힘이자 디딤돌이었으나, 일본군과 관군의 탄압이 강화되면서 공포의 정념이 민중들 사이에 확산되자 거꾸로 어셈블리 투쟁의 확산성을 제약하고 자신들을 스스로 고립시키는 짐이자 걸림돌이 될 수밖에 없었다.

기존 연구들은 동학군이 척사유생들과의 연대에 실패한 이유로 흔히 양자

---

**42** 앞의 『1862년 농민항쟁』 진주 사례(위의 책, 150쪽) 참조. 당시 罰錢의 액수는 초군들이 정한 나무 한 짐(지게) 가격, 즉 '하루품값' 정도였을 것으로 추정된다. 공주 촌로들의 회고에 따르면 공주 나무장의 나무 한 짐 가격은 늘 하루품값이었는데, 이런 관행은 마을회의 또는 두레나 계모임에서 벌전을 결정할 때도 통용되었다고 한다.

**43** 駐韓日本公使館記』 1권 〉 四. 東學黨에 關한 件 附巡査派遣의 件 一 〉(21) [東學黨의 檄文通報 및 情報通知 요청]. 9월 10일 再次私通과 함께 배포된 9월 10일자의 忠慶大都所 掛榜(嶺右各邑各村大小士民等處)은 위의 初次掛榜과는 달리 일종의 포고문이다. 진주 평거 광탄진에서는 1862년 어셈블리 때도 도회가 개최되었다. 유군이란 '일 없는 사람'이라는 뜻이다.

간의 계급적 적대감을 강조하는 경향이 있으나 이보다는 오히려 양 집단 사이에 존재했던 배타적 오도의식, 특히 척사유생들의 위정척사[44] 의식을 더 주목해야 한다. 북접교단은 동학을 종교화하는 과정에서 수심정기(修心正氣)와 성경신(誠敬信)을 강조하는 등 내성주의(內省主義) 혹은 경건주의(敬虔主義)적인 경향을 보였으며, 이런 과정에서 동학의 민중성이나 변혁지향성이 일정 부분 약화된 것으로 보인다.[45] 여기에 더하여 '리(理)의 보편성과 절대성(사회의 표준과 원리·원칙)'을 강조하는 척사유생들의 주리론적(主理論的) 성향[46]도 양자의 연대를 방해하는 걸림돌이었다. 선비로서의 밥값을 제대로 하지 못한 채 '처변삼사(處變三事), 즉 거의소청(擧義掃淸), 부해거수(浮海去守), 자정치명(自靖致命)'[47]을 운운하던

---

44 금장태는 한국 유학의 특징으로 '闢異端論'을 주목했다. 금장태에 따르면, 조선 유학(=道學)은 불학, 노장학, 양명학, 서학, 동학과의 이단논쟁에서 유교 자체의 이념을 심화시키기보다는 문화적 폐쇄성과 경직성만을 강화했다고 한다. 금장태, 「道統의식과 闢異端論」, 『한국유학의 탐구』, 서울대학교 출판문화원, 1999, 18~22쪽 참조.

45 권정안, 「민중의 자각과 민족국가의식—수운 최제우의 동학사상을 중심으로」, 『동서철학연구(한말 전환기 사상의 현실인식과 대응양상 특집호)』 제15호, 1998; 조경달, 『異端의 民衆反亂』 참조. 조경달은 위 책에서 남북접의 차이를 아래와 같이 도식화했다. ① '北接=法包=坐包' ↔ '南接=徐(서장옥)包=起包' ② 北接='汎神論的 天觀(正統東學=內省主義를 강조하는 自力信仰)' ↔ 南接='一神論的 天觀(異端東學=降臨祈願을 비는 救濟思想, 他力信仰)'. 하지만 동학 내부에서조차 각 계파 간의 淵源 논쟁은 있었으나, 사상 자체와 관련한 正統-異端 논쟁은 없었다.

46 한말에는 화서학파의 心主理主氣論爭, 노사 기정진의 理主說, 한주 이진상의 心卽理說, 간제 전우의 性師心第說 등 퇴계 류의 主理說이 우세를 보였는데, 금장태는 그 원인을 한말의 급격한 사회변동 과정에서 '사회의 객관적 준거나 표준'이 무너졌기 때문이라 이해했다. 한말 척사유생들의 性理說과 義理論에 대해서는 앞의 책에 수록된 금장태의 「한말 도학의 도전과 좌절」참조.

47 『昭義新編』 內外篇의 「書贈選杓歸故國 丙申十二月」, 「答湖西諸公尹錫鳳·趙龜元·柳浩根·趙瑢淳·趙琮淳·沈宜惠·李冕植書 丁酉七月」 등에 處變三事에 대한 언급이 보인다. 〈한국사DB〉 참조. 유인석은 '처변삼사' 가운데 擧義掃淸의 길을 선택한 대표적인 유생이었다. 유인

한말 척사유생들에게, 동학군과의 연대를 기대하는 것은 애초부터 쉽지 않은 일이었다. 당시 척사유생들은 보국(保國)이나 보국(報國)만 강조했지 민중들의 참여와 지지를 확보하는 데 필수적인 안민책(安民策)을 제시하고 실천하지는 못했다.

## 2. 시위대인가, 혁명군인가?

공주 점거투쟁 시기의 동학군은 집회 군중이나 무장시위대였는가, 아니면 농민군 또는 인민혁명군이었는가는 논쟁적인 주제일 수밖에 없다. 물론 1892 년 말부터 시작된 교조신원운동 시기의 동학군(동학도)과 우금티싸움에 앞장 선 동학군(특히 砲軍)을 아무런 구별 없이 동일한 집단성을 가진 존재로 이해하는 것은 무리임이 분명하다. 하지만 초군(樵軍=나무꾼)이든 동학군(東學軍=동학꾼=동학쟁이)이든 이들의 공통적인 특징은 도회·의거에 참여한 집회·시위 군중 혹은 무장시위대로서의 정체성이었다. 선무사 어윤중이 보은도회의 주체들에게 '귀화(비적의 양민화)', 즉 '파병귀가(罷兵歸家)'를 설득하자, 이들은 '우리는 온나라의 의려와 협력하여(一國之義旅協力) 국난을 극복하고자 모였고, 어떤 무기도 가지고 있지 않으니 이는 바로 민회(此會不帶尺寸之兵乃是民會)이며, 백성과 나라에 불편한 것이 있으면 모여서 의논하여 결정하라는 것이 근래에 나온 조정의 정령(政令)인데, 우리를 도적의 무리(匪類)라 규정하는 것은 억울하다'라고 주장하

---

석은 을미의병 시기 의병진에 들어온 동학군 참여자를 색출하여 처형할 정도로 동학(군)에 적대적이었다.

며[48] 담판과 협상을 이어 나가고자 애를 썼다. 이런 정황은 1894년 어셈블리 때도 마찬가지였다. 대원군은 효유문을 통해 석병귀전(釋兵歸田)을 권유했으나, 공주 점거투쟁에 참여한 이들도—자위를 위해 초보적인 무장을 갖추긴 했지만—보은도회와 마찬가지로 집회와 시위, 또는 도회와 의거에 참여한 동학도일 뿐이었다. 당시 보은도회 참여자들은 "서로 공경하고 나아가고 물러남에 위엄과 격식이 크게 있고, 노래를 부르고 주문을 암송함에 서로 응하는 기운이 화기애애"하였다고 하는 바,[49] 이런 집회와 시위 양상은 1894년 어셈블리 때도 마찬가지였다.

공주 점거투쟁 시기 동학군 지도부는 자신들을 어떤 때는 의병(의군),[50] 어떤 때는 의려[51]라 규정하기도 했는데, 서론에서 강조한 바와 같이 두 개의 용어는 용례가 다르다.[52] 조선왕조 시기 의병의 장은 흔히 (창의倡義)대장(大將)이라 호명

---

**48** 聚語 〉 宣撫使再次狀啓 魚允中兼帶. '一國之義旅協力'이라는 구절을 번역총서(〈한국사 DB〉)는 '온 나라의 의병과 함께 힘을 합쳐'라고 번역했으나, 이는 지나친 번안이다. 그 뜻을 제대로 살리려면 義旅, 協力을 한자 그대로 옮겨 써야 한다.

**49** 권병덕, 「갑오동학난」, 『국역총서 13』, 92~93쪽.

**50** "이제 우리 동도가 의병을 들어(擧義하여) 왜적을 소멸하고 개화(開化)를 제어하며 조정(朝廷)을 청평(淸平)하고 사직(社稷)을 안보할새, 매양 의병 이르난 곳의 병정과 군교(軍校)가 의리를 생각치 아니하고 나와 접전(接戰)하매 비록 승패(勝敗)난 없으나 인명이 피차의 상하니 어찌 불상치 아니하리요." 宣諭榜文竝東徒上書所志謄書 〉 고시경군여영병이교시민 (한글).

**51** "草野의 士民들이 忠君愛國之心으로 慷慨함을 不勝하여 義旅을 糾合하여 日人과 接戰하여 此事實을 一次 請問코져 합입니다." 全琫準供草 〉 開國五百四年二月初九日東徒罪人全琫準初招問目.

**52** 『동학농민혁명자료총서』의 원문을 검색하면 義旅는 113건, 義兵은 215건이 확인되는데, 동학군이 스스로 의병을 칭한 경우는 별로 없었다. 총서에 보이는 의병은 대개 각지에서 반동학군 활동을 벌였던 집단인데, 이들은 의병을 자칭(僭稱?)하였으나, 『갑오군공록』은 이들을 '지역명+의려'라 명명했다.

했으나, 의려(義旅)나 의진(義陣) 또는 특정한 당파나 도회의 대표는 영수(領袖)[53] 혹은 맹주(盟主)[54]라 호명했다. 1차 봉기 때 전봉준은 창의대장을 칭하였으나, 공주 점거투쟁 시기에는 양호창의영수(兩湖倡義領袖)를 칭했다. 이런 명명법은 을미년의 의병도 마찬가지였다. 홍건의 『홍양기사』는 홍주 도회장(都會長) 정헌조(鄭憲朝)를 영수(多士領袖)라 표현했는데,[55] 이런 용례에 비추어 보면 남북접 동학군의 공주 점거투쟁은 단순한 공성전이나 조우전이 아니라 양호창의영수(양호도회장)인 전봉준이 이끈 일종의 의거였다고 봐야 한다. 전봉준이 재판 과정에서 동학군을 굳이 애국적 사민 혹은 충의지사의 의려라 자칭한 이유는, 병사(兵士)로서의 정체성보다는 의사(義士)로서의 정체성을 강조하기 위해서였을 것이다.

1894년 어셈블리 때 동학군이 깃발과 총포 등을 가지고 나아가고 물러나거나 행진을 하고 진을 치는(設陣·習陣) 연습을 거듭한 것도 군사적인 의미의 훈련이라기보다는 참여 군중의 기세와 신명을 돋우기 위한 일종의 퍼레이드(parade)이자 의례였다. 예를 들면 「대적시 약속 사개항」과 「계군호령 12개조」에서 "어쩔 수 없이 싸우더라도 절대로 목숨을 해치지 않는 것이 중요하다"(東匪討錄 〉 偵探記 〉 對敵時約束四項)거나, "따르거나 항복한 자는 아끼고 대우하고 탐욕스럽고 교활한 자는 내쫓는다"거나, "곤궁한 자는 구제하고 배고픈 자는 음식을 주고

---

53 〈한국사 DB〉를 검색하면, '禪教兩宗領袖', '士林領袖', '嶺南儒林領袖', 奸譎之領袖 등 특정 당파나 집단(무리)의 영수라는 표현이 흔히 보인다.

54 "敬命年老文官, 衆推爲盟主, 慨然不辭. 士庶多應募, 得兵六千餘人. 又傳檄諸道, 文辭激切, 國人傳誦焉." 『선조수정실록 26권』 선조 25년(1592년) 6월 1일 〉 전 부사 고경명이 군사를 일으키다. 한말 의병도 의진의 대표를 칭할 때 맹주라는 표현을 흔히 썼다.

55 "洪州都會長鄭憲朝 賦代耆紳多士領袖." 洪陽紀事 〉 報軍部將官會長及義兵召募戰亡烈行人題目.

아픈 자는 약을 준다"(東匪討錄〉十二條戒軍號令)는 조항들도 전투 요령이나 규칙이라기보다는 A/O 투쟁 과정에서 지켜야 할 일종의 윤리도덕에 가까웠다. 이는 「계군호령」에 보이는 '우리들이 배우고 실천하는 근본(吾儕學行根本)'이라는 표현을 통해서도 확인할 수 있다. 『시천교종역사』는 4월 10일 전봉준이 동학군을 이끌고 정읍과 함평을 거쳐 장성에 이르렀을 때의 상황을 아래와 같이 묘사했는데, 이른바 도동(道童=神童)을 앞세운 아래와 같은 퍼레이드는 동학군의 집단정체성을 잘 보여준다.

그 진법(陣法)은 서너 명 또는 대여섯 명으로 하늘에 가득한 별들의 모습을 이루었다. 깃발은 청색·황색·적색·백색·홍색 등 5색의 기를 사용하여 하늘에 휘날렸고, 이르는 곳마다 포(砲)와 말을 거두었으며 대나무를 깎아 창을 만들었다. 또한 바랑을 찢어 각각 어깨에 둘렀다. 전봉준은 백립(白笠)을 쓰고 흰옷을 입어 아버지의 상(喪)을 표시했는데, 그 길이가 7척이 되지 않았다. 손에는 105개의 염주를 들고 입으로는 21자 주문을 외워 온화한 기운이 하늘을 찔렀다. 각 포의 도유로 하여금 어깨에 궁을(弓乙: 마음을 표현하는 부호) 2자를 붙이게 하고 몸에는 동심의맹(同心義盟) 4자를 두르게 하였으며, 깃발에는 오만년수운대의(五萬年受運大義)를 특별히 써서 내거니 진실로 전무후무한 변화막측의 신묘한 장수와 훌륭한 병사였다.[56]

1차 봉기 시기 손화중과 김개남이 '재인군'을 조직하는 데 깊은 관심을 보인 것[57]도 1894년 어셈블리의 집회·시위적 성격을 잘 보여주는 사례이다. 호남

---

56 侍天敎宗繹史 第二編下〉第十一章 甲午敎厄. 이와 거의 동일한 내용의 서술이 『동학도종역사』, 『오하기문』 등에도 보인다. 『오하기문』에 따르면 동학군의 깃발에는 '普濟衆生', '安民昌德' 등 동학식 수사들도 쓰여 있었다고 한다.

57 "初化中選道內才人爲一布 洪洛官將之 洛官者高敞才人也 隷化中而其部下數千人 趨捷精

동학군의 재인군(才人軍=광대패)은 영솔장의 지휘 아래 시위대의 선봉에 서서 관군을 이끌던 포군(사수대)과는 달리 행진 대열의 선봉에 서서 시위 군중의 기세와 신명(흥)을 돋우던 일종의 문화선전대였다. 공주 점거투쟁 시기 남북접 동학군은 기포와 동시에 관아나 양반가에서 탈취한 총포류[58] 등으로 그 나름의 무장을 갖추었으나, 이는 집회와 시위를 지속하기 위한 자위수단이었을 뿐 적을 물리적으로 제압하기 위한 공격용 무기가 아니었다. 1894년 어셈블리 당시 동학군이 소지했던 다수의 총과 칼, 죽창과 활 등 각종 무기류들은 시위(퍼포먼스) 효과를 높이기 위한 일종의 시위 도구에 가까웠다.[59]

1895년 1월 23일자 『오사카조일신문(大阪朝日新聞)』[60]에 소개된 25개 조의 「군중절목(軍中節目)」[61]은 동학군의 구성과 더불어 집단정체성까지 잘 보여주는 자료이다. 공주 점거투쟁 시기에 작성된 것으로 보이는 「군중절목」은 1차 봉기의 경험이 반영된 것이므로, 1차 봉기 때 작성된 「계군호령」보다 그 내용이 훨씬

---

銳故化中雖與璿準介南有鼎足之勢 而其衆最强." 梧下記聞〉三筆〉梧下記聞 籤紙; "初開南選道內倡優 才人千餘人爲一軍 厚禮之冀得死力 至是才人等 見開南逆節已判 一夜盡散." 梧下記聞〉三筆〉甲午十月.

**58** 1894년 시기 지방의 양반가에도 자위(수렵)용 총포류가 상당수 보급되어 있었던 것으로 보인다. 신창우, 앞의 책, '마을의 무장시대로', 73~74쪽.

**59** 공주 점거투쟁 시기 일반 동학도(後陣 구성원)의 무장 수준은 대개 주변에서 쉽게 조달할 수 있고, 또 필요할 때는 언제든 버릴 수도 있는 도구나 연장(鍊匠)들이었다.

**60** 「東學黨の近狀/ 東徒の辭令節目 東學黨の首魁は大先生と號」, 『大阪朝日新聞』 1895. 1. 23(음력 12월 28일). 廣島 大本營 特派記者가 1895년 1월 22일 타전한 보고 가운데 언제, 어디서, 누구로부터 노획한 문서인지는 알 수 없으나, 1894년 8월 某日字의 「辭令節目」 등이 포함되어 있는 것으로 보아 2차 봉기 시기 노획한 문서라 판단된다.

**61** 「二十五個條 軍中節目」 말미에 "全瑲準, 戴白笠, 穿白衣表父喪長未滿七尺, 手掛百五念珠" 등을 운운한 대목으로 미루어 보면, 전봉준 등 남접 지도부가 1봉기 때 작성한 절목으로 보이기도 하나, 정확한 작성 주체나 시기는 알 수 없다. 공주 점거투쟁 시기에도 남북접 동학군은 위 절목을 기본으로 하여 A/O 투쟁을 전개했다고 판단된다.

더 구체적이고 세밀하다.

「군중절목」의 첫 번째 항목은 "一. 주장자(主將者)는 먼저 영웅지심을 본 뒤, 의(義)로서 맞아들이고 예(禮)로서 받들 것", 두 번째 항목은 "一. 장수는 보상이 없으면 안 되니(將所不可無財), 내외의 군임(軍任), 또는 논공(論功)을 하여 시상(施賞)할 것"이다. 이는 동학군이 '영웅지심을 가진 장수'들을 특별히 영입했을 뿐만 아니라 이들에게 일정한 대가도 지불했음을 시사한다.[62] 이와 관련하여 흥미로운 사실 하나는 『동학도종역사』에 보이는 일반 접주와 '화포영장(火砲領將)'의 구분인데, 위 절목에 보이는 주장자는 화포영장을 지칭하는 것임이 분명하다. 『동학도종역사』에 소개된 대표적인 화포영장은 남접계(호남)의 경우는 이상진(진주), 이유형(=이유상), 김덕명, 최경선, 차치구, 정진구, 그리고 북접계(호서·경기)는 청산 치성식 무렵 선봉장으로 임명된 정경수를 비롯하여 국길현, 김재명, 박용구, 고재당 등이었는데,[63] 이들은 일반 접주들이 아니라 포군을 이끌던 주장자(主將者)들이었다. 1차 봉기 시기 남접집단은 포군의 지도자를 기포장(騎砲將), 혹은 포사접장(砲士接長)이라 불렀다.[64] 백산도회에서 전봉준이 대장(大將)으로 추대될 때 영솔장(領率將)으로 추대된 인물은 『동학도종역사』에 화포영장으로 소개된 최경선이었다. 「군중절목」의 용례에 따르면 최경선은 포군을 지휘하던 '주장자(主將者)'였던 것으로 보인다.

---

62  10월 1일 기포한 내포동학군의 경우 10월 10일 禮包의 거점인 木巢의 동학도소가 일본군과 관군의 습격으로 피해를 입자 곧바로 포수 30여 명(일종의 용병?)을 끌어들여 10월 15일경 태안 동면 역촌리에 東徒大陣所를 설치했다. 朴寅浩,「韓末 回顧 秘談 其二—甲午東學起兵 實談」,『신인간』 90·91, 1934, 46쪽. 포수들을 고용하거나 영입하는 행위는 동학군이나 의병이나 공통적이었다.

63  東學道宗繹史 第十二章 〉甲午東學黨革命及日淸役東學; 앞의『국역총서 12』, 124~125쪽.

64  梧下記聞 〉首筆 〉東學 接組織.

뒤이어 보이는 14개 항의 절목[65]은 주장자(主將者)를 포함하여 장(將)과 군(軍=卒)과 모사(謀士)들이 각기 지켜야 할 규율을 명시한 대목이다. 가령 "장(將)은 희담(戲談)을 하지 말고, 군(軍)은 의화(誼譁)하지 말고, 사(士)는 점치지 말아야 할 뿐만 아니라 이것인지 저것인지 의심에 이르게 하지 말 것" 등을 언급한 대목은 장과 군과 사의 역할뿐만 아니라 지켜야 할 규율조차 서로 달랐음을 시사한다. 또한 "고쟁기포(鼓錚旗炮)로 진퇴를 지휘하되 자의(自意)로 해서는 안 된다"는 대목은 당시 동학군이 북과 징, 혹은 깃발과 총포를 활용하여 전체 동학군의 진퇴를 알렸다는 사실을, 그리고 "익처(隘處)에서 막고, 고처(固處)에서 지키고, 요처(要處)에 설진(設陣)할 것" 등을 강조한 대목은 동학군이 지리의 이점을 최대한 살리기 위해 장소 선택에 대단히 신중했다는 사실을 잘 보여준다.

이어지는 9개 항의 절목[66]은 앞의 항과는 달리 주어가 장(將)·군(軍)·모사(謀士)가 아니라 각 접주(各接主) 혹은 각포(各包)인데, 주요한 내용은 각 접주들이 포접 단위로 동원한 동학군을 통솔하는 방법, 또는 이들이 지켜야 할 규율들이다. 위의 항목들은 포접 단위로 동원된 동학군의 통제와 통솔, 즉 찰진(察陣), 영

---

[65] "一 無論將卒謀士, 苦不與衆, 樂與衆同事. 一 將所出令, 更不還入焉, 爲軍中解弛事. 一 鼓錚旗炮, 進退指揮, 無常自意事. 一 將不戲談, 軍不誼譁, 士不卜誣, 無至疑貳事. 一 軍幕未辨, 將不言倦事. 一 軍糧未輸, 將不言飢事. 一 軍衣未製, 將不言寒事. 一 軍仗兵器, 逸豫備事. 一 隘處防之, 固處守之, 要處設陣事. 一 先陣言語事機, 後陣奏通, 將所應策從行事. 一 抑强培弱, 歸者返者, 招之厚待事. 一 前將令卒, 令卒後將, 隨任定序事. 一 各處各任, 顧名思義事. 一 謀將議士, 機不露之事, 不見之無至出外事."

[66] "一 各接主, 各定各所, 詳察陣儀事. 一 各包, 都執領率接下, 點考入陣事. 一 各包, 禁察接中, 亂雜, 嚴飭入陣事. 一 各包, 鼓錚器械, 自都察持敎事. 一 酒肴, 忘性失命, 殺蕩人事也, 況又陣儀之大禁, 若有酗昏者, 別段依律事. 一 色者, 吾道之所刻, 君子之造端也. 況又陣儀大忌, 若有婬雜者, 別般嚴治, 隨罪斬戰事. 一 後陣道人止處, 舍枚預待前陣言語, 消息通奇事儀, 一齊比肩, 立伍前應後事. 一 點考時, 各接主預書數爻, 一一納所騰簿事. 一. 令陣點考時, 前呼一次二次三(次), 餘皆仿此, 至千百號, 持旌旗者, 定立作隊事."

솔(領率), 금찰(禁察), 연락(連絡), 점고(點考) 등의 업무는 포군의 장수, 즉 주장자가 아니라 접주들의 소관이었음을 보여준다. 예천 지역의 경우 도회가 개최되었을 때 각각의 접주들은 '시도기(時到記)'[67]와 같은 명부를 작성하여 자기 휘하의 동학군을 통솔했는데, 이는 공주 점거투쟁 시기에도 마찬가지였다. 예를 들면, "각 접주는 각자 정해진 바에 따라 진의(陣儀)를 상찰할 것" 등은 각포의 접주들이 역할을 나누어 진중의 의례를 정하고 실천했다는 사실, 그리고 "각포의 도집(都執)은 접하(接下)를 영솔하고 입진(入陣) 여부를 점고할 것", "각포는 접중의 난잡을 금찰하고 입진을 엄칙할 것" 등은 동학군 지도부가 규율을 유지하고 난잡한 무리들이 진중에 섞여 드는 것을 방비하기 위해 금찰과 점고를 철저히 하였다는 사실을 잘 보여준다. 동학군의 경우 주색잡기를 일체 금지했을 뿐만 아니라 음잡(媱雜)의 경우는 죄에 따라 참륙(斬戮)할 것을 명시하는 등 엄격한 통제를 위해 애를 썼으나, 최시형이 언급한 대로 동학군(특히 포군) 내에는 '도적(盜賊) 사람'도 다수 포함되어 있었던 것으로 보인다.

위의 「군중절목」에서 첫 번째로 주목해야 할 대목은, 공주 점거투쟁 시기 남북접 동학군이 전진(前陣) 혹은 선진(先陣)과 후진(後陣), 즉 선두에 서서 싸움을 이끄는 무장대와 일종의 (무장)시위대인 일반 동학군으로 이원화되어 있었다는 사실이다. "선진은 사기(事機)를 말해주고 후진은 이를 통지하고 장수는 대응책을 마련하여 실행하게 할 것", 또는 "후진 도인은 함매(銜枚)하며 전진(前陣)의 지시를 기다릴 것" 등은 이를 보여주는 명백한 증거이다. 위의 절목들로 미루어 보면, 전진·선진은 주장자(主將者)의 지휘하에 일본군이나 관군에 맞섰던

---

67  1894년 8월경 예천 오천장터에서 도회를 개최했을 때는 물론이고, 8월 24일 화지대도회가 개최되었을 때도 주최측은 각 접의 접주들에게 '時到記'를 받아 군량을 나누고 인원을 통제했다. 박학래, 『학초전 1』; 『신국역총서 3』, 86쪽, 109쪽.

무장대, 그리고 후진은 각 접주의 지휘와 통제하에 활동하던 포접 단위의 동학군, 즉 일종의 무장시위대였을 것으로 추정된다. 앞의 「동학당 정토약기」는 지명장싸움, 연산싸움 등을 서술할 때 전위(前衛)의 존재를 강조했는데,[68] 이들은 동학군의 선봉, 즉 전진 혹은 선진의 구성원들이었음이 분명하다.

두 번째로 주목되는 대목은 주로 포군들로 구성된 선진과는 다르게 포접 단위의 동학도로 구성된 후진의 경우는 통제와 지휘가 쉽지 않았다는 사실이다. 후진의 경우 규찰(糾察)이나 점고(點考)의 문제가 중시된 것은, 지휘체계는 물론이고 복장까지도 달랐던 선진과는 달리 후진의 경우 무리에 들어오고 나가는 것이 비교적 자유로웠기 때문이라 판단된다. 25개 항의 마지막에 배치된 "점고 시에 각 접주는 미리 수효를 적어 문부(文簿)에 등재된 바를 토대로 일일이 점검할 것"은 각 접주들이 점고 때에 등부(謄簿)를 작성하여 도인(道人)들을 통제했다는 사실, 그리고 "영진(令陣)의 점고 시에는, 앞에서 1차, 2차, 3차 부르고 나머지도 그 같이 하여 천 백 단위로 헤아리고, 깃발을 소지하여 부대를 편성할 것"은 동학군이 천 백을 단위로 '정립작대(定立作隊)'한 뒤 각 대마다 제각기 깃발을 만들어 대오를 지휘 통솔했다는 사실 등을 보여준다.

세 번째로 주목되는 대목은, 선진과 후진이 지휘체계는 물론이고 복장까지도 달랐다는 사실이다. 이는 대교싸움 등과 관련한 홍운섭의 보고, 또는 북접 동학군이 수행한 지명장싸움(10월 26일), 증약싸움(10월 29일), 연산싸움(11월 14일)

---

**68** "언덕에 머무르자마자, 예상대로 [동학군이] 사격해 왔다. 前衛가 전투를 벌인 것이다. 곧 응전하여 이를 격퇴해서 완전히 언덕을 점령하고 前面 低地에서 기다렸다. 前衛는 흩어져서 작은 村落을 사이에 두고 사격을 시작하였다. (…) 東學徒도 이 험한 요충지를 점령하려 했음인지, 전면에 있는 개천 중앙까지 진군해 왔지만 우리 前衛와 충돌하게 되어 그들은 마치 배수진을 친 것 같이 되었다." 앞의 「東學黨 征討略記」.

등에 대한 일본군의 보고[69]를 통해서도 확인할 수 있다. 당시 일본군 지휘부는 일반 동학군과 복장이 다른 이들을 청국군이 아닌가 의심했으나, 이들은 일반 시위대와는 달리 일종의 무장대였다. 『학초전』(1923)에서 8월 28일에 벌어진 예천 서정자싸움(예천 동학군 ↔ 집강소군) 당시 예천 포군 50명이 "조선 구식 포군이 입는 검은 웃도리를 입고 갓을 쓰고" 있었다는[70] 대목은 이를 보여주는 유력한 증거이다. 이 외에 우성면 죽당리에서 채록한 구전자료의 "외할머니가 말씀하시길 동학군은 꺼먹 바지저고리를 입고 다녔다"[71]는 구전도 이를 보여주는 또 하나의 사례이다. 공주 유생 이철영의 회고에 따르면, 효포싸움 시기 대부분의 동학군은 흰옷을 입고 있어 '마치 눈이 쌓인 것 같았다'고 한다.[72]

공주 1차 투쟁 때는 물론이고 11월 9일 우금티싸움을 수행할 때도, 후진에 속한 일반 동학도들은 인근의 야산에서 북과 징을 치며 방문을 내걸거나 산 위에서 함성을 지르거나 불을 올리는 투쟁을 전개했다. 정선원의 채록자료에 보이는 "동학군은 대나무 죽창밖에 무기가 없어 소리만 빽빽 지르고 다녔다"거나, "시신을 수습하는 과정에서 북이나 징 꽹과리를 주워왔다"는 우금티 인근 마을 주민들의 구술(전문) 기록은 이를 보여주는 증거이다.[73] 우금티싸움 때도 일부 포군을 제외하면 다수의 동학군은 병농일치 사회의 농군, 즉 장졸이나 병사가 아니라 일종의 무장시위대였으며, 이들이 가지고 다닌 총포나 활, 칼이나 죽창 등은 공격용 무기가 아니라 호신용이거나 자신들의 결의를 돋보이게 만

---

69  앞의 「東學黨征討略記」 및 개별 전투와 관련한 「戰鬪詳報」 등 참조

70  『학초전』, 『신국역총서 3』, 111쪽.

71  『공주와 동학농민혁명』, 248쪽.

72  "自孝浦至水越嶺 十餘里長谷 滿山蔽野皆是東匪 而衣白如雪." [甲午動亂錄 〉甲午東亂錄 (卷之四 雜著)].

73  앞의 『공주와 동학농민혁명』, 124쪽, 137쪽.

드는 일종의 '시위도구'였다.

1차 봉기 시기 「사개명의」의 첫 번째 조항이 '불살생 불살물'이었듯이, 공주 점거투쟁의 중요한 지침은 최시형의 '폭거중지 혁심개도' 유시였다. 이처럼 남북접 동학군이 비폭력 평화주의를 표방하고 실천한 이유는 무장폭동을 전개할 경우 집단학살 피해자만 많이 발생할 뿐, 승리할 가능성도, 정치적 실익도 거의 없다는 판단 때문이었을 것이다. 남북접 지도부가 최시형의 '폭거중지 혁심개도' 유시에 따라 공동투쟁 목표로 공주 점거와 호서도회 개최, 특히 농성전을 벌이며 조선과 일본 정부를 상대로 정치담판을 벌이려 한 것도 이런 국내외 정세와 조건을 어느 정도 인지하고 있었기 때문이었다. 당시의 정세와 조건을 감안할 때 공주 점거투쟁은 일본군과 관군의 폭력에 대응할 유일한 '윤리적 대안'이었다. 그러나 일본군과 관군, 그리고 유회군이나 민보군의 폭력을 끝까지 참고 견디는 것은 결코 쉽지 않은 일이었다. 왜냐하면 버틀러가 강조했듯이 "비폭력적 행동은 육체적이고 집단적인 형식을 취한 적극적 투쟁으로서, 폭력에 대한 억제를 함양함으로써 가능한 적극적 투쟁"이었기 때문이다.[74]


## 3. 일본 측 자료를 통해 본 동학군의 집단정체성

동학군의 실체나 집단정체성을 구명할 때, 동학군이나 관군 측 자료 못지않게 주한 일본공사관과 후비보병 독립 제19대대가 생산한 보고자료들을 주목해야 한다. 왜냐하면 후자는 동학군을 탄압한 일선(현장·실무) 부대였고, 전자는 후자의 활동을 포함한 동학군 탄압의 실질적 지휘부였기 때문이다. 특히 이

---

**74** 주디스 버틀러, 「'우리 인민'─집회의 자유에 대한 사유」, 앞의 책, 266쪽, 272쪽.

준용을 앞세운 쿠데타 사건을 포함하여 이른바 '동학당 사건'의 전말을 밝히기 위해 6개월에 걸쳐 61명의 사건 관련자와 총 1,500여 건의 증거자료를 조사 검토한 뒤 우치다 영사가 작성한 「동학당 사건 회심전말」은 정치적 의도가 개입된 악의적 해석(왜곡)이 눈에 띄기는 하나, 사실 자체(전체)에 대한 설명들은 비교적 신빙성이 높다 여겨진다.

「동학당 사건 회심전말」에서 가장 먼저 주목되는 대목은, 동학접주는 대부분 '다소의 사리를 이해하는 지방의 세력가'라는 것, 지방관의 학정이 심해지자 교도를 모아 솔선해서 그에 저항했다는 것, '일단 한 번 소요가 일어나면 동학당원이든 아니든 관계없이' 많은 주민이 동참했다는 것 등이다. 우치다는 이런 분석에 기초하여 "최근 2, 3년 이래 각 지방에서 벌어진 다양한 종류의 민란이 '동학당 민란'의 계기나 배경이 되었다"고 결론지었다. 위와 같은 결론은 1894년 어셈블리가 동학의 사상과 조직에 기초하여 시작되었다는 사실, 어셈블리(모이기/모으기) 투쟁이 시작되면 동학도가 아닌 상당수의 주민도 자발적으로 참여했다는 사실, 즉 1894년 어셈블리는 19세기 후반의 도회·의거 전통에 기초한 A/O 투쟁이었다는 사실을 잘 보여준다.

이와 더불어 주목되는 대목은 "각 지방에서 일어난 동학당은 서로 연락을 통하여 일치된 운동을 전개한 것이 아니"라는 결론, "각도 각 지방 모두가 그 두령이 다르기 때문에 서로의 소식을 통한 흔적이 거의 없"었다는 결론, "같은 지방 당원들조차 상호 간에 의견을 달리하여 서로 싸우는 일조차 있었다"는 결론 등이다. 특히 "각 지방에서 봉기한 폭민들의 목적이 각자가 서로 달라 어떤 때는 그 시달림과 고난을 면하기 위하여 탐관오리를 제거하는 것이라고도 하고, 타인에 부화뇌동하기도 하고, 일본군을 격퇴하여 외환을 막으려 한다고 하면서, 지방의 소란에 편승하여 약탈을 자행"했다는 결론 등은 1894년 어셈블리의 한계와 문제점을 잘 보여주는 정리라 여겨진다. 하지만 이런 결론들은 뒤

집어 보면 1894년 어셈블리의 한계와 동시에 어떤 가능성과 잠재성을 보여주는 증거일 수도 있다. 왜냐하면 위와 같은 한계와 문제점에도 불구하고 10여만에 가까운 동학군이 거의 한 달여 동안 의기투합하여 공주 점거투쟁을 전개했다는 사실은, 서로의 차이를 넘어 서로 연대하고 협동하는 민중들의 정치적 힘을 보여준 대표적인 사례일 수도 있기 때문이다. 뿐만 아니라 위와 같은 결론들은 1894년 사건이 단일한 주체, 단일한 목표를 앞세운 하나의 단일한 사건이 아니라 사건과 사건, 우연과 필연이 연쇄 중첩된 일종의 '다사건'이었음을 시사하기도 한다.

이 외에 1895년 5월 13일(양력) 미나미 대대장이 이노우에 공사에게 보낸 보고(「동학당 정토책」)도 동학군의 구성과 집단정체성을 잘 보여준다.

동학당은 일종의 난민으로서 대개는 양민과 혼합해 있어, 이들 중에서 동학당을 판별해내는 것이 정토군으로서는 제일 곤란한 점이었다. 그리고 그들은 도처에서 기포하여 그 무리를 모으고 군대에 저항하므로, 한 번 싸워 이를 격파하면 즉시 흩어져 인민이 되고 혹은 현감·군수·부사 등에게 다그쳐 동학당이 아니라는 증서를 요구한다. 그럴 때는 지방장관이 양민과 악한 자의 차별 없이 그들의 요청대로 증서를 내어준다. 그러하므로 동학당이 되어 정토군에게 저항했던 자도 양민을 가장한다. 이런 일로 현감·군수·부사 등에게 힐문하면 그 대답이 애매모호해서 종잡을 수가 없다. 갑(甲)이라는 곳에서 물어보면 을(乙)이라는 곳의 인민은 모두 동학도라고 하지만, 을(乙)이라는 곳에서 물어보면 갑(甲)이라는 곳의 인민이 모두 동학당이라고 한다. 이들을 그냥 내버려두면 다시 일어날 후환이 생길지도 모르므로, 할 수 없이 며칠간 한곳에 머무르게 되었다.

일본군도 조선왕조 정부와 마찬가지로 동학군을 난민(적도)[75]이라 호명하면서 자신들의 집단학살 행위를 '정토'라 합리화하고자 했다. 하지만 가장 큰 문제점은 누가 난민인가를 구분하기가 쉽지 않았다는 사실이다. 1894년 어셈블리 때 각지의 동학군은 A/O 투쟁을 전개하다가 세불리 역부족을 감지하면 곧바로 흩어졌고 일본군이 떠나 사정이 호전되면 다시 모였다. 위 보고서는 양자의 구분이 쉽지 않았던 이유로 '지방수령이나 마을 사람들의 비협조', '동학군의 가장술이나 기만 책동' 등을 손꼽았으나, 보다 더 큰 이유는 위의 보고를 통해서도 어느 정도 확인할 수 있듯이, 양민(화민)과 난민은 본디 종이 한장 차이, 혹은 동전의 양면, 아니 좀 더 과장해서 말하면 애초부터 구분이 불가능한 존재였기 때문이다. 물론 동학군의 세불리 역부족 현상이 확연해지자 양자의 차이는 갑작스럽게 하늘과 땅차이만큼 커졌다. 이 무렵에 조선 정부와 일본군이 특별히 양민↔비적론, 호남적론 등을 강조한 것, 또는 동학군의 자발적 참여가 저조해지면서 늑도(강제참여와 가입)가 성행한 것 등도 그런 이유와 배경 때문이었다. 요컨대 늑도는 일종의 투명장을 요구하는 행위였고, 주민들이 지방관이나 관군에게 요구했던 '동학군이 아니라는 증서'는 6·25동란 때의 양민증과 동일한 일종의 물침표(勿侵標)였다.

위 보고에서 더불어 주목되는 대목은, 1차 봉기 때는 거괴들(남접집단) 사이에서 모종의 연락이 오고갔다는 증거를 일부 확인할 수 있었으나 2차 봉기 때

---

75 한말 의병운동이 한창일 때도 일본군은 의병을 '暴徒'라 규정한 뒤 歸化(=良民化)를 종용하였다. 양민이라는 말이 상대적으로 많이 쓰였던 시기는 1894년 어셈블리 때와 한말 의병 활동이 한창이던 때였다. 〈한국사 DB〉 참조. 조선왕조 시기 良賤制下의 賤身分(賤人)은 良身分(良人=公人)과는 달리 國法 바깥의 존재들이었다. 이런 논리에 따르면, 난민이나 폭도는 천신분(천인)의 다른 이름이었을 뿐이다.

3부 공주 점거투쟁의 성격과 의미 407

는 오히려 그런 증거를 거의 발견할 수 없었다는 결론이다.[76]

> 〈거괴(巨魁)의 불일치〉 (⋯) 음력 6월 이전의 동학소란(東學騷亂)은 거의 일정한
> 지휘계통이 있었던 것으로 미루어 짐작할 수 있다. 이것은 여러 전장(戰場)에서 노
> 획한 서류 중에 그들 사이에 왕래한 서류가 있었는데 그것들을 열람해보면 거괴
> 와 거괴 사이에 오고 간 것들이지만 그것들은 모두 음력 6월 이전의 것이었다. 이
> 번 소란에 관해서는 하나도 오고 간 증적(證跡)을 찾을 수 없었다.

물론 위와 같은 결론은 남북접 지도부가 은밀하게 남북접 연대와 공주 점
거투쟁을 합의·설계했기 때문일 수도 있다. 그러나 앞서도 강조했듯이 2차 봉
기, 심지어는 공주 점거투쟁 때조차 1차 봉기 때(남접집단)와는 달리 단일한 중
앙지도부가 없었다. 가령 오지영의 『동학사(초고본)』은, 남북접 동학군과 유도
수령 이유상, 관군대장 김원식, '낙오한 혹은 잔류한' 청국군 등이 연대하여 논
산에 대본영(大本營)을 설치한 뒤 일사불란하게 공주 점거투쟁(大會戰)을 전개한
것처럼 사건사를 정리했으나, 이는 과장임이 분명하다.

일본군에게 동학군의 A/O 투쟁은 이해하기 어려운 무지와 야만 그 자체였
을 것이다. 동학군의 A/O 투쟁을 인해전술(人海戰術) 운운하며 폄훼한 대목이
이를 반증한다. 물론 아래와 같은 보고는 동학군의 한계와 오류, 특히 '혁명적
지도와 폭력이 부재한 상태의 무장폭동'이 어떤 비극적 결과를 초래하는가를
보여주는 사례일 수도 있으나, 뒤집어 보면 2차 봉기가 내전이나 혁명 과정에
서 발생한 무장폭동이 아니라 민중들의 자발적인 A/O 투쟁이라는 사실을 가

---

76  앞의 「各地東學黨 征討에 관한 諸報告」〉(1) [東學黨 騷亂原因 調査結果 報告書 送付의 件]
   1895년 5월 13일(양력) 後備步兵 獨立 第19大隊長 南小四郎 → 特命全權公使 伯爵 井上馨.

장 구체적으로 보여주는 증거일 수도 있다(괄호 안은 필자가 추기한 것이다).

 (A) 적은 어느 전투에서나 산봉우리를 점령하고 함성을 질러 그 위세를 과시하였다(시위대적 성격을 가장 잘 보여주는 서술이다). 그리고 전투마다 적도의 수에 비하면 우리 군대는 인원이 매우 적었다. 그래서 그들은 즉시 포위하려고 우리 군대의 양 측면으로 우회한다(섬멸을 위한 포위가 아니라, 일종의 위협일 뿐이었다). 그 움직임도 매우 신속하다. 그 까닭(자신들의 생활공간일 뿐만 아니라 수시로 습진 훈련을 했기 때문이다)은 그들이 산을 발보(跋涉)하는 데 숙달하였고, 각자 휴대품을 갖고 있지 않으며, 만약 소지할 물건이 생겨도 즉시 버리기 때문이다(일본 병사들과는 달리 갖출 것도, 지닐 것도 별로 없었고, 또한 그럴 이유도 거의 없었기 때문이었다). (B) 홍주(洪州, 공주의 오기이다) 부근에서 그들의 세력이 가장 강성했을 때(공주 1차 A/O투쟁 시기)는 능히 전사자나 부상자를 운반하여 적의 손에 넘기지 않았다(개인별로 가매장을 하기도 했다). 그러나 전주 이남의 여러 전투에서는 모두 내버려 둔 채 운반할 틈이 없었던 것 같았다(우금티싸움 때도 더러 그러했던 것으로 보인다). (C) 적도(심각한 역사왜곡이다)는 정말 오합지졸(군인이 아니라 의리정신의 주체이자 역사적 지성들이었다)로서 용케 견고한 진지를 점령했다가도 옆에 있는 병사가 죽으면 반드시 패주했다(군인이 아니므로 당연하고도 현명한 행동이었다). 그러므로 (D) 될 수 있는 대로 가까이 가서 사격하지 않으면 그들을 위압하는 사격 효과를 내지 못했다(위협사격만 한 것이 아니라 근접사격, 조준사격을 했다는 유력한 증거이다).

 동학군의 유력한 투쟁 수단이자 무기는 총포가 아니라 민중의 뜨거운 함성, 모이고/모으는 다중의 정치적 힘이었다. (A)는 이를 잘 보여준다. 다수의 동학군이 소수의 관군을 포위하고 다중의 위력(陣勢와 喊聲)으로 이들을 압도해 함부로 달려들지 못하게 하는 전술은 1894년 시기 어디서나 볼 수 있던 동학군의 전형적인 투쟁 전술이었고, 공주 점거투쟁 시기에도 사정은 다르지 않았다. 1894년 시기, 각지에서 각자기포한 동학군은 모이고/모여 특정한 장소(都會之處)를 점거하면 여세를 몰아 더 많은 이들을 모으고 연대하기 위해 읍치를 넘어 감영, 더 나아가 경사로까지 자신들의 A/O 투쟁을 확대·확산하려 애썼다.

(B)와 (C)도 동학군이 훈련된 병사가 아니라 도회와 의거에 참여한 집회 시위 군중이었음을 보여준다. 공주를 포위하고 무장시위 활동을 전개할 때 부상자나 '전사자'가 생겨도 '적에게 넘기지 않았다'는 것은 동학군의 정체성은 물론 공주 점거투쟁의 성격을 논의할 때도 유념할 대목이다. 일본공사관 측은 정토군의 관점에서 동학군을 '오합지졸'로 규정했으나, 동학군은 본질적으로 군인이나 병사(soldier)가 아니라 조선왕조의 지배 이데올로기이기도 한 '인의(仁義)와 민본(民本)'의 대의명분을 내걸고(大義布告) A/O 투쟁을 전개한, 도회와 의거의 주체였다. (D)는 앞서도 강조했듯이, 일본군의 집단학살은 우발적인 것이 아니라 지극히 목적의식적인 것이었음을 보여주는 유력한 증거이다.

1894년 시기, 동학군의 A/O 투쟁을 언급할 때는 동학뿐만 아니라 민심=천심론이나 인중승천론(人衆勝天論)[77] 등을 유별나게 강조하는 조선의 정치문화를 더 주목해야 한다. 동학의 사인여천론(事人如天論)이나 인내천론(人乃天論) 등도

---

**77** 人衆勝天이란 天定亦勝人이라는 말과 짝하여 결국은 '하늘의 뜻'이 중요하다는 말이다. 하지만 19세기 후반 난세를 살아가던 조선인들에게 人衆勝天이라는 말은 '백성의 뜻'이 곧바로 '하늘의 뜻'이라는 의미로 자주 쓰였다. 예를 들면, "申包胥曰 人衆勝天이라 하고 易에 曰 二人同心에 其利斷金이라 하니 以若會員之精神과 國民之同心으로 苟有利於國家어나 有害於人民者則何所措而不成이며 何所往而不祛乎아." 「本會之行動如何」, 『대한협회회보』 제5호, 1908년 8월 25일; "人衆勝天이라 하고 旦云天定이면 人亦不勝이라 하니 何以知其天之定不定고 愚意人各活動强毅하야 膨脹團體則此謂人衆而可勝天이오 人各苟安蟄屈하야 劣弱零落則此謂天定而人不勝天則復何迷執而冥頑耶아. 嗚呼同胞嗚呼同胞여 發憤哉發憤哉어다." 「人族의 淵源觀念(前續)」, 『대한자강회월보』 제7호, 1907년 1월 25일 등이 그 증거이다. "입이 여럿이면 무쇠도 녹인다"는 옛말도 유사한 의미를 가지는 시쳇말이다.

단순히 만인평등만을 강조하는 종교사상이 아니라 다수 민중의 요구가 곧바로 하늘의 명령이니 누구든지 따라야 한다는 뜻이 내포된 일종의 정치사상이자 문화였다. 아래의 보고[78]는 인중승천론에 기초한 동학군의 A/O 투쟁을 인해전술이라 폄훼하고 있으나, 이는 「사개명의」나 최시형의 '폭거중지 혁심개도' 유시, 또는 인의와 민본을 중시하는 우리의 정치문화 차원에서 볼 때 있을 수 없는 일이었고, 있었던 적도 없었다.

〈부언(附言)〉 하라다(原田) 소위는 사실 배후(보은 방향)를 고려하지 않은 바 아니지만, 목전에 있는 음죽 방향으로부터 수만의 적도가 내습하는지라 할 수 없이 적은 병력을 쪼개어 분견(分遣)할 수밖에 없었던 것 같다. 또 (A) 조선인의 의식 상태로 보아서 사람 수가 많고 적음으로 승패를 점치는 것 같았다(朝鮮人ノ狀態トシテ人數ノ多寡ヲ以テ勝敗ヲト知スルモノ、如シ). 한 예를 들면, 즉 아무리 일본인이 강하더라도 동학당 5만 명에게는 이길 수 없다고 말하는 것 같다(一例ヲ擧クレハ則チ「如何ニ日本人强キモ東學黨五萬人ニ勝ツ能ハスト言フカ如シ」). 그러나 (B) 우리 군인이 한 명이라도 그 촌락에 남아 있을 때는 어떻게 하지 못하지만, 일단 비우게 되면 지금까지 양민으로 있던 자도 무상(無常)히 변심하여 곧 적에게 부화뇌동한다. 심지어는 당시 그 촌락에 아직 적의 침입이 있기 전인데도 스스로 자기들이 사는 마을에 방화하고 약탈함을 일삼아 적의 세력을 도와준 것 같다. 이번에 붙잡은 적도로서 당시 전투에 참가했던 충주 앙암면에 사는 임명근(百人長)이란 자에게 일일이 문답한 것을 다음에 기록한다.(1894년 11월 23일 後備步兵第6聯隊 第6中隊長 山村忠正)

---

**78**  駐韓日本公使館記錄 1권〉「六. 東學黨征討關係에 關한 諸報告」〉(14)[忠淸道 東學黨 討伐狀況 및 戰況報告寫本送付]〉'東學黨討伐景況'.

(A)는 인중승천(人衆勝天) 문화, 즉 조선의 도회·의거 전통에 대한 일본군 측의 오해 혹은 왜곡을 잘 보여주는 대목이다. 인중승천이란 천정역승인(天定亦勝人)이라는 말과 짝하여 결국은 '하늘의 뜻'이 중요하다는 뜻이다. 하지만 19세기 후반 이 말은 '다수 백성의 뜻'이 곧바로 '하늘의 뜻'이라는 의미로 자주 쓰였다. 입이 여럿이면 무쇠도 녹일 수 있다는 말도 이와 유사한 뜻이다. (B)는 일본군이 있을 때는 어쩌지 못하다가도 떠나면 '무상히 변심하여' '적에게 부화뇌동'하곤 했다는 내용인데, 이는 달리 해석하면 동학군에 대한 호응, 사건 자체에 대한 긍정적 감응으로 말미암아 일종의 공감장이 넓게 형성되어 있었음을 시사한다.

이준용이 쿠데타 계획을 수립할 때 "인중승천이라는 말이 있듯이 쿠데타가 성사된 뒤 일본군이 개입한다 하더라도 어쩌지 못할 것이라(眞所謂人衆勝天 日兵雖動 亦無奈何也)"라고 말했다는 사실,[79] 또는 9월 초순경 동학군이 도성에 방시(榜示)한 경통(敬通)이 "무릇 일이 의리에 합당한 즉 사람들이 감동(감응)하지 않음이 없고, 말이 정성스러우면 사람들이 따르지 않음이 없다(夫事合於義 則人無不感 言發於誠 則人無不服)"는 말로 시작되고 있다는 사실[80] 등도 당시 대의명분이나 인중승천론을 중시하는 정치문화가 널리 확산되고 공유되고 있었음을 보여주는 비근한 사례들이다. 1894년 시기 A/O 투쟁의 기본동력은 동학, 특히 영부와 주문을 매개로 확산된 긍정적 감응, 즉 서로 간의 차이를 넘어(대동단결하여) 서로 감응하고 호응하는 분위기(기운, 기세) 그 자체였다.

조선왕조는 대의명분(春秋大義) 또는 바른 이름(正名)을 중시했던 정치문화

---

79 앞의 「동학당 사건 회심전말」에 별첨된 「李秉輝ヨリ差出シタル始末書」 참조.

80 「別紙甲號 東徒ノ當城內ニ榜示セシ者ナリト云フ」. 日本外務省外交史料館所藏文書 (1) 〉 韓國東學黨蜂起一件 〉 (91) 1894. 9. 26 忠淸道ノ東學黨ニ關スル彙報(10월 6일=음력 9월 8일, 정무국 접수 별첨 문건).

를 가지고 있었던 까닭에 이름이나 호명에 매우 민감했다. 당시 패거/의거 논쟁이 치열하게 벌어진 것도 그런 이유 때문이었다. 그럼에도 불구하고 지금까지 연구들 가운데는 '전투'라는 용어나 호명을 문제 삼은 경우가 거의 없다. 왜냐하면 「전투상보」와 같은 일본 측 자료는 물론이고 관군이나 일부 동학군 측의 자료(교단사, 참여자 회고)에도 의군, 병사, 전투, 접전이라는 용어가 수시로 등장하기 때문이다.[81] 하지만 19세기 후반의 도회·의거 문화라는 관점에서 1894년 사건의 성격과 의미를 규정하면 1894년 어셈블리는 국가(군대) 간 전투는 물론이고 내전이나 혁명도 아니었다. 게다가 남북접 지도부가 공식적으로 해산을 선언한 뒤에 벌어진 각종 충돌 사건, 특히 일본군과 관군의 집단학살 사건조차 전투(북실전투, 대둔산전투)라 호명하는 것은 역사조작을 넘어 왜곡이라 말해야 옳다.

---

81 예를 들면, 충청감영의 비장이었던 구완희는 『공산초비기』를 집필하면서, 이인과 효포싸움을 利仁之役, 孝浦之戰, 그리고 우금티싸움을 牛金之師라 표현했고, 선봉진 이규태는 『선봉진일기』(「原報狀」)에서 '牛金之捷'이라는 표현했다. ○○之役이란 賦役·職役처럼, 임금의 명을 받고 행하는 일(討伐·征討)이란 뜻이다.

# 제2장

# 1894년 어셈블리와
# 19세기 후반의 도회·의거 문화

19세기 후반 이른바 '민란의 시대'가 도래하자, 민중은 모였다 하면 망국가나 난리 타령을 늘어놓았다. 「사발통문」에서 당시 민중들이 "난리 났네 난리 났어, 에이 참 잘 되었지"라 말하며, "그날이 오기를 기다렸다"는 대목, 또는 황현의 『오하기문』에 보이는 "이놈의 난리가 왜 안 일어나냐", "무슨 팔자라고 난리를 볼 수 있겠느냐" 했던 민중들의 탄식[82]은 이를 보여주는 대표적인 사례이다. 황현의 『오하기문』은 "오호라 변란이 생기는 것이 어찌 우연이겠는가?"라는 말로 시작되고 있는데, 이에 따르면 임술년을 전후한 시기부터 "온 나라 사람들이 매일 난망(亂亡)을 구가(謳歌)"[83]하는 등 이른바 말세 타령과 난리 타령이 만연했다는 것이다. 난리라는 말은 오지영의 『동학사』, 권병덕의 「갑오동학란」은 물론이고 당대 유림들의 문집이나 일기 속에서도 흔히 볼 수 있는 일종의

---

**82**  "皆言 亂離胡不來 或長嘆曰 有何好命數 得見亂離乎." 梧下記聞 〉首筆 〉甲申.

**83**  앞의 『번역 오하기문』, 97쪽 참조. 황현은 『오하기문』의 서두에서 "국가의 재앙과 변괴는 대개 오랫동안 누적되어 그렇게 된 것이지 하루아침, 저녁에 조성된 것은 아님"을 강조하였다.

'유행어'였다.[84]

1862년 삼남 일대의 70~80여 개 군현에서 민요가 발생했고, 뒤이어 1894년 어셈블리 때도 전국 각지에서 매년 크고 작은 민요가 빈발했다. 여러 연구들에 따르면, 임술년 이후 뜸했던 민요(民擾; 聚衆起鬧)가 1890년대 들어 격증하여 1893년에는 전국에 걸쳐 60여 회 이상, 그리고 1894년에 들어서는 민란이 없는 고을이 없을 정도였다고 한다.[85] 이런 과정에서 나타난 주목할 만한 현상은, 1862년 진주 수곡도회 사례에서도 확인할 수 있듯이 지방수령(이향)이나 사족들이 주도하는 향회를 대신해 민 주도의 도회가 자주 개최되었다는 사실이다. 갑오개혁 시기 지방재정 개혁 과정에서 민이 참여하는 향회를 제도화하려 한 것도 크게 보면 이런 추세를 반영한 것이었다.[86]

농민전쟁론에 기초한 연구들은 흔히 1894년 어셈블리와 1862년 어셈블리의 질적 차이를 강조한다. 그러나 도회·의거 전통의 지속과 변용이라는 관점

---

**84**  오지영의 『동학사』에도 "창의문이 한번 세상에 떨어지자 백성들의 수성거리는 소리는 참 굉장하였다. 옳다 이제는 되었다. 천리가 어찌 무심하랴. 이놈의 세상은 얼른 망해야 한다. 망할 것은 얼른 망해버리고 새 세상이 나와야 한다"는 언급이 보인다. 『매천야록』에 보이는 '어사난리(御史亂離)'니 '노인난리(老人亂離)'니 하는 말들은 당시 난리라는 말이 얼마나 유행했는가를 잘 보여주는 사례이다. 梅泉野錄 卷之一 〉甲午以前 下 ④ 〉5. 김병덕의 우의와 이면상의 방탕; 위와 같음; 甲午以前 下 ⑤ 〉5. 호남의 향약과 영남의 향음주례 참조.

**85**  김양식, 「고종조 민란 연구」, 『용암차문섭교수화갑기념논쟁』, 1989; 백승철, 「개항 이후 (1876~1893) 농민항쟁의 전개와 지향」, 앞의 『1894년 농민전쟁 연구 2』, 1992; 배항섭, 「1890년대 초반 민중의 동향과 고부민란」, 앞의 『1894년 농민전쟁 연구 4. 농민전쟁의 전개과정』, 1995 참조.

**86**  1862년 어셈블리(임술민란) 이후 부세운영과 관련하여 민의 참여가 확대되었다는 사실, 그리고 1894년 어셈블리 직후 이런 추세를 제도화(향회조규 제정) 법제화하는 과정에 대해서는 배항섭·손병규 편, 『임술민란과 19세기 동아시아 민중운동』, 성균관대학교출판부, 2013에 수록되어 있는 손병규, 「19세기 '삼정문란'과 '지방재정 위기'에 대한 재인식」; 송양섭, 「임술민란기 부세 문제 인식과 삼정개혁의 방향」 등 참조.

에서 보면 양자는 차이보다 공통점이 훨씬 더 많다. 임술년의 민중들이 관(官)이나 사(士) 주도의 향회(鄕會)를 대신하여 스스로 도회(都會)를 개최했듯이, 1894년 시기 동학군도 자신들의 요구를 관철하기 위해 포접조직과 별개로 도소를 설치한 뒤 자신들의 요구를 관철하기 위한 A/O 투쟁을 전개했다. 누차 강조했듯이 공주 점거투쟁의 목표도 공주를 점거한 뒤 호서 혹은 호주(湖州=兩湖) 단위의 도회를 개최하여 항일의려(義旅)를 형성하는 것이었다.

엥겔스 류의 농민전쟁론에 기초해보면, 1894년 사건은 모든게 미(성)숙하고 부족했기 때문에 실패한 사건으로 간주될 수밖에 없다. 하지만 도회·의거 전통의 지속과 변용이라는 관점에서 보면, 1894년 어셈블리는 실패한 내전이나 혁명이 아니라 모이고 모으는, 점거하고 담판하는 조선 민중들의 정치적 저력을 보여준 사건임과 동시에 5백 년 조선왕조 역사의 큰 흐름을 뒤바꾼 대파국의 서막이었다. 이 책에서 공주 점거투쟁의 도회·의거적 성격을 강조한 이유는, 혁명적 지도와 폭력을 강조하는 변혁주체 민중론을 넘어서려면 남접·호남 중심 농민전쟁론을 넘어서야 한다는 것, 특히 다중의 정치적 힘을 배가시키려면 당연히 적대와 대립, 승패와 우열에 집착하는 역사의식을 넘어서야 한다는 점을 강조하기 위해서이다.


## 1. 19세기 후반 조선의 도회·의거 문화

16세기 들어 각 군현 단위의 '사족지배체제'[87]가 형성되면서 지방사족들은

---

**87** 김인걸, 『조선시대 사회사와 한국사 인식』, 경인문화사, 2017. 이 책의 2부(조선 후기 사회사 연구)에 수록된 7편의 논문, 특히 「7장 조선 후기 향촌 사회에서 '유교적 전통'의 지속과 단

향회와 향약 등을 매개로 향중공론(鄕中公論)을 장악하였다. 그러나 18세기에 접어들며 이른바 수령과 이향 중심의 지배체제가 형성되자 향회도 지역공론 형성의 매개 역할을 점차 상실하기 시작하였다. 그러자 민중들은 스스로 군·면·리 단위로 민회 혹은 도회를 열어 자신들의 이해와 요구를 표출하기 시작했다. 기존 연구들이 강조했듯이, 이런 현상이 나타난 것은 총액제 형태의 부세운영 과정에서 민(民)의 정치참여가 점차 확대되었기 때문이다. 가령, 『승정원일기』 철종 3년 11월 25일조의 "도결(都結)은 매년 읍내의 모든 양반과 상민이 모두 모여(齊會) 논의하여 결정한다"[88]는 표현을 통해서도 확인할 수 있듯이, 부세수취와 관련된 논의는 사족들이 주도하는 향회가 아니라 반상이 모두 모여 공론(公論)이나 공의(公議)를 모으는 절차, 즉 제회(齊會=都會)나 읍회, 또는 향회(유회)나 민회를 거쳐야 한다는 인식이 하나의 정치문화로 자리 잡고 있었다. 1862년 어셈블리 시기, 향회나 읍회와 더불어 제회, 도회, 민회 등 다양한 명칭의 집회가 빈번히 열렸는데 이런 집회들은 진주, 인동, 상주, 익산, 함평, 금구, 공주 등지의 사례처럼 향회가 제구실을 못 하거나 주민들의 요구를 수용하지 못할 때 주로 열렸다.[89]

1862년 어셈블 때 여러 차례의 향회와 등소에도 불구하고 아무런 효과가 없자 진주 지역 초군들은 도회를 개최한 뒤 집단시위를 전개했다. 앞서도 강조했듯이 진주 지역의 경우, 수곡장터에서 열린 도회에 뒤이어 수청가, 축곡, 덕천장터, 평거역, 오죽전, 진주읍내 등지에서도 연이어 도회[90]가 열렸는데, 이는

---

절」 등 참조

88  "都結則 每於冬間 一邑班常 齊會爛商." 國史館論叢 第7輯〉 19세기 賦稅의 都結化와 封建的 收取体制의 해체(安秉旭) 재인용.〈한국사 DB〉 참조.

89  앞의 『1862년 농민항쟁 중세 말기 전국 농민들의 반봉건투쟁』 각 지역 사례연구 참조.

90  진주항쟁 시기 진주 각지에서 열린 도회의 실상에 대해서는 김준형, 『(진주문화를 찾아서 4)

기존의 향회와는 달리 양반 상놈 가릴 것 없이 모든 주민들이 자발적으로 참여하는 일종의 주민총회(general assembly)였다. 흥미로운 사실은 1894년 어셈블리의 중심지인 금구 지역에서도 1862년 어셈블리 때 도회가 열렸다는 사실이다. 금구 주민들은 향회를 매개로 한 등소(等訴) 활동이 별다른 효과를 거두지 못하자 도회를 개최하여 12개 조의 폐막 혁파를 결의했을 뿐만 아니라 1894년 어셈블리 때처럼 동헌을 점거하는 등 무장시위 활동도 펼쳤다.

이상의 사례를 통해서도 확인할 수 있듯이, 도회·의거 전통의 지속과 변용이라는 관점에서 보면 19세기 후반의 도회·의거 문화는 1862년 어셈블리 때부터 형성되기 시작했다고 말해야 옳다. 흥미로운 사실 하나는, 1862년 성주 지역의 도회 때 참여자 모두가 각자 쪽지에 가장 미운 자들의 이름을 적게 하여(일종의 투표) 응징 대상자를 추려내기도 했다는 점이다.[91] 고부 봉기 시기 전봉준은 도회 참여자들의 추대 형식을 거쳐 대표자(主謀者, 首倡者)로 선출되었는데,[92] 이 또한 도중공론(都衆公論)을 형성하고 결정하는 일종의 선거에 준하는 행위였다. 공주 점거투쟁 시기 전봉준의 양호창의영수[93]라는 직함도 도회나 회맹, 또는

---

1862년 진주 농민항쟁』, 지식산업사, 2001 참조. 1862년 2월 6일에 개최된 진주 수곡도회를 비롯하여 1862년 어셈블리 때 각지에서 우후죽순처럼 등장한 각종 도회는 19세기 후반 조선 어셈블리의 효시적 사건이었다. 진주 인근의 인동 지역 주민들도 20여 차례의 항회에도 불구하고 부세 문제와 관련한 민원이 해결될 기미를 보이지 않자 독자적으로 집회(민회, 도회)를 열어 12개 조항의 요구(일종의 안민책 혹은 폐정개혁안)를 결의함과 동시에 집단적인 시위투쟁을 전개하였다.

**91** 앞의 『1862년 농민항쟁』, 161쪽 참조.

**92** 회심 과정에서 일본영사가 "起包 時에 汝가 어찌 主謀가 되였느냐"라고 질문하자 전봉준은 "衆民이 다 矣身을 推하여 主謀하라 하기에 民言을 依함이니다"라고 답했다. 뒤이어 일본영사가 "數千名 衆民이 何故로 汝을 推하여 主謀하게 하였느냐"고 질문하자 전봉준은 "衆民이 雖曰 數千名이오나 皆是 愚蠢農民이요 矣身은 文字을 粗解하는 緣故니이다"라 답했다.

**93** 오늘날 여야 대표들의 회담을 흔히 '영수회담'이라 칭하는 것도 그런 이유 때문이다. 영수라

담판이나 협상의 대표자(회맹주)를 뜻하는 것이지, 대장(大將)처럼 위계관계 속의 직함, 특히 군사 지도자를 뜻하는 용어가 아니었다. 19세기 후반의 도회·의거는 투쟁주체 측의 요구가 정치담판(談判=談辦)이나 안민약조(安民約條) 체결 등으로 어느 정도 관철되었거나, 관군(외국군)의 개입으로 지속적인 활동이 어렵게 될 경우 자진해산하는 것이 상례였는데, 이런 현상은 1894년 어셈블리 때도 마찬가지였다.[94]

하지만 양 시기의 어셈블리는 공통점 못지않게 차이점도 많았다. 예를 들면, 1894년 어셈블리 때는 도회(민회)의 개최 과정에서 일종의 상설기구인 도(회)소 혹은 민회소 등이 만들어졌음에 반해 1862년 어셈블리 때는 그런 사례가 거의 확인되지 않는다는 것, 1894년 어셈블리 때는 집회와 시위 주체들이 관아에서 빼앗은 총칼로 상당 수준의 무장을 하는 경우가 종종 있었으나, 1862년 어셈블리 때는 몽둥이와 짱돌 정도가 활용되었다는 것, 일부 지역에서 깃발과 두건이 사용되기는 했으나 1894년 때처럼 영부와 주문, 또는 춤과 노래를 곁들인 의례와 의식을 활용한 사례는 거의 없었다는 것, 1894년 어셈블리 때는 군현 단위를 넘어선 도(감영) 단위의 A/O 투쟁(표방 자체로는 京師大都會)이 전개되었으나 1862년 어셈블리 때는 군현 단위를 넘어선 투쟁이 거의 없었다는 것 등이 대표적인 차이이다.

1862년 어셈블리 때와 마찬가지로 1894년 어셈블리 때도 동학군의 활동과

---

는 말은 붕당정치 시기 해당 붕당의 대표자를 지칭하는 용어로 흔히 쓰였다. 〈한국사 DB〉 참조. 양호창의영수도 兩湖 義陣·義旅의 대표자라는 뜻이지 최고 서열의 지도자를 의미하는 칭호는 아니다.

**94** 1894년 어셈블리와 도회, 혹은 공론정치의 상관성을 다룬 선행연구로는 박영학, 『동학운동의 공시구조』, 나남, 1990; 김선경, 「갑오농민전쟁과 민중의식의 성장」, 『사회와 역사』 64, 2003; 배항섭, 「19세기 후반 민중운동과 공론」, 『한국사연구』 162, 2013 등이 주목된다.

는 별개로 전국 각처에서 크고 작은 민요가 빈발했다.[95] 『매천야록』에서 "이때 탐관오리들이 나라에 두루 퍼져 난리가 안 난 고을이 거의 없었다(是時貪吏遍一國, 無邑不亂)"고 한 것[96] 『학초전』(1923)에서 '동학이 없는 곳에서도 민란이 일어나는 곳이 많았다'거나 또는 '전봉준과 김개남도 민요(民擾)로 시작하여 동학으로 창궐하였다'고 지적한 것[97] 등도 이를 반증하는 사례이다. 그 무렵 『승정원일기』에는 '요즘 백성'[98] 운운하는 기사가 자주 실렸는데, 대부분이 임금의 전교나 효유문, 또는 민요와 관련한 각종 보고와 상소문이다.

근래에 백성들이 소란스럽게 떠들고 정착하지 못하는 것은 백성을 향하는 나의 지극한 마음을 체득하지 못한 수령들의 잔인하고 가혹하기 그지없는 정사로 인해 백성들이 살아갈 수 없게 된 데서 빚어진 일이다. 이 때문에 소란을 일으키는 폐단이 생기고 분수를 어기고 규율을 위반하는 일이 종종 일어나는 것이니, 그 행동을 보면 매우 놀랍지만 그 정상에 대해서는 고려해야 할 점이 있다.[99]

1894년 시기 정부의 효유문과 장계, 동학군의 격문과 방문, 유생들의 일기자료 등에 봉취의둔(蜂聚蟻屯), 성군작당(成群作黨), 성당도회(成黨都會), 인중취소

---

**95** 조선왕조 정부는 1894년 어셈블리를 전후한 시기 고부군 외에 청풍부, 개성부, 재령군, 남양부, 영해부 등지에 안핵사를 파견하였다. 〈한국사 DB〉 참조.

**96** 梅泉野錄卷之一 〉甲午以前 下 ⑤ 〉 11. 개성민란.

**97** 앞의 『학초전』; 『신국역총서 3』, 102쪽.

**98** '近日民習', '近日民俗', '近日民志', '近日民心', '近日民擾', '近日民之起鬧' 등을 운운하는 기사가 1893년 말부터 1894년 초반까지 조선왕조실록, 『승정원일기』, 『비변사등록』 등 관찬사서에 자주 보인다. 〈한국사 DB〉 참조.

**99** 『승정원일기』; 자료 고종시대사 17』 〉 1894년(고종 31년) 4월 18일 〉 고종, 호남의 백성에게 생업에 종사하도록 효유하고 난리에 책임이 있는 지방관들을 조사하고 처벌할 것을 명함.

(引衆嘯取), 제성분의(齊聲奔義)라는 말들이 자주 등장한 것도 이런 배경 가운데서였다(〈한국사 DB〉 참조). 1862년 공주 어셈블리 때도 다른 지역과 마찬가지로 각면으로 통문 발송→금강나루터 1차 취회(공주 각 면 초군 수백 명 참여, 11개 조목의 결의 채택)→금강나루터 2차 취회(주민 6천여 명의 집회와 시위)→충청감영의 점거와 등소(11개 조목 요구 제출, 감사의 전면 수용)→무단토호가의 방화 등 집단시위→해산의과정을 거쳤는데, 이는 규모와 격렬함의 차이만 있을 뿐 1894년 8월 2일의 감영 점거투쟁은 물론이고 공주 1차 투쟁의 전개 양상과도 크게 다르지 않다. 심지어 위의 사건들은 집회·시위의 장소(금강나루=장기대나루)는 물론이고 충청감영 측의 대응방식조차 유사하다. 충청감영 측은 임술년 농민항쟁 때는 '타도부랑지민(他道浮浪之民)' 개입(선동)설을,[100] 그리고 1894년 어셈블리 때는 동학군=비도론 또는 남적·호남적론 등을 조작하여 공주 사람들의 지역감정을 부추겼다. 국가나 지배계급이 민중들의 연대와 협동을 저지하는 가장 고전적인 수법은 그때나 지금이나 유사하다.


## 2. 교조신원운동과 도회·의거 투쟁의 활성화

동학은 유학과 마찬가지로 아국운수, 국태민안, 광제창생, 보국안민, 척양척왜 등을 강조하는 정교일치(政敎一致)의 사상이므로, 교조신원운동은 종교운동이고, 동학농민전쟁은 내전이나 혁명에 준하는 정치운동이라는 이분법, 즉 교조신원과 척양척왜·보국안민을 전혀 다른 슬로건으로 이해하는 것은 오류

---

**100**  공주의 경우 민요가 발생하자 조선왕조 정부는 즉각적으로 주장발통자(主張發通者), 와굴지사자(窩窟指使者), 승세선학자(乘勢扇虐者) 등을 색출하여 처벌했다.

일 뿐만 아니라 무용한 분석가설이자 방법이다.[101] 기존 연구들은 동학의 통문이나 포고·고시문 등에 동학적 언설(무위이화, 시천주, 후천개벽, 지상천국)이 '거의 보이지 않는다'고 말하나, 1894년 어셈블리 때는 보국안민이나 척양척왜가 바로 동학을 상징하는 대표 언설이었다. 요컨대, 1894년 어셈블리 때 '동학을 한다'는 것은 수심정기한다는 의미뿐만 아니라 척양척왜 보국안민을 한다는 의미를 함축하는 것이기도 했다. 특히 1894년 사건의 도회·의거적 성격을 주목하는 경우, 1894년 어셈블리는 1894년 봄 무장포고(백산도회) 무렵부터가 아니라 1892년 말의 공주·삼례도회, 특히 1893년 봄의 보은도회 때부터 시작되었다고 보아야 옳다. 왜냐하면 남접집단처럼 군현 단위의 포접을 넘어선 연대(네트워크), 달리 말하면 '작당 취회'가 시작된 것은 1894년 어셈블리 때가 아니라 공주·삼례도회, 광화문 복합상소, 보은도회 등 이른바 교조신원운동이 전개되는 과정에서였기 때문이다.[102] 공주도회 시기 동학지도부가 입의(立義)통문을 돌렸다거나, 보은도회의 주체들이 척왜양창의 깃발을 높이 세웠다거나, 보은관아에 '동학창의유생' 명의로 방문(무장포고문과 동일한 의미를 가지는 일종의 대의포고)을 게시했

---

101  유교와 마찬가지로 政敎一致(政敎 未分化)를 추구한 동학의 특징에 대해서는 지면관계상 후속연구 「1894년 사건과 동학의 연관성—동학은 assembly(모이기/모으기) 투쟁의 디딤돌이자 걸림돌이었다」로 미루고자 한다.

102  배항섭은 1890년대 초반 민중의 동향을 언급하면서, 보은도회 등을 통해 "聚會 衆民들의 인식지평이 확대되고 의식이 성장해가는 과정"을 주목한 바 있다. "교조신원운동은 각지에서 모인 민중의 경험이 집단적으로 교류되는 중요한 계기", 혹은 "바뀌어가는 세상을 체험하는 자리"가 되었다는 배항섭의 지적은 이 책의 논지와 관련해서도 대단히 중요한 의미가 있다. 배항섭에 따르면 "스스로를 변혁주체로 자각하고 새로운 세상을 만들어가려는 지도부의 의식이 (…) 변혁주체로의 자각을 결여하고 있었던 취회 중민들에게 전파되는 과정"이었다는 것이다. 배항섭, 「1890년대 초반 민중의 동향과 고부민란」, 50~51쪽. 하지만 배항섭도 기존연구와 마찬가지로 고부민란 이후, 특히 무장기포 때부터 '농민전쟁'이 시작되었다고 보았다.

다는 사실 등은 보은도회 시기 이미 동학의 종지를 실천하는 창의(의거)가 시작되었음을 반증한다.[103]

이렇듯이 1894년 사건을 도회·의거 투쟁의 관점에서 보면, 보은도회 등 교조신원운동은 1894년 사건의 전 단계(前史)가 아니라 1894년 어셈블리의 서막이라 말해야 옳다. 가령, 『취어』에서 "저 무리를 따라온 사람들은 스스로 모인 이후 날마다 수천 개의 계획이 마치 물이 계속해 넘치고, 불이 언덕을 태우는 것과 같이 쏟아져 나와 막을 수가 없었"(앞의 『국역총서 1』, 42쪽)다는 대목은 보은도회가 1894년 동학 어셈블리의 서막임을 보여주는 유력한 증거이다. 보은도소가 규율을 어기는 자는 군율(軍律)로 다스리겠다는 명령을 내렸다는 사실[104]은 보은도회에 참여한 수만 명의 집회시위 군중이 1894년 어셈블리 때 각종 도회에 참여한 이들과 마찬가지로 당연히 동학도이자 동학군이었다는 뜻이다. 후술하겠으나, 금구·밀양 등 중간 경유지(집결지)를 거쳐 보은으로 모여드는 동학도(군)의 숫자가 날이 갈수록 늘어나자 조선왕조 정부는 1894 어셈블리 때와 마찬가지로 청국에 원병을 요청하는 문제를 고민하기도 했다.

기존의 연구에 따르면, 보은에 모인 동학도의 숫자는 대략 2만이었다고 한다. 하지만 이는 자진해산 이전까지 보은에 당도한 동학도의 숫자를 뜻하는 것이지 전체 참여자의 숫자는 아니다. 『오하기문』에 따르면 보은에 모인 동학도는 8만여 명이었다고 하는데, 집회 기일을 맞추기 위해 소와 땅을 팔아 한꺼번

---

**103** 당시 동학도소의 「通諭文」, 「東學人令」, 「東學人文」, 양호도어사 어윤중과의 「問答記」, 보은군수와의 대담기 등에 대해서는 표영삼, 『동학 2』, 「제3장 교조신원운동과 반외세운동」, 280~316쪽 참조.

**104** "如是令飭之後 一向不遵當施以軍律 明察揭榜 勿犯施行宜當事." 聚語 〉東學人令 癸巳三月十六日.

에 길을 나서는 통에 인파로 길이 막힐 지경이었다는 것이다.[105] 동학교단은 사방팔방에서 모여드는 많은 참여자를 통제(통솔)하는 가운데 도회 개최의 목적을 관철하기 위해 보은에 법소와는 성격이 다른 도소를 설치하였고, 당시의 정치 관행대로 이를 매개로 정부(양호도어사)와 정치담판을 벌였다. 예를 들면 보은 공형이 집회 주체들에게 왜 하필 '대도회지(大都會地)'가 아니라 이처럼 협읍(峽邑)·잔촌(殘村)에서 도회를 개최했느냐고 질문하자 "이 촌 앞으로 통로가 있어서 각처의 동학도들이 모이기가 편할 것이라 생각했기 때문이라 답했다"는 대목,[106] 또는 각지에서 모인 접도(接徒)들을 통제하고 지휘하기 위해 도(회)소를 설치했다는 대목[107] 등은 이를 보여주는 증거들이다. 당시 보은도소는 관군의 공격에 대비하여 몽둥이(棒杖)를 준비하자는 의견이 있었으나 도소에서 무기류의 소지를 엄책금지(嚴責禁止)했다고 한다. 1894년 어셈블리 때 동학군이 무장을 갖춘 것은 사실이나 이는 자신들의 집회와 시위를 보호하기 위한 자위수단 또는 일종의 반폭력(anti-violence)일 뿐이었다.

보은도회가 열렸을 때 금구에서 진행되었다는 이른바 금구취회(1만여 명)와 관련하여 정창렬 등은 보은도회와는 성격이 구별되는 남접집단의 '독자적인 집회'였다고 주장했으나,[108] 이는 같은 시기 밀양취회와 마찬가지로 보은 '(대)

---

105 "會報恩者八萬人 立壘築壇 建旗鳴鼓 有四搶之勢." 梧下記聞 〉首筆 〉甲申. 도회가 해산되기 직전까지 실제 보은에 도달한 동학도의 수는 2만여 명, 그리고 일종의 중간 집결지인 금구(1만 명?)와 밀양(?) 등지를 경유하여 보은으로 모여들던 동학군의 숫자는 상당했을 것으로 추정된다.

106 "公兄問 今此都會事備悉於掛書 而何必都會于如此峽邑殘村乎 答曰此村前有通路 各處學徒來會便宜之故云." 聚語 〉癸巳三月十五日 採探 十六日 發報.

107 "都會所使其省察等布言于接徒曰 (…) 且各接中或有造置棒杖之說 而自都所嚴責禁止云云." 聚語 〉癸巳三月二十四日 探知 二十五日 發報.

108 남접·호남 중심 농민전쟁론자들은 전봉준 등 남접집단이 교조신원운동 시기부터 독자적

도회'로 향하던 호남 동학도의 중간 집회(도회처)[109]였다. 예를 들면, 보은도회와 관련한 정탐 보고에 보이는 '전라도 도회'를 운운한 대목,[110] 또는 『오하기문』의 호남 전역의 동학도들이 '기일에 맞추어 보은에 도착하기 위해' 길을 가득 메웠다는 대목은 이를 보여주는 증거이다. 당시 북접교단과 금구(남접) 집단 간에 갈등이 연출된 것은 교단 주도 세력이 너무 일찍, 아무런 성과도 얻지 못한 채 도회(도소)를 해산했기 때문이지, 서로 목적이나 목표가 달랐기 때문은 아니었다. 『백석서독(白石書牘)』에서 "삼남의 동학도가 각도에서 도회를 개최했는데, 호서는 보은, 영남은 밀양, 호남은 금구에서 각기 수만 명이 모였다"[111]고 한 대목도 이를 보여주는 증거이다. 당시는 전국적 조직망을 가진 동학교단조차 도 간 경계를 넘어서는 집회와 시위를 조직하는 것이 쉽지 않은 상황이었다.

---

으로 척왜양 운동을 주도하였다고 주장하나, 남북접 간의 대립이 첨예해지기 시작한 것은 남접집단이 1차 봉기를 시작한 이후부터였다고 판단된다. 서병학의 "호남(금구)취당은 얼핏 보면 우리와 같지만 종류가 다르다. 통문을 돌리고 방문을 게시한 것은 모두 그들의 소행이다"(聚語 〉宣撫使再次狀啓 魚允中兼帶)라는 언급 등을 통해서도 확인할 수 있듯이, 금구취회를 통해 남접집단의 결당화가 이루어졌을 가능성은 농후하나 이를 독자적인 집회로 간주하는 것은 지나친 과장이다. 교조신원운동(특히 보은도회)에 대한 남접·호남 중심 농민전쟁론자들의 이해에 대해서는 지면관계상 후속 연구 「남접 호남 중심 농민전쟁론 넘어서기」, 『조선 1894년 어셈블리─역사·기억·기념』에서 좀 더 자세히 다루어보려 한다.

109  김윤식의 『沔陽行遣日記』(上之三十年癸巳 四月)에 따르면, 당시 보은의 황하일, 무장의 손화중 등은 금구 원평에서 都會를 개최한 뒤 3월 21일 1만여 명의 동도(동학군)을 이끌고 보은으로 온다는 私通을 보은 도소(=일종의 大都所)에 전했다고 한다. "全羅道則都會于金溝院坪 魁首則報恩居黃河一茂長接主孫海中 率萬餘人二十一日來到之意 私通云."

110  "全羅道都會以今二十二日來到云云 首頭崔時榮 次座徐丙學 李國彬 孫丙喜 孫士文 姜奇申奇, 京江忠慶接長 黃河一 徐一海 全羅道接長 運糧都監 名不知全都事." 聚語(동학농민혁명사료총서 2권) 〉癸巳三月二十日 探知 二十一日 發報.

111  "三月望間傳聞 三南東學輩都會于各道 忠清則會于報恩 嶺南則會于蜜陽 本道則會于金溝 衆各至數萬." 白石書牘 十三卷 〉寄金姪容範 三月二十九日 曵伊上去便.

보은도회 시기 어윤중이 동학을 가리켜 '비도가 아니라 민당(民黨)'이라 칭했다는 소문이 조야 유생들 사이에 퍼지자,[112] 이건창(1852~1898)은 상소를 통해 이를 사설(邪說)이라 규정하며 하루속히 군대를 보내 공격할 것을 촉구하였다. 이건창의 눈에는 보은도회가 민당이 아니라 선사모란(煽邪謀亂)하는 난당(亂黨)으로 보였을 터이나, 보은도회의 주체들은 도회(민회)와 의거를 칭했지, 스스로 민당 혹은 동학당을 칭하지 않았다.[113] 게다가 동학군이 돌담을 쌓고 깃발을 세운 행위를 '입기축성(立旗築城)'이라 표현한 것도 온당치 않다. 보은도회 시기 깃발을 세운 것은 포접 단위로 대오를 통솔하기 위해서였고, 도회 장소에 돌담을 쌓은 것도 전투를 위해서가 아니라 '나와바리(なわばり)'라는 말처럼 안밖을 구분하기 위한 표식일 뿐이었다. 1894년 어셈블리 때 패거/의거 논쟁이 벌어졌듯이, 보은도회 시기 정부와 동학군 사이에 창란/창의 논쟁이 벌어진 것도 당시 집회와 시위의 주체들이 자신들의 행위를 의거(창의)라 주장했기 때문이었다.

보은도회 주체들이 "저희들의 이 집회는 조그마한 무기도 가지지 않았으니, 이는 바로 민회입니다"라고 했다거나, "일찍이 여러 나라에서 민회가 있다고 들었고, 조정의 정령(政令)이 백성과 나라에 불편한 것이 있으면 모여서 의논하여 결정하는 것이 근래의 일입니다"라고 말했다는 사실[114]은 자신들의 도회를 서양의 '내셔널 어셈블리[national(local) assembly]'와 유사한 것으로 이해했음을 보

---

112 『취어』, 『국역총서 1』, 47~55쪽. 당시 유생들 가운데는 이건창의 '실언'을 허물하는 사람들이 많았다고 한다.

113 「문답기」에 보이는 '民黨'이라는 말은 어윤중의 '자의적인 규정'일 뿐이다. 왜냐하면 君子不黨이라는 말이 있듯이, 조선왕조 시기 黨이라는 용어는 賊黨·逆黨·奸黨·亂黨·徒黨·朋黨 등 주로 부정적인 의미로 쓰였기 때문이다. 위 자료의 번역자는 위 사료의 '民會' 대목에 각주를 달아 동학군도 스스로 '民黨'이라고 자칭했다고 부기했으나, 民黨이라는 말은 '東學黨'과 마찬가지로 관변 측의 호명일 따름이다. 앞의 『국역총서 1』 44쪽 각주 41 참조

114 「선무사 재차 장계」, 『취어』, 『국역총서 1』, 44쪽.

여주는 증거이다. 그리고 보은도회 시기 광제창생·교조신원, 보국안민·척양척왜 등의 슬로건도 내전이나 혁명의 강령이라기보다는 당면 현실에 대한 냉엄한 통찰과 각성을 강조하는 '동학의 현실주의'[115]를 반영한 슬로건이나 구호였을 뿐이다. 최제우는 「포덕문」을 통해 '우리나라는 악질(惡疾)이 만연하여 백성들 편안할 날이 없고, 서양은 싸워 이겨 이루지 못하는 것이 없음'을 탄식하며 '보국안민지계(報國安民之計)'의 중요성을 강조한 바 있는데, 공주 점거투쟁 시기 최시형의 '폭거중지, 혁심개도' 유시도 일본군과 관군의 폭력에 대응한 일종의 현실주의적 대응책이었다.

보은도회는 동학도(군)이 주도한 집회와 시위였을 뿐만 아니라 무엇이 당대의 의리인가를 다툰 일종의 의거(창의)이기도 했다. 당시 보은도회의 주체들이 자신들의 거의 목적이 척왜양'창의'임을 거듭 주장했다는 사실, 특히 이른바 「동학인령(東學人令)」을 발표하면서 동학도소가 정한 규칙들을 지키지 않는 경우 군율처럼 엄히 다스리겠다고 말한 사실, 그러자 보은군수가 "이름은 창의이지만 조칙이 누차에 걸쳐 엄중하였는데, 일체 따르지 않고 도당을 불러 모았으니, 이 어찌 창의라 할 수 있겠는가. (…) 의(義)라는 한 글자는 과연 어디에 있는가"[116]라고 즉각 반박하였다는 사실 등은 동학도소 측이나 정부 측이나 보은도회에 모인 동학도들을 동학군, 즉 의려로 간주하고 있었다는 사실을 간접적으로 시사한다.

보은도회 시기 집회 참여자들은 '척왜양창의'라는 큰 깃발을 중앙에 세우고, 오방색 깃발을 다섯 방위에 배치한 뒤, 지역을 표시하는 첫 글자에 의(義)자

---

**115** 김용옥은 수운이 말하는 시대적 비판의식의 핵심을 순망지탄(脣亡之歎)과 보국안민(輔國安民) 두 마디라 이해했다. 김용옥, 『동경대전 2. 우리가 하느님이다』, 94~97쪽 참조.

**116** "名以倡義 朝飭屢度嚴重 一向不返嘯聚徒黨 是可曰倡義乎 歡歲窮春 煽動民心 京鄉騷動 貽憂君父其在臣民 豈不惶懔 義之一字果安在哉." 聚語〉癸巳三月二十三日.

를 새겨넣었다.[117] 하지만 양호도어사 어윤중은 물론이고 국왕조차 당연히 이들의 도회(민회)와 의거를 창란(倡亂)이라 규정하였다.[118] 그러자 보은도회의 주체들은 스스로 이를 부정·거부하며 자신들의 행위를 공개적으로 '창의(倡義, 의거)'라 표방하기 시작했다. 보은도회(도소)가 보은 장내리뿐만 아니라 전국 각지에 배포한 방문을 통해 "척왜양을 부르짖는 자신들을 사류(邪類)라고 한다면, 견양(犬羊)의 신복(臣僕)이 된 자들이 정류(正類)입니까"[119]라고 반문했다거나, 3월 26일자 문장(文章)을 통해 "왜양이 우리 임금을 위협함이 극에 달하였는데, 이를 부끄러워하는 사람이 조정에 하나도 없은 즉, 주욕신사(主辱臣死)의 의(義)는 어디에 있습니까"라고 항변[120]했다는 사실 등은 이때부터 동학군과 조선왕조 정부간에 패거/의거 논쟁이 시작되고 있었음을 보여준다.

흥미로운 점은, 보은도회 시기 조선왕조 정부가 청국에 원병을 요청하는 문제를 진지하게 고민했다는 사실이다.[121] 1893년 들어 보은도회를 포함하여 동학군의 활동이 심상치 않자 조선 정부는 군대를 동원하여 동학군을 초토(剿討)하는 문제를 심각하게 고민했으나 당시 서울을 수비하는 경군은 물론이고

---

117 忠義, 善義, 淸義, 靑義, 水義, 廣義, 光義, 慶義, 咸義, 竹義, 振義, 沃義, 龍義, 楊義, 金義 등의 글자를 새긴 깃발들이었다. 「3월 20일 탐지하여 21일 보고함」, 『취어』, 『국역총서 1』, 22쪽.

118 "하물며 또한 너희들은 감히 돌을 쌓아 陣을 만들고 깃발을 내걸고 倡義를 일컬으며 榜을 붙여 사람의 마음을 선동한다(況又爾等, 乃敢築石爲陣, 揭竿爲旗, 稱之曰倡義). 너희들이 비록 어둡고 몽매하다고 하나 어찌 나라의 큰 의리(宇內之大義)와 조정의 약속(朝家之譜約)을 듣지 아니하고 감히 구실을 붙여 禍를 남에게 떠넘겨 사람들의 재산을 탕진하고 농사를 망치게 하니, 명분은 倡義이나 이는 곳 倡亂에 다름 아니다." 『취어』, 『국역총서 1』, 39~41쪽 참조.

119 "反斥我斥倭洋者爲邪類 則臣僕於犬羊者爲正類乎." 聚語 〉東學人榜.

120 聚語 〉文狀草件 東學人文.

121 『승정원일기』; 사료 고종시대사 17 〉 1893년(고종 30년) 3월 25일 〉 고종, 동학에 대한 대책을 대신들과 논의하면서 청병을 빌리자고 함.

금영(錦營: 공주), 청영(淸營: 청주), 완영(完營: 전주)에도 군병이 거의 없을 정도로 형편이 좋지 않았다. 이런 사정을 잘 알았던 고종은 당시 대신들로부터 이런 상황을 전해듣자마자 "다른 나라의 군사를 빌려 쓰는 것도 각 나라마다 있는 전례이다(借用他國兵, 亦有各國之例也)"라고 하면서 청국에 파병을 요청하는 문제를 제기하였다. 하지만 대신들과의 갑론을박 끝에 정범조가 "청나라 군사를 빌려 쓰는 것은 비록 다른 여러 나라와는 다르다고 해도 어찌 애초에 빌려 쓰지 않는 것보다 더 나을 수야 있겠습니까"라고 하자 고종은 "선유(宣諭)한 뒤에도 흩어지지 않는다면, 초토해야 하는 자는 초토하고 안집(安集)해야 할 자는 안집해야 한다"고 말하며 자신의 뜻을 철회했다. 그렇다면 고종이 말하는 초토란 무엇을 어떻게 하자는 뜻일까? 모호하고 궁금했던지 정범조는 고종에게 다시 의중을 되물었다. "만약 소탕하려면 어떻게 해야 합니까?(若剿討則如何爲之乎)" 그러자 고종은 아무렇지도 않다는 듯이 "그들의 괴수를 죽이면 자연 해산될 것이다(殲厥渠魁, 則自當解散矣)"라고 말했다. 『승정원일기』는 위 논란을 을사보호조약 체결 시 음독자결한 조병세의 아래와 같은 말로 끝맺었다. "그렇습니다. 일일이 죽이려 든다면 이루 다 죽일 수 없을 것입니다(然矣. 誅之則不可勝誅矣)."[122] 위의 사례를 통해서도 확인할 수 있듯이 동학군에 대한 고종의 인식이나 탄압 방법은 보은도회 때나 1894년 어셈블리 때나 큰 차이가 없었다.

흔히 '창의'라고 하면 의례히 임진년의 의병이나 한말 의병을, 그리고 '의병'이라고 하면 일종의 무장투쟁(항일 독립전쟁)을 머리에 떠올린다. 하지만 조선왕조 시기 의거인가 패거인가를 가르는 중요한 기준은 의리정신(春秋大義=天下爲公)의 실천 여부이지, 물리적(혁명적) 폭력을 동원했는지 안 했는지는 크게 중요한 문제가 아니었다. 예를 들면 보은도회(의거)의 주체들은 척왜양창의(斥倭洋

---

122 『승정원일기』 3032책(탈초본 138책) 고종 30년 3월 25일 정미 21/21 기사. 〈한국사 DB〉 참조.

倡義)라고 쓴 큰 깃발과 지역 명칭 뒤에 의(義)자를 쓴 작은 깃발을 세운 이후, 공개적으로 '창의'를 표방했으나, 물리적 폭력을 철저히 배제하는 가운데 국왕직소(叫閣), 혹은 대의명분을 앞세운 담판(담론)을 벌이는 데 더 깊은 관심을 보였다. 춘추시대의 회맹(會盟) 혹은 회전(會戰) 문화[123]와 마찬가지로, 이른바 담판(談辨)이란 창의의 대의명분을 다투는 가장 보편적인 경합 방식이었다.

보은도회의 주체들은 도회 개최를 알리는 「통유문」에서 각포 도유를 회집케 한 이유를 위도존사(衛道尊師)와 보국안민이라 밝힘과 동시에 보은관아에 내건 방문이나 어윤중과의 문답 등을 통해 자신들은 삿된 무리가 아니라 의려(의군)라는 사실, 즉 자신들의 거사는 창란이 아니라 창의라는 사실 등을 재차 밝혔다. 당시 동학도들은 위도존사, 즉 교조신원이 곧바로 '척양척왜'이자 '보국안민'이라는 인식을 가지고 있었는데, 1892년 말 공주도회를 개최했을 때 주최 측이 작성한 통문을 「입의통문(立義通文)」이라 호명한 것도 그런 이유 때문이었다.[124] "교조(대선생)의 가장 큰 가르침은 광제창생이자 보국안민이니, 교조의 원

---

**123** 필자는 선행연구 「1894년 공주대회전 시기의 '공주 확거·고수 전술'과 '호서도회 개최 계획'」, 『역사문제연구』 33호, 2015. 4에서 공주 점거투쟁을 대회전이라 호명한 적이 있다. 주지하듯이 會戰이란 會盟과 관련한 제후 세력(예를 들면 五覇) 간의 전쟁을 뜻한다. 물론 공주 점거투쟁을 회맹이 주도한 회전이라 말할 수는 없으나, 만약 동학군이 공주를 점거한 뒤 항일 유생이나 관료 등 '애국적 사민층'이 대거 참여한 가운데 이른바 '湖西都會'를 개최할 수 있었다면, 그 대회는 '會盟'이라는 말이 썩 어울리는 집회가 되었을 것이고, 또 그런 회맹(義陣=義旅)이 거족적인 항일무장투쟁을 주도했다고 한다면 공주 점거투쟁은 당연히 대회전이라 호명해야 옳을 것이다. 하지만 이는 가정이자 희망일 뿐이므로 이 책에서는 대회전이라는 말을 직접 사용하지는 않았다.

**124** 동학이 창립 시기부터 척양척왜와 보국안민을 강조했다는 사실은 『동경대전』이나 『용담유사』 등을 통해서 확인할 수 있다. 보은도회 시기 북접교단은 도회 개최 사실을 알리는 「통유문」과는 달리 '東學倡義儒生' 명의로 작성한 방문(掛書)이나 '通告文' 등에는 교조신원 등의 요구는 생략하고 척왜양창의만을 전면에 앞세웠다.

을 푸는 일, 즉 동학을 자유롭게 행하는 일은 곧바로 창의이자 의거이다"라는
인식은 보은도회 때나 1894년 어셈블리 때나 마찬가지였다.

  서론에서도 밝혔듯이 교조신원운동을 '농민전쟁의 전 단계'로 간주하는
경향은 한마디로 말하면 '남접', '호남', '농민군(혁명군)', '전투'라는 코드나 콘셉
트를 중시하는 이른바 남접·호남 중심 농민전쟁론 탓이다. 공주, 삼례, 광화문,
보은 등지에서 벌어진 집회와 시위는 교조신원과 광제창생, 보국안민과 척양
척왜 등을 기치로 내건 동학도(군)들의 도회이자 의거였을 뿐이다. 물론 이런
일련의 사건들은 군현을 넘어 도와 전국 단위로 확산될 가능성, 특히 특정 집
단의 '작당 모의'를 통해 내전이나 혁명으로 발전할 가능성이 언제 어디서든
있었다. 보은도회 시기의 '금구취당(金溝聚黨)'의 사례나 1894년 임기준 집단 등
이 성군작당한 것도 이런 분위기 가운데서였다고 판단된다. 매천 황현에 따르
면, '대천이물(代天理物) 보국안민(保國安民)하고, 불살략(不殺掠)하되 탐관오리는
용서하지 말자'는 대의명분(名義)을 내걸고 "창언(唱言)하자 우민(愚民)이 응향(響
應)하고 우연(右沿) 일대 10여 읍이 봉기하니 열흘 남짓 사이에 수만 명에 이르
렀다"고 한다(『오하기문』, 갑오 3월 기사). 이런 말들을 통해서도 확인할 수 있듯이,
19세기 후반의 조선 사회는 일부대호(一夫大呼)하면 삼도병응(三道竝應)하는(『오하
기문』), 일부게간(一夫揭竿)하면 만부상응(萬夫相應)하는(충경대도소 통문) 어셈블리의
시대였다.


## 3. 1894년 어셈블리와 도회·의거 문화의 상관성

  전봉준 등 남접집단은 1894년 2월 20일 호남 각지에 도회 소집을 알리는 통
문을 돌렸고, 한 달 뒤인 3월 20일경 무장현에서 포고를 발표하였다. 남접 지도

부가 무장포고와 동시에 백산(濟衆義所)에서 발표한 창의문과 네 개의 명의(四個名義), 그리고 영광에서 발표한 대적시 약속 4항(對敵時 約束四項)과 12조 계군호령(十二條戒軍號令) 등도 형식(관행)상 모두 그때그때 열린 도회 혹은 도소(義所)의 토의와 결의를 거친 것들이라 판단된다. 흔히 무장포고를 일종의 '선전포고(宣戰布告)'로 간주하는 경우가 많으나, 이는 창의의 대의명분을 천명하고자 작성된 글이지 무장투쟁이나 전쟁을 선포하는 글은 아니었다. 예를 들면 1894년 7월 호서충의 서상철의 포고문,[125] 같은 해 8월 운봉창의소 격문,[126] 1907년 9월 기삼연(奇參衍)이 『대한매일신보』에 보낸 글[127] 등에 '대의포고(大義布告)'라는 말이 보이듯이, 「무장포고문」도 선전포고(開戰書)가 아니라 일종의 대의포고였다.

그럼에도 불구하고 기존의 연구들은 1894년 사건의 자초지종을 정리할 때 동학군의 집회와 시위보다는 관군이나 일본군과의 전투, 특히 승패를 중시하는 역사서술에 치중했다. 그럴 경우 당연히 1차 봉기는 황토현·장성싸움과 전주성싸움, 그리고 2차 봉기는 공주의 효포·우금티싸움 등을 중심으로 사건사가 정리될 수밖에 없다. 물론 일본군 및 관군과의 '접전'은 사건의 전체 흐름을 좌우하는 중요한 변수였음이 분명하다. 그러나 1894년 사건은 총칼 싸움만으로 승패가 갈린 사건이 아니라, 오히려 대의명분 싸움, 즉 말 싸움과 기 싸움이

---

**125** "湖西忠義徐相轍等 特以大義布告 于我東土有位大人." 羅巖隨錄 〉二一四 湖西忠義徐相轍布告文.

**126** "雲峯倡義所前注書朴鳳陽 謹以大義布告 (湖南嶺南)州郡忠孝之家節義之士." 朴鳳陽經歷書 〉全羅道 慶尙道各邑 檄文草(甲午八月 日).

**127** 奇參衍은 1907년 9월 대한매일신보사에, 왜적 때문에 길이 막히고 끊어져 충의지사들이 서로 알지못하고 듣지 못할 뿐만 아니라, 자신들의 大義(名義)를 선전(宣傳)하고 포고(布告)할 방법도 없어, 신문사에 檄書를 보내니 널리 유포해달라는 취지의 글을 보냈다고 한다. 기우만 엮음, 「호남의병장열전」; 김헌주 『후기 의병의 사회적 성격에 관한 연구』 고려대학교 사학과 박사학위논문, 2018, 39쪽 재인용.

훨씬 더 중요한 의미를 가진 사건이었다. 따라서 1894년 사건의 성격과 의미를 총체적으로 드러내려면, 전투보다는 집회와 시위 등 어셈블리 투쟁이 활성화되는 과정과 결과, 특히 어셈블리의 수행성 효과를 좀 더 주목해야 한다.

흥미로운 점은 동학군뿐만 아니라 쿠데타 주도 세력들조차 도회를 매개로 한 A/O 투쟁의 중요성을 인지하고 있었다는 사실이다. 7월 9일 장두재가 김개남, 손화중, 김덕명에게 보낸 서간[128]에서 창의소에서 왜를 멸하기 위해 도회를 열었다는 소식을 들었다는 대목, 갑오변란에도 불구하고 법소에서 도회를 열지 않는 것은 의리에 합당한 일이 아니라는 대목, 호남 곳곳에서 도회를 열어 병기와 군마를 갖춘 뒤 금영에 유진하면서 모형(某兄)의 지휘를 기다리라는 대목, 법소의 명령이 없어도 동지로서 상통하는 자가 수만 명이니 수일 내에 호중에서 도회하여 상응상합하면 큰 공을 세울 수 있을 것이라는 대목, 자신들은 이미 각오와 준비가 되어 있으니 의회(議會)[129]에서 기일을 정해달라고 요청한 대목 등은 장두재 등 쿠데타 주도 세력도 도회와 A/O 투쟁의 중요성을 잘 알고 있었음을 시사한다.

서론에서도 강조했듯이 동학군의 도회와 도소는 평상시의 종교 집회나 포접 조직과는 그 성격과 의미가 크게 달랐다. 『오하기문』에서 "포덕시(布德時)에는 접주 이외에 도접(都接), 접사(接師), 강사(講師), 강장(講長), 교장(教長), 교사(教師), 교수(教授) 등이 두어졌고, 기포시(起包時)에는 성찰(省察), 검찰(檢察), 규찰(糾察), 주

---

128 '東學黨 接主·張斗在가 발표한 回章', 앞의 「동학당 사건 회심전말」 참조. "得聞法所來言則永無都會云 豈謂有義理耶 此亦理也 湖南處處都會時 借得兵器與軍馬 俱備行裝轉到錦營留陣不輕上京 以待某兄之指揮 (…)."

129 조경달은 『異端の民衆反亂』에서 "湖中都會相應相合 圖成大功期於議會矣"에 보이는 議會를 都會와는 별개로 '議會라는 場' 또는 '의결기구'가 따로 존재했을 가능성이 있다고 보았으나, 위의 의회는 도회 자체 혹은 일종의 '公論場'을 지칭하는 말이라 여겨진다.

찰(周察), 통찰(統察), 통령(統領), 공사장(公事長), 기포장(騎砲將) 등이 두어졌다"는 대목은 포덕할 때와 기포할 때의 조직이 각기 달랐음을 보여준다. 명칭상으로 보면 기포시의 성찰, 검찰, 규찰, 주찰, 통찰 등은 조직의 질서를 유지하기 위한 일종의 치안 책임자, 통령은 무장시위에 참여한 동학군을 총괄하는 지휘자, 공사장은 도회(=總會: general assembly)의 의장(chairman), 기포장은 선봉에 서서 시위 대오를 보호하거나 선두에서 싸움을 이끌었던 군사지휘자(領率將=火砲領將)였을 것으로 추정된다. 『오하기문』에 따르면, 도소는 대의소(大義所)라 칭해지기도 했고, 또 행진(행군) 도중 길가에 설치한 도소는 '행군도소(行軍義所)'라 칭하기도 했다.[130]

1894년 어셈블리는 작은 어셈블리 투쟁으로부터 시작되어, 더 큰 어셈블리 투쟁으로 발전을 거듭했다. 이는 공주 점거투쟁뿐만 아니라 남접집단이 호남 단위에서 전개한 1차 봉기의 경우도 마찬가지였다. 전봉준 등 남접집단은 전주부내의 영병과 이교, 그리고 부민들의 지지와 호응 가운데 전주성을 점거하는 데는 성공할 수 있었다. 당시의 도회·의거 문화에 기초해보면, 남접집단은 당연히 완영(完營)에 대도소(義所)를 설치하고 대규모의 도회(湖南大都會)를 개최하고자 했을 것이다. 하지만 관군들의 포위 공격이 시작되자 폐정개혁 요구를 담은 일종의 안민약조를 체결한 뒤 결국 전주성을 물러날 수밖에 없었다. 물론 청국군의 파병 소식, 또는 전주화약 등도 큰 영향을 미쳤을 터이나, A/O 투쟁을 지속하기 어려운 내부 사정도 이런 결정에 큰 영향을 미친 것으로 보인다. 『오하기문』에 따르면, 관군에 의해 사방이 포위되어 외부로부터의 도움이 끊기고, 몇 차례 싸움에서 패배하여 사기도 떨어지고 군량마저 바닥 나기 시작하

---

130 梧下記聞 〉首筆 〉東學 接組織. 행군도소란, 행진(퍼레이드)를 벌일 때 동학군이 설치한 도소를 지칭하는 용어라 여겨진다.

자, 동학군 가운데는 성을 타 넘어 도망치는 이들이 속출하였다고 한다.

앞서도 강조했듯이, 전주성 점거투쟁과 관련한 이 같은 경험은 공주성 점거투쟁에도 큰 영향을 미쳤다. 공주 점거투쟁 시기 남북접 지도부는 호남대로와 금강 남북 방면의 요충을 점거한 뒤 대규모 무장시위를 통해 경군 영병의 내응과 이교·시민의 호응을 유도하고자 했다. 효포싸움 등 공주 1차 A/O 투쟁은 이런 합의와 설계에 따른 구체적인 실천이었다. 하지만 남북접 동학군은 금영 점거는 물론이고 대교, 광정, 유구 등 금강 북안 지역의 요충을 점거하는 데도 실패했다. 한국사 교과서나 개설서의 서술처럼, 일본군의 최신식 무기 때문이 아니라 공주와 호서 주민들의 호응과 감응(affectus)을 이끌어내는 데 실패했기 때문이었다. 남북접 동학군이 우금티싸움을 끝으로 호남 퇴각과 해산을 결정한 것은 이런 상황에서 A/O 투쟁을 지속한다는 것은 무의미할 뿐만 아니라 무모하다고 판단했기 때문일 것이다.

## 4. 공주 점거투쟁 시기의 패거/의거 논쟁

1차 봉기 때건 2차 봉기 때건 동학군은 시종일관 스스로의 행위를 의거라 칭했으나, 조선왕조 정부는 효유문이나 전교를 통해 이를 전면적으로 부인하고 부정했다. 대원군 효유문에 보이는 '의거인가 패거인가' 라는 반문, 9월 26일자 전교에서 "임금에 항거하면서 의병을 일컫고 있으니 차마 이와 같이 말할 수 있다면 무슨 말인들 하지 못하겠는가"라는 지적 등은 이를 보여주는 단적인 사례이다. 고종의 거듭된 선참후문 지시에도 불구하고 동학군이 밀지·밀교를 운운하며 계속 의군이나 의려를 칭하자, 11월 4일 고종은 1894년 어셈블리를 의거가 아니라 패거라 규정하는 칙유를 『관보』에 게재하여 이를 공식화했다. 아래의 칙유(勅諭)는 동학군(민중)의 정치적 냉소주의를 부추겼을 뿐만 아니라 유생들의 반동학군 활동을 부추기는 데 나름대로 기여했을 것이라 믿어진다.

(A) 일본국이 우의(友誼)를 중하게 여겨 몸과 힘을 다해 작은 혐의를 피하지 않고 우리나라에 자주, 자강의 길을 권고해 천하에 분명하게 밝혔다. 우리 국가가 그 뜻을 아름답게 여겨 바야흐로 크게 기강을 떨쳐 그들과 더불어 번갈아 일어나서 동양 여러 나라의 국민을 온전히 하려 하니 이는 진실로 어려움을 이겨 나라를 일으킬 기회이며 위험을 안전으로 삼을 때다.

(B) 어찌할꼬 민심이 안정되지 못하고 서로 뜬 말을 퍼뜨려 심지어 의거를 핑계대고 감히 난을 일으키는 행동에까지 이르니 이것은 이웃나라를 원수로 볼 뿐 아니라 곧 우리 국가를 원수로 보는 것이다(至有藉託義擧, 敢行稱亂. 此非徒讎視隣國, 卽讎視我國家也). 그 폐해가 장차 동양의 큰 국면에 관계가 있으니 이 어찌 천지 사이에 용납할 수 있겠는가? (C) 지난번에 우리 정부에서 일본 군사의 원조를 요청하여 세 방면으로 진격하였는데, 그 군사들은 분발하여 자신을 돌아보지 않고 적은 수로 많은 적을 친 결과 평정될 날이 그리 멀지 않았다. (D) 일본의 경우는 절대로 다른 생각이 없고 오로지 우리를 도와 난리를 평정하고 정치를 개혁하며 백성들을 안정시켜 이웃 국가와의 우호 관계를 돈독하게 하려는 호의라는 것을 명백히 알 수 있다.[131]

(A)는 갑오변란, 또는 일본의 내정개혁 요구에 대한 고종과 갑오정권의 입

---

131  "足以明日國之斷無他意, 專欲助我鋤亂, 改政安民, 以敦隣睦之好也." [『고종실록』; 사료 고종시대사 18〉 1894년(고종 31년) 11월 4일].

장, 그리고 (B)는 동학군의 의거론에 대한 고종과 갑오정권의 입장을 정리한 것인데, 그 핵심은 일본군의 범궐과 동학군 탄압은 의거이고 1894년 어셈블리는 의거를 가탁한 난, 즉 '패거'라는 것이었다. 위의 인용에서 동학군의 척양척왜 요구는 '이웃나라인 일본뿐만 아니라 우리나라조차 원수로 보는 것'이라는 인식은 이른바 「홍범14조」(1894년 12월 12일)에서도 여실히 확인된다. 수많은 동학군이 순무영과 일본군에 의해 집단학살되는 와중에 조선 국왕의 명의로 (C)나 (D)와 같은 내용의 칙유를 『관보』를 통해 만천하에 공표하였다는 사실 자체가 놀라울 따름이다.

동학군은 11월 12일자 고시를 통해 일본과 조선이 누대로 적국이라는 사실, 개화간당이 왜국과 공모하여 임금(君父)을 핍박하고 국권을 천자(擅恣)하였다는 사실, 개화당 소속의 방백수령들도 인민을 무휼하지 않고 도리어 도탄에 빠뜨리고 있다는 사실 등을 강조했다. 앞서 소개한 고종의 칙유와 비교하면 지극히 상반된 시대인식이자 정세관이었다. 남북접 동학군은 위와 같은 현실 인식에 기초하여 "도는 다르더라도 척왜와 척화의 뜻은 같을 것이니 의리정신이 있거든 함께 힘을 합해서 척양척왜 보국안민의 대사를 이루자"는 뜻을 거듭 밝히며 항일의려를 형성하기 위해 분투했다. 하지만 조선왕조 정부와 조야유생들은 동학군의 항일의려 형성론을 '어불성설' 혹은 '허튼 수작'이라 비난하며 한결같이 1894년 어셈블리를 '패거'라 규정했다.

인(仁)과 의(義), 민본(民本)과 왕도(王道)를 중시하는 맹자의 사상은 조선왕조 사회에 큰 영향을 미쳤다. 김용옥에 따르면, 동아시아 삼국 가운데 맹자를 가장 존숭하는 나라는 조선이었다고 한다.[132] 그렇다면 무엇이 당대의 인의이고

---

132 김용옥, 『맹자 사람의 길 上』, 통나무, 2012, 198~204쪽. 김용옥에 따르면 "동학은 맹자의 혁명사상과 호연지기론이 없이는 태어날 수 없는 사상이었다." 위의 책, 203쪽. 조선 정부가 동

민본일까? 누가 의군이고, 누가 잔적일까? 어찌보면 '동도창의소' 명의로 발표된 11월 12일자 고시는 고종의 칙유에 대한 통렬한 비판이자 반박이었다. 가령, 고시의 마지막 대목에 보이는 "충군우국지심이 있거든 곧 의리로 돌아오면 상의하여 같이 척왜척화해야 조선으로 왜국이 되지 아니하게 하고, 동심합력하여 대사를 이루게 하올새라"라는 말은 고종의 칙유는 물론이고 양호선유사나 양호순무영의 선유문이나 효유문에 대한 통렬한 비판에 다름이 아니었다. 맹자의 나라에서 조야유생은 물론이고 국왕과 동학군이 공개적으로 패거/의거 논쟁을 벌였다는 사실은 조선왕조(사회)의 해체(파국), 또는 지배이데올로기의 내파(implosion) 과정, 달리 말하면 조선왕조 역사의 큰 흐름을 뒤바꾼 대파국의 서막이 열렸다는 사실을 잘 보여주는 증거이다.

갑오변란 이후 패거/의거 논쟁은 지방 수준에서도 격렬하게 진행되었다. 예천 지역(관동포) 수접주 최맹순이 7월 초 창의 활동을 시작하자, 7월 26일 예천 읍내의 향리·아전들도 집강소를 설치하고 반동학군 활동을 전개했다.[133] 흥미로운 것은 이들도 동학군처럼 의거·의병을 자칭했다는 사실이다. 이들은 집강소 깃발에 '부의집강령(扶義執綱令)'이라 크게 쓴 뒤 통문을 통해 자신들의 반동학군 활동을 '창의'라 주장하였다. 이에 대한 예천 동학도소의 반론은 아래와 같다.

---

학군을 비적(잔적)으로 규정한 것, 그리고 일본 정부가 자신들의 동학군 토벌을 征討, 즉 義戰이라 호명한 것도 모두 맹자의 사상에 기초한 것이다.

**133** 7월 26일 예천집강소(집강 장문건, 황송해, 총독 황돈일)는 관아의 무기로 1천 5백 명의 민보군을 무장시켰다. 『일지』, 115쪽. 이후 예천집강소는 의병을 표방하면서 예천 동학군 11명을 모래사장에 산 채로 파묻어 죽이는 만행을 저질렀다. 『갑오척사록』 1894년 8월 29일, 『국역총서 3』, 303쪽.

조선사람이 조선사람을 해치는 것은 같이 사는 사람들의 상정(同水土之常情)이 아닙니다. (A) 500년 동안 왕도정치가 펼쳐지던 나라에 왜인들이 득세하여 억조창생이 덕화(德化)를 입지 못하고 있습니다. 천리(天理)의 방기가 어떤 지경에 이르렀습니까? 도탄에 빠진 백성들이 어떻게 편안하게 살 수 있겠습니까? 지금 도중(道中) 동학의 본 뜻은 왜를 물리치는 것입니다. (…) (B) 오늘 본읍 예천에서 도회를 열고 죄인을 잡아들인 뒤에 한마음으로 왜를 물리칠 계획입니다. (C) 같은 동토(東土)의 백성들인데 만약 왜를 물리치려는 뜻이 없다면 도대체 하늘 아래에서 당신들만이 옳은 것입니까? 도인(道人)들의 의(義)가 옳은 것입니까? (D) 도인들은 의병(義兵)입니다. 그렇게 아시기 바랍니다.[134]

위 인용에서 동학의 본 뜻은 동학의 종지인 광제창생 보국안민, 특히 척왜라는 주장(A), 그리하여 본 읍에서 도회를 열고 왜를 물리칠 계획이라는 주장(B), 헌데 우리를 친다는 명목으로 의병을 일으킨 것은 옳지 않은 처사라는 주장(C), 자신들이야말로 의병이니 동토의 백성끼리 단결하여야 한다는 주장(D) 등은 예천의 동학군과 민보군(유회군) 사이에 '무엇이 당대의 의리인가', '누가 진정한 의병인가'를 둘러싸고 정치사회적 경합(담론투쟁)이 치열했음을 시사한다.

1894년 사건 이후 조선 정부는 갑오 군공자를 주책(籌策: 순무사 신정희 등), 장령(將領: 좌선봉 이규태 등), 주모(主謀: 참령 이승원 등), 공략(攻略: 전서산군수 성하영 등), 의려(義旅: 천안의려=의병 윤영렬 등) 등으로 나누어 포상했다(『東學黨征討人錄』). 가장 많았던 것은 당연히 의려였다. 위 자료에 따르면, 전직 문무 관료나 유학(유생) 등

---

134 "今日當都會于本邑 罪人捉致後 同心斥倭爲計矣 同是東土之民 如無斥倭之義則戴天之下 汝可乎 道人之義可乎 道人則義兵也 以此知悉." 『갑오척사록』 1894년 8월 28일, 『국역총서 3』, 300쪽.

이 주도한 의려(지역명+의려)가 형성된 곳은 공주를 비롯하여 홍주, 전주, 나주 등 무려 78개 지역에 달했다.[135] 「갑오군공록」(동학농민혁명사료총서 17권)에는 충청감사 박제순(五朔危機盡心禦寇), 좌선봉 이규태(討平兩湖軍民咸頌), 전경리영관군수 성하영(牛金之役挺身先登) 등과 함께 전국 각지에서 의려를 모은 전직 관료와 진사·유학·참봉 등의 이름이 빼곡하다.

1894년 9월 9일 홍덕·고창 지역 유생들이 돌린 「취의통문(聚義通文)」도 이 같은 담론투쟁을 의식하며 "의로운 것은 우리 의병이요, 불의한 것은 저들 동학이다"[136]라고 규정했다. 이런 인식은 갑오년 영춘 지역에서 반동학군 활동을 전개하다 을미년에 의병 활동을 전개한 정운경가의 고문서에서도 확인된다. "근래에 동학의 무리가 의병이라 하고 겉으로는 척화를 의탁하고 안으로는 반역을 도모해서 관리를 죽이고 백성을 해치며, 국가의 무기를 훔쳐 반역의 정형이 이미 드러났으니 어찌 통분을 견디겠는가?"[137] 삼남 각지의 척사유생들은 1894년 어셈블리 이후 이 같은 명분을 앞세우며 또다시 을미의병을 조직하고자 했으나, 동학군에 참여했던 이들은 물론이고 일반 주민들의 참여도 지극히 부진했다.[138]

---

135 1894년 당시 호서에서 의려가 결성되었던 곳은 공주와 홍주를 비롯해 천안, 목천, 덕산, 예산, 해미, 서산, 태안, 보령, 면천, 남포, 비인, 서천, 금산, 용담, 옥천, 진천 등(이상 16개 군현), 그리고 호남은 능주, 담양, 전주, 동복, 남원, 옥과, 부안, 광양, 순천, 순창, 영광, 구례, 해남, 나주, 고창, 고부, 장흥, 장성, 무안, 영암, 무장(21개 군현) 등이었다.

136 擧義錄〉聚義通文.

137 앞의 「정운경가 동학고문서」, 『국역총서 6』, 338쪽. 1894년 어셈블리를 직접 경험한 척사유생들의 문집에서도 자주 산견된다. 앞의 『동학농민혁명 기록 문집』, 『신국역총서 13』 참조.

138 을미년 홍주나 제천의병의 경우도 마찬가지였다. 홍주의 척사유생들은 1895년 12월 초 향회를 통해 의진을 구성했으나 민병이 모이지 않아 별다른 활동을 하지 못했다. 홍주의병의 주민 참여 실태에 대해서는 김상기, 앞의 『한말의병연구』, 237쪽 참조.

홍미로운 사실은 자칭 척사 의병들 사이에서도 학연, 지연, 혈연 등 이해관계에 따라 다양한 형태와 내용의 갈등과 적대가 형성되곤 했다는 것이다. 문석봉의 아래와 같은 탄식은 이른바 '갑오·을미의병'의 실상과 더불어 패거/의거 논쟁의 실상과 잘 보여주는 사례이다.

> 서로 진짜와 가짜라고 칭하여 구분하기 어려웠으나(相稱眞贋難分), 이제 적의 우두머리가 죽는 것을 보고 남은 무리들이 모두 흩어졌습니다. 마땅히 각각 편안하게 살게 하고 잘 지켜서 이들이 다시 서로 병사를 일으켜 마음이 내키는 대로 살육하지 않도록 다루어야 합니다. 아! 이들이 과연 의병입니까, 가짜입니까(噫此果義乎假乎)?[139]

1893년 보은도회 이래 동학군은 자신들의 어셈블리를 시종일관 도회이자 의거라 칭했다. 물론 1894년의 동학군이 왕조체제를 부정하는 '주권재민(民主)' 의식을 가지고 있었던 것은 아니었다. 그러나 19세기 후반 이른바 '민란(=도회·의거)의 시대'에 거듭된 A/O 투쟁의 전개 과정에서 민중세계 내부에 변화의 조짐이 나타나기 시작했다. 공주 점거투쟁을 전후한 시기 패거/의거 논쟁이 활성화되었다는 사실은 조선왕조 사회의 통치체제나 지배이데올로기가 해체되면서 역사의 흐름 자체가 크게 바뀐 '대파국'이 시작되었음을 보여주는 단적인 증거이다.

앞서 소개했듯이 스월은 구조들의 연결망→구조적 파열→사건의 연쇄→새구조의 (재)접합이라는 분석틀(방법)에 기초하여 프랑스혁명사를 서술한 바 있는데, 그의 주장처럼 1894년 어셈블리 하나만을 통해 5백여 년간 지속되어온

---

139 義山遺稿 〉卷之一 〉上巡營(十一).

역사의 흐름이 크게 바뀔리는 없었다. 1894년 어셈블리 이후 '조선왕조'를 대신하여 '대한제국'이 들어선 것은 이를 보여주는 단적인 사례이다. 하지만 조선의 민중들이 왕조 사회의 민본론을 넘어 민권론이나 민주(공화)론을 지지하고 실천하는 데까지는 그리 오랜 세월이 필요치 않았다. 1898년 경사(漢城·京城)의 한복판에서 전개된 만민공동회, 천도교 세력이 주도한 1904년 갑진민회나 1919년 만세시위도 이를 보여주는 유력한 증거들이다. 패거/의거 논쟁은 한말 의병과 일진회원 사이에서도 1894년 당시와는 또 다른 형태로 재현되었다.[140]

---

**140** 이에 대한 구체적인 논의는 후속연구 「1894년 어셈블리 이후: 1904년 갑진민회운동과 1919년 3·1만세운동」참조.

# 결 론

# 결론

    1894년 11월 9일(양력 12월 5일) 남북접 동학군은 공주 우금티에서 일본군과 관군을 상대로 여러 차례 밀고 밀리는 공방전을 벌였다. 양호창의영수 전봉준이 이끌던 동학군은 주 공격방향인 공주부 남측의 우금티를 공격했고, 통령 손병희가 이끌던 또 다른 동학군은 공주부 서쪽과 동쪽의 고개들을 위협했다. 동학군이 한창 기세를 올릴 때, 200여 명의 동학군(포군)은 우금티 날등에 줄지어 늘어선 일본군 코 앞 150m 지점까지 진출했고, 이들을 뒤따르던 수천 명의 동학군(무장시위대)은 총을 쏘고 함성을 지르며 앞장 선 포군들의 기세를 돋구었다. 하지만 일본군의 조준 사격으로 말미암아 많은 희생자가 발생하자 오후 들어 동학군의 기세가 차츰 꺾이기 시작했다. 점심 무렵부터 동학군이 뒤로 물러서려는 기미를 보이기 시작하자 일본군은 오후 1시 20분경부터 병력을 전방 산허리로 전진 배치했고, 1시 40분경에는 돌격 작전까지 감행하였다. 그러자 남북접 동학군은 동지들의 시신도 거두지 못한 채 그날 밤 서둘러 노성을 거쳐 논산 방면으로 퇴각했다. 다음 날 아침 충청감사 박제순은 취타육각을 앞세워 일본군과 관군을 환영하는 승전식을 거행했다.

    이 사건에 대한 한국사 교과서나 개설서의 설명은 예나 지금이나 큰 변화가 없다. 전봉준 등 남접집단의 지휘하에 서울로 향하던 '호남 농민군'이 공주 우금티에서 최신식 무기로 무장한 일본군(관군)을 상대로 용감히 싸웠으나, '무기 열세' 때문에 패배했다는 것이다. 하지만 서울 진격 운운한 대목은 사실이 아니고, 최신식 무기 등을 언급한 대목도 정곡을 한참 비껴난 설명이다. 왜냐하면 최시형의 '폭거중지 혁심개도' 유시에 따라 남·북접 지도부가 합의한 공주 점거투쟁 목표는 '서울 진격(驅兵入京)'이 아니라 공주(錦營)를 점거한 뒤 농성전을 벌이며 정치담판을 벌이는 것이었고, 그 방법으로도 총칼의 힘보다는 다수 민중들의 모이고/모으는, 연대하고/협동하는 정치적 힘을 더 중시했기 때문이다. 적절한 비유일지는 모르나, 공주 점거투쟁 시기의 공주(錦營)는 오늘날의 광화문광장(都會地·處)이었고, 동학군의 총칼은 일본군과 관군의 폭력에 맞서 자신과 동료들을 지킴과 동시에 자신들의 결기와 단결된 힘을 과시하기 위한 일종의 자위수단이자 시위도구일 뿐이었다.

이 책의 가장 큰 문제의식은, 공주 점거투쟁의 배경, 전개 양상, 성격, 의미 등을 제대로 이해하려면 기존의 남접·호남 중심 농민전쟁론을 넘어서야 한다는 것이었다. 기존의 연구들에 따르면, 공주 점거투쟁은 전봉준 등 남접집단(중앙지도부)이 호남 농민군(주력군)을 이끌고 수행한 농민전쟁(peasants' war), 즉 내전이나 혁명에 준하는 사건이다. 그간의 연구들이 1894년 사건의 배경으로 전봉준 등 남접 지도부의 '변혁성(혁명성)'을 강조한 것, 사건의 전개 양상을 설명할 때 사건의 중심 무대인 공주와 호서의 동학군이 아니라 남접집단이 이끈 호남 동학군을 중심으로 설명한 것, 동학군의 A/O(Assembly/Occupy) 투쟁을 집회와 시위보다 일본군과의 전투를 중심으로 정리한 것, 사건의 성격이나 동학군의 집단 정체성을 논의할 때 동학의 사상과 조직보다 민중들의 계급성과 혁명성을 중시한 것, 사건의 의미를 설명할 때 '대파국'의 서막이라는 의미보다 전봉준과 농민(민중)들의 영웅적 투쟁과 숭고한 희생 등을 강조한 것 등도 크게 보면 '남접 호남 중심 농민전쟁론'의 산물이라 할 수 있다. 하지만 이런 관점을 배타적으로 강조하는 경우 공주 점거투쟁에 대한 온전한 이해는 불가능에 가깝다. 왜냐하면 공주 점거투쟁의 중심무대는 공주(금영)와 호서 지역이었고, 그 주체로서도 남접집단이나 호남 동학군보다는 북접교단과 호서 동학군이 훨씬 더 중요한 역할을 담당했기 때문이다. 이 책에서는 공주 점거투쟁을 온전하게 재현하기 위해 남접/호남/농민/전쟁보다는 북접/호서/동학/도회·의거라는 개념을 더 중시했다. 공주 점거투쟁과 관련한 이 책의 주요 결론은 첫째, 공주 점거투쟁은 남접집단이 호남 지역에서 주도한 1차 봉기와는 달리 사건의 배경은 물론이고 투쟁의 주체와 목표도 상당히 달랐다는 것, 둘째, 공주 점거투쟁은 내전과 혁명에 준하는 사건인 이른바 '농민전쟁의 절정'이라기보다는 19세기 후반의 도회·의거 문화에 입각한 일종의 A/O 투쟁이었다는 것, 셋째, 공주 점거투쟁 시기 남북접 동학군은 공주를 점거하는 방법으로 물리적 폭력보다는 서로 연대하고 협동하는(大同) 민중들의 정치적 힘을 더 중시했다는 것, 넷째, 동학군의 생명중시 사상, 현실주의적 투쟁관 등으로 말미암아 속설처럼 싸우다 죽은 동학군은 그리 많지 않았으며, 대부분의 희생자는 남북접 지도부가 자진 해산을 선언한 이후에 발생했다는 것, 다섯째, 동학군의 패배 원인은 무기 열세나 훈련 부족 때문이 아니라 동학군 스스로가 척사유생 등 다양한 정치 세력들과의 연대와 협동을 이끌어내지 못했기 때문이라는 것, 여섯째, 공주 점거투쟁의 성격과 의미를 제대로 이해하려면 조선왕조 정부(朝野 儒生)와 동학군 사이에서 치열하게 벌어진 패거/의거 논쟁, 특히 사건 자체의 파국성을 주목해야 한다는 것, 일곱째, 1894년 동학군의 A/O 투쟁은 조선왕조의 지배체제 자체가 회복불가능한 상태로 완전히 해체되는 대파국의 결정적 계기가 되었다는 것 등이다. 장절별로 이 책의 주요한 결론을 정리하면 아래와 같다.

## 1. 공주 점거투쟁의 등장 배경

조선 정부가 동학군 진압을 위해 청국에 원병을 요청하자 1894년 6월 21일 일본 정부는 기다렸다는 듯이 대규모 병력을 파견하여 경복궁을 점령하고 대원군을 섭정으로 옹립한 가운데 고종의 친재를 중단시키고 김홍집을 내각수반으로 한 친일정권을 수립했다(갑오변란). 이후 조선에 파병된 청국군과 일본군은 전쟁을 통해 조선에 대한 지배권을 다투었는데, 그 결과는 일본군의 완승이었다. 1895년 3월 23일에 체결된 일청강화조약(시모노세키 조약) 제1조는 "청국은 조선국이 완전무결한 독립 자주국임을 확인한다"는 것이었다.

갑오변란 직후는 물론이고 8월 17일 평양전투를 통해 승기를 장악하기 전까지 일본 정부는 병참선을 보호하는 수준에서만 동학군을 통제했을 뿐 대대적 탄압작전을 펼칠 형편이 아니었다. 하지만 평양 승전 이후 일본 정부는 청국을 대신하여 조선을 보호국화한다는 입장을 굳힌 뒤 동학군을 탄압하기 위해 특별히 후비보병 독립 제19대대를 파견했다. 일본 정부가 이 부대를 '대일본제국 정토군'이라 호명한 것은 조선을 자신의 속방으로 간주하겠다는 의지를 내외에 천명한 것에 다름이 아니었다. 조선을 보호국화하는 임무를 조선 현지에서 진두지휘한 인물은 유신의 원훈이자 현직 내무대신이었던 이노우에 가오루(井上馨)였다. 재조선 특명전권공사 이노우에는 이른바 대원군 밀지설을 정치적으로 활용하여 조선의 양대 정치 세력인 고종·민씨 세력과 대원군 세력을 동시에 제압하는 정치공작을 벌였을 뿐만 아니라 19대대의 세 개 중대를 수족처럼 부리며 동학군을 탄압하고 집단학살하는 작전을 진두 지휘하였다. 당시 일본공사관 측은 압도적 물리력과 더불어 대원군 밀지설을 적극 활용하여 고종·민씨 세력과 대원군 세력을 이간질함과 동시에 척사유생과 동학군의 항일연대 활동도 무력화시킬 수 있었다.

주한 일본공사관과 조선주재 병참사령부의 협의 가운데 10월 13일경에 작성된 동학군 탄압 계획은, 후비보병 독립 제19대대를 3개의 방면군(서로군, 중로군, 동로군)으로 나눈 뒤 토끼몰이하듯이 기호와 호서와 영남의 동학군을 호남 방면으로 내몰아 일거에 섬멸한다는 것이었다. 하지만 일본군의 동학군 탄압 작전은 군사적인 성격보다는 정치적 성격이 훨씬 더 강했다. 이노우에 공사가 고종에게 자신들의 '내정개혁(보호국화) 요구'를 받아들이지 않으면 곧바로 철군하겠다는 '위협'을 서슴지 않았다는 사실은 이를 보여주는 단적인 사례이다. 고종과 조선왕조 정부는 이런 위협에 굴복해 결국 일본 측의 보호국화 요구를 수용하지 않으면 안 되었다. 동학군이 완전히 진압(집단학살)되자 고종은 대원군과 왕세자, 그리고 만조백관을 거느리고 종묘로 나아가 이른바 「독립서고문」과 「홍범14조」를 선포했다(1895년 1월 7일). 이는 '조선의 보호국화'가 현실화되고 있음을 보여주는 상징적인 사건이었다.

전주화약 이후 전봉준 등 남접 지도부는 호남 각지의 집강소, 혹은 (대)도소를 매개로 각자 자신들의 근거지를 관리하며 시시때때로 변화하는 정세를 관망하는 자세를 취하였으나 일본군의 평양 승전 무렵부터 일본군과 관군의 대대적인 공세가 시작되자 자신들의 생존을 위해서라도 재기포를 서두르지 않을 수 없었다. 전봉준 등 남접집단이 8월 27일경 남원도회를 개최한 것, 그리고 9월 10일경 삼례에서 재기포를 선포한 것 등은 이런 배경 가운데서였다. 하지만 전봉준 등 남접집단은 곧바로 북상을 시도하지 않았으며 대원군 밀지설이나 조가(고종)밀교 소문을 은근히 흘리면서 제각기 군량이나 군비를 확보하는 활동을 전개했을 뿐이었다. 기존의 연구들은 전봉준이 곧바로 북상(경사직향, 기병부경)을 결행하지 않은 이유로, 추수를 기다렸다거나 신병 탓이었다는 전봉준의 진술을 자주 인용하나, 가장 큰 이유는 재기포 즈음 이른바 대원군 밀지계획이 파탄상태에 이르렀기 때문이었다.

논쟁적인 주제이기는 하나, 대원군 세력과 일부 동학군 지도자들이 서로 공모하여 정변을 도모하였다는 것은 어느 정도 사실로 보인다. 갑오변란과 동시에 대원군 섭정체제가 시작되자 실세한 대원군 세력(雲邊人)은 "청국군과 동학군을 서울로 끌어들여 일본군을 몰아낸 뒤 대원군의 장손인 이준용을 국왕으로 옹립하는 쿠데타"를 모의(計劃)했고, 호서의 서장옥과 임기준, 호남의 전봉준과 김개남 등 동학 지도자들도 이런 계획에 편승하여 교조신원 등 자신들의 요구를 해결하고자 했던 것으로 보인다. 하지만 이들의 기대와 희망과는 달리 청국군이 평양전투에서 무참히 패배하고, 이와 동시에 일본공사관 측의 개입으로 쿠데타 계획이 파탄상태에 이르자 대원군은 자신의 장손자를 보호하기 위해 8월 24일 동학군의 귀화(釋兵歸田)를 촉구하는 효유문을 작성하여 삼남 각지에 배포했다. 임기준 집단은 9월 9일 자진해산을 선언할 때 충청감사 박제순 앞으로 대원군 효유문에 대한 답서(「호남창의소제생등상서」)를 올렸는데 이 문건에 따르면 도접주 안교선(아산 출신 대접주), 대접주 임기준(전의 집강), 홍재길(괴산 집강) 등 18명의 접주가 이끄는 공주목 관내 12개 접의 동학군 숫자는 13만 9천 9백 명, 나머지 지역의 9만 8천 8백 명을 합하면 무려 23만 8천 7백 명에 달했다고 한다. 하지만 대원군 효유문이 발표되자 임기준 집단은 기병부경을 포기하고 충청감사 박제순과 이른바 '안민약조(安民約條)'를 체결한 뒤 자진해산했다. 사정이 이러하자 남접 지도부는 북접교단과의 연대를 통해 위기상황을 돌파할 방안을 마련하지 않으면 안 되었다.

1차 봉기 시기 남접집단과 '거리두기', 혹은 '구별짓기'를 시도하였던 북접교단은 경부 병참로상에 있었던 기호, 호서, 영남 지역의 동학도들이 일본군과 관군의 탄압에 먼저 노출되자 나름대로 자구책을 마련하지 않으면 안 되었다. 북접교단이 9월 18일 각자기포(各自起包) 자경보위(自境保衛) 회립자생(會立自生) 등을 중심 내용으로 한 '기포령'을 발포한 것은, 앉아서 죽음을 기다릴 수만은 없다는 '좌즉사(坐則死) 동즉생(動則生)' 류의 절박한 정세인식에 기초한 것이었다. 기존 연구들은 『천도교창건사』 등에 기초하여, 최시형이 남접집단과의 연대를 전제로 기포령(9월 18일)을 내린 것이라 단정했으나 기포령의 핵심내용은 '전봉준과 협력'하여 '구병입경(驅兵入京)' 투쟁을 전개하라는 것이 아니라, 각자 기포한 팔역(八域)의 교도들이 모두 모여 "임금의 귀에 들어갈 수 있도록 크게 소리쳐(國王直所: 叫闕, 大叫天陛難續之下) 선사(先師)의 숙원을 쾌히 펴고, 종국(宗國)의 급난(急亂)에 동부(同赴)"하라는 것이었다. 9월 말경부터 전국 각지에서 각자 기포한 동학군이 각지의 감영급 도회지를 점거하기 위한 투쟁이 활성화된 것도 삼례 재기포 때문이 아니라 오히려 북접교단의 기포령 때문이었다.

『천도교회사초고』, 『시천교종역사』 등 각종 교단사 자료나 오지영의 『동학사(초고본)』에서도 확인할 수 있듯이, 당시 북접교단은 기포령 이후에도 여전히 남벌(南伐)을 거론했을 뿐만 아니라, 일본군 병참소에 서찰을 보내 벼와 가라지풀, 또는 주색과 자색을 운운하며 자신들과 남접집단을 구별해줄 것을 요구하기도 했다. 황산도소를 중심으로 세력을 키운 손병희 휘하의 이종훈, 이용구 집단은 선무사 정경원과 만나 관민상화를 목적으로 집강 설치에 합의했을 뿐만 아니라 일본군 병참소에 서찰을 보내 자신들과 남접집단의 차이를 간곡히 호소하기도 했으나, 경부 병참선 인근에 입지한 북접계 동학군에 대한 탄압이 지속되자 결국 남접집단과의 연대를 통해 위기상황을 돌파하는 쪽으로 방향을 선회한 것으로 보인다.

그렇다면 남북접 지도부는 언제 어떤 과정을 거쳐 연대(공동투쟁)에 합의했으며, 연대(공동)투쟁의 방향과 방법은 무엇이었을까? 기존 연구들은 『천도교창건사』 등에 보이는 착종된 서술을 근거로, 남북접 연대를 전제로 하여 9월 18일 기포령이 내려진 것이라 사건사를 구성했으나 오지영의 『동학사(초고본)』에 따르면 남북접 연대가 이루어진 것은 기포령 때가 아니라 9월 그믐 무렵(晦間)이었던 것으로 보인다. 남북접 지도부가 언제 어떤 경로를 거쳐 공주 점거투쟁에 합의했는지는 알 수 없으나, 황산도회 등 각종 집회와 시위를 통해 호중 지역에서 세력을 키운 북접 동학군이 보은에 회집한 10월 초순(10월 11일 청산 진출과 14일 치성식), 특히 남접집단이 삼례를 출발하여 논산에서 회집하는 시점(10월 12일)에는 이미 공주 점거투쟁에 대한 구체적인 합의가 존재했던 것으로 보인다. 당시 남북접 지도부가 합의한 공동투쟁의 목표와 방법은, 북접교단이 이끄는 호서와 기호 동학군은 대교, 광정(궁원), 유구 등 금강 북안의 요충지를 점거하고, 남접집단이 이끄는 호남 동학군은 금강 남안의 이인과 경천 등지를 점거하여 공주(錦營) 남북 방면으로 이른바 기각지세(掎角之勢)를 형성한 뒤, 대규모 집회(도회)와 무장시위(의거)를 통해 공주를 수비하던 경군과 관군, 이교(吏校)와 시민(市民: 상인)들의 내응과 호응을 이끌어낸다는 것이었다.

당시 남북접 지도부가 현실투쟁의 목표를 서울 진격이 아니라 공주 점거로 설정한 것은 1차 봉기 시기 전주성 점거와 담판 경험 때문이었다. 주지하듯이 남접집단은 군중집회와 무장시위(행진) 등을 통한 대중적인 어셈블리(모이기·모으기) 투쟁, 특히 영병과 이교들의 내응과 주민들의 호응에 힘입어 전주성을 전격적으로 점거할 수 있었다. 전주성을 점거한 뒤 남접 지도부가 전라감사, 초토사, 순변사 등을 상대로 나름의 정치협상이나 담판을 벌일 수 있었던 것은 명분이 뚜렷했을 뿐만 아니라 호남 사람들의 지지와 성원이 그만큼 크고 넓었기 때문이었다. 이 같은 경험에 기초해볼 때, 남북접 지도부가 일본군과 관군의 대대적인 공세에 맞설 수 있는 있는 유일한 대안(대응책)은 남북접 동학군이 연대하여 공주를 점거한 뒤 일본과 조선 정부를 상대로 정치협상이나 담판을 벌이는 것이었다. 공주는 당시의 정세와 조건을 감안할 때 남북접 동학군이 선택할 수 있는 A/O 투쟁의 최적지였다. 막연한 가정이기는 하나, 남북접 동학군이 공주 점거에 성공할 수 있었다면, 더 나아가 척사유생들과의 연대를 통해 더 크고 강력한 A/O 투쟁을 전개할 수 있었다면, 1894년 사건의 흐름은 크게 달라졌을 가능성도 충분히 있었다. 갑오변란 직후 일본 정부가 조선보호국화 정책을 결정하면서 가장 우려했던 상황은 조선 내에 초야 사민들의 항일연대가 광범위하게 형성되는 것, 그리고 이런 가운데 조선 지배권 문제를 둘러싼 러시아 등 서구 열강의 개입과 간섭이 강화되는 것이었다. 남북접 지도부가 공주 점거투쟁에 전격적으로 합의한 것도 이런 국내외 정세와 조건들을 나름대로 잘 알고 있었기 때문이었다.

공주 점거투쟁은 10월 14일경 청산 치성식 때 최시형이 전봉준에게 전하라 했다는 '폭거중지 혁심개도' 유시, 즉 "폭력 사용을 중단하고 마음을 바꾸어 달리 도모하면 하늘도 감동하여 교조의 억울함도 풀고 목숨도 건질 수 있을 것"이라는 유시의 구체적 실천이었다. 요컨대 최시형은 자신의 유시에 따를 것을 전제로 하여 일종의 '조건부 연대'를 허용한 것이었지, 일본군과 관군의 폭력에 맞서 무장투쟁을 벌이자는 것이 아니었다. 재판 과정에서 전봉준이 진술했듯이, 공주 점거투쟁 시기 남북접 지도부는 1차 봉기 때와는 달리 충군애국지심을 가진 초야 사민들의 항일의려를 표방하며 척사유생들과의 연대는 물론이고 관군과 이교의 내응과 호응, 더 나아가 공동체 구성원 모두의 마음을 얻고자 노력했다. 공주 점거투쟁 시기 남북접 지도부가 합의한 공동투쟁 목표는 공주를 점거한 뒤 동학의 종지인 보국안민 등의 대의명분을 앞세우며 조선과 일본 정부를 상대로 '정치담판(청문·힐문)'을 벌이는 것이었다.

한국사 교과서처럼 공주 점거투쟁을 구병입경을 위한 중간전투, 또는 조우전(遭遇戰)으로 이해하는 경우, 점거의 대상이 왜 하필 공주였을까라는 질문은 우문일 수밖에 없다. 하지만 공주 점거전은 공주의 지정학적 특성은 물론이고 공주 지역의 동학 교세나 동학군(특히 임기준 집단) 실태, 특히 공주·노성·부여·홍산·은진 등지의 항일연대 움직임 등을 잘 알고 있었던 남북접 지도부가 선택해볼 만한 지극히 상식적인 대응책이었다. 지정학적 특성상 진입과 점거가 용이하지 않은 곳이었음에도 남북접 동학군이 거의 한 달여 동안 총력을 기울여 공주 점거전을 벌인 이유는, 당시의 조건과 정세를 감안할 때 꼭 필요할 뿐만 아니라 가장 적절한 도회처, 즉 A/O 투쟁의 적지(適地)가 바로 공주이기 때문이었다.

주지하듯이 1894년 어셈블리 때 공주는 호서의 중심도시였을 뿐만 아니라 호남대로상의 요충에 입지한 호남의 '관문'이었고, 1890년대 초반에는 최시형이 오랫동안 은거하며 호서와 호남 지역의 포교 활동을 진두지휘한 일종의 포교기지(station)였다. 최시형이 1891년 5월부터 7월까지 호남 일대를 순회하며 포교활동을 벌일 때 공주 신평(섶뜰) 출신의 윤상오를 호남우도편의장으로 임명했다는 사실은 이를 뒷받침하는 유력한 증거이다. 1892년 말에 개최된 공주와 삼례도회 사례에서도 확인할 수 있듯이, 당시 공주와 삼례는 거의 같은 포교권, 또는 시장권에 속한 지역이었다. 1890년대 초반 호남 포교가 한창일 때 전봉준 등 남접집단의 핵심인물들도 공주를 자주 드나들면서 공주의 지역 사정이나 교세 등을 잘 알고 있었다. 진주에서 삼례, 여산, 논산, 노성을 거쳐 공주(금영)와 궁원에 이르는 길은 하루길을 백 리라 치면 이삼 일, 그리고 삼례에서 논산포에 이르는 길은 하루이틀이면 충분히 주파할 수 있는 가까운 거리였다.

남북접 연대가 성사된 이후 양측 지도부가 공주를 A/O 투쟁의 적지로 간주한 것은 1894년 4월경부터 활기를 띠기 시작한 임기준 집단의 활동, 그리고 갑오변란 직후부터 활성화된 부여(関氏)·노성(尹氏) 지역 척사유생들의 항일연대 활동 등을 잘 알고 있었기 때문이었다. 임기준 집단은 9월 초순경 대원군 효유문이 전해지자 충청감사 박제순과 안민약조를 체결한 뒤 자진해산(배도귀화?)하기는 했으나, 8월 2일 공주 부내 진입을 시도하는 등 상당한 위세를 자랑했다. 같은 시기 부여와 노성 지역의 척사유생(儒會所)들도 임기준 집단(民會所)과 연대하는 가운데 항일의병 활동을 준비하였으나, 일본군이 평양전투에서 압승을 거두는 등 정세와 상황이 급변하자 거의 활동을 중단한 것으로 보인다. 하지만 부여 지역 민씨 세력과 함께 건평유회를 주도한 이유상은 공주창의소 의장(義將)을 자칭하며 전봉준 집단과 연대하는 가운데 공주 점거투쟁을 수행하였다.

기존 연구들은 공주 점거투쟁을 1894년(갑오) 농민전쟁의 절정이기는 하나, 혁명적 지도와 폭력이 부재했을 뿐만 아니라 미성숙한, 그래서 패배하고 실패할 수밖에 없었던 농민전쟁(내전 혹은 혁명에 준하는 사건)이라 이해한다. 그러나 19세기 후반의 정치문화, 또는 당시의 정세와 조건을 감안하고 보면, 공주 점거투쟁은 어느 정도 성공 가능성도 있었고, 그 나름대로 대안도 있었던 A/O 투쟁이었다. 막연한 가정이자 추론이기는 하나, 대원군 밀지 계획이나 '조가밀교'에 따른 노성 지역 척사유생들의 거의 계획처럼, 만약 최익현을 소모장(회맹주·창의영수)으로 하여 호서와 호남 지역 척사유생들과 남북접 동학군이 항일연대를 형성할 수 있었다면, 그런 연후 경군·영병 및 이교·시민의 내응과 호응에 기초하여 공주를 점거한 뒤 일본과 조선 정부, 더 나아가서는 러시아 등 한반도 주변의 열강들을 끌어들일 수 있었다면, 공주 점거투쟁의 성패는 물론이고 향후의 역사 전개도 크게 달라졌을 가능성이 충분히 있었다.

## 2. 공주 점거투쟁의 전개 양상

기존의 연구들은 2차 봉기나 공주 점거투쟁의 서막을 기술할 때 남접집단의 삼례 재기포(9월 10일경) 사실을 유별나게 강조한다. 그러나 동학군의 재기포, 즉 '2차 봉기'는 갑오변란(6월 21일) 직후 시기부터 여러 주체들에 의해, 전국 각지에서 이미 시작되고 있었다. 가령 임기준 등이 이끌던 공주 지역 동학군은 대원군 세력과의 협의하에 8월 1일 궁원과 건평에서 대규모 도회와 유회를 개최한 뒤 그 다음 날 곧바로 공주 부내 진입을 시도하기도 했다. 요컨대, 전봉준 집단의 삼례 재기포는 2차 봉기 또는 공주 점거투쟁의 시작이 아니라 2차 봉기 과정의 한 사건일 따름이다. 삼례 재기포 시기 남접 지도부(호남 동학군)는 이준용(대원군의 장손자)을 앞세운 쿠데타 계획이 파탄상태에 이르렀다는 사실을 확인한 뒤 근거지 사수에 급급했을 뿐 북상을 시도할 엄두를 내지 못했다. 그 이유는 자신들만의 힘으로는 기병부경은커녕 근거지를 사수하는 것조차 힘에 부친다는 사실을 잘 알고 있었기 때문이었다.

공주 점거투쟁이 시작된 것은 9월 10일 삼례 재기포 때가 아니라 9월 그믐 이후 남북접 지도부가 공주 점거투쟁에 전격 합의하면서부터였다. 이때부터 남북접 지도부는 양측의 합의와 설계에 따라 제각기 원정대를 편성하여 공주를 점거하기 위한 투쟁을 전개했다. 그 방법은 공주와 전주(삼례)를 연결하는 호남대로와 더불어 금강(공주) 남북 방면의 요충을 장악한 뒤 무장시위와 공성전, 또는 산호(山呼)나 게방(揭榜) 등 선전전을 적절히 배합하며 경군과 영병의 내응, 이교와 시민의 호응을 유도한다는 것이었다. 남북접 동학군이 서로 통지(通知: 密通)를 주고 받으며 금강 남북 방면에서 기각지세를 형성하고자 한 것은, 최시형의 폭거중지 유시처럼 큰 희생을 감수해야 하는 물리적 충돌을 피하고 대의명분을 앞세워 가급적 평화적인 방식으로 공주를 점거하기 위해서였다. 공주 점거투쟁 시기 두 차례의 커다란 충돌 사건이 벌어졌음에도 전투, 즉 총칼을 들고 싸우다 죽은 동학군은 속설처럼 그리 많지 않았는데, 그 이유는 최시형의 폭거중지 혁심개도 유시 때문이었다.

10월 12일경 전봉준이 4천여 명의 원정대를 이끌고 북상을 시작할 즈음에는 전봉준, 김개남, 손화중 등 남접 지도부 내부에 공주 점거투쟁에 대한 합의와 기대가 어느 정도는 존재했던 것으로 보인다. 전봉준은 재판 과정에서 자신의 동지인 손화중과 최경선이 함께 북상하지 않은 이유를 추궁하자 '일본군이 바닷길로 공격해 온다는 말을 듣고 광주를 지켰다'라고 답했다. 이로 미루어 보면, 손화중과 최경선도 공주 점거투쟁에 대한 남북접 지도부의 합의를 잘 알고 있었다고 판단된다. 기존 연구들은 공주 점거투쟁 시기 전봉준과 김개남이 '서로 상관하지 않고 다른 길(노선)을 갔다(선택했다)'고 보았으나, 이 또한 막연한 소문에 근거한 속설일 뿐이다. 공주 점거투쟁 시기 김개남군은 전주에서 후방 보급 투쟁을 수행하다가, 공주 1차 투쟁에 실패한 전봉준이 지원을 요청하자 성동격서 차원에서 청주성싸움(11월 13일)을 주도(참여)했을 뿐만 아니라 전주 방면으로 퇴각할 때도 전봉준과 행동을 같이했다.

호남 원정대가 은진 논산포에 도착한 것은 10월 12일경이었으나 북접 동학군의 공주 진출은 이보다 한참 뒤였다. 북접 동학군은 기포령을 즈음한 시기부터 크고 작은 도회를 통해 세력을 확장한 뒤 10월 초순경 일본군과 관군의 토벌을 피해 보은도소(법소) 인근으로 모여들기 시작했다. 남북접 지도부 사이에서 공주 점거투쟁에 대한 합의가 이루어진 것은 이 무렵이었던 것으로 보인다. 북접교단은 10월 14일 치성식을 거행한 뒤 손병희, 이종훈, 이용구 등 황산도소에서 세력을 키운 동학군을 중심으로 대규모 원정대를 조직했다. 북접 동학군의 선봉대가 영동, 옥천, 문의, 회덕, 유성 등지를 거쳐 금강 북안의 대교(현재의 세종시) 등지에 당도한 것은 대략 10월 23일경이었다. 이 무렵 금강 남북 방면의 요충을 점거한 수만 명의 남북접 동학군은 양측 지도부가 합의한 대로 밀통을 주고 받으며 공주 점거투쟁(이인·대교·효포싸움)을 전개했다. 공주 1차 투쟁 시기 공주 남북 방면으로 몰려든 남북접 동학군의 숫자는 어림잡아 십만여 명에 달했으나 충청감사 박제순과 공주 영병, 그리고 일본군(서로군)과 경군(선봉진)의 선방으로 말미암아 공주를 점거하는 데까지는 이르지 못했다.

공주 점거투쟁의 전개 양상은 크게 보면 다섯 개의 시기로 구분할 수 있다. 첫 번째는 남북접 연대가 성사되는 9월 그믐 무렵부터 10월 중순경까지 남북접 지도부가 각기 대규모의 원정대를 편성하는 시기이다. 두번째는 10월 23일부터 25일 사이 금강나루(장기대) 등 호남대로의 요충을 장악하기 위하여 남북접 동학군이 금강 남북 방면, 특히 대교와 이인·경천·효포 방면에서 무장시위를 벌이는 시기(1차 투쟁)이다. 세 번째는 북접 동학군의 약세로 금강 이북 지역의 요충, 특히 공주 관내의 대교, 광정, 유구, 그리고 더 나아가 호서의 요충인 청주성, 세성산, 홍주성 등을 장악하는 데 실패한 이후 11월 8일부터 11일경까지 남북접 동학군의 주력군을 총동원하여 우금티를 주공격 방향으로 한 공성전(결사전)을 실천하는 시기(2차 투쟁)이다. 네 번째는 우금티싸움 이후 후퇴를 위한 시간을 벌기 위해 남북접 동학군이 11월 14일과 15일 연산·논산싸움을 벌이는 시기이다. 다섯 번째는 호남 방면으로 퇴각하여 금구·원평·태인 등지에서 방어전을 전개하였으나 모두 실패한 뒤 11월 27일 양호창의영수인 전봉준이 자진해산을 선언하는 시기이다. 그간의 연구들은 공주 1차 투쟁을 마치 탐색전이나 전초전 정도로 이해했으나, 어찌 보면 최시형의 유시에 따라 남북접 지도부가 합의·설계한 공동투쟁은 우금티싸움이 아니라 대교와 효포싸움 등 금강 남북 방면에서 동시에 진행된 1차 투쟁이었다. 공주 1차 A/O 투쟁은 우금티싸움 등 2차 투쟁에 비해 참여 숫자도 많고 투쟁 구역(범위)도 넓었으며 사기도 드높았다. 따라서 1894년 어셈블리의 절정을 언급할 때는, 동학군 스스로 만사일생지계(萬死一生之計)라 표현한 우금티싸움보다는 오히려 공주 1차 투쟁(10월 23~25일)을 더 주목해야 한다.

남북접 지도부가 설계한 대로라면, 1차 투쟁 시기 북접 동학군은 금강 북안의 요충지인 대교, 광정(궁원), 유구 등지를 장악한 후 호남대로상의 요충인 장기대나루를 넘보고, 남접 동학군은 경천과 이인을 점거한 뒤 논산(초포)→노성

→경천→판치→무너미→효포→높은행길 방면으로 북상하여 장기대나루를 장악(점거)해야 했다. 하지만 당시 금강 북안 지역은 일본군과 우선봉진의 활약, 특히 10월 21일 세성산, 26일 지명장, 28일 홍주성, 29일 증약싸움 등의 패배로 말미암아 일찍부터 동학군의 활동이 여의치 않은 상태였다. 사정이 이러하자 북접계 동학군은 대교싸움(10월 23일) 이후 금강 북안의 요충을 점거한다는 애초의 계획을 포기하고 곧바로 금강 남안으로 진출하여 남접(호남) 동학군과 합류한 것으로 보인다. 통령 손병희가 이끄는 북접군 본대가 남접군과 합류한 것도 1차 투쟁 이후 시기였던 것으로 보인다. 남북접 동학군은 1차 투쟁 시기부터 서로 통지를 주고받으며 연합작전을 펼치기는 했으나, 지휘체계를 달리하며 각기 역할과 구역(방면)을 나누어 점거투쟁을 전개했다.

기존의 연구들은 우금티싸움(공주 2차 투쟁)을 흔히 1894년 어셈블리의 절정이라 말한다. 『공산초비기』에서 '40~50차례 밀고 밀리는 공방전을 펼쳤다'는 언급, 『선봉진일기』의 "그때 일을 떠올리면 아직도 뼈가 떨리고 마음이 서늘"하다는 관군 측 회고는 우금티싸움을 서술할 때 흔히 인용되는 대목이다. 물론 남접·호남 중심 농민전쟁론에 기초해보면 그렇게 역사화하는 것이 당연하다. 하지만 우금티싸움은 기존의 연구처럼 동학군의 전력이나 사기가 절정에 올랐을 때 수행한 공성전(攻城戰)이 아니었다. 우금티싸움은 1차 투쟁에 실패한 이후 사기저하, 추위와 피로감 누적 등으로 대오를 이탈하는 동학군이 늘어나는 상황, 특히 승부를 서두르지 않을 경우 일본군과 관군에 의해 포위·고립될 위험마저 커지던 상황에서, '부득이'하게 수행할 수밖에 없었던 만사일생지계(萬死一生之計)의 결사전이었다.

『시천교종역사』 등 교단사 자료에 따르면, 공주 1차 투쟁 직후(10월 28일 대신사탄신일?) 남북접 지도자들이 논산 인근에서 회동했을 때, 전봉준은 많은 접주들 앞에서 공개적으로 "내 한갓 일이 중하고 급함만을 생각하고 급거히 일을 일으켜, 수없는 민재(民財)와 생명을 없이하고, 형세가 이에 이르렀"다, "내 한 몸은 이제 죽어도 아플 것이 없으나 도탄(塗炭) 중에 들은 저 많은 생민(生民)을 어찌 할까"라며 스스로를 책망했다고 한다. 후일에 작성된 천도교나 시천교 교단사들은 이를 '참회' 혹은 '회개'라 표현했으나, 그 표현이 어떠했든 우금티싸움을 앞두고 전봉준이 위와 같이 자기비판했다는 사실은 남접·호남 중심 농민전쟁론을 지지하는 연구자들의 입장에서 보면 역사왜곡이라 말할 수밖에 없을 것이다. 하지만 우금티싸움의 배경이나 전개 양상, 또는 전봉준의 성정이나 의기를 전제하고 보면 충분히 있을 수 있는 상황이자 장면이었다고 판단된다. 주지하듯이 손병희(통령), 이용구 등 북접계 접주들은 이 사건 이후 최시형의 '폭거 중지' 유시마저 어겨가며, 전봉준이 이끄는 호남 동학군과 함께 죽음을 무릅쓰고 공주성을 공격하는 결사전을 실천했다. 막연한 추론이기는 하나, 세불리 역부족의 상황이었음에도 공주 점거투쟁을 끝까지 함께한 것은 전봉준의 진심(丹心)이 동학군 내부의 감응(affectus)을 더 크고 깊게 했기 때문이라 여겨진다.

공주 1차 투쟁(대교·이인·효포싸움) 때 남북접 동학군은 호남대로를 따라 효포에서 장기대나루 방면으로 시위행진을 벌였으나, 일본군과 관군의 집단발포로 많은 동학군이 죽거나 다쳤고, 경군·영병이건 이교·시민이건 기대한 만큼의 내응이나 호응도 없었다. 게다가 날이 갈수록 사기와 기온이 떨어져 동학군(특히 호남 동학군)은 대오를 유지하는 것조차 힘겨운 형편이었다. 엎친 데 덮친 격으로 점거전을 오래 지속하면 할수록 일본군과 관군에 의해 포위 공격을 당할 위험성이 커졌다. 당시 호중 지역에서 활동하던 중로군은 11월 13일 남북접 동학군의 배후인 연산 지역에 도착하여 노성 진출을 서두르고 있었고, 내포 지역에서 활동하던 이두황군(우선봉진)도 11월 11일 유구, 13일경 건지동을 거쳐(금강 반탄나루를 건너) 노성 방면으로 진군하고 있었다.

11월 9일의 우금티싸움은 남북접 지도부가 합의한 점거계획(공주 1차 투쟁)이 실패한 이후 자신들이 표방한 대의명분을 실천하기 위해 어쩔 수 없이 선택한 마지막 결사전이었으나, 결론의 서두에서 정리했듯이 사망자의 숫자는 속설처럼 그리 많지 않았다. 왜냐하면 공주 점거투쟁은 최시형의 폭거중지, 혁심개도 유시처럼 순교나 순국 등 무엇인가를 위해 목숨을 바치기 위해서가 아니라, 함께 모여 자신과 가족, 이웃과 친지(동무)들을 살리기 위한 투쟁이었기 때문이다. 속설과는 달리 효포와 우금티 인근에는 수백 명 규모의 집단 매장지가 없다. 만약 남북접 지도부가 군사적 역량만 믿고 공주 '점령(占領)'과 '입경(入京)'을 시도하였다면, 이는 무모한 인해전술(人海戰術)이라 말해야 옳을 것이다. 하지만 당시 남북접 지도부는 총칼의 힘만으로 공주를 점거하고자 한 것이 아니라, 작은 시냇물이 모여 거대한 강물을 이루듯 작은 규모의 도회(general assembly)를 묶고 엮어 더 큰 도회, 더 큰 연대와 협동을 성취하고자 분투했다. 이런 견지에서 보면 '죽음을 무릅쓴 영웅적인 투쟁', '숭고한 죽음' 등의 이미지는 재고되어야 마땅하다.

김개남군이 수행한(참여한) 11월 13일의 청주성싸움도 대원군 밀지 계획과 연계된(서장옥, 장두재 집단) 독자적인 행동이라기보다는 남북접 지도부와의 협의하에 실천된 일종의 성동격서식 투쟁이었을 가능성이 더 크다. 물론 황현의 『오하기문』 등으로 미루어 보면 전봉준과 김개남 사이에 모종의 차이와 갈등이 존재했던 것은 어느 정도 사실로 보인다. 하지만 김개남군이 전주성에 남았던 이유는 갈등 때문이 아니라 후방의 수비와 보급, 즉 근거지 사수의 필요성과 중요성 때문이었다고 판단된다. 김개남은 1차 투쟁(10월 23~25일)에 실패한 이후 전봉준이 도움을 요청하자 곧바로 북상하여 금산·진산·진잠·청주 등지를 공격하는 활동을 전개했을 뿐만 아니라 호남 퇴각 때도 전봉준과 행동을 함께했다. 게다가 11월 13일에 벌어진 청주성싸움에는 김개남군만이 아니라 공주 점거투쟁에 참여했다가 청주 방면으로 퇴각하던 북접 동학군도 상당수 참여한 것으로 보인다.

공주 점거투쟁에 실패한 이후 남북접 동학군은 일본군과 관군의 포위섬멸전에 대응하여 퇴각을 서둘러야 했다. 11월 14일의 연산싸움과 15일의 논산싸움은 퇴각을 결정한 이후 시간을 벌기 위한 일종의 지연전이었다. 호남 퇴각 이후 전주에 도착한 남접 지도부는 김덕명, 손화중, 최경선 등의 협조하에 대오를 다시 정비하고자 했다. 그러나 금구, 원평, 태인싸움을 수행할 무렵 전주·남원·나주 등 남접집단의 영향력 아래 있던 근거지들은 이미 수성군(민보군)의 수중에 들어가 있었다. 이런 가운데 치러진 원평싸움(11월 25일)과 태인싸움(11월 27일)은 남북접 동학군의 최후 저항이었으나 이 또한 패배하고 말았다. 태인싸움을 끝으로 전봉준이 동학군의 해산을 선포하자 손화중, 최경선 등은 물론이고 북접교단이 이끌던 동학군도 뒤따라 자진해산을 서둘렀는데, 양호창의영수의 해산 선언은 남북접 연대(조건부 연대)가 성사되면서 시작된 공주 점거투쟁(assembly/ occupy 투쟁)이 공식적인 차원에서 대단원의 막을 내렸음을 의미한다. 하지만 사건은 여기서 끝나지 않았다. 일본군과 관군의 추격을 피해 땅끝까지 내몰린 동학군은 장흥, 해남 등지에서 마지막까지 저항하다 일본군과 관군, 수성군과 민보군 등에 의해 무자비하게 집단학살되었다. 전국 각지에서 각자기포하여 자경보위, 회립자생 투쟁을 전개하던 동학군도 사정은 마찬가지였다. 이 무렵 전국 각지에서 각자 기포한 동학군 지도자들은 자신의 집이나 고향 땅에서 관군과 민보군(자칭 의병)에 의해 집단학살되었다.

북접교단 휘하의 호서 동학군은 우금티싸움 직후 왔던 길을 되짚어 귀향하고자 했으나, 자신들을 포위 섬멸하기 위해 연산 방면까지 뒤쫓아온 일본군(중로군)이 퇴로를 차단하자 어쩔 수 없이 호남 동학군의 도움을 받아 호남 방면으로 퇴각하지 않을 수 없었다. 여러 회고에서도 확인할 수 있듯이, 호남 동학군의 동지적 보호(식량 및 정보 제공, 투쟁 과정의 협력)가 없었다면 호서 동학군은 노성이나 논산 등지에서 추격하던 일본군과 관군에게 포위섬멸되었을 가능성이 있었다. 북접 동학군은 상당수가 호서와 기호 출신이었던 까닭에 호남 동학군과 달리 귀향 자체가 쉽지 않은 형편이었다. 그러나 '집에다만큼은 꼭 데려다 주도록 하라'라는 최시형의 지시(경통)에 따라 영동을 거쳐 옥천, 보은 방면으로 북상을 시작하여 12월 13일경 청산 치성식이 열렸던 문바위에 도착할 수 있었다. 천신만고 끝에 고향땅을 밟기는 했으나 일본군과 관군, 특히 스스로 의병을 자칭했던 민보군의 추격을 피할 길이 없었다. 북접 원정대는 12월 18일 고향땅에 도착하기는 했으나 오도가도 못하고 북실계곡에 옹기종기 모여 화톳불을 쬐고 있다가 일본군과 민보군에 의해 집단학살되었다. 그때 북실계곡에는 눈이 많이 쌓여 있었는데, 서로 밟고 밟혀서 죽은 시체가 들판에 가득했다고 한다. 북접 동학군 지도부가 해산을 선포한 이후에 벌어진 영동 용산장 참사(12월 11~12일)는 물론이고 뒤이은 북실 참사나 대둔산 학살 사건 등을 '전투'라 통칭하는 것은 집회시위 참여를 참전(參戰), 집단학살의 희생자를 '전사자(戰死者)'라 호명하는 것과 마찬가지로 일종의 역사왜곡이다.

전봉준 등 남접 지도부가 자인했듯이, 군사역량 차원에서만 본다면 동학군은 장난감(玩具) 수준의 무기를 가진 일종의 오합지중(烏合之衆)에 불과하였다. 남북접 지도부가 연대 과정에서 최시형의 폭거중지 혁심개도 유시를 받아들인 것도 이를 잘 알고 있었기 때문이다. 공주 점거투쟁 시기 남북접 동학군은 총칼보다는 민중들의 '함께 모이고/ 모으는 힘'과 '정치적으로 합심하여 행동하는 힘'을 더 신뢰하고 중시했다. 이런 사실에 주목하며 공주 점거투쟁의 실패 요인을 규정하는 경우, 무기 열세와 훈련 부족을 강조하는 것은 일종의 역사조작이다. 그럼에도 불구하고 중고등학교 한국사 교과서나 개설서들은 '동학농민운동(전쟁)의 실패요인'으로서 여전히 '일본군의 최신식 무기' 등을 강조하곤 한다. 하지만 이는 1980년 광주 어셈블리의 실패 요인으로 공수특전단의 우수한 화력과 시민군의 부실한 전투력을 단순 비교하는 것과 하등 다를 바가 없다.

우리 학계에서는 '전투 중 사망한 동학군의 숫자'를 가급적 부풀려 기술하려는 경향이 강하다. 용감한 투쟁, 숭고한 희생의 이미지를 극대화하기 위해서일 것이다. 하지만 앞서도 강조했듯이 많은 희생자가 발생한 것은 전투 과정이 아니라 오히려 해산 선언 이후 귀향(歸家)을 서두르던 때였다. 동학군은 무장기포 시기부터 「사개명의」를 통해 '불살생 불살물'을 강조했으며, 이런 원칙은 당연히 공주 점거투쟁 시기까지 이어졌다. 1894년 어셈블리 때 남접이든 북접이든 동학군이 공통적으로 강조한 최고 강령(大義)은 '불살생(不殺生) 불살물(不殺物)' 정도가 아니라, 무엇을 위해서든 노부모와 처자식을 남겨둔 채 죽는 짓, 특히 순교나 순국은 아예 생각조차 하지 말라는 것이었다. 1894년 어셈블리와 관련한 '순국과 순교', 또는 '영웅적 투쟁과 숭고한 죽음'의 이미지는 재고되어야 마땅하다. 필요할 때도 있었을 것이나, 오늘날까지도 이를 강조하는 것은 교훈도 아니고 교육도 아니다.


## 3. 공주 점거투쟁의 역사적 성격

1894년 사건은 동일한 주체(중앙지도부)가 통일적인 강령에 기초하여 수행한 단일한 사건이 아니라 사건과 사건, 또는 우연과 필연의 연쇄와 중첩 과정에서 발생한 그야말로 다사건(eventful)이었다. 특히 갑오변란 이후 일본군과 관군의 대대적인 탄압을 앞두고 벌어진 공주 점거투쟁은 사건의 중심 무대는 물론이고 투쟁의 주체와 목표, 방향과 방법 등도 1차 봉기 때와는 크게 달랐다. 하지만

1차 봉기든 2차 봉기든 19세기 후반에 형성·발전된 도회·의거 전통에 기초해 보면, 공주 점거투쟁의 기본 성격은 A/O 투쟁, 즉 assembly(모이기 모으기)/occupy(점거하고 담판하기) 투쟁이었다. 1차 봉기 시기 남접 지도부가 호남 일대를 돌며 동학군을 모은 뒤 여세를 몰아 전주성을 점거한 것, 그런 뒤 폐정개혁(安民約條)을 요구하며 전라감사나 양호초토사를 상대로 정치담판을 벌인 것도 특별한 정치행위는 아니었다. 1차 봉기 시기 호남 동학군이 전주성(完營)을 점거하였듯이, 2차 봉기 시기 각지의 동학군은 지방수령(監司·兵使, 郡守·縣監)이나 각 진영의 영장(營將) 등 각 지역 내부의 내응 세력과 협조하는 가운데 수시로 공주성(錦營), 진주성(嶺營), 해주성(海營), 그리고 청주, 충주, 홍주, 상주, 강릉, 남원, 순천 등을 점거하거나 넘보았는데, 남북접 지도부가 합의한 공주 점거투쟁도 이 같은 정치문화에 기초한 지극히 상식적인 선택과 결정이었다.

여러 주체들이 생산한 자료들을 교차 검토하며 공주 점거투쟁의 자초지종을 재구성하는 경우, 주목되는 특징은 동학군은 가급적 많은 사람들을 모아(都會) 특정한 장소(都會處=都會地)를 점거한 후 더 큰 모이기 모으기 투쟁을 전개하려 했다는 것, 그리고 일본군과 관군은 동학군의 A/O 투쟁을 저지하기 위해 동학군의 근거지를 각개격파함과 동시에 항일연대를 방해하는 활동에 많은 관심을 기울였다는 것 등이다. 일본군 지도부는 동학군의 어셈블리 투쟁에 대하여 "조선인의 의식 상태로 보아서 사람 수가 많고 적음으로 승패를 점치는 것 같았다"고 평하거나, 심지어는 '인해전술(人海戰術)'이라 폄훼하기도 했으나, 이는 연대하고 협동하는 민중의 정치적 힘, 특히 그 잠재성과 가능성을 무시하는 일종의 역사왜곡이다.

공주 점거투쟁 시기 동학군은 스스로 (창)의군 혹은 의려를 칭했다. 예를 들면, 10월 15, 16일 이유상(공주창의장)과 전봉준(양호창의영수)이 박제순(충청감사)에게 올린 상서(上書)나 두 건의 고시(告示)는 각지의 의병들이 내돌린 격문(창의문)

과 마찬가지로 자신들의 거사 명분을 밝힌 일종의 '대의포고(大義布告)'였다. 그렇다면 흔히 60만, 혹은 1백만이라 칭해지던 동학군은 과연 내전과 혁명에 참여한 전사나 병사(army, soldier)일까? 물론 공주 점거투쟁 시기 호남 원정대(초기 4천, 이후 1만여 명 규모)는 상당 수준의 무장을 갖추었을 뿐만 아니라 나름대로 전투 경험도 풍부한 사람들이었다. 그러나 북접계(호서) 동학군은 군사작전을 수행하기 위해 무장한 병사(포군)라기보다는 일종의 시위도구이자 호신용 무기를 휴대한 농군(농사꾼)이자 '무장시위대'였다. 공주 점거투쟁 시기에 발포된 동학군의 「군중절목(軍中節目)」을 통해서도 확인할 수 있듯이, 북접교단은 각 단위의 동학군을 선진(先陣)과 후진(後陣)으로 구분했다. 포군(砲軍)으로 구성된 선진은 '장수(將帥: 騎砲將, 領率將, 火砲領將)'가 지휘하고, 포접 단위의 동학군으로 구성된 후진은 해당 지역의 접주가 통제하고 이끌었다. 이런 사실은 공주 점거투쟁 시기 동학군의 활동이나 동향만 보아도 쉽게 확인할 수 있다. 공주 1차 투쟁 시기는 물론이고 일종의 공성전인 우금티싸움 때도 포접 단위로 동원된 동학군(후진)은 공주 외곽의 능선을 점거한 뒤 산상거화나 산호투쟁 등을 전개했고 포군으로 구성된 무장대(선진)는 시위대를 보호하거나 선두에 나서서 돌격전을 주도하였다. 공주 점거투쟁 시기 "상당수의 동학군이 죽창 등을 들고 여기저기 꽥꽥 소리만 지르고 다녔다"는 우금티 인근 주민들의 회고(傳聞)는 동학군의 시위대적인 성격을 잘 보여주는 대목이다. 당시 각 포접 접주들은 각기 자신의 깃발과 명부(時到記)에 기초하여 무장시위대를 통솔한 것으로 보인다.

　　특정 세력이 특정 장소를 점거한 후 이를 매개로 정치담판이나 협상을 벌이는 정치문화는 갑오년에 반동학군 활동을 전개한 을미의병의 경우도 마찬가지였다. 을미년에 각지의 의병들이 홍주성, 공주성, 나주성, 충주성 등을 점거하려 한 까닭도 갑오년의 동학군과 마찬가지로 더 큰 모이기/모으기 투쟁, 또는 조선과 일본 정부를 상대로 더 담대하고 강력한 '명분(담론)' 투쟁을 벌이기 위해서였다. 을미의병 주체들은 민비 시해와 단발령으로 항일 열기가 무르익자, 자신들의 영향하에 있던 향회와 유회를 매개로 어셈블리 투쟁을 전개하고자 했으나 1894년의 도회 때와는 달리 민중(주민)들의 자발적 참여는 지극히 부진했다. 한 가지 흥미로운 점은 내포 지역의 경우 동학군과 마찬가지로 척사의병들도 향회(유회)와 더불어 도회를 개최하여 항일의려(義旅)를 조직하였다는 사실이다. 홍주와 덕산 의려는 도회의 책임자를 도회장(都會長)이라 호명했다.

1894년 어셈블리를 통해서도 확인할 수 있듯이 우리나라 정치문화의 큰 특징은 다른 무엇보다 집단적인 공감과 감응을 매개로 한 모이고/모으는 투쟁을 중시했다는 것이다. 1894년 어셈블리 때 유행한 '일부대호(一夫大呼) 삼도병응(三道並應)'(『오하기문』), '일창백수(一唱百隨), 팔역동성(八域同聲)'(『시천교종역사』), '일창백수(一唱百隨) 재재취당(在在聚黨)'(고종의 전교), '일부게간(一夫揭竿) 만부상응(萬夫相應)'(충경대도소 격문) 등과 같은 표현은 이를 보여주는 단적인 증거이다. 1차 투쟁에 패배한 이후 전봉준이 스스로 '사문(師門)의 죄인'이라 자기 비판하자, 북접 지도자들도 이에 감응하여 남벌기(南伐旗)를 꺾고 최시형의 유시까지 어겨가며 함께 우금티싸움을 벌였다는 사실도 전봉준의 자탄과 호소, 또는 공주 점거투쟁 자체가 가진 정동되고/ 정동하는 힘 때문이었다. 최근 정동론(情動論)이나 감성장론(感性場論) 관련 연구성과들이 강조하듯이, 몸과 몸이 서로 마주쳐 어우러질 때 긍정적 감응은 또 다른 감응과 사건을 낳는 법이다.

1894년 사건의 성격을 규정할 때, 당연히 동학군의 집단정체성, 또는 동학군의 결집 원리와 방법, 또는 동원의 계기와 동력 등을 규명하는 작업이 선행되어야 한다. 하지만 이는 감당할 만한 범위가 아니므로 이 책에서는 공주 점거투쟁에 참여한 남북접 동학군에 한정하여 집단정체성 문제를 논의하였다. 어쩌면 1차 봉기를 설명할 때는 사건의 주체를 지금처럼 동학농민군이라 호명하는 것이 더 적절할 수도 있다. 왜냐하면 북접교단이 기포령을 내리기 전까지, 특히 호남 지역의 투쟁주체들은 동학도로서의 정체성보다는 농민군적인 성격이 더 강했을 수도 있기 때문이다. 하지만 공주 점거투쟁의 주체를 설명할 때는, 농민군적인 성격보다는 동학군, 즉 동학도로서의 정체성을 더욱 주목해야 한다. 그 이유는 다른 무엇보다 남접이든 북접이든, 동학의 사상과 조직, 특히 영부(靈符)와 주문을 매개로한 동학의 의례와 의식이 주체 형성의 주요한 매개(촉매)였기 때문이다. 2차 봉기 시기 호남과 호서 지역에서 집단 입도(마당포덕) 행사가 빈번했다거나, 늑도(勒道) 등 강제가입 행위가 성행했다는 사실은 거꾸로 1894년 어셈블리의 주체들이 가진 동학도로서의 집단정체성을 잘 보여주는 증거들이다. 1차 봉기 때와 다르게 공주 점거투쟁 시기, 특히 패색이 짙어지면 질수록, 동학군은 스스로 배타적 오도(吾道) 의식을 강조했고, 그런 과정에서 동학군은 민중들로부터 고립되거나 척사유생들에 의해 배척되었다. 이런 관점에서 보면 동학은 1894년 어셈블리의 디딤돌임과 동시에 걸림돌이기도 했다.

## 4. 공주 점거투쟁의 역사적 의미와 교훈

19세기 후반 이른바 '민란의 시대'에 민중들은 자신들의 요구를 관철시키기 위해 '관이나 사족 주도의 향회'를 대신하여 '민 주도의 향회'를 조직했는데, 흔히 이를 민회 또는 도회라 불렀다. 1894년 어셈블리를 재현하면서 이 책에서는 민회보다 도회라는 표현을 더 주목했는데, 그 이유는 민회는 '민이 주도한 향회'라는 의미 정도였지만, 도회는 '도(都)'자의 뜻(도읍·나라·우두머리·모두) 그대로 반상과 양천, 남녀와 노소를 구별하지 않고 천하의 사람들이 모두 함께(大同) 모여 춘추대의(春秋大義: 天下爲公)를 구현하는 방법을 논의하고 실천하는 일종의 공론장이자 공감장(sympathetic field)이었기 때문이다. 복합상소를 준비하기 위해 1892년 12월 보은 장내리에 도소를 설치한 것, 광화문 복합상소 때 한양에 봉소도소(奉疏都所)를 설치한 것, 1893년 보은도회 때 동학도소(=민회소)를 설치한 것, 1894년 어셈블리 때 전국 각지의 동학군이 도회를 열고 (대)도소 혹은 민회소(이인 및 진천 사례)를 설치한 것 등도 동학군이 고안해낸 독특한 정치행위나 기구가 아니라 이른바 '민란의 시대'에 형성 발전된 도회·의거 문화의 산물이었다. 요컨대, 당시의 도소는 동학의 포교(포덕) 조직인 포접이나 관민상화 기구(조직)인 집강소 등과는 달리 도회를 상설화한 일종의 대의기구이자 실행기구였다.

남접·호남 중심 농민전쟁론에 기초해보면 공주 점거투쟁은 무장포고(茂長布告) 이후 단계적 발전을 거친 농민전쟁(내전 또는 혁명)의 절정으로 이해될 수밖에 없다. 하지만 공주 점거투쟁을 하나의 단일(monolithic) 사건으로 간주하며 사건사의 흐름을 정리하는 경우, 동학군의 교조신원운동은 물론이고 1차 봉기와 2차 봉기의 차이에 대한 이해도 모호해질 수밖에 없다. 왜냐하면 남접집단이 호남 지역에서 주도한 1차 봉기도 19세기 후반(특히 임술년)의 민요와 마찬가지로 발통(發通)→취회(聚會)→정소(呈訴)→봉기(蜂起)→관아(完營) 점거→담판과 협상→자진해산의 과정을 거쳤기 때문이다. 마찬가지로 공주 점거투쟁도 포접 또는 군현 단위의 도회(都會), 즉 모이기/모으기 투쟁으로부터 시작되었고, 그 목표도 공주(錦營) 점거투쟁을 통해 안정적인 근거지를 확보한 이후 더 큰 도회(湖西都會→湖州大都會→京師大都會)를 개최하는 것이었다. 당시의 정세와 조건을 감안하면 공주는 남북접 동학군이 눈독을 들여볼 만한 가장 적절한 도회처(지), 즉 A/O 투쟁의 적지(適地)였다. 하지만 공주 점거에 실패하자 남북접 동학군은 모두 더 큰 희생을 막기 위해 자진해산을 선언했다.

조선왕조 시기 도회(都會)란 사람과 물화가 모이고 나누어지는 장소(都會地

處, 都會之地), 또는 그런 행위 자체를 지칭하는 말이기도 했다. 하지만 1862년과 1894년 어셈블리의 전개 과정에서 민중들, 특히 초군(나무꾼)이나 동학군(동학꾼)들은 이를 전유(appropriate)하여 공동체 구성원 모두의 말과 뜻, 행동과 실천을 모으는 일종의 총회(general assembly)를 의미하는 말로 재탄생시켰다. 1894년 어셈블리 당시의 도회와 도소는 공동체 구성원의 대동단결을 상징하는 말임과 동시에 A/O 투쟁 과정에서 확보한 일종의 해방구(解放區)를 뜻하는 말이었다. 하지만 1894년 어셈블리 이후 공동체 구성원 모두의 총회(general assembly)라는 뜻은 사라지고, 오늘날 도회지(urban , city, town, metropolis)라는 뜻으로만 그 의미와 용례가 축소되었다. 1894년 어셈블리 이후 천도교나 시천교 교단조차 도회라는 말을 버리고 (정기)총회니 대회니 하는 낯선 말들을 이용하기 시작했다.

19세기 후반에 형성 발전된 도회·의거 문화에 기초해보면, 1894년 사건은 도회(어셈블리)임과 동시에 동학의 종지인 보국안민을 실천하기 위한 의거이기도 했다. 따라서 공주 점거투쟁의 성격과 의미를 제대로 이해하려면, 당시 척양척왜 보국안민을 외치며 항일 무장투쟁을 벌였다는 사실보다 조선왕조 정부와 조야 유생들을 상대로 무엇이 당대의 인의(仁義)이고 민본(民本)인가를 둘러싸고 치열한 담론투쟁을 벌였다는 사실을 더 주목해야 한다. 왜냐하면 이 같은 말잡기 투쟁(담론투쟁)은 인의와 민본을 핵심 내용으로 한 조선왕조 사회의 통치이데올로기가 1894년 어셈블리를 경과하면서 급속하게 해체(內破)되고 있었음을 보여주는 증거이기 때문이다. 1894년 어셈블리를 통해 맹아하기 시작한 근대적인 의미의 인민, 민중, 민족은 1919년 어셈블리를 통해 역사 무대의 전면에 등장하기 시작했다. 일제하 민족해방운동이나 해방 공간의 자주적 통일민족국가 수립운동은 1894년과 1919년의 어셈블리가 없었다면 존재할 수도, 가능하지도 않았던 사건이었다.

공주 점거투쟁 시기 고종과 대원군, 또는 의병을 자처하며 반동학군 활동에 나선 척사유생들은 1894년 어셈블리를 패거로, 동학군을 비적으로 규정하며 자신들의 집단학살 행위를 춘추대의의 실천이라 강변했다. 여기에 더하여 일본군과 관군의 물리적 탄압이 강화되자 동학군 내부에 공포의 정념이 확산되었다. 사정이 이러하자 동학군은 스스로 고립되고 있다는 판단 아래 늑도(勒道), 즉 일반 주민들을 반강제로 자기 집단 내로 끌어들이는 활동을 전개했다. 이는 정부 측의 양민/비적론과 마찬가지로 동학군 스스로가 일종의 투명장(投名狀)을 강요하는 행위였다. 이런 과정에서 동학군은 더욱 고립될 수밖에 없었고, 어셈블리 투쟁의 확장성은 더욱더 좁아졌다. 특히 공주 점거투쟁 시기 충청감영 측이 적극적으로 활용한 남비(적) 호남비(적)론은 호남과 호서 주민의 연대를 방해하기 위한 정부 차원의 공작이자 책략이었다.

1894년 사건, 특히 삼국간섭 이후 한반도를 둘러싼 열강 간의 세력균형이 일시적으로 형성되었고, 그 과정에서 수립된 대한제국이 부국강병 식산흥업 등을 표방하며 여러 가지 개혁 정책(광무개혁)을 수행하였다. 그러나 1894년의 집단학살로 말미암아 대한제국의 민중적 지지 기반은 늘상 취약할 수밖에 없었다. 을미의병 등 한말 의병운동이 민중들의 광범위한 지지 가운데 전개될 수 없었던 것도 이 같은 이유 때문이었다. 1894년 어셈블리 이후 손병희, 이용구 등 북접교단의 핵심 세력이 일본과 협조하는 가운데 문명화를 표방하며 갑진개혁(민회)운동을 전개한 것, 이와 동시에 독립협회의 만민공동회 주도세력과 연대하여 일진회를 설립한 것 등은 이런 분위기 속에서였다. 1894년 어셈블리 이후 민중은 물론이고 양반유생들 사이에서도 말세의식과 난리의식이 더욱 만연하였고, 이로 말미암아 종교부흥의 시대라 말해도 좋을 정도로 각종 종교들이 부흥했다. 산중에는 중창불사와 염불 소리가 가득했고, 도시에는 교회와 성당이 성업을 이루었는데, 동학을 비롯하여 강증산, 김일부, 소태산 등에 의해 각종 민중종교들이 등장한 것도 1894년 사건 이후였다.

'갑오동란' 때와 마찬가지로 '6·25(경인)동란' 때도 국가, 특히 조국과 민족의 이름으로 '국민'들에게 투명장을 강요하는 일이 비일비재했다. 이승만 정권이 군경이나 우익 청년단원들에게 보도연맹원이라는 이유만으로 자신의 이웃이자 친구를 죽이게 만드는 야만을 강행한 것도 양민/폭도론에 기초하여 투명장을 강요하는 행위였다. 이를 통해 확인할 수 있듯이 우리 사회의 투명장 문화는 분단과 전쟁을 거치며 더욱 극성해졌다. 요컨대, 우리 사회에 적국(적군)과 아국(아군)처럼 좌파와 우파, 진보와 보수 등을 가리는 이분법적인 정치문화가 널리 확산된 것도, '갑오난리'(甲午動亂: 작은 난리)와 '경인난리'(庚寅動亂: 큰 난리)의 후과였다.[01] 두 번의 난리를 통해 우리가 배워야 할 역사적 교훈은 국가나 민족의 이름으로 행해지는 '투명장' 놀음을 민중 스스로 거부해야 한다는 것이다.

해방 공간에서 남노당이나 북노당 세력은 러시아혁명이나 중국혁명의 교훈에 기초하여 조선 인민들로 하여금 산으로 올라가 근거지를 만들고, 유격투쟁을 전개하게 만들었다(지도 혹은 강제). 어찌 보면 6·25동란(경인동란)은 이런 과정에서 필연적으로 발생할 수밖에 없었던 난리, 그 이상도 이하도 아니었다. 하지만 전위당의 지도와 폭력을 강조하는 사상과 이론은 그때 이미 낡은 사상이자 이론이었다. 왜냐하면 6·25동란(큰 난리) 때도 1894년 어셈블리(작은 난리: 특히 남접집단의 1차 봉기) 때와 마찬가지로 외국 군대의 개입과 주둔, 공동체 구성원들 간의 갈등과 대립, 엄청난 집단학살 피해만을 야기했을 뿐이기 때문이다. 후속연구에서 좀 더 구체적으로 언급할 예정이나 만약 당시의 역사적 지성들이 1894년 사건의 교훈을 제대로 되새길 수 있었다면, 그 같은 비극은 발생하지

---

**01** 아직도 공주 노인들은 갑오동란을 작은난리, 6·25동란을 큰난리라 부른다. 이에 대한 구체적인 논의는 후속 연구에 실릴 「난리통의 공주사람들: 역사와 기억의 거리—역사 과잉과 기억 부재」, 『조선, 1894년 어셈블리(ASSEMBLY): 역사·기억·기념』 참조.

않았을 수도 있었다. 당시는 근거지 확보론(民主基地論)이나 유격전론(반미 민족해방전쟁론)보다는 오히려, 1894년에 뿌리를 내리고 1919년에 꽃을 피운 19세기 후반의 도회·의거 전통에 기초한 '비폭력 평화주의 A/O 투쟁', 즉 국가권력의 심장부인 도회지(都會之地·都會地處)를 점거한 뒤 모이고 모으는, 점거하고 담판하는 인민들의 정치적 힘을 최대화하는 방향으로 투쟁을 전개해 나가는 것이 더 옳았을 수도 있었다. 이 책에서 엥겔스 류의 농민전쟁론보다 1894년 사건의 A/O 투쟁적 성격과 의미를 애써 강조한 것도 대동(大同), 즉 차이를 넘어선 횡단적 접속 능력, 서로 연대하고 함께 협동하는 민중들의 정치적 힘을 부각시키기 위해서였다.[02] 19세기 후반의 도회·의거 전통은 K-팝, K-컬쳐처럼 일종의 K-어셈블리다.

주디스 버틀러는 어셈블리의 수행성 이론을 논의하면서 "자기-방어를 위해 폭력이 사용될 때 그 행동이 회색지대로 진입하게 되는 애매한 상황"을 연출하기도 한다는 점, 하지만 비폭력을 폭력으로 규정하거나 '비폭력을 폭력으로 재명명하려는 음모'들은 일반적으로 '폭력적 목적이나 충동을 덮기 위한 구실'에 불과하다는 점 등을 강조한 바 있다.[03] 이런 견지에서 보면, 1894년 어셈블리를 농민전쟁, 즉 내전과 혁명에 준하는 사건으로 규정하거나, 반대로 동학군을 폭력을 일삼았던 비적(폭도)으로 간주하는 일본군이나 관군 측의 매도는 늘 상 있었던 역사조작 행위라 할 수 있다. 하지만 1894년 어셈블리, 특히 최시형의 폭거중지 혁심개도 유시에 기초한 공주 점거투쟁은 일본군과 관군의 폭력에 대응한 '자기-방어'이자 일종의 '윤리적 대안'이었다. 주디스 버틀러의 언급

---

02  해방공간의 어셈블리 투쟁이 가진 성과와 한계에 대해서는 후속연구 「한국 근현대사의 전개와 19세기 후반의 도회·의거 전통—민중들의 어셈블리는 늘 변혁운동의 매개이자 동력이었다」에서 좀 더 구체적으로 논의해볼 작정이다.

03  주디스 버틀러, 「'우리 인민'—집회(ASSEMBLY)에 대한 사유들」, 앞의 책, 268쪽.

을 빌어 말하면, 공주 점거투쟁 시기 동학군의 "비폭력은 잠재적으로 혹은 실제로 대립이 일어나는 어떤 공간에서 자기 스스로 그리고 다른 이들과 함께 견디고 절제하며 처신하는 방식", "어떤 상황에 접근하는 방식, 심지어 세계에서 살아가는 방식이며, 살아 있는 존재의 불안정한 특성을 헤아리는 일상적(현실주의적―인용자) 실천"[04]에 다름이 아니었다.

김용옥과 백낙청이 1894년 어셈블리와 촛불 어셈블리의 연관성을 논의하면서, 동학의 '수평적 민본사상'을 토대로 서양의 근대(주의)나 민주(주의)론의 한계를 넘어서야 한다고 주장한 바 있다. 촛불혁명은 '지도자 없이', '민중이 주체가 되어 정의로운 에너지를 분출한 사건'이었다는[05] 지적도 이 책의 핵심 논지와 관련해 시사하는 바가 적지 않다. 19세기 후반 조선의 정치문화(도회·의거 전통), 특히 동학의 '수평적 민본사상'이나 '생명사상'[06] 등에 기초하여 1894년 어셈블리의 성격과 의미를 논의하는 경우, 기존의 연구와는 전혀 다른 역사 해석(구성)이 가능하다. 1894년 어셈블리, 특히 신체와 신체의 마주침 과정에서 형성된 민중들의 긍정적 감응은 근대적인 의미의 인민(민중) 혹은 민족의 형성에 결정적인 기여를 했을 뿐만 아니라 오늘날에는 근대를 넘어서는 정치적 상상력의 보물창고 역할을 수행하고 있다.

19세기 후반 이래의 도회·의거 전통을 우리의 문화적 자산으로 전환하려면, 다른 무엇보다 먼저 전통의 지속과 변용이라는 관점에서, 무엇을 어떻게 계승 발전시켜가야 할 것인지, 성취와 한계는 무엇인지 등을 규명하는 작업을

---

**04** 주디스 버틀러, 앞의 책, 270쪽.

**05** 「(특별좌담) 다시 동학을 찾아 오늘의 길을 묻다: 김용옥, 박맹수, 백락청」, 『창작과비평』 2021년 가을호, 127쪽 등 참조.

**06** 1980년 출옥 이후 '생명'이라는 화두를 던진 시인 김지하(金芝河)의 사상. 김지하, 『생명학 1, 2』, 화남출판사, 2003 참조.

서둘러야 한다. 『마르땡 게르의 귀향』(지식의 풍경, 2000)을 집필한 나탈리 지먼 데이비스는 한 인터뷰에서 역사학자로서의 자기 소망을 아래와 같이 피력했다.

> 나는 고난의 시기에도 사람들이 상황에 대처하는, 어쩌면 저항하는 방법을 찾아내고자 노력했다는 것을 보여주고 싶다. 나는 오늘날의 사람들이 과거의 비극과 고통, 잔인함과 증오, 과거의 희망, 그리고 사랑과 아름다움을 지켜봄으로써 과거와 연결될 수 있기를 바란다. (…) 특히 나는 과거는 달라질 수도 있었고, 사실은 달랐으며, 대안도 있었다는 것을 보여주고 싶다.(하비 케이 저, 오인영 역, 『과거의 힘』, 삼인, 2004, 221쪽 재인용.)

데이비스의 열망처럼 필자도 이 책에서 1894년 어셈블리, 특히 공주 점거투쟁은 대안도 있었고 성공 가능성도 있었다는 것을 보여주고 싶었다. 필자가 추구하고자 하는 민중사는 과거 역사를 매개로 민중과 함께 소통하는 과정에서 민중의 자발적, 혁명적 흐름을 변혁의 동력으로 바꾸어내는 데 기여하는 역사학, 또는 민중의 과거 삶을 소재로 그들과 끊임없이 소통하면서 변혁을 향한 새로운 촉발과 감응을 야기하는 역사학이다.[07]

부여 금강가에서 나고 자란 신동엽은 장편 서사시 「금강」에서 우금티싸움을 '역사의 거름밭에 목숨을 던진 사람들이 벌인 꽃불 튀기는 피의 잔치'라 노래했다.[08] 이에 따르면, 동학군은 '지글거리는 역사의 밭', '백화 요란한 하늘밭'

---

07  민중사에 대한 이 같은 성격규정은 이진경의 「집합적 기억과 역사의 문제」(이진경 외 편저, 『문화정치학의 영토들 -현대문화론 강의』, 그린비, 2007)에서 시사 받은 바가 많다.

08  "우리들은 하늘을 봤다. 1960년 4월 역사를 짓눌렀던, 검은 구름장을 찢고 영원의 얼굴을 보았다. / 잠깐 빛났던, 당신의 얼굴은 우리들의 깊은 가슴이었다. / 하늘 물 한 아름 떠다, 1919년 우리는 우리 얼굴 닦아 놓았다. / 1894년쯤엔, 돌에도 나무등걸에도 당신의 얼굴은 전체가 하

을 가꾸기 위해 자신들의 알맹이를 기꺼이 까발려 '역사의 거름밭'에 내던진 사람들, 그리하여 '잠깐'이기는 했으나 '가슴 두근거리는 큰 역사' 가운데서 '하늘'을 본 사람들, 아니 하늘이 된 사람들이었다.[09] 1894년 어셈블리는 물론이고 1919년 어셈블리나 1960년 어셈블리도 하늘을 본 사람들, 즉 민중의 김응과 신명이 없었다면 불가능한 사건들이었다. 1894년 어셈블리를 통해 조선의 민중들이 검은 먹구름 너머 티없이 맑은 '영원(永遠)의 얼굴'을 봤을 것이라고 노래한 신동엽의 시적 상상력은 그래서 탁월하다. 신동엽의 기대와 희망처럼 1894년 어셈블리 때와 마찬가지로 우리 시대의 광장(都會之處, 都會之地)에도 여전히 꽃들이 가득하다.

---

늘이었다. / 하늘, 잠깐 빛났던 당신은 금세 가리워졌지만 꽃들은 해마다 강산을 채웠다." 「금강」, 『신동엽전집』, 창작과비평사, 1975, 125쪽.

**09** 『신동엽전집』, 125쪽. 권영민은 신동엽의 미발표 유고시인 「누가 하늘을 보았다 하는가」를 "'맑은 하늘'을 보지 못하고 '먹구름'이 가득한 하늘로 잘못 알고 살아왔던 왜곡된 인식에 대한 자각과 반성"이 깔려 있는 시라 논평했으나(권영민, 『한국현대문학사전』 참조), 신동엽은 「금강」에서 1894년 어셈블리는 물론이고, 1919년과 1960년 어셈블리에 참여한 민중들을 '잠깐이기는 하나 맑고 깊은 영원의 하늘을 본 사람들'이라 노래했다.

부록

# 참고문헌

## 1. 자료

### 1) 총서 및 원문 데이터베이스

* 『동학농민혁명사료총서(전30권)』 수록 자료[梧下記聞, 東學史(草稿本), 聚語, 時聞
記, 略史, 公山剿匪記, 金若濟日記, 南遊隨錄, 錦藩集略, 固城府叢瑣錄, 泗陽行遣日
記, 大韓季年史, 錦營來札, 甲午事記, 東學文書, 隨錄, 甲午略歷, 東匪討錄, 甲午實記,
錦城正義錄, 金洛喆歷史, 梅泉集, 避亂錄, 洪陽紀事, 甲午動亂錄, 甲午記事, 義山遺
稿, 復菴私集, 昌山后人 曺錫憲歷史, 宣諭榜文竝東徒上書所志謄書, 鄭雲慶家 東學
古文書, 東學黨征討略記, 黃海道東學黨征討略記, 巡撫先鋒陣謄錄, 兩湖右先鋒日記,
先鋒陣日記, 先鋒陣呈報牒, 先鋒陣上巡撫使書(附雜記), 日本士官函謄, 李圭泰往復
書竝墓誌銘, 啓草存案, 札移電存案, 남정록, 東學黨征討人錄, 甲午軍功錄, 全琫準供
草, 東學關聯判決宣告書, 日本外務省外交史料館所藏文書(1), 二六新報, 時事新報,
東京朝日新聞, 大阪每日新聞, 京城府史, 崔先生文集道源記書, 本敎歷史, 甲午東學
亂, 天道敎書, 侍天敎宗繹史, 東學道宗繹史](각 자료 해제는 서론 자료소개 참조).
* 『한국사료총서』 수록 자료(壬戌錄, 梅泉野錄, 국역 梅泉野錄, 大韓季年史(상·하), 東
學亂記錄(상·하), 續陰晴史(상·하), 昭義新編).
* 동학농민혁명기념재단 사료아카이브 수록자료(梧下記聞, 甲午軍政實記, 증언록, 동
학농민운동연표).
* 『사료 고종시대사(25책)』(2015~2020년) 17권(1893. 6~1894. 6)과 18권(1894. 7~12) 수록
자료(『승정원일기』, 『고종실록』, 『고종시대사』).
* 『주한일본공사관기록』 1~8권.

## 2) 국역자료

『동학농민혁명 국역총서 1』(취어, 선봉진일기).

『동학농민혁명 국역총서 2』(순무선봉진등록).

『동학농민혁명 국역총서 3』(수록, 동비토록).

『동학농민혁명 국역총서 4』(금번집략, 홍양기사, 남유수록, 피난록, 황해도동학당정토약기).

『동학농민혁명 국역총서 6』(시문기, 약사, 경난록, 갑오동난록, 갑오기사, 의산유고, 복암사집, 갑오일기, 정운경가동학고문서, 세장연록, 나암수록, 기문록).

『동학농민혁명 국역총서 7』(양호우선봉일기, 계초존안, 찰이전존안, 금영래찰).

『동학농민혁명 국역총서 8』(선봉진정보첩, 선봉진상순무사서부잡기, 이규태왕복서병묘지명).

『동학농민혁명 국역총서 9』(갑오실기, 공산초비기).

『동학농민혁명 국역총서 10』(면양행견일기, 김약제일기).

『동학농민혁명 국역총서 11』(동학도종역사, 시천교종역사, 본교역사).

『동학농민혁명 국역총서 12』(전봉준 공초, 이준용공초, 이병휘공초, 동학관련판결선고서, 동학당정토약기, 갑오군공록, 동학당정토인록).

『동학농민혁명 국역총서 13』(대선쟁사적, 갑오동학난, 천도교서).

『동학농민혁명 신국역총서 1』(균암장 임동호씨 약력, 이종훈약력).

『동학농민혁명 신국역총서 3, 4』(학초전1, 학초전2).

『동학농민혁명 신국역총서 5』(미나미 고시로 문서).

『동학농민혁명 신국역총서 6, 7, 8』(갑오군정실기 1~10).

『동학농민혁명 신국역총서 11』(동학농민혁명관련 고문서).

『오동나무 아래에서 역사를 기록하다―황현이 본 동학농민전쟁, 오하기문』, 역사비평사, 2016.

충청남도역사문화원, 『북접일기: 태안접주 조석헌과 문장준의 동학농민혁명 일기』, 2006.

## 3) 일반자료

「百人百態 演壇逸話」, 『별건곤』 제30호. 1930년 7월.

「우리는 종놈이다」, 『개벽』 65호, 1926년 1월.

「儒林義兵靖亂事蹟碑(碑文)」 및 「甲午東學亂에 대한 世論」, 1994(공주대학교 공주학

연구원, 〈공주학아카이브〉 소장).

공주대학교 지역개발연구소 편, 『공주지명지』, 1997.

利仁面誌編纂委員會, 『利仁面誌』, 2005.

박달성, 「드면錄!! 그때에 이리햇드면 只今 朝鮮은 엇지 되엿슬가, 最初의 民衆運動을 니르킨 東學黨이 政治的訓練만 잇섯드면」, 『별건곤』 제7호, 1927년 7월.

朴寅浩, 「韓末 回顧 秘談 其二—甲午東學起兵實談」, 『신인간』 90·91, 1934.

越智唯七編著, 『新舊對照 朝鮮全道府郡面里洞 名稱一覽』, 京城府 中央市場, 1917.

一記者, 「甲午東學亂의 自初至終」, 『開闢』 제68호, 1926.

朝鮮總督府, 『朝鮮の市場經濟』, 1929.


2. 연구 논저

1) 저서

고병권·이진경 외 지음, 『코뮨주의 선언—우정과 기쁨의 정치학』, 교양인, 2007.

공주대학교 참여문화연구소·공주향토문화연구회 편, 『공주 근현대사 연표 및 주요 기사 색인』, 2012.

권보드레 지음, 『3월 1일의 밤』, 돌베게, 2019.

권정안 지음, 『유학, 일상의 길』, 작은 숲, 2015.

극동문제연구소, 『原典共産主義大系—理論과 批判』, 1984.

금장태, 『한국유학의 탐구』, 서울대학교 출판문화원, 1999.

김기란, 『극장국가 대한제국—대한제국 만들기 프로젝트와 문화적 퍼포먼스』, 현실문화, 2020.

김기전 지음, 『다시 쓰는 동학농민혁명사』, 도서출판 광명, 2006.

김동노 외, 『사회학총서 5. 한국 사회의 사회운동』, 다산출판사, 2013.

김상기 저, 『春秋文庫 002. 동학과 동학란』, 한국일보사, 1975.

김상기, 『韓末義兵硏究』, 일조각, 1997.

김양식, 『근대한국의 사회변동과 농민전쟁』, 신서원, 1996.

김지하, 『김지하 이야기 모음: 밥』, 분도출판사, 1984.

김지하, 『동학이야기』, 솔, 1994.

김지하 『생명학』 1·2, 화남출판사, 2003.

나카츠카 아키라 지음, 박맹수·한혜인 옮김, 『또 하나의 전쟁, 동학농민전쟁과 일본』, 모시는사람들, 2014.

나카츠카 아키라(中塚明) 지음, 박맹수 번역, 『1894년 경복궁을 점령하라』, 푸른역사, 2002.

도면회, 『1894~1905년간 형사재판제도 연구』, 서울대학교 국사학과 박사학위논문, 1998.

도올 김용옥 지음, 『동경대전 1. 나는 코리안이다』, 통나무, 2021.

도올 김용옥 지음, 『동경대전 2. 우리가 하나님이다』, 통나무, 2021.

도올 김용옥, 『맹자—사람의 길』 上·下, 통나무, 2012.

동학농민혁명기념재단 편, 『동학농민혁명 학술총서 1. 동학농민혁명 2차 봉기와 동학농민군 서훈』, 2020.

동학농민혁명참여자명예회복심의위원회 편, 『동학농민혁명사일지』, 2006.

망원한국사연구실 19세기 농민항쟁분과 지음, 『1862년 농민항쟁—중세 말기 전국 농민들의 반봉건투쟁』, 동녘, 1988.

박맹수, 『개벽의 꿈, 동아시아를 깨우다—동학농민혁명과 제국 일본』, 도서출판 모시는사람들, 2012.

박맹수·정선원 지음, 『공주와 동학농민혁명—육성으로 듣는 공주와 우금티의 동학 이야기』, 모시는사람들, 2015.

박맹수 지음, 『생명의 눈으로 보는 동학』, 도서출판 모시는사람들, 2014.

박민영, 『한국의 독립운동가들 037. 대한 선비의 표상 최익현』, 독립기념관한국독립운동사연구소, 2012.

박영학, 『동학운동의 공시구조』, 나남, 1990.

朴宗根, 『日淸戰爭と朝鮮』, 靑木書店, 1982.

박찬승, 『근대 이행기 민중운동의 사회사』, 경인문화사, 2008.

박찬승, 『마을로 간 한국전쟁—한국전쟁기 마을에서 벌어진 작은 전쟁』, 돌베개, 2010.

배항섭, 『조선 후기 민중운동과 동학농민전쟁의 발발』, 경인문화사, 2002.

배항섭·손병규 편, 『임술민란과 19세기 동아시아 민중운동』, 성균관대학교출판부, 2013.

배항섭 지음, 『19세기 민중사 연구의 시각과 방법』, 성균관대학교출판부, 2015.

빠울로 비르노 지음, 김상운 옮김, 『다중—현대의 삶 형태에 관한 분석을 위하여』, 갈무리, 2004.

세르주 모스코비치 지음, 이상률 옮김, 『군중의 시대』, 문예출판사, 1996.

송찬섭 외 지음, 『저항의 축제 해방의 불꽃: 시위—농민항쟁에서 촛불집회까지/ 파리 코뮌에서 68혁명까지』, 서해문집, 2023.

신동엽, 『창비신서 10. 신동엽전집』, 창작과 비평사, 1975.

신영우, 『갑오농민전쟁과 영남 보수 세력의 대응—예천·상주·김산의 사례를 중심으로』, 연세대학교 사학과 박사학위논문, 1992.

신용하, 『동학과 갑오농민전쟁 연구』, 일조각, 1993(『신용하 저작집 4. 신판 동학과 갑오농민전쟁연구』, 일조각, 2016).

안토니오 네그리·마이클 하트 지음, 이승준·정유진 옮김, 『어셈블리(ASSEMBLY)—21세기 새로운 민주주의 질서에 대한 제언』, 알렙, 2020.

역사문제연구소 동학농민전쟁 백주년 기념사업 추진위원회 엮음, 『동학농민군 후손 증언록: 다시 피는 녹두꽃』, 역사비평사, 1994.

오영섭, 『고종황제와 한말의병』, 선인, 2007.

왕현종 외 4인 지음, 『청일전쟁기 한·중·일 삼국의 상호전략』, 동북아재단, 2009.

왕현종, 『한국 근대국가의 형성과 갑오개혁』, 역사비평사, 2006.

우윤, 『전봉준과 갑오농민전쟁』, 창작과비평사, 1993.

유영익, 『동학농민봉기와 갑오경장—청일전쟁기(1884~1895) 조선인 지도자들의 사상과 행동』, 일조각, 1998.

이기훈 외 지음, 『촛불의 눈으로 3·1운동을 보다』, 창비, 2019.

이이호, 『동학과 농민전쟁』, 혜안, 2004.

이이화, 『이이화의 동학농민혁명사』 1~3, 교유서가, 2020.

이이화, 『전봉준, 혁명의 기록—동학농민혁명 120년, 녹두꽃 피다』, 생각정원, 2014.

이이화·신영우 외 저, 『충청도 예산 동학농민혁명』, 도서출판 모시는사람들, 2014.

이진경 외 편저, 『문화정치학의 영토들—현대문화론 강의』, 그린비, 2007.

장영민, 『동학의 정치사회운동』, 경인문화사, 2004.

전남대학교 감성인문학연구단 지음, 『공감장이란 무엇인가』, 도서출판 길, 2017.

전북사학회 편, 『동학농민혁명의 기억과 역사적 의의』, 2011.

전석담, 「이조봉건사회의 총결로서의 동학농민란」, 『조선경제사』, 박문출판사, 1949.

정창렬, 『갑오농민전쟁연구—전봉준의 사상과 행동을 중심으로』, 연세대학교 사학과 박사학위논문, 1989(『정창렬 저작집 1. 갑오농민전쟁』, 선인, 2014).

趙景達, 『近代朝鮮の政治文化と民衆運動—日本との比較』, 東京: 有志社, 2020.

趙景達, 『異端の民衆反亂―東學と甲午農民戰爭』, 岩波書店, 1998(박맹수 옮김, 『이단의 민중반란』, 역사비평사, 2008).

趙景達, 『朝鮮民衆運動の展開―士の論理와 救濟 思想』, 岩波書店, 2002.

주디스 버틀러 지음, 김응산·양효실 옮김, 『연대하는 신체들과 거리의 정치―집회의 수행성 이론(A PERFORMATIVE THEORY OF ASSEMBLY)을 위한 노트』, 창작과 비평사, 2020.

지수걸, 『한국의 근대와 공주사람들』, 공주문화원, 1999.

천안역사문화연구회 펴냄, 『동학농민혁명―천안 세성산전투 연구』, 2019.

최덕수, 『근대조선과 세계』, 열린책들, 2021.

충남대학교 마을연구단, 『충남 지역 마을지총서 ⑧ 논산 병사마을―호서 삼대 명족(名族) 노성윤씨가의 옛터전』, 대원사, 2014.

충청남도역사문화연구원 편, 『충남동학농민혁명사』, 2022.

칼 마르크스 지음, 임지현·이종훈 옮김, 『프랑스혁명사 3부작』, 소나무출판사, 1991.

표영삼 지음, 『동학 1. 수운의 삶과 생각』, 통나무, 2004.

표영삼 지음, 『동학 2. 해월의 고난과 역정』, 통나무, 2004.

프리드리히 엥겔스 지음, 이종훈·김용우 옮김, 『독일혁명사 2부작―독일 농민전쟁·혁명과 반혁명』, 소나무 출판사, 1988.

한국역사연구회 지음, 『1894년 농민전쟁연구』 1~5, 역사비평사, 1991-1997.

홍동현, 『한말 일제시기 문명론과 동학난 인식』 연세대학교 사학과 박사학위논문, 2018.


## 2) 논문

「특별좌담: 다시 동학을 찾아 오늘의 길을 묻다―김용옥, 박맹수, 백락청」, 『창작과비평』 2021년 가을호.

「1896년 의병운동 통설에 대한 비판적 검토」, 『역사비평』 45, 1998.

William H Swell Jr. 1996. "Historical Events as Transformations of Structures: Inventing Revolution at the Bastille", *Theory and Society* 25.

강효숙, 「동학농민군 탄압 인물과 그 행적―미나미 고시로(南小西郎), 이두황, 조희연, 이도재를 중심으로」, 『동학학보』 22, 2011.

강효숙, 「동학농민전쟁과 일본군」, 『역사연구』 27호, 2014.

권정안, 「민중의 자각과 민족국가의식―수운 최제우의 동학사상을 중심으로」, 『동서

철학연구(한말 전환기 사상의 현실인식과 대응양상 특집호)』 제15호, 1998.

기유정, 「1920~30년대 조선인 군중 소요와 식민지 군중의 정치동학」, 『사회와 역사』 제 132집, 2021.

김미정, 「기억-정동 전쟁의 시대와 문학적 항쟁—한강의 『소년이 온다』(2014)가 놓인 자리」, 『성균관대학교 인문학 연구』 54집, 2017.

김선경, 「갑오농민전쟁과 민중의식의 성장」, 『사회와 역사』 64, 2003.

김양식, 「고종조 민란 연구」, 『용암차문섭교수화갑기념논쟁』, 1989.

김양식, 「동학군의 도소 조직과 이념기반」, 『역사연구』 27호, 2014.

김양식, 「목천 지역 동학농민군 활동과 세성산전투」, 『군사』 70, 2009.

김양식, 「조선·일본군의 충남 내포 지역 동학농민군 진압 연구」, 『군사』 103, 2017.

김양식, 「청주병영의 농민군 진압과 모충사」, 『동학학보』 43호, 2017.

김윤희, 「근대국가 구성원으로서의 인민 개념 형성(1876~1894)」, 『역사문제연구』 21, 2009.

김일진·이호열, 「상주동학교 교당 건축에 관한 연구」, 『대한건축학회논문집』 통권 11 호, 1987.

김정인, 「동학사의 편찬 경위」, 『한국사연구』 170, 2015.

김준형, 「진주 농민항쟁의 재음미」, 『진주학총서 2. 진주정신을 찾아서—진주의 몇 가 지 사실을 돌아보며』, 북코리아, 2021.

김헌주, 「근대 전환기 사회운동사 연구의 현황과 과제—동학농민전쟁과 의병운동을 중심으로」, 『사총』 107, 2022.

배항섭, 「1890년대 초반 민중의 동향과 고부민란」, 『1894년 농민전쟁 연구 4. 농민전쟁 의 전개과정』, 1995.

배항섭, 「1894년 동학농민군의 천안 세성산전투와 역사적 의의」, 『역사와 담론』 96집, 2020.

배항섭, 「19세기 후반 민중운동과 공론」, 『한국사연구』 162, 2013.

배항섭, 「나주 지역 동학농민전쟁과 향리층의 동향」, 하원호 외 지음, 『한말 일제하 나 주 지역의 사회변동 연구』, 성균관대학교 대동문화연구원, 2008.

배항섭, 「충청도 지역 동학농민전쟁과 농민군 지도부의 성격」, 『동학농민혁명과 농민 군지도부의 성격』, 서경문화사, 1997.

배항섭, 「충청 지역 동학농민군의 동향과 동학교단—『홍양기사』와 『금번집략』을 중심 으로」, 『백제문화』 23호, 1994.

백승철, 「개항 이후(1876~1893) 농민항쟁의 전개와 지향」, 『1894년 농민전쟁 연구 2』, 1992.

신영우, 「1894年 日本軍 中路軍의 鎭壓策과 東學農民軍의 對應」, 『역사와 실학』 33호, 2007.

신영우, 「북접 농민군의 공주 우금치·연산·원평·태인전투」, 『한국사연구』 154호, 2011.

신영우, 「북접 농민군의 교단 거점 수비와 청주 일대의 전투」, 『동학학보』 43호, 2017.

신영우, 「북접 농민군의 보은 도착과 북실전투」, 『한국근현대사연구』 제61집, 2012.

신영우, 「북접 농민군의 전투 방식과 영동 용산전투」, 『동학학보』 48호, 2018.

신영우, 「북접 농민군의 충주 황산 집결과 괴산전투」, 『한국근현대사연구』 55집, 2010.

신영우, 「북접 농민군의 충청도 귀환과 영동 용산전투」, 『동학학보』 24호, 2012.

신영우, 「제2차 농민전쟁(동학농민군의 재기)」, 『신편한국사 39』, 국사편찬위원회, 1999.

역사학연구소, 「동학농민전쟁 120주년 기념학술대회 종합토론(김선경 사회)」, 『역사연구』 27호, 2114.

왕현종, 「해방 이후 동학사의 비판적 수용과 농민전쟁연구」, 『역사교육』 133호, 2015.

윤승준, 「1894년 농민전쟁의 역사적 의의—중세 말 근대 초 유럽 농민봉기의 성격에 대한 예비적 검토」, 『1894년 농민전쟁 연구 5』, 역사비평사, 2003.

이상면, 「동학혁명운동 당시 금강 중상류 척왜항전」, 『동학학보』 56호, 2020.

이상찬, 「을미의병 지도부의 반동학군 활동」, 『규장각』 18, 1995.

이영호, 『동학·천도교와 기독교의 연대, 1893~1919』, 푸른역사, 2020.

이영호, 『동학과 농민전쟁』, 혜안, 2004.

이이화, 「우금치 마루에 선 유교두령」, 『발굴 동학농민전쟁 인물열전』, 한겨레신문사, 1994.

李憲昶, 「開港期 忠淸南道의 流通構造」, 安秉直·中村哲 共編著, 『近代朝鮮工業化의 硏究—1930~1945』, 일조각, 1993.

임선빈, 「조선 후기 동계조직과 촌락사회 변화—공주 부전 대동계를 중심으로」, 『동방학지』 80, 1993.

장수덕, 「내포 지역 동학농민전쟁 연구」, 공주대학교 역사교육과 박사학위논문, 2020.

장영민, 「대원군의 동학농민군, 보수양반 동원 기도에 관한 일고찰」, 『중산 정덕기박사 화갑기념 한국사학논총』, 1996.

정선원, 「1894년 동학농민혁명의 공주전투 시기 남접과 북접 농민군의 동향」, 『동학학보』 56호, 2020.

지수걸, 「1894년 공주대회전 시기의 '공주 확거·고수 전술'과 '호서도회 개최 계획'」, 『역사문제연구』 33호, 2015.

지수걸, 「국가의 역사독점과 민중기억의 유실—우금티 도회를 제안한다」, 『역사비평』 110호, 2015년 봄호.

지수걸, 「역사교과서 국정화의 진상과 역사학계의 반성문 쓰기」, 『역사와 현실』 109, 2018.

지수걸, 「일제시기 충남 부여·논산군의 유지집단과 혁신청년집단」, 『한국문화』 36호, 2005.

지수걸, 「충남 공주의 한국전쟁과 전쟁 피해」, 『제노사이드연구』 제4호, 2008.

채오병·전희진, 「인과성, 구조, 사건」, 한국사회학회 편, 『사회학총서 10. 사회사/역사 사회학』, 다산출판사, 2016.

최갑수, 「'촛불'에서 3·1운동으로, 그 혁명성의 탐구」, 『역사와 현실』 114, 2020.

하원호, 「부르주아민족운동의 발생, 발전」, 안병우·도진순 편, 『북한의 역사인식 II』, 한길사, 1990.

韓明憙, 「春香傳의 地所研究—路程記의 踏査를 中心해서」, 겨레어문학회 편, 『겨레어 문학』 7권, 1972.

홍동현, 「1900~1910년대 동학교단 세력의 '東學亂'에 대한 인식과 교단사 편찬」, 『한민 족운동사연구』 76, 2013.

홍동현, 「일제시기 천도교 혁신 세력의 '東道'주의와 종교·정치 활동」, 『영남학』 68호, 2019.

홍성찬, 「1894년 집강소기 設包下의 鄕村事情—부여 대방면 일대를 중심으로」, 『동방 학지』 39호, 1983.

홍순권, 「을미의병을 재평가한다」, 『역사비평』, 29호, 1995.

# 찾아보기

| 마 |

# | 숫자·로마자 |